Frank-Martin Belz
Ken Peattie

1st Edition

지속가능성 마케팅

윤훈현 역

SUSTAINABILITY MARKETING

WILEY

MEDIA JIPHIL
(주)지필미디어

지속가능성 마케팅 1/E
Sustainability Marketing

저 자 Frank-Martin Belz · Ken Peattie
역 자 윤훈현
발 행 처 (주) 지필미디어
주 소 서울시 서대문구 미근동 72-3 101호
전 화 (02)362-4504, 313-2038, 070-7583-6283
팩 스 (02)393-4509
이 메 일 book@jiphil.co.kr
홈페이지 www.jiphil.co.kr
발 행 인 고현희

발 행 일 2011년 8월 30일 초판인쇄
등록번호 제 312-1997-000043호 (1997년 07월 16일)
가 격 25,000 원

ISBN 978-89-964908-7-6 92320

머리말

세계는 본서가 발간되기 앞선 1975년부터 크게 변화하고 있다. 1987년 Brundtland Report는 지속가능한 발전에 대한 개념에 주의를 집중하도록 하였으며 또한 경제발전, 우리의 생산 시스템 그리고 우리의 소비 패턴에 대해 이미 존재하고 있는 접근방법이 환경적 및 사회적으로 비지속가능적이었다는 것을 분명하게 밝혔다. 2000년에 이르러 Millennium Goals을 수립함 그리고 뒤에 이어지는 Millennium Ecosystem Assessment로부터 보고서는 지구의 생산역량이 자연 시스템과 재원에 대한 손상으로 인해 부식되었던 이 지구에서 세계적인 빈곤이라는 천벌을 처리하는데 연관되는 엄청난 도전적인 문제를 제시하였다. 2005년 An Inconvenient Truth는 기후변화와 관련된 주장에 대한 실마리를 그리고 기후변화가 투명성 및 오스카상을 수상하는 스타일로 세계전역의 모든 사람들의 미래의 복지에 존재하였던 위협을 도출케 하였다. 2006년, Stern Report는 기후변화가 일으키는 경제적 손상에 대해 중요함을 부각시켰으며, 또한 이듬해에 나온 Report of the Intergovernmental Panel on Climate Change는 기후변화가 모든 사회의 미래의 복지에 대해 분명하고도 현저한 위험을 제시할 것이라는 사실을 분명하게 밝혔다. 2008년 세계적인 "신용위기"를 수반한 경제 침체는 역시 우리들의 현존하는 삶의 방식과 기업을 운영하는 현존의 방식은 환경적으로 비지속가능적일 뿐만 아니라 경제적으로도 비지속가능하였다는 사실을 알려주었다.

언제나 그리고 이러한 모든 중대한 변화를 통해서, 우리가 마케팅을 가르치는 방법 그리고 우리가 마케팅을 가르치는 책들은 거의 변화하지 않았다. 방법과 책들은 마케팅에 있어 새로운 기술의 이용에 반영하기 위해서 진화 · 발전하고 있거나 또는 환경적 및 윤리적 관심사들은 소비자의 행동 또는 기업의 전략에 영향을 주는 한 가지 유형의 이슈이지만, 관심사들은 새로운 현실의 측면에서 마케팅을 결코 재고하지 않았다는 사실을 표명하기 위해 진화 · 발전되어야 하였다. 전통적인 마케팅은 재원의 이용가능성에 대한 물적인 한계 또는 쓰레기를 쏟아부을 수 있는 구멍(쓰레기 매립지)의 수에 대한 물적인 한계가 없는 경제적인 초공간내에 계속 존재하고 있다. 역시 전통적인 마케팅은 인위적으로 만든 허상의 소비자 경제내에 존재하는데, 최상의 소비자 경제에서, 고객은 왕이며 또한 소비자 계층에 결합할 여유가 없는 수십 억 명의 사람들의 소비나 관심사의 결과에 대해서는 전혀 고려하지 않고 있다. 전통적인 마케팅 사고와 실행은 우리가 계속 성장하고 있는 세계적인 소비자 계층들을 위해 끊임없이 욕구를 충족시키려고 노력하는 것처럼 구속받지 않는 소비에 의해 파괴될 수 있다(우리 모두는 궁핍으로 최소한 손상을 당하거나)고 현재 우리가 깨닫고 있는 세계에 적응하려고 노력하고 있다.

본서는 21세기 동안 마케팅의 비젼을 제공하고 또한 현재 올바르게 출발함으로써 상기의 이 상황을 변화시키려고 시도하고 있는데, 상기의 이 상황은 21세기를 환경적, 사회적 및 경제적으로 지속가능하도록 하는데 도움이 될 것이다. 본서는 현재 우리들의 소비 및 생산 시스템의 전부 또는 어느 것이 절대적으로 지속가능한 상태에 도달할 수 있는 방법에 대한 의문사항의 한 단계 해결방법을 제공하도록 주장하지는 않는다. 대부분의 시장, 소비자 그리고 기업들이 그 과정을 아직까지 완결하도록 준비가 되어 있지는 않다. 지속가능한 진보 · 발전을 설명하기 위해 자주 사용된 은유 · 비유적인 방법들의 하나는 목적지로서가 아니라 보다 생태적으로 지향적이며 또한 사회적으로 공정한 세상으로 향하는 여정인 것이다. 즉 본서는 우리가 살아가고, 생산하고 또한 소비하는 방법을 변환시키기 위해 시작하는 현상을 간단하게 정의하거나 다시 고치는 차원을 넘어 처리함으로써 지속가능성을 향한 인간사회의 여정에 기여하는데 있어 마케팅의 역할을 고려한다.

본서의 비젼은 마케팅의 "대안적"인 종류 중의 하나가 아닌데, 그 이유는 매우 간단한 조건하에서 보다 지속가능한 마케팅이 전통적인 마케팅의 주류와 유사한 하나의 대체안으로서 계속 존재한다면, 그후 우리 모두는 고통을 받게 되기 때문이다. 즉 본서의 비젼은 새로운 지속가능성 지향적인 마케팅 주류를 위한 것이다. 이것은 전통적인 마케팅의 현존하는 장점을 생태적이며 윤리적인 마케팅의 지속가능성 식견을 결합하며 또한 소비자들과의 지속가능적이며 가치에 근거한 관계를 굳게 다지는 것에 바탕을 둔 새로운 마케팅 패러다임을 창조하기 위해 관계 마케팅의 영역에서 나오는 직관을 결합한다. 간단히 말해서, 본서의 비젼은 지속가능성 마케팅인 것이다. 즉 본서는 소비자 마케팅에 집중하고 있는 것이다. 이것은 기업 대 기업 또는 조직체 마케팅의 중요성을 경시하는 것은 아니지만, 그러나 우리는 기업 대 기업 마케팅 분야에 대해 많은 전문지식을 갖고 있는 다른 사람들에게 그 분야에 대한 보다 지속가능한 비젼을 개발 · 발전시키도록 전가시킬 것이다. 역시 본서는 사회(이러한 이슈들을 다루기는 하지만)에 대한 마케팅 분야의 영향에 대해 거시 마케팅에 집중하기보다는 응용되는 마케팅 의사결정에 대해 강조함으로써 관리적인 것에 집중한다. 지금까지 본서는 *Sustainability Marketing – A Global Perspective*(지속가능성 마케팅-세계적인 식견)으로 불리우며 또한 본서는 기업 및 제품 상표 수준에서 마케팅 관리를 고려하고 있다.

부제는 "세계적인" 식견을 약속하는데, 세계적인 식견은 몇 가지 설명이 있어야 한다. 즉 본서는 여러 상이한 국가에서 나온 설명적인 예제, 간단한 예 그리고 연구조사자료를 이용하고 있으나, 아직까지는 지속가능성 마케팅 실행이나 연구조사에서 가장 큰 진보 · 발전이 이루어진 몇몇 국가에 치우쳐 있으며 또한 그 한정된 국가에서 저자들이 많은 경험을 하였다. 그러나 지속가능성 마케팅 노력은 세계적인 식견에서 고려되어야 하는데, 그 이유는 공간적인 의미에서 지속가능성 의제의 핵심에서 환경적 및 사회적 이슈들이 사실상 세계적이기 때문이다(예: 제한적인 재사용불능 재원, 기후변화, 생물 다양성의 상실, 인구증가, 빈곤 및 경제활동에서의 비용과 이점의 공정한 분배). 역시 경제적인 식견에서 볼 때, 우리의 1차적 욕구 및 2차적 욕구를 서브하는 공급체인은 사실상 세계적이다. 전통적인 마케팅 서적들은 상업화된 선진경제에서 소비자의 욕구에 집중하는 경향이 있으며 또한 마케팅 기업이 그 경제에서 소비자들과 성공적인 교환을 성취하거나 또는 그들과 지속적인 관계를 구축하기 위해 할 수 있는 것에 집중하는 경향이 있다. 지속가능성 식견은 이것을 생산과 소비의 세계화된 시스템의 한 부분으로 구성한다. 그러므로 이면에는 유럽 소비자에게 미제 컴퓨터를 성공적으로 판매하는 것은 아시아의 여러 부문(자주 비교적 번영하고 있는)에서 구성부품을 생산하고 조립하는 것을 포함하는 이야기가 있다. 그 이야기는 회수할 수 있는 재료의 혼합물 그리고 오염을 일으키는 쓰레기 등이 줄어든 컴퓨터를 확보한 더 빈곤한 공동체 중의 하나인 아시아에서 끝이 날 가능성이 있다. 공간으로서 세계가 될 뿐만 아니라 본서는 역시 전통적인 마케팅 책이 제시하는 "지금 바로"라는 식견의 차원을 추구하고 있으며 또한 단기적인 사고 그리고 최신의 추세와 패션(유행)으로 사로잡힌 강박관념의 차원을 넘어 추구하고 있다. 즉 본서는 오늘날 우리가 처해 있는 위치가 되기 위해 우리가 지나왔던 방법을 이해하기 위해서 현재 부상하고 있는 환경적, 사회적, 경제적 및 마케팅의 위기를 역사적인 맥락에서 살펴봄으로써 장기적인 식견을 그리고 제품의 수명 및 지속가능한 소비자 해결방법과 관계에 대한 진보 · 발전과 같은 이슈들을 처리하는 미래지향적인 식견을 모두 취하고자 한다.

본서는 지속가능성 이슈를 마케팅 사고 및 실행과 결합하는 방법에 대한 이슈들과 싸우는데 있어 36년 이상 동안의 연구경험을 가지고 있는 두 저자들의 노력을 반영한 것이다. 저자들은 모두 지속가능한 마케팅 개념을 "대안적인" 마케팅으로 개발 · 수립한 학자들의 선구자들에 속하는데, 본서를 이용하여 그들은 현재 지속가능성 마케팅을 새로운 주류가 되게 하는 과정을 시작하고 있다. 역시 저자들은 교실에서 지속가능성 마케팅 개념을 가르치는데 수십 년의 경험을 가지고 있으며 또한 대학생들을 위해 관련되는 복잡한 아이디어를 접근가능하며 또한 흥미롭게 하는 방법을 개발할 수 있는 많은 기회를 가지고 있었다.

본서의 표적청중에는 3개의 부류가 있다. 첫 번째는 마케팅과 지속가능성 이슈들이 화해하는 방법을 이해하고자 하는 대학생이다. 대학생들에는 지속가능성을 새로운 마케팅 패러다임 및 실행적인 마케팅의 도전적인 문제로 이해하고자 하는 마케팅 전공 대학생, 지속가능성의 마케팅에 대한 시사점을 이해하고자 하는 학생으로 일반관리, 전략적 관리, 혁신, 기업윤리 또는 기업의 사회적 책임이라는 과정을 공부하는 경영학과 학생들 그리고 마케팅의 영역 및 마케팅이 환경적 및 사회적인 도전적인 문제를 처리하고 다루는 방법에 대해 배우고자 하는 지속가능성 또는 환경관리를 공부하는 대학생 등을 포함한다. 우리들은 본서가 상위급 학사과정, 석박사 수준에서 공부하는 대학생들과 가장 관련이 될 수 있기를 기대하고 있지만, 우리들은 다른 수준에 있는 사람들로 하여금 본서를 멀리 하도록 하는 것을 원치 않는다. 두 번째 부류로서, 마케팅 조사 또는 기업의 지식기능에서 근무하는 사람들은 물질적인 세계, 기업환경 그리고 소비자들이 지속가능성 이슈들에 반응하는 방법을 주시하는 전통적인 방식에 의존함으로써 수립된 난관을 피하도록 도움을 줄 수 있는 유용한 도구로 본서를 간파할 수 있다. 마지막으로, 기업이나 사업조직에서 일하는 마케팅 담당자들은 지속가능성 식견으로 이 세상을 재고하며 또한 경영학 교육의 교훈을 "고쳐 배우는" 유용한 방법을 본서에서 간파할 수 있다.

본서는 5개 부와 12개 장으로 조직되어 있으며 또한 12개 강좌로 구성된 교과에 이상적으로 되어 있다(10주 과정으로 적합하지만, 처음 2개 장과 마지막 2개 장은 한 개의 과목을 지원하기 위해 결합될 수 있다). 본서는 지속가능성 마케팅에 대한 이론적 차원 그리고 새로운 지속가능성 마케팅 믹스(4Cs)에 따라 여러 개 장을 통해서 실행적인 지속가능성 마케팅 이슈에 집중하는 등 2가지를 포함하고 있다. 각 장에는 아래의 내용이 포함되어 있다.

- 학습목록(학습효과)
- 해당 장을 소개하고 또한 좋은 실행(또는 최상의 실행)이라고 생각되는 것을 예로 설명하기 위해 각 장의 시작 부분에 제시된 지속가능성 마케팅 이야기.
- 주택 및 가정의 에너지, 음식과 음료, 이동성과 의류 등을 포함하여 최대로 지속가능성에 대해 영향을 미치는 소비 부문에 대해 집중할 수 있도록 신중하게 선정된 사례연구 및 설명적인 예제들. 그 사례에는 역시 지속가능성이 모든 규모의 조직, 유럽, 미국 및 아시아 등이 포함된 여러 다양한 국가와 부문에 적용되고 있음을 제시함으로써 중소규모의 기업(SMEs) 및 다국적 기업(MNCs) 등이 포함된다.
- 검토해야 할 의문사항
- 논의해야 할 의문사항

지속가능성 마케팅의 도전적인 문제에 관한 사례들은 역시 그 개념을 적용 · 응용하고 또한 지속가능성 마케팅 관리를 실현하는데 관련되는 의사결정, 어려움, 불확실성 및 문제들을 논의하기 위해 제2장부터 제10장까지의 끝 부분에 포함되어 있다. 본서는 교수와 학생들을 지원하기 위해 웹사이트를 동반하고 있다. www.wileyeurope.com/college/belz.

마지막으로 중요한 것은 우리가 Technische Universität München(TUM), Cardiff University

및 University of St. Gallen(HSG)의 대학생들에게 감사하고자 하는 것인데, 그 대학에서 우리들은 수년 동안 지속가능성 마케팅 관리 교과과정을 가르쳤다. 상급 학사과정, 석 · 박사 과정에 있는 대학생들은 우리들에게 지속가능성 마케팅 관리의 개념과 사례를 더 높은 수준이 되도록 할 수 있는 무한한 통찰력과 피트백 내용을 제공하였다. 역시 우리들은 Technische Universität München의 Roxana Codita에게 감사하는데, 그는 12개 중 한 개장을 요약정리하였으며, 사례의 소재에 대한 연구를 하였다. 마지막으로 우리는 동료교수들, 특히 Hanna-Leena Pesonen에게 감사하는데, 그는 이 본서를 저술하는데 우리를 격려하고 고무하였다.

Wiley 팀 즉 Nicole Burnett, Celine Durand 및 Georgia King과 협동하는 것은 큰 기쁨이었으며, 계속적인 지원, 권고 및 열정에 감사드린다.

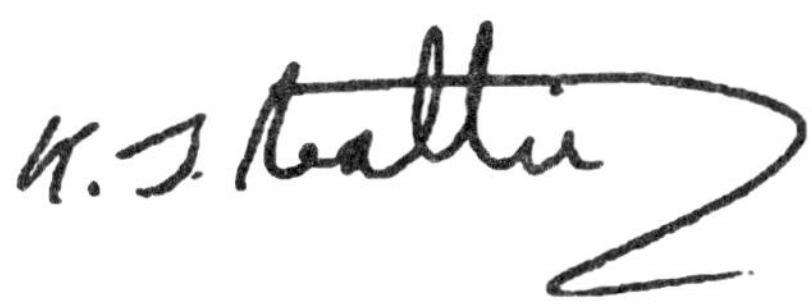

Frank-Martin Belz
Technische Universität München

Ken Peattie
Cardiff University

옮긴이 머리말

현재 우리들이 가르치고 있는 마케팅 교과서들은 지나치게 미시적 식견에서 표적고객들의 1차적 및 2차적 욕구를 충족시켜 만족케 하는데 집중하여 온 것이 사실이다. 물론 복합적 마케팅 개념을 통해 사회적 책임 그리고 사회지향적 마케팅에 대해 언급함으로써 사회 생태적 문제를 다루기도 하였다. 1970년대 말경부터 마케팅 철학과 개념에 대해 변화가 이루어지고 있지만, 아직까지도 마케팅 철학, 마케팅 환경, 마케팅 조사, 표적 마케팅, 마케팅 믹스, 경쟁적 우위, 마케팅 계획수립 등이 핵심적인 요소가 되고 있다.

그러나 20세기의 번영과 소비는 새로운 사회적 및 환경적인 도전적 문제를 표출하고 있다. 재생불가능한 유한자원의 지나친 소비, 기후변화의 초래, 생물 다양성의 상실, 인구의 증가 그리고 공급체인의 비효율적인 활용 등을 초래하고 있다. 이로 인해 기하급수적이며 편협적인 인구증가의 초래, 빈곤 발생, 건강악화, 전쟁과 테러, 지나친 도시화, 원유유출에 의한 생태계 파괴, 인위적인 조작과 대량생산으로 인한 생태시스템의 손상, 식량부족, 물부족, 기후변화에 의한 홍수, 가뭄 태풍, 토네이도 등의 도전적인 문제가 발생하였다.

이에 1980년대 초 전체 시스템적 식견에서 거시 마케팅이 등장하여 환경의 질과 사회지향적 복지에 대해 강조하도록 하였으며, 1990년부터 지속가능성이라는 단어가 언급되기 시작하였다. 즉 21세기를 환경적, 사회적 및 경제적으로 지속가능하도록 하는데 도움을 줌으로써 지속가능성을 향한 인간사회의 여정에 기여하는데 있어 마케팅의 역할을 고려하기 시작하였다.

지속가능한 발전이라는 원대한 목표를 실천하는데 큰 역할을 담당하고 있는 마케팅도 새로운 추세에 부응하기 위한 변화로서 녹색 마케팅, 지속가능한 마케팅이 등장하였다. 특히 유럽에서 크게 강조됨으로써 지난 10여년 동안 지속가능한 발전과 관련하여 발표, 발간된 여러 전문서적과 논문 등을 종합 · 정리하고 또한 새로운 주장을 제시한 것이 본서이다.

본서에서는 Toyota Prius, Starbucks사의 고객추구적이며 품질추구적인 공정무역, 풍력발전을 선도하는 Vestas사, 자전거를 생산하는 Shimano사, 천연 유아용 식품기업인 Hipp Baby

Food사, Beyond Petroleum을 주장하는 BP사, Plan A를 실천하는 Mark & Spencer사, 사회적 기업인 Mobility Carsharing사, 에너지 절약을 주도하는 Philips사, 환경친화적인 FamilyMart 사, 자원절약을 주장하는 Gasser Construction Material사, Green Partnership Program을 시도하는 Fairmont 호텔, 대구의 보존을 강조하는 Northern Cod의 예 그리고 소말리아의 해적 등의 사례를 제시하고 있으며, 환경적, 사회적 및 경제적으로 지속가능적인 마케팅철학을 설명하고 있다.

상기의 사례들에 바탕을 둔 본서의 비젼은 새로운 지속가능성 지향적인 마케팅을 위한 것으로서, 전통적인 마케팅의 장점을 생태적이며 윤리적인 마케팅의 지속가능성 식견에 결합하며, 소비자들과의 지속가능적이며 가치에 근거한 관계를 다지는 것에 바탕을 둔 새로운 마케팅 패러다임을 창조하기 위한 것이다. 또한 그 근본은 소비자 마케팅으로서 마케팅 의사결정에의 응용과 관리적인 측면에 집중하고 있다.

즉 본서는 부상하고 있는 환경적, 사회적, 경제적 및 마케팅의 위기를 역사적인 맥락에서 지속가능한 발전에 바탕을 둠으로써 사회적인 정의, 환경적 질의 보호, 경제적인 번영을 균형화하려고 노력하는 인간의 진보 · 발전에 대한 접근방법을 취하고 있다.

지속가능성 마케팅이란 고객, 사회적 환경 및 자연환경과의 지속가능한 관계를 구축하고 유지하는 것으로 정의하므로, 지속가능성 마케팅에는 사회생태적 문제, 소비자 행동, 지속가능성 마케팅 가치와 목표, 지속가능성 마케팅 전략, 지속가능성 마케팅 믹스 및 지속가능성 마케팅 변환 등의 요소가 포함된다.

이에 따라 지속가능성 마케팅의 출발점은 사회적 및 환경적인 문제를 이해하는 것이며, 또한 기업제품의 사회적 및 생태적 영향에 대해 분석하는 것으로서 수명주기 평가에 의해 제품의 전체적인 환경적 및 사회적인 평가를 행하는 것이다. 즉 지속가능성 마케팅에 대한 패러다임은 자연환경의 환경적 문제를 주변적인 것으로 다루고 있는 기존의 주류를 이루는 지배적인 사회적 패러다임이 새로운 지속가능성에 바탕을 둔 거시적인 지속가능성 마케팅으로 변환됨으로써 이루어질 수 있다.

기존의 마케팅의 원리, 원칙은 사회적 변화, 지속가능한 사회를 향한 진보 · 발전에 기여하는 잠재력이 있으므로, 마케팅에 대해 생각하는 방법을 재구성하는 등 마케팅을 새로운 시각에서 문제해결, 커뮤니케이션, 비용 및 편리성을 이용한 사회적 마케팅 믹스를 실행할 수 있도록 지속가능성 마케팅의 미션과 철학을 수립해야 한다.

따라서 지속가능성 마케팅은 생태지향적, 실행적, 윤리적 및 관계지향적으로 인식되어야 하지만, 우선 소비자 사회에 대해서는 자주 지속가능한 소비가 될 수 있도록 소비자의 모든 행동에서 지속가능성이 반영되는 라이프스타일이 채택되도록 해야 한다. 또한 연약하고 상처받기 쉬운 생태 시스템을 보존하고 유지하기 위해 자연적 및 사회적 환경에 대해 책임감을 느끼며, 생태적 목표를 수립하고, 매일매일의 사업환경에 자연적 및 사회적 환경을 결합해야 한다. 그리고 건강과 안전, 작업장 및 육체노동자의 보호와 복지 등 도덕적인 의미도 포함되어야 한다.

그러나 이러한 환경적, 사회적 및 경제적인 마케팅 목표들 간에 상호의존적인 관계를 갖기 위해서는 인내와 꾸준한 노력 그리고 많은 시간과 자금이 소요되는 끝이 없는 계속적인 과정임을 깨달아야 한다.

지속가능성 마케팅 기업은 고객의 관점을 취하며 또한 제품이나 서비스의 구매로부터 사용 및 사용 후에까지의 전반적인 소비과정에서 발생하는 문제에 대한 해결방법을 제시하며, 또한 사회적 및 환경적인 성과를 향상 · 개선시키면서 소비자의 삶과 욕구에 대한 직접적인 문제를 해결해야 한다. 그렇게 하기 위해서는 제품에 대해 전체적인 수명주기에 따라 사회적 및 환경적 성과를 개선하고, 고객의 욕구를 충족시키며, 안전하고, 건강에 도움이 되며, 청정생산을 하며, 요람에서 요람으로 갈 수 있도록 제품을 디자인하고, 지속가능한 상표를 창조하고, 구축하며, 세계적인 표준화된 표찰화 그리고 진실함과 신뢰에 바탕을 둔 커뮤니케이션 수단을 활용해야 한다.

그러나 상기의 지속가능성 마케팅을 실천하는 것은 교과서 방식만으로 이루어질 수 없는데, 그 이유는 여러 가지 장애물이 존재하기 때문이다. 우선적으로 고객의 인식수준이 이에 미치지 못하고 있다. 또한 고객이 용이하게 이용하기가 어려우며, 지나치게 편리성을 강조함으로써 대기전력의 무시, 분리수거의 불편함, 편리한 포장의 이용 등 개인적 장애물, 조직의 내적 장애, 조직의 외적 장애 등이 산재되어 있는 것이 현실이다.

우선적으로 마케팅 기업들이 공장의 관심수준을 이해할 수 있도록 이슈 – 주의 주기를 검토하고, 행동주의자 등 비영리조직이나 단체들의 주장을 긍정적으로 수용하며, 정부관련기관들의 법규 제정이나 조치에 앞서 사회적 책임과 도덕적 차원에서 솔선하는 선도적인 자세를 취해야 할 것이다. 그리고 지속가능한 사회를 향할 수 있도록 고객, 공급업자, 경쟁사, 상담자, 과학자, 대학, 정부, 비영리조직 등 외적인 활동인자들과의 협동적인 노력을 해야 한다.

자유시장 시스템을 사회생태적 시장시스템으로 발전시키기 위해서는 내적으로부터 외적인 시각에 따라 마케팅을 변환시킴으로써 사건행동적이며 지속가능성으로 향할 수 있으며, 지속가능성 경제 속에서 지속가능성 마케팅이 그 본연의 역할을 수행할 수 있도록 해야 한다.

시스템적 사고 그리고 시스템의 안정성의 관점에서 환경적 질을 낮추지 않고 지구를 유지, 보존하기 위해서는 정부, 기업, 소비자들 간에 진화 · 발전이 이루어져야 하며, 그렇게 하기 위해서는 미래를 위한 경제, 기업 및 마케팅에 대한 새로운 접근방법이 요구되는데, 그 접근방법은 지속가능적이 되어야 한다.

선진국가의 선진기업들 그리고 비영리단체 및 정부들의 지속가능성에 대한 노력 및 추진과는 대조적으로 한국의 기업들은 친환경, 녹색, 그린, 자연환경, 자연보호 등을 강조하고 있지만, 그 실천적인 결과는 아직까지도 미미한 수준에 그치고, 가시적이며 전시효과적인 모습만을 보이고 있는 것이 현실이다.

물론 일부 기업들이 ISO 14000 인증을 획득하고 실천하고 있기는 하지만, 소비자의 라이프스타일을 변화 · 개선 그리고 사회전체적 측면에서의 사회적 마케팅의 전개, 사회적 기업의 창업과 관리 등에서 너무나 낮은 수준에 머물러 있어, 지속가능성이라는 용어 자체가 아직은 부끄러운 처지에 있음을 부정할 수 없다. 물론 정부차원에서의 지속가능성 발전도 역시 초보단계에 있지만, 작금의 세계적인 현실에서 볼 때 결코 간과하거나 무시해 버릴 수 없는 것이 지속가능성이라는 것을 명심해야 할 것이다.

지속적이며 꾸준한 노력과 막대한 투자와 긴 시간 그리고 가장 어려운 것으로 우리들 의식구조의 변화 즉 편리함을 포기할 수 있는 의지와 인내가 우선되어야 할 것이다. 현재 우리의 존재도 중요하지만 우리의 다음 세대를 위한 하나뿐인 지구 속에서 주류를 이루는 마케팅을 반성하여 새로운 지속가능성 지향적인 마케팅 식견을 깨닫고, 새로운 마케팅 패러다임을 창조하는 것이 우리의 커다란 도전적인 과제임을 터득해야 할 것이다.

본서는 Frank-Martin Belz와 Ken Peattie의 Sustainability Marketing-A Global Perspective를 완역한 것으로, 마케팅에 대한 새로운 패러다임인 지속가능성 식견을 제시하는 것이므로, 대학에서 경영학 및 환경관리를 공부하는 대학생, 마케팅 조사 및 기업의 지식기능 근무자 그리고 기업의 마케팅 관리자들이 탐독해야 할 기본서이다.

옮긴이는 본서의 지은이들이 시사하려는 내용을 독자들이 쉽게 이해할 수 있도록 노력하였으며, 표, 그림, 예제 등을 포함하여 원서의 내용을 빠짐없이 독자들에게 전달하기 위해 심혈을 기울여 번역하였다. 그러나 옮긴이의 부족함으로 인해 원서의 의미를 잘못 번역, 전달함으로써 독자들에게 누를 끼치게 됨은 모두 본인의 잘못임을 밝힌다. 물론 독자들도 옮긴이의 잘못된 점을 너그럽게 이해하고, 충고를 한다면 앞으로 더 발전할 수 있는 기회가 될 것이다.

본서를 번역할 수 있도록 허락해 준 (주)지필미디어 고현희 사장님을 포함하여 임직원들에게 감사드린다.

끝으로 세 가족을 거느리느라, 정신적, 육체적으로 너무나 힘들었지만 끝까지 가정의 건강과 화목을 지켜주고 또한 모든 것의 희망이었던 자리를 과감하고 냉철한 이성으로 버리고 지금의 자리로 바꾸면서도 괴로움과 허탈함을 마음속으로만 껴안고 본서가 나올 수 있도록 헌신적으로 도와준 아내 혜정에게 감사하다는 마음을 전하고 싶다. 또 다른 더 큰 목표를 위해 힘들고 고된 직무를 선택하여 열심히 매진하고 있는 조금은 무정한 아들 영삼, 영삼의 곁에서 내조하며 격려해주는 영삼의 아내, 연진, 그리고 귀여우면서도 천진한 웃음을 주는 손녀 채영, 깜짝 놀랄 수술로 우리에게 걱정을 주기는 하였지만 우리들 모두에게 건강한 웃음과 즐거움을 선사하는 외손자인 이결과 이협, 아마도 가장 정신적으로 경제적으로 어려웠고 보금자리까지 옮겨야 하는 힘든 여건속에서도 두 아들을 건강하고 지혜롭게 키우고 열심히 생활하는 무뚝뚝한 사위 범규와 이제 조금은 여유를 되찾아가고 있는 딸 주연 모두에게 고마움을 전한다.

이 책은 나의 사랑하는 가족, 나의 직장 동료 교수님과 제자들, 그리고 나에게 귀중한 연구의 기회를 준 (주)지필미디어의 귀중한 산출물임을 기억하고 있다.

2011. 7
까치산 기슭, 봉천동 아파트에서
윤 훈 현

차례

머리말 • iii

옮긴이 머리말 • ix

PART I 지속가능성과 마케팅에 대한 이해 1

제1장 21세기의 마케팅 3

1. 매우 짧은 역사를 가진 세계 5
2. 20세기-세계를 변환시킨 세기 6
3. 21세기의 도전적인 문제들 8
4. 지속가능한 발전-변환을 향해 14
5. 마케팅 사고의 진화발전 15
6. 미래의 마케팅 18
7. 지속가능성 마케팅으로 향함 20

제2장 지속가능성 마케팅 구성 25

1. 마케팅의 진화발전 27
2. 지속가능성 마케팅의 출현 29
3. 지속가능성 마케팅의 구성요소 33
4. 기업의 사회적 책임(CSR) 37

PART II 지속가능성 마케팅 기회의 개발 45

제3장 사회-생태적 문제들 47

1. 거시적 수준에서 사회-생태적인 문제들 49
2. 원천 55
3. 흡수 57
4. 미시적 수준에서 제품의 사회-생태적 영향 58
5. 매체의 역할 67

제4장 지속가능한 소비자 행동 75

1. 지속가능성과 소비 77
2. 소비과정 78
3. 지속가능한 소비자 행동을 이해함 81
4. 전후관계에서 지속가능한 소비 82
5. 주요한 소비 전후관계 86
6. 지속가능성을 위한 소비자 행동 87
7. 지속가능성을 위해 소비자 행동을 이용함 95

PART III 지속가능성 마케팅 표준과 전략수립 105

제5장 지속가능성 마케팅 가치와 목표 107

1. 지속가능성 마케팅: 기본적인 가정과 가치관 109
2. 지속가능성 마케팅 가치관 116
3. 지속가능성 마케팅의 목적 122

제6장 지속가능성 마케팅 전략 131

1. 마케팅 전략과 지속가능성 134
2. 마케팅 환경의 이해 135
3. 지속가능성 마케팅 전략 142
4. 지속가능성 혁신 147
5. 지속가능한 전략적 관계 150
6. 지속가능성 전략에 대한 중요한 이슈를 확인 · 규명함 152

PART IV 지속가능성 마케팅 믹스 수립 159

제7장 고객 해결방법 161

1. 마케팅 근시안 163
2. 고객의 구매(구매 후)에 대한 문제해결 164
3. 고객 사용에 대한 해결방법 167
4. 고객의 사용 후에 대한 해결방법 173
5. 고객을 위한 문제해결을 제공하는 복합적 시스템 접근방법 174
6. 지속가능성 상표화 175

제8장 커뮤니케이션 189

1. 커뮤니케이션의 모호한 양면 가치 192
2. 전후관계 상황에서의 지속가능성 마케팅 커뮤니케이션 193
3. 지속가능성 제품 커뮤니케이션 195
4. 지속가능성 마케팅 메시지 202
5. 소비과정을 통한 커뮤니케이션 204
6. 지속가능성 제품 주장에 대한 진실성 205
7. 지속가능성 기업 커뮤니케이션 208
8. 송신자(커뮤니케이터)로서의 소비자 211

제9장 고객 비용 219

1. 총고객비용: 소비자 시각 221
2. 총고객비용: 마케팅 기업의 시각 225
3. 가격시스템의 본질 239

제10장 편리성 247

1. 소비와 편의성 249
2. 구매에서의 편리성 251
3. 구매에 있어 지속가능성과 편리성을 전달함 257
4. 사용상에서의 편리성 259
5. 사용후에서의 편리성 261
6. 온라인의 편리성 263

PART V 지속가능성 마케팅의 미래를 개발함 269

제11장 지속가능성 마케팅의 변환 271

1. 지속가능성 마케팅 변환: 외적-내적 시각 273
2. 지속가능성 마케팅 변환: 내적 시각 280
3. 지속가능성 마케팅 변환: 내적-외적 시각 285

제12장 지속가능성 마케팅의 재구성 295

1. 지속가능한 마케팅을 재고함 297
2. 사회적 마케팅과 지속가능성 299
3. 보다 지속가능한 경제로 향함 303
4. 지속가능성 미시마케팅으로부터 지속가능성 거시마케팅으로까지 306
5. "한 개의 지구"로 형성된 경제로 향함 309

찾아보기 • 315

  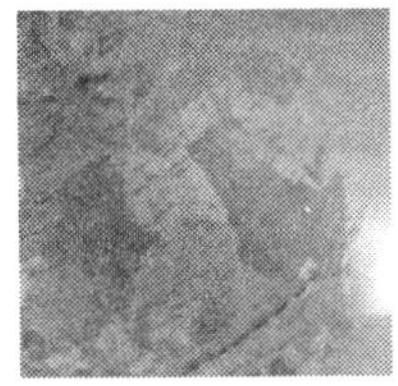

I PART

지속가능성과 마케팅에 대한 이해

제1장 21세기의 마케팅

제2장 지속가능성 마케팅 구성

21세기의 마케팅

1
CHARTER

학습 효과

1. 20세기의 유산이 21세기의 사회에 대한 도전적인 문제 그리고 마케팅에 대한 원리 · 원칙을 조성한 이유를 이해함.
2. 지속가능한 발전의 기본적인 개념과 주요한 원리 · 원칙을 설명함.
3. 현대적인 주류를 이루는 마케팅이 진화 · 발전함에 따라 현대적이며 주류는 이루는 마케팅이 지속가능성에 대해 나타나고 있는 관심사에 의해 도전적인 과제가 되고 있는 이유를 분석함.

고찰내용 개념의 시연

본 장은 세계와 마케팅의 짧은 역사를 통해 지속가능성 마케팅에 대한 역사적 배경을 탐구한다. 특히 20세기 동안 사회 및 경제적 활동의 진화 · 발전은 이 지구의 환경 시스템과 이 사회의 미래적 복지와 번영을 위협하는 사회적 및 환경적 결과를 창출하고 있다. 지속가능한 발전은 사회적인 정의 그리고 환경적 질의 보호와 함께 경제적 번영을 균형화하려고 노력하는 인간의 진보 · 발전에 대한 한 가지 대안적인 접근방법이다. 본 장은 마케팅의 진화 · 발전 그리고 마케팅의 진화 · 발전이 사회적 및 환경적 이슈들에 대해 주의를 기울이는 방법에 대해 설명한다.

지속가능성 마케팅 이야기 Sustainability marketing story

해적과 거대기업

"우리는 우리 자신들을 해적이라고 전혀 생각하지 않는다." "우리는 영해에서 불법적으로 조업하고, 우리의 영해에서 쓰레기를 버리고 또한 무력을 행사하는 사람들을 해적이라 생각한다."고 *New York Times*지와의 면담에서 소말리아 해적들의 대변인인 Sugule Ali는 주장하였다. 그 면담은 2008년 9월 25일 소말리아 해안에서 300km나 떨어진 곳에서 납치당한 우크라이나 화물선인 *Faina* 호 선상에서 위성전화로 이루어진 것이다. 소말리아에서 해적은 매우 고도로 조직화되어 있으며 또한 몸값을 근거로 하여 수지맞는 사업이 되고 있다. 2008년 한 해만에도 소말리아 해적들은 요트에서부터 유조선에 이르기까지 30여 척 이상을 납치하였으며, 또한 대개의 경우 해적들은 선박과 선원들을 풀어주는 조건으로 수백만 달러의 몸값을 받았다.

소말리아 중앙정부의 붕괴 그리고 1990년대 초 내분이 시작된 이후, 해적들은 국제 선단에게 지속적인 위협이 되고 있다. 해안선에는 경비함에 없으며 또한 참치가 풍부한 소말리아 바다는 세계 각국의 어선들로 이미 넘치고 있었다. 그후 소말리아의 어부들은 스스로 무장을 하고 소말리아의 바다를 이용하는 댓가로 "세금"을 요구하면서 불법적인 어선들에 대처하고 있다. "그로 인해 소말리아의 어부들은 탐욕스러워졌으며, 그들은 모든 사람을 공격하기 시작하였다"고 케냐(Kenya)의 소말리아 대사인 Mohamed Osman Aden은 말한다. 2000년대 초, 상당수의 어부들이 자신들의 연락망을 통해 기관총을 거래하고 또한 자신들이 나포할 수 있는 선박, 즉 요트, 유조선, 심지어는 인도주의적인 도움을 주는 UN이 운영하는 선박까지도 피납하고 있다.

수백만명의 소말리아인들은 식량원조에 의존하고 있다. 소말리아는 세계에서 가장 빈곤한 국가로서, 연간 개인당 소득이 약 600달러(433유로 달러)이다. 2008년, 인구 중 70% 이상이 일일 2달러(1.44유로 달러)의 저소득으로 살아가고 있다. 빈번한 해적의 공격은 인도주의적 지원을 제공하는 것을 위협하고 있다. "오늘날 해적들은 영화에서나 볼 수 있는 낭만적인 이미지를 가지고 있다. 그러나 해적이 나오는 영화는 생존을 위해서 식량지원에 의존하고 있는 소말리아에서 내부적으로 추방된 사람들이 살아가는 곳에서 타격을 받고 있는 사람들의 입장에서 볼 때 그렇게 멋지지가 않다."고 *World Food Programme*의 최고지도자인 Josette Sheeran은 말한다. 소말리아 난민들의 어려운 처지에 대해 불쌍함을 느끼기는 하지만, 우리는 역시 한 때 어부이었던 해적들을 동정해야 할 것인가?

2008년 동안, 외국 선박을 납치하는 소말리아 해적들의 불법적인 행동들은 세계적인 원성을 자아내고, Suez 운하와 Aden만을 통해 정기항로를 이용하고 있는 많은 국가들의 경제에 대해서는 도전적인 문제가 되고 있다. 자주 불법적으로 자연자원을 체취하고 파괴하는 외국선박들에 대한 또 다른 이야기의 이면에는 통상 많은 매체나 정부의 무관심 속에서 모든 것들이 소비자의 요구를 충족시킨다는 미명하에 행해지고 있다. 매체나 정부는 해적들의 활동을 용서하거나 용납하지 않고 있다. 그러나 그 공동체들이 한 동안 의존하였던 자연자원의 고갈에 대해서는 기껏해야 일 부분만이 설명되고 있다.[1]

불법적이고, 보고되지 않고 또한 규제를 받지 않고 있는 어업은 세계적인 어획고의 고갈 그리고 해양자원을 과도하게 남획하는 중요한 기여요인이다. Food and Agriculture Organization(FAO)에 의하면, 어부의 52%가 이미 거의 착취당하고 있으며, 17%는 과도하게 착취당하고, 7%는 결핍상태에 있다. 1970년대 이후, 결핍상태와 과잉착취를 당한 어부들이 극적으로 증가하고 있다. 세계의 총어획고는 1950년 1,900만 톤에서 1989년 1억 톤으로 그리고 2005년 1억 4,200만 톤으로 점진적으로 증가하고 있다. 인류가 점차 해양을 고갈시키고 있다는 증거를 제공하는 조사연구의 결과가 생산량의 수치와 일치되고 있다. 즉 대규모로 약탈한 어류 중 90%가 이미 세계의 해양과 해양 공동체에서 없어지고 있다. 고래와 상어가 멸종위기의 어종으로 이미 인식되고 있는 한편, 등푸른 참치와 대구와 같은 몇몇 상업적인 생선들도 역시 멸종위기의 어종으로 WWF의 명부에 등재되어 있다.

소비재를 생산하는 거대기업으로 연간 400억 유로 달러의 판매고를 가진 Unilever사는 20만 명을 고용하고 또한 100개국 이상에서 사업을 하고 있다. 2006년까지 Unilever사는 세계적으로 가장 규모가 큰 어류처리가공기업 중의 하나이다(냉동어류 사업단위가 2006년 어떤 투자기업에 매각되었다.). 남획과 어류고갈의 위기에 직면하여 Unilever사는 1997년 Marine Stewardship Council(MSC)를 조성하기 위해 WWF와 협력하였다. MSC는 소비자들에게 선택할 수 있도록 어획고를 인증하고 또한 생태표찰을 이용함으로써 지속가능한 어업권 실행을 촉진하는 세계적인 비영리조직이다. 푸른색의 MSC표찰은 자연에서 잡은 어류가 책임을 지며 또한 지속가능한 방식으로 관리되는 해양자원에서 산출되고 있다는 사실을 소비자들에게 알리고 있다. Wal-Mart사가 지속가능한 어류로 변경하였을 때, MSC 프로그램이 주류가 되었다. 2006년, 이 거대한 소매상은 3년내에 오직 MSC가 인증한 신선하고 냉동된 수산물만을 원천으로 할 것이라고 발표하였다. 이러한 약속과 몰입은 공급업자 및 소비자들 모두에게 분명한 신호이었는데. 이로 인해 공급업자와 소비자들은 지속가능한 어류에 대한 공급과 수요에 있어 엄청난 성장을 초래케 하였다. 즉 35개의 어류가 2008년 MSC에 인증을 받았는데, 2005년에는 14개이었으며, 100개 이상의 어류가 심사 중에 있다. 이에 추가하여, 2008년 1700개의 MSC 인증 수산물들이 이용되고 있는데, 2005년에는 300개 정도이었다. 푸른색의 MSC 표찰이 부착된 수산물의 소매가치는 2007/2008년에 약 10억 달러(7억 2,100만 유로 달러)에 이르고 있다.[2]

1 매우 짧은 역사를 가진 세계

우리가 알고 있는 세계는 2가지 유형의 시스템으로 조성되어 있다. 지구상의 모든 생명체가 의존하고 있으며 또한 45억 년의 지구 역사 동안 진화 · 발전하는 자연환경 시스템이다. 이 시스템에는 바위와 흙을 형성케 하는 밑거름이 되고, 물을 공급하며 기후를 조절하는 시스템, 그리고 생명을 유지하는 방법으로 지구상에 공존하는 자원과 종(species)을 통합하는 생태 시스템이 포함된다. 역시 약 20만년 동안 존재하는 것으로 지구에서 보다 최근에 진화 · 발전된 종의 하나로서 인간이 창조한 시스템이 있다. 과거 10,000년은 농업, 정치, 경제, 교육, 문화 및 기술과 같이 새롭게 인간이 만든 시스템이 나타나고 있음을 보여주고 있다.

인류가 진화 · 발전함에 따라 지구와 인간과의 관계도 변화하고 있다. 사냥꾼과 채집자로서 당초 하나의 종으로서 인간은 많은 생태 시스템의 통합된 부분을 형성하였으며 또한 식품, 물, 집과 약을 마련하기 위해 생태 시스템에 직접 의존하였다. 기원전 8500년부터 7000년 사이에 농업의 진화 · 발전으로 인간은 다른 종을 이용함으로써 자신들의 환경을 형성하였으며 또한 자신들의 욕구를 충족시키기 위해 생태 시스템을 신중하게 변경하고 관리하였다. 농업에 의해 제공되는 식량의 과잉생산으로 영구적인 정착의 계기를 마련하고 또한 사람들 간의 보다 독특한 기술과 역할이 가능케 되었다. 도시 그리고 저술과 같은 혁신으로 문명이 나타남에 따라 인류는 우리가 살고 있는 세상 그리고 인류가 일하는 방법에 대한 지식을 탐구하고 축적하며 또한 커뮤니케이션하기 시작하였다. 18세기 동안 산업혁명으로 인해 나타난 기술과 결합함으로써 유발된 계몽운동(Enlightment)에 의한 과학적 지식으로 인간은 전례가 없을 정도로 자신들의 환경을 변화시키고 통제하기 시작하였다. 과거 2세기 동안 개인으로서 우리가 자연환경에 직접 의존하고 또한 경험한 것은 우리 선조들이 의존하고 경험한 것과 비교해서 낮아지고 있다. 그러나 전체적으로 볼 때, 우리들은 우리의 선조들이 결코 생각할 수 없었던 방법으로 환경을 변경시키는 힘을 개발 · 발전시키고 있다. 자연의 시스템 그리고 계절의 주기적인 순환과 한계가 인간의 행동을 제시하고 또한 사회가 조직화되는 방법을 제시하는 경우에, 현재의 과학과 기술은 의도적으로 또는 우연하게 이러한 주기적인 순환과 한계를 변화시킬 수 있었다.

세계 전역에서 사회 시스템의 진화 · 발전을 결정하였던 그리고 인류와 지구간의 관계를 결정하였던 영향 요인들의 융합은 시간이 지남에 따라 변화하고 있다. 수 세기 동안, 정치와 기술은 특히 전쟁과 결합될 때에 변화에 대한 중요한 추진요인이었다. 최근 세기 동안, 특히 기업과 상거래를 통해 변화 · 발전하고 있는 기술과 결합될 때에 경제는 역시 중요하였다. 종교, 민주주의, 윤리 및 개인적 책임과 관련되는 아이디어와 신념들도 종교, 민주주의, 윤리 및 개인적 책임을 분명하게 말하고 옹호하였던 사람들과 어울림으로써 역시 중요하게 되었다.

21세기 동안 여러 방식으로 결합되고, 적용하고, 이용하며 또는 어느 경우에는 앞서 존재하였던 것을 대체하는 변화에 대한 새로운 추진요소가 나타났다. 이 새로운 변화의 추진요소를 마케팅이라고 한다. 세상을 형성할 수 있는 하나의 힘으로 마케팅을 일식하는 것은 마케팅 기업(관리자)의 측에서 볼 때 권력의 확대 그 이상이 전혀 아닌 것처럼 보일 수 있다. 그러나 지구상에서 가장 부유한 사회의 대다수를 구성하는 자유로운 소비자 민주주의에서, 우리는 우리가 소비하는 제품들이 우리를 위해 시장에 출시되고 있다는 생각을 잘 알고 있다. 두드러지지는 않지만, 역시 마케팅 과정은 우리가 받아들이고자 하는 정치지도자 그리고 그들이 추구하고자 하는 정책을 결정한다. 점진적으로 마케팅은 우리가 저축하고자 하는 곳, 우리가 배우러 가는 곳, 우리가 휴가를 가려고 방문하는 나라, 우리가 지원하는 자선적 대의, 우리가 매체를 통해 노출되는 정보, 우리가 자신의 건강을 돌보고자 하는지 또는 일정 범위의 사회적 창의성을 지원하느냐를 결정하는데 도움을 주고 있다.

2 20세기–세계를 변환시킨 세기

20세기 동안에 발생한 이 지구상의 변화의 규모와 범위는 많은 분야에서 과거 천년 동안의 변화를 능가하였다. 인구수는 1830년대에 10억 명을 넘어섰고 또한 20억 명으로 두 배가 되는데

100년이라는 시간이 소요되었다. 20세기 동안 인구는 2000년에 이르러 3배 이상이 되어 60억명이 되었다.[3] 이러한 인구증가는 평균적으로 세계적인 기대수명을 높이는 의학의 발전에 의해서 그리고 부분적으로 세계적인 식량생산을 확대케 하는 농업에 있어서의 "녹색혁명"에 의해 추진되었다. 역시 20세기는 세계대전의 시대, 비행기의 시대, 우주개척의 시대, 대중여행의 시대, 컴퓨터화된 정보기술의 시대, 저렴하고 풍부한 기름의 시대 그리고 "위대한 자동차 경제"의 시대이었다. 또한 20세기는 식민제국의 종말 그리고 보다 세계화된 일반적인 문화와 지구촌의 개념이 성장함을 보여주는 시대이었다. 그러나 아마도 가장 위대한 변화는 물질적인 부의 측면에서 전혀 전례가 없는 확대이었다. 20세기는 소비의 민주화(democratization of consumption), 그리고 대중시장의 부상을 보여주었으며 또한 20세기는 세상을 형성하고 변화시키는 하나의 힘으로 부상하고 있는 마케팅을 보여주었다.

20세기 동안 지배하여 왔던 페러다임이나 사고방식은 몇 가지 중요한 아이디어에 바탕을 두고 있다. 첫 번째는 경제성장으로서, 경제성장은 인류를 위한 삶의 질을 개선향상하는데 전제조건이었으며, 또한 환경보호에 대한 필요성이나 빈곤과 같은 도전적인 문제들이 표출되어질 수 있는 부를 창출하는데 필요한 것이다. 두 번째는 급속하게 확대되는 세계적인 인구와 경제에 의해 발생되는 쓰레기와 오염의 발생 그리고 자원의 이용과 관련되는 물질적인 문제들이 과학과 기술의 응용(간혹 "독창적인 견해"라고 불리움[4])을 통해서 해결될 수 있다는 신념이다. 20세기 말에, 인류는 유전자를 조작하고, 건설적 또는 파괴적인 목적을 위해 원자력을 이용하고 또한 나노로부터 행성간의 거리에 이르는 엔지니어링 프로젝트에 착수할 수 있는 능력을 개발 · 발전시키고 있다. *Science as Salvation*이라는 책에서[5], Mary Midgeley는 우리의 문제를 해결하기 위한 과학에 대한 믿음이 과거 수 세기 동안의 서구사회에서 널리 퍼져있었던 신의 조정에 대한 믿음을 거의 대체하였음을 제시하였다. 세 번째 중요한 아이디어는 시장은 부족한 자원을 분배하는 가장 효과적인 방법이었을 뿐만 아니라 과거에는 국가를 통해 제공되었던 많은 사회적인 서비스와 이점(혜택)에 대한 준비를 다루고 또한 경제 및 인구성장에 의해서 창출되는 많은 사회적(및 환경적) 결과를 처리하는 가장 효과적인 방법이라는 신념이었다. 동구유럽에서 공산주의 경제가 몰락하고, 국가 소유의 기업들이 실패하고 또한 고객들의 욕구를 충족시키는 정부서비스 제공자들이 실패됨으로써 사회의 욕구를 충족시키기 위해 사기업과 시장의 역할을 크게 강조하게 되었다. 특히 20세기의 과거 수십 년 동안 우리 사회의 상당부분이 시장에 의해 조정관리가 되어가고 있으며, 따라서 시장의 상당부분이 마케팅에 의해 영향을 받게 되었다.

특히 기술과 시장을 응용함으로써, 경제성장을 추구하는 것에 기반을 둔 인간의 개발 · 발전을 관리하는 것에 대한 접근방법을 성공으로 판단하는 많은 증거가 있었다. 간단히 말해서 금세기의 과거 30년 동안 많은 개발도상국의 수명기대치가 20%까지 높아졌으며, 유아 사망률은 반으로 감소하였고, 식품생산률은 인구성장보다 증가하도록 관리되었으며, 소득과 문맹률이 향상되었다. 결국, 과거보다도 많은 사람들이 상대적으로 편안하고, 안전하며 자유스러운 삶을 영위하고 있다는 사실에 기초하여, 20세기의 프로젝트는 분명한 성공으로 판단되어질 수 있다. 그러나 이러한 성공에도 불구하고 많은 사회적 문제들이 무척 다루기 힘들며, 어떤 문제들은 더욱 더 나빠지며 또한 새로운 사회적 및 환경적인 도전적 문제들이 나타나고 있다는 사실에 대해 현재의 정치적 및 기업의 접근방법에 대해 비난하는 사람들이 혹평하고 있다.

3 21세기의 도전적인 문제들

새로운 세기 즉 새로운 1000년대의 시작인 2000년은 이 세계의 상태 그리고 인류를 위한 미래의 번영을 나타낼 수 있는 기회를 제공하였다. Millennium Development Goals[6]을 수립하고 또한 Millennium Ecosystem Assessment[7]를 수행하기 위한 UN의 프로젝트들은 재평가의 계기를 마련하는 징후이었다. 20세기의 급속한 인구성장, 기술변화 및 전례 없는 경제성장 모두가 결합하여 아래와 같이 새로운 세기 동안 많은 도전적인 문제를 제기하고 있다.

- 인구: 2000년, UN은 세계인구가 최근 60억 명을 초과하였으며, 연간 1.14%(약 7,500만 명)[8] 증가하고 있다고 예측하였다. 현재의 성장추세에서 볼 때 세계인구는 2050년에는 약 90억 명에 달할 것으로 예상된다. 2000년 이후 5년 동안 이뤄진 인구성장의 95% 이상이 아시아, 아프리카 및 라틴 아메리카에서 이루어졌다.
- 빈곤: 20세기 동안 전례 없는 규모의 경제성장은 빈곤을 줄이는 관점에서 중요한 영향이라고 논리적으로 간주될 수 있다. 그러나 거의 30억 명이 일일 2달러(1.44유로 달러) 미만으로 살아가고, 30,000명 이상의 어린이들이 직접 빈곤으로 매일 죽어가고 있는데,[9] 그것은 지속되고 있는 도전적인 문제로 보인다. 새로운 2000년대에 태어난 10억명 이상이 글을 읽을 수도 없거나 또는 자신의 이름을 쓸 수도 없다.[10] UN 사무총장이었던 Kofi Anan은 International Day for the Eradication of Poverty in 2000의 연설에서, "세계인구의 거의 절반이 일일 2달러 미만으로 살아가고 있으며, 그러나 이러한 통계까지도 이 세계의 가난한 사람들의 매일매일의 운명이 되고 있는 굴욕, 무기력 및 야만적 고난 등을 파악하지 못하고 있다."고 언급하였다.
- 건강: 건강은 삶의 질의 기본적인 결정요인 중의 하나인데, 건강기술과 공중위생의 실행에 있어서의 개선 · 발전이 20세기 동안 대부분의 국가에서 기대수명치를 높이고 있지만, 수많은 건강관련 문제들은 세계적으로 삶의 질을 계속적으로 위협하고 해치고 있다. 계속해서 사망의 대부분을 차지하는 치료가능한 질병들에는 결핵(2000년의 사망자 수가 약 350만 명으로 추정), 학질(약 100만 명으로 추정) 등이 포함된다.[11] 비교적 선진부유한 국가에서 발생하는 건강상의 도전적인 문제는 질병보다는 라이프스타일과 보다 연관되는 경향이 있는데, 특히 비만율 및 정신건강 혼란의 증가에 대한 관심사이다.
- 도시화: 도시에로의 인구이동, 그리고 도시에의 인구증가는 20세기의 중요한 추세인데, 2000년에 세계인구의 반 정도가 도시거주자이었다. 1,000만명 이상의 거주자로 구성된 소위 대

도시의 수가 증가되고 있는데, Tokyo, New york, Mexico City, Buenos Aires, Mumbai, Sao Paulo 및 Karachi 등이 있다. 출생과 이주라는 추세에 기초하여 UN은 20억 명의 사람들이 2030년에는 슬럼가에 살게 될 것이라고 추정하고 있는데,[12] 이것은 건강 및 빈곤과 연결되는 미래의 도전적인 문제에 대한 심각한 시사점을 제시한다.

- **최정점에 있는 기름**: 20세기의 경제성장의 근원이 되는 화석연료, 특히 원유는 유한한 자원이다. 기존의 화석연료 자원은 원유의 산출이 최정점에 도달하는 시점에 이르러 고갈될 때 공급이 감소되고 또한 가격이 높아지게 될 것인가에 대해서는 상당한 논쟁이 있다. "비전통적"이며 현재에는 비경제적인 자원을 탐구 · 탐사하는 새로운 발견과 기술로 인해 석유자원의 보존이 확대될 가능성이 있다. 그러나 중국 및 인도와 같이 급속하게 산업화하는 대규모한 경제에서 발생하는 원유에 대한 증가하는 수요는 역시 아주 빠르게 새로운 공급량을 흡수해 버린다. 2008년 동안 세계적인 원유가격은 처음으로 베럴당 100달러(72유로 달러)에 이르렀으며, 그 후 2번이나 새롭게 최고가격(147달러 = 106유로 달러)을 갱신하였으며, 거의 5년만에 낮아졌는데(37달러 이하 = 26.70유로 달러), 그것도 6개월만 지속되었다. 그러한 가격의 변화성은 북아메리카 및 유럽에서 널리 확대되고 있는 기존의 "교외생활" 패턴의 장기적인 실행가능성에 대한 관심을 불러 일으켰다. 우리들이 일하는 곳, 거주하고 소비하는 곳이 지리적으로 거리가 멀고 또한 널리 보급된 자가용 자동차의 소유에 의존하며 또한 일, 거주 및 소비를 연결하기 위해 사용하고 있는 도시개발은 20세기의 후반기에 하나의 규범이 되었다. 석유가격이 2008년 중엽의 수준으로 되돌아가는 경우, 현재 미국의 대부분에서 멀리 떨어져 있는 공동체들이 자급자족이 안되는 시대에서 생존할 수 있을까 하는 것이 관심거리가 되고 있다.
- **생태 시스템 손상**: 2005년 UN의 Millennium Ecosystem Assessment에 대한 결과가 발표되었는데,[13] 그 평가는 자연환경의 건강상태, 자연계에 대한 인간들의 개발에 의한 영향 그리고 생활을 지원하고 "생태 시스템 서비스"를 제공할 수 있는 자연계 등을 평가하는 4년간의 조사프로젝트의 결과이다. 이러한 생태 시스템 서비스에는 주거, 의류 및 기타 제품을 생산하기 위한 목재 및 섬유와 같은 물질, 식품, 물, 연료를 제공하는 것이 포함된다. 역시 생태 시스템은 기후와 온도를 조절하고, 홍수와 질병을 막고 또한 수질과 쓰레기를 관리함으로써 이점(혜택)을 제공한다. 역시 생태 시스템은 레크리에이션, 건강 및 정신적 이점을 통해 우리의 복지에 기여한다. 위에 제시된 프로젝트의 조사결과는 세계적인 생태 시스템 서비스의 60%가 하락하였으며, 종의 감소(멸종율)가 "자연적"인 원인율보다 100~1000배 정도에 달하고 있음을 보여주었다. 예를 들어, 20세기 중 과거 20년 동안, 맹그로브(홍수림:mangrove)의 약 35%가 소실되었는데, 허리케인으로 인한 피해로부터 해안선을 보호하기 위해 마련된 보호방침이 없어짐으로써 그렇게 되었다. UN의 평가에 대한 전반적인 결론이란 20세기 후반기 동안의 전대미문의 경제성장이 이 지구상의 생명체의 다양성에 대해 실질적이며 거의 역행할 수 없는 손실을 초래하였으며 또한 인간 복지와 경제성장으로 획득한 것들이 많은 생태 시스템 서비스의 붕괴로 인해 비용의 증가를 가져왔으며, 어떤 집단의 사람들에게는

빈곤의 악화를 초래케 하였다는 것이다. 발표가 되지 않았다면 이러한 문제들은 미래의 세대들이 생태 시스템으로부터 획득하게 되는 이점(혜택)을 실질적으로 감소시킬 것이다.[14]

- **식품**: 농업생산성이 발전·증가함에도 불고하고 2000년대 동안 후진국의 약 8억 명들이 아직까지도 만성적인 영양실조의 상태에 있다.[15] 과거 100년 동안 농업생산성의 확대는 주로 기름에 바탕을 둔 인조 비료의 사용에 크게 의존하였다. 석유가격의 인상, 바이오 연료와 같은 용도를 위해 농토를 경쟁적으로 이용함, 극심한 기후 그리고 인도 및 중국과 같은 국가들로부터의 증가하는 수요 등 모두가 세계적인 식품가격을 인상케 하였다. 2008년 초까지 세계적인 식량보유량은 25년 이래 최저수준에 이르고 있다.
- **물**: 후진국의 약 10억 명 이상이 물에 접근하기가 어려우며, 26억 명이 기본적인 위생 및 하수처리의 혜택을 받지 못하고 있다. 사하라 아프리카의 경우, 물과 위생에 관련되는 비용은 GDP의 5%에도 미치지 못하고 있다(2003년 원조기금 및 채무면제용으로 제공된 금액을 초과함).[16]
- **기후변화**: 20세기의 경제성장 그리고 경제를 추진하였던 에너지의 상당부분을 제공하기 위해 화석연료를 소비하여 나타난 한 가지 결과는 대기중에 이산화탄소(CO_2)의 배출이었다. 태양으로부터 오는 에너지를 막는 "온실가스"(자연적인 과정과 인간의 활동에 의해 방출되는 메탄과 같은 다른 온실가스와 결합되어)로서, 이산화탄소는 잠재적으로 기후에 대해 치명적인 변화를 초래케 하는 지구의 기후 시스템을 점증적으로 붕괴시키는 방법으로 지구의 평균온도를 높이는 역할을 하고 있다.[17] 기후변화는 어떤 원인이나 또는 영향으로서 인류가 직면하고 있는 다른 많은 도전적인 문제들과 함께 엮어진 하나의 이슈가 되고 있다. 기후의 변화는 물 공급의 분배와 이용가능성 그리고 식품생산 시스템의 활용가능성에 대해 심각하게 영향을 줄 것이며, 또한 조절할 수 없는 종의 손실을 더욱 악화시키며 또한 손상되기 쉬운 생태 시스템을 더욱더 망치게 할 가능성이 있다. 기후변화의 가장 심각한 많은 영향은 후진국가에서 더욱 심각하며 또한 이러한 영향은 건강상의 문제에 대해 취약성을 증가시킬 가능성이 있다. 역시 높아지는 온도가 질병의 패턴과 확산에의 변화를 초래케 함으로써 건강은 북반구의 부유한 국가에서도 영향을 받게 될 것이다.

기후변화 그리고 그 기후변화가 세계의 대다수 인구의 미래의 삶의 질에 대해 그리고 미래의 경제성장에 대해 발생시키는 위험은 인류가 21세기의 초기 단계 동안 정치, 경제발전, 기업, 소비 및 라이프스타일에 대해 20세기식의 접근방법을 고수한다면 그 결과는 재앙이 될 가능성이 된다는 사실에 직면하고 있는 정치인, 기업가, 소비자 및 시민들에게 최근 충격을 주는 문제이다. 2006년, 기후변화의 경제에 대한 Nicholas Stern경의 보고서는[18] 거대한 모습으로 드러나고 있는 환경적 위기 그리고 인간에 대한 위기로 간단하게 보는 것이 아니라, 경제적인 조건에서의 도전거인 문제를 시험하였다. 그는 세계경제를 20%까지 강제적으로 축소시킬 수 있는 기후변화의 가장 심각한 영향을 경험하는 것을 피하기 위해서 우리는 세계의 연간 GDP의 1%를 투자할 필요가 있다고 결론을 내렸다.[19] Stern Report는 기후변화가 더 악화되지 않도록 우리가 예방하며 또한 예방될 수 없는 변화에 대해 조절할 수 있도록 조치하지 않는다면, 기후변화가 가장 거대하고 가장 광범위한 시장실패를 일으킬 가능성을 초래케 하는 것으로 묘사하였다.

기후변화에 대한 어떤 대응은 역시 그런 도전적인 문제에 대한 해결방법을 제공하기 위해 새로운 기술이나 시장 메카니즘에 지나치게 의존하는 것에 대한 한계를 시사한다. 기후변화에 의해 잠재적으로 재앙이 되는 영향에 대해 나타나고 있는 증거에 직면하여 기후에 대한 영향을 감소시키기 위해 제품 및 생산기술을 변화시키면서 현존하는 라이프스타일 그리고 소비와 발전에 대한 패턴을 상대적으로 변화되지 않도록 유지하는 대안적인 기술을 발전시키는 하나의 돌출방법이 있었다. 한 가지 중요한 예는 식물이 커감에 따라 탄소를 흡수함으로써 연료가 연소될 때 탄소중화 연료(carbon-neutral fuel)를 방출하여 발생되는 탄소를 줄이게 할 것이라는 기대를 가지고 바이오 연료를 이용하는 자동차로 전향하는 움직임이다. 이러한 아이디어는 특히 미국에서 옥수수에 바탕을 둔 에타놀에 대한 열정적인 촉진을 초래케 하였는데, 미국의 경우, Renewable Fuel Standard 법규는 2008년 동안 정유회사들로 하여금 전국적으로 연료공급시 90억 겔론의 바이오 연료를 혼합하도록 요구하였다. 바이오 연료에 대한 추진은 부분적으로 식품가격의 인상에 대한 책임을 몰고 왔는데, 식품가격은 멕시코 및 기타 가난한 국가들의 많은 도심 거리에서 폭동을 초래케 하였다. 바이오 연료의 환경적인 이점(혜택)은 역시 기름이 옥수수 생산을 증가시키고 가공처리케 하였으며 또한 그럼으로써 에탄올에 끼워맞추는 것이 기후변화에 대한 해결방법이라기보다는 어떤 기여적인 것임을 보여주는 연구를 통해 의문이 되고 있다.[20] 즉 에타놀 1L를 만들기 위해 약1,700L의 물이 소요된다. 바이오 연료의 이야기는 21세기의 도전적인 문제에 대처하는 것은 특별한 문제를 제시하는 개별적인 기술의 발전이나 특별한 유형의 시장을 통해서 성취되지 않는다는 사실을 보여준다. 그 대신에 우리는 보다 더 복합적인 방법으로 사회적으로 중요한 것 그리고 환경적인 영향을 고려하여 생산과 소비의 시스템과 특별한 기술의 경제적인 실현 가능성을 통합하는 사고에 대한 접근방법이 필요하다.

3.1 지속가능한 발전

1987년 UN의 World Commission on Environment and Development(노르웨이의 총리인 Gro Harlem Brundtland 박사가 의장으로 된 Brundtland Commission이라고도 함)은 *Our Common Future*라는 영향력 있는 보고서를 발표하였다.[21] 이 보고서는 미래 세대의 욕구를 충족시키기 위해 미래 세대의 능력을 손상시키지 않고 현재의 욕구를 충족시키는 것으로 지속가능한 발전에 대한 지속적으로 기억될 수 있는 요약내용을 제공하였다. 그 보고서는 자연환경, 인간의 복지 그리고 경제활동 간의 상호의존성을 인지하고 또한 위 3가지 요소들간의 극적인 균형을 수립하고 유지하기 위한 필요성을 인식하였다. 지속가능성의 주요한 원리 · 원칙이란 Brundtland가 정의한 것에서 분명하게 설명되거나 또는 그 정의에 의해서 암시 · 시사되고 있다.

- **욕구(needs):** "욕구"에 대한 그 Commission의 집중사항은 사회적 정의에 대한 관심사 그리고 생명중심적이라기보다는 인간중심적 견해를 보여준다. 인간중심주의 또는 인간중심성은 인간의 복지를 위해 필요한 것으로서 건강하고 지속가능한 환경의 유지를 조성한다. 즉 인간중심주의는 지구상의 다른 생명체에 대한 관심보다 더 높게 인간 그리고 인간의 욕구를 배치한다. 이와는 대조적으로, 생명중심주의는 모든 형태의 생명이 동일하게 가치가 있으며 또한 인간은 두드러져서는 안된다는 신념으로 통상 정의된다. 인간중심주의란 생태적 위기, 과잉인구 그리고 사람이 아닌 많은 종의 소멸에 대한 기본적인 원인이라고 환경보호주의자들은 규정한다.[22]
- **공평(공정:equity):** 그 Commission은 상이한 국가, 지역, 인종 및 연령집단 간의 그리고 성별 간의 경제발전에 의한 비용과 이점(혜익)을 보다 공정하게 배분하여 이루어진 발전을 주장하였다. 20세기의 경제성장은 가장 부유한 국가와 가장 빈곤한 국가 간의 격차를 좁히는데 실패하였다. UNDP(United Nations Development Programme)의 수치에 의하면, 금세기 전환기까지 전세계 선진국들내의 인구 중 가장 부유한 20%가 세계 자원의 86%를 소비하는 반면에, 세계인구 중 가장 빈곤한 20%는 지구자원의 14%를 소비하였다. 사람들 중 80%는 소득차이가 감소하기보다는 더 커지고 있는 국가에서 살고 있다.[23]
- **상호세대성(intergenerationality):** 그 Commission은 현재의 욕구와 미래 세대의 욕구 간의 균형을 추구함으로써 장기적인 관점을 취하고 있다. 미래성에 대한 이러한 원리 · 원칙은 기존 사람들의 욕구가 미래의 시민들, 소비자들, 투자자들 및 작업자 세대들의 욕구를 충족시킬 수 있는 우리들의 역량에 대해 균형되어야 한다는 것을 보장한다.
- **지구의 환경보호주의(global environmentalism):** 마지막의 원리 · 원칙은 우리의 생산 및 소비 시스템에 대해 자원을 제공하고 또한 환경이 제공하는 서비스 그리고 환경의 질을 손상시키지 않고 쓰레기와 공해를 처리할 수 있는 한정된 능력을 갖춘 복합적, 극적이며 또한 손상되기 쉬운 물적 시스템이 환경이라는 사실을 인지하고 있다. 지구상의 가난한 측의 반 이상이 생존을 위해 생태 시스템 서비스에 직접 의존하고 있으며, 그들의 소비 및 생산활동의 대부분이 화폐경제의 틀 밖에 존재하며, 따라서 대다수는 전통적인 경제발전의 견해와는 동떨어져 있어 거의 보여지지 않고 있다.

1970년대 동안 주장하였던 생태적 관심사와는 달리, 지속가능한 발전은 "제로성장"이라는 의제에 바탕을 두지 않고, 경제성장은 그 결과가 환경적 또는 사회적 위기를 초래하기 때문에 결코 자멸되지 않을 것이라는 사실을 고수하는데 바탕을 두고 있다. 이와 같이, 지속가능한 발전은 기업가, 정치인 그리고 압력단체들 모두가 시인하고 인정하는 개념 그리고 건설적인 대화가 이루어질 수 있는 관념적인 공간을 제공하였다. Brundtland Report에 의해 제공된 지속가능성에 대한 폭넓은 정의 그리고 기본적인 원리 · 원칙은 지속가능한 발전에 대한 많은 상이한 해석이 이루어지도록 하였다. 1992년까지 지속가능한 발전에 대해 약 70가지의 상이한 정의가 제시되었으며,[24] 그후 10년 이상 정의가 추가되었으며 또한 용어에 대한 빈번한 도용이 계속되

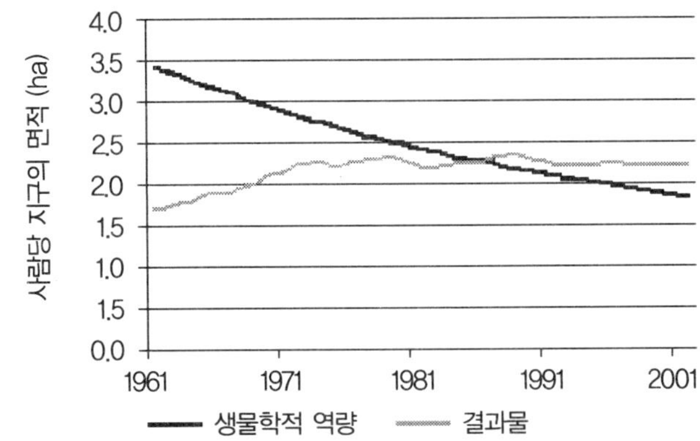

그림 1.1 생태적 결과(ecological footprint)대 세계적인 생물학적 역량(biocapacity)
자료원: Global Footprint Network, www.footprintnetwork.org(26 Decemver 2008)

었다.[25] 지속가능한 발전에 대해 제시된 상이한 많은 접근방법들은 자주 "하드한" 지속가능성(경제활동으로부터 환경을 보호함으로써 환경의 질을 보존하는데 집중하는 것) 그리고 "소프트한" 지속가능성(경제발전이 환경 및 사회적 한계 속에서 유지됨으로써 경제성장이 계속되어야 한다는 것을 확실히 하는 것에 집중하는 것) 간으로 나누어진다.

1990년대에 Brundtland Report는 인간경제의 규모와 본질은 이 지구가 물질적으로 유지할 수 있는 것을 초과해서는 안된다는 원리에 대해 폭넓은 정치적 및 기업적 지원을 획득하였다. 역시 그 Report는 이 지구의 한계가 무엇인가, 인간의 행동은 이 지구가 유지할 수 있는 것을 어떻게 그리고 언제 극복해야 하는가에 대한 의문사항을 이끌어내었다. 이러한 의문사항은 "생태적 결과화(eco-foot-printing)"에 대한 과학에 의해 최소한 부분적으로 해답을 얻을 수 있는데, 생태적 결과화란 우리(개인, 조직, 도시, 지역, 국가, 인간 전체)가 소비하는 자원의 수준을 계산하는 것이며 또한 자연이 토지, 물, 에너지 및 기타 자원의 조건하에서 제공하고 유지할 수 있는 자원을 소비자원과 비교하는 것이다. 인류를 위한 최초의 지구의 생태적 결과물(eco-footprint)은 1998년 WWF에 의해 발표되었다. 그 발표물은 1987년 Brundtland Report의 발표시기 즈음으로 인류가 사람수, 활동 및 라이프스타일을 무한정하게 지원할 수 있는 지구의 물질적 역량을 초과하기 시작하였음을 보여주었다.[26] 금전적인 측면에서 생각해 볼 때, 그 시점에서 우리들은 자연의 시스템에 의해 제공되는 "소득"을 초과하여 삶을 살아가는 것을 중지하였으며 또한 그 대신에 "자연의 자본"을 다 써버리고 그럼으로써 자연의 시스템의 생산적인 역량을 감소시키기 시작하였다. 21세기의 전환기에 인류의 생태적 결과는 지구의 지속가능한 생산적인 생물학적 역량을 20%까지 초과하였다(〈그림 1.1〉 참조). 경제발전의 본질을 변화시킨 필요성에 대한 폭넓은 의견의 일치에도 불구하고, 기존의 지배적인 사회적 패러다임과 사회적, 경제적 및 기술적 발전에 대한 궤도는 뚜렷하게 의미있는 변화를 거부하고 있음이 입증되고 있다.

4 지속가능한 발전-변환을 향해

무엇이 지속가능한 발전을 설명 · 제시하며 또한 지속가능한 발전은 어떻게 성취되어야 하는 것에 대한 논쟁은 20년 이상 동안 계속되고 있다. Hopwood 등은 지속가능성 접근방법을 하드한 것과 소프트한 것으로 간단하게 구분하는 것이 강조와 집중의 조건에서 접근방법들 간에 존재하였던 많은 변화를 숨기고 감추는 것이라고 제시하였다.[27] 그들은 보다 환경적으로 지향하거나 또는 보다 위대한 사회적인 동등함을 전달하고자 하였던 발전, 정부 및 기업에 대한 기존의 패턴에 대해 그들이 대체안을 제공하는 정도에 따라 지속가능성 접근방법에 대한 "지도"를 창안하였다. 즉 그들은 사회적 이슈와 환경적 이슈간의 균형이 무엇이든지 간에, 지속가능성에 대한 상이한 접근방법 모두는 아래에 제시한 3개의 집단 중 하나에 속한다는 사실을 제시하였다.

- **현상유지 지향적**(status quo oriented): 첫 번째 집단은 우리의 현재 라이프스타일을 유지하고 또한 라이프스타일이 환경의 대재앙이나 사회적 위기에 의해 붕괴되지 않는다고 확신하는 것에 기본적으로 지향하는 상대적으로 "소프트한" 접근방법으로 구성된다. World Bank나 Organization for Economic Cooperation and Development(OECD)와 같은 조직이나 민주적으로 선출된 정부의 노력들은 경제적인 활동 유형을 보존하고 또한 그 유형들을 변화시키지 않는 방향으로 추진된다. 2008년 신용위기 동안에 발표된 자동차 회사들에 대한 국가의 긴급지원들이 보다 청정한 자동차 기술의 채택 · 적용을 촉진하기 위해 몇몇 정부에 의해 이용되었다. 그러나 그 의제는 보다 지속가능한 개인적인 이동성(자가용 이용성) 의제를 촉진하기 보다는 경제적으로 실행가능한 자동차산업을 유지시키려는 바람이었다. 현상유지를 주로 보존하면서 긍정적인 변화를 추구하는 것은 역시 환경적으로 관심을 갖고 있는 기업들에게 전형적인데, 그러한 기업들이 시장으로 생각하는 녹색 또는 윤리적인 소비자들 그리고 World Business Council for Sustainable Development에 의해 제시되는 것과 같다.
- **개혁 지향적**(reform oriented): 두 번째 집단은 기존의 접근방법을 소비 및 생산에 대한 발전과 시스템으로 개혁하는 것과 연관된다. 즉 두 번째 집단은 International Union for conservation of Nature와 같이 주류를 이루는 환경보호주의적 집단 그리고 Real World Coalition과 같은 대안적인 발전 정책을 촉진하는 조직들이 행하는 작업을 이행한다.
- **변환 지향적**(transformation oriented): 마지막 집단은 사회와 경제를 보다 근본적으로 지속가능한 어떤 것으로 변환시키고자 하는 접근방법으로 구성된다. 그 집단은 *Club of Rome*의 *Limits to Growth*라는 작품,[28] Schumacher의 *Small is Beautiful*,[29] 또는 Hawken, Lovins and Lovins의 *Natural Capitalism*[30]이 제시하는 사회적 및 경제적 발전에 대해 보다 근원적인 접근방법을 취한다. 그러한 접근방법은 사회적으로 균등하며, 생태적으로 지향적이며 또한 결국에는(상호세대적을 의미함) 지속가능한 사회를 창조하려고 한다.

Millennium Development Goals에서 제시되어 있으며 또한 Millennium Ecosystem Assessment에서 보고되었던 도전적인 문제들은 발전, 생산 및 소비의 유형에 비교하여 현상을 유지하려고 하는 것은 이미 막을 수 없다는 사실을 제시한다. 우리는 매년 7,500만 명의 새로운 시민들을 끌어드려야 하고, 빈곤과 불평등과 연관된 지속적인 문제들로 고통을 받으며 또한 기후변화에 의한 장래의 영향에 대해 계속 증가되고 있는 관심사 그리고 식품, 물, 건강 및 생태와 관련되는 위기의 가능성에 직면하고 있는 이 지구에서 살고 있다. 이러한 도전적인 문제를 언급하기 위해서는 지속가능한 개혁을 성취하고 또한 많은 형태를 취하는 사람들의 활동 속에서 근본적인 변환을 결국 성취할 수 있는 조치가 필요하다. 지속가능한 발전을 설명하기 위해 자주 이용되는 비유 중의 하나는 종착점이 아니라 보다 생태적으로 지향하고 또한 사회적으로 균등한 세상으로 향하는 여정인 것이다. 즉 본 서는 우리가 살고, 생산하고, 소비하는 방법을 변환시키기 위해서 현재 상태를 방어하고 또한 개혁하는 차원을 넘어 조치를 강구함으로써 지속가능성으로 향하도록 인간사회가 여행하도록 기여하는데 있어 마케팅 역할을 고려한다.

5 마케팅 사고의 진화발전

마케팅은 여러 가지 방식으로 생각될 수 있다. 즉 상업적 활동으로, 관리자적 기능이나 부서로, 사업과정으로, 철학이나 원리 · 원칙으로 생각될 수 있다. 한마디로, 마케팅은 약 400년 전으로 거슬러 올라가며 또한 20세기 전까지 마케팅은 물질적인 시장의 맥락에서 통상 구매자와 판매자를 연결하는 활동과 관련되는 문자 그대로의 의미를 가지고 있었다. 그러한 마케팅 활동은 상거래 만큼이나 오래된 것이다.

20세기 초, 마케팅은 학문적인 원리 · 원칙이며 또한 연구의 주제가 될 수 있다는 생각이 나타났었다. 1905년 University of Pennsylvania는 제품의 마케팅이라는 것에 관해 처음으로 분명한 마케팅 과정 중의 한 과정을 개설하였다. 1920년까지 많은 기관들이 마케팅, 광고, 판매원력 및 마케팅 조사와 같은 주제를 다루는 과정을 제시하였으며 또한 마케팅 실행을 명확하게 다루는 책이 출간되었다. 마케팅 원리 · 원칙의 초창기는 판매원과 광고에서 나오는 경험, 심리학의 개척분야에서 파급된 식견 그리고 시장조사 자료를 점차 심오하고도 분석적으로 이용하는 것 등을 함께 다루었다. 이 초기의 마케팅은 수요를 증가시키고 형성하고 또한 새로운 대량생산 시스템에 의해 산출된 제품에 대한 새로운 대량시장을 개발하려고 하였다. 마케팅의 초기에 강조하였던 것은 사람들에게 더 충분하게 많이 판매하는 방법에 대한 것으로 요약될 수 있다.

대량생산의 출현으로 공급은 많은 시장에서 수요를 초과하게 되었으며, 기업들은 보다 경쟁적이 되는 새로운 방식을 추구하게 되었다. 역시 대량시장의 출현은 소비자와 생산자들간의 거리를 더 멀어지게 하였다. 수 십년 동안에 생산과 공급에 대한 상대적으로 지역화된 시스템은 국가적 및 국제적인 대량시장을 서브하는 대량생산과 대량마케팅 운영으로 대체되었다. 생산자들은 이미 소비자들과 직접적으로 상호작용하지 않게 되었으며, 산업화 전의 생산자들이 확보하고 있었던 소비자 그리고 소비자의 선호성에 대한 직접적인 지식이 부족하였다. 1950년대 전부터 우리들은 우리가 현대적인 마케팅이라고 하는 것 즉 기업의 철학 그리고 경영관리의 원리 · 원칙이라고 하는 것이 출현하고 있음을 보고 있다. 마케팅에 대한 강조사항은 고객에게 많은 제품을 판매하는 차원을 넘어 고객들 그리고 고객들의 1차적 욕구와 2차적 욕구를 충족시키는 방법을 이해하는 것으로 이동하였다.

1970년대 말경, 현대적으로 주류를 이루는 마케팅 사고를 구성하는 핵심요소에 대한 진화발전이 거의 완성되었다. 핵심적인 구성요소들이 기술의 변화, 국제무역의 성장을 반영하는 새로운 아이디어에 의해 재정립되고 보완되기는 하였지만, 우리가 계속 마케팅을 가르치고 이해하기 위해 사용하는 핵심요소들이 대부분 아직까지도 존재하고 있다. 아래에 제시된 핵심 구성요소들은 마케팅 이론과 실행의 근본이다.[31]

- **마케팅 철학(marketing philosophy)**은 고객의 1차적 욕구와 2차적 욕구를 충족시키는 것은 기업이 조직해야 하는 원리 · 원칙이며 또한 시장에서 성공 그리고 수익성이 어떻게 이루어지는가에 대한 원리 · 원칙이라는 생각에 바탕을 두고 있다.
- **마케팅 환경(marketing environment)**은 마케팅은 기업내에서 외부적으로 집중해야 하는 기능이어야 한다는 원리 · 원칙으로서, 기업이 존재하고 있는 환경을 이해하고 대응하는 것에 도움을 준다.
- **마케팅 조사(marketing research)**로서, 마케팅 의사결정, 특히 고객 및 고객의 욕구와 관련된 의사결정은 조사에서 나온 식견에 바탕을 두어야 함을 확실하게 한다.
- **시장세분화(market segmentation)**과 **표적화(targeting)**로서, 이것은 마케팅 조사에서 밝혀진 고객집단 및 유형간의 유의한 차이는 기업의 전략 및 시장제공물에 대해 고려되어야 함을 확실하게 한다.
- **마케팅 믹스(marketing mix)**란 마케팅 관리자가 경쟁사보다 보다 효과적으로 고객의 욕구를 충족시키기 위해, 그리고 특별한 세분시장의 차이나는 욕구를 충족시키기 위해 통제하고 조절할 수 있는 일련의 변수이다. 마케팅 믹스는 원래 4ps 즉 제품, 가격, 경로 및 촉진으로 정의되었다. 원래의 4ps 믹스 모델은 많은 비판을 받고 있지만,[32] 마케팅 믹스 모델은 간단함, 기억하기 쉬움 그리고 상대적으로 종합적인 적용가능성으로 인해 고수되고 있다.
- **경쟁적 우위(competitive advantage)**란 기업이 소비자와 마케팅 환경을 이해함으로써 경쟁적 우위를 창출하는 독특한 어떤 것을 제공할 수 있는 원리 · 원칙이다.
- **마케팅 계획수립(marketing planning)**과 **관리과정(management process)**이란 마케팅의 성공은 마케팅 활동과 의사결정에 대한 시스템적인 접근방법을 통해 이루어진다는 원리 · 원칙이다.

5.1 현대적인 마케팅의 차원을 넘어서

마케팅 사고의 진화발전은 현대적인 주류가 되는 마케팅의 아이디어가 한때 확고한 위치를 차지하고 있다고 해도 끝나지 않는다. 마케팅 사고와 실행을 조성하는 사회적, 기술적 및 문화적 환경은 계속 진화발전하고 있다. 시장의 세계화, 전자상거래의 부상 그리고 환경에 대한 새로운 관심 등을 포함하는 극적인 변화들은 대응하고 진화발전 하도록 마케팅에 대해 새로운 압력을 가하고 있다. 1970년대 말과 1980년대 초, 거시 마케팅의 영역은 20세기의 초 이후 주기적으로 나타나고 있는 시장, 법규 그리고 사회복지 간의 관계와 마케팅 활동의 영향에 대한 많은 논쟁을 통합하기 위해 부상하였다. 즉 거시 마케팅은 환경의 질과 사회지향적 복지에 대한 마케팅 활동의 비의도적인 영향결과에 대해 특별하게 강조함으로써 마케팅 시스템과 사회간의 상호관계를 보다 시스템적으로 고려하게 되었다.[33]

마케팅 사고의 진화발전에 대한 논의는 역시 최첨단의 마케팅이 무엇처럼 보여야 하는가를 고려하도록 변화하였다. 최첨단의 마케팅 운동에 대해 선도적인 사상가인 Stephen Brown은 주류를 이루는 마케팅 사고 그리고 재치있게 마케팅 사고에 맞도록 제안된 많은 대체안들을 비판하였다.[34] 그는 "마케팅 만병통치약"이라고 하는 것, 즉 마케팅에 의해 추측되는 질병에 대한 해결방법으로 제시한 주류를 이루는 사고와 실행에 대한 대체안들로 구성된 것으로 최근에 출간한 문헌을 소개하였다. Badot 등은[35] 이런 만병통치약에 대한 검토를 통해 1985년부터 2005년 사이에 제시되고 또한 여러 상이한 시장(예술 마케팅, 은행 마케팅 또는 정치 마케팅과는 다른 것)에 적용될 수 있는 70여 가지의 상이한 새로운 마케팅 형식을 밝혔다.

이런 과시적인 만병통치약에 대한 분석은 그 만병통치약이 여러 방식에서 상이하다는 사실을 보여준다. 어떤 방식은 적소 마케팅, 미시 마케팅, 일대일 마케팅 및 지역 마케팅과 같이 지리적으로 그리고 시장내에서 마케팅 노력에 대한 범위와 집중에 관심을 두고 있다. 반면에 다른 아이디어는 민족 마케팅, 가족 마케팅, 공동체 마케팅 및 인종 마케팅과 같은 아이디어를 이용하여 표적시장을 정의하고 표적화하는 새로운 방식을 포함하고 있다. 어떤 접근방법들은 창업기업가 마케팅 및 게릴라 마케팅을 포함하여 시장내에서 경쟁하도록 소기업 또는 제한된 자원을 가진 기업들에게 도움을 주는 것을 목표로 하고 있다. 또 다른 접근방법은 아래와 같이 마케팅 과정 중 한 가지 특별한 측면에 관하여 마케팅을 새롭게 순응시키고자 한다.

- 시간(time): 시간에 기초한 마케팅, 실시간 마케팅, 저속 마케팅
- 정보 시스템(information system): 데이터베이스 마케팅, 지식 마케팅
- 고객과의 커뮤니케이션 유형(style of communication with customers): 비밀 마케팅, 거리 마케팅, 네트워크 마케팅, 바이러스성 마케팅 및 풀뿌리 마케팅
- 소구 유형(style of appeal): 추세 마케팅, 향수(nostalgia) 마케팅, 감정 마케팅, 대의관련 마케팅
- 소비자 경험(consumer experience): 경험 마케팅, 감각 마케팅

이러한 만병통치약을 요약하는 공통적인 주제가 있다. 상당수는 게릴라 마케팅, 민족 마케팅, 바이러스성 마케팅 또는 터보 마케팅과 같은 마케팅 사고와 실행을 고치기 위해 특별한 비유적인 방법을 이용한다. 상당부분은 감정 그리고 소비자의 주관적인 경험과 지각을 크게 강조함으로써 전통적인 Kotler식 마케팅의 보다 합리적인 분석적 식견을 균형화하려고 한다. 상당부분의 주제들이 기존의 마케팅 주류와는 유의하게 상이한 어느 것도 제시하지 않는다는 것이다. 거의 대부분, 주제들은 특별한 세분시장, 커뮤니케이션 접근방법 또는 기업의 역량에 대해 마케팅 노력을 집중한다는 것을 제시한다.

그럼에도 불구하고, 기존의 마케팅 사고와 실행을 다시 조명하고, 조정하거나 발전시키지는 않지만, 이러한 것에 도전하려고 하며 실질적으로 상이한 식견을 제공하려고 하는 마케팅에 대한 한 가지 접근방법을 제시하는 만병통치약 간에는 2가지 집단이 있다.

첫 번째 집단은 고객들과의 상거래와는 거리를 두고 고객들과 형성되고 유지하는 관계를 지향하는 마케팅에 집중을 변화시키는데 바탕을 두고 있다. 즉 관계 마케팅, 전사적 관계 마케팅, 협동 마케팅, 충성심 마케팅, 해결방법 마케팅 및 공생적 마케팅은 이런 대안적인 마케팅 접근방법 집단에 속한다.

또 다른 집단은 현재 실행하고 있는 것으로 마케팅과 보다 폭넓은 마케팅 환경의 생태적 및 사회적 현실간의 균형과 조화가 부족함을 알리려고 하는 마케팅 접근방법을 포함한다. 이 집단에는 거시 마케팅, 사회지향적 마케팅, 녹색 마케팅, 환경 마케팅 및 생태 마케팅과 같은 마케팅 접근방법이 포함된다.

6 미래의 마케팅

최첨단 마케팅, 마케팅 만병통치약 그리고 여러 형태의 새로운 마케팅에 대한 논쟁은 공통적인 주제를 공유하고 있다. 즉 미래의 마케팅은 과거의 마케팅과는 상이해야 한다는 것이다. 20세기의 지속가능하지 않는 경제성장에 대한 사회적 및 환경적 결과를 이해하게 되는 세상에서, 우리는 미래를 위한 생산과 소비에 대한 대안적인 접근방법을 필요로 한다는 것이 분명하다. 우리의 생산과 소비 시스템을 변화시키는 것은 마케팅에 대한 마음가짐과 실행을 변화하지 않고 그리고 마케팅 활동의 근본에 존재하고 있는 문제가 "사람들에게 더 많이 판매하는 방법"이라는 가정을 영원히 포기하지 않고는 성취될 수 없다.

*In Search of a New Logic of Marketing*이라는 저서에서 선도적인 마케팅 학자인 Christian Grönroos는 "Marketing–A Discipline in Crisis(마케팅–위기에 처한 원리 · 원칙)이라는 제목으로 된 장으로 시작한다.[36] 그가 설명하는 위기는 마케팅이 진화발전을 하지 못하고 있는 기업의 사고와 실행의 한 분야이며, 또한 50년 전부터 지금까지 거쳐 온 마케팅 관리자가 현재의 마케팅부(디지털 매체에 대해 조금 밖에 파악하지 못하고 있음)에서 동일한 역할에 안주하고 있다

는 것이다. Grönroos가 지적한 모습은 점차 비용이 증가하고 있는 기능으로 그 기능의 전략적 역할과 기업내에서의 신뢰성과 진실성이 붕괴되고 있다는 것으로서, 그 이유는 마케팅이 진보 발전하기 위해 기존의 사고방식을 무너뜨릴 수 없기 때문이다.

●●●

마케팅의 생산성은 기존의 틀과 구조내에서는 향상될 수 없다. 마케팅의 중요한 책임이 고객 획득과 약속을 지키는 것이므로 마케팅에 소요되는 비용은 계속 증가될 것이며, 또한 마케팅의 효과성은 계속 낮아질 것이다. 상표관리의 개발과 발전 그리고 마케팅에 상표를 정하는 용어법을 채택 · 적용하는 것은 단지 전통적인 마케팅을 보다 효과적이 되도록 하는 어떤 상황에서 거의 동일한데, 그러나 이것은 고객관리를 위한 전혀 혁신적인 새롭지 않은 방법을 제공한다. 마케팅이 하나의 원리 · 원칙이라는 사실이 위기에 처해 있다. 그리고 고객관리에 대해 책임을 지는 기업의 실행으로서의 마케팅은 신뢰성과 진실성을 상실하고 있다.

●●●

Grönroos가 주장하는 이런 풍자적인 비꼬는 내용은 마케팅이 직면하고 있는 위기는 마케팅 철학을 그 원리 · 원칙 그 자체에 충분히 진지하게 적용하지 못한 것에서 유래되고 있다는 것이다. 즉 마케팅은 마케팅 믹스 그리고 전통적인 4ps의 관리를 강조하여 왔는데, 4p는 원래 생산자 지향적인 것이다. 4p는 기업의 제품, 가격결정, 제품을 유통시키고 촉진하는 방법에 집중하고 있다. 그러한 사고는 마케팅 관리자가 통제할 수 있는 변수들내에서 마케팅 사고에 집중하는 경향이 있다. 고객들은 가치와 이점(혜택)이라는 약속을 통해 획득해야 할 필요가 있는 어떤 것이 되고 있다. Grönroos가 지적한 것처럼, 주류를 이루는 마케팅은 어떤 것을 이루어지도록 하는 사람으로 고객을 인식하는 대신에 고객에게 어떤 것을 행하도록 계속하는 것이다.[37] Grönroos는 고객들과의 교환을 조장하기보다는 고객들과 관계를 관리하는 과정에 집중하는 대안적인 마케팅 비젼을 제안한다. 이것을 행하는데 있어 대안적인 마케팅 비젼은 고객에게 제품을 마케팅하는 것에서 탈피하도록 그 집중내용을 변경하며 또한 고객에게 가치를 전달해야 하는 필요성을 강조한다.

대안적인 마케팅 비젼에 대한 필요성은 자주 "과거의 오래된" 마케팅(즉 주류를 이루는 Kotler식 마케팅)과 그것을 대체하려는 마케팅에 대한 "새로운" 대체적인 접근방법 간의 충돌로서 보다 간결하게 묘사되고 있다.[38] 그 현실은 보다 미묘하고 복잡하다. 마케팅에 대해 주류를 이루는 개념은 1967년 Kotler의 *A Framework for Marketing Management* 제1판에 요약되어 있는데,[39] 그 개념은 이미 그것이 존재하고 있는 세계에 대해서는 적합하지 않은데, 간단하게 대체되도록 허용되고 있는 그 이상으로 그 개념은 계속해서 적용되고 진화발전되고 있다. 아마도 21세기에 발행된 Kotler 등이 저술한 *Principles of Marketing* 유럽 첫 번째 판이 "Marketing in a changing world; Satisfying Human Needs"(변화하는 세계에서의 마케팅: 인간의 욕구를 충족시킴)라는 장으로 시작되었다는 사실은 매우 의미가 있는데, 그 장에서는 수요관리, 관계 및 연결관리로서 마케팅의 중심적인 이슈를 강조하고 있다. 이와 유사하게 제2장은 주류를 이루는 마케팅에서의 지속가능성 이슈를 부족한 부분을 고치는 것으로부터 배경과 상황으로 변경 · 변환시킴으로써 사회적 책임과 마케팅 윤리에 집중하는 마케팅과 사회에 관심을 두어 다루었다.

7 지속가능성 마케팅으로 향함

사회가 직면하고 있는 지속가능성의 도전적인 문제의 관점에서 마케팅 원리 · 원칙이 직면하고 있는 논리적인 의문사항은 "지속가능성 지향적 마케팅 비젼은 무엇처럼 보여야 하는가?"이다. 이것은 본 서가 답변해야 할 의문사항이다. 간단히 말해서, 그 대답은 보조적인 기억술의 형태에서 도출된다. 지속가능성 마케팅은 영구적인 것을 추구하는 마케팅으로, 아래에 제시된 우리의 욕구에 대한 해결방법을 제시한다는 것이다.

- **생태지향적(ecologically oriented)**: 지구의 생태적 한계를 고려하고 또한 생태 시스템의 건강함 그리고 생태 시스템의 서비스를 계속 전달할 수 있는 생태 시스템의 능력을 손상시키지 않고 우리의 욕구를 충족시키는 것.
- **실행적(viable)**: 기술적 실행가능성 및 경제적으로 경쟁력이 있는 식견을 가지고 실행하는 것.
- **윤리적(ethical)**: 사회적 정의와 형평성을 촉진하는데, 또는 최소한 기존의 불의적인 형태를 더 악화시키지 않게 하는 관점에서 윤리적인 것.
- **관계지향적(relationship based)**: 마케팅을 경제적인 교환의 관점과 조건에서 인식하지 않고, 기업 그리고 고객 및 기타 중요한 이해관계자들 간의 관계를 관리하는 것으로 인식토록 함.

달리 말해서, 지속가능성 마케팅은 주류를 이루는 경제적 및 기술적 식견을 관계 마케팅에 대해 최근 부상하고 있는 개념 그리고 지속가능한 발전이라는 의제에 대한 사회적, 윤리적, 환경적 및 상호세대적 식견을 결합하는 마케팅의 진화발전을 설명한다. 이러한 진화발전은 〈그림 1.2〉에 요약되어 있다. 그것은 분명 "새로운" 마케팅이 아니지만, 그러나 그것은 이런 상이한 식견에서 통찰과 강점을 도출하는데 있어 "개선발전된" 마케팅이다. 즉 그것은 지속하려는 의도가 있는 마케팅에 대한 것이다.

미래의 마케팅은 많은 영향력에 의해 형성될 것이며, 본 장에서는 단지 그 영향력 중 몇 가지만 요약 설명하였다. 마케팅 원리 · 원칙에 대해 지각하는 위기, 관계 마케팅의 중요함이 증가함, 생산과 커뮤니케이션에 대한 새로운 기술의 부상 등이 일익을 담당할 것이다. 경제성장의 환경적 및 사회적인 영향에 대한 관심이 증가하는 것, 특히 기후변화의 영향에 대한 관심은 역시 고객과의 관계를 유지하고 또한 고객에게 가치를 전달하는 보다 지속가능한 방법을 탐구

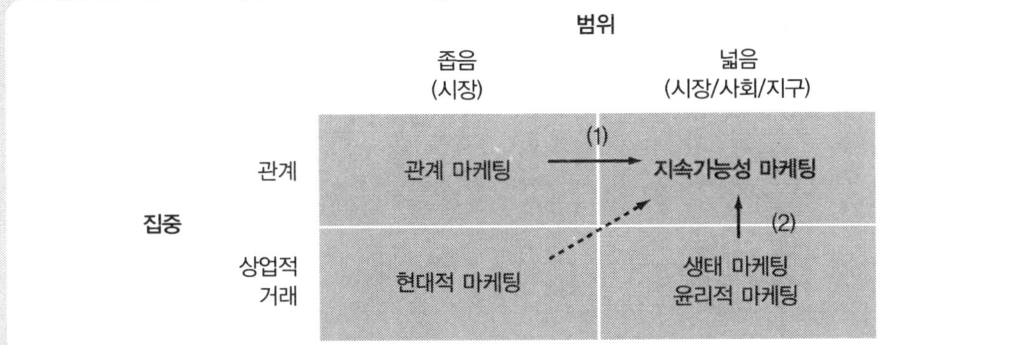

그림 1.2 지속가능성 마케팅으로 향함

하도록 기업 및 마케팅 관리자에게 압박을 가하고 있다. 이러한 이슈들은 제 2장 및 제 3장에서 보다 상세하게 연구할 것이다. 결국 인류가 20세기 동안 나타난 기업, 성장 및 라이프스타일 유형으로 야기되는 환경적 및 사회적 질병을 피하는 것이라면, 마케팅은 21세기 동안 지속가능한 발전을 위해 변환을 제공전달할 수 있는 통로로서 중요한 역할을 수행해야 한다.

주요 용어

Brundtland Report
경제성장
공평(공정)
기후변화
도시화
마케팅 만병통치약

변환
빈곤
상호세대적 식견
생태 시스템
생태적 결과화
욕구(1차적 욕구)

인구
지구 환경보호주의
지속가능한 발전
최고가 기름(원유)
최첨단 마케팅
현대적 마케팅

검토해야 할 의문사항

1. 20세기 동안의 경제성장의 규모와 본질은 왜 문제를 창출하고 있는가?

2. 지속가능한 발전에 대한 Brundtland Report의 기본적인 정의는 무엇이며, 그 정의에 포함된 중요한 원리 · 원칙은 무엇인가?

3. Hopwood 등이 확인 규명한 지속가능한 접근방법의 3가지 집단은 무엇이며, 그 집단들간의 차이는 무엇인가?

4. 현대적으로 주류는 이루는 마케팅의 원리 · 원칙의 핵심적인 구성요소는 무엇인가?

5. 무엇에 근거하여 Christian Grönroos는 주류를 이루는 마케팅을 비판하고 있는가?

논의해야 할 의문사항

1. 당신은 Somalia의 어부들이 불법적으로 포획하는 어선에 대응할 권리를 가지고 있으며 또한 Somalia의 바다를 이용하는 대가로 세금을 요구할 수 있다고 생각하는가?

2. 내일의 시민들 그리고 그들의 생활의 질을 희생하면서 자원을 장악하는 해적으로 오늘날의 소비자를 특징지우는 것이 정당한가?

3. 지속가능한 발전의 원리는 많은 상이한 집단들이 인정하는 것이 왜 용이하다고 시인하고 있는가? 그러나 상이한 집단들이 정의하거나 또는 실행하는 것이 왜 어려운가?

4. 지속가능성 원리를 받아들이는 것이 마케팅의 원리 · 원칙에 대한 진화발전적인 개혁 또는 혁명적인 변환을 나타내는가?

참고문헌

1. Gettleman, J. (2008a) 'Somali pirates capture tanks and global notice', *New York Times*, http://www.nytimes.com/2008/09/27/world/africa/27pirates.html, accessed 26 December 2008; Gettleman, J. (2008b) 'Somalia pirates tell their side: They want only money', *New York Times*, 1 October 2008, http://www.nytimes.com/2008/10/01/world/africa/01pirates.html, accessed 26 December 2008; Khan, S.A. (2007) 'Tackling piracy in Somali waters: Rising attacks impede delivery of humanitarian assistance', *UN Chronicle Online Edition*, http://www.un.org/Pubs/chronicle/2007/webArticles/073107_somalia.htm, accessed 26 December 2008; www.msc.org (accessed 26 December 2008); www.unilever.com (accessed 26 December 2008).
2. FAO (2006) *The State of World Fisheries and Aquaculture 2006*, Rome: Food and Agriculture Organization of the United Nations.
3. UN (2005a) *World Population Prospects: The 2004 Revision*, New York: United Nations.
4. Dryzek, J. (1997) *The Politics of the Earth*, Oxford: Oxford University Press.
5. Midgley, M. (1994) *Science as Salvation: A Modern Myth and its Meaning*, London: Routledge.
6. UN (2005b) *The Millennium Development Goals Report 2005*, New York: UN.
7. World Resource Institute (2005) *Ecosystems and Human Well-being: Synthesis Report (Millennium Ecosystem Assessment)*, Washington, DC: Island Press.
8. UN (2005a) *op. cit.*
9. UNICEF (2000) *Progress of Nations Report*, Paris: United Nations Children's Fund.
10. UNICEF (1999) *The State of the World's Children*, Paris: United Nations Children's Fund.
11. WHO (2000) *World Health Report 2000*, Geneva: World Health Organization.
12. UNFPA (2007) *State of the World's Population 2007*, New York: United Nations Population Fund.
13. World Resource Institute (2005) *op. cit.*
14. *Ibid.*, p.1.
15. World Resource Institute (2001) *Pilot Analysis of Global Ecosystems: Food, Feed and Fiber Section*, Washington, DC: World Resource Institute.
16. United Nations Development Programme (2006) *Human Development Report 2006*, New York: UN.
17. IPCC (2008) *Climate Change 2007 – Impacts, Adaptation and Vulnerability: Working Group II Contribution to the Fourth Assessment Report of the IPCC*, Cambridge: Cambridge University Press.
18. Stern, N. (2006) *The Stern Review Report: The Economics of Climate Change*, London: HM Treasury.
19. To reflect the worsening situation, Stern revised that number in 2008 from 1% up to 2% of global GDP per annum.
20. Crutzen, P.J., Mosier A.R., Smith, K.A. & Winiwarter, W. (2007), 'N_2O release from agro-biofuel production negates global warming reduction by replacing fossil fuels', *Atmospheric Chemistry and Physics Discussions*, 7: 11191–205.
21. WCED (1987) *Our Common Future (The Brundtland Report), World Commission on Environment and Development*, Oxford: Oxford University Press.

21. WCED (1987) *Our Common Future (The Brundtland Report), World Commission on Environment and Development*, Oxford: Oxford University Press.
22. See Foreman, D. (1993) *Confessions of an Eco-Warrior*, New York: Crown Publishing Group; and Manes, C. (1993) *Green Rage: Radical Environmentalism and the Unmaking of Civilization*, Boston, MA: Little Brown.
23. United Nations Development Programme (2006) *op. cit.*
24. Kirkby, J., O'Keefe, P. & Timberlake, L. (1995) *The Earthscan Reader in Sustainable Development*, London: Earthscan.
25. Welford, R. (1997) *Hijacking Environmentalism: Corporate Responses to Sustainable Development*, London: Earthscan.
26. WWF (1998) *Our Living Planet*, Geneva: WWF.
27. Hopwood, B., Mellor, M. & O'Brien, G. (2005) 'Sustainable development: Mapping different approaches', *Sustainable Development*, 13: 38–52.
28. Meadows, D.H., Meadows, D.L., Randers, J. & Behrens, W.W. (1972) *The Limits to Growth*, New York: Universe Books.
29. Schumacher, E.F. (1973) *Small Is Beautiful: Economics as if People Mattered*, London: Frederick Muller.
30. Hawken, P., Lovins, A. & Lovins, H. (1999) *Natural Capitalism: Creating the Next Industrial Revolution*, Boston, MA: Little, Brown.
31. This approach is also sometimes referred to as 'Kotlerian' marketing, recognizing the dominance of Professor Philip Kotler's core teaching textbooks in business schools since the late 1960s (although, depending on your perspective, this gives him either too much credit or too much blame for shaping orthodox thought within an entire discipline).
32. See Constantinides, E. (2006) 'The marketing mix revisited: towards the 21st century marketing', *Journal of Marketing Management*, **22**(3/4): 407–438; and Grönroos, C. (1994) 'From marketing mix to relationship marketing: Towards a paradigm shift in marketing', *Management Decision*, 32(2): 1–19.
33. See Fisk, G. (1981) 'An invitation to participate in affairs of the Journal of Macromarketing,' *Journal of Macromarketing*, 1(1): 3; and Hunt, S. (1981) 'Macromarketing as a multidimensional concept', *Journal of Macromarketing*, 1(1): 7–8.
34. Brown, S. (1995) *Postmodern Marketing*, London: Routledge.
35. Badot, O., Bucci, A. & Cova, B. (2007) 'Beyond marketing panaceas: In praise of societing', in Saren, M., Maclaran, P., Goulding, C., Elliott, R., Shankar, A. & Caterall, M. (eds) *Critical Marketing*, London: Butterworth-Heinemann, pp. 85–95.
36. Grönroos, C. (2007) *In Search of a New Logic for Marketing*, Chichester: John Wiley & Sons Ltd.
37. *Ibid.*, p. 17.
38. The 'Old Marketing vs New Marketing' debate is caricatured amusingly by marketing commentator Kathy Sierra and presented on her 'Creating Passionate Users' marketing blog, http://headrush.typepad.com/creating_passionate_users/ (accessed 26 December 2008).
39. Kotler, P. (1967) *A Framework for Marketing Management*, Upper Saddle River, NJ: Prentice Hall.
40. Kotler, P., Armstrong, G., Saunders, J. & Wong, V. (2001) *Principles of Marketing: Third European Edition*, London: Financial Times/Prentice Hall.

2

CHARTER

지속가능성 마케팅 구성

학습 효과

1. 지속가능성 마케팅의 주요 구성요소를 이해함.
2. 지속가능성 마케팅을 기업의 사회적 책임과 관계를 맺음.

고찰내용 개념의 시연

본 장에서 우리는 사회적 및 환경적 이슈에 관해 마케팅 식견의 진화발전을 간단하게 설명할 것이다. 이후부터 지속가능성 마케팅의 중요한 구성요소, 즉 사회-생태적 문제, 소비자 행동, 지속가능성 마케팅의 사명과 목적, 지속가능성 마케팅 전략, 지속가능성 마케팅 믹스 그리고 지속가능성 마케팅 변환에 대해 소개할 것이다. Toyota사는 지속가능성 마케팅의 개념을 신봉하는 기업이다. 본 장을 소개하는 마케팅 이야기에서 우리는 Toyota사의 지속가능성 사명 그리고 Toyota Prius의 세계적인 출시에 대한 모습을 소개할 것이다.

지속가능성 마케팅 이야기 Sustainability marketing story

Toyota Prius: 장래의 행보

헐리우드의 스타인 Cameron Diaz가 Toyota Prius를 타고 다닌다. 그후 Leonardo Dicaprio, Harrison Ford, Tom Hanks, Jack Nicholson, Gwyneth Patrow, Susan Saraudon, Robin Williams 등 많은 사람들이 Toyota Prius를 타고 다닌다. Toyota Prius는 가솔린 엔진 힘에 전기 베터리의 효율성을 결합한 하이브리드 자동차이다. 전기모터가 자동차를 출발시키고 저속으로 작동한다. 고속에서 Prius는 자동적으로 가솔린 엔진으로 변경한다. 정상적인 운전조건하에서, 하이브리드는 100km당 4.3L로 운행되며, 1km당 104g의 이산화탄소(CO_2)를 배출한다. 같은 범주의 대부분의 가솔린 및 디젤 자동차보다는 적게 배출한다. Prius는 스타일이 있고, 편리한 5개의 자리가 있다. 그것은 환경적인 성과에 힘, 편리성 및 안전을 겸비하고 있다.

하이브리드 시너지 브라이브 시스템은 보다 청정하며 녹색적인 자동차로 지향하는 Toyota사의 중요한 단계이다. 동시에 Toyota사는 배기가스 배출을 줄이기 위해 압축된 천연가스 엔진 및 연료 셀과 같은 다른 선택품을 탐구하고 있다. 최종적인 목표는 어떤 배출도 발생하지 않으며 전체적으로 재활용(배출 없음, 쓰레기 없음)하는 자동차이다. 이러한 목표를 달성하기 위해 Toyota사는 광범위한 수명주기평가(life cycle assessment : LCS)를 행하고 있으며, 환경을 위한 디자인 (design for the environment)을 위해 정량적인 목표를 설정하며, 제조시 쓰레기와 에너지 소비를 줄이고 또한 수명이 끝나는 시점에서 자동차와 자동차 부품을 재사용하고 재활용하고 있다.

Toyota사는 1997년 일본에서 처음으로 대량생산된 하이브리드 자동차를 출시하였으며, 2000년 북미 · 유럽 등 여러 곳에 자동차를 판매하기 시작하였다. Prius가 북미에 소개되었을 때, Prius는 판매상의 전시장을 넘치게 하였다. 최초의 판매성공은 Toyota사의 보다 지혜롭고 현명한 사전 마케팅 덕분이었다. 북미에 도입하기 2년 전, Toyota사는 정보를 유포하고 또한 전자 브러셔를 보내기 위해 웹사이트를 설치함으로써 Prius에 대해 소비자를 교육시키기 시작하였다. 실질적인 도입에 앞서 행해진 광고는 "간혹 가솔린 힘으로 가지만 간혹은 전력으로 가는 자동차 그리고 항상 두뇌집단으로 운영되는 기업에서 생산된 것"이라는 표제를 이용하였다. 이러한 광고는 Toyota사를 선도적인 환경적 기업으로 위치화시키는데 도움을 주었으며 또한 하이브리드 자동차의 기술적인 측면을 보다 미묘하게 강조하였다. 도입된 후, 그 광고는 보다 감정에 소구하였다. 한 가지 인쇄광고는 큰 트럭을 손쉽게 추월하는 Prius를 보여주는데, 하이브리드 시스템의 고성능과 힘을 언급하면서, "Eat my voltage"라는 표제어가 제시된다. 또 다른 인쇄광고는 감속하거나 정지하는 동안 자동차가 재충전하는 방식에 대해 언급하는 것으로서 "자동차가 빨간불을 볼 때, 그것은 충전한다"라는 표제어와 함께 정지신호시에 Prins를 보여준다. 다시 한번 그 소구는 그 자동차의 기술에 바탕을 두고 있다.

기술개척자들은 Prius에 대해 중요한 표적집단들이다. 이러한 기술개척자들은 초기채택자로서, 그들은 최신의 혁신에 관심이 있으며, 또한 이러한 기술을 소유하고 그것을 옹호하는 최초의 무리들이다. 환경에 관심을 갖는 사람은 또 다른 중요한 고객집단이다. 그들은 운전하는 것이 미치는 환경적인 영향에 대해 알고 있으며 또한 환경의 영향에 대해 어떤 것을 행하는 것을 선호한다. 이러한 표적집단에 도달하기 위해 Toyota사는 지구의 날(Earth Day)에 예상잠재구매자들에게 자사의 로고와 같은 형상의 녹색씨앗 카드를 보냈는데, 녹색으로 Prius를 싸고 또한 지구의 날 행사에 자동차를 보냈다. 세 번째 중요한 고객집단은 가치의식자로서, 그들은 지급할 수 있는 가격으로 장기간 동안 높은 연료경제성과 낮은 유지비용이 이상적으로 결합된 것을 추구한다.

가솔린 가격의 급등은 Prius판매에 긍정적으로 영향을 미치고 있다. 2003~2005년 사이에, Toyota사의 하이브리드 자동차의 세계적인 연간 판매고는 약 50,000대에서 250,000대로 5배가 되었는데, 그것에는 Toyota Prius와 2005년 봄에 출시된 2종류의 SUV가 포함되어 있다. 2008년 또 다시 가솔린 가격이 최고수준에 도달된다면, 구매기준으로서 연료경제성은 하이브라드 자동차에 유리하게 작용할 것이다. Toyota사는 디젤과 가솔린 엔진이 향후 수십 년 동안 지구상에서 지배적인 기술을 유지한다고 해도, 하이브리드와 연료 셀 기술은 그 주류에서 디젤과 가솔린 엔진을 제치고, 그 자리를 발전적으로 차지하게 될 것이다. 수소연료 셀은 실질적이며, 믿을 수 있고 또한 지급할 수 있는 배기가스가 전혀 없는 추진력을 제공할 잠재력을 가지고 있지만, 이 기술을 상업화하는 것은 상당한 시간이 소요된다. 그것은 하이브리드 자동차와 같은 예는 아니다. 수소연료 셀은 비교적 환경적으로 좋고 쾌적하며 또한 상업적으로 실행이 가능하다. Toyota사에 대해 하이브리드 자동차는 21세기에 지속가능한 이동성(자동차)으로 향하는 길에서 중요한 디딤돌 즉 수단을 나타내며 또한 그것은 그 방법을 선도하기 위해 결정되었다.[1]

1 마케팅의 진화발전

Toyota사와 같은 선도적인 기업들은 시장지향적이며 또한 강하게 고객집중적이다. 이것은 항상 사례가 되지는 않는다. 조직에서 마케팅의 역할은 시간이 지남에 따라 진화발전하고 있다. 간단하게 분류해 볼 때, 우리는 20세기 전반기 동안 기업들은 주로 생산지향적이었다고 말할 수 있다. 즉 제조업자들은 산출물을 증가시키기 위해 공급을 확대하고 원가를 줄이기 위해 대량생산에 집중함으로써 만족하지 못하고 있는 수요에 대응 · 반응하였다. 대량생산 시대에서 가장 잘 알려진 예 중의 하나는 Model T Ford이다. 대량생산 능력이 개선향상됨에 따라 유통분배와 판매가 보다 중요하게 되었다. 그러나 제조업자들은 계속해서 기본적으로 생산지향적이었다.

이러한 대량생산은 20세기 후반기 동안 변화하였다. 대량생산의 확대는 공급이 수요를 초과함에 따라 많은 시장에서 과잉여력을 초래하였다. 점증적으로 포화상태가 되고 경쟁적인 시장에 대한 도전적인 문제는 분명한 마케팅 및 고객지향성의 탄생을 초래케 하였다. 즉 생산중심적으로 제조하여 판매하는 철학은 고객 중심적으로 감지하고 반응하는 철학에 의해 압도당하였다.[2] 소비자들의 1차적 욕구와 2차적 욕구는 주의해야 할 중심이 되었고 또한 혁신과 생산의 출발점이 되었다. 소비자 추구적인 기업들은 마케팅 부서를 만들고, 마케팅 관리자를 임명하였다. 그것의 기본적인 가정이란 표적시장의 1차적 욕구와 2차적 욕구를 안다는 것 그리고 경쟁사보다 더 양호하게 그들을 만족시키는 것은 조직의 목표를 더 잘 성취토록 한다는 것이

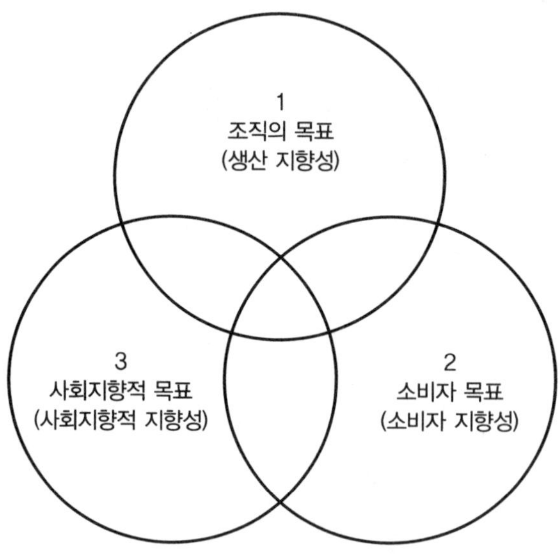

그림 2.1 마케팅 식견의 진화 · 발전
자료원: Bartels, R. and Jenkins, R.L.(1977), "Macremarketing," *Journal of Marketing*, 44(4): 17–20.

다. 이에 따라 마케팅과 고객지향성은 성장과 이익을 창출함으로써 조직이 존속하고 노력할 수 있다는 사실을 확실케 하는 수단들이다.

즉각적인 소비자의 2차적 욕구를 만족시키는 것은 항상 사회의 최상의 관심사는 아니며, 또한 담배나 고지방 식품과 같은 제품의 경우, 필시 소비자에게 최상의 관심사가 되지 않을 수 있다. 1960년대 이후, 물질적 환경 그리고 건강, 고용, 교육 및 복지에 대한 마케팅의 영향에 대해 지속적인 논쟁이 있었다. 거시 마케팅은 이러한 이슈들을 다루기 위해 나타나고 있는 원리 · 원칙이다. 문자 그대로, 거시 마케팅이란 일반적인 수준 또는 통합된 수준에서의 마케팅을 의미하는데, 그러한 수준은 개인적인 행위자의 식견에서보다는 경로, 복합기업(conglomerates), 산업 및 협회와 같은 제도체 집단과 전체 시스템의 식견에서 마케팅을 의미 · 설명한다. 역시 거시 마케팅은 미시 마케팅의 사회적 맥락, 국가경제에서의 마케팅의 역할, 그리고 비경제적인 재화와 목표에 마케팅을 적용 · 응용하는 것에 관련된다.[3] 일반적으로 거시 마케팅은 마케팅이 사회의 목표를 달성하기 위해서 그리고 사회적 이점(혜택)을 극대화하기 위해 어떻게 수행되어야 하는가를 묻는 것이며, 또한 미시 마케팅에 대해 보완적인데, 미시 마케팅이 개별 기업이나 기업내의 사업단위의 마케팅 활동에 집중하기 때문이다.

마케팅 식견에 대한 진화 · 발전은 〈그림 2.1〉과 같다. 생산지향성이 내적으로 집중되며, 또한 조직의 목표에 주로 집중된다. 소비자 지향성은 사람들의 1차적 및 2차적 욕구를 강조한다. 사회지향적 지향성은 생태적 및 사회적 목표를 고려한다.

2 지속가능성 마케팅의 출현

1970년대 이후, 여러 가지 방식으로 생태적 및 사회적 이슈를 다루는 몇 가지 마케팅 개념들이 출현하였는데, 그것에는 사회지향적 마케팅, 사회적 마케팅, 생태적 마케팅, 녹색 마케팅, 환경 마케팅, 지속가능한 마케팅 및 지속가능성 마케팅 등이 포함된다.

2.1 사회지향적 마케팅

사회지향적 마케팅(societal marketing)은 조직적 목적, 소비자의 목표 및 사회지향적 목표 등 3가지 식견으로 이루어진 상호교차성이 장기적인 마케팅 기회와 성공을 유도 · 선도한다고 제시한다.[4] 즉 사회지향적 마케팅은 개인고객의 1차적 및 2차적 욕구를 함께 충족 · 만족시키는 것이 항상 소비자의 복지 및 사회의 최상의 장기적인 관심사라고 주장하는 마케팅(그리고 신고전주의적 경제학)의 분명한 가정에 대해 의문을 제기한다. 사회지향적 마케팅 개념은 즉시적인 소비자 만족과 장기적인 소비자 이점(혜택) 간을 구분한다. 이 두 가지 차원에 따라 제품은 4개의 범주로 분류될 수 있다(〈그림 2.2〉 참조). 결함있는 제품(deficient product)은 고객만족도 충족시키지 못하며 또한 소비자와 사회의 장기적인 관심사도 이행하지 못한다(불안전한 자동차). 기쁨을 주는 제품(pleasing products)은 높은 수준의 즉시적인 만족을 주지만, 장기적인 소비자 복지를 해칠 수 있다(예: 스포츠 카). 유익한 제품(salutary product)은 소구력이 낮지만 장기적으로 소비자 및 사회에 이점과 혜택을 제공한다(예: 전기자동차나 자동차 공동이용). 바람직한 제품(desirable product)은 즉시적인 소비자 만족을 주고 또한 장기적인 소비자 및 사회지향적 관심사를 서브한다(예: 하이브리드 자동차).

사회지향적인 제품분류에 기초하여, 기업들은 4가지의 기본적인 전략적 규범을 수립할 수 있다. 즉 ① 결함 있는 제품을 제거함 ② 기쁨을 주는 품질을 유익한 제품에 결합시킴 ③ 유익한 품질을 기쁨을 주는 제품에 결합시킴 ④ 소비자 및 사회지향적 목표를 충족시키는 바람직

장기적인 소비자 이점(혜택) \ 즉시적 만족	저	고
고	유익한 제품	바람직한 제품
저	결함 있는 제품	기쁨을 주는 제품

그림 2.2 제품의 사회지향적 분류
자료원: Kotler. P. (1972) "What consumerism means for markerters," *Harvard Business Review*, 50(3): 48~57.

한 제품의 개발 및 마케팅에 투자하는 것이다.

사회지향적 마케팅 개념으로 해결되지 못하는 문제 중의 하나는 소비자 및 사회의 관심사가 되는 것은 무엇이며 또한 무엇이 아닌가를 누가 정의하는 것이냐이다.[5] 또 다른 문제가 기쁨을 주는 제품에 존재하는데, 기쁨을 주는 제품은 즉시적인 고객의 욕구를 서브하며 또한 수익성이 높지만, 장기적으로 소비자와 사회에 대해 필시 혜익적이지 않다. 2차적 욕구와 1차적 욕구가 전형적으로 마케팅 문헌에서는 동일하게 취급되지만, 우리가 원하는 것과 우리에게 좋은 것 간에는 차이가 있다. *Supersize Me*라는 기록영화에서 Morgan Spurlock이 제시한 것처럼, 즉석식품의 경우 일상적으로 소비된다면 비만과 기타 건강상의 문제를 일으키며 또는 엄청나게 연료를 소비하며 또한 지나친 배기가스를 방출하는 SUV를 생각해 보라.

2.2 사회적 마케팅

사회적 마케팅(social marketing)은 사회적 변화의 문제에 대해 마케팅 원리, 개념 및 도구를 적용 · 응용하는 것에 대해 언급한다.[6] 사회적 마케팅 프로그램들은 개인들의 복지 또는 사회의 복지를 향상 · 발전시키기 위해 개인들의 행동에 영향을 주기 위해 디자인되어 있다. 즉 사회적 마케팅은 거시 마케팅의 이슈들에 관심을 두고 있지만, 그러나 사회적 마케팅이 일반적으로 미시 마케팅 식견을 취하고 있는데, 즉 사회적 마케팅 프로그램은 통상 특별한 이슈에 집중하고 있는 개별 조직에 의해 계획되고 실행된다.

사회적 마케팅 캠페인은 인쇄매체, 라디오 또는 TV에 광고하는 것 이상으로 관여한다. 즉 그 캠페인에는 후원 또는 온라인 마케팅과 같은 광범위한 도구와 수단이 포함된다. 공중의 건강 캠페인은 흡연, 술, 약물 남용, 과식 및 불안전한 성생활을 목표로 한다. 환경적 캠페인은 자연환경(황야) 보전, 자연자원 보호, 깨끗한 공기와 에너지 효율성을 촉진한다. 다른 캠페인들은 가족계획, 인간의 권리, 부패 및 인종평등 뿐만 아니라 남녀평등과 같은 문제를 다룬다. 즉 사회적 마케팅 캠페인은 통상 비정부조직이나 정부조직에서 계획되고 실행되기는 하지만, 기업조직도 동반자로서 사회적 마케팅 캠페인에 관여한다.

2.3 생태적 마케팅

생태적 마케팅(ecological marketing)은 자연환경에 대한 마케팅의 부정적 및 긍정적인 영향 모두에 주의를 기울이면서 1970년대 동안 발전하였다.[7] 생태학과 관련하여, 생태적 마케팅은 주로 에너지 및 비에너지 자연자원의 소멸 그리고 생산 및 소비의 부산물로서 창출되는 오염을 다룬다. 그 개념의 근원은 Rachel Carson의 Silent Spring 그리고 Club of Rome의 *Limits of Growth*와 같은 유명한 책에 제시된 환경적 관심사에 바탕을 두고 있다.[8]

일반적으로 생태적 마케팅은 환경적 문제를 일으키고 또한 환경적 문제에 대한 구제방법을 제공하는 마케팅 활동을 다룬다.[9] 즉 생태적 마케팅은 생태적 관점에서 마케팅 믹스를 인식한다. 즉 제품 방침에 관해 생태적 마케팅은 사용되는 포장의 양과 유형 뿐만 아니라 중요한 물질과 에너지 소비의 사용에 관한 문제를 제기한다. 유통에 관해서, 제품의 재활용과 포장이 중요한 이슈이다. 촉진의 역할은 애매모호한데, 그 이유는 부정적인 측면에서 볼 때, 촉진은 수요를 조장하지만, 긍정적인 측면에서 볼 때, 촉진은 환경적으로 우수한 제품에 혜택을 줄 수 있기 때문이다. 가격은 형식과 외관 그리고 제품의 총원가에 관심을 둔다.[10]

1970년대의 학자들, 즉 Fisk, Henion, Kinnear 등은 마케팅과 생태학 간의 상호의존성에 관해 심오한 의문사항을 제시하였다. 생태적 마케팅에 대해 그들이 처음 제시하는 개념은 현실세계의 물질적인 실제를 포괄하기 위해 마케팅의 사고와 실행을 추상적인 경제 그리고 사회적인 세계관의 차원을 넘도록 하였다. 그러나 실행적 차원에서 볼 때, 생태적 마케팅에 대한 논쟁은 석유, 화학 및 자동차와 같이 가장 손상을 주는 산업에 한정되었으며 또한 아주 소수의 기업들만이 자신들의 마케팅 활동을 변경하였다. 대다수 기업들은 환경적인 문제를 시장이나 마케팅보다는 제약요인과 원가요인으로 그리고 관련되는 법규를 지키는 것으로 계속 인식하였다. 오염을 줄이고 법적 조건을 따르기 위해서 생산과정과 제품에 대해 최소한의 해결방법을 실천하였다(예: 자동차에 촉매용 컨버터를 부착함).

생태적 마케팅이 최악의 환경적인 손상에 대한 대응조치로 나타났지만, 그 당시 몇몇 선도적인 기업들은 적극적으로 환경적 및 사회적 가치를 사업의 중심으로 포용하였다. The Body Shop사는 1976년 Anita Roddick에 의해 설립되었고, 아이스크림 기업인 Ben & Jerry's사는 1978년 Ben Cohen과 Jerry Greenfield에 의해 설립되었다. 창업자들은 고객의 욕구와 시장압력에 의해서 추진되기보다는 가치추구적이며 기업가적이었다. 소비자들은 1984년 Bhopal 가스 참사, 1986년 Chernobyl의 방사능 누출사고, 1986년 Sandoz 공장에서의 화학물질 누출, 1989년 *Exxon Valdoz* 기름유출 등을 포함한 일련의 심각한 사고 등으로 1980년대 동안 관심을 갖기 시작하였다. 이런 저런 재앙에 대한 매체들의 발표는 환경에 대한 공중의 관심을 불러일으키게 되었는데, 그럼으로써 매체의 발표는 정치적 및 기업의 이슈로서 주류가 되었다.

2.4 녹색 마케팅과 환경 마케팅

1980년대 후반 이후, 환경적으로 의식적이며 적극적인 "녹색 소비자"가 서구 유럽 및 북아메리카에 등장하였는데, 그들은 이미 잘 알려져 있는 녹색 소비자 지침으로 무장하였다. 배터리, 청량음료, 청소용 제품, 자동차, 합성세제, 식품과 같은 다양한 시장에서, 환경은 경쟁적인 요인이 되었다. **녹색 마케팅**(green marketing) 또는 **환경 마케팅**(environmental marketing) 개념은 보다 환경친화적인 제품에 대해 더 높은 가격을 지급하고자 하는 녹색 소비자 표적집단에 집중함으로써 발전하였다.[11] 수명주기평가(LCA)와 같은 새로운 도구들에 의해 마케팅 의사결정시 생태적인 고려사항이 도입되었다. Society of Environmental Toxicology and Chemistry(SETAC))에 의하면,

●●●

수명주기평가(life cycle assessment: LCA)는 사용되는 에너지와 물질(원료) 그리고 환경에 배출되는 쓰레기를 확인하고 또한 정량화함으로써, 제품, 과정 또는 활동과 관련되는 환경적인 부담을 평가하는 과정이며, 사용되는 에너지 및 원료 그리고 환경에 배출되는 양에 의한 영향을 평가하는 과정 그리고 환경개선과 향상에 영향을 줄 수 있는 기회를 확인하고 평가하는 과정이다. 그 평가에는 그 제품, 과정 및 활동의 전체적인 수명주기, 원료를 수집, 추출 및 처리하는 것, 제조, 수송 및 유통분배, 사용, 재사용, 유지, 재활용 및 최종 처리 등이 포함된다.[12]

●●●

LCA에 기초하여 환경적으로 개선된 포장용 물질과 제품들이 개척적이며 선도기업들에 의해 개발되고 촉진되고 있는데, 이런 것들이 많은 녹색 마케팅 성공담에 제시되어 있다.[13]

1970년대의 생태적 마케팅과는 대조적으로 녹색 마케팅은 단지 전혀 재사용할 수 없는 자원과 중요한 물질의 고갈에만 관심을 기울이지는 않는다. 역시 녹색 마케팅은 종의 상실, 생태 시스템과 서식지의 파괴 그리고 후진국의 빈곤과 같은 환경적인 이슈를 포함한다. 마케팅 실행의 관점에서 볼 때, 1980년대 후반과 1990년대 초반 동안의 두 번째 국면은 여러 가지 이유 때문에 1970년대 동안의 첫 번째 국면보다 더 의미가 있다. 첫째, 환경적 문제가 공중의 논쟁과 정치적인 법규의 이슈가 될 뿐만 아니라, 시장에서의 경쟁적인 요인이 되었다. 둘째, 생산과정 뿐만 아니라 포장과 제품에 집중되었다. 셋째, 여행 또는 금융서비스와 같은 서비스 시장 그리고 매우 다양한 소비재 산업을 고려하기 위해 원유, 광산, 화학 및 자동차와 같이 자연환경에 가장 직접적으로 영향을 주는 원초적인 일선산업의 차원을 넘어 더 광범해지고 있다.

상호이익이 되는(win-win) 논리와 문체에도 불구하고, 월등한 환경적 성과로부터 경쟁적 우위를 창출하고 유지하는 것이 어렵다는 사실이 1990년대 후반기 동안에 분명해졌다.[14] 녹색 마케팅에 반대하는 어떤 반발이 발생하였다.[15] 녹색제품은 자주 할인과 같은 경쟁적인 전술, 제공되는 기술적인 성과수준에 대한 공격 또는 환경적인 주장에 대한 진실성에 대해 취약한 것으로 입증되었다. 환경적인 품질을 기초로 하여 경쟁하는 것은 매우 어려운데, 그 이유는 시장에서 최상의 녹색제품을 구성하는 것이 논쟁의 대상이 되기 때문이다. 최상의 녹색적인 자동차를 정의하기보다는 시장에서 가장 빠르거나 또는 저렴한 자동차가 어느 것인가를 제시하는 것이 더 용이하다. 즉 유리산업은 자연성과 재활용성 때문에 플라스틱보다 더 녹색적인 포장 재료로서 유리를 주장하는데, 반면에 플라스틱 산업은 무게, 관련되는 에너지 그리고 유통분배에서의 비용절약 등을 기초로 우수성을 주장한다. 디젤엔진은 전통적인 엔진보다 적게 연료를 사용하며 CO_2가스를 적게 배출하지만, 인간의 건강에는 해로운 NOx(nobelium) 미립자를 배출한다. 전체적으로 볼 때, 환경적인 문제와 차원은 복잡하고, 논쟁의 소지가 있으며, 또한 특별한 제품 대체용으로 간단하고 쉽게 해결되지 않는다.

녹색 마케팅의 또 다른 문제는 고가격으로 더 녹색적인 제품을 구입할 의향이 있는 소비자가 자주 가공적인 사람이라는 사실이 입증되고 있다는 것이다. 소비자 연구들은 보고된 환경적 의식과 실질적인 환경적 행동 간에 격차가 있다는 것 그리고 소비자들 간에 기업의 녹색화

노력에 대한 지속적인 비판이 녹색제품을 구입하려는 그들의 의지와 의향을 낮추게 하는 경향이 있다는 사실을 계속해서 보고하였다. 그러므로 실질적으로, 녹색 마케팅에 대한 기회는 1990년대 초에 예상했던 것보다 더 커지지 않음이 입증되었다. 녹색 마케팅의 개념은 생산자들이 시장추구적이지만, 녹색제품에 대한 소비자의 수요를 과대평가한다고 가정한다. 이와는 대조적으로, 생태적 마케팅 개념은 환경적 이슈는 소비자 수요에 의존해서는 안되며, 환경적으로 월등한 생산과 제품을 개발하기 위해 생산자의 의지를 과대평가한다고 주장한다.[16] 제도적인 분위기와 가격 표시가 변화하지 않는 한, 생태적 마케팅과 녹색 마케팅은 주류를 이루는 대다수 기업에서 채택되지는 않을 것이다.

2.5 지속가능한 마케팅

지속가능한 마케팅(sustainable marketing)은 시장지향성의 한계를 수용하고 또한 시장 메카니즘에 대한 규제변경의 필요성을 인식하고 있다.[17] 규제를 피하는 대신에, 지속가능한 마케팅은 지속가능한 발전에 도움이 되도록 제도적 환경 및 가격표시에 필요한 변경에 대해 기업 및 집단적 몰입을 촉진한다. 이러한 식견에서 볼 때, 지속가능한 마케팅은 거시 마케팅 개념이다.[18] 즉 지속가능한 마케팅은 지속가능한 발전이라는 아이디어를 포용하는데, 지속가능한 발전은 생산자 및 소비자 모두를 포함하여 실질적으로 모든 사람들의 행동에서의 변화를 요구한다. 거시 마케팅 식견에 추가하여, 지속가능한 마케팅은 생태적, 사회적 및 경제적 이슈로 된 3가지 토대를 강조하는데, 환경적 문제 및 환경적 부담을 줄이는데 집중하는 경향이 있는 녹색 마케팅과는 다르다.[19]

본서에서 우리는 지속가능한 마케팅보다는 지속가능성 마케팅(sustainability marketing)이라는 용어를 사용하기로 선택하였다. 이 2가지 용어의 차이는 확실하기는 하지만 중요하다. 지속가능한이라는 형용사는 지속적 또는 장기간이라는 의미로 사용될 수 있다. 그러므로 지속가능한 마케팅은 마케팅의 한 종류로서 해석될 수 있는데, 지속가능한 발전에 대한 특별한 언급없이 또는 지속가능성 이슈를 고려하지 않고 효과적으로 장기적인 고객관계를 구축한다. 지속가능성 마케팅은 지속가능한 발전 의제와 더욱 분명하게 관계가 있다. 다음 절에서 지속가능성 마케팅에 대한 관리적 접근방법과 그 주요 구성요소에 대한 설명한다.

3 지속가능성 마케팅의 구성요소

통상 마케팅 관리는 조직내의 개인 관리자의 식견에 따라 마케팅을 고려하기 위해 미시지향성을 채택 · 적용하고 있다. 즉 마케팅 관리는 조직의 목표를 성취하기 위해서 소비자의 1차적 욕구와 2차적 욕구를 충족시키기 위해 마케팅 자원과 프로그램을 계획하고, 조직화하고, 실행하며 통제하는 것을 말한다. 마케팅 관리를 성공적으로 행하기 위해 전체 조직은 시장지향성과 고객지향성을 지원해야 한다.[20] 이러한 정의에 상응하여 **지속가능성 마케팅 관리(sustainability marketing management)**는 사회적 및 환경적 기준을 고려하며 또한 기업목표를 달성하면서 소비자의 1차적 욕구와 2차적 욕구를 충족시키기 위해 마케팅 자원과 프로그램을 계획하고, 조직화하고, 실행하며, 통제하는 것이다. 보다 일반적인 용어에서 볼 때, **지속가능성 마케팅(sustainability marketing)**이란 고객, 사회적 환경 및 자연환경과의 지속가능한 관계를 구축하고 유지하는 것으로 정의할 수 있다.[21] 즉 지속가능성 마케팅과 관계 마케팅의 공통적인 특징은 장기적인 지향성이다. 두 개의 개념 모두는 장기적이며 관계지향적인데, 보다 단기적이며 판매지향적인 거래 마케팅과는 반대가 된다.

지속가능성 마케팅에 대한 관리적 접근방법은 아래의 6가지 중요한 구성요소로 되어 있다.

- 사회-생태적 문제
- 소비자 행동
- 지속가능성 마케팅 가치와 목표
- 지속가능성 마케팅 전략
- 지속가능성 마케팅 믹스
- 지속가능성 마케팅 변환[22]

처음의 2가지 구성요소는 기업의 외적 환경 분석의 대상이다. 두 가지 요소들은 마케팅 관리자가 시장에서 중요한 사회-생태적 이슈를 확인 · 규명하고 또한 새로운 마케팅 기회를 개발하는데 도움을 준다. 세 번째와 네 번째 요소는 기업수준에서 전략적 마케팅 의사결정이다. 그 요소들은 계획수립 측면의 부분이며 또한 제품수준에서 지속가능성 마케팅 믹스에 대한 근본을 설정한다. 지속가능성 마케팅의 여섯 번째 요소는 지속가능성에 도움이 되도록 제도체를 변화시키는 공중 및 정치적 과정에 기업이 능동적으로 참여하는 것이다.

여기에서 지속가능성 마케팅이 거시적/미시적 개념이라는 것이 분명해지고 있다. 전통적인 마케팅 사고는 개별기업과 그 기업들의 표적시장 간의 관계에 대해 고도로 추상적인 식견을 제공하는데, 전통적인 마케팅 사고의 시간구성이 상대적으로 단기적이며, 중요한 사회-환경적인 영향요인은 "외적인 것"으로 도외시되며, 또한 마케팅 환경이 기업 및 소비자에 대해 중요한 영향요인으로 고려되지만, 기업과 소비자들은 그 환경을 형성하는데 전혀 힘(영향력)을 가지고 있지 않다고 가정한다. 지속가능성 마케팅은 중요한 이행자(player)들이 환경에 영향을 주는 어떤 힘을 가지고 있으며, 또한 기업과 소비자들이 생산과 소비의 사회적 및 환경적 영향에 대해 어떤 책임을 지며 또한 소비자, 시민, 투자자 및 경영자들이 미래 세대들에 대한 오늘의 의사결정으로 인한 영향이 고려되는 시장에 대해 보다 현실적인 모습을 제공한다. 지속가능성 마케팅을 구성하는 여섯 가지의 주요한 구성요소는 〈그림 2.3〉과 같으며, 본서의 내용과 구성을 보여준다.

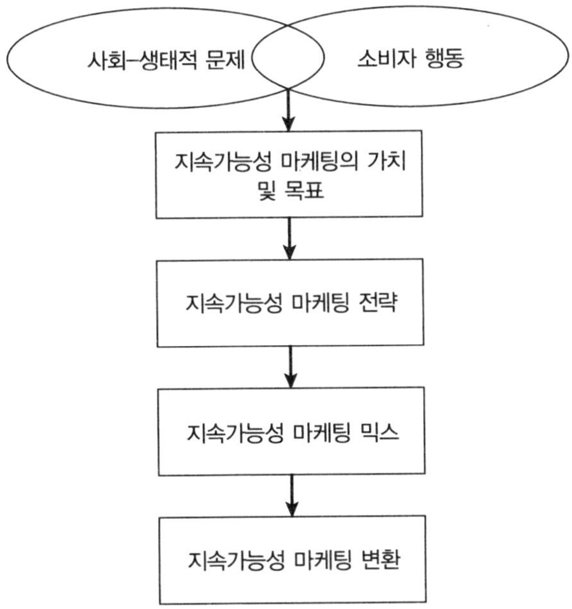

그림 2.3 지속가능성 마케팅 구성틀

지속가능성 마케팅에서의 출발점은 일반적으로 사회적 및 환경적인 문제(거시적 수준)를 이해하는 것이며 또한 특히 기업제품의 사회적 및 생태적 영향에 대해 분석(미시적 수준)하는 것이다. 사회적 및 생태적 이슈의 관련성과 중요성은 기업, 규모, 부문 및 지리적 지역에 따라 상이하다. 현대의 사회에서 사회-생태적 이슈는 순수하게 과학적인 사실에 대한 것이 아니라, 이슈들은 역시 사회적으로 조성된다. 즉 대중매체와 압력단체들은 어느 이슈들이 일반공중들로부터 높거나 또는 낮은 주의를 끄는가를 결정하는데 있어 의미있는 역할을 한다. 예를 들어, 멸종의 위험에 처해 있는 생태적으로 중요한 많은 종들이 있지만, 이 이슈에 대한 매체의 범위와 공중의 관심을 지배하는 코끼리, 호랑이 및 북극곰과 같은 거대하고 매력적인 종들이 주의를 끄는 경향이 있다.

소비자 행동에 대한 분석은 제품의 구매, 사용 및 사용 후를 포함한다. 지속가능성의 맥락에서 볼 때, 소비자 행동의 모든 3가지 단계는 중요하다. 즉 환경적 및 사회적 질에 대해 소비자들이 행하는 많은 의미 있는 기여는 제품 사용, 유지 및 처분에서 또는 구매를 지연하거나 또는 두 가지 모두를 회피하는데에서 유래된다.[23] 즉 지속가능한 소비는 제품의 구매, 사용 및 사용 후의 경우에 생태적 및 사회적 수준을 고려한다. 사회생태적 문제와 소비자 욕구간의 상호교류는 지속가능성 마케팅에 대한 전후관계를 설정하며 또한 혁신적인 기업에 대해 의미있는 새로운 시장 기회를 창출한다.

지속가능성 마케팅의 사명이란 지속가능성에 관한 도전적인 과제의 측면에서 기업의 가치관과 비젼, 시장, 고객, 제품, 서비스를 제시한다. 즉 지속가능성 마케팅의 사명은 기업의 가치관에 대한 분명한 구성요소가 될 수 있으며 또한 기업사명과 가치관을 나타내는 사명문과 같은 문서화된 서류에 분명하게 제시된다. 기업의 지속가능성 명문서와 실행강령은 목표를 설정하고 또한 전략을 수립하며 실행하는 과정에서 통합되지 않는다면 전혀 쓸모가 없다. 간혹 생태적, 사회적 및 경제적 목표는 상호보완적이다. 그러나 대개의 경우, 그 목표들간에는 대차관계(trade-off)가 있으며, 단기간과 장기간에도 득과 실의 관계가 있다. 즉 생태적, 사회적 및 경제적 목표간의 올바르고, 책임적인 균형을 발견하는 것은 요구되는 도전적인 문제이며 또한 지속적인 과정이고 또한 그 균형은 21세기의 마케팅에 있어 점증하고 있는 특징이 될 것이다.

지속가능성 마케팅의 전략적 수준에는 마케팅 관리자들이 고려해야 할 많은 이슈들, 즉 혁신, 세분화, 표적화, 위치화와 시기 등이 있다. 지속가능성 혁신은 성공적인 지속가능성 마케팅의 기본적인 부분이다(예: 단순하게 이용하여 난방이 되는 집, 태양전지, 천연자연식품, 공정무역 제품, 하이브리드 자동차 및 자동차 공동 이용 등). 만약 이런 종류의 지속가능성 혁신이 개발된다면, 중요한 표적집단은 어느 것인가? 사회적 및 환경적 측면은 위치화에서 무슨 역할을 행하는가? 독특한 지속가능한 판매제안(unique sustainable selling proposition: USSP)은 무엇인가? 어느 때가 지속가능성 혁신으로 시장에 진출하는 적절한 시기인가?

지속가능성 마케팅 전략을 실행하기 위해 포괄적인 마케팅 믹스가 개발되어야 한다. 마케팅 활동을 분류하는 고전적인 개념은 4p, 즉 제품, 가격, 경로, 촉진이다.[24] 그러나 고전적인 믹스는 구매자가 아니라 판매자의 견해를 취하고 있다. 고객관계 및 지속가능한 발전의 시대에서 우리는 4C가 지속가능성 마케팅 믹스를 분류하는데 더 적합하다고 생각한다. 4C 즉 고객문제 해결방법, 고객 비용, 커뮤니케이션 및 편리성은[25] 고객의 관점을 취한다. **고객문제 해결방법(customer solutions)**은 물질적인 제품을 판매하는 차원을 넘는 것으로서 고객의 문제에 대한 해결방법을 제시한다. 즉 고객문제 해결방법은 고객 그리고 고객의 욕구를 잘 알고 또한 고객의 욕구를 충족시키며 또한 환경적 측면 뿐만 아니라 사회적 측면을 고려하는 제품과 서비스를 제공하는 것을 시사한다. **고객 비용(customer cost)**은 구매자가 제품과 서비스에 대해 지급해야 하는 재무적 가격을 포함할 뿐만 아니라 제품을 획득, 사용 및 처리하는 심리적, 사회적 및 환경적 비용을 고려한다. **커뮤니케이션(communication)**은 설득하는 형태로서 판매자로부터 구매자에 이르는 일방적인 커뮤니케이션인 촉진의 차원을 넘는 것이다. 즉 커뮤니케이션은 신뢰와 진실성을 구축하는 것이 필수적인 상태에서 상호 작용적인 대화의 과정이다. **편리성(convenience)**이란 고객들이 자신들의 욕구를 충족시키는 제품과 서비스를 사용하고자 원하며 또한 고객들이 접근하고 또한 사용하기에 용이하며 편리하다는 것을 의미한다.

지속가능성 마케팅 변환은 지속가능성을 위해서 제도체을 변화시키기 위한 공중 및 정치적 과정에서 기업들의 적극적인 참여(거시 마케팅)에 대한 것이다.[26] 현재의 제도체의 틀 속에서 지속가능한 제품에 대한 성공적인 마케팅은 가능하지만 한계가 있다. 제도체적인 디자인은 생산자 및 소비자 모두에 대해 지속가능한 행동에 대한 긍정적인 인센티브를 수립하지 못하고 있다. 대조적으로 제도체적인 디자인은 비지속가능한 행동을 허용하며, 자주 권장 · 고무하기까지 한다. 즉 그것은 제도체에서의 변화가 사회생태적 문제와 소비간의 상호교차를 확대하는데, 그리고 적소시장의 차원을 넘어 지속가능한 제품에 대한 성공적인 마케팅에 대한 조건을 조성하는데 필요하다는 이유인 것이다. 지속가능성 선구자와 지도자들은 공중 및 정치적인 제도체를 변화시키기 위해 계몽적인 자기이익을 이용할 수 있고, 따라서 지속가능한 발전을 고취할 수 있다.[27] 즉 사회지향적이며 정치적인 제도체들이 지속가능한 소비를 선호할수록, 기업이 성공적으로 지속가능한 해결방법을 시장에 도입하기가 더 용이하다. 그러므로 지속가능성 마케팅은 21세기의 전환기 이후 방침과 실행에 있어 폭넓게 수용되고 있는 개념인 기업의 사회적 책임과 연결된다.

4 기업의 사회적 책임(CSR)

지속가능성 마케팅과는 달리, 기업의 사회적 책임(corporate social responsibility: CSR)은 새로운 것이 아니다. 오랫동안 기업들은 사회에 대해 상이한 수준의 책임을 보여 왔으며, 또한 경제활동으로 인한 사회적 및 환경적 영향에 대한 정치적 관심은 문자 그대로 수 천년을 거슬러 올라갈 수 있다. CSR에 대한 현대적인 아이디어들은 19세기의 기업 박애주의자들과 함께 부상하기 시작하였으나,[28] 그 이유에 대한 시스템적인 논거는 반세기 전에 미국에서 시작하였다.[29] CSR에 대한 논쟁에서 두 가지 중요한 의문사항이란, 경제적인 책임 이외에 기업은 사회적 책임을 져야 하는가? 그렇다면 이 책임의 본질은 무엇인가? 이다.[30] 두 번째 의문사항에 대한 해답은 매우 많고 다양한데, 그럼으로써 CSR에 대한 많은 상이한 원리 · 원칙 및 개념들이 초래되고 있다. 적절한 정의가 European Commission에 의한 "Promoting a European Framework for Corporate Social Responsibility"의 Green Paper에 제시되었다.

CSR이란 기업들이 사업운영에 그리고 자발적인 기준에서 이해관계자들과의 상호작용에 사회적 및 환경적 관심사를 결합하는 개념이다.[31]

이러한 정의에 대해 보다 상세한 면을 살펴보도록 하자. 첫째, European Commission은 사회적 및 생태적인 측면 모두를 고려하면서 폭넓게 사회적 책임의 본질을 정의하는 것임을 밝히는 것이 중요하다. 이와는 대조적으로, World Business Council for Sustainable Development는 기업의 사회적 책임, 기업의 환경적 책임 그리고 기업의 재무적 책임 간의 차이를 분명하게 구별하고 있는데, 〈그림 2.4〉와 같이 사회적 책임의 3가지 바탕을 보여준다.

이러한 식견에서 볼 때, 기업의 사회적 책임이란 용어는 구성원의 권리, 인간의 권리 그리고 공동체의 관여와 같은 사회적 이슈에 대해 분명하게 한정된다. 이론적으로, 이러한 구분은

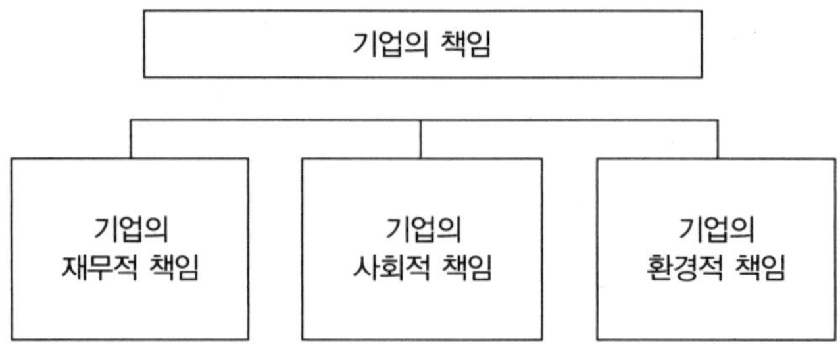

그림 2.4 기업의 책임

자료원: World Business Council for Sustaninable Development(1999) *Corporate Social Responsibility*, Geneva: Switzerland, p. 3.

의미가 있다. 그러나 매일같이 이루어지는 기업의 화제거리에서 CSR에 대한 개념이 흐려지고 있다. 자주 CSR에는 European Commission에서 제시한 것처럼, 사회적 및 환경적 책임을 포함한다.

또 다른 차이는 CSR에 대한 내적 차원과 외적 차원에서 발생한다.[32] 내적 차원은 구성원의 권리, 작업장에서의 건강과 안전, 자연자원 관리 및 생산으로 인한 환경영향과 관련된다. CSR의 외적 차원은 지역 공동체, 기업의 동반자, 공급업자, 소비자, 인간의 권리 및 세계적인 환경에 대한 관심사와 관련된다. 기업들은 CSR 이슈에 대해 상이한 정도로 영향을 미치고 있다.[33] 핵심적인 운영에 관해 기업들은 높은 수준으로 통제하고 있다. 특히 대규모한 다국적 기업들은 공급체인에 따라 기업의 동반자들에 대해 직접적인 영향력을 발휘한다. 정부, 지역 공동체, 매체 및 일반공중에 대해 기업들은 단지 간접적으로 영향을 미친다.

European Commission의 CSR 정의에 대한 두 번째 특징이란 사회적 및 환경적 관심거리가 모든 기업의 운영에 결합된다는 것이다. 이러한 관점에서 볼 때, CSR은 순수하게 박애적인 활동으로 또한 핵심적인 기업활동에 대해 선택적인 부가적인 것으로서가 아니라, 기업들이 관리되는 방식으로 인식된다.[34] 즉 사회적 및 환경적 책임은 구매, 운영, 판매, 마케팅 등의 일부이다. 이러한 의미에서 CSR은 기업 전반에서의 사업운영, 공급체인 및 의사결정 과정에 통합되는 방침, 실행 및 프로그램이 합쳐진 포괄적인 일체로 인식된다.[35] 환경적 책임을 사업운영 및 의사결정 과정에 통합하는 시스템적인 접근방법에는 EMAS 및 ISO 14000과 같은 환경관리 시스템을 포함한다. 이러한 접근방법은 법적 요건의 차원을 넘으며 또한 기업은 통상 자발적인 수준에서 법적 요건을 채택 · 적용한다.

CSR의 또 다른 구성요소는 이해관계자와의 상호작용이다. 이해관계자 이론의 중요한 출발점이란 기업은 소유자 및 주주의 이익(이해관계)에 따라 간단하게 관리되는 것이 아니라, 기업에 대해 합법적인 이해관계를 갖는 고객, 구성원, 공급업자, 정부, 지역 공동체 및 환경조직과 같은 광범위한 집단이 있다는 것이다(〈그림 2.5〉 참조). 1990년대 이후, 기업 그리고 기업의 경제적 성과에 대해 직 · 간접적으로 영향을 줌으로써 이해관계자들의 관여와 기대가 두드러지

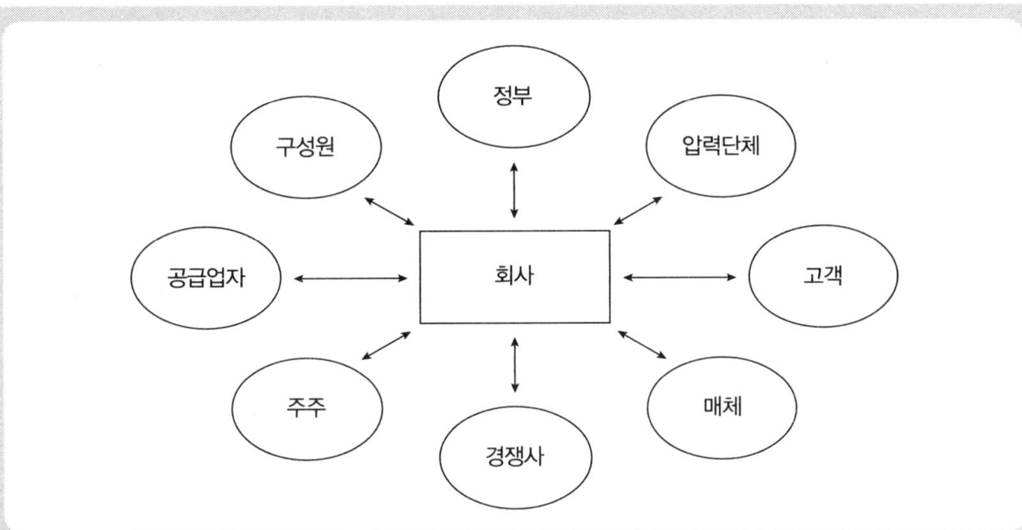

그림 2.5 이해관계자 모델

자료원: Freeman, R.E. (1984) *Strategic Management: AStakeholder Approach*, Boston: Pitman Publishing.

게 증가하고 있다.

많은 기업들은 자신들의 사회적 및 환경적인 선행을 보여주는 보고서를 발행함으로써 CSR에 대해 크게 주의를 기울이고 있다는 것으로 대응하고 있다. 예를 들어, 250개의 대형 다국적 기업들 중 64%는 2005년 자신의 연간보고서에 또는 별도로 CSR보고서를 발행하였다. 어떤 비판가는 신랄하게 아래와 같이 말한다.

> "공동체에게 서비스를 제공하는 것"이라기보다는 단지 이익의 관점과 조건에서 기업의 존립을 정당화하는 어떤 거대한 국제기업의 최근의 연간보고서를 찾는 것은 하나의 도전적인 문제가 된다. 그러한 보고서는 이익과 같은 별로 중요하지 않은 것으로 마지못해 전향하기 전에, 주방에서 나오는 온실가스의 배출을 제안함으로써 또는 사무실의 문구류를 재활용함으로써 사회를 개선 · 향상하고 또한 환경을 보호하려는 노력을 자랑스럽게 제시한다.[36]

이러한 주장은 많은 CSR활동과 보고서들이 자신들의 공중관계 가치를 강조하면서 비교적 장식하고 미화하는 것임을 지적한다. CSR활동과 보고서들은 European Commission이 제시한 것처럼 핵심적인 기업활동으로 결합되는 관점에서 볼 때 전혀 전략적이지 않으며 또한 운영적이지도 않다. Porter와 Kramer는 CSR에 대해 널리 알려져 있는 접근방법들은 기업들이 사회에 혜택이 되고 이익이 되도록 하는 가장 위대한 많은 기회를 모호하게 함으로써 기업과는 연관되지 않는다고 주장한다.[37] 그들은 기업들은 자신들의 핵심적인 사업을 선택하는데 지침이 되는 것과 같은 종류의 구조를 이용해야 한다고 제시한다. 기업들이 그렇게 행한다면, 기업들은 CSR이 어떤 의무, 비용 또는 제약 이상이 될 수 있다는 것, 즉 사실상 CSR이 혁신과 경쟁적 우위를 위한 기회가 될 수 있다는 사실을 발견하게 된다.

시스템적이며 전략적인 CSR접근방법으로 향하는 단계에는 가장 문제가 되는 사회적 및 환경적 이슈 또는 기업이 가장 크게 영향을 미칠 수 있는 이슈들을 확인하고, 우선시하며 또한 제시 · 표명하는 것이 포함된다. 전략적 관점에서, 사회적 및 환경적 이슈들은 세 가지 범주, 즉 일반적인 사회적 및 환경적 이슈, 가치연결쇠에 의한 사회적 및 환경적 영향 그리고 경쟁적 맥락에서 사회적 및 환경적 차원으로 나누어진다.[38] 첫 번째 범주는 사회에 대해 중요한 일반적인 사회적 및 환경적 이슈를 설명하지만, 기업의 운영에 의해 뚜렷하게 영향을 받지도 않으며 또한 장기적인 경쟁력에 영향을 주지도 않는다. 두 번째 범주는 기업의 당초 과정에서 행해지는 기업활동에 의해 뚜렷하게 영향을 받는 사회적 및 환경적 이슈를 특징화한다. 즉 전체적인 가치연결쇠 또는 요람에서 무덤까지의 전체적인 제품수명주기가 고려되어야 한다. 세 번째이며 마지막 범주는 근본적으로 경쟁을 추진하는 요소에 대해 두드러지게 영향을 주는 사회적 및 환경적인 이슈를 설명한다. 사회적 및 환경적 이슈에 대한 계층분류는 부문, 기업 및 지리적 지역에 따라 상이하다. 즉 물은 금융서비스에 대해서는 일반적인 이슈이며, 농업에 대해서는 부정적으로 가치연결쇠에 영향을 주며 또한 음료에 대해서는 경쟁적인 요인이다. 아프리카에서의 AIDS 유행병은 영국의 소매상에게는 일반적인 이슈이며, 제약회사에 대해서는 가치연결쇠가 영향요인이고 또한 운영하는데 필요한 지역 노동력에 의존하는 남아프리카의 광산에 대해서는 경쟁적인 맥락에서 이슈가 된다.[39] 사회적 및 환경적 이슈를 확인규명하고 또한 우선시하는 것은 사회적 목표와 기업목표를 동시에 달성하려는 확고하고도 분명한 기업의 사회적 의제에 대해 기반을 조성케 한다. 그러한 의제는 이해관계자 그리고 그들의 기대에 반응적이어야 하지만, 의제는 양호한 기업시민의 차원을 넘어, 해를 주는 가치연결쇠의 영향을 완화 · 경감하는 차원을 넘어야 한다.

전략적인 CSR은 사회에 보탬과 혜택이 되고 또한 경쟁적 전략을 강화하기 위해 가치연결쇠 활동을 변환시키고 있다(〈그림 2.6〉 참조). 고객들에게 자연식품, 천연식품 및 건강식품을 제공하는 Whole Foods Market사의 예를 보자. 북아메리카의 이 소매상은 지역 농부들로부터 자연식품을 구입하고, 건강에 도움이 되지 않는 성분이 포함된 식품을 걸러내고, 바이오 연료로 운행되는 자동차로 바꾸고, 썩을 수 있는 것과 미생물로 분해될 수 쓰레기를 혼합하고 또한 점포와 공장에서의 전기사용과 똑같은 양만큼 재생할 수 있는 풍력을 구입함으로써 전반적인 사업운영에 사회적 및 환경적 관심을 결합하고 있다.[40] CSR에 대한 이런 종류의 전략적 접근방법은 기업의 가치제안에 사회적 및 환경적 차원을 추가한다. 이와 같은 경우에, CSR은 본서에서 정의한 바와 같이, 지속가능성 마케팅에 밀접하게 연관된다.

그러나, CSR과 지속가능성 마케팅 간에는 차이가 있다. 즉 CSR은 기업수준과 이해관계자에게 집중하지만, 한편 지속가능성 마케팅은 무시되어 온 이해관계자로서의 고객 그리고 제품수준을 강조한다. 뒤에 이어지는 장에서 지속가능성 마케팅 개념을 구성하는 각 요소가 상세

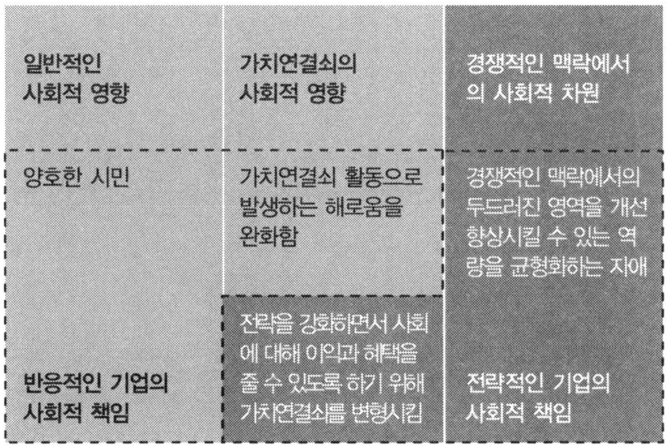

그림 2.6 CSR에 대한 반응적 및 전략적 접근방법
자료원: Porter, M.E. and Krämer, M.R. (2006) 'Strategy and society', *Harvard Business Review*, 84(12): 89.

하게 제시될 것인데, 그것에는 이론적인 기초, 실증적인 식견 그리고 세계 전역에 있는 기업들의 설명적인 예제 등이 포함되어 있다.

마케팅은 시간이 지남에 따라 진화 · 발전한다. 성숙되고 포화 상태가 된 경쟁적인 시장은 기업으로 하여금 생산집중적으로 제조하여 판매하는 철학으로부터 고객집중적으로 감지하여 반응하는 철학으로 대체하도록 한다. 그러나 고객의 2차적 욕구 및 1차적 욕구를 충족시키는 것은 항상 사회에 대해 최상의 이익과 이해관계가 되지는 않는다. 1970년대 이후, 사회지향적 마케팅, 사회적 마케팅, 생태적 마케팅, 녹색 마케팅 및 환경 마케팅과 같은 상이한 마케팅 개념들이 사회적 및 환경적 이슈를 처리하기 위해 개발 · 발전되고 있다. 지속가능성 마케팅에 대한 관리적 접근방법은 분명하게 지속가능한 발전에 대한 개념을 언급한다. 지속가능성 마케팅의 틀을 구성하는 중요한 6가지 요소는 사회-생태적 문제, 소비자 행동, 지속가능성 마케팅의 사명과 목표, 지속가능성 마케팅 전략, 지속가능성 마케팅 믹스 그리고 지속가능성 마케팅 변환으로 구성된다. 즉 지속가능성 마케팅은 사회적 및 환경적 관심사를 자발적 기준에서 기업 운영에 결합 · 융합하는 개념인 기업의 사회적 책임에 대해 보완적인 것이다.

주요 용어

기업의 책임	환경 마케팅	사회지향적 마케팅
기업의 사회적 책임	녹색 마케팅	지속가능한 마케팅
생태적 마케팅	사회적 마케팅	지속가능성 마케팅

검토해야 할 의문사항

1. 사회지향적 마케팅과 사회적 마케팅을 정의하라. 2개의 개념간의 유사성과 차이점은 무엇인가?

2. 생태적 마케팅과 녹색 마케팅을 정의하라. 2가지 마케팅 개념간의 유사성과 차이점은 무엇인가?

3. 1990년대 후반기 동안, 우수한 환경적 질에 기초하여 경쟁적 우위를 창출하고 또한 유지하는 것이 어렵다는 것이 분명해지고 있다. 녹색 마케팅에 반대하는 소위 반발에 대한 주요한 이유는 무엇인가?

4. 지속가능성 마케팅의 주요 구성요소는 무엇인가? 지속가능한 마케팅 대신에 지속가능성 마케팅이라는 개념으로 왜 불리우는가?

5. 기업의 사회적 책임(CSR)을 정의하라. CSR과 지속가능성 마케팅 간의 연결 관계는 무엇인가?

논의해야 할 의문사항

1. Toyota Prius는 처음으로 대량생산된 하이브리드 자동차이다. 동일한 범주에 있는 다른 자동차보다 이산화탄소를 적게 배출하고 휘발유를 적게 소모하는 하이브리드 자동차가 상호세대적 자산(intragenerational equity)의 목적에 대한 기여라고 생각하는가?

2. 사회지향적 마케팅에서 해결되지 않는 문제들 중의 하나는 장기적인 소비자 이점(혜택)에 대한 이해관계에서 누가 무엇을 그리고 그렇지 않은 것이 무엇인가를 정의하느냐이다. 당신의 의견에서 볼 때, 제품 및 서비스의 장기적인 이점(혜택)을 누가 정의해야 하는가?

3. 1990년대의 녹색 마케팅 및 환경 마케팅 개념은 기업들이 녹색소비자 표적집단을 목표로 하므로 시장추구적이라고 가정한다. a) 마케팅 관점에서 b) 생태적 관점에서 볼 때 그러한 개념의 한계는 무엇인가?

4. 기업의 사회적 책임(CSR)은 "기업들이 자신의 기업운영에 그리고 자발적인 기준에서 이해관계자들과의 상호작용에 사회적 및 환경적 관심사를 결합하는 개념"이라고 정의하였다. 실제로 CSR은 자발적 기준으로 채택 · 적용되고 있는가? 기업은 어느 상황에서 그리고 어느 정도로 CSR접근방법을 채택하는 것 또는 채택 · 적용하지 않는 것을 결정하는데 자유로운가? 사회적 책임을 지도록 요구를 받는 기업의 특별한 예를 제시해 보라.

5. 당신의 경험에서 볼 때, 어떤 종류의 기업이 지속가능성 마케팅 관리를 채택 · 적용하고 있는가? 그 기업들이 어느 범위에서 지속가능성 마케팅을 실행하고 있으며 특별한 예를 제시하고 논의해 보라.

참고문헌

1. Toyota Motor Corporation (2006) *Sustainability Report 2006. Towards a New Future for People, Society and the Planet*; Toyota Motor Europe (2006) *Toyota European Sustainability Report 2006*; www.toyota.com/prius (accessed 21 August 2007).
2. Kotler, P. & Armstrong, G. (2004) *The Principles of Marketing*, 10th edn, Upper Saddle River, NJ: Prentice Hall, pp. 12–13.
3. Bartels, R. & Jenkins, R.L. (1977) 'Macromarketing', *Journal of Marketing*, 44(4): 17–20.
4. Kotler, P. (1972) 'What consumerism means for marketers', *Harvard Business Review*, 50(3): 48–57.
5. Crane. A. & Desmond, J. (2002) 'Societal marketing and morality', *European Journal of Marketing*, 36(5/6): 548–69.
6. Kotler, P. & Zaltman, G. (1971) 'Social marketing: An approach to planned social change', *Journal of Marketing*, 35(3): 3–12; www.social-marketing.org (accessed 21 August 2007).
7. Fisk, G. (1974) *Marketing and the Ecological Crisis*, New York: Harper & Row; Henion, K.E. II (1976) *Ecological Marketing*, Columbus, OH: Grid; Henion, K.E. II and Kinnear, T.C. (1976) *Ecological Marketing*, Chicago, IL: American Marketing Association. For an overview of the evolution from ecological marketing to environmental marketing, see Peattie, K. (2001) 'Towards sustainability: The third age of green marketing', *The Marketing Review*, 2: 129–46.
8. Carson, R.L. (1962) *Silent Spring*, New York: Houghton Mifflin; Meadows, D.H., Meadows, D.I., Randers, J. & Behrens, W.W. III (1972) *The Limits to Growth*, New York: Universe Books.
9. Henion, K.E. II & Kinnear, T.C. (1976) *Ecological Marketing*, Chicago, IL: American Marketing Association.
10. Fisk, G. (1974) *Marketing and the Ecological Crisis*, New York: Harper & Row, pp. 84–126; Henion, K.E. II (1976) *Ecological Marketing*, Columbus, OH: Grid, pp. 77–240; Henion, K.E. II & Kinnear, T.C. (1976) *Ecological Marketing*, Chicago, IL: American Marketing Association, pp. 1–2.
11. Charter, M. (1992) *Greener Marketing: A Responsible Approach to Business*, Sheffield: Greenleaf Publishing; Coddington, W. (1993) *Environmental Marketing. Positive Strategies for Reaching the Green Consumer*, New York: McGraw-Hill; Meffert, H. & Kirchgeorg, M. (1993) *Marktorientiertes Umweltmanagement*, Stuttgart: Schaeffer-Poeschel; Ottman, J.A. (1993) *Green Marketing. Challenges and Opportunities for the New Marketing Age*, Lincolnwood, IL: NTC Business Books; Peattie, K. (1992) *Green Marketing*, London: Pitman Publishing; Peattie, K. (1995) *Environmental Marketing Management. Meeting the Green Challenge*, London: Pitman Publishing.
12. Society of Environmental Toxicology and Chemistry, www.setac.org (accessed 3 January 2009). See Chapter 3 for a further description of LCA.
13. Charter, M. (1992) *Greener Marketing: A Responsible Approach to Business*, Sheffield: Greenleaf Publishing; Meffert, H. & Kirchgeorg, M. (1993) *Marktorientiertes Umweltmanagement*, Stuttgart: Schaeffer-Poeschel; Ottman, J.A. (1993) *Green Marketing: Challenges and Opportunities for the New Marketing Age*, Lincolnwood, IL: NTC Business Books; Peattie, K. (1992) *Green Marketing*, London: Pitman Publishing.
14. Peattie, K. (2001) 'Towards sustainability: The third age of green marketing', *The Marketing Review*, 2: 129–46.
15. Crane, A. (2000) *Marketing, Morality and the Natural Environment*, London: Routledge.
16. Van Dam, Y.K. & Apeldoorn, P.A.C. (1995) 'Sustainable marketing', *Journal of Macromarketing*, 15(3): 45–56.
17. The term was first coined by Sheth, J.N. and Parvatiyar, A. (1995) 'Ecological Imperatives and the Role of Marketing', in M.J. Polonsky & A.T. Mintu-Wimsatt (eds) *Environmental Marketing. Strategies, Practice, Theory, and Research*, New York: Hawarth Press, pp. 3–20. The authors' fundamental proposition is that sustainable development can be achieved only by active corporate marketing and government intervention.
18. Van Dam, Y.K. & Apeldoorn, P.A.C. (1995) 'Sustainable marketing', *Journal of Macromarketing*, 15(3): 45–56.
19. Charter, M., Peattie, K. Ottman, J. & Polonsky, M.J.(2002) *Marketing and Sustainability*, Cardiff: Centre for Business Relationships, Accountability, Sustainability and Society (BRASS).
20. Lazer, W. & Culley, J.D. (1982) *Marketing Management. Foundations and Practices*, Boston MA: Houghton Mifflin.
21. Belz, F.M. (2006) 'Marketing in the 21st century', *Business Strategy and the Environment*, 15(3): 139–44.
22. *Ibid*.
23. Peattie, K. (1999) 'Rethinking Marketing', in M. Charter & M.J. Polonsky (eds) *Greener Marketing. A Global Perspective on Greening Marketing Practice*, Sheffield: Greenleaf Publishing, pp. 57–70.

24. The classification of the four Ps was first suggested by Mc Carthy, E.J. (1960) *Basic Marketing: A Managerial Approach*, Homewood, IL: Irwin.
25. Lauterborn, R. (1990) 'New marketing litany: 4 Ps passé; C-words take over', *Advertising Age*, 1 October 1990, p. 26; Kotler, P. & Armstrong, G. (2004) *The Principles of Marketing*, 10th edn, Upper Saddle River, NJ: Prentice Hall, p. 58.
26. Belz, F.-M. (2001) *Integratives Öko-Marketing: Erfolgreiche Vermarktung von ökologischen Produkten und Leistungen*, Wiesbaden: Gabler.
27. Bendell, J. & Kearins, K. (2005) 'The political bottom line: The emerging dimension to corporate responsibility for sustainable development', *Business Strategy and the Environment*, 14(6): 372–83.
28. World Business Council for Sustainable Development (1999) *Corporate Social Responsibility*, Geneva: World Business Council for Sustainable Development.
29. Carrol, A.B. (1999) 'Corporate social responsibility: Evolution of a definitional construct', *Business and Society*, 38(3): 268–95.
30. Crane, A. & Matten, D. (2004) *Business Ethics*, Oxford: Oxford University Press, pp. 41–7.
31. Commission of the European Communities (2002) *Corporate Social Responsibility: A Business Contribution to Sustainable Development*, COM (2002) 347 final, Brussels: Commission of the European Communities, p. 5.
32. World Business Council for Sustainable Development (1999) *Corporate Social Responsibility*, Geneva: World Business Council for Sustainable Development, p. 3., pp. 9–16.
33. World Business Council for Sustainable Development (2002) *Corporate Social Responsibility: The WBCSD's Journey*, Geneva: World Business Council for Sustainable Development, p. 4.
34. Commission of the European Communities (2002) *Corporate Social Responsibility: A Business Contribution to Sustainable Development*, COM (2002) 347 final, Brussels: Commission of the European Communities, p. 5.
35. Business for Social Responsibility, www.bsr.org (accessed 21 August 2007).
36. Crook, C. (2005) 'A survey of corporate social responsibility', *The Economist*, 22 January, pp. 3–18.
37. Porter, M.E. & Krämer, M.R. (2006) 'Strategy and society', *Harvard Business Review*, 84(12): 78–92.
38. *Ibid*.
39. *Ibid*.
40. Whole Foods Market, www.wholefoodsmarket.com (accessed 3 January 2009).

  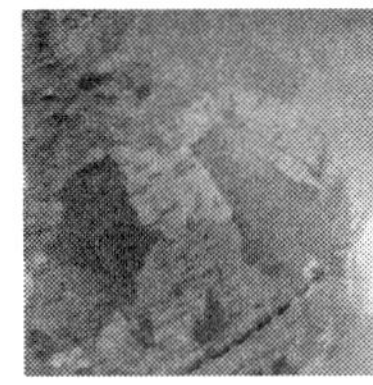

II PART

지속가능성 마케팅 기회의 개발

제3장 사회-생태적 문제들

제4장 지속가능한 소비자 행동

CHARTER 3

사회-생태적 문제들

학습 효과

1. 거시적 수준에서 주요한 사회-생태적 문제를 이해함.
2. 미시적 수준에서 제품의 주요한 사회-생태적 문제를 확인함.
3. 특정한 제품과 관련되는 사회적 및 생태적 이슈를 이해하기 위한 수단 · 도구로서 제품수명주기 평가(life cycle assessment: LCA)의 이용을 이해함.

고찰내용 개념의 시연

앞 장에서 당신은 지속가능성 마케팅의 핵심적 개념에 대해 공부하였다. 본 장에서는 우선 세계적 수준(거시적 수준)에서 중요한 생태적 및 사회적 문제를 살펴본다. 그 다음으로 제품의 사회-생태적 영향(미시적 수준)을 살펴볼 것이다. 여기에서는 요람에서 무덤까지의 전체적인 수명이 고려되어야 한다. 제품수명주기 평가(LCA)는 자연적 및 사회적 환경에 대한 제품의 영향을 분석하기 위해 사용되는 도구이다. 사회적 및 생태적 환경에 대한 제품의 영향을 무시한다는 것은 기업 및 상표에 대해 매우 위험한데, 반면에 제품의 영향을 이해하는 것은 새로운 식견과 시장기회를 넓게 한다.

지속가능성 마케팅 이야기 Sustainability marketing story

Starbucks-정신 그리고 배를 채움

Starbucks사는 세계에서 가장 규모가 큰 커피전문점 체인이다. 1983년에 Howard Schultz는 유럽스타일의 커피전문점을 북아메리카에 가져갈 아이디어를 가졌다. 그는 사람들이 커피냄새를 맡고, 더욱더 삶을 즐기기 위해 느긋해야 할 필요가 있다고 믿었다. Starbucks사는 커피만을 판매하지 않고 "Starbucks의 경험"을 판매한다. 이 회사는 고객들을 벽지와 탁자에서 시를 쓰고, 에스프레소 기계 뒤에서 멋있는 앞치마를 입고 있는 점원, 그리고 바닥의 색조, 솔질한 쇠 또한 복고풍 음악으로 표출되면서 건방지지만 멋진 내부 분위기 속에 있는 사람으로 다룬다. 어떤 Starbucks사의 중역이 이야기한 것처럼 "우리는 배를 채우는 기업이 아니라 우리는 정신을 채우는 기업을 운영하고 있다."

커피 위기 이후, Starbucks사는 물론 배를 채우는 기업이었다. 1994년부터 2004년 사이에, 커피원두의 가격은 갑자기 떨어졌으며, 전세계적으로 농부들에게 강하게 영향을 주었다. 커피는 브라질, 콜롬비아, 코스타리카, 에티오피아, 파라과이, 인도. 인도네시아 및 베트남과 같이 원두로 둘러싸인 열대 및 아열대 국가에서 살고 있는 2000만 명 이상의 농부와 그의 가족들을 위한 생계를 제공하고 있다. 그들 중 2/3 이상은 5헥터 미만을 재배하는 소규모한 소유자들이었다. 커피가격이 폭락하기 전, 커피로 벌어들인 농부들의 소득은 생존하기에 충분하였다. 그들은 자신들과 아이들을 먹일 수가 있었으며 옷을 구입하고, 어린애들을 학교에 보내고, 아플 때에 보건소에 가고 또한 어느 정도 공동체 활동에 관여할 수 있었다. 커피 위기 후, 이 모든 것은 요원한 꿈이 되었다. 소농들이 중간상으로부터 받은 돈은 생산원가를 충당하기에 턱없이 부족하였고, 빠듯한 삶을 제공하였다. 낮은 수입은 여러 가지 영향을 주었다. 농부들은 농토에 더 이상 투자를 하지 않았다. 많은 경우에, 어린이들이 학교 다니는 것을 그만 두고, 매일 매일의 식사도 더 나빠졌다. 소농들은 옷, 신발, 기본적인 의료, 신용에 대한 상환까지도 할 수가 없었다.

Starbacks사의 커피의 대부분은 직접 손으로 수확하는 멀리 떨어져 있는 언덕지역에 위치한 소규모한 가족농장에서 재배되고 있다. 커피원두는 커피나무의 작은 빨간 열매 속에 있는 씨앗으로, 커피나무는 대개의 나무들보다 작지만 전형적인 관목보다는 크다. 한 그루의 나무는 매 계절 통상 볶은 커피원두 1파운드(453g)에 해당하는 열매를 생산한다. 전통적인 다목작 시스템에서 그 조그마한 커피나무는 더 큰 콩과 나무들 주위에 산재되어 있는데, 주위에 있는 콩과 나무들이 그늘을 제공한다. 커피농장에서 그늘을 제공하는 주위의 나무들은 자주 제거되고 또한 밝은 태양에 직접 노출되는 커피나무의 좁은 줄에 따라 교체된다. 비료와 농약이 주어지는 조건하에서 짧은 투입요소가 소요되는 그러한 일모작은 많은 수확을 제공하지만, 그 품질은 보다 자연적이며 그들이 있는 환경에서 자란 커피보다는 통상 낮다.

지속가능한 커피 구매에 대한 Starbucks사의 접근방법은 고객추구적이며 품질추구적이다. Starbucks사의 고객들이 커피에 대해 고가격을 지급하려는 의지는 예외적인 품질을 제공하는 당기업의 약속에 주로 바탕을 두고 있다. 즉 그것은 Starbucks사가 고품질에 대한 자사의 엄격한 표준을 충족시키는 최고의 아라비아 커피만을 구입하는 이유인 것이다. 즉 Starbucks사는 고품질의 아라비아 커피는 낮은 품질의 아라비아 또는 감칠맛이 나는 커피(robusta)보다 생산하는데 더 많은 비용이 소요된다는 사실을 인식하고 있다. 이에 따라, Starbucks사는 고품질의 아라비아 원두에 대해 고가격을 지불하고, 특별한 커피로 판매하며, 농부들이 더 많은 이익을 내고 가족을 부양하는데 도움을 주고 있다. 더욱이 Straucks사는 CAFE, 즉 지속가능한 방식으로 재배하고, 처리하며 또한 거래되는 고품질 커피를 증가시키며 또한 농부들의 삶을 향상 · 개선하려고 노력하는 통합적인 접근방법을 채택 · 적용하였다. CAFE

란 Coffee And Farmer Equity로서, 그것은 Starbucks 커피에 비례하여 농부들의 권리·자산(equity)의 중요성을 강조한다. 이 접근방법은 지속가능성 기준 일체를 정의하는데, 그것은 Conservation International and the Rainforest Alliance와 같은 독립적인 비정부조직 그리고 농부와 공급업자들과의 협력하에서 Starbucks사가 수립한 것이다. 그 지침에는 5개 분야에 대한 28가지의 지표가 포함되는데, 5가지 분야란 제품품질, 경제적인 의무(투명성), 사회적 책임, 커피 재배에 있어 환경적인 지도력 그리고 커피처리가공에 있어 환경적인 지도력이다. CAFE지침에 따라 최상의 실행방법이 사용되고 있음을 증명받고, 그리고 그 성과에 대해 독립적인 입증확인을 획득한 농부와 공급업자들은 우호적이며 전략적인 Starbucks사의 동반자가 된다. 믿음과 정직성을 구축하기 위해 Starbucks사는 CAFE실행의 수립, 훈련 및 감사에 대해 Scientific Certification Systems(SCS)을 유지하였다. SCS는 제3자의 평가 및 인증기업이다. 농부들과 협력하고 또한 농부들에게 고품질 커피에 대해 지속가능한 생산을 확실하게 하는데 필요한 기술적 지원과 훈련을 제공하기 위해 Starbucks사는 Costa Rica에 농부지원센터를 개설하였다.

CAFE 지침을 수립하는 것에 추가하여, Starbucks사는 자연환경을 보존·유지하고 또한 경제적 안정을 촉진하는데 도움을 주는 방식으로 재배하거나 판매되는 커피를 구입하고 있다. 즉 그늘진 곳에서 자란 전통적인 커피, 인증을 받은 천연커피, 공정무역(Fair Trade) 인증을 받은 커피를 구입한다. Starbucks사의 환경에 대한 몰입은 역시 커피 재배의 차원을 넘고 있다. 즉 Starbucks사는 원두로부터 바리스타(barista)까지의 전체적인 제품수명주기를 다루고 있다. 진행과정을 측정하고 조사하기 위해 Starbucks사는 중요한 환경적인 주요요소 메트릭스를 설정하고 있는데, 그것은 일상적인 기준과는 상반되게 보고되는 것이다.[1]

많은 다른 기업들이 자신의 사업, 단기적인 성공과 장기적인 존속에 영향을 주는 사회적 및 환경적 문제에 직면하고 있다. 소비자들은 점차 그 제품의 이면에 있는 세계에 관심을 가지게 되었다. 소비자들은 그 제품이 어떻게, 어디에서 그리고 누구에 의해 생산되고 있는가를 알고자 한다. 이에 따라 마케팅 관리자는 일반적으로 주요한 사회-생태적인 문제 그리고 특히 제품의 영향을 이해해야 한다.

1 거시적 수준에서 사회-생태적인 문제들

당신은 〈그림 3.1〉과 같이 20세기 중엽 우주공간에서 촬영한 지구에 대한 사진을 볼 수 있다. 그 사진은 거대한 공간 속에서 푸르고, 녹색인 공모양의 작으며 또한 거의 깨질듯한 공을 보여준다. 이 모습은 인류에 대한 사고에 대해 커다란 영향을 주었다. 즉 그 모습은 자연자원에는 한계가 있으며, 인간의 활동에 의한 영향을 완화시킬 수 있는 생물권의 역량에는 한계가 있다는 것을 알게 하였다.[2] 지구는 생명을 지켜주는 것으로 알려진 태양계 시스템에서 단지 하나의 위성이다. 지구표면의 약 70%는 물로 되어 있는데, 그 물은 생명에 필수적인 것이다. 나머지는 육지로서, 바다위에 올라온 대륙의 형태로 되어 있다.

지구 그리고 자연환경에 대한 인간의 활동의 전반적인 영향은 3가지 요인, 즉 인구, 사람들

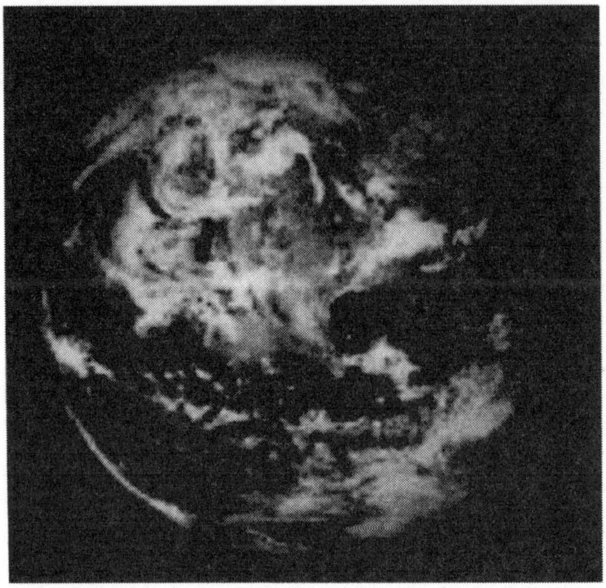

그림 3.1 외부 공간에서 본 지구

의 소비 그리고 기술이라는 요인의 결과이다. 이것은 IPAT 공식으로 표현될 수 있다.[3]

영향(impact) = 인구(population) × 풍요(affluence) × 기술(technology)

1.1 인구

인구(population)는 지구상에 살고 있는 사람의 전체로서, 세계인구는 1950년 25억 명에서 2005년 65억 명(160% 증가)으로 증가하였다. 세계인구의 대다수는 아시아, 특히 중국과 인도에 살고 있다. 즉 2005년 약 39억 명이 아시아에, 7억 3000만 명이 유럽에, 5억 6000만 명이 라틴아메리카에 그리고 3억 3000만 명이 북아메리카에 살고 있다. 2050년에 세계인구는 약 90억 명으로 증가될 것으로 예상된다(〈그림 3.2〉 참조).

12억 명의 선진지역의 인구는 2005년부터 2050년까지 거의 일정한 수준으로 유지될 것으로 예측된다. 즉 이 기간동안의 인구성장의 대부분은 후진국에서 이루어질 것으로 예상된다. 즉 인구가 52억 명에서 78억 명(50%)으로 증가될 것으로 예상된다. 최빈 후진국의 인구는 2005년부터 2050년 사이에 2배 이상 증가될 것으로 예상되는데, 7억 6000만 명에서 17억 명(123%)으로 증가될 것이다. 빈곤, 기아, 영양실조, HIV/AIDS와 같은 전염병, 말라리아와 폐결핵으로 인한 높은 사망률에도 불구하고 후진국에서 널리 행해지고 있는 높은 출생률이 인구증가의 주 요인이 되고 있다.[4]

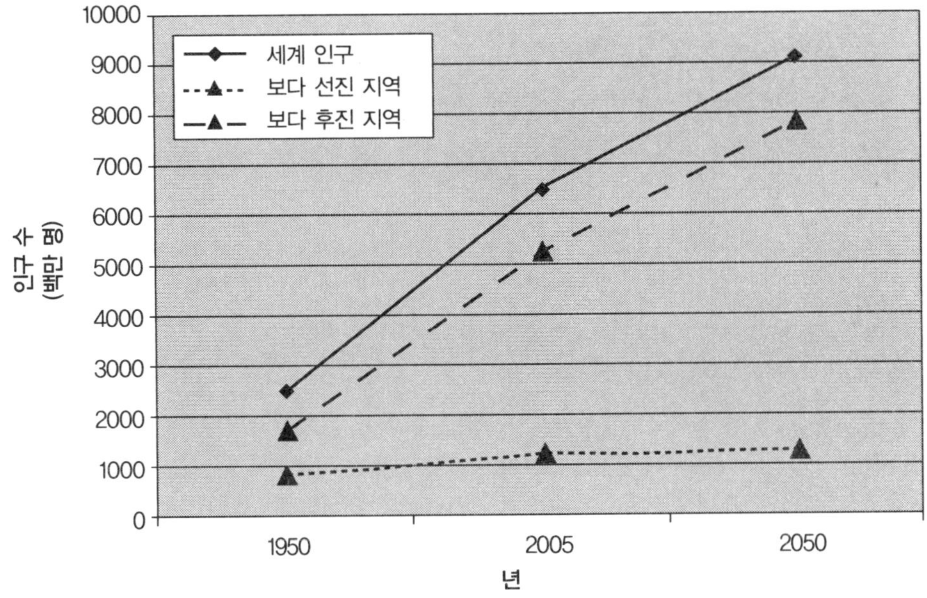

그림 3.2 세계인구(1950~2050)

1.2 풍요

풍요(affluence)는 각 개인이 소비하는 양과 관련되는데, 일인당 소비에 근거하여 세계적인 수준에서 볼 때 3개의 계층, 즉 빈곤, 중간 및 풍요함으로 구분된다(〈표 3.1〉 참조).[5]

빈곤층은 가족당 연간 700달러 미만으로 구성된 가족으로서, 그들은 하루에 2달러(1.44유로 달러) 미만으로 살아가며, 오두막과 판잣집에서 산다. 그들은 멀리까지 여행할 수 없으며, 거의 걸어서 이동한다. 그들은 곡식, 콩, 뿌리채소 작물은 먹는다. 깨끗하고 건강에 도움이 되는 물에는 거의 접근하지 못하고 있다. UN의 Millennium Development Report에 의하면, 극도의 빈곤층은 지구상에 약 10억 명 정도로 하루하루를 살아가고 있는데, 일일 1달러 미만(0.72

표 3.1 세계의 소비계층

소비 범주	빈곤	중간	풍요
연간소득	700달러 미만	700~7,500달러	7,500달러 이상
거주	오두막, 판잣집	적절한 건물	기후를 통제하는 건물
식사	부족한 곡식, 불완전한 물	곡식, 깨끗한 물	육류, 포장식품, 청량음료
수송	도보	자전거, 버스	개인 자가용, 비행기
재료	지역의 자연물	내구재	광고전단

자료원: Based on Durning, A. (1992) *How much is enough? The Consumer Society and the Future of the Earth*, New York: W.W. Norton Company, p. 27.

유로 달러)으로 연명하고 있다.[6] 8억 명 이상이 양식이 부족하여 하루에 필요한 에너지를 충족시키지 못하고 있다. 빈곤층 중 최상의 빈곤층의 자녀들은 대부분 고통을 겪고 있다. 그들은 영양실조이며, 거의 학교에 다니지 못하며, 적절한 기본교육도 받지 못하고 있는데, 기본교육은 선택 그리고 더 좋은 삶을 영위할 수 있도록 한다. 극심한 빈곤, 기아, 어린이 사망, 전염병이 출몰하면서 사하라 사막 이남 아프리카가 가장 최악으로 영향을 받았으며, 반면에 동남아시아의 상황은 1990년 이후 뚜렷하게 진보·향상되었다.

세계의 중간소득 계층은 연간 각 가족구성원당 700달러(503유로 달러)에서 7,500달러(5,414유로 달러)를 벌어들인다. 그들은 전등, 라디오 및 냉장고를 사용하기 위해 전기를 이용하고, 적절한 건물에서 살고 있다. 그들은 곡식과 깨끗한 물을 기초로 식사를 하며, 버스와 기차와 같은 대중교통수단으로 이동한다.

정의상에서 볼 때, 풍요로운 소비자 계층에는 각 가족구성원당 7,500달러 이상의 소득을 가진 가정이 포함된다. 그들은 냉장고, 세탁기, 식기세척기 및 기타 전력으로 가동되는 기구가 갖추어져 있고, 온도를 조절하고 난방이 되는 건물에 살고 있다. 그들은 육류, 처리되고 포장된 식품을 먹고, 사용 후 버릴 수 있는 용기에 담겨 있는 청량음료와 기타 음료를 즐긴다. 풍요로운 소비자 계층의 지배적인 수송수단은 자동차이며 점차 비행기를 이용한다. 그들은 전형적으로 TV, 전화 및 인터넷을 이용한다. 이런 종류의 제품들은 자연환경에 대해 상당한 영향을 미친다. 그러나 그와 동시에 중요한 것은 대중매체가 전달하는 아이디어와 소비문화이다. 즉 TV는 뉴스와 오락을 제공하지만, 소비재와 라이프스타일에 대한 노출을 제공하는데, 소비재와 라이프스타일은 광고 및 프로그램이 제공되는 동안에 보여진다.

풍요로운 소비자 계층의 구성원들은 인류역사에서 볼 때, 과거에는 전혀 경험하지 못했던 일종의 물질적인 라이프스타일을 즐긴다. 북아메리카에서 시작된 소비의 민주화는 과거 반세기 동안 동구유럽과 아시아에 확대되었다. 1990년대 이후, 소비자 문화는 세계 전역으로 확대되고 있다. 최근의 예측치에 의하면 17억 명이 소위 세계적인 소비자 계층에 속해 있는데, 세계적인 소비자 계층은 세계인구의 약 1/4 정도이다. 대부분의 소비화가 아직까지는 선진국에서 발생하고 있지만, 그 소비자 수는 후진국에서도 증가하고 있다. 현재 세계적인 소비자 계층의 반이 후진국에서 살고 있다(〈표 3.2〉 참조).[7]

동아시아에서 약 2억 4,000만 명의 중국인 그리고 1억 2,000만 명의 인도인들이 풍요로운 소비자 계층에 속해 있다. 두 계층을 합치게 되면, 미국 및 케나다(2억 7,000만 명)는 말할 것도 없이 그 수치는 모든 동구유럽(3억 4,900만 명)에 있는 풍요로운 소비자보다 많은 수치이다. 산업화하고 있는 국가의 인구 중 80%가 세계적인 소비자 계층에 속해 있는데, 후진국에는 20% 미만으로서, 미래의 소비 수요에 대해 커다란 잠재력을 나타낸다. 만약 오늘날 수억 명에 이르는 가장 풍요로운 사람들이 즐기는 동일한 소비수준이 내일의 세계에 걸쳐 2배가 된다면, 물 공급, 공기의 질, 기후, 생물의 다양성과 인간의 건강은 더 심각하게 될 것이다. 이에 따라서, 생태적인 의문사항은 역시 제한된 자원을 가진 이 세계에서 자원의 공평한 권리에 대한 사회적인 의문사항인 것이다.[8] 인구의 증가 및 풍요로운 소비자 계층의 증가로 인해 자원부족이

표 3.2 선진국 및 후진국의 풍요로운 소비자 계층

지역	풍요로운 소비자 계층에 속한 사람 수	풍요로운 소비자 계층의 지역 인구의 비율	풍요로운 소비자 계층의 세계적인 소비자 층의 비율
United States and Canada	271.4	85	16
Western Europe	348.9	89	20
East Asia and Pacific	494.0	27	29
Latin America and the Caribbean	167.8	32	10
Eastern Europe and Central Asia	173.2	36	10
South Asia	140.7	10	8
Australia and New Zealand	19.8	84	1
Middle East and North Africa	78.0	25	4
Sub-Saharan Africa	34.2	5	2
보다 선진화된 지역	912	80	53
후진적인 지역	816	17	47
세계 전체	1,728	28	100

자료원: Bently, M. (2003) *Sustainable Consumption: Ethics, National Indices and International Relations*, PhD dissertation, Paris: American Graduate School of International Relations and Diplomacy.

증가함에 따라 천연자본, 재화 및 서비스에 대한 균등한 배분을 성취하는 것은 보다 어려워지고 또한 기름, 천연가스, 물 및 경작할 수 있는 토지는 갈등을 불러일으킨다. 자원 및 에너지 효율성의 증가는 안전과 평화에 관한 정책에 대해 기여할 뿐만 아니라 세대내부적으로 그리고 상호세대간의 균형적인 권리에 대해 기여하는 것이다. 즉 새로운 기술은 자연자원을 최상으로 이용케 하는데 도움을 준다.

1.3 기술

기술(technology)은 2가지 상이한 의미를 가지고 있다. 좁은 의미에서 볼 때, 기술은 문제를 해결하는데 도움을 주기 위해 사용되는 도구와 기계를 말한다. 넓은 의미에서 볼 때, 기술은 바람직한 제품을 생산하기 위해, 문제를 해결하기 위해, 1차적 욕구를 충족시키거나 2차적 욕구를 만족시키기 위해 자원을 결합하는 방법에 대한 현 수준의 지식이다. 이러한 의미에서 기술에는 기술(skill), 과정, 기술적 방법, 도구 및 원재료가 포함된다. 현대 사회에서 기술은 널리 퍼져있어 어디에서든지 있는 것처럼 보인다. 자주 기술은 복잡하다. 대부분의 현대적인 도구들은 이해하기가 어렵다. 즉 도구들은 제조하고 사용하기 위해 집중적인 훈련이 요구된다(예: 컴퓨터). 제조 및 적절한 사용을 위해 역시 많은 현대적인 도구들은 다른 현대적인 도구에 의존한다. 예를 들어, 자동차는 제조와 유지를 위해 거대한 지원적인 산업단지를 확보하고 있다. 산업단지들을 이용하기 위해서는 도로, 거리, 고속도로, 연료 및 주유소와 같은 기반구조가 요구된다.

한편, 기술은 많은 긍정적이며 의도적인 효과가 있다. 즉 자동차는 사람들이 여기저기를 이동하고 재화를 수송하는데 도움을 준다. 한편으로, 기술은 자주 의도하지 않은 부정적인 결과를 초래한다(예: 자동차 사고와 공기오염). 자연환경에 대한 기술의 부정적 영향효과는 분명하고 또한 애매모호하고 잠재적이다. 보다 분명한 영향에는 기름과 같이 재생할 수 없는 자원의 고갈, 그리고 공기, 물, 토양에 대한 추가적인 오염 등이 포함된다. 보다 불분명하고 잠재적인 영향효과에는 장기적인 영향에 대한 논쟁이 포함된다(지구 온난화).

IPAT 공식에서 기술 부분은 2개의 구성요소로 나누어지는데, 소비 한 단위를 생산하기 위해 사용되는 자원의 양(내적 측면), 그리고 소비 한 단위에 의해 배출되는 쓰레기 또는 오염의 양(외적 측면)이다. 대부분의 기술은 마음 속에 자연환경을 생각하지 않고 우선 경제적 또는 인간공학적 효과를 위해 설계되있다. 장래에 있어 생태는 새로운 기술(예: 연료전지 자동차와 저에너지 주택)을 설계하는데 있어 중요한 기준이 될 것이라고 가정하는 것이 안전하다. 원칙적으로, 기술의 자원 생산성과 에너지 효율성을 높이는 것이 가능하며 또한 필요하다. 만약 우리들이 통상적으로 사업을 계속 한다면, 세계의 에너지 소비는 2050년에 2배가 될 것인데, 에너지 소비는 자연환경에 대해 파괴하는 영향을 미치게 된다. 선도적인 과학자들에 의하면, 지구의 기후를 안정화하기 위해서는 1990년에 비교하여 세계 에너지 소비의 반 정도가 요구된다. 만약 우리들이 자원의 생산성과 에너지 효율성을 4배로 증가시킨다면(Factor 4라고 함), 우리의 라이프스타일을 유지하면서도 세계적인 에너지 소비를 감소시키며, 또한 지구의 기후(온도)를 안정화시키는데 도움을 줄 것이다(〈그림 3.3〉 참조).[9] 어떤 사람들은 보다 극적인 변화까지도 환경적 위기를 예방하는데 필요하다고 생각한다. 그들은 Factor 10에 의한 자원 생산성과 효율성의 혁명을 요구한다.[10]

어떤 기술들은 환경에 관심을 두고 특별하게 설계되는데, 예를 들어, 재활용하는 설비, 태양전지 및 풍력발전소 등이 있다. 그러나 이런 종류의 기술들은 환경적 영향을 완벽하게 없게 하지는 않는다. 즉 어떤 유형의 태양전지는 해로운 물질이 포함되기도 하며, 풍력발전소는 도로와 같은 기반구조 등 토지가 필요하다.

가장 잘 알려진 요점은 자주 자연환경에 대해 증가하고 있는 인간들의 영향을 지배적인 원인이라고 하는 것으로서, 3가지 PAT요인 중 하나만을 강조하는데, 3가지 PAT요인이란 멈추

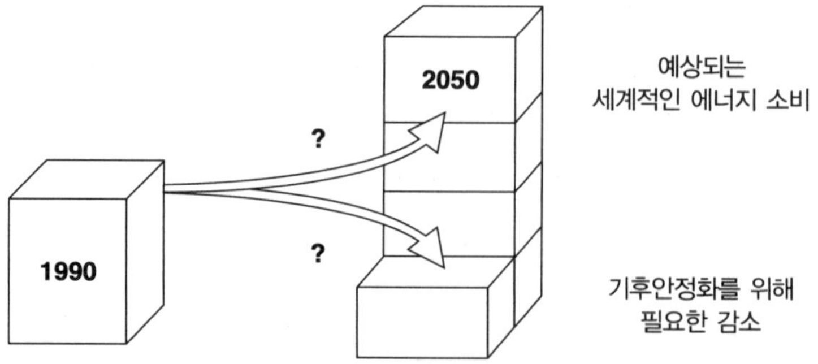

그림 3.3 Factor 4–부를 두 배로 하며, 또한 환경적 영향을 반감시킴

지 않는 인구성장, 과도한 소비 또는 오염발생 기술 등이다. 즉 IPAT공식의 필수적인 요점은 3가지 모든 요인들이 중요하며 또한 상호 엉켜져 있다는 것이다. 어떤 것도 안전하게 무시되거나 지연될 수가 없다. 21세기의 생태적인 도전적 문제에 대해 용이하며 한 가지 유일한 해결방법은 없다. 인구통제, 기회의 평등한 배분, 번영의 구성요소 및 기술의 방향전환 모두가 미래를 위해 가치가 있는 것이라면 성취될 수 있어야 한다.

IPAT공식과 마케팅 간의 연결관계는 무엇인가? 마케팅이 인구, 풍요 및 기술과 접목될 때, 마케팅은 무슨 역할을 해야 하는가? 마케팅은 비교적 인구에 대해 직접적으로 거의 영향을 주지 않는데, 콘돔과 피임약 제조 또는 결혼대행사 운영에 관여하는 마케팅 관리자들은 상이하게 각자의 관여활동을 인식하고 있다. 그러나 마케팅은 풍요의 수준, 그리고 풍요를 창출하는 기술 모두에 대해 영향을 준다.[11] 이러한 관점에서 볼 때, 마케팅은 소비자 사회 그리고 사회적 및 자연환경에 대한 문제를 유발하는 물질주의적 라이프스타일을 촉진한다. 한편으로 마케팅은 자원의 생산성 및 에너지 효율성의 혁명이 실제로 이어지도록 하기 위해 지속가능성 혁신을 개발하고 확산시키는데 도움을 준다. 더욱이, 지속가능성 마케팅은 덜 물질주의적이며 보다 지속가능한 새로운 라이프스타일을 활성화할 수 있다. 이러한 관점에서, 마케팅은 문제가 아니라, 해결방법의 한 부분이 될 수 있다.

1.4 환경적 영향

환경적 영향(impact; 환경에 의해 받게 되는 영향)은 IPAT공식에 있는 3가지 요인의 산출물이다. 자연적 환경은 회복될 수 있으며 또한 회복할 수 없는 자원(투입적 측면)의 원천이다. 역시 자연자원은 처분할 수 있는 흡수처이며, 공기, 물, 및 토양을 배출(산출적 측면)하는 장소이다. 자연환경의 2가지 기능은 세계인구의 증가, 소비수준의 증가 그리고 오염기술로 인해 위태로워지고 있다.

2 원천

자연자원은 공통적으로 재생가능할 수 있는 자원 또한 재생가능할 수 없는 자원 간으로 나누어진다. 즉 재생가능할 수 있는 자원(renewable resource)에는 공기, 물공급, 식품 수확, 어류 및 목재 등이 포함된다. 즉 재생가능할 수 있는 자원은 자체적으로 재활력화하는 방법을 가지고 있다. 만약 재활력화율을 적절하게 관리하고 또한 이용된다면, 재생가능할 수 있는 자원은 영원히 지속적이며 안정적인 산출물을 제공한다. 그러나 재활력화할 수 있는 정도를 넘어 더 높은 율로 사용된다면, 재생가능할 수 있는 자원은 회복될 수 없게 된다. 생물의 예에서 볼 때, 땅과 바위속의 공간에서 물을 뽑아내는 것은 보존될 수 없을 정도로 영구적으로 딱딱하게 만들게 된다. 석탄, 석유, 가스와 같은 자연자원은 형성되는데 수백만 년이 소요되었다. 없어질 때까지 우리가 다 사용하는 율로 화석연료가 재형성되지 않으므로, 화석연료는 재생가능할 수 없는 자원으로 생각된다. 이러한 의미에서 돌, 금속, 우라늄 및 여러 다양한 광물과 같은 광물자원은 역시 재생될 수 없는 자원이다.[12]

물은 자연적이며 재생될 수 있는 자원이다. 물은 생명에 필수적인 것으로서, 모든 알려진 생명체는 신선한 물에 의존한다. 지구 표면의 70% 이상이 물로 덮혀 있는데, 그 물 중 단지 3%만이 신선하며, 물의 2/3 이상이 빙하로 되어 있으며 또한 극지의 얼음덩어리이다. 세계 중 어떤 지역들은 신선한 많은 물을 확보하고 있지만, 다른 지역은 거의 그렇지 못하다. 2005년 세계인구의 1/3이 물부족 국가에서 살고 있는데, 2025년에는 2/3로 증가될 것으로 예상된다. 물부족은 자원이 한정되어 있고 또한 인구성장이 급격한 못사는 국가에 더 만연되어 있다. 세계적으로 물의 약 70%가 농업용으로 사용되고 있다. 나머지는 산업용, 가정용, 레크레이션 및 환경활동을 위해 사용되고 있다. 샘물을 과도하게 뽑아내는 것은 아시아, 북아프리카 및 미국의 주요 농업지역에서 지하수면을 감소케 한다. 비료와 농약의 과도한 사용, 산업에서 버려진 중금속 그리고 저장탱크와 긴 파이프라인에서 세어 나오는 석유화학물질의 결과로 인해, 지하수의 품질이 역시 오염되고 있다.[13]

식량도 역시 재생가능한 자원이다. 지구상 작물토지의 약 1/4이 경작지와 목초지에 이용되고 있는데, 약 33억 헥타르 정도이다. 세계인구가 과거 반세기 동안 2배 정도 증가하였지만, 세계적인 식량생산도 그 이상 따라갔다. 식량생산의 증가는 밀림과 자연목초지가 경작지로 변화되고 또한 상업용 비료와 농약사용의 덕분이었다. 2005년, 지구상에서 최상의 경작지 중 많은 부분이 이미 비료와 농약을 사용하고 있다. 점차 농부들은 한계에 이르고 있는 토지에 부딪치고 있다. 농업에 대해 중요한 제약요소는 깨끗하고 신선한 물인데, 그러한 물은 세계의 몇몇 지역에서 너무나 부족하다. 비료의 지나친 이용과 일모작으로 인해, 토양황폐화는 농업생산성을 낮추는 문제가 되고 있다. 이에 추가하여 많은 농약은 해충을 없애는데 필요함에 따라 비료와 일모작의 효과성을 낮추고 있다.

석탄, 기름 및 천연가스와 같은 화석연료는 산업혁명 이후 중요한 에너지원이 되어 왔다. 현대적인 생활은 화석연료, 특히 기름을 사용하지 않고는 불가능한데, 우리는 수송에 소요되는 에너지의 90%를 기름에 의존하며 또한 제약, 화학, 식품 및 기타 많은 것에 대해서도 기름에 의존하고 있다.[14] 화석연료는 재생될 수 없고, 제한된 자원이다. 현재의 재고수준과 체굴율에 따라 재생할 수 없는 자원의 이용가능성은 뚜렷하게 다양하다. 세계인구가 많을수록 그리고 체굴율이 높아질수록, 재생할 수 없는 자원의 이용가능성은 더 짧아진다. 전문가들은 현재의 기름보유량은 약 40년 정도 지속될 것으로 예상하고 있다. 천연가스는 기름에 대해 적절한 대체물이지만, 그것 역시 무한하지가 않다. 아직까지도 석탄은 많지만, 석탄은 높은 공해를 유발하는 원인이 되고 있다. 이 모든 3가지의 화석연료는 높은 탄소를 함유하고 있는데, 그 탄소가 과거 수백 년 동안 지구의 광합성으로 되돌아간다. 만약 화석연료가 연소된다면, 화석연료는 이산화탄소의 형태로 대기중에 탄소를 방출한다.

생물학적 다양성 또는 생물의 다양성은 지구상에서 생명체의 다양성이다. 생물의 다양성이란 어떤 지역에 있는 유전자, 종 그리고 생태 시스템의 전체라고 정의할 수 있다. 오늘날 지구상에서 발견된 생물의 다양성은 40억 년의 진화 · 발전의 결과이다. 얼마나 많은 종이 존재하고 있는지를 말하기는 어렵다. 현재 지구상의 예상되는 종은 200만 개에서 1억 개 정도로 상이한데, 어느 곳에 대한 최상의 예측치는 약 1,000만개 정도이다. 대부분의 생물학자들은 인간은 6번째의 대량소멸의 물결에 책임을 지고 있다는 것에 동의하고 있다. 여기에서 우리는 과거의 다른 대량소멸에 대해 책임을 지지는 않지만, 현시점에서 우리들의 거의 완전한 우위성(우세함)은 다른 종이 존재하는데 필요한 공간을 거의 남겨두지 않고 있다. 즉 산림과 자연목초지의 변경은 서식지를 없애게 하였으며, 결국 다른 종의 소멸을 초래케 하였다. 어떤 사람들은 종은 높은 경제적 가치를 가지고 있다고 주장한다. 또 다른 사람은 각각의 종은 그 자체적으로 가치를 가지며 또한 보호되어야 한다고 주장한다. 즉 우리 자신을 생존케 하기 위해, 물을 정화하기 위해, 질소를 농축하기 위해, 영양소와 쓰레기를 재활용하기 위해 그리고 곡식에 수분을 제공하기 위해 우리가 많은 종에 의존하고 있다는 것이 사실이다.[15]

3 흡수

지구의 표면은 대기라고 하는 가스층으로 둘러싸여 있다. 대기는 태양으로부터 열을 막는 가스들로 균형을 이루고 있는데, 물이 액체형태로 존재하기 위해서는 알맞은 적절한 온도가 유지되어야 한다. 1750년 이후, 이산화탄소(탄산가스), 메탄과 이산화질소의 대기 집중도가 지구상에서 뚜렷하게 증가하였다. 지구상에서 이산화탄소의 증가는 기본적으로 화석연료의 사용과 토지이용의 변화에 기인하는데, 한편 메탄과 이산화질소의 증가는 농업에서 기인된다고 할 수 있다.

대기 중에 이산화탄소와 기타 가스의 배출이 지구온난화를 초래한다는 많은 과학적인 증거가 나타나고 있다. 세계전역의 수백 명의 독립적인 과학자들이 모이는 회합인 Intergovernmental Panel on Climate Change(IPCC)에 의하면, 지구의 평균 온도는 19세기 말엽 이후 약 0.75℃가 높아졌다. 과거 50년 동안 조사된 온난화의 대부분은 인간의 활동에 기인할 가능성이 있다. 가장 따뜻했던 해의 대부분은 1990년 이후에 발생하였다. 기후 모형(climate model)에 기초하여 볼 때, IPPC는 2100년에는 1.1℃에서 6.4℃로 평균온도가 높아질 것으로 예상한다.[16] 어떤 사람도 기후변화가 얼마나 빠르게 일어날 것이며, 무엇이 발생하며 또한 누가 가장 영향을 받게 될 것인가에 대해서는 정확하게 말할 수 없다. 지구온난화는 해양 수면이 높아짐, 홍수, 가뭄, 혹서, 허리케인과 같은 극심한 기상이변의 증가, 농산물의 변화, 빙하가 녹음, 또는 생물체의 소멸원인 등을 포함한 여러 결과로 인해 이 지구를 미지의 영토로 변화시킬 것이다.[17] 그것은 기후변화가 지구의 가장 큰 환경적인 도전적 문제가 되는 이유인 것이다.

오염(환경파괴)은 공기, 물, 그리고 토양에 오염물질이 배출되어 일어난다. 세계적으로 대기오염의 주요한 원천은 자동차의 배기가스이다. World Health Organization(WHO)은 세계적으로 연간 300만 명이 자동차 및 산업용 배기가스로 인한 옥외 대기오염으로 죽는다고 보고하였다. 수질오염은 중금속, 석유화학제품, 클로로포름 및 박테리아와 같은 매우 광범위한 유기화학물 및 무기화학물로 구성되어 있다. 매년 200만 명 이상이 오염된 수질과 관련된 설사병으로 사망하고 있다. 가장 두드러진 토양오염물질 중에는 중금속, 제초제 및 농약 등이 있다. 자주 토양오염은 빗물의 양 그리고 지하수와 관련함으로써 일어나는 수질오염과 관련된다. 즉 토양오염은 화학약품이 누수로 인해 배출되거나, 지하수 저장탱크가 새거나 또는 농토에 비료를 과다하게 사용하는 경우에 발생한다. 결국 토양과 물에 대한 화학적 오염원은 식물과 동물로부터 인간에 이르는 식품연결쇠로 이동하게 되는데, 그 결과는 Rachel Carson의 *Silent Spring*이라는 소설이 널리 알려짐으로써 밝혀지게 되었다.[18]

환경적 문제에 대한 과학적인 주의가 증가되었음에도 불구하고, 잠재적으로 심각한 많은 위협들이 완벽하게 이해되지는 못하고 있다. 당신이 현재 생존하고 있는 유기체와 복잡한 생태 시스템을 연구하는 경우에도, 과학적인 불확실성은 예외적이라기보다는 평균적인 수준이다. 일반적으로, 인간의 활동에 대한 자연환경의 반응은 장기적이며, 비선형적이고, 간혹은 뒤집을 수 없다. 예컨대, 지구온난화나 종의 소멸은 어느 희생을 감수하더라도 되돌릴 수가 없다. 안전하기 위해서 미리 주의하는 원칙을 따르고 또한 확실하지는 않지만 가능한 미래의 산출에 도움을 주는 과학적인 증거에 기초하여 조치를 취하는 것이 유용하다. 확실함을 보장하기 위한 생태적 이슈에 대해 조치를 취하는 것을 너무나 지체하는 것은 정착하는데 돌이킬 수 없는 결과를 얻게 된다.[19]

4 미시적 수준에서 제품의 사회-생태적 영향

과학공상영화인 *The Matrix*의 영웅인 Neo는 비밀스러운 것이다. 즉 수백만 명의 인간의 삶을 형성하는 현실은 사실상 실제가 아니라, 대부분의 사람들에게 현실적으로 보이는 세계는 사실상 컴퓨터에 의해 이루어지는 시뮬레이션(모의상황)이지만, 그러나 어떤 사람도 이것을 주시하지 못하고 있다. 인간들이 일상적인 생활에서 걸어다니고 있지만, 그들의 마음은 철저하게 기만당하고 있다.[20] 경영학을 배우고 있는 대학생들의 마음도 그렇다. 즉 일반적인 마케팅 수업에서 대학생들은 제품의 이점에 대해 그리고 그 제품을 판매하는 방법에 대해 배우지만, 그들은 그 제품의 이면에 있는 현실을 보지 못하고 있다. 대부분 마케팅을 공부하는 대학생들은 제품의 생물물리학 영역과 차원은 잘 모르고 있다. 즉 제품들이 자연환경 및 사회적 환경에 대해 어떤 종류의 영향을 미치는가? 제품이 거시적 수준에서 환경적 및 사회적 문제에 대해 어느 정도로 영향을 주는가? 그러한 의문사항들은 전통적인 마케팅 수업에서는 거의 질문이 되거나

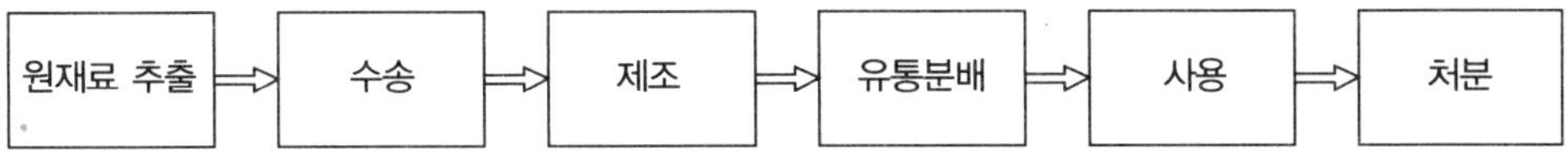

그림 3.4 요람에서 무덤까지의 제품수명주기

해답이 이루어지지 않는다.

자연환경 및 사회적 환경에 대한 제품의 영향을 평가하기 위해서는 전체적으로 물질적인 제품수명주기(product life cycle)를 고려하는 것이 중요한데, 물질적인 제품수명주기란 원재료의 추출, 수송, 제조, 유통분배, 사용 및 처분으로 구성된다. 〈그림 3.4〉에 제시된 요람에서 무덤까지의 제품수명주기는 마케팅에서 공통적으로 사용되는 제품수명주기와 혼동되어서는 안된다. 전자는 사회-생태적 관점에서 제품수명주기를 보는 것인 반면에, 후자는 경제적 관점에서 제품의 수명을 나타낸다. 전통적인 제품수명주기 모델은 제품이 도입(탄생), 성장, 성숙 및 쇠퇴의 수명주기를 따르는데, 그 수명주기에서 판매고와 이익은 증가했다가 결국에는 낮아진다.[21]

수명주기의 단계는 산업 그리고 제품범주에 따라 상이하다. 예를 들어, "행복함으로부터 바퀴까지(from well to wheel)"의 자동차에 대한 간단한 수명주기는 자원추출, 원재료 제조, 자동차 제조, 자동차 이용/유지 및 자동차 처분을 포함한다. 농장으로부터 식탁까지의 식품연결쇠(food chain)는 주로 농업, 식품처리, 식품 유통분배, 식품 소비, 재활용 및 처분으로 구성된다.

〈그림 3.4〉의 제품수명주기는 간단한 모형이다. 현실적으로 수명주기에는 하나의 제품연결쇠(product chain) 대신에 전체적인 네트워크를 포함한다. 예를 들어, 산업화된 농업은 농예화학산업(비료, 농약), 종자 실업, 사료 산업, 에너지와 물 공급업자, 기계 및 자동차산업과 같은 많은 행동요인에 의존한다. 식품처리 기업들은 농업, 포장기업, 식품 구성요소 생산업자 및 기타 기업에 의해서 공급을 받는다. 더욱이 제품수명주기는 국가와 시장에 걸쳐 뻗어나간다. 예컨대, 자동차는 철, 강철, 플라스틱과 같은 수천 개의 상이한 부품 및 원재료로 구성되는데, 그것들은 세계 전역에서 산출된다.

제품은 요람에서 무덤까지의 전체적인 수명주기에 걸쳐서 가치와 영향을 창출한다(〈그림 3.5〉 참조).

제품을 제조한다는 것은 작업자에 대해서는 직업과 소득을, 기업에 대해서는 수익과 이익을 창출한다. 제품 사용은 고객의 1차적 욕구와 2차적 욕구를 충족시키다. 이런 종류의 사회적 및 경제적 가치는 제품에 의해서 유발되는 사회적 및 환경적 영향과는 대조적이다. 제품의 가치와 제품의 영향은 동전의 양 측면이다. 그러나 그것들은 제품수명주기의 각 단계에서 필시 균형을 이루지 못한다.

소비자들이 입어서 멋있고, 상대적으로 저렴한 면 T셔츠의 경우, 면 T셔츠는 자연환경 및 작업자들에 대해서는 고원가로 산출된다.[22] 면은 세계에서 가장 잘 팔리는 섬유이다. 그러나 World Health Organization의 분류에 의하면, 섬유에 공통적으로 사용되는 농약은 극히 위험스

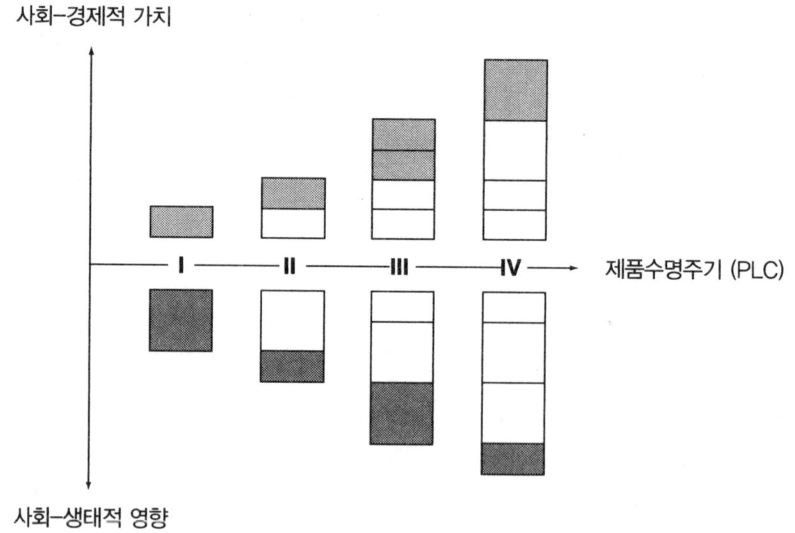

그림 3.5 제품의 가치와 영향

러운 것이다. 전세계적으로 많은 면재배 농부들은 질병을 얻고 또한 농약에 노출됨으로써 죽기도 한다. 추가적으로 면에 사용되는 화학약품과 농약은 자연환경, 동물 및 야생동물에 큰 영향을 준다. 농장으로부터 공장으로 면을 수송하기 위해서는 에너지, 즉 전형적으로 화석연료가 요구된다. 처리의 마지막 부분에서 T셔츠는 통상 염색을 하고 또한 섬유의 마무리처리가 요구된다. 화학적 염색에는 자주 구리와 아연과 같은 중금속이 포함되어 있는데, 그러한 중금속은 독성이 있으며 또한 공장에서의 배출로 인해 물을 오염시킬 수 있다. 중국은 세계전체의 65%를 공급함으로써 세계에서 T셔츠를 가장 많이 생산하는 국가이다. 중국의 의류공장 작업자들은 낮은 임금을 받고 장시간 일을 한다. 면 T셔츠에 대한 처음의 수명주기 측면에서 볼 때, 사회경제적 가치가 사회-생태적 영향과 일치하는가?

제품의 전체적인 환경적 및 사회적 평가는 확실한 지속가능성 마케팅에 대한 출발점이다.[23] 일반적인 조건에서, 수명주기 평가에 대한 정성적 및 정량적 방법이 있다.[24]

4.1 사회-생태적 영향 메트릭스

사회-생태적 영향 메트릭스(socio-ecological impact matrix)는 정성적 도구이다.[25] 그것은 제품의 사회적 및 환경적인 중요한 요점을 분석하고 또한 보여주는데 있어 복합적이다. 그것은 수명주기 견해를 취하며 또한 모든 관련되는 사회적 및 환경적인 측면을 고려한다. 메트릭스의 수평축은 요람에서 무덤까지의 제품수명주기의 중요한 단계를 보여준다. 수직축은 관련되는 환경적 및 사회적 차원을 제시한다. 두 개의 축에 제시된 단계와 차원은 제품범위에 따라 상이할 수 있다. 메트릭스의 영역은 자연적 또는 사회적 환경에 대해 대응되는 제품수명주기에 의한 영향을 나타낸다. 그 영역에 대한 평가는 ABC분석에 바탕을 두었는데, 검정 영역은 자연적 및 사회적 환경에 대해 큰 영향을 나타내며, 회색 영역은 중간 영향이며, 흰 영역은 낮은 영향을 나타낸다. 평가는 과학적 및 사회적인 연구, 사회-생태적 지표, 전문가가 제시한 설명과 서류 등과 같은 여러 원천에 근거를 두었다.

매일매일의 생활에서 당신이 친근하고 잘 알고 있는 두 가지 상이한 소비재인 자동차와 커피의 영향을 세밀하게 살펴보도록 하자. 요람에서 무덤까지의 전체적인 수명주기상에서 상기 두 개 제품에 대한 중요한 사회-생태적 문제는 어느 것인가? 앞에서 제시한 것처럼, 자동차의 수명주기는 자원추출/재료 제조, 자동차 제조, 자동차 이용/유지, 자동차 처분과 같은 단계를 포함한다. 그 뒤에 이어지는 범주는 사회-생태적 식견, 즉 자원과 에너지 소비, 공기, 소음, 쓰레기, 물, 토지사용, 건강 및 사고 등과 관련된다.

〈그림 3.6〉에 제시된 자동차에 대한 영향 메트릭스는 사용단계가 사회-생태적 식견에서 볼 때 매우 중요하다는 사실을 보여준다. 운전하는 단계는 자동차의 수명주기 전체에서 에너지 소비와 공기오염의 약 80%를 차지한다.[26] 전세계적으로 자동차의 오염배출은 공해(CO_2, NO_x,

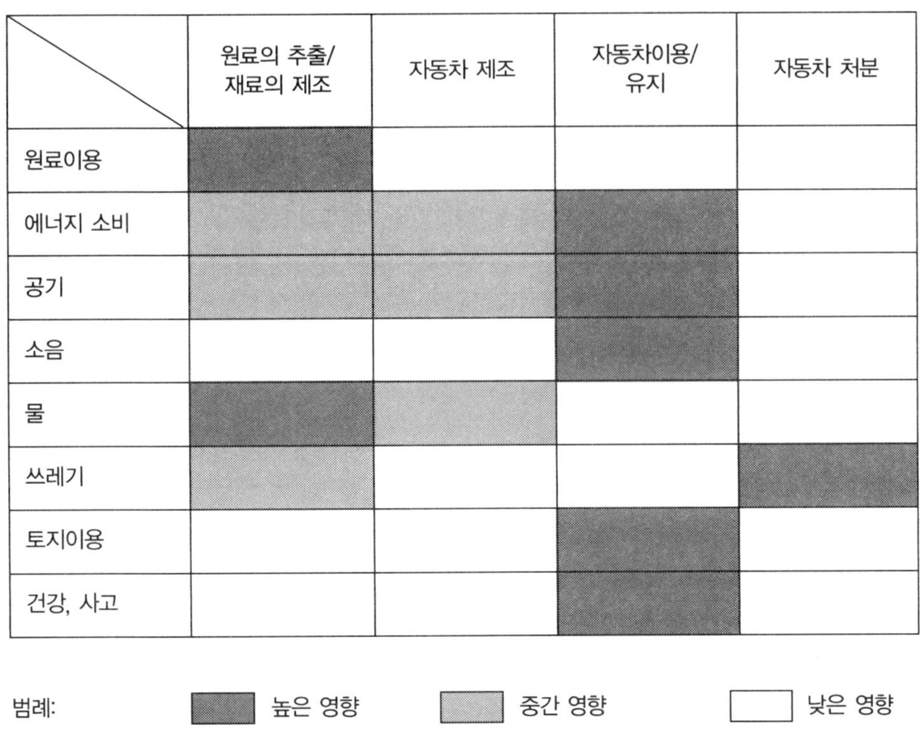

그림 3.6 자동차의 영향 메트릭스

자료원: Belz, F.-M. (2001) *Integratives Öko-Marketing: Erfolgreiche Vermarktung von ökologischen Produkten und Leistungen*, Wiesbaden: Gabler, p. 175.

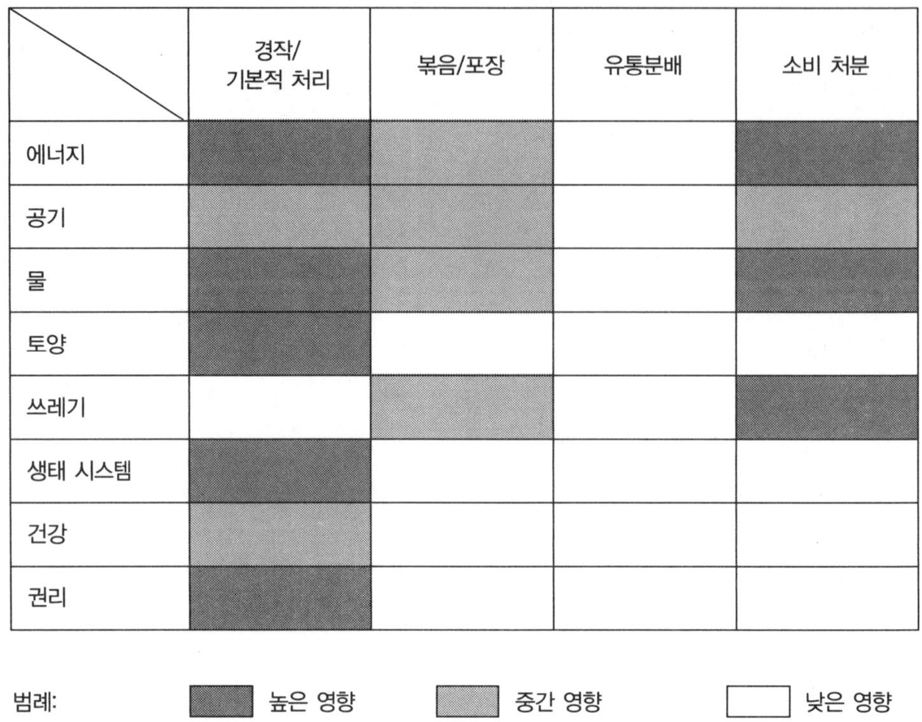

그림3.7 커피의 영향 메트릭스

자료원: Adapted from Belz, F.-M. (1995) *Ökologie und Wettbewerbsfähigkeit in der Lebensmittelbranche*, Bern: Paul Haupt, p. 37.

SO_x)의 주원천이다. 소음 공해는 또 다른 문제로서 특히 인구가 많은 국가와 도시에서 문제가 된다. 자동차는 엄청난 기반구조(도로, 고속도로, 주유소, 수선유지기업, 개인 및 공공주차장 등)를 필요로 하는데, 이 기반구조는 토지사용에 해당된다. 교통은 인간의 건강에 대해 직 · 간접적으로 영향을 준다. 세계적으로 매년 수백 만 건의 교통사고가 일어나는데, 그로 인해 상해와 죽음을 초래한다. 추가적으로, 자동차의 대기오염은 기도에 영향을 준다. 자동차의 오염배출은 암의 원인이 되기도 한다. 사용단계에 추가하여, 자동차의 수명주기의 첫 번째 단계도 역시 관련된다. 첫 번째 단계에서의 중요한 문제는 재생할 수 없는 자원의 추출, 물 소비 및 쓰레기이다. 승용차의 약 2/3는 철과 강철로 되어 있는데, 그것들은 고도의 생태적인 더미이다. 처분의 마지막 단계에서, 연관되는 아주 다양한 플라스틱이 문제가 되는데, 그 이유는 그것들이 재활용이 어렵기 때문이다.[27]

Starbucks사에 대해 본 장의 앞부분에 제시된 마케팅 이야기의 주제였던 커피에 대한 영향에 대해 살펴보자. 커피는 세계에서 두 번째로 가장 가치가 있는 상품이다. 커피는 전세계적으로 연간 약 800억 달러(576억 유로 달러)를 산출한다. 볶은 커피의 주요한 수명주기 단계에는 경작, 기본적인 처리, 볶음/포장, 유통분배, 소비/처분 등이 포함된다. 사회-생태적 차원에서 에너지, 공기, 물, 토양, 쓰레기, 생태 시스템, 건강과 권리가 포함된다. 〈그림 3.7〉과 같이 영향 메트릭스는 자연적 및 사회적 환경에 대한 커피의 주요한 영향은 커피의 처음과 마지막 단계 즉 경작과 기본적인 처리뿐만 아니라 소비와 처분과 관계된다.[28]

커피는 전통적인 다모작 시스템으로부터 산업적인 일모작 생산에 이르기까지 강화 · 집중의 정도에서 상이한 경작시스템의 연속선상에서 생산된다. 거의 농약을 사용하지 않는 전자의 이용은 헥트알 당 1,000~3,000수 정도로 헥트알 당 200~300kg을 생산하는데, 한편 후자의 이용은 통상 많은 농약을 사용하며 헥트알 당 5,000수 정도를 재배하고, 헥트알 당 약 1,300kg을 생산한다.[29] 그늘이 없는 단모작은 많은 산출을 이루지만, 관개, 비료, 농약 및 기계 등의 조건하에서 많은 외적인 투입물에 좌우되는데, 그것들은 많은 에너지를 요구한다. 더욱이, 산업용 비료의 집중적인 이용은 자주 지하수와 지표수에 대한 부영양화의 문제를 초래한다. 토지에서의 생물의 다양성은 일모작 영농 그리고 농약과 제초제를 많이 이용함으로써 낮다. 커피열매를 딴 후, 녹색 커피콩을 획득하는데, 두 가지 방법이 있다. "건조"방법은 간단하게 열매를 태양에 건조시키거나 열로 건조하지만, 한편 "습식"방법은 커피콩에서 과육을 제거하기 위해 물을 사용한다.[30] 습식방법은 양호한 품질통제를 제공하지만, 커피 1kg당 60~70L(리터)의 물을 소비하며 또한 많은 양의 폐수를 산출한다.

역시 사회적 문제는 본장의 앞에서 제시한 이야기에서 강조한 것처럼, 커피의 수명주기의 처음 2개의 단계에서 중요한 역할을 한다. 1994년과 2004년 사이에 세계적인 커피가격의 심각한 하락은 남아메리카, 아프리카 및 아시아의 수백만 명의 커피재배농가와 식구들을 비참하게 만들었으며, 그로 인해 세대내부에서의 권리 · 자산상의 문제를 야기시켰다. 재배 · 경작과는 별개로, 커피의 구매, 준비 및 처분은 생태적 관점에서 매우 유의하게 뚜렷하다. 수백만의 가계와 사무실에서 커피를 끓이고, 데우는데는 높은 수준의 에너지 소비가 초래되고 뿐만 아니라 커피찌꺼기와 포장의 관점에서 볼 때 쓰레기를 발생시킨다. 그것과 비교하여 커피를 볶는 것은 상대적으로 중요하지 않다. 즉 보다 놀라운 것은 커피집산지에서부터 북아메리카나 서구유럽으로 커피를 수송하는 것은 전반적인 에너지 수요 및 세계적인 온난화 잠재력에 대해서는 미비하게 영향을 준다.

자동차와 커피의 예에서 설명한 바와 같이, 영향 메트릭스는 요람에서 무덤까지의 전체적인 수명주기에 따라 제품과 관련된 중요한 문제에 대한 아이디어를 제공한다. 메트릭스의 검정 및 회색부문은 사회-생태적으로 중요한 요점을 보여준다. 한 가지 측면에서 볼 때, 중요한 문제는 위험을 나타낸다. 즉 중요한 문제(위험들)가 시장에서 두드러질 경우, 소비자 행동은 변화되고, 기존제품의 위치에 영향을 준다. 한편으로 사회-생태적인 중요한 요점은 새로운 시장기회를 제공한다. 그러므로 영향 메트릭스는 지속가능성 혁신에 대한 출발점이며, 또한 새로운 지속가능한 제품 및 서비스 개발에 대한 유용한 도구이다.[31] 이렇듯이, 우리는 영향 메트릭스가 단지 관련되는 환경적 및 사회적인 문제에 대한 개요를 제공한다는 사실을 기억해야 한다. 이런 문제들에 대한 보다 철저한 분석을 위해서는 계량적인 자료와 세부적인 결과를 제공하는 것이 필요하다.

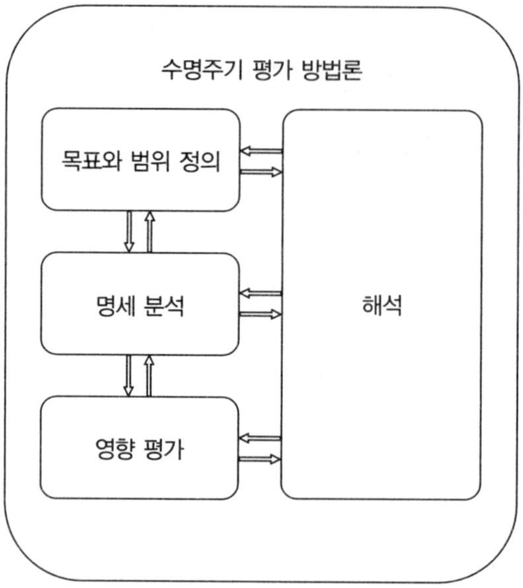

그림 3.8 수명주기 평가 방법론
자료원: ISO 14040 (2006). Permission to reproduce extracts from BS EN ISO 14040:2006 is granted by BSI. www.bsigroup.com/shop.

4.2 수명주기 평가

수명주기 평가(life cycle assessment: LCA)는 자연환경 및 인간의 건강에 대한 제품의 영향을 측정하고 평가하는 정량적 도구이다. Society of Environmental Toxicology and Chemistry(SETAC)는 1990년대 초에 LCA에 대한 개념적 틀과 지침을 개발하였다.[32] 1997년 이후 수행된 LCA연구의 과정은 International Organization for Standardization (ISO)에 의해 표준화되었다. 2006년에 제시된 ISO 14040과 ISO 14044에 대한 최근 표준은 LCA에 대한 틀, 요구조건 및 지침에 대한 개요를 제공한다.[33]

LCA 의 과정에는 상호관련되는 4가지 단계, 즉 ① 목표와 범위의 정의 ② 수명주기 명세분석 ③ 수명주기 영향평가(LCIA) ④ 수명주기 해석이 포함된다(〈그림 3.8〉 참조).

첫 번째 단계에서, 본 연구의 목표와 범위가 정해진다. LCA의 목적은 2개의 대안적인 포장(예: 유리병 대 플라스틱 병)의 비교가 될 수 있다. 그 범위는 분석의 기능적 단위, 시스템의 영역, 그리고 지역적 범위 정도와 관련된다. 기능적 단위에 대한 아이디어는 LCA의 중심으로서, 그것은 소비자에게 특정한 기능성이나 유용성을 제공하는 대안적인 방법을 비교하는데 이용된다. 우유 1L에 대한 기능적 단위의 경우, 우유는 한 개의 병에 또는 큰 용기에 담겨진다. 시스템 영역이란 수명주기를 어떻게 준수하고 따르며 또한 분석에 어느 단계가 포함되는가를 나타낸다. 연구의 실행시 고려하는 것 그리고 연구의 목표는 이러한 결정에 영향을 미친다.

두 번째 단계에서 수명주기 명세(life cycle inventory: LCI)는 분석의 기능적 단위와 관련되는 재료 및 에너지의 흐름을 다룬다. 여기에서 과정상에서의 투입과 산출은 물질적인 조건(예: 시간당 킬로왓트시 (kw/H) 에너지 사용, L당 물 소비, m^2당 폐기물 쓰레기)으로 측정된다. 생각컨데, 커피, 세제 또는 의류와 같은 간단한 소비재도 상이한 종류의 재료와 에너지 흐름과 관련되는 많은 과정이 요구된다. SimaPro와 같은 전문가적 소프트웨어 도구는 보다 세밀하게 과정을 보여주며 또한 외적 원천에서 나온 보다 일반적인 자료와 결합하여 LCA연구를 위해 특별하게 수집된 자료를 이용한다. 예컨대, Swiss의 생태발명(ecoinvent) 데이터베이스에는 에너지 공급, 원료추출, 재료 공급, 화학약품, 금속, 농업, 쓰레기 관리 서비스 및 수송 서비스에 대한 국제적인 산업용 수명주기 명세 자료가 포함되어 있다.[34]

세 번째 단계에서, 수명주기 영향평가(LCIA)가 이루어지는데, 최소한 3개의 단계, 즉 영향범주의 선정과 정의, 선정된 영향범주에 명세상에 있는 투입과 산출 재료를 부과함 그리고 그 범주내에 명세상에 있는 투입과 산출을 결합하는 단계와 연관된다. LCIA에서 ISO14040에 의하면, 다음의 영향범주, 즉 자원의 이용(화석자원, 재생자원, 광물자원과 물), 토지이용, 지구온난화, 오존층 소멸, 광화학적 강산화성 형성(스모크), 산성화, 부영양화 그리고 인간에의 중독성(human toxicity) 등이 고려된다.

LCA연구의 네 번째 마지막 단계에서, 명세분석과 영향평가에서 나온 자료가 해석되고, 실천적인 결론이 내려진다.

LCA는 세계적으로 환경 엔지니어, 환경과학자 및 상담자들에 의해 수행되며, 또한 제품의 영향에 대한 아주 가치있는 통찰의 원천이 되고, 의사결정 과정에 필요한 관련정보를 제공한다. LCA에 대해 많은 가능한 응용분야가 있는데, LCA는 연구개발, 마케팅, 전략적 계획 그리고 공공정책 수립에 대한 중요한 정보를 제공한다. 역시 LCA는 생태-표찰화 계획에 대한 기초를 조성하는데, 생태-표찰화 계획(eco-labelling scheme)은 소비자에게 "녹색"주장을 커뮤니케이트하는 효과적인 수단이다.[35]

LCA의 응용을 설명하기 위해 지구상에서 가장 규모가 큰 커피 볶음기업중의 하나인 Kraft Jacobs Suchard(KJS)에 의해 지원되고 또한 Frannhofer Institude가 수행한 연구를 보도록 하자.[36] 그 연구의 주제는 진공포장된 볶은 원두커피이다. 그 목적은 한정된 양의 커피의 소비에 의해 유발되는 환경적 에너지와 원료의 흐름을 계량화하는 것이다. 기능적 단위는 소비자가 구입하고 준비한 볶은 커피 1,000kg인데, 이것은 준비된 커피 21,430L와 같은 것이다. 본 연구는 수명주기의 단계, 즉 재배, 기본 처리, 볶음, 포장, 커피의 유통분배. 소비자가 구입하고 준비함, 그리고 커피재배 토지에서의 쓰레기 처리, 포장화, 필터집 등이 고려된다.

LCA연구는 에너지, 광물자원, 물과 쓰레기 뿐만 아니라 부영양화, 산성화 및 지구온난화에 대한 잠재성과 같은 범주를 고려하는 영향평가를 수행한다. 토지 자원의 이용과 인간에 대한 영향은 고려하지 않는다. 주요한 결과는 〈그림 3.9〉와 같은데, 선정된 영향범주에 대한 모든 수명주기 단계의 상대적 기여정도를 보여준다. 전체적으로, 재배의 첫 단계 그리고 소비와 처분의 마지막 단계는 생태적 관점에서 매우 중요하다. 수송, 볶는 과정 그리고 포장재료는 덜 중요

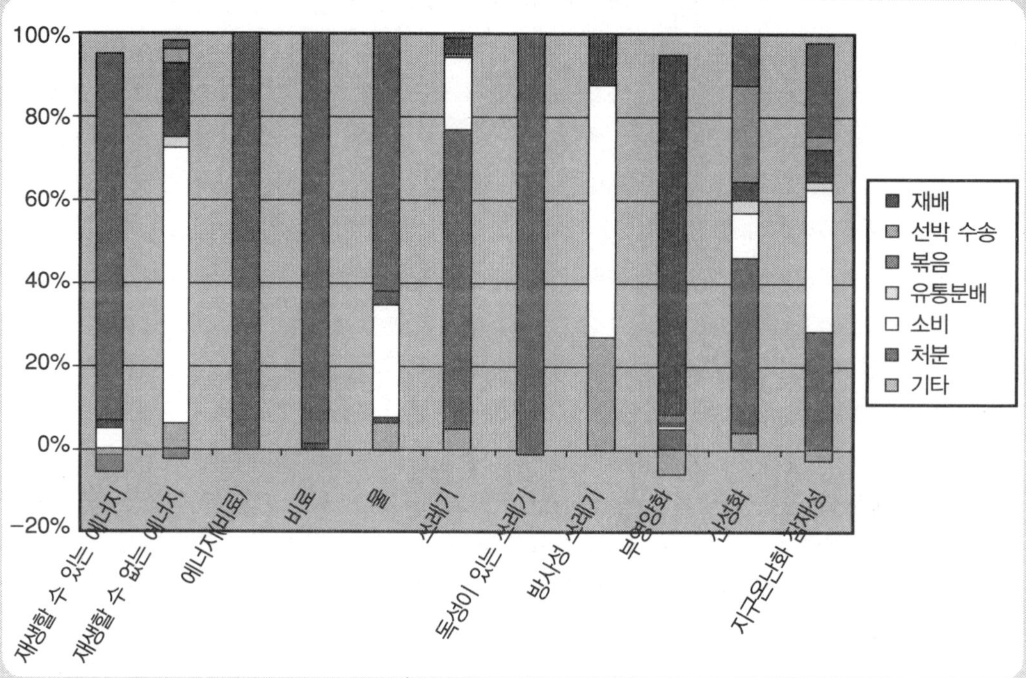

그림 3.9 커피의 LCA의 주요 결과

자료원: Diers, A., Langowski, H.-C., Pannkoke, K. & Hop, R. (1999) *Produkt-Ökobilanz vakuumverpackter Röstkaffee*, landsberg: Ecomed, P. 85.

한 것처럼 보인다.

LCA는 몇 가지 심각한 한계가 있는 상대적으로 새로운 접근방법이다.[37] 한 가지 문제는 그 범위에 대한 정의이다. 만약 분석의 기능적 단위, 시스템 영역 범위 그리고 지리적 범위와 관련되는 기본적인 가정들이 상이한다면, 상이한 제품이나 포장재료에 대한 LCA는 거의 비교될 수가 없다. 또 다른 문제는 정보의 소멸가능성이다. 즉 생산, 유통분배 및 쓰레기 회복(재생)과 연관된 급격하게 변화하는 기술 그리고 새로운 재료가 LCA 해석을 하루밤 사이에 쓸모없게 할 수도 있다.[38] 더욱이 영향범주의 선정은 환경적 차원과 인간의 건강에 제한된다. 정량화하기 어려운 권리 또는 문화적 다양성과 같은 또 다른 사회적 차원은 결코 고려되지 않는다. 그러므로 사회-생태적 영향 메트릭스는 보완적인 방법으로 수행된다. 즉 메트릭스는 특정한 제품의 주요한 생태적 및 사회적 영향에 대한 개요를 제시하고 또한 세부적이며 심층적인 LCA에 대한 양호한 출발점이다. 영향 메트릭스는 역시 내적 및 외적 집단들에게 LCA의 복잡한 결과를 제시하고 논의하는데 도움이 된다.

5 매체의 역할

많은 환경적 및 사회적 문제들이 사람들에 의해 직접 경험되지 않고 있다. 지구온난화, 세계의 몇몇 먼 지역에서의 물부족, 토양의 오염, 후진국에서의 어린이 노동 및 받아들일 수 없는 작업 조건들은 많은 사람들이 일상생활에서 관계할 수 없는 문제들이다. 따라서, 대중매체가 공중의 의제에 환경적 및 사회적 이슈를 포함시키는 결정적인 역할을 한다고 믿는 것은 당연하다.[39] 자연환경 및 인간의 건강에 대한 영향은 과학에 의해서 발견되고 또한 뉴스매체에 의해서 전달된다. 공공의 주의가 매우 부족한 제품에 기울여지므로, 환경적 및 사회적 이슈는 그 부족한 상품에서 한 부분을 차지하기 위해 다른 이슈들과 경쟁한다. 이슈주의 주기(issue attention cycle)에 의하면, 공공의 주의는 오랫동안 하나의 이슈에 집중되지 않는다. 통상 이슈는 매체에 의해서 다루어지며 또한 공공의 주의가 사라질 때까지 한 동안 논의된다.[40]

그럼에도 불구하고, 환경은 1970년대 이래로 공공의 의제로 높게 유지되고 있다. 계속해서 높은 수준의 공공의 주의를 받는 한 가지 이유는 끝없이 다양한 새로운 환경적 문제, 즉 지역의 중독성 오염으로부터 기후변화와 같은 지구적인 위험에 이르는 문제가 생겨나고 있다는 것이며 또한 이러한 것들이 계속적으로 악화되고 있다는 의식을 조장하기 위해 서로 결합된다는 것이다.[41] 또 다른 이유는 환경단체들이 극적이며 설득적인 조건에서 환경적 문제를 제시하는데 성공하고 있다는 것이다.[42] 예를 들어, Greenpace와 같은 환경행동주의자들은 새로운 매체를 위해 상징적인 면모를 전달하고 있다. 1995년 원유시설인 Brunt Spar를 계획적으로 함몰시키는 것에 대한 논쟁은 드라마와 같은 느낌을 창출하였다. Greenpeace와 거대한 정유기업인 Shell사 간의 대응은 Goliath에 대항하는 David의 싸움과 유사한 것으로 일반대중들은 지각하고 있으며 또한 그러므로 과학적인 증거 그리고 관련되는 사실적 주장과는 무관하게 악에 대한 선의 대응으로 지각되고 있다. 그러나 환경적 메시지에 의한 계속적인 포격은 결국 이런 종류의 문제를 포화상태가 되게 하고 또한 역으로 극화시키게 하였다.[43] 1989년 알라스카에서 *Exxon Valedz*에 의한 원유 유출이 매체와 공중의 주의를 폭넓게 받았지만, 2002년 스페인 해안에서의 유사한 사고는 계속 뉴스거리로 생각되지만, 그러나 유사한 종류의 매체와 공중의 주의를 거의 받지 못하였다.

뉴스 매체는 두 가지 방법으로 환경적 및 사회적 이슈에 대한 지각에 영향을 미친다. 첫째, 매체는 어떤 종류의 화제거리가 공중의 의제를 통해 나타나는가를 선정한다(첫 번째 구성화). 많은 사람들은 매체가 사회에 대한 자신들의 관계성에 따라 어떤 종류의 객관적인 방법으로 문제를 주시한다고 가정한다. 이러한 것이 필시 사례는 아니다. 어떤 이슈들은 너무나 복잡해서 설명이 안 되며, 다른 사례들은 알리는데 어렵다. 판다와 미생물을 생각해 보자. 판다는 소멸위기에 처해 있다. 즉 판다는 공중의 주의를 많이 받고 있는 보기에도 매우 귀엽고 또한 매력적인 포유동물이다. 그에 따라, 상당한 정도의 보전 노력이 이러한 창조물에 기울여지고 있다. 이와는 대조적으로, 세계가 의존하고 있는 토양 미생물과 같이 조그마한 것들은 거의 알려지지 않은 종에 속해 있다. 미생물은 Discovery Channel에서 특별한 프로그램으로 보여지지만, 그러나 미생물들은 너무나 작고 또한 뉴스거리 가치가 없다는 간단한 이유로 인해 대중매체에서는 등장하지 않는다.

뉴스거리로 가치가 있고 또한 "매체친화적인 것"에 따라 주제를 선택하는 것에 추가하여, 역시 매체는 환경적 및 사회적 이슈가 어떤 방법으로 제시되는가(두 번째의 구성화)를 결정한다.[44] 1980년대와 1990년대에 매체는 자주 환경적 및 사회적 이슈를 과대하게 강조하였다. 이에 추가하여, 매체는 긍정적인 면에서 지속가능성 개척자를 제시하고 있다. 결국 이런 종류의 구성화는 뉴스거리가 될 만한 가치를 상실한다. 사회-생태적 문제를 부정하거나 경시하거나 "두통거리"로 보고하고 또한 부정적인 면에서 지속가능성 개척자를 제시하는 것과 같이 새롭고 또한 경쟁적인 종류의 구성화가 뉴스거리가 될 만한 가치가 있으며 또한 21세기 초기 이후 대중매체에서 많은 주의를 획득하였다.[45] 결국, 많은 소비자들이 제품의 생태적 및 사회적 주장과 관련하여 회의적이 되고 있다.

주요 용어

Factor 4
Factor 10
IPAT 공식
기술
사회-생태적 영향 메트릭스
수명주기 평가(LCA)
요람에서 무덤까지의 제품수명 주기
인구
재생할 수 없는 자원
재생할 수 있는 자원
풍요
환경적 영향

검토해야 할 의문사항

1. IPAT공식은 무엇을 말하는가? IPAT공식과 마케팅 간의 연결성은 무엇인가?

2. 지구의 주요한 환경적 문제의 하나로서 지구온난화 현상 그리고 자연 및 인간에 대한 그것의 가능한 결과를 설명하라.

3. 요람에서 무덤까지의 제품수명주기의 개념과 단계를 설명하라. 마케팅에서 일반적으로 이용되는 전통적인 제품수명주기와 LCA를 비교하라.

4. 수명주기 평가(LCA)를 정의하고 또한 LCA연구를 수행하는 과정을 설명하라.

5. 사회적 및 환경적 문제를 형성하는데 있어 매체는 무슨 역할을 하는가?

논의해야 할 의문사항

1. 생태적인 의문사항은 왜 제한된 자원을 가진 세계에서 자원권리에 대한 사회적 의문사항인가? 논의하라.
2. 교과서에 대한 전반적인 제품수명주기를 수립하라.
3. 면 T셔츠에 대한 사회-생태적 영향 메트릭스를 수립하라. 제품수명주기 중 어느 단계 그리고 어느 범주가 고려되어야 하는가? 면 T셔츠와 연관되는 주요한 사회적 및 환경적 문제는 무엇인가?
4. 커피의 정성적 및 정량적 수명주기 평가에서 어떤 결론을 도출할 수 있는가? Starbucks사와 같은 커피 제조회사들의 지속가능성 소비자 관리에 대해 결론은 무엇을 시사하는가?
5. 당신 국가에서 소비재의 포장화와 연관되는 환경적 문제에 대한 이슈 주의 주기를 설명하라.

지속가능성 마케팅의 도전적 문제 Sustainability marketing challenge

Vestas사-세계 제1의 현대적 에너지

세계인구의 성장 그리고 후진국 특히 중국과 인도에서의 증가되는 풍요로움은 기술적 발전 그리고 에너지 효율성의 개선 · 향상에도 불구하고 에너지의 대해 점증하는 수요를 초래하고 있다. Intenational Energy Agency는 2006년부터 2030년 사이에 세계의 에너지 소비가 45% 증가할 것으로 예상하고 있다. 석유 및 가스와 같은 재생불가능한 자원에 대한 보충으로서, 재생가능한 에너지가 에너지 공급을 확보하고 또한 온실가스의 증가하는 배출을 막아내는데 있어 향후 중요한 역할을 할 것이다.

Vestas사는 풍력산업에서 개척자이다. 덴마크기업인 이 회사는 1979년 최초로 풍차를 판매하고 설치하였다. 그후 Vestas사는 세계의 전력에 대한 해결방법에 대해 세계적인 선도적 공급자로 발전하여 63개 국가에 35,000개의 풍력발전터빈을 설치하였으며, 15,000명을 고용하고 있다. 이 회사의 핵심사업에는 전력을 생산하기 위해 풍력을 이용하는 풍력발전터빈 시스템을 개발, 제조, 판매, 마케팅 및 유지하는 것이 포함된다. 2007년, Vestas사는 48억 유로 달러의 수익을 성취하여 4억 4,000만 유로 달러의 영업이익을 얻었다. 그해, 약 20,000메가와트(MW)의 용량을 가진 풍력발전기를 전세계적으로 설치하였다. 4,500메가와트를 제공함으로써 Vestas사는 세계적으로 23%의 시장점유율을 확보하였다. 자사의 주요 고객은 독일, 미국, 덴마크, 스페인, 인도, 이태리, 네덜란드 그리고 중국이다.

급속하게 증가하고 있는 풍력에 대한 수요에 적응하고 또한 기본적인 시장에서 로지스틱스를 최적화하기 위해, Vestas사는 최근 몇 개의 공장을 설립하였는데, 2007년과 2008년 사이에 Tinaujin(중국), Windsor, Colorado(미국), 및 Daimiel, Castilla-La Mancha(스페인)에 공장을 세웠다. 세계 전역에 있는 모든 생산시설은 ISO 14000 환경관리 표준 그리고 OHSAS 18001 직업상 건강과 안전 표준에 따라 인증을 받았다. 이에 따라 Vestas사는 환경 및 안전에 대한 높은 국제표준을 수립하고 더 나아가 수많은 국가에서 지역 법규의 차원을 넘고 있다. 가능한 한 환경적으로 건전하게 생산하기 위해, Vestas사는 재생가능한 자원에서 전기를 구입한다. 2007년 재생가능한 자원에서 구입한 전기는 자사의 전체 전기소비 중 66%를 차지한다.

Vestas사는 풍력발전터빈을 간단하게 판매하고 설치하지 않는다. 그 대신에 이 회사는 이산화탄소를 배출하지 않고, 재생가능한 원천에서 전기를 발전시키는 문제에 대한 고객의 잠재적인 해결방법을 제공한다. 그런 투자에 대한 상업적인 실현가능성을 확실히 하기 위해 환경 및 안정된 운영과 적절하게 일치되도록 하기 위해 풍력 프로젝트에 대해 신중하게 범위를 정하는 것이 중요하다. Vestas사는 자사의 고객에 대해 아래의 것에 대해 도움을 주고 있다.

- 풍력 프로젝트의 범위를 정함
- 풍력발전터빈 유형을 선정함
- 풍력발전 지역을 물색함
- 풍력발전 지역을 정하고 조사함
- 평생 동안 풍력발전터빈을 서비스하고 유지함

우리는 Vestas사가 지속가능성 마케팅 접근방법을 따르고 있다는 것을 확인할 수 있는데, 지속가능성 마케팅 접근방법은 자사의 고객과 자연환경 모두와 장기적인 관계를 유지하는 것을 목표로 한다. 이 회사는 특별한 조건과 요구조건에 적합한 다양한 형태의 풍력발전터빈을 확보하고 있다. 여러 다양한 풍력발전터빈은 주로 크기와 발전량에서 상이하다. 최근의 풍력발전터빈 세대는 V90-3.0MW라고 한다. 이 제품유형의 날개는 90M의 넓이이며, 매 초당 15미터의 속도로 3MW의 전기를 생산한다.

1999년 이후, Vestas사는 환경적 성과를 증명하고 개선하기 위해 3가지의 상이한 풍력발전터빈 형태에 대해 광범위한 수명주기 평가(LCA)를 단행하였다. 풍력발전터빈에 대한 원재료의 제조와 풍력발전터빈의 생산 모두가 환경에 대해 부정적인 영향을 주고 있다. 수명주기의 처음 두 단계의 주요한 영향은 광석처리와 광물 추출에서 발생하였다. 사용단계 동안의 환경적인 영향은 시골에서의 경우 풍력발전터빈의 시각적 인상, 풍력발전터빈을 작동하면서 나는 소리 그리고 동물과 식물에 대한 영향으로 이루어진다. 한편, 풍력발전터빈에 의한 에너지 생산은 환경에 대해 긍정적인 영향을 주었다. 알맞은 위치에서 V90-3.0MW 풍력발전터빈을 20년이라는 기대수명 동안 약 284,000MWh를 생산할 것이다. 즉 그것은 현대적으로 석탄을 이용하는 화력발전소에서 생산되는 전기와 비교하여 약 129,000톤의 CO_2가 감소되는 것에 해당된다. 역시 그것은 이런 유형의 풍력발전터빈은 생산, 수송, 설치, 운영 및 분해·제거하는데 요구되는 것과 비교하여 기대수명 동안 35배의 많은 에너지를 창출한다. 수명주기의 끝 단계에 풍력발전터빈의 80% 이상이 재활용될 수 있는데, 기본적으로 금속을 수집하고 다시 녹일 수가 있다.

2005년 이후, Vestas사는 현대적 에너지에서 1등이라고 주장하고 있다. 이런 새로운 기업사명은 풍력을 대안적인 에너지 형태로 된 "로맨틱한 우롱"이라고 지각하는 것을 거부하며 또한 그 대신에 바람은 기름 및 가스와 동등한 수준의 경쟁적인 에너지원이다라고 주장한다. Vestas사는 자사의 전략을 전통적인 에너지원보다 더 좋은 보충물로서 풍력을 만들어내는 것에 바탕을 두고 있다. 세계적인 시장선도자는 풍력은 깨끗하고 안정적이며 무한한 자원이다라고 주장한다.[46]

| 논의해야 할 의문사항 |

1. 당신 지역에서 에너지 믹스와 같이 보이는 것은 무엇인가? 재생가능한 원천, 특히 풍력으로 발전되는 전기에서 볼 때 그 역할은 무엇인가?
2. 2030년 당신 지역에서의 에너지 전망은 무엇인가? 예측되는 에너지 소비에 대한 상이한 시나리오의 가정내용을 상의해 보라.
3. 재생가능한 에너지를 촉진하기 위해 당신 지역에 있는 에너지 설비는 무엇을 행하고 있는가?
4. ① 기름 ② 원자력 ③ 태양력과 비교하여 풍력의 우위성과 열위성은 무엇인가? 이용가능한 수명주기 평가의 기본에 대해 논의하라.
5. Vestas사가 주장하는 것처럼, 풍력이 전통적인 에너지 원천에 대해 양호한 대용물이라고 생각하는가?

참고문헌

1. Kotler, P. & Armstrong, G. (2004) *The Principles of Marketing*, 10th edn, Upper Saddle River, NJ: Prentice Hall, pp. 48–50 and 277–8; Starbucks Corporation (2006) *Beyond the Cup. Corporate Social Responsibility/Fiscal 2005 Annual Report*, Seattle, WA: Starbucks Corporation; Starbucks Corporation (2007) *My Starbucks. Corporate Social Responsibility/Fiscal 2006 Annual Report*, Seattle, WA: Starbucks Corporation; Schultz, H. & Yang, D.J. (1997) *Pour Your Heart Into It. How STARBUCKS Built a Company One Cup at a Time*, London: Hyperion; The Fairtrade Foundation (2002) *Spilling The Beans on the Coffee Trade*, London: The Fair Trade Foundation.
2. World Commission on Environment and Development (1987) *Our Common Future*, Oxford: World Commission on Environment and Development.
3. Ehrlich, P.R. & Ehrlich, A.H. (1990) *The Population Explosion*, New York: Simon and Schuster, pp. 58–9; Ehrlich, P.R., Ehrlich, A.H. & Holdren, J.R. (1977) *Ecoscience. Population, Resources, Environment*, 3rd edn, pp. 720–34; Ehrlich, P.R. & Holdren, J.P. (1971) 'Impact of population growth', *Science*, 171 (March): 1212–16; Holdren, J.R. & Ehrlich, P.R. (1974) 'Human population and the global environment', *American Scientist*, May–June: 288–91.
4. UN (2005) *World Population Prospects: The 2004 Revision*, New York: United Nations, p. 1.
5. See the seminal work by Durning, A. (1992) *How Much Is Enough? The Consumer Society and the Future of the Earth*, New York: WW Norton, pp. 26–36.
6. UN (2005) *The Millennium Development Goal Report 2005*, New York: United Nations.
7. Gardner, G., Assadourian, E. & Sarin, R. (2004) 'The State of Consumption Today', in E. Assadourian *et al.* (eds), *State of the World 2004*, New York: WW Norton, pp. 3–21.
8. Wuppertal Institut für Energie Klima Umwelt (2005) *Fair Future. Begrenzte Ressourcen und Globale Gerechtigkeit*, Munich: C.H. Beck; www.redefiningprogress.org (accessed 23 August 2007).
9. Von Weizsäcker, E., Lovins, A.M. & Lovins, L.H. (1998) *Factor Four: Doubling Wealth, Halving Resource Use*, London: Earthscan.
10. Weaver, P. & Schmidt-Bleek, F. (2000) *Factor 10. Manifesto for a Sustainable Planet*, Sheffield: Greenleaf Publishing.
11. Peattie, K. (1995) *Environmental Marketing Management. Meeting the Green Challenge*, London: Pitman Publishing, p. 49.
12. Meadows, D., Randers, J. & Meadows, D. (2004) *Limits of Growth. The 30-Year-Update*, White River Junction, VT: Chelsea Publishing.
13. Gardner, G., Assadourian, E. & Sarin, R. (2004) 'The State of Consumption Today', in E. Assadourian *et al.* (eds), *State of the World 2004* New York: WW Norton, pp. 3–21.
14. Rifkin, J. (2003) *The Hydrogen Economy*, New York: Jeremy P. Tarcher/Penguin.
15. Wilson, E.O. (2001) *The Diversity of Life*, London: Penguin.
16. Intergovernmental Panel on Climate Change (2007) *Climate Change 2007: The Physical Science Basis*, Fourth Assessment Report of the Intergovernmental Panel on Climate Change, Working Group 1, Geneva.
17. Intergovernmental Panel on Climate Change (2007) *Climate Change 2007: Climate Change Impacts,*

Adaption and Vulnerability, Fourth Assessment Report of the Intergovernmental Panel on Climate Change, Working Group 2, Geneva.
18. Carson, R.L. (1962) *Silent Spring,* New York: Houghton Mifflin.
19. Holdren, J.R. & Ehrlich, P.R. (1974) 'Human population and the global environment', *American Scientist*, May–June: 288–91.
20. Vasilou, I. (2006) 'Reality, What Matters, and the Matrix', http://whatisthematrix.warnerbros.com/rl_cmp/new_phil_iakovos.html (accessed 23 August 2007).
21. Peattie, K. (1995) *Environmental Marketing Management. Meeting the Green Challenge*, London: Pitman, pp. 186–7.
22. Rivoli, P. (2005) *The Travels of a T-Shirt in the Global Economy: An Economist Examines the Markets, Power and Politics of World Trade,* Chichester: John Wiley & Sons Ltd; Pennybacker, M. (2004) 'Behind the Scenes: Cotton T-Shirts', in E. Assadourian *et al.* (eds), *State of the World 2004*, New York: WW Norton, pp. 162–3.
23. Rex, E. (2005) 'Premises for Linking Life Cycle Considerations with Marketing', thesis for the degree of Licentiate of Engineering, Göteburg: Chalmers University of Technology.
24. Fuller, D.A. (1999) *Sustainable Marketing. Managerial-Ecological Issues,* Thousand Oaks, CA: Sage Publications, pp. 56–72.
25. Belz, F.-M. & Hugenschmidt, H. (1995) 'Ecology and competitiveness in Swiss industries', *Business Strategy and the Environment,* 4(4): 229–36.
26. Toyota Motor Europe (2006) *Toyota European Sustainability Report 2006*, Brussels: Toyota.
27. Keoleian, G.A. (1998) 'Is environmental improvement in automotive component design highly constrained? An instrumental panel study', *Journal of Industrial Ecology*, 2(2): 103–18
28. The most comprehensive qualitative life cycle assessments of coffee are provided by Belz, F.-M. (1995) *Ökologie und Wettbewerbsfähigkeit in der Lebensmittelbranche*, Bern: Paul Haupt; Diers, A., Langowski, H.-C., Pannkoke, K. & Hop, R. (1999) *Produkt-Ökobilanz verkuumverpackter Röstkaffee*, Landsberg: Ecomed publishers; Salome, R. (2003) 'Life cycle assessment applied to coffee production: Investigating environmental impacts to aid decision making for improvements at company level', *Food, Agriculture and Environment,* 1(2): 295–300.
29. Pelupessy, W. (2003) 'Environmental Issues in the Production of Beverages: Global Coffee Chain', in B. Mattson & U. Sonnesson (eds), *Environmentally-Friendly Food Processing*, Cambridge: Woodhead Publishing.
30. *Ibid.*
31. See Chapter 6 for further information on sustainability innovations and sustainability innovation processes involving consumers.
32. SETAC (1991) *A Technical Framework for Life Cycle Assessment,* Washington, DC: Society of Environmental Toxicology and Chemistry; SETAC (1993) *A Conceptual Framework for Life Cycle Impact Assessment,* Penasacola, FL: Society of Environmental Toxicology and Chemistry; SETAC (1993) *Guidelines for Life Cycle Assessment: 'A Code of Practice',* Penasacola, FL: Society of Environmental Toxicology and Chemistry.
33. ISO 14040 and ISO 14044.
34. www.ecoinvent.ch (accessed 24 August 2007).
35. Rex, E. (2005) 'Premises for Linking Life Cycle Considerations with Marketing', thesis for the degree of Licentiate of Engineering, Göteburg: Chalmers University of Technology
36. Diers, A., Langowski, H.-C., Pannkoke, K. & Hop, R. (1999) *Produkt-Ökobilanz verkuumverpackter Röstkaffee*, Landsberg: Ecomed Publishers.
37. Fuller, D.A. (1999) *Sustainable Marketing. Managerial-Ecological Issues,* Thousand Oaks, CA: Sage, pp. 65–8.
38. *Ibid.*
39. Anderson, A. (1997) *Media, Culture and the Environment,* London: UCL Press; Thøgersen, J. (2006) 'Media attention and the market for green consumer products', *Business Strategy and the Environment,* 15(3): 145–56.
40. Downs, A. (1972) 'Up and down with ecology – the "issue-attention cycle"', *The Public Interest,* 28: 38–50.
41. Dunlap, R.E. (2002) 'An enduring concern', *Public Perspective*, 13 (September/October): 10–14.
42. Anderson, A. (1997) *Media, Culture and the Environment,* London: UCL Press.
43. Hilgartner, S. & Bosk, C.L. (1988) 'The rise and fall of social problems: A public arenas model', *American Journal of Sociology,* 94(1): 53–78.
44. Weaver, D., McCombs, M. & Shaw, D.L. (2004) 'Agenda-setting Research: Issues, Attributes, and Influences', in L.L. Kaid (ed.), *Handbook of Communication Research*, Mahwah, NJ: Laurence Erlbaum, pp. 257–83.
45. Thøgersen, J. (2006) 'Media attention and the market for green consumer products', *Business Strategy and the Environment,* 15(3): 145–56.

46. International Energy Agency (2008) *World Energy Outlook (WEO) 2008*, Paris: International Energy Agency; www.vestas.com (accessed 3 January 2008); Vestas (2008): *Vestas annual report 2007*, Randers, Denmark: Vestas.

지속가능한 소비자 행동

CHAPTER 4

학습 효과

1. 지속가능성 식견에서, 전반적인 소비과정을 이해함.
2. 소비자의 행동에 대한 잠재적인 영향의 범위를 평가하며 또한 이러한 영향요인들이 소비자의 소비행동에 있어 다소간에 지속가능하게 소비자에게 어떻게 영향을 주는가를 평가함.
3. 상이한 유형의 소비자들이 지속가능성 의제에 반응하는 방식에서 유의한 차이가 왜 있는가 그리고 이러한 차이를 이해하는 것이 지속가능성 마케팅 관리자에게 왜 도움이 되는가를 설명함.

고찰내용 **개념의 시연**

본 장에서 우리는 소비과정, 지속가능성 의제 그리고 제3장에서 살펴본 사회적 및 환경적인 도전적 과제와 관련되는 소비자의 행동을 탐구할 것이다. 이렇게 하기 위해서 구매에 대한 경제적 행위의 차원을 넘어 복합적인 과정으로서 소비를 이해하고 또한 구매의 전후관계가 어떻게 소비자 행동에 영향을 주는가를 이해해야 한다. 지속가능성이 모든 형태의 소비와 관련이 있기는 하지만, 가장 크게 지속가능성 영향이 있는 이러한 소비부문은 지속가능성 마케팅 노력을 위한 미래의 집중사항으로 강조될 것이다. 지속가능성 소비행동을 이해하는데 도움이 되고 기여하는 3가지 사고학파 즉 행동에 대한 합리적, 심리적 및 사회학적 설명에 대해 탐구할 것이다. 본 장은 지속가능한 소비자 행동에 대한 진화발전되는 개념 그리고 지속가능한 소비자 행동을 촉진하는 방법 그리고 효과적인 시장세분화와 기대관리를 마지막으로 살펴볼 것이다.

지속가능성 마케팅 이야기 Sustainability marketing story

Shimano사가 지속가능성을 향해 질주함

지속가능한 소비에 대한 논의에서 "첫 번째의 공공의 적"이 있다면, 개인용 자동차가 선도적인 경쟁자가 되고 있다. 만약 우리가 보다 지속가능한 사회를 향해 전환하는 것을 심각하게 생각한다면, 변화가 필요한 중요한 것 중의 하나는 "위대한 자동차 경제"일 것이다. 상대적으로 짧은 여행(여정)을 하기 위해 자동차에 의존하는 것이 사회적 규범이 되지 않도록 하는 것이 필요하다. 그러나 사람들은 자동차가 편리하고도 소구적인 대체안을 제공하지 않는다면 자동차에서 이득을 얻지 못할 것이다. 어느 경우에 대중교통수단 서비스, 자동차 공동이용 서비스 또는 심지어는 걷는 것이 해결방법을 제공할 수 있다. 상대적으로 짧은 여정의 경우, 보다 지속가능한 수송을 성취하는 확실한 방법은 새로운 기술이 아니라 상대적으로 오래된 기술인 자전거인데, 자전거는 아직까지도 중국에서는 중요한 수송수단이다. 하나의 수송수단으로서, 자전거는 운동이라는 추가적인 건강 이점을 제공하는데, 그것은 비만율이 최근 수십 년 동안 높아지고 있는 미국과 같은 사회에서 중요하게 될 것이다.

그러므로 지속가능성 마케팅에서의 중요한 의문사항이란 우리가 어떻게 많은 사람들로 하여금 자전거를 타도록 하느냐이다. 이것은 말하는 것 이상으로 용이하지가 않다. 자전거에 대한 기존시장은 여러 세분시장으로 구성되어 있다. 가장 큰 세분시장은 자전거를 타는 열성주의자로 구성되어 있다. 이들은 많은 라이크라(lycra)를 소유하고, 자전거 관련 잡지를 구독하며 또한 현대적인 자전거의 기술적 주장에 매료된 사람들이다. 이 사람들에게 있어 자전거는 레저활동의 중심이다. 또 다른 중요한 세분시장은 능동적인 녹색 라이프스타일을 가진 사람들로서, 그들에게 있어 자전거는 수송의 수단이며 또한 그들이 생활하는 방법의 일부분이다.

자전거 제조업자들의 도전적인 문제는 자전거 열성주의자로서도 아니며 또한 환경보호 열성주의자(양 두 집단의 구성원들은 이미 자전거를 소유할 가능성이 있다)로서가 아니게 행동하는 대중 소비자 시장으로 확대하는 것이다. 일본의 자전거 부품 제조회사인 Shimano사는 켈리포니아의 디자인 기업인 IDEO사와 동반자화하여 시장조사를 통해 이런 도전적인 문제를 다루기로 결정하였다. 미국 소비자에 대해 IDEO사가 행한 시장조사는 2가지 중요한 식견에 도달하였다. 첫째, 평균적인 소비자 그리고 열망적이며 우연하게 자전거를 타는 사람들은 자전거 이야기, 최고의 스포츠용 자전거의 기술적 복잡성 그리고 라이크라로 무장한 판매원의 열성적인 열망주의에 의해 설득된다. 둘째, 그들 대부분은 자유스러움과 간편한 느낌에 싸인 어린이로서 자전거를 타는 좋은 기억을 가지고 있다.

상기의 소비자 조사 결과, 현재는 자전거를 타지 않지만 잠재적으로 자전거를 탈 수 있는 1억 6100만 명의 미국인들에게 소구하기 위해 새로운 자전거 "플랫폼(platform)"을 생산하기 위해 제조업자들과 협력하였다. 그 결과로 "질주하는" 자전거 개념, 즉 간단하고, 안락하고, 구입가능하고, 유지비용이 적고 또한 복잡한 통제가 없는 이용하기에 간편한 자전거가 탄생되었다. 산악을 질주할 수 있도록 된 많은 속도용 기어 시스템 대신에, 그 자전거는 속도를 높이거나 낮추는 것과 같이 기어를 변경하는 마이크로 칩 통제를 포함하여 간편하게 탈 수 있도록 디자인된 간단한(숨겨져 있어 보이지 않음) 자동 3단 속도 기어 시스템을 사용한다. 타주용 브레이크(coaster brake)는 페달을 반대로 밟아서 제동하는 과거의 유행했던 기술에 바탕을 두었다. 그 개념은 배우거나 숙달해야 할 것이 없이 이용자의 필요에 근거한 것으로써, 그것은 당신이 어렸을 때와 같이 간단하게 올라가서 달릴 수 있는 자전거이다.

Shimano Coasting 개념은 3개의 최상위 제조업체인 Giant, Raleigh 및 Trek사의 자전거에 부착되어 2007년에 선을 보였으며, 2008년 동안 다른 7개 제조업체가 그 모델을 도입하였다. 그 개념은 Industrial Designers Society of America(IDSA)가 주관하고 Business Week지가 후원하는 International Design Excellence Award(IDEA) 경진대회에서 금상을 수상하였다. 소비자들에게 소구하는데 있어 그 디자인의 성공은 환경이나 건강을 위해 자전거 타는 것이 주는 이점의 측면에서 분명하게 그것을 마케팅하는 것과 관련이 없다. 그것은 한때 자전거가 가져다주는 어린 시절의 자유스러움에 대한 향수를 불러 일으켰으며 또한 지속가능성 지향적 소비자라는 산출을 창출하였는데, 그것은 즐거움과 간편함에 바탕을 둔 해결방법을 제공함으로써 가능하였다.[1]

1 지속가능성과 소비

Coasting 자전거를 개발하는데 있어, Shimano사는 많은 제품을 단순하게 판매하려고 시도하기보다는 더 많은 것을 행하였으며, 자사 제품에 대한 시장을 확장하고 또한 사람들로 하여금 자동차를 타지 않고 자전거를 타도록 하는 지속가능성 목표를 성취하려는 방법에서 소비자의 라이프스타일과 행동을 조성하려고 하였다. 소비자들이 무슨 제품을 구입하고, 그 제품을 어떻게 사용하고 또한 그 후 그 제품과 관련하여 무슨 행동을 하느냐의 관점에서 소비자의 행동은 오직 자연의 힘이 견딜 수 있는 정도에서 우리의 지구에 대한 모든 측면을 형성한다. 일하거나 공부하는 도중에 먹는 커피와 같이 개인용 제품을 구입하고 소비하는 것은 우리를 더 활기차게 하기는 하지만, 전혀 지속되는 인상이나 기억에 남기지 않는 하찮은 행동처럼 보인다. 그러나 그 행동은 커피 소매상의 경제적 성공에, 경제의 전반적인 성장에 그리고 지방정부가 처리해야 하는 쓰레기의 양에 기여할 수 있도록 다른 소비자들의 행동과 결합된다. 즉 그 행동은 커피원두와 우유의 수요와 가격에 영향을 줄 것이며, 그렇게 됨으로써 전 세계의 수천 명의 농부들의 삶과 번영에 영향을 주고 또한 익년도의 투자와 나무를 심는 의사결정을 하게 한다. 그 행동은 농약, 비료, 포장재 그리고 에너지에 대한 수요의 관점에서 심각한 영향을 줄 것이다. 즉 커피의 경제적 영향은 소매상이 미래에 부과할 가격에 기여하고 또한 소매상들이 누리게 되는 수익 수준과 투자 수준에 원인으로 작용할 것이다. 국가적 수준에서 커피는 국가적 번영에 기여하고 또한 그렇게 됨으로써 조세와 이자율에 대한 장래의 정책에 영향을 줄 것이다.

우리는 소비를 우리의 개인적인 욕구를 제시하고 또한 우리의 집단적인 행동을 통해 경제를 추진하는 경제현상으로 생각하는 경향이 있으나, 소비는 역시 우리 모두가 우리의 주체성을 표현하고 또한 사회 속에서 우리의 입장을 수립하는 사회적 및 문화적 과정인 것이다. 소비는 진실로 자원을 소비하는 물질적인 과정이다. 우리가 먹는 것, 집을 따뜻하게 하는 방법 그리고 일하거나 즐거움을 갖기 위해 이동하는 방법 등은 우리 자신을 제외한 어떤 다른 사람의 사업과는 같게 보이지 않는다. 그러나 이런 소비 의사결정의 집합적인 결과 그리고 우리의 욕구를 충족시키는 방법들은 지구상의 사람들, 국가 그리고 종에 대해 결과를 야기하는 기후변화의 차원을 넘는 기본적인 추진요인이다. 어느 경우에, 코뿔소의 뿔이 중앙아시아에서 단검의 손잡이로 또는 아시아에 전통적인 약제로 높이 평가받기 때문에 아프리카 코뿔소가 멸종상태에 이르고 있거나 또는 가늘고 가벼운 울로 만들어진 샤투스(shahtoosh) 숄용으로 뉴욕, 파리, 런던의 고급 양장점에서의 수요로 인해 티벧트의 영양도 그와 유사한 운명에 처해 있는 것처럼, 그 관계는 보다 분명하다. 즉 전통적인 마케팅에서는 개인 소비자에 대한 소비의 이점이 강조되고 있다. 지속가능성 마케팅에서 이것은 집합적인 사회적 및 환경적 비용에 대한 관심에 의해 상쇄된다.

2 소비과정

전통적인 마케팅은 항상 제품과 서비스의 실질적인 구매에 크게 집중하여 왔다. 실질적인 구매는 논리적인데, 그 이유는 실질적인 구매가 구매자와 판매자 간에 계약이 명백하거나 또는 불분명하게 체결되고, 돈은 소유와 점유를 변화시키고 또한 제품의 소유권이 소비자에게 이전되는 시점에서 행해지기 때문이다. 법적 및 경제적 식견에서 볼 때, 구매는 모두 중요하다. 그러나 사회적 및 환경적 맥락에서 볼 때, 제품의 영향은 구매 전에 그리고 후에 이루어지는 전체적인 소비과정의 다른 단계와 관계된다. 소비자 사회에서의 부정적인 사회적 및 환경적인 결과 그리고 소비자 사회내에서의 생산과 소비의 시스템이 점차 밝혀짐에 따라, 그 시스템들은 점차 전체적인 소비과정의 각 단계내에서 소비자의 태도와 행동에 영향을 주기 시작하고 있다(〈그림 4.1〉 참조).

2.1 1차적 욕구 또는 2차적 욕구인식

사람들은 음식과 음료, 의복, 안전 그리고 주택에 대한 많은 본질적 및 기본적인 욕구를 가지고 있으며 또한 자녀들을 낳고 양육해야 한다. 이러한 차원을 넘어, 사람들은 역시 인정과 지위, 오락 그리고 사랑과 자기만족에 대한 많은 사회적 및 감정적 욕구를 가지고 있다. 어느 정도는 혼잡스럽지만, 대부분의 사람들은 역시 소속감 그리고 사회적 일치성에 대한 욕구와 더불어

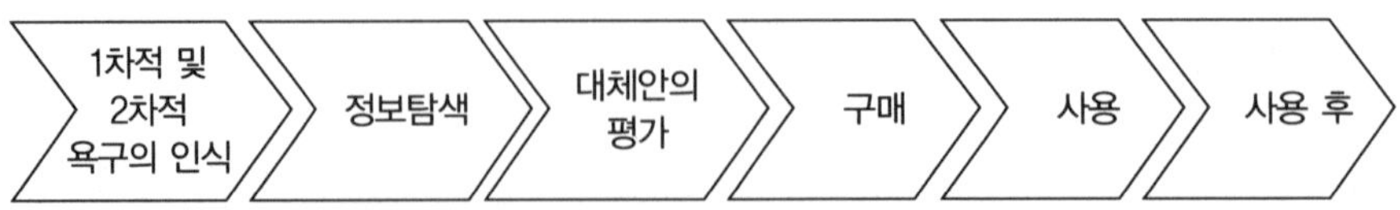

그림 4.1 전체적인 소비 과정

그들의 개인적인 주체성을 수립하려는 욕구가 혼합된 상태를 표출하는데, 문화를 간의 상당하게 차이가 나는 상기의 이 두 가지 모순되는 욕구간에 균형을 이루어 그 혼합상태를 나타낸다. 상대적으로 폭넓고 또한 지속되는 이런 형태의 욕구는 보다 특별한 개인적인 2차적 욕구로 변환되는데, 소비자 사회 내에서 2차적 욕구는 통상 특별한 제품이나 서비스에 대한 수요로 표출된다. 주류를 이루는 마케팅 사고는 어느 때 한 소비자의 2차적 또는 1차적 욕구만을 생각하는 경향이 있는데, 그러나 실질적으로 사람들은 상호작용하며 또한 모순되기도 하는 복잡한 일체의 2차적 및 1차적 욕구를 가지고 있다. 그러므로 우리는 우리 가족을 위해 안전하고 편리한 수송을 제공하기 위해 자동차를 소유하고자 하지만, 역시 자동차가 없는 환경에서 가족을 부양하기를 바라고 있다. 보다 지속가능하며 또한 공평한 경제로 향해 번영 · 발전하는 부분도 역시 "1차적 욕구"와 비교되는 것으로서 "2차적 욕구"를 구성하는 것을 더 잘 이해하는 것이 요구된다[2](제6장의 1차적 욕구의 만족 부분을 참고할 것).

2.2 정보탐색

구매를 하고자 하는 욕구에 대한 인식으로부터 직접 나가는 것이 가능하지만(수퍼마켓 계산대에서 충동구매를 하게 됨), 많은 구매는 수동적 및 능동적인 정보수집이 관여되고 또한 그 후 관련되는 정보의 처리가 관여된다. 정보의 중요한 원천은 가족과 친구와 같은 인적 원천, 광고, 포장에 있는 정보 또는 점포 내 전시와 같은 상업적 원천, 대중매체, 압력단체 또는 소비자 조직이나 지침과 같은 공적 원천이 있으며 또한 제품을 취급하거나 사용하는 경험적 정보 등이 있다.[3]

소비자들은 점차 이 모든 원천, 특히 뉴스보고서, 서류나 이해관계자 집단의 캠페인 등을 통해 기후변화와 지구상의 빈곤과 같은 지속가능성 이슈에 대한 정보에 노출되고 있다. 특별한 제품과 지속가능성 이슈 간의 연관성은 역시 제품광고와 표찰화를 통해 그리고 소비자용 지침이나 제품을 비교하는 웹사이트를 통해 소비자에게 커뮤니케이트 되고 있다. 마케팅 관리자에 대한 한 가지 문제는 정보가 풍부한 사회에서, 소비자들이 정보에 압도당하게 되고 또한 개인적 구매와 연결되는 기술적, 경제적, 사회적 및 환경적 이슈 및 정보를 처리할 의향이 없거나 또는 처리할 능력이 없게 된다는 위험이다.[4] 이것은 소비자들로 하여금 특별한 상표에 의존하도록 유도하고 또한 점증하는 많은 구매관련 정보를 처리하는 것을 피하도록 하기 위해 특별한 소매상의 사회적 책임에 맡기도록 유도한다. 예를 들어, B&Q라는 가정개선 체인은 당기업이 열대우림 목재와 휘발성이 있는 유기 콤파운드를 제외시켰으며 또한 위원회를 거쳐 책임있는 공급연결쇠 방침을 채택하였음을 강조하는 소비자친화적이며 잡지스타일적인 지속가능성 인쇄물을 시리즈로 제작하였는데, 그로써 개인소비자들에게 개인적으로 이슈에 대해 걱정하기보다는 소매상의 폭넓은 사회적 책임 신임장을 신뢰하도록 고무하고 있다.[5]

2.3 대체안 평가

전통적인 마케팅은 구매 전에 상이한 제품과 상표가 평가되고 또한 그들 중에서 선택된다고 가정하는 경향이 있다. 역시 제품이나 서비스에 접근하는 상이한 방법들 간에는 선택이 이루어진다(예: 소매상들 중에 선정함). 지속가능성 식견에서 볼 때, 소비자의 2차적 및 1차적 욕구를 충족하기 위한 폭넓은 일체의 대체안적인 방법들이 고려될 수 있다. 구매와 관련되지 않는 욕구(친구나 가족으로부터 품목을 빌리는 것과 같은 것) 또는 제품보다는 서비스의 구매와 관련되는 욕구(제품을 임차함으로써 가능함)를 충족시키는 방법들이 대체안으로서 고려될 수 있다. 구매를 하지 않는 것은 소비자가 그렇게 함으로써 야기되는 사회적 또는 환경적 결과 때문에 특별한 2차적 욕구를 충족시키지 않기로 결정하는 경우가 한 가지 분명한 대체안이다.

2.4 구매

실질적인 구매는 항상 소비에 대해 주류를 이루는 마케팅의 관점에서 중심이 되는 요점이었으며 또한 소비자가 보다 지속가능한 제품과 서비스를 선호하여 차별화하도록 자신들의 구매행동을 변화하도록 설득될 수 있느냐 또는 아니냐는 지속가능성 마케팅 의제의 중요한 구성요소이다. 구매를 측정하는 것은 역시 상업적인 마케팅에서 성공에 대한 중심적인 측정방법이며 또한 반복구매 수준은 자주 소비자 만족에 대한 대용적인 측정방법으로 이용되어 왔다. 그러나 구매에 대해 이렇게 강조하는 것은 소비자들의 사회적 및 환경적인 관심사가 어떤 제품을 보이코트하거나 또는 자신들의 욕구를 충족시키는 대체안적인 방법을 발견함으로써 표출되는 경우에 소비자의 행동의 면모가 간과되도록 할 수가 있다. 즉 제품을 구매하는 과정은 특히 소매행위가 교외에 위치한 거대 소매상에 의해 지배되는 시대에 있어 그 자체의 지속가능성에 영향을 줄 것이다. 2006년 영국에서, 평균적인 영국사람들은 219번 장을 보았는데, 그 중 91번은 평균 9km나 떨어진 곳에 자동차를 타고 가서 장을 보았다.[6]

2.5 사용

많은 내구재, 특히 에너지를 사용하는 가전제품의 경우, 사용 측면은 생산이나 처분 측면보다는 보다 많은 환경적 영향을 유발한다. 자동차나 보일러와 같은 기계적 품목이 적절하게 유지되느냐 또는 그렇지 않은가, 전기시설이 꺼져 있거나 또는 그 상태로 그대로 있는가, 자동차가 달리는 속도 그리고 부서진 제품을 수리할 것인가 아닌가 등은 모두 사용과 관련되는 최종적인 지속가능성 영향에 대해 영향을 미칠 것이다. 역시 지속적인 사용은 제품의 자원 효율성에 대해 영향을 미친다. 많은 시장에서 제품의 작동수명은 기술적 혁신의 변화율 그리고 제품의 대체율이 증가함에 따라 짧아진다.[7] 또는 패션은 구매, 사용 그리고 처분 결정에 대해 점차 영향이 커지고 있다. 그 결정은 사용 후 버릴 수 있는 패션(disposable fashion)의 개념에서 반영되는데, 사용 후 버릴 수 있는 패션의 경우, 소매상들은 크게 유행할 수 있는 의상을 생산하지만, 낮은 원가와 낮은 품질로 한 계절에만 입을 수 있고 그후에 버릴 수 있는 옷을 생산한다.[8] 한때 내구적이라고 생각되었던 많은 제품들, 즉 가정용 가구나 오락용 기술과 같은 시장들은 제품들이 사용가능한 수명이 끝나기도 전에 사용이 끝나도록 하기 위해서 보다 패션지향적이 되고 있다.

2.6 사용 후

주류를 이루는 마케팅은 기존제품의 수명이나 사용의 종말에 나타나는 반복구매에 대한 기회의 차원을 넘어 소비자의 사용 후 행동을 거의 고려하지 않고 있다. 과도한 쓰레기매립지에 대한 지속가능성 관심은 소비과정 중 사용 후 측면을 점차 중요하게 만들고 있다. 자동차와 전자제품과 같은 시장에서 확대되고 있는 생산업자의 책임에 관한 규제는 몇몇 기업들에게 사용 후 제품을 되받고 또한 처리하도록 법적 의무를 지우고 있다.[9] 사용 후 측면에서 가능할 수 있는 다양한 소비자 행동들이 있는데,[10] 제품을 재사용, 재활용 또는 재제조할 수 있도록 쓰레기매립지나 시스템에서 제품을 처리 · 처분하거나, 다른 기관에게 그 제품을 팔거나, 거래하거나, 주는 것(자선소매상과 같은 대안적인 경로를 통해서 또는 직접), 또는 다른 소비자에게 일시적으로 그 제품을 빌려주거나 임대하는 것, 창고에 집어 넣는 것, 또는 그것을 다른 용도로 변환시키는 것 등이 있다.

3 지속가능한 소비자 행동을 이해함

소비자 행동은 마케팅에서 핵심이다. 소비자의 구매행동은 지속가능성 성과에 기초하여 시장에 출시된 신제품과 새로운 서비스의 성공과 실패를 결정하기 때문이다. 소비과정에서의 사용과 처분 국면 동안에 지속가능성 영향을 결정하는데 있어 소비자의 역할 때문에 소비자들의 전반적인 행동은 역시 모든 제품과 서비스의 지속가능성 성과에 강하게 영향을 줄 것이다. 지속가능성 마케팅의 경우, 성공은 마케팅 기업들이 경쟁사들보다 소비자의 욕구를 보다 효과적으로(그리고 보다 지속가능적으로) 충족시킬 수 있는 마케팅 전략과 믹스를 개발하기 위하여 소비과정 전체에 대해 소비자 행동을 이해하는 것에 바탕을 두고 있다.

마케팅 과정은 기업의 현재 및 잠재 고객들을 확인 · 규명하기 위해 그리고 고객들의 본질, 동기부여 및 행동을 이해하기 위해 시장조사를 이용하는 것에 근거를 두고 있다. 이렇게 함으로써 잠재적으로 이용가능한 시장을 특정하며 주요한 특징을 공유하고 있는 소비자 집단으로 평가하여 세분화할 수가 있는데, 주요한 특징에 의해 적합한 시장제공물을 개발할 수 있으며 또한 특별하고도 독특한 세분시장을 표적화할 수 있다.

소비자 행동의 분야는 소비자의 선호성과 행동 모델을 개발함으로써 소비자의 행동을 이해하고, 설명하고, 예측하려고 한다. 이런 많은 모텔들은 소비자들이 그들의 구매행동에 지속가능성 이슈들을 어떻게 그리고 왜 결합하는지 또는 안하는지를 설명하기 위해서 이용되고 적용되어 왔다.[11] 이런 조사 중 어떤 조사는 "녹색" 소비자를 연구조사하는데 있어 환경적인 관심사를 응용하기도 하며, 어떤 조사는 "윤리적"소비자를 조사하는데 있어 공정무역과 같은 사회적 이슈를 응용하기도 하였다.[12] 그러한 조사노력들은 지속가능한 소비자 행동을 모델화하려고 시도하는데 있어 관련되는 상당한 어려움이 있음을 제시하였는데, 개인들이 행하는 구매유형 그리고 그들이 몰두하는 소비행위에 있어서의 다양함의 정도를 반영하기 때문이다.

지속가능성과 소비자에 대한 대부분의 조사는 소비과정 중의 구매 측면에 그리고 보다 지속가능한 제품과 서비스의 잠재적인 구매를 확인 · 규명하려는 시도에 집중되어 있다. 이것은 전통적인 마케팅 식견에서 볼 때 의미를 주지만, 그러나 지속가능성 식견에서 볼 때 그것은 완전한 모습을 제공하지 않는데, 그 이유는 집, 자동차 및 국내용 가전제품과 같은 몇몇 주요한 제품의 경우에 지속가능성 영향의 상당부분이 사용이나 사용 후 동안 구매 측면 후에 생기기 때문이다. 예를 들어, "재활용자"인 사람의 유형을 확인 · 규명하려고 함으로써 사용 후 행동에 집중한 몇몇 연구가 있었다.[13] 그리고 2006년 McDonald와 Oates의 연구는 상이한 지속가능성 지향적인 소비행동 유형에 대해 소비자 행동을 이해하려고 하였다.[14] 그러나 지속가능성에 대한 소비자 행동을 보다 복합적으로 이해하도록 하기 위해서는 소비과정의 모든 측면에 걸쳐 보다 균형화된 이해가 요구된다.

4 전후관계에서 지속가능한 소비

지속가능성과 소비자 행동에 대한 조사에서 가장 지속적으로 이루어진 조사 결과 중의 하나는 비일관성이다. 대다수 소비자들의 소비 선택과 행동에 자신들의 관심사를 반영하려는 소비자들의 의지 그리고 지속가능성 이슈에 대해 대다수 소비자들이 표현한 관심사들간의 일관성이 부족하다는 사실이 널리 인식되고 있다(통상 태도-행동 또는 의도-행동간의 차이라고 말하는 것).[15] 모든 유형의 소비행위에 또는 모든 유형의 재화와 서비스들 간에 지속가능성 관심사를 결속하려는 소비자는 거의 없으므로, 개인 소비자들의 행동에 비일관적이 되는 경향이 있다. 즉 지속가능한 소비 의제에는 개별적인 이슈에 대한 폭넓은 범위를 포함하며 또한 소비자들은 자신들의 소비행위 내에서 대부분 관련되고 또한 반응하는 이슈를 선정하는데 있어 상이한다. 즉 어떤 소비자는 공정무역과 같은 사회적으로 지향적인 윤리적 소비 이슈를 선호하며, 다른 소비자는 천연 농산물이나 탄소 절감과 같은 환경적 이슈를 선호한다. 어떤 소비자들은 그들이 반응하는 폭넓은 범위의 사회-생태적 이슈를 가지고 있는 반면에, 다른 소비자들은 열정적으로 동물학대와 같은 특별한 이슈에 대해 느낄 수 있다.

		절충(타협)의 정도	
		저	고
신뢰의 정도	고	윈-윈 구매	좋은 감정 구매
	저	왜 하지 않는가? 구매	왜 괴롭히는가? 구매

그림 4.2 지속가능한 구매지각 메트릭스

자료원: Peattie, K. (1999) 'Trappings versus substance in the greening of marketing planning', *Journal of Strategic Marketing*, 7: 131–48.

상기와 유사하게, 크게 관심을 갖고 있는 소비자들이 자신들의 지속가능성 관심사의 영향에 대해 제외되는 특권을 가지고 있다는 공통적인 연구결과가 지속가능한 소비자 조사에서 밝혀졌다. McDonald와 Oates는 자신들이 "예외자(exceptors)"라고 명명한 특별한 유형의 소비자, 즉 행동범위에 강하게 지속가능성을 지향하지만 그러나 한 가지 예외사항으로서 한 가지 분야(외국 항공기를 이용하는 여행)를 채택한 소비자를 확인 · 규명하였는데, 그들은 자신의 다른 행동에 대한 지속가능성 이점(혜익)을 효과적으로 부정하고 있다.[16] 이것은 역시 British Market Research Bureau가 행한 주요 연구에서 확인되었는데, 그 연구는 전체 인구의 단지 1.3%를 차지하는 영국의 성인 세분시장으로서 매우 강한 환경적 태도와 행동을 가진 사람으로서 가장 자주 비행기를 타는 집단으로, 그들 중 19%는 과거 12개월 동안 비행기를 3번 이상 이용하였는데, 전체적인 영국 성인인구의 12%와 비교된다.[17]

지속가능성 마케팅에 대한 전통적인 접근방법이 지속가능성 관심사에 따라 상이한 유형의 소비자를 이해하려고 시도하였지만, 한 가지 대안적인 접근방법은 지속가능한 소비의 전후관계의 상이한 유형을 이해하려고 시도하는 것이다. 이것은 "구매지각 메트릭스"를 이용할 수 있도록 하였다.[18] 〈그림 4.2〉와 같이 구매지각 메트릭스는 2개의 차원에서 지속가능성 구매의 유형간을 차별화함으로써 구매단계에서 소비자 행동내에서의 비일관성(그리고 역시 과거의 상이한 지속가능성 마케팅 전략의 성공과 실패)을 설명하려고 하였다.

1. **타협(절충)의 정도(degree of compronise)**: 이것은 보다 지속가능한 제품을 구매하기 위해 더 많이 지급하거나 더 멀리 이동하는 것과 같이 여러 다양한 형태를 취할 수 있다. 그것은 역시 보다 지속가능한 동일한 것을 구입하는 것이 그 제품의 성능 또는 사용하는 동안의 편의성에서 희생을 감수한다는 것을 의미할 수 있다.
2. **신뢰의 정도(degree of confidence)**: 이것은 소비자가 그 제품이 진정한 지속가능성 이슈를 제시하며, 제공되는 제품이나 서비스가 지속가능성 성과에서 월등하며 또한 그 차원을 넘어 기업이 신뢰될 수 있으며 또한 구매로 인해 가치가 있는 이점이 있다는 사실을 어떻게 소비

자가 확신하느냐이다.

메트릭스가 시사하는 내용은 두 가지 방법에서 마케팅 관리자에게 유용하다. 첫째, 품질과 지속가능성 성과에 대해 제품 지향적 견해를 취하는 대신에, 그것은 소비자로부터 어떤 타협(절충)이 요구되며 또한 제품이나 서비스가 소비자들 간에 신뢰감을 일으킬 것인가에 대해 소비자 지향적 견해를 취한다(이러한 이슈는 제 7~10장에서 더 추가적으로 연구할 것이다). 둘째, 메트릭스는 지속가능한 제품과 서비스에 대해 성공적인 마케팅을 추구하기 위해 요구되는 간단한 두 갈래의 전략을 마케팅 관리자에게 제공하는데, 두 가지 전략이란 소비자에게 요구되는 타협과 절충을 줄이며 또한 지속가능한 소비 선택을 하는 가치와 이점 측면에서 신뢰감을 구축하는 것이다.

소비자들이 자신들의 행동에 사회적 및 생태적 관심사를 반영하고자 하며 또한 반영할 수 있느냐 또는 없느냐에 영향을 주는 상이한 유형의 구매 또는 기타 소비행동에는 많은 다른 특징이 있다. 그 특징은 아래와 같다.

- 가치(value): 구매는 우표나 신문 수준으로부터 집이나 자동차 수준에서 상이하며 또한 구매와 관련된 정보를 수집하고 고려하는데 쏟아붓는 노력의 수준은 상기의 수준에 따라 상이할 가능성이 있다. 이와 유사하게 사용 후의 관점에서 소비자는 사용 후 가치가 낮은 제품을 간단하게 처리할 가능성이 있는데, 한편 소비자는 남은 가치 중 어느 것을 이용하기 위해 가치가 큰 제품을 재판매하려고 한다.
- 빈도(frequency): 역시 구매는 습관적인 일상적 구매로부터 평생 동안 한 번 정도 구매하는 것에까지 빈도에 있어 다양하며 또한 의사결정 과정도 역시 전적으로 동일하지 않다. 빈번하게 가치가 낮은 구매는 고려해서 구매하는 행동보다는 "습관적" 구매가 되는 경향이 있다. 이와 유사하게, 비축용으로 TV를 바꾸는 것과 같은 제품사용 행동은 소비자가 새로운 TV를 구입하기 위해 선택하는 것과 같이 드물게 행동을 하는 경우에 그들이 고려하는 동일한 방식으로 에너지 사용에 대한 의미를 자주 고려하지 않는 것처럼 행해질 수 있다.
- 가시성(visibility): 구매는 그 구매가 다른 사람들에게 사회적으로 보일 수 있는 정도에서 상이하다. 그러므로 소비자는 공정무역 커피를 구입할 수 있는데, 그 이유는 공정무역 커피가 손님들에게 정확하게 제공될 수 있거나 또는 주방에서 보일 수가 있기 때문이다. 그러나 소비자는 설탕이나 말린 과일과 같은 다른 제품에 대해서는 공정무역 형태로 구입하지 않는데, 그 이유는 그 제품이 가시적이지 않기 때문이다. 이와 유사하게, 재활용하기 위해 길가에 있는 수집통에 쓰레기를 담는 것은 소비자들에게 소구될 수 있는데, 그 이유는 상대적으로 가시적이며 또한 사회적으로 책임있는 사용 후 행동이기 때문이다.
- 복잡성(complexity): 컴퓨터를 구입하는 것은 우유나 신문을 구입하는 것보다 상당히 복잡하므로, 그래서 소비자는 컴퓨터에 대한 정보를 찾고 분석하며 또한 복잡함을 극복하기 위한 도움을 받기 위해 다른 사람들의 충고를 이용할 가능성이 매우 크다. 지속가능성 이슈들은

제품들이 다양한 절차를 통해 구입된다는 차원을 추가하는 경우에 구매의 복잡성을 증가시키는 경향이 있다. 채소류는 구매하기에 극히 간단한 제품으로 보일 수 있으나, 소비자들이 지역 대 자연 대 공정무역 등에 대한 상대적인 지속가능성 이점을 높이려고 하는 경우에, 그것은 더욱더 복잡하게 된다. 이와 유사하게, 컴퓨터와 같은 복잡한 제품은 간단한 제품보다 사용 후 많은 선택방법을 창출한다. 즉 오래된 컴퓨터는 재판매되거나, 자선용으로 기부되거나, 부품으로 사용될 수 있도록 해체되거나 또는 다른 가족구성원이 다시 사용할 수 있도록 업그레이드될 수 있다.

- **자신이나 다른 사람을 위해서(for self or for others)**: 사람은 자신이 사용하기 위해서 중고품이나 불필요한 서비스가 없는, 자원효율적인 방법을 통해 스스로를 행복스럽게 만족케 하지만, 다른 사람을 위한 선물인 경우에는 그것을 고려하지 않는다. 대안적으로, 개인적 입장에서 "무관심한" 소비자는 지속가능성 이슈에 대해 크게 관심을 갖고 있는 좋아하는 사람을 위해서 선물로서 명백하게 지속가능한 구매를 할 수도 있다. 사용 및 사용 후의 관점에서, 다른 사람을 위해 제품을 구매하는 경우, 원래의 구매자는 그 제품으로 인해 발생하는 것에 대해서는 통제할 수가 없다.
- **필수 또는 특권(necessity or indulgence)**: 소비자들은 사치품보다는 일상 필수품의 구매와 관련하여 사회적 및 환경적 이슈를 고려할 의향이 더 크다. 보다 확고하게 자리를 잡은 공정무역 커피와 비교하여 공정무역 초코렛을 마케팅하는데 있어 도전적인 문제 중의 하나는 소비자들이 약간의 죄의식을 갖고 이미 느끼고 있는 특권이 있는 것으로 초코렛이 소비자들에게 인식되고 있어, 그래서 소비자들은 공정무역 이슈를 고려함으로써 특권의식이 나빠지기를 원하지 않는다.[19] 필수품인 제품은 빈번하게 사용하는 경향이 있으며, 제품이나 서비스에 소요되는 자원으로부터 높은 정도의 가치를 획득하는 상대적으로 자원효율적인 방법으로 사용되는 경향이 있다. 사치스러운 특권은 자주 사용되지 않으며 또한 그 특권의 유용한 수명이 끝나기도 전에 판매되거나 또는 처분될 가능성이 매우 크다.

지속가능성 마케팅 기업에게 있어, 소비자들이 재화와 서비스에 대한 상이한 차원에 따라 상이한 재화와 서비스와 관련하여 자신들의 소비행동에서 상이하게 반응한다는 사실을 이해하는 것은 중요하다. 매일매일의 소비행위에서 지속가능한 선택품을 습관적으로 찾는 사람은 집을 구입하는 것과 같이 복잡하고 가치가 크며 또한 뜸하게 선택하는 경우에는 그렇게 추구하지는 않는다. 소비 과정에서의 구매 측면은 역시 시간압박, 소비자가 혼자서 또는 동반하여 쇼핑하느냐 등을 포함하여 많은 상황적 요인에 의해 형성될 수 있으며 또한 즉시적인 구매환경에 의해 형성될 수 있는데, 즉시적 구매환경에는 빠르게 움직이는 소비재(fast-moving consumer goods)의 경우에 소매환경 그리고 소비자의 전반적인 소매경험이 포함된다. 즉 소매상들은 자신의 점포에서 사람들로 하여금 시간과 돈을 소비하도록 도움이 되는 환경을 조성하기 위해 조명, 음악 심지어는 향기를 사용할 수 있다. 사용 후 측면에서의 행동은 재활용 서비스의 이용가능성, 재판매를 위한 경로의 이용가능성 또는 자선단체들이 재사용할 수 있는 기회를 제공할 수 있도록 존재하느냐와 같은 여러 가지 상이한 구조적 요인에 의해 영향을 받을 수 있다.

5 주요한 소비 전후관계

지속가능성 이슈에 대해 가장 관심을 갖고 있는 소바자들 간에서도 소비자 행동은 모든 구매 유형과 모든 소비 전후관계에 대해 일괄적이지 않다는 것이 분명하다. 지속가능성 시각에서 볼 때, 역시 우리들은 모든 유형의 소비들의 지속가능성 영향의 관점에서 모든 유형의 소비가 동일하게 중요하지 않다는 사실을 알고 있다.

모든 소비 부문에 대해 소비자의 행동을 변화시키려고 시도하는 것은 잠재적으로 비생산적이며 역효과적인데, 그 이유는 소비자들이 지속가능성 지향적인 제공물과 정보에 압도당할 가능성이 있기 때문이다. 디 위대한 진보발진은 가장 의미가 있게 영향을 주는 제품과 연관되는 소비행동에 집중함으로써 이루어질 수 있다. 선진경제에서 개인의 소비에 의한 환경적 영향에 대해, 대부분은 아주 적은 수의 제품범주와 관련된다. European Environmental Impact of Products(EIPRO) Project[20]는 가정에서 소비되는 제품의 환경적 영향에 대한 상세한 연구분석 결과를 제공하고 있다. 방법론에 바탕을 둔 그 프로젝트의 투입-산출은 광범위한 범위의 환경적 영향에 대해 255개의 가정용품을 평가한다. 그 프로젝트는 전체 영향의 70~80%는 식품과 음료소비, 주거(가정용 에너지 사용 포함), 수송(통근, 여가 및 휴일 여행)과 관계가 있다는 결론을 내렸다. 이러한 결론은 지속가능성 마케팅 노력에 대한 현장에서의 의제를 창출하였는데, 그것은 지속가능성 마케팅이 중요하지 않다거나 또는 모든 시장부분에 대해 기회를 제공하지 않는다는 것을 말하는 것이 아니다. 이상적으로, 소비행동과 생산 시스템의 모든 측면이 지속가능성을 향해 지향적이 될 것이지만, 처음으로 의미가 있는 진보발전은 아래와 같은 요인들을 통해서 성취될 것이다.

1. **지속가능한 식품 및 음료 소비선택(sustainable food and drink consumption choices)**: 건강에 보다 도움이 되는 소비 수준, 기후변화에 대해 영향을 주므로 육류 제품의 소비를 줄임, 자연적으로 생산되고 지역적으로 원천이 되며 계절적인 산물을 선정함, 그리고 박테리아에 의해 썩어 없어지는 식품 쓰레기를 퇴비로 만든다.
2. **지속가능한 주거 소비선택(sustainable housing consumption choices)**: 지속가능한 재료를 사용하여 건축한 집을 구입하고 또한 높은 수순의 절연 및 에너지 효율성이 있는 집을 조성하는데 보다 더 많이 강조함. 이것은 역시 지속가능한 에너지 원천에 바탕을 둔 가정내에서 에너지 이용 그리고 가정내에 사는 동안 에너지 낭비를 피하는 것(예: 에너지 효율적인 냉장고와 에너지를 절약하는 전구 등)과 관련된다.
3. **지속가능한 여행(이동) 행동(sustainable travel behaviour)**: 취해야 하는 이동의 크기를 줄이

는 것(예: 재택 근무 또는 장거리 화상통화 서비스 등), 또는 자동차를 타지 않고 레저용으로 자전거를 타는 것과 같이 이동이나 여행에 대한 대체안적인 수송수단을 찾는 것을 의미한다. 여행 소비행동의 관점에서 볼 때, 이것은 세계 및 지역의 환경을 그리고 여행 종착지에서의 문화를 보호하려고 하는 여행 제공물을 추구하려는 것을 의미한다. 지속가능한 여정과 같은 것은 없으며 또한 사회적 및 환경적으로 관심이 있는 여행자들은 간단하게 집에 머물러 있어야 한다고 주장될 수 있다. 지속가능성 식견에서 볼 때, 사물들은 그렇게 간단 · 단순하지 않은데, 많은 후진국가의 경제 중 특별한 비율이 여행에 해당되고 있다. 완벽하게 여행을 간단하게 중지하는 것은 이들 후진국에서 사회적 및 경제적 질병을 일으키고 또한 중요한 자연적 환경자원(산림과 같은 것)의 멸종에 기여하는데, 자연적 환경자원은 결국 여행을 지원하고 도와준다. 그러므로 책임있는 여행기업들은 탄소상쇄(carbon-offset) 프로그램과 같은 소비선택물을 제공하며 또한 여행 동안에 목적지의 문화와 환경을 존중하도록 소비자를 고무한다.

이러한 소비 영역은 장래에 지속가능성 마케팅에 대한 핵심적인 의제를 제시하며 또한 그럼으로써 소비 영역(부분)은 이 책 전체에 대해 많은 예에 대한 중심을 형성한다. 역시 지속가능성 마케팅 노력은 소비자들로 하여금 이런 중요한 제품의 소비자들로서 자신들의 행동 그리고 그 결과로 나타나는 사회적 및 환경적 결과 간의 연결관계를 이해하도록 도와주는 것은 중요할 것이다. 이것은 지속가능성 이슈를 보다 개인적으로 관련되게 하며 또한 소비자들로 하여금 그들이 반응하기 위해 어떤 것(예: 소비행동을 변경함)을 할 수 있다는 신뢰감을 느끼도록 할 것이다. 이러한 방법하에서 소비자들은 자신들을 지속가능성 문제의 원인이라고 간단하게 느끼는 것이 아니라, 지속가능성 해결방법을 개발 · 수립하는데 있어 매우 능동적인 동반자가 될 수 있다.

6 지속가능성을 위한 소비자 행동

기업의 지속가능성 마케팅 노력이 성공하기 위해서, 기업들은 3가지 것 중 하나 이상을 행해야 한다. 즉 기업은 지속가능성 이슈에 대해 열정적인 특별한 세분시장을 확인 · 규명할 수 있어야 하며, 그것에 기초하여 그 세분시장에서 지속가능한 제품이나 서비스를 시장에 내놓아야 한다. 이것은 개척적인 위치에 있는 많은 지속가능한 기업과 상표에 의해 성공적으로 채택되고 있는 전략이지만, 그 전략은 그 시장내의 소규모한 적소시장에만 표출되는 경향이 되는 단점 및 불리함으로 고통을 겪고 있다. 지속가능성으로 향해 진보 · 발전하는데 진정으로 기여하도록 하기 위해, 보다 지속가능한 제품이 대중시장에 침투하는 것이 중요하다. 즉 두 번째 접근방법은 소비자들의 행동을 변화시키기 위해서 그리고 보다 지속가능한 선택방법을 받아들이도록(사용이나 사용 후 소비행동을 보다 지속가능하도록) 커다란 대중시장내에 있는 소비자들을 설득하려고 시도하는 것이다. 세 번째 접근방법은 소비자들에게 보다 지속가능한 제품과 서비스를 제공하는 것인데, 그러나 분명하게 또는 원리원칙적으로 지속가능성 지향적이지 않다. 이 방법은 Shinamo사가 자사의 Coasting 자전거에 채택한 전략인데, 그렇지만 성공하기 위해서 이 전략은 지속가능성 조건에서보다는 다른 방식에서 제품을 탁월하게 하는 것이 요구된다.

지속가능성 마케팅 기업이 어떤 접근방법을 채택하든지 간에, 소비자와 소비자의 동기부여 그리고 소비자들이 특별한 제품이나 지속가능한 소비의 면모를 받아들이거나 또는 받아들이지 않는 이유 등을 이해하는 것은 소비자, 소비자의 동기부여 그리고 소비자들이 보다 지속가능한 소비 선택을 하는데 직면할 수 있는 장애물을 분명하게 이해하는 것이 요구된다. 이러한 이슈에 대한 조사결과는 Tim Jackson의 *Motivating Sustainable Consumption*에서 함축적으로 잘 요약하여 확인되었다(지속가능성과 소비자 행동에 대한 너무나 복잡함을 이해하기를 원하는 사람들에게 읽기를 권장하는 책이다).[21] 일반적인 조건에서, 지속가능성 식견, 즉 합리적, 심리적 및 사회적 설명에서 소비자 행동을 이해하고, 설명하고 또한 예측하는데 대해 3가지 이론적인 접근방법이 있다. 그것은 소비자들이 지속가능한 소비선택을 하는 이유 그리고 간혹 선택하지 않는 이유를 이해, 설명, 예측하는 접근방법이다. 이러한 사고학파들 각각은 잠재적으로 소비자의 행동을 이해하는데 도움을 주지만, 자기 자신에 대한 행동의 복잡함을 설명할 수 있는 역량을 가진 사람은 거의 없다.

6.1 합리적인 설명

소비자 행동과 지속가능성에 대한 초기의 연구조사는 합리적인 설명에 의존하였다. 이러한 식견은 지속가능한 소비의 경제학을 그리고 소비자들이 제품이나 서비스의 기능적 이점과 상대적인 이용가능성을 어떻게 중요시 하느냐를 강조한다. 경제적 합리성에 바탕을 둔 행동모델들은 소비자의 측면에서 높은 자기권익(사리추구)의 정도를 가정하는 경향이 있다. 불행스럽게도, 자주 이 행동모델은 보다 지속가능한 소비를 촉진하는 것과는 반대로 작용하는데, 그 이유는 모든 사회적 및 환경적 비용들이 소비자가 지불하는 가격으로 일반적으로 반영되지 않으므로, 우리들의 기존의 지속가능할 수 없는 소비는 효과적으로 함몰되고, 또한 보다 매력적으로 되기 때문이다.[22] 그러나 그것은 정부가 조세를 이용하여 연료나 비행기와 같은 특정한 제품의 소비와 환경적 영향을 줄일 수 있다는 것에 바탕을 두어 이용될 수 있다. 합리적인 소비자 선택에 대한 보다 광범위한 접근방법은 **지각적 비용과 이점**(perceived costs and benefits)의 개념인데, 이 개념에는 시간, 불편함, 사회적인 비 용인성 또는 심리적인 소모와 같은 비경제적인 "비용"을 포함한다. 기본적인 가정은 소비자는 아래의 공식과 같이 가장 최상의 지각적 순이점을 가진 선택대안을 선택할 것이라는 것이다.

지각적 이점 − 지각적 비용 = 지각적 순이점

예를 들어, 천연자연식품 대 전통적인 식품의 경우를 생각해 보자. 만약 천연식품의 지각적 순이점이 전통적인 식품(소비자의 관점에서)의 지각적 순이점을 초과한다면, 그는 전자(천연식품)를 선택할 것이다. 이러한 제품범주의 경우, 지각적 이점에는 맛, 외향, 그리고 양호한 환경적 양심이 포함된다. 지각적 비용은 식품을 준비하는데 소요되는 가격, 탐색비용, 수송비 및 시간이 관련된다. "녹색" 소비자 행동에 대한 연구에서, 지각적 비용과 지각적 이점간의 균형은 가장 일반적으로 의미가 있는 요인들 중의 하나이다.[23] 즉 지속가능성 마케팅 기업에 대한 중요한 시사점은 전통적인 제공물과 비교하여 지속가능한 해결방법의 지각적 순이점을 증가시킬 필요가 있다는 것이다. 이것은 이점을 증가시킴으로써 또는 소비자가 지각하고 있는 지속가능한 제품 및 서비스에 대한 비용을 줄임으로써 성취될 수 있다(제 7~10장 참조).

합리적인 설명은 역시 지속가능한 선택으로 소비자를 이동하도록 하는데 있어 지식의 역할을 강조한다. 이것은 환경적 및 사회적 이슈에 대한 지식을 증가시키고, 교육수준을 높이는 것이 보다 지속가능한 소비가 우리의 집단적인 최상의 관심사에 존재한다는 합리적인 반응을 유도할 것이라고 가정한다. 그후 이것은 소비자로 하여금 보다 지속가능한 재화와 서비스를 구입하도록 유도한다(모순적으로, 지식을 증가시키는 것은 소비자로 하여금 기존의 시장점유율이 절대적인 지속가능성 결점 그리고 그 시장제공물의 배후에 있는 생산시스템을 알도록 하지만). 그러나 이것은 마케팅 기업들이 의존하고 있는 약간은 의심스러운 가정인데, 그 이유는 소비자들이 상이한 지속가능성 이슈 그리고 특별한 제품 및 서비스 간에 조성하는 연결관계에서 상당히 상이하기 때문이다.

합리주의적 사고학파에서 경제학, 지식 및 교육의 역할을 강조한다는 것은 경제적 또는 사회적인 이유 중에서 합리적 이유로 지속가능한 소비에 몰두할 가능성이 있는 소비자를 확인 · 규명하려고 시도하는 경우, 합리주의적 사고학파가 인구통계적 요인(연령, 성별)[24], 사회-경제적 집단화 또는 교육수준[25]에 의존하는 경향이 있다는 것을 의미한다. 하나의 전략으로서, 이것은 거의 성공적이지 않으며, 인구통계적 기초를 이용하여 녹색 세분시장을 확인 · 규명하려는 시도는 거의 비일관적이며 자주 모순되는 결과를 자아내고 있다.[26]

6.2 심리적 설명

소비자 행동에 대한 합리적 설명의 보완방법으로서, 우리들의 행동에 대한 보다 감정적 또는 비합리적인 설명 그리고 지속가능한 소비의 심리에 대한 조사가 있었다. 이런 조사의 상당부분은 지속가능성 이슈에 대한 **소비자의 태도와 신념**(consumers' attitudes and beliefs)에 집중한다. 지속가능성 이슈에 관계하려는 소비자의 의지에 영향을 주는 3가지의 중요한 태도는 지각된 개인적인 관련성, 사회적 책임 그리고 신뢰이다. 지각된 개인적 관련성(perceived personal relevance)은 소비자들이 자신들의 삶과 소비행동 그리고 특별한 이슈간의 연결관계를 인식하는 정도에 관한 것이다. 지속가능성 이슈의 경우에 환경적 이슈에 대해 소비자에게 정보를 제공하고 교육시키도록 시도하는데 있어서 도전적 문제가 있는데, 그 이유는 **문제의 구조**(problem frame: 세계적인 환경적인 도전적 문제) 그리고 삶, 가정, 일 및 가족에 대한 **개인적인 구조**(personal frame)간에 있어 잠재적으로 동기를 잃게 하는 어울리지 않음이 있기 때문이다.[27] 사회적 책임은 특별한 사회적 및 환경적 이슈에 대해 집단적으로 대응하는데 참여하려는 의지 그리고 특별한 사회적 및 환경적 이슈에 대해 책임을 공유하는 의식에 관한 것이다. 예를 들어, 소비자에 대한 한 가지 국제적인 조사결과, 단지 10%만이 기후변화에 대해 기업이 주장하는 것을 믿고 있으며, 25%는 에너지 효율적인 제품과 서비스에 대한 기업의 주장을 신뢰하며, 70%는 기후변화 주장에 대한 제3자의 입증을 원하고 있음을 밝혔다.[28]

개인적인 관련성과 연결되는 또 다른 중요한 태도와 신념의 일체는 **지각된 소비자 효과성**(perceived consumer effectiveness: PCE) 및 자체적인 효율성(sell-efficacy)과 관계된다. 개별 소비자의 행동조치가 사회적 및 환경적인 이슈에 대해 의미있는 영향을 준다는 신념은 PCE(지각된 소비자 효과성)를 결정한다. 지속가능한 소비자 행동연구의 범위에서, PCE는 통계적으로 유의한 영향요인으로서 가장 일관되게 특징이 되는 요인 중의 하나이다[29](다른 것은 지각된 비용과 이점이다). 즉 우리들은 차이가 있다고 우리가 믿고 있는 행동에 관계하여 시작할 가능성이 매우 크다는 사실을 시사한다(그리고 행동은 구매 지각 메트릭스 모델에 의해서 암시된 소비자들 간에 요구되는 필요한 신뢰를 조장하는데 밀접하게 연결된다). PCE는 원래 구매를 탐구하기 위해 개발되었지만, 그것은 재활용하는 것[30]과 같은 소비행위의 다른 측면에 적용되고, 응용될 수 있다.[31] PCE와 관련된다는 것은 자체적인 효율성의 개념으로서, 어떤 사람이 특별한 행동에 효과적으로 관계할 수 있다는 신념이다.[32]

지속가능한 소비의 심리학에 대해 역시 중요한 것은 우리가 중요하다고 믿는 개인들 그리고 물건들로서 우리가 지니고 있는 가치인데, 그 가치는 제품 및 소비와 관련되는 우리의 행동에 영향을 주는 경향이 있다. 가치의 영향에 대한 조사는[33] 여러 가지의 가치변화는 보다 지속가능한 사회 및 경제로 향하는 발전을 허용하는 사회에서 발생할 필요가 있다는 것임을 제시하는데, 그 포함 내용은 아래와 같다.

부터	**까지**
이기적(우선 나부터)	이타적(우선 타인부터)
보수적	변화를 위해 개방
멋대로	검소한(절약적)
물질주의자	초물질주의자
기술지상주의적(기술 규칙)	환경중심적(자연을 잘 알고 있음)
인간중심의(인간중심적)	자연중심의(모든 종을 문제시 함)

소비자 행동의 심리적 차원을 이해하려고 하는 조사자들은 소비자를 범주화하는 수단으로서 인구통계학에 대한 대체안으로서 심리묘사학에 의존하고 있다. 심리묘사학은 가치, 행동 및 라이프스타일을 반영하고 또한 자주 결합하는 심리적 요인의 관점과 조건에서 소비자를 설명하려고 한다.

6.3 사회적 설명

또 다른 이론들은 소비자로서 우리의 행동은 특별한 소비 행동에 대한 비용과 이점의 합리적 차원 그리고 우리가 그것(특별한 소비 행동)에 대해 알고 있는 것에 대해 간단하게 반응하는 것이 아닐 뿐 아니라 한 개인으로서 우리가 소비 행동을 지각하는 방법에 의해 완전하게 설명되지 않는다는 사실을 제시한다. 역시 그 이론은 우리의 소비 행동이 다른 사람에 의해서 지각될 것이라고 우리가 어떻게 생각하는가 그리고 소비 행동이 사회에서 우리의 입지를 어떻게 반영하고 영향을 주는가에 의해 설명된다. 즉 우리는 이 세계의 마케팅 활동과 소비의 대부분이 "소비자 사회"로서 행해지는 선진국가들에 대해 언급하는 경향이 있다. 이것은 약간은 문제시되는 내용인데, 그 이유는 어떤 사회를 정의하는 특성이 집단적인 생산, 소비 그리고 재화와 서비스의 교환이기 때문이다. 즉 소비자 사회에서 소비 행위는 사회내에서의 관계가 구조화되도록 하는 기본적인 메카니즘이 되기 위해 기본적인 1차적 및 2차적 욕구를 충족시키는 과정의 차원을 넘어 변화하고 있다. 소비자 사회에서, 소비 과정은 개인적 행복, 표현, 의미화 및 지위에 대해 용인되고 받아들여지고 있는 통로이며, 또한 국가적인 부와 성공에 대해 용인되는 통로이다. 역시 소비자 사회는 세계화된 매체가 전세계에 걸쳐 사회의 문화적 다양성을 부식시키는 동일화된 소비자 라이프스타일과 가치관에 대한 이미지를 촉진함으로써, 그 자체로 세계적인 변화에 대한 영향력이 되고 있다.

소비자 사회는 마케팅 원리 · 원칙이 다루는 소비행위에 대한 배경을 나타낸다. 소비자 사회의 회원이 되기 위해, 개인은 기본적인 존속 욕구를 충족시키는 차원을 넘어 소비 선택을 하고 또한 소비자가 되기 위해서 일체감과 열정감을 반영하는 의사결정을 할 수 있는 충분한 가처분 소비능력을 가져야 한다. 이러한 설명내용을 충족시킬 수 있는 사람은 지구상에 17억 명 이상이 있는데, 이러한 수치는 중국 및 인도와 같이 인구가 많은 국가에서 많은 중산층이 탄생함으로써 점차 급속하게 증가하고 있다. 그러므로 일일 2달러(1.44유로 달러) 미만으로 살아가는 세계인구의 반은 소비자 사회에서 제외된다.

전통적인 마케팅에서, 만약 어떤 사람이 잠재적인 표적시장의 한 부분으로 고려되지 않은 특별한 제품을 구입할 능력이 없다면, 어떤 제품에 대한 마케팅 그리고 다른 사람들에 의한 소비가 표적시장의 일부분에게 영향을 준다고 해도, 그들의 욕구와 관심거리는 고려되지 않는다. 즉 마케팅 환경에 대한 전통적인 견해는 사회적, 경제적 및 기술적 추세가 어떤 특별한 시장내에서 활동요인에 대해 영향이 되는 조건이 된다. 즉 시장내에서 활동요인의 행동이 보다 광범위하게 사회와 경제에 미치는 영향은 거의 마케팅 내에서는 고려되지 않는다(제 2장에서 언급한 바와 같이, 그것이 거시 마케팅에 대한 보다 특화된 학문적 영역의 중심이지만).

지속가능성을 다루고 처리하는데 대해 전통적 마케팅이 노력하는 한 가지 이유는 다루고 있는 지속가능성에 대한 구조의 틀이 소비자 사회이며 또한 소비자 사회내에 살고 있는 사람들이 세계인구 중 적은 부분이며 그 사람들의 행동이기 때문이다. 소비자 사회내에서 행동에 대해 강력하게 영향을 주는 많은 사회적 규범은 소비에 바탕을 두고 있다. 소비자의 주권, 소비자 권리와 과잉소비에 대한 생각들 모두가 정상적으로 받아들여지고 있다. 사회적 규범을 이용하는 것은 동료와 이웃의 행동에 의해 영향을 받는 재활용에 관계하는 것과 같은 전향적인 지속가능성 행동에 대해 중요하게 될 것이다. 공익을 위해 그들의 행동을 변경하려는 소비자의 의지는 다른 사람들이 동일하게 행동하느냐 또는 하지 않는냐에 대한 자신들의 신념에 의해 영향을 받는다.[34] "정상적인" 지속가능한 소비행동이 지각되는 방법은 소비자가 그 지속가능한 소비행동에 관계할 것인가 또는 하지 않을 것인가에 대해 분명히 유의하게 영향을 미친다.

소비자 사회의 전후관계에서, 많은 구매는 그 구매가 제공하는 기능적 이점의 차원을 넘어, 즉 그 구매가 그 소비자에 대한 주체성을 형성하는데 기여한다는 점에서 중요해지고 있다. 식품과 옷은 기본적인 인간의 1차적 욕구가 되지만, 채식주의자용 체중조절식품을 먹거나, 최신 유행에 맞는 옷을 입는 것은 현재 우리가 누구인가(또는 우리가 우리 자신 그리고 타인에 의해서 어떻게 지각되고 있는가)에 대해 많은 것을 말한다. 그러므로 우리가 구입하는 제품들 중에서, 많은 제품이 중요한 상징적 의미를 갖고 있다. Jackson의 검토내용에서 아래와 같이 지적되고 있다.

•••

소비재가 분명하게 상징적 특성을 성취케 한다는 시각은 물질적 소유에 대한 우리들의 관련성에 대해 잘 알려진 심리상태와는 약간의 반향이 있다. 어린이가 선호하는 장난감 곰, 여성들의 결혼 드레스, 우표수집가가 첫 번째 날 구입함, 속도의 개조, 낮은 스프링을 장착한 "폭주 청소년"들의 스포츠 카 등, 이 모두의 예는 간단한 기능성 가치보다는 물적 가공물의 소유에 대해 더 많은 이해관계를 갖고 있음을 제시한다.[35]

•••

주류를 이루는 마케팅 관리자 그리고 보다 지속가능한 소비를 촉진하려고 시도하는 마케팅 관리자들 모두는 간혹 제품이 소비되는 방법과 이유에 대한 전반적으로 합리적이며 기능적인 접근방법에 대해 우를 범하고 있다. 즉 소비자들은 그것이 어떤 것이냐가 아니라 그것이 무엇을 나타내느냐에 따라 특별한 제품을 포기하는 것을 주저하기 때문이다.

전통적인 마케팅 이론과 조사는 개인으로서 소비자에게 집중하는 경향이 있으며 또한 많은 구매결정은 개인의 2차적 욕구, 1차적 욕구, 취향 및 욕망의 반응이다. 개별적으로 살아가는 사람들에게 향하는 점증하는 추세가 많은 나라에 존재하기는 하지만, 아직까지도 대다수 사람들은 소비결정과 소비행동에 있어 공유된 구성요소가 있는 가족이나 가정의 한 부분으로 살아가고 있다. 이것은 그들의 소비의 본질 그리고 자신들의 사회적 및 환경적 영향의 본질의 관점에 대해 시사점이 된다. 자신의 뜻대로 살아가는 사람은 평균적으로 3배 이상의 제품을 소비할 것이며, 3명으로 구성된 가정의 구성원으로서 2배 이상의 포장재 쓰레기를 방출한다.[36]

사람들이 살아가는 공동체의 본질은 지속가능성 이슈의 관점에서 그들의 행동을 형성한다. 열정은 이웃의 라이프스타일에 의해 영향을 받게 된다. 수송결정은 자신들이 공동체내의 대중교통의 이용가능성에 의해 형성된다. 재활용과 쓰레기 처리행동은 지역의 쓰레기 처리부서에 의해 영향을 받는다. 구매는 지역 공동체내의 소매부분의 본질에 의해 영향을 받는다.

소비행동에 대한 또 다른 중요한 영향은 라이프스타일에 대한 생각이다. 다시 한번, 마케팅에 대한 전통적인 접근방법은 개별적으로 특별한 욕구와 구매를 처리하는 경향이 있다. 실제로 많은 개별적인 구매와 행동은 개인이나 가족을 위한 특별한 라이프스타일을 조성하기 위해 결합된다. 그러므로 보다 지속가능한 소비를 향한 진보발전은 간단하게 무슨 제품과 서비스를 구입할 것인가에 대한 의문사항이 아니며, 진보발전은 소비자의 모든 측면의 행동에서 지속가능성이 반영되는 라이프스타일을 채택하는 것에 대한 것이다. 지속가능한 소비행동에 대해 가장 발전된 형식은 **자발적인 단순자**(voluntary simplifier)로 확인된 사람으로서, 그들의 라이프스타일은 아래에 제시된 5가지 중요한 가치에 바탕을 두고 있다.

- **재료의 단순하며 간소함**(material simplicity): 이것은 제품과 서비스를 적게 소비하고, 자원이 효율적이며, 내구적으로 또한 생태적 영향을 줄인 제품을 추구하는 경향이 있는 것.
- **인간적인 평가기준**(human scale): 더 작고, 간단하며 또한 거의 집중화되지 않은 근로환경 및 거주환경을 지향하려는 경향에 대해 Schumacher의 "작은 것이 아름답다"라는 원칙을 따름. 이것에는 대량생산된 특징이 없는 제품을 소비하지 않고 또한 비인간적이며 선진 · 산업화된 작업경험의 한 부분이 되지 않도록 하는 것이 포함됨.
- **자체적인 결정**(self-determination): 사람의 욕구를 충족시키기 위해서 또는 심지어는 이러한 욕구를 충족시키는 것에 영향을 주기 위해서 대규모한 상업적인 기업들 또는 대규모한 공공부문 조직에 의존하는 것을 줄이는 것.
- **생태적인 인식**(ecological awareness): 환경을 보호하기 위해 자원의 보존과 쓰레기를 줄이는 것과 관련됨.
- **개인적 성장**(personal growth): 상업적으로 제공되는 소비경험을 통해서가 아니라, 개인적 능력의 경험과 발전을 통해서 만족을 창조하는 것을 강조하는 것.

소비자 행동이나 라이프스타일로서 자발적으로 간소화하는 것은 전형적으로 Scotland의 Findhorn 또는 Wales의 Centre for Alternative Technology에 의해 정형화된 "대체안적인 소비 공동체"의 창조와 연관된다. 그러나 최근에 자발적으로 간소화하는 것에 대한 중요한 많은 특성은 크게 제시되지 못하였지만, 보다 폭넓은 방법으로 저속화함이라는 현상을 통해서 표출되었다. **저속화함**(downshifting)은 상대적으로 많이 지급되고 고도로 압박을 받아온 경력 그리고 상대적으로 많이 소비되는 소비집중적인 라이프스타일을 바꾸는 라이프스타일과 소비패턴의 변화와 관련되는데, 이것은 더 적게 받으며 스트레스가 적지만 더 많은 보상을 받는 직업으로 향하는 것이며 또한 재료의 소비는 더 낮은 수준이지만, 생활의 질과 개인적 만족은 더 높은 수준으로 변화시키는 것이다.[37]

상기의 3가지 이론적 식견들은 지속가능성과 관련된 소비행동을 설명하는 중요한 아이디

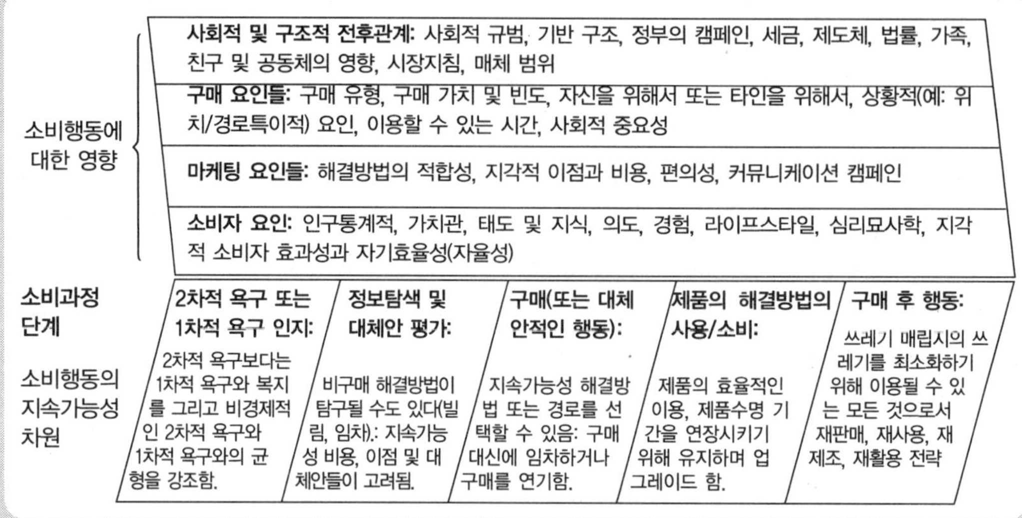

그림 4.3 소비과정에 대한 영향: 지속가능성 식견

어의 대부분을 포함하고 있다. 그러나 3가지 식견들은 전체를 망라한 것은 아니며, 또한 결합한 경우에도 항시 모든 소비형태에 대해서 모든 소비자의 행동을 용이하게 설명할 수가 없다. 지속가능한 소비자 행동에 동기를 부여하는 조사에 대한 Tim Jackson의 검토내용은[38] 몇 가지 중요한 외적 영향요인을 확인 · 규명하였는데, 아래와 같다.

- 소비자 선택이 조성되는 제도적인 전후관계(예: 제품을 마케팅하는 것을 관리하는 거래 표준 및 규정).
- 소비자로서 구성원에 대한 기업의 실행 및 그 실행의 영향.
- 공동체에 기반을 둔 사회적 변화 그리고 그 변화에 의한 행동에 대한 시작과 조장(특히 사회적 마케팅 접근방법을 통해서).
- 정부의 자체적인 환경적 및 사회적 성과.
- 우선순위가 설정되고 또한 문화적 가치관이 결정되는 사회적 및 문화적 배경

〈그림 4.3〉은 마케팅 기업들의 노력을 포함하여 소비자 행동에 대한 상이한 영향유형 모두가 어떻게 소비과정의 모든 단계에 걸쳐 확대되는가를 보여주려고 한다. 역시 이 모형은 지속가능성 관심사가 소비과정 전체에 걸쳐 소비자들간에 새롭고 상이한 반응을 촉진 · 조장하는 방법에 대한 예를 제공한다.

7 지속가능성을 위해 소비자 행동을 이용함

지속가능성 마케팅 기업에게 있어 실행적인 의문사항이란 소비자들로 하여금 보다 지속가능한 행동에 몰입 · 관여하도록 고무하기 위해 소비자 행동을 직시하는 방법이다. 이 분야에 대한 초기 연구작업은 특별한 제품과 상표를 좋아하여 선호한 것을 구입하는데 영향을 주기 위해 소비자의 특별한 측면을 확인 · 규명하고 대응하려고 하는 전통적인 마케팅 접근방법을 추구하였다. 다른 말로 해서, 초기의 연구는 소비자들로 하여금 특정 제품이나 기업을 보이코트하도록 하여(원래의 *Green Consumer Guide*[39] 및 많은 국제적인 변형체와 같은 발표지침을 사용함) 그들로 하여금 보다 지속가능한 제품과 서비스를 구입하도록 동기를 부여하기 위해("구매독려"를 통해서[40]) 소비자의 관심사를 이용하려고 시도하는 것이었다. 특정한 제품을 상이하게 그리고 더 "양호하게" 구입하는 것을 강조하는 것은 지속가능성에 대한 소비자 행동을 이용하려는 도전적인 문제 중의 한 부분일 뿐이다. 지속가능성으로 발전하기 위해서 소비자 행동과 관련하여 이론과 실행이 진보 · 발전하기 위해 필요한 3가지 분야가 있다.

1. 지속가능한 소비행동은 광범위한 재화와 서비스, 특히 가장 크게 영향을 갖고 있는 재화와 서비스(집, 식품, 여행 및 관광)에 대한 전체적인 소비과정을 포함할 수 있도록 특정한 제품과 서비스에 대한 전향적인 지속가능성 구매로부터 진화 · 발전할 필요가 있다.
2. 지속가능한 소비행동은 대중시장을 포함하기 위해 가장 큰 지속가능성 관심사를 가진 세분시장으로부터 확대할 필요가 있다.
3. 지속가능하지 않은 라이프스타일과 소비가 사회적 규범인 상황으로부터 지속가능한 소비행동과 라이프스타일이 사회적 규범인 상황으로 변화하기 위해, 상업적인 마케팅 기업(및 공공부분에서 일하는 사회적 마케팅 기업)들은 행동을 변화시키는데 있어 효과적이 되어야 한다. 이렇게 하기 위해서는 소비자들의 행동을 보다 지속가능적이 되도록 하기 위해 변화하도록 동기를 부여하는 것일 뿐만 아니라, 소비자들이 어떤 경제적, 실행적, 심리적 및 사회적 제약에 직면하는가를 이해하는 것이 요구된다.

전통적인 마케팅에서 유래되는 가정이란 지속가능한 소비(예: 보다 양호한 지속가능성 성과에 기초하여 차이가 나는 재화와 서비스를 구입하는 것과 같이 고려되는 경우 그리고 추가적으로 고가격을 부과할 가능성이 있음)는 높은 수준의 가처분 구매력을 가진 상대적으로 부유한 소비자들에 의해 주요하게 관련되는 어떤 것이라는 사실이다. 그러나 소비자의 라이프스타일이 보다 지속가능한 경우를 생각해 보라. 즉 지급할 수 있는 것을 오직 소비하므로 사회적 또는 환경적 이슈에 전혀 관심이 없는 상대적으로 빈곤한 소비자 또는 공정무역 커피와 천연식품을 구입하고, 스마트 카를 운전하고, 생태관광 휴가를 즐기고, 할 수 있는 것보다 많이 재활용하며, 윤리적인 투자를 하는 상대적으로 부유한 소비자를 생각해 보자. 상식 그리고 생태적 발자취(과거의 내용) 분석은[41] 그것이 전자 즉 빈곤한 소비자임을 우리에게 말한다.

7.1 지속가능한 시장세분화

소비자들로 하여금 보다 지속가능한 소비행동에 관여하도록 동기를 부여하는 방법을 이해하는 것은 소비자들이 지속가능성 의제를 지각하고 반응하는 방법에 대해 사람들간의 차이를 이해하는 것에 좌우된다. 조사에서 밝혀진 복잡함과 비일관성에도 불구하고, 소비자들을 그들의 태도, 행동 및 기타 다른 특징에 따라서 의미가 있고 측정할 수 있는 세분시장으로 집단화하는 여러 많은 시도가 있었다.[42] 시장을 세분화하는 것은 마케팅 기업들로 하여금 소비자들 그리고 그들의 행동의 다양성에 보다 양호하게 일치하도록 또한 성공을 위해 가장 큰 잠재력이 있는 세분시장을 서브하는데 노력을 집중하도록 하며 또한 상이한 세분시장의 욕구에 맞도록 시장 제공물을 다양하게 하도록 한다. 가장 초기의 어떤 세분화는 보다 지속가능한 제품에 대해 고가격을 지불할 수 있는 의지와 능력 그리고 지속가능성에 대한 관심사를 결합한 것에 바탕을 둔 간단한 세분화이었다(예를 들어, 미국인구에 대한 Roper Research의 구분은 보다 지속가능한 제품을 행복하게 구입하는 "True-Blue Greens"로부터 그렇지 않은 "Basic Browns"에 이르는 4개 집단이다).[43]

영국정부의 Department of the Environment and Rural Affairs(Defra)에 속한 British Market Research Bureau가 개발한 보다 정교한 세분화는 영국인구를 7개의 상이한 세분시장으로 나눈 지속가능한 소비행동에 대해 광범위한 동기부여 요인과 장애물을 고려하였다.[44] 환경적 차원에 대해 강조하였지만, 그것이 제공하는 통찰력은 윤리적 소비와 관련하여 유용하였다. 그 세분화는 아래와 같다.

1. **녹색(greens):** 지속가능성 이슈가 매우 중요하다는 신념에 의해 추구되는 사람임. 그들은 이러한 이슈에 대해 교육을 잘 받고 있으며, 이슈와 논쟁에 대해 관여하고 또한 연관된다고 느끼고 있으며 또한 라이프스타일이나 소비에서 이슈와 논쟁에 반응하는 사람을 이상하거나 괴짜스럽다고 인식하지 않는다.
2. **양심이 있는 소비자(consumers with a conscience):** 녹색이 되는 것으로 보이기를 원하는 사람임. 그들은 환경적 및 사회적 관심사에 의해 동기가 부여되고 또한 환경적인 피해에 대해 죄의식을 피하고자 한다. 그들은 소비에 집중하며 또한 긍정적인 선택을 한다.
3. **낭비에 집중적(wastage focused):** 어떤 종류의 쓰레기를 싫어하고 그 쓰레기를 피하고자 하는 사람임. 그들은 쓰레기와 지역 오염에 대해 많은 지식이 있으나, 다른 이슈와 행동에 대한 인식이 부족하다. 흥미롭게도, 이 집단은 스스로를 녹색인들과는 윤리적으로 동떨어져 있다고 인식한다.
4. **최근에 강요됨(currently constrained):** 보다 지속가능하고자 하지만, 그들이 현재의 상황하에서 할 수 있는 것이 많다고 생각하지 않는 사람이다. 그들은 균형, 실용주의 철학 및 현실

주의에 집중한다.

5. 기본적인 기여자(basic contributors): 행동 변화에 대한 필요성에 대해 회의적인 사람임. 그들은 다른 사람의 행동과 비교하여 자신의 행동에 대해 생각하는 경향이 있으며 또한 사회적 규범과 일치되고자 하는 욕망에 의해 추구된다. 그들은 상대적으로 환경적 이슈와 행동에 대해 지식, 관심이 거의 없다.
6. 장기적으로 제한적(long-term restricted): 환경적 영향을 의식적으로 고려하기 시작할 수 있기 전에 제시할 수 있는 많은 심각한 생활에 대해 우선순위를 가지고 있는 사람임. 그들의 매일매일의 행동은 자주 상대적으로 영향이 거의 없지만, 환경적 또는 사회적 관심사보다는 다른 많은 이유로 행동한다.
7. 무관심적(disinterested): 자신의 라이프스타일을 보다 지속가능하게 하기 위해 자신의 현재 행동을 변화시키기 위한 관심이나 동기를 전혀 나타내지 않은 사람임. 그들은 기후변화 그리고 기타 환경적 또는 사회적 이슈를 알고는 있으나 이것은 자신들의 현재의 의사결정 과정이나 행동에 영향을 주지 않는다.

상기의 조사는 역시 보다 지속가능한 소비행동을 채택하도록 세분시장에 동기를 부여하는 요인에 따라 세분시장이 상이하며 또한 어떤 장애물이 동기부여를 막고 있는가를 제시한다. 그러한 통찰력으로 지속가능성 지향적인 제품과 서비스를 제공하는 마케팅 기업 그리고 사회적 목표로서 지속가능성을 촉진하려고 하는 정부 모두에게 도움을 줄 것이다.

이 세분화는 특별한 세분시장들이 채택할 의향이 있으며 또한 채택할 수 있는 잠재적인 지속가능성 지향적인 소비자 행동의 범위에 대한 "지도화(mapping)"를 가능케 하였다(〈그림 4.4〉 참조). 어떤 행동은 모든 세분시장에 적용될 수도 있지만, 한편 다른 행동들은 다른 세분시장보다는 어떤 세분시장에 대해 받아들여질 수 있거나 또는 적합하기도 한다. "무관심한" 세분시장에 대해 시장화하려고 시도하는 것은 시간과 노력의 낭비가 될 가능성이 있는데, 그들은 단기적으로 규제나 예산상의 한계에 반응할 가능성이 있거나 또는 장기적으로 상이한 세분시장으로 이동케 하려는 교육적 노력에 오직 반응할 가능성이 있기 때문이다. 이것은 지속가능성 시민성을 촉진하려고 하는 정책입안자를 위한 전략대안을 지침하는데 도움을 주지만, 이것은 상업적인 전략수립 그리고 지속가능한 시장제공물의 수립에 있어 마케팅 기업을 동일하게 지침할 수가 있다. Shimano Coasting 자전거의 이야기가 설명한 것처럼, 지속가능성 이슈에 특별하게 관심이 없는 소비자에게까지도, 그들의 욕구, 관심 그리고 본질이 적절하게 조사되고 이해된다면, 보다 지속가능한 소비행동으로 그들을 향하게 하도록 동기를 부여하는 것이 아직까지는 가능하다.

Longhurst는[45] 소비자들간에 행동변화를 고무하려고 시도하는 상업적인 마케팅 기업들은 3가지 수준의 변화를 고려할 필요가 있다는 것을 제시하였다. 첫 번째 수준은 쇼핑백을 재활요, 재사용하거나, 또는 전등불을 끄는 것에 관여하는 것과 같은 제품 사용 또는 처분에서의 간단한 행동변화 등으로 구성되는데, 그런 간단한 행동변화는 소비자를 인식케 하고 깨닫게 하

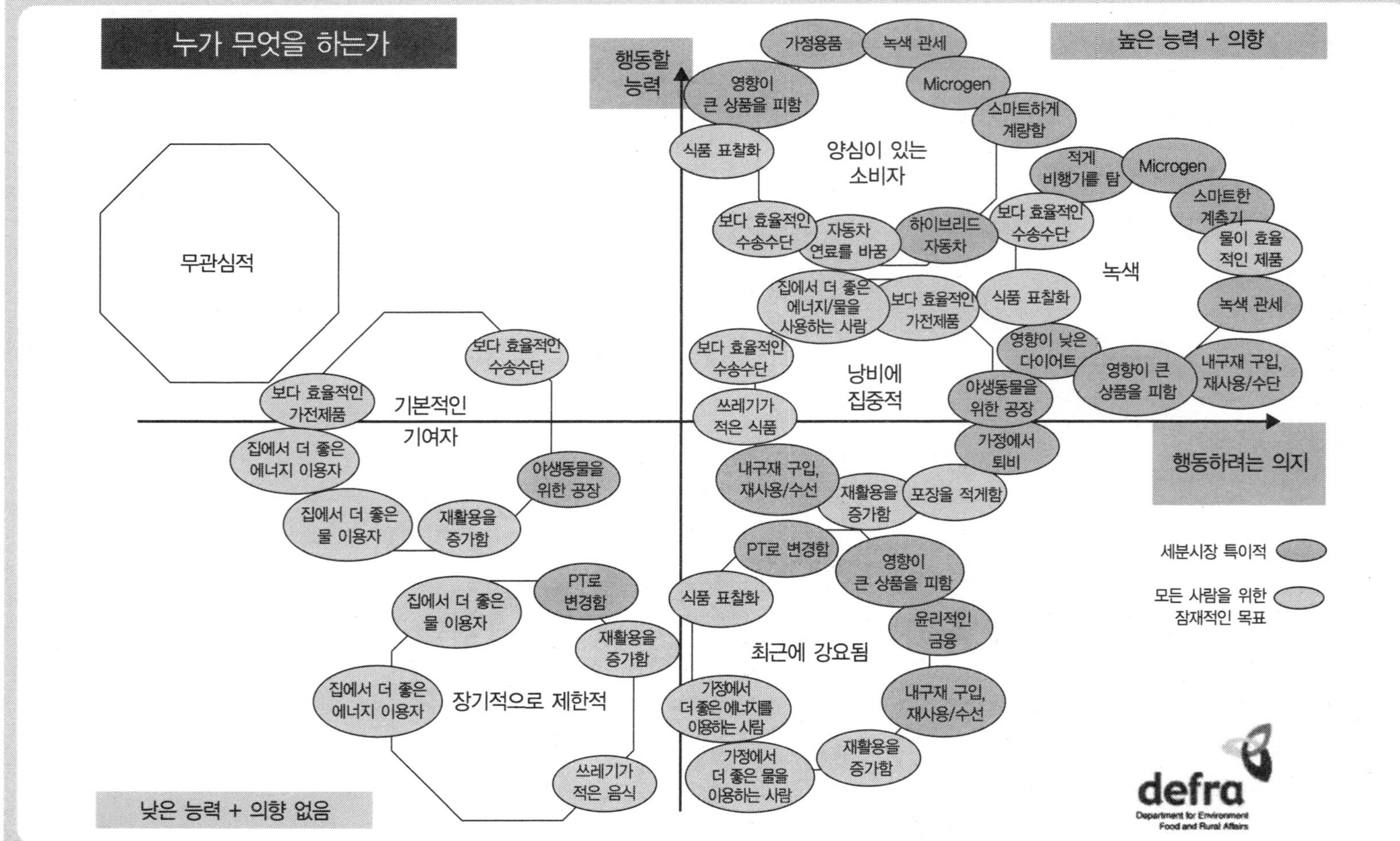

그림 4.4 지속가능한 소비행동이 기회를 변화시킴

자료원: Barr, A., Gilg, A & Shaw, G. (2006) *Promoting Sustainable Lifestyles: A Social Marketing Approach*, Final Summary Report to Defra, London.

는데 목적을 두는 커뮤니케이션 노력 그 이상 아무 것도 필요가 없다(그러나 어떤 사람의 소비행동의 주요한 환경적 영향의 전후관계에서는 단지 "상징적"인 것이다.). 두 번째 수준은 무정란 계란, 공정무역 상표를 구입하도록 또는 대중교통수단을 이용하도록 소비자를 동기부여하기 위해 제품-구매행동 변화를 고무하는 것이 포함된다. Longhurst는 오래된 제품이나 상표의 선호성이 다시 일어남으로써 새로운 선택을 하는 문제가 발생하거나 또는, 만약 보다 지속가능한 대체안에 대한 마케팅이 거의 확실하지 않게 된다면, 그러한 변화는 상쇄될 수 있다는 사실을 경고한다. 세 번째 수준은 기본적인 라이프스타일 변화로서, 라이프스타일 변화가 "속도를 줄이는" 라이프스타일을 충실히 이행하는 부분으로 "시장화"될 수 있는 어떤 것이 되기는 하지만, 다른 경제적 및 사회적 압력으로부터의 상당한 도움이 없이도 공공적 또는 상업적 부문에 있는 마케팅 기업이 성취하는 것은 어려운 수준이다.[46]

7.2 기대관리

우리가 소비로부터 추구하는 만족은 제품이나 서비스의 가치 그리고 우리가 그것에 대해 지불하는 가격에 대한 간단한 문제가 아니다. 만족은 소비경험에 관해 우리가 이전에 느낀 기대의 함수이다. 즉 만족은 특히 서비스 마케팅 기업들이 현실화하는 어떤 것이다. 즉 소비자 만족은 서비스의 질을 높이거나 또는 소비자의 기대를 현실적인 수준에까지 낮추도록 관리함으로써 향상될 수 있다. 기대는 보다 지속가능한 경제로 행하도록 하는 기회에 대해 중요한 역할을 한다. 20세기 후기 동안, 급격하게 세계화되고 또한 점차적으로 자유화되는 경제에서, 투자자들은 역사적으로 재무적인 투자로부터의 불규칙한 높은 수준의 수익률에 익숙하게 되었다. 소비자들은 식품, 전자제품 및 항공여행에 대한 실제조건에서 인하되고 있는 가격에 익숙해 졌다. 10단위의 투자수익, 저렴한 식품, TV 및 여행에 대한 수십 년의 기간은 간단하게 지속가능하지 않은 투자자 및 소비자들간에 기대를 창조하여 왔다. 그러나 마케팅 기업이나 선정된 대표자들이 소비자나 유권자들에게 많은 것보다는 더 적게 약속하기 위해서 생애의 습관을 깨도록 하는 것은 어려울 수 있다. 부분적으로 이것은 소비자들에게 희생이 없고 또한 잠재적으로 기업에게 경쟁적 우위가 되는 "윈윈" 시나리오에 유리하도록 지속가능한 소비에 대한 논의를 제한하려는 욕망을 설명한다.

지속가능한 소비자 행동은 복잡하며 진화 · 발전하는 주제이며 또한 간단한 해답들은 보다 지속가능한 사회를 창조하려는 실질적인 진보 · 발전을 거의 제공하지 않는다. 상이한 소비자 유형들간의 행동에서의 상당한 변화뿐만 아니라, 개인들도 자주 그들이 소비의 전후관계의 범위에 대해 행동하는 방법에 있어 상이한데, 소비의 전후관계의 범위는 지속가능성 마케팅 기업이 소비자 그리고 소비의 전후관계 모두를 이해하는 것이 중요하다는 것을 인식시킨다. 즉 전통적인 마케팅 접근방법은 개별적으로 소비자들 그리고 그들의 1차적 욕구와 2차적 욕구를 고려하는 경향이 있으며 또한 소비과정 중 구매측면에 주로 집중하여 왔다. 지속가능성 식견에서 볼 때, 소비는 전체 과정으로서, 폭넓은 소비자 라이프스타일의 부분으로서 그리고 소비가 이루어지는 사회적 맥락 즉 사회적 전후관계에 의해서 강하게 영향을 받는 하나의 과정으로 보다 복합적으로 이해될 필요가 있다. 구매행동에서의 개인적인 변화들은 지속가능성을 향한 진보 · 발전에 기여할 수 있지만, 그 진보 · 발전은 역시 소비자 라이프스타일 그리고 사회 전체를 통해서 일어나는 심오한 변화로부터의 지원에 좌우된다.

주요 용어

가치
경제적 합리성
구매
기대
녹색 소비
라이프스타일
사회적 규범
세분화
소비과정
소비의 사회적 전후관계(사회적 맥락)
소비자 사회
소비자 윤리
소비자 행동
윤리적 소비
자발적 단순화
저속화
지각적 소비자 효과성
지각적 순이점
태도

검토해야 할 의문사항

1. 왜 마케팅 기업들은 소비과정 중 구매 측면에 전통적으로 집중하여 왔는가?
2. 특별한 구매의 어떤 특징들이 사회적 또는 환경적 관심사를 고려하는 방법에서 행동하려는 소비자의 의향에 영향을 주는가?
3. EIPRO Project의 연구결과에 따라 소비 중 어느 분야가 소비자로서 우리의 환경적 영향 중 75~80%를 점하는가?
4. 학문적 사고에 대한 3개의 학파 중 어느 것이 지속가능한 소비자 행동에 대한 부분적인 설명을 제공하는가?
5. 자발적으로 단순화하는 사람의 5가지 중요한 가치는 무엇인가?

논의해야 할 의문사항

1. 소비자들은 자신들의 소비행동에 의한 사회적 및 환경적 영향에 대해 책임을 질 것을 기대해야 하는가 또는 기업과 정부가 사회적 및 환경적 영향에 대해 책임을 져야 하는가?
2. 소비자 사회에서 보다 지속가능한 라이프스타일로 살아가는 것이 사회적 및 환경적 이슈에 대해 깊은 관심을 갖는 소비자에 대해 왜 도전적인 문제가 되어야 하는가?
3. 라이프스타일을 변화시키고 또한 보다 지속가능한 소비를 촉진하는데 있어 장애물이 어떻게 극복될

수 있으며 또한 마케팅 기업과 마케팅은 자신들의 상업적인 이해관계를 손상시키지 않고 이 과정에 어떻게 기여할 수 있는가?

지속가능성 마케팅의 도전적 문제 Sustainability marketing challenge

지속가능한 담배?

기업은 자사의 소비자들에게 제공하기 위해 보다 지속가능한 제품을 개발할 수 있는가? 그것은 특히 담배와 같은 산업에 적용되는 경우에 흥미로운 의문사항이다. *Journal of Business Ethics*의 전 편집자로서 Patrick Murphy는 담배는 윤리적 식견에서 볼 때 독특한 제품인데, 그 이유는 직접 피우는 경우 담배는 소비자를 죽이는 것(어느 것도 처음에 소비자를 죽이지는 않았지만)이기 때문이라고 주장하는 것을 좋아하였다. 담배는 전세계적으로 연간 300만 명을 죽이는 산업이며 또한 농약의 사용, 단 모작 그리고 많은 후진빈곤국에서 담배를 건조하는데 사용되는 연료로서 지속가능할 수 없는 목재를 사용하는 것은 분명하게 환경적 손상에 대해 책임을 지는 것이다. 담배의 80% 이상이 후진국에서 재배되고 또한 오래된 우림을 파괴하는 것과 연관되며, 담배가 자라는 계절 동안, 비료와 16가지의 농약에 의한 토질의 저하와 공해가 발생된다. 영국에서만 경제적으로 담배사용은 약 20억 달러(21.6억 유로 달러) 정도로 National Health Service에 비용을 부담시키며, 기업주들은 장기결근, 낮은 생산성, 화재 위험 등에 약 100억 달러(72억 유로 달러)를 상실한다.[47] 사회적 및 환경적 영향에 기초하여 제품을 소비자가 완벽하게 보이코트하는 투표가 있었다면, 담배는 자동차 다음으로 1위를 차지할 것이다. 그러나 우리들 중 상당수가 은유적으로 자동차에 대해 중독된 것처럼, 흡연자들도 문자 그대로 담배를 소비하는데 중독되어 있다. 이러한 중독은 합리적인 소비자 선택을 소비자 의사결정에 대해 거의 관련되지 않게 하는데, 그 이유는 많은 흡연자들이 금연하려는 욕망을 공언하지만, 그 습관을 깰 수는 없다.

담배가 원인이 되는 건강 손상을 줄이기 위한 기술의 관점에서, 담배회사들이 마이크로파를 결합하여 니트로사민(주요한 발암물질 계층)을 실질적으로 제거하는 특별한 제거 과정 또는 개선된 필터 등을 포함하여 여러 대안적인 방법을 개발하고 있다는 것이 아주 아이러니 하다. 이 대부분의 기술들이 그 산업에서 실행되지 않았으며, 또한 그 설명의 일부분이 1986년 British American Tabacco사의 최고경영자가 쓴 흘러나온 메모에 포함되어 있는데, 그 메모에는 "안전한" 담배를 개발하려고 시도하는데 있어, 당신은 암암리에 현재의 제품이 "불안전하다"라는 것을 인정하는 것으로 해석하는 위험에 처해 있다는 것이 적혀 있다. 이것은 우리가 취해야 한다고 생각하는 입장은 아니다.

소비자들의 행동을 변화시키도록 그리고 담배의 비소비자가 되도록 소비자에게 도움을 주는 것을 목표로 하는 캠페인에 대해, 성공은 다양한 선택에서 유래된다. 한 가지는 흡연이 자주 특히 혜택을 받지 못하고 있는 공동체에 속한 흡연자들의 라이프스타일 및 주체성에서 행하는 역할을 이해하는 것이다. 흡연을 갈망하는 것을 만족시키는 것은 황량한 날에 방종과 보상의 순간으로서 작용할 수 있는 복지감을 창조하며 또한 공동으로 담배피는 시간은 흡연자에게 중요한 사회적 유대 그리고 소속감을 창조할 수 있다. 또 다른 것은 패치(붙이는 것)나 껌을 이용하는 것이 니코틴에 대한 육체적인 중독에 대해 대체안적인 것일지라도 흡연에 대한 한 가지 대체방법을 사람들에게 제공하는 것이다. 부분적으로 흡연자로 하여금 담배를 단념케 하는 것은 흡연자들의 욕구를 충족시키는 대체안적이며 또한 보다 지속가능한 방법을 개발하도록 하기 위해 그들이 왜 담배를 피우는가를 이해하는 것이 요구된다. 즉 부를 창출케 하는 한 가지 대체안적인 방법을 발견하기 위해 담배회사와 담배농부들에게 담배를 단념케 하는 것은 보다 큰 도전적인 문제가 될 수 있다.[48]

| 논의해야 할 의문사항 |

1. 전체적인 소비과정의 각 단계 동안 무슨 이슈가 소비자의 행동에 영향을 준다고 생각하는가?
2. 담배 그리고 소비와 생산에 대한 담배의 영향에 대한 상기의 이야기가 주장하는 내용의 조건에서, 지속가능성 이슈에 대해 관심을 갖는 소비자들이 왜 흡연을 계속하는가?(육체적인 중독 그 이상으로)
3. 담배회사는 신속하게 실행적으로 담배로부터 떨어져나가도록 하기 위해 실제로 사회적으로 책임있는 전략을 행하고 있는가?

참고문헌

1. See www.coasting.com (accessed 26 December 2008).
2. Jackson, T., Jager, W. & Stagl, S. (2004) 'Beyond Insatiability: Needs Theory, Consumption and Sustainability', *Sustainable Technologies Programme Working Paper* (2004/2), Guildford: Centre for Environmental Strategy, University of Surrey.
3. Kotler, P. & Armstrong, G. (2004) *Principles of Marketing*, 10th edn, Upper Saddle River, NJ: Prentice Hall.
4. Geyer-Allely, E. (2001) *Towards Sustainable Household Consumption: Trends and Policies in OECD Countries*, Paris: OECD.
5. Green, K., Morton, B. & New, S. (1998) 'Green purchasing and supply policies: Do they improve companies' environmental performance?' *Supply Chain Management*, 3(2): 89–95.
6. Department for Transport (2007) *National Travel Survey*, London: TSO.
7. Cooper, T. (2005) 'Slower consumption: Reflections on product life spans and the "throwaway society', *Journal of Industrial Ecology*, 9(1–2): 51–67.
8. Fletcher, H. (2008) 'Disposable fashion: For sale, hardly worn, two million tonnes of clothes', *The Times*, 15 December available at: http://women.timesonline.co.uk/tol/life_and_style/women/fashion/article5332366.ece (accessed 26 December 2008).
9. Toffel, M.W. (2003) 'The growing strategic importance of end-of-life product management', *California Management Review*, 45(3): 102–29.
10. Jacoby, J., Berning, C.K. & Dietvorst, T.F. (1977) 'What about disposition?', *Journal of Marketing*, 41(3): 22–8.
11. Jackson, T. (2004) *Motivating Sustainable Consumption: A Review of Evidence on Consumer Behaviour and Behavioural Change*, Guildford: Centre for Environmental Strategy, University of Surrey.
12. *Ibid*.
13. Barr, S. (2002) *Household Waste in Social Perspective: Values, Attitudes, Situation and Behaviour*, Aldershot: Ashgate.
14. McDonald, S. & Oates, C.J. (2006) 'Sustainability: Consumer perceptions and marketing strategies', *Business Strategy and the Environment*, 15(2): 157–70.
15. Vermeir, I. & Verbeke, W. (2006) 'Sustainable food consumption: Exploring the consumer attitude–behavioral intention gap', *Journal of Agricultural and Environmental Ethics*, 19(2): 169–94.
16. McDonald, S. & Oates, C.J. (2006) 'Sustainability: Consumer perceptions and marketing strategies', *Business Strategy and the Environment*, 15(2): 157–70.

17. BMRB (2007) *Can Fly Will Fly*, London: British Market Research Bureau.
18. Peattie, K. (1999) 'Trappings versus substance in the greening of marketing planning', *Journal of Strategic Marketing*, 7: 131–48.
19. Golding, K. (2008) 'Fair trade's dual aspect: The communications challenge of fair trade marketing', *Journal of Macromarketing*, December.
20. Tukker, A., Huppes, G., Guinée, J. *et al.* (2005) *Environmental Impact of Products (EIPRO): Analysis of the Life Cycle Environmental Impacts Related to the Total Final Consumption of the EU25*, Brussels: IPTS/ESTO, European Commission Joint Research Centre.
21. Jackson, T. (2004) *Motivating Sustainable Consumption: A Review of Evidence on Consumer Behaviour and Behavioural Change*, Guildford: Centre for Environmental Strategy, University of Surrey.
22. Pretty, J. (2001) 'Some Benefits and Drawbacks of Local Food Systems', briefing note for Thames Valley University/Sustain AgriFood Network Inaugural Seminar and Meeting, 2 November.
23. Straughan, R.D. & Roberts, J.A. (1999) 'Environmental segmentation alternatives: A look at green consumer behaviour in the new millennium', *Journal of Consumer Marketing*, 16(6): 558–75.
24. Roberts, J. (1993) 'Sex differences in socially responsible consumers' behaviour', *Psychological Reports*, 73: 139–48.
25. Olli, E., Grendstad, D. & Wollebark, D. (2001) 'Correlates of environmental behaviors: Bringing back social context', *Environment and Behavior*, 33: 181–208.
26. See Wagner, S.A. (1997) *Understanding Green Consumer Behaviour*, London: Routledge; Kilbourne, W.E. & Beckmann, S.C. (1998) 'Review and critical assessment of research on marketing and the environment', *Journal of Marketing Management*, 14(6): 513–32; and Straughan, R.D. & Roberts, J.A. (1999) 'Environmental segmentation alternatives: A look at green consumer behaviour in the new millennium', *Journal of Consumer Marketing*, 16(6): 558–75.
27. Rose, C., Dade, P. & Scott, J. (2007) Research into Motivating Prospectors, Settlers and Pioneers to Change Behaviours that Affect Climate Emissions, Campaignstrategy.org.
28. AccountAbility & Consumers International (2007) *What Assures Consumers on Climate Change*? London: AccountAbility and Consumers International.
29. Straughan, R.D. & Roberts, J.A. (1999) 'Environmental segmentation alternatives: A look at green consumer behaviour in the new millennium', *Journal of Consumer Marketing*, 16(6): 558–75.
30. McDonald, S. & Oates, C.J. (2006) 'Sustainability: Consumer perceptions and marketing strategies', *Business Strategy and the Environment*, 15(2): 157–70.
31. Oates, C.J. & McDonald, S. (2002) 'What can marketing do for recycling?', *Proceedings of the Academy of Marketing Conference*, Nottingham: Academy of Marketing.
32. Sparks P. & Shepherd R. (1992) 'Self-identity and the theory of planned behavior: The role of identification with "green consumerism"', *Social Psychology Quarterly*, 55: 388–99.
33. For a review see Gilg, A., Barr, S. & Ford, N. (2005) 'Green consumption of sustainable lifestyles? Identifying the sustainable consumer', *Futures*, 37: 481–504.
34. Thøgersen, J. (2005) 'How may consumer policy empower consumers for sustainable lifestyles?', *Journal of Consumer Policy*, 28: 143–78.
35. *Ibid*.
36. Biffa (2003) *Future Perfect*, High Wycombe: Biffa Waste Services.
37. Peattie, K. & Peattie, S. (2009) 'Social marketing: A pathway to consumption reduction?', *Journal of Business Research* 62:260–268.
38. Jackson, T. (2004) *Motivating Sustainable Consumption: A Review of Evidence on Consumer Behaviour and Behavioural Change*, Guildford: Centre for Environmental Strategy, University of Surrey.
39. Elkington, J. & Hailes, J. (1988) *The Green Consumer Guide*, London: Victor Gollancz.
40. Friedman, M. (1996) 'A positive approach to organized consumer action: The "buycott" as an alternative to the boycott', *Journal of Consumer Policy*, 19: 439–51.
41. WWF Cymru (2002) *The Footprint of Wales*, Report to the Welsh Assembly Government, Cardiff: WWF Cymru.
42. See Straughan, R.D. & Roberts, J.A. (1999) 'Environmental segmentation alternatives: A look at green consumer behaviour in the new millennium', *Journal of Consumer Marketing*, 16(6): 558–75.
43. SC Johnson/Roper Starch (1993) *The Environment:Public Attitudes and Individual Behavior*, Racine, WI: Roper Starch.
44. Defra (2007) *Survey of Public Attitudes and Behaviours toward the Environment*, London: Department of the Environment and Rural Affairs.
45. Longhurst, M. (2006) 'Mediating for sustainable consumption', *Consumer Policy Review*, 16(4): 131–8.
46. Peattie, K. & Peattie, S. (2009) 'Social marketing: A pathway to consumption reduction?', *Journal of Business Research* 62: 260–268; and Naish, J. (2008) *Enough*, London: Hodder.
47. NICE (2007) *Workplace Smoking*, London: National Institute for Health and Clinical Excellence. Available at: http://www.nice.org.uk/phi005 (accessed 22 December 2008).
48. For further details see Denker, K. (2001) 'Smoke clearing', *Green Futures*, April, available at http://www.forumforthefuture.org/greenfutures/articles/60717 (accessed 22 December 2008).

III PART

지속가능성 마케팅 표준과 전략수립

제5장 지속가능성 마케팅 가치와 목표

제6장 지속가능성 마케팅 전략

지속가능성 마케팅 가치와 목표

5

CHARTER

학습 효과

1. 지속가능성 마케팅(전통적인 마케팅과 대조하여)의 기본적인 가정과 가치를 이해하고 반응함.
2. 지속가능성 마케팅에서 추구하는 상이한 종류의 목표를 설명함.

고찰내용 개념의 시연

가치는 지속가능성 마케팅의 규범적인 기본근원이다. 본 장의 처음부분에서 우리는 전통적인 마케팅의 기본가정과 가치에 대조하여 지속가능성 마케팅의 기본가정과 가치를 논의할 것이다. 즉 우리는 시장, 소비자, 욕구 및 자연에 관한 마케팅 이론과 실행에 대해 근본이 되는 신념과 사회적 통념을 발견하고 이에 대응한다. 본 장의 두 번째 부분에서 우리는 지속가능성 마케팅의 경제적, 생태적 및 사회적 목표를 제시한다. 당신은 3개의 최종결과를 충족하는 것이 가망성이 있는 지속가능성 마케팅 기업에 대한 용이한 제안이 아님을 이해할 것이다.

지속가능성 마케팅 이야기 Sustainability marketing story

Hipp Baby Food

Hipp사는 자연과 조화를 이루는 최고 품질의 유아용 식품을 제공한다. 사실상, 이 회사는 약 6,000개의 농장에서 공급되는 유기자연원료를 가공처리하는 세계에서 가장 큰 처리기업이다. 1932년에 설립된 가족소유의 가족운영기업은 유기농업의 개척자 중의 하나이다. 1980년대 이후, 전체적인 생산과정은 유기질로 변환되고 있다. Hipp사의 유아용 식품은 전통적인 식품소매체인, 화학자 및 약사에 의해 유통분배되고 또한 대부분의 유럽국가에 제공되었는데, 2007년 총수익은 4억 유로 달러이다. 본사는 독일의 Pfaffengofen에 소재하며, 이 회사는 1,000명 이상을 고용하고 있다.

Claus Hipp교수는 이 회사의 관리담당이사이다. 그는 강한 믿음을 가지고 있으며, 실천적인 기독교인이다. 이에 따라 기독교인과 인간의 가치관은 항상 그의 의사결정에서 중요한 역할을 수행하여 왔다. 1999년 이후, Hipp사는 "윤리 선언"을 하였다. 이것은 가족소유자들이 서명한 자발적인 협정서로서, 가족소유자들은 투명하고도 시스템적인 방법으로 기업 의사결정에 관한 윤리적 의무사항을 논의하고 반응하도록 Hipp사에 위임하였다. 더욱이 윤리 선언은 당기업을 윤리헌장에 결속시키고 있는데, 윤리헌장은 계속적으로 발전 · 수립되고 있다. Hipp사의 윤리관리 프로그램은 당기업의 처리과정, 기업의 조직구조 그리고 윤리적 가치관과 규율의 커뮤니케이션을 정의한다. 윤리관리 프로그램의 주요한 구성요소는 5명의 기업 구성원(관리자, 윤리프로그램 관리자, 인적자원 관리자 및 마케팅/판매 그리고 운영부에서 차출된 2명의 대표)으로 구성된 윤리위원회이다. 그들(5명의 구성원)은 피고용자(근로자)들이 제시한 도전적인 문제가 되는 윤리적 제안을 논의하고, 결정하기 위해 1년에 2번씩 모인다. 이 윤리위원회는 그 제안을 분석하고 또한 전문가들과 상담한다. 마지막으로 윤리위원회는 그 제안을 받아들이거나 거부할 것을 결정한다. 매 경우에, 제안을 한 사람에게 상세한 답변이 주어진다. 받아들인 제안은 Hipp사의 윤리헌장의 한 부분이 되는데, 윤리헌장은 모든 구성원들을 결속시킨다. 그 윤리헌장은 5개의 주요 분야 즉, 시장에서의 행동, 근로자를 향한 행동, 근로자의 행동, 지역과 사회를 향한 행동 그리고 자연에서의 행동을 포함한 적절한 기업행동에 대한 일체의 문서화된 지침이다. 제1조인 시장에서의 행동 그리고 제5조인 자연에서의 행동은 우리가 특별히 관심을 두는 것으로서, 지속가능성 마케팅의 중심인 것이기 때문이다.

일반적으로, Hipp사는 사회적 시장시스템과 경쟁을 인간성의 존엄성을 보장하고 또한 부에 기여하는 제도로 인식한다. Hipp사는 단기적인 손실이 관련된다고 하더라도 장기적으로 지향되는 것을 분명하게 목표로 하고 있다. 즉 Hipp사는 경쟁적이 되기 위해서, 자사의 존속을 보장하기 위해서 그리고 장기적으로 이윤을 극대화하기 위해서 기업의 장래에 투자한다(제 1조 1항). 최고의 품질을 전달하는 것은 모든 구성원을 위해 제시된 모든 활동과 영구적인 도전적인 문제 중 중요한 부분이다. 즉 품질은 전체 기업, 기업의 과정 그리고 제품을 포함하는데, 그것들은 고객에게 가치가 있는 것이다(제1조 2항). 기업 제품의 주요한 구매자들은 대형 식품 소매체인들이다. Hipp사는 어떤 종류의 부정한 실행(즉 입점시 요구되는 수수료, 점포선반을 보장받기 위해 지급하는 것)에 대해 반대하는데, 이 부정한 실행은 높은 수준의 경쟁 그리고 대형 식품 소매체인들의 증가하는 구매력 등으로 인해 식품업계에서 공통적인 것이다. 그 대신에 Hipp사는 신뢰를 바탕으로 자사 고객 및 공급업자들과 장기적인 관계에 관심을 두고 있다(제1조 3항 및 제1조 4항). 경쟁자에 대한 행동은 상호간의 존경으로 형성된다. Hipp사는 경쟁은 혁신을 조장한다고 믿는데, 혁신은 다시 고객만족을 증가시킨다(제1조 5항 및 제1조 6항).

특히 Hipp사의 윤리헌장의 제5조는 자연환경을 다루고 있다. 제5조는 "자연을 향한 행동"이 아니라 "자연에서의 행동"이라고 말하는 것은 주목할 만한 것이다. 자연을 향한 행동은 자연환경은 제외된 저쪽의 어떤 것으로 지각된 것으로서, 자연은 기업으로부터 분리되어 있다는 것을 의미한다. 그러나 자연에서의 행동은 기업은 자연환경의 일부분이라는 것으로 인식한다. 즉 경제를 해치는 것이 아니라 경제를 보강하는 것은 자연인 것이다. 이에 따라 환경보호는 Hipp사에서 중요한 역할을 한다. Hipp사는 환경보호를 미래 세대의 욕구를 포함하지 않고 현 세대의 욕구를 만족시키고자 하는 기업으로 정의한다. 모든 구성원들은 지속적인 환경개선을 추구하는 환경관리 시스템으로 통합된다(제5조 1항 및 제5조 2항). 자주 환경적 활동은 기업 이미지를 높이고, 제품 차별화에 기여하고 또는 원가를 절감하는 계속적인 경쟁적 우위를 선도한다. 그러나 환경적 활동이 기업의 장기적인 존속을 위협하는 경쟁적인 불리함을 초래할 수도 있다. 이러한 경우에, Hipp사는 자연환경 및 지속가능한 발전을 위해서 더욱 기존의 시장시스템을 개발 · 발전시키기 위해 공공 및 정치적인 의견교환에 참여해야 한다는 의무감을 느낀다(제5조 3항).[1]

1 지속가능성 마케팅: 기본적인 가정과 가치관

Hipp사의 예는 가치관이 기업과 마케팅에서 문제가 되고 있음을 보여 준다. 지속가능성 가치관은 신뢰할 수 있고 또한 책임을 질 수 있는 지속가능성 마케팅 관리의 근간과 기본을 설정하지만, 지속가능성을 포함하기 위해 마케팅 가치관의 개념을 확대하고 또한 윤리를 높이는 것이 마케팅 기업에게는 도전적인 문제가 될 수 있다. 일상적으로 마케팅 기업들은 윤리적 가치관에 대해 언급하거나 또는 옳고 그름에 대한 도덕적 의문사항을 다루는 것을 회피하고 있다. 즉 마케팅 기업들은 마케팅의 개념에 대해 근거가 되는 기본적인 가정에 거의 반응하지 않는다. 그 대신에 마케팅 기업들은 마케팅을 도덕과 관계가 없는 것으로 인식하는 강한 선호성을 갖고 있다. Andrew Crane은 도덕관념이 없다는 것(amoralization)은 맹목적인 가치관, 도덕성 및 목표들이 이념적이 되도록 하기 위해 숨겨지는 정도에 따라, 마케팅의 이론과 실행에 대한 두드러진 특성이라고 주장한다.[2] 마케팅 기업들이 주장하는 것과 무관하게 전통적으로 마케팅 기업들은 자신들이 할 수 있는 모든 것에 대한 정당화로서 시장, 소비자 주권 그리고 소비자 욕구를 충족시킨다는 신성한 의욕의 원리에 바탕을 둔 암묵적인 강력한 일체와 가치관을 가지고 있다.

본 장에서 우리는 지속가능한 발전의 측면에서, 마케팅에 대한 기본적인 가정과 신념을 제시하고 도전적인 과제를 제시한다.[3] 전통적인 주류를 이루는 마케팅이 있어 도덕관념이 없는 견해에 대해 반대함에 따라, 우리는 지속가능성 마케팅에 대해 가치관 추구적인 접근방법을 제시한다.

1.1 시장의 신성한 의무?

마케팅은 경제이론에서는 어린 초보인데, 경제이론은 보이지 않는 손을 믿음으로 간주하며, 시장을 기능화하는 것으로 간주한다. 1776년 Adam Smith의 국부론이 출간된 이후, 시장은 부의 창출과 배분에 대해 매우 중요한 것으로 인식되어 왔다. 경제이론은 거대하고 새로운 대륙들이 전개되고 또한 개발되었던 빅토리아 제국의 확장시대에 크게 성장하였다. 그 당시 세계와 그 자원은 실질적으로 한계가 없었으며, 그것을 개발하는데 부수되는 유일한 비용은 추출하는데 소모되는 비용이라는 것으로 가정하는 것이 합리적인 것처럼 보였다. 그러나 모든 대륙들이 개발 · 개척되고 또한 세계인구가 엄청나게 증가함에 따라, 시장에서 고려되지 않은 실질적인 한계가 있음이 분명해 졌다.

실질적으로, 생물권(biosphere)의 대부분은 가격으로 포용되지는 않는다(공기, 물, 공유지, 서식지, 종, 오존층 등)[4] 생산, 제품사용 및 처분에 대한 환경적 및 사회적 비용은 소비자가 지불하는 가격에서 거의 제외되어 있다. 이러한 비용들은 사회에 의해서 충족되어야 하는 "외적인 것"으로 다루어지고 있다. 만약 생산과 소비에 연관되는 모든 환경적 및 사회적 비용이 지불되는 가격에 의해 포용된다면, 그것은 지속가능한 발전에 대한 방법에 대해 진일보한 것이 될 것이다. 그러나 시장이 완벽하게 효율적으로 운영이 된다고 해도, 시장들은 어떤 근본적인 아래에 제시된 결점으로 고통을 겪게 된다.

- 시장은 환경적 자원에 가치를 부여하는데 큰 어려움을 안고 있다. 당신은 어떻게 생물의 다양성을 가치가 있게 할 수 있는가? 특별한 종이 마멸되는 것에 대한 가격은 얼마인가? 아름다운 경치의 미학은 어떤 금전적 가치를 갖고 있는가?
- 시장은 식역을 고려하지 않는다. 어떤 특정한 점까지 생태 시스템은 강력한 요인들에 대해 탄력적이며 회복적이다. 그러나 매우 중요한 식역이 깨어지고 파괴된다면, 생태 시스템과 인구는 나머지 재고의 가격이 보존을 고무할 수 있을 정도로 충분히 높아지기 전에 지속가능한 수준 이하로 낮아질 수 있다.
- 시장은 뒤집을 수 없는 과정을 고려하지 않는다. 생태 시스템의 실패는 다시 고치기가 자주 어렵다. 열대다우림이 다 없어진 후 그 땅은 열대다우림의 상장을 도울 수 있는 역량이 없어지게 되는데, 그것에 대해 어떤 가격이나 가치가 대신할 수 있는가?
- 시장은 종과 기타 다른 자원에 대한 미래의 수요를 예측할 수 없다. 목재산업이 경제적으로 가치가 있는 종을 재배하고 수확하는 것을 차단하기 때문에, 목재산업이 대량으로 태평양 주목을 태워버린 후 소멸의 상태에까지 도달하였는데, 실상 태평양 주목(pacific yew)은 Taxol이라는 약의 원천으로서 암과 싸우는데 있어 무한한 가치가 있다고 계속 증명되고 있다.

이런 근본이 되는 결점을 고려함으로써, 자유시장에 대한 맹목적인 신뢰는 잘못되고 있다. 그럼에도 불구하고, 우리는 시장시스템이 수십 억 명 사람들의 행동에 영향을 주는 강력한 제도체라는 사실을 인식 · 인정해야 한다. 즉 시장의 기능을 발휘하도록 하는 것에 대해 통찰하는데 있어 거의 어떤 대체안에 없다. 그것은 환경적 및 사회적 비용이 제품과 서비스의 가격에 포함되기 위해서 시장의 제도적인 틀이 변화해야 하는 이유인 것이다. 소위 **외부비용의 내부화**(internalization of external cost)는 지속가능한 미래를 향한 중요한 단계이다. 우리는 지속가능한 제도적 틀의 개발 · 발전이 공중, 정책, 정치에 대한 중요한 과업일 뿐만 아니라, 기업에 대해서는 도전적인 과제이다. 우리는 이러한 생각을 제 11장에서 다시 다루게 되는데, 11장에서는 지속가능성 마케팅 변환에 대해 연구할 것이다.

1.2 소비자의 주권?

마케팅에 대해 중심이 되는 것은 고객 또는 소비자인데, 그들이 누구이며, 그들이 무엇을 구입하고, 얼마를 지급하고자 하는 것이 중심이 되는 것이다. 이것은 완전히 권리이지만, 소비자들의 최근 비전은 잘못되게 근시안적이며 또한 "고객은 왕이다"라는 생각에 대해 맹목적으로 집착하고 있다. 소비자의 주권과 선택은 주권과 신념이 민주주의 및 자유와 같은 다른 기본적인 사회지향적인 가치관과 동일시되는 정도에 따라 마케팅내에서 신성시되는 믿음의 부분이다. 그러나 소비자에 대한 자유는 비소비자의 권리와는 반대로 균형화될 필요가 있으며 또한 다른 사람의 소비의 결과로부터의 자유와는 반대로 균형화될 필요가 있다. 헌신적인 흡연자들은 흡연을 자신들의 권리로 인식하지만, 자주 오염이 안 된 공기속에서 숨을 쉬는 비소비자의 권리에 대해서는 동일하게 고려하지 않는다. 선진국의 사람들은 소비추구적인 라이프스타일을 자신들의 권리라고 주장하지만, 자주 가난한 사람들의 소비하지 못하는 극빈함에 대한 권리를 동일하게 고려하지 않는다. 어쨌든, 마케팅 기업들이 복종해야 하는 사람들의 운명을 좌지우지하는 신이 준 권리에서 볼 때 소비자는 주권이 없는 것이다.

보다 계몽적이며 현대적인 견해는 소비자를 욕구와 우선순위에서 상이한 구성원으로 그리고 다른 사람의 권리와 책임에 대해 서로 균형화되어야 하는 권리와 책임을 가진 고객(유권자, 지지자)으로 인식한다. 한 사람의 지지자(고객: constituency)가 되도록 소비자를 "물러나게 하는 것"은 마케팅 기업은 자기 스스로를 고객의 수동적인 하인으로 묘사함으로써 자신들의 의사결정과 행동조치에 대해 책임을 저버리지 않는다는 것을 요구한다. 그렇지 않을 경우, 소비자 주권에 대한 개념은 비용을 내부화하고 또한 보다 지속가능한 제품을 제공하는 것을 피하는 실수로서 그리고 도피처로서 기업이 사용한다는 위험이 있다.

마케팅 전략과 행동 · 활동을 지침하는 소비자 선택에 자리를 잡고 있는 전통적인 믿음은 역시 소비자는 자유로운 선택 그리고 완전한 정보에 직면하고 있다고 가정한다. 그러나 실제로 두 개의 가정에는 결함이 있다. 즉 완전한 선택의 자유도 완벽한 정보도 실제도 주어지지 않고 있다. 선택은 다른 사람에 의해서 신중하게 조성되고 제한을 받는다. 즉 대형 소매체인들은 슈퍼마켓의 선반에 놓을 수 있는 제품과 서비스를 선정하고, 자동차회사들은 어떤 종류의 자동차와 엔진 시스템을 개발하고 제공할 것인가를 결정하며, 과학자와 정치인들은 어떤 종류의 기술을 연구조사할 것인가를 결정한다. 더욱이 많은 제품에 대해 제공되는 정보는 완전하지 않고 또한 일반적인 문헌들이 부족한 상태에서, 소비자들이 지속가능한 발전으로 향하도록 우리들을 선도하는 의사결정을 할 수 있도록 기대하는 것은 극히 낙관적인 것이다. 따라서 기업과 기타 산업의 이해관계자들은 제품과 서비스의 환경적 및 사회적 결과에 대한 균형적인 정보를 제공하는데 있어 역할을 한다.

1.3 1차적 욕구의 만족?

마케팅의 핵심적인 개념은 1차적 욕구와 2차적 욕구이다.[5] 기본적으로, 1차적 욕구(needs)는 우리의 행동을 유발하고 지침케 하는 내적인 영향력이다. 즉 생존, 보호, 애정, 이해함, 참여, 레저, 창조, 주체성 및 자유와 같은 다양한 1차적 욕구가 있다.[6] 1차적 욕구의 만족은 능동적인 느낌을 산출하는데, 반면에 1차적 욕구에 대한 불만족은 부정적 감정을 산출한다(〈표 5.1〉 참조).

위에서 언급한 1차적 욕구는 그 욕구를 만족시키는 특별한 목적물로 지향되는 경우에 2차적 욕구(wants)가 된다. 즉 미국인은 식품을 원하고 있지만, 햄버거, 프랜치 프라이 및 청량음료를 원할 수도 있다. Mauritius에 사는 사람은 식품을 원하지만, 쌀, 렌즈콩, 콩 및 망고음료를 원할 수 있다.[7] 미국인들은 보호와 참여에 대한 1차적 욕구를 충족시키기 위해 마천루를 세우고 있다. 에스키모 사람들은 이러한 욕구(보호 등)를 만족시키기 위해 이그루(얼음집)를 짓는다. 인간의 1차적 욕구가 크게 변화하지는 않지만, 2차적 욕구는 시간이 지남에 따라 그리고 문화에 따라 다양하다. 즉 2차적 욕구는 사회 그리고 자연적 환경에 의해 형성된다. 1차적 욕구가 한정적이며 적은 반면에, 2차적 욕구는 엄청나게 다양하다.[8]

전통적인 마케팅의 기본적인 가정은 2차적 욕구가 충족될 수 없으며 또한 만족은 물질적 및 비물질적 재화의 소비에서 이루어진다는 것이다. 소비자 수요의 증가는 우리의 삶의 질에서의 개선 · 향상에 대한 선결조건으로 인식된다. 즉 소비를 증가시키는 것은 보다 양호한 생

표 5.1 1차적 욕구의 만족과 불만족

기본적인 1차적 욕구	1차적 욕구의 만족(긍정적 느낌)	1차적 욕구의 불만족(부정적 느낌)
생 존	포만감, 충분함	배고픔, 부족함
보 호	안전	위험에 처함, 걱정스러운 불안감
애 정	사랑함/사랑을 받음	미워함/무관심
이 해	지적인 복지, 산뜻함, 지혜로움	지적인 좌절, 무언의, 멍청함
참 여	소속됨, 관계됨, 관여됨	고독함, 격리된, 버려진
레 저	놀이함, 이완됨(리렉스함)	지루함, 조장됨, 싫증남
창 조	창의적, 열정적	비열정적
주체성	자기확신, 신뢰적, 긍정적 자상	불확신적, 불확실, 부정적 자상
자 유	자유로운, 독립적	구속됨, 억매임, 피곤함, 말려듬

자료원: Max-Neef, M. (1992) 'Development and Needs', in P. Ekins & M. Max-Neef (eds), *Real-Life Economics: Understanding Wealth Creation*, Routledeg: London and New York.

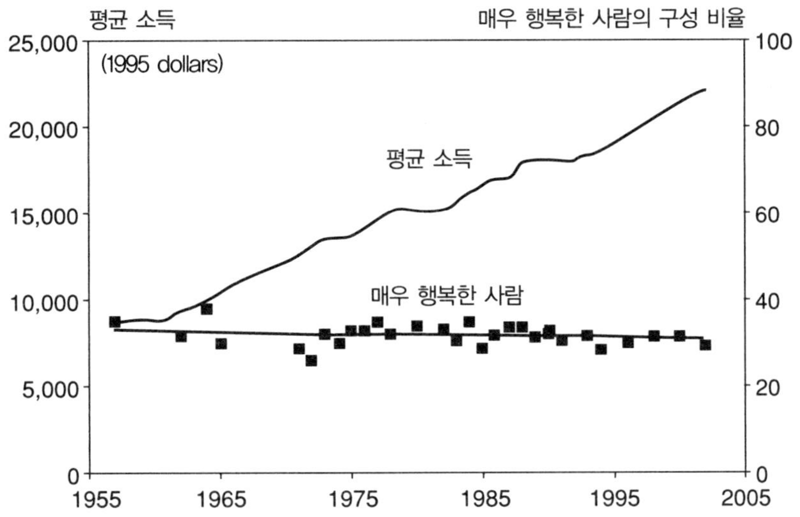

그림 5.1 경제성장과 생애 만족

자료원: Myers, D.G. (2000) *American Paradox: Paradox: Spiritual Hunger in an Age of Plenty*, New Haven, CT: Yale University Press.

활수준과 유사한 것으로 간주된다.[9] 현대적인 소비자 사회의 근저에 깔려 있는 이러한 가정은 동시에 올바르기도 하고 틀리기도 하다. 많은 국가에서의 실증적인 연구조사 결과, 어떤 특정한 점까지 1인당 소득과 생의 만족간에 긍정적인 인과관계가 있음이 밝혀지고 있다. 다른 말로 해서, 더 많이 벌수록 사람들은 식품, 주거, 교육, 레저 등에 더 많이 소비할 수 있고 또한 더 행복하다. 그러나 어떤 특정한 소득수준에 다다르게 되면, 생의 만족은 더 이상 증가하지 않는다. 사람들이 더 많이 벌고 소비한다고 해도, 그들은 자신의 생에 대해 더 행복하지 않다(〈그림 5.1〉 참조). 이런 종류의 증거를 통해 우리들은 최소한 우리의 소비 중 어떤 것은 우리의 욕구 중 어느 것에 대한 만족에 대해 긍정적으로 기여하지 않는다는 결론에 도달하게 된다. 확실하게, 애정, 이해 및 참여와 같은 어떤 1차적 욕구는 물질적 및 비물질적 재화의 소비에 의해서 간단하게 만족하지 않는다. 그 대신에 그런 1차적 욕구들은 인간관계에 의해서 만족되는데, 우리가 재화에 소비하기 위해서 돈을 버는데 여념이 없다면, 인간관계는 고통을 겪게 된다. 따라서 적게 소비하도록 해야 하는 환경적인 의무와 책임은 우선 자신 뿐만 아니라, 환경에 대해 좋을 수도 있다. 즉 적게 소비함으로써 더 좋게 살아갈 가능성이 있다.[10]

어려움은 소비의 어느 부분이 우리를 행복하게 하고, 어느 부분이 그렇지 않게 하느냐를 결정하는 것이다. 너무나 자주 단기적인 만족과 장기적인 만족간에는 갈등이 있다.[11] 즉석식품의 소비는 우리의 즉각적인 식욕을 만족시킬 수 있으나, 우리의 건강에는 좋지 않을 수 있다. 결국 사람들은 많고 자주 모순되는 2차적 욕구에 대해 복잡하고, 개인적이며 비일관적인 그런 것을 소유하고 있다. 많은 경우에 확실한 2차적 욕구는 건강에 좋은 다이어트, 능동적인 라이프스타일 그리고 관리할 수 있는 긴장의 수준에 대해 인간으로서 우리의 타고난 1차적 욕구와 모순이

되고 충돌된다. 지속가능성 마케팅은 소비자를 존경하는 것이며, 또한 "소비단위"까지 1차적 및 2차적 욕구를 줄이는 대신에 상이하며 간혹 모순되는 1차적 및 2차적 욕구를 가진 인간으로 소비자를 지각하는 것이다. 즉 지속가능성 마케팅은 2차적 욕구를 만족시키고 또한 1차적 욕구를 충족시킬 뿐만 아니라 기회와 행복을 창출하고 또한 지속적인 만족을 성취하도록 시도한다.

우리가 1차적 및 2차적 욕구에 대해 말할 때, 통상 소비자 사회를 생각한다. 하루에 2달러(1.44유로 달러) 미만으로 살아가는 최고의 극빈자들은 거의 전통적인 마케팅에서 무시되어 왔다. UN에 의하면, 최고의 극빈자들은 전세계 인구 중 1/3 이상이 된다(약 28억 명 정도).[12] 소위 피라이드의 기초와는 달리 이와 같이 차이가 나는 주된 이유는 그들이 충분한 구매력을 가지고 있지 않다는 것이다. 그러나 지속가능한 발전은 현재의 1차적 욕구를 충족시키는 것에 대한 것인데, 현재의 욕구에는 부자뿐만 아니라 가난한 사람 모두를 포함한다. 따라서 지속가능성 마케팅의 한 가지 측면은 극빈자들을 위한 기회를 창출하는 것이며, 또한 새롭고 혁신적인 제품, 사업모델 및 가격모델을 통해 시장내에 있는 그들을 포함하는 것이다.[13] 지속가능성 마케팅의 견해에서 이 세계의 가난한 사람들을 포용하는 것은 그들로 하여금 더 많이 소비하도록 도움을 주며 또한 그들의 기본적인 1차적 욕구를 만족시키는 알맞은 삶을 선도할 수 있다. 그러나 그들을 소비자 사회로 끌어들이는 것은 역시 환경적 문제들을 악화시킨다(자원 효율성에서 "요인 10(factor 10)" 즉 스타일 개선이 없이: 제3장 참조). 즉 그것은 우리를 전통적 마케팅에 대한 그 다음의 기본적인 가정 즉 자연의 주변적 본질로 유도한다.

1.4 자연의 주변적 본질?

전통적인 마케팅 패러다임에서, 거시 환경은 시장내의 활동요인, 활동요인의 전략과 행동에 영향을 주는 기술적, 정치적, 법적 및 경제적 환경으로 조성되어 있다. 마케팅에 대한 표준적인 교과서들이 전체적으로 장을 할애하고 있지만, 물질적 환경은 일반적으로 빠지거나 또는 크게 무시되고 있다. 기껏해야 환경적 문제들이 정치적 환경에서 법규제정의 추진요인이나 사회적 관심사로서 전통적인 모델에 적용되고 있다.[14] 자연환경의 본질은 주변적인 것으로 다루어지고 있다. 이러한 견해는 기술적, 사회적, 정치적, 법적 및 경제적 환경들이 결국 자연적 환경에 좌우된다는 사실을 간과 · 무시하고 있다. 환경들 모두에 깔려 있고 기본이 되는 것이 바로 자연인 것이다.

지속가능성 마케팅에 대한 패러다임에서, 자연적 환경은 출발점이다. 생태학이 크게 관련이 되며 또한 본서의 각 장에서 종합되어 있다. 이에 추가하여, 한 개의 장은 거시적 및 미시적 수준에서 생태적 문제를 거의 다루고 있다(제3장 참조). 우리들은 우리를 둘러싸고 있는 물질적 환경에 대해 그리고 제품과 서비스의 환경적 영향에 대해 최소한 기본적인 것을 배우는 것은 마케팅을 공부하는 대학생들에게 가장 중요하다고 생각한다. 수명주기분석(LCA)과 같은 도구들은 마케팅에서 미래의 의사결정자인 당신들로 하여금 자연적 환경에 대해 제품과 서비스의 부정적인 영향을 분석하고 또한 줄이도록 할 수 있다. 주의가 되는 중요한 요점은 생태 시스템의 불안정성을 피할 수 있도록 자연환경에 대한 제품 및 서비스의 부정적인 영향을 줄이도록 하는 것이다. 근본이 되는 가정이란 생태 시스템이 연약하고 또한 상처를 받기 쉽다는 것이다. 즉 생태 시스템은 보존되어야 하고 균형을 유지해야 한다. Winn과 Kirchgeorg는 이러한 견해를 "내적-외적" 견해(식견)로서 특징화하고 있는데, 기본적인 식견이란 기업으로부터(내적) 외부 환경에까지(외적)를 보는 것이다.[15]

지속가능성 마케팅에 대해 현재 잘 알려진 내적-외적 식견은 어느 정도는 근시안적이다. 즉 그 견해는 역효과 · 영향에 대해 거의 주의를 기울이지 않는다. 즉 역효과 · 영향이란 기업에 대한 외적 환경의 영향이 "외적-내적" 식견으로 특징화하는 것이다. 전혀 예측할 수 없는 생태적 불연속성은 사회 및 경제 시스템의 안정성에 대해 치명적인 영향을 준다. 2005년 여름 Katrina 허리케인이 미국의 New Orleans를 강타했을 때를 생각해 보라, 가뭄, 혹서, 폭풍, 홍수 및 화재와 같은 극심한 날씨 현상과 자연재해들이 수적으로 또한 심각성에서 증가한다면, 외적-내적 식견이 점차 중요하게 될 것이다. 이러한 견해에서 볼 때, 자연환경은 언뜻 보는 것처럼, 그렇게 낭만적이며 균형이 조화롭지가 않다. 그 대신에 자연은 인간의 삶과 건강에 대해 거칠고, 무자비하고, 잠재적으로 위험스러운 것으로 지각된다. 한편 외적-내적 견해는 기업으로 하여금 생태적인 불연속성의 가능성 그리고 큰 재해의 시나리오가 전개된다는 사실을 깨닫게 한다. 또 다른 한편으로, 외적-내적 견해는 우리들로 하여금 예측할 수 없는 생태적 불연속성에 대해 준비하고 대응하도록 도움을 주는 새로운 시장, 제품, 서비스를 창조케 한다. 세계에서 가장 인구 밀도가 높고 저지대의 국가들 중의 하나인 네덜란드가 지구의 온난화와 해양의 부상으로 인해 홍수의 위험에 처해 있음을 생각해 보라. 그런 도전적인 문제에 대처하기 위해, 네덜란드 건설회사인 Dura Vermeer사의 창의적인 계획입안자와 건축가들은 "물위에 떠 있는 주택"을 개발하였는데, 그 주택은 땅에 있지만 물의 수위에 따라 부상할 수 있도록 건축되어 있다.[16] 우리들은 지속가능성 마케팅에 대해 현재 널리 알려져 있는 내적-외적 견해에 대해 외적-내적 견해로 보완 · 보충하는 것이 유용하다는 사실을 볼 수 있다. 두 가지 견해는 상이하지만, 아직까지는 자연환경에 대해 보완적인 식견이다(〈그림 5.2〉 참조).

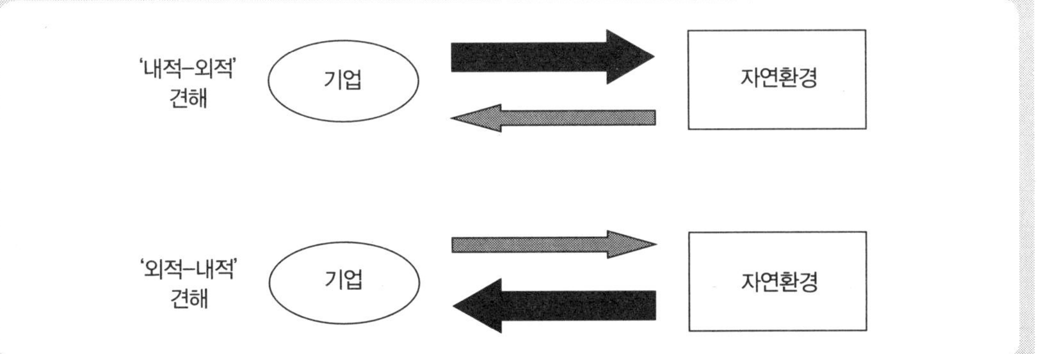

그림 5.2 자연환경에 대한 2가지 보완적 견해

2 지속가능성 마케팅 가치관

지속가능성 마케팅의 가장 근저가 되는 가치관은 선봉에 있는 기업들의 비전, 미션(사명), 철학 또는 원칙을 반영한다. 그러한 진술문(statement)은 기업의 핵심적인 가치관을 표현하며 또한 깊게 뿌리박힌 DNA코드와 같으며, 기업을 다른 기업과 차별화한다.

SC Johnson사는 세척과 위생을 위한 주택용품을 제공하면서 70개 이상의 나라에서 사업을 하고 있다. 아마도 당신은 Mr Muscle, Glade, Oust, Duck, Pledge 및 Shout를 포함하여 SC Johnson사가 제조하는 상표들 중 어느 것을 알고 있다. 1976년, 그 가족기업은 최초로 자사의 기본적인 원칙을 조성하였다. 21세기의 전환기에 그 회사는 기본원칙들을 확인 · 단언하는데 대한 자사의 몰입을 재천명하고, 재확인하고 또한 분명하게 제시하였다. 이 회사의 철학은 자사가 책임을 지고 있으며 또한 그 집단들로부터의 신뢰를 획득해야 하는 5개 집단의 사람들에 대한 관계에서 자사의 신념을 천명하고 있다. 즉 5개 집단이란 종업원, 소비자와 사용자, 일반공중, 이웃과 손님 그리고 세계의 공동체이다.

SC Johnson-가족기업

"우리들이 믿는 것"-기업 철학의 진술문

종업원: 우리들은 세계전역에 있는 우리 기업의 기본적인 활력과 강점은 우리 구성원들에게 있다고 믿는다.

소비자와 사용자: 우리들은 자사 제품과 서비스의 소비자와 사용자들의 지속적인 성호를 획득하는 것을 믿는다.

일반공중: 우리들은 자유시장 경제에서 책임감을 느끼는 선도자가 되는 것을 믿는다.

이웃과 손님: 우리들은 우리가 사업을 하고 있는 국가와 공동체의 복지에 기여하고 있음을 믿는다.

세계적 공동체: 우리들은 국제적인 이해를 개선 · 향상하는 것을 믿는다.

이 회사는 장기적인 관계에 지향하고 있는 소비자와 사용자들의 지속적인 성호를 획득해야 한다고 주장한다. SC Johnson사는 환경적으로 건전하며 또한 소비자와 사용자의 건강과 안전을 위협하지 않는 제품을 개발하고 시장에 내놓는 것을 약속하고 있다. 이 회사는 제품설계를 하고 또한 제조, 사용 및 처리 · 처분을 통해 지속하면서 제품수명주기의 모든 단계에 환경적 사고를 적용하고 있다. 이 회사는 소비자와 사용자가 정보를 통해 받은 가치관을 판단할 수 있는 방식에 따라 제품을 포장하고 표찰(label)을 붙이고 있다. 이에 추가하여, 이 회사는 자사 제품과 서비스에 대한 올바른 사용에 대해 완전하게 이해하는 것을 촉진하는 정보를 사용자 및 소비자들에게 유포 · 제공하고 있다(예: 주의 경고문 및 상징 등). 더욱이 SC Johnson사는 일반공중들에게 그들이 경제적, 생태적 및 사회적 측면에 관하여 전세계 기업에 대해 더 양호하게 이해하도록 하기 위해 자사 활동에 대한 정보를 제공하고 있다. 각 지역기업의 이익은 이익창출에 기여한 사람들과 공유되는데, 종업원에게 보상하고, 지역공동체에 몫을 제공하며, 소비자의 이점을 위해 더 좋은 제품을 개발하며 또한 소유자들에게 투자에 대한 합당한 수익을 제공함으로써 이익을 공유하고 있다.

주주들은 SC Johnson사가 책임감을 느끼는 5개 주요 집단들 중 하나가 아니다라는 사실에 주목하라. 이것은 가족소유기업으로서, 주식시장에 상장된 하나의 공중기업이 아니며, 또한 공중기업의 되는 것을 원하지 않기 때문이다. SC Johnson사는 자사의 기업철학에서 분명하게 주장한다. 즉 "이러한 신념을 지키는 우리의 방법은 사적으로 소유한 기업을 유지케 하는 것이다. 신념을 강화케 하는 방법은 성장과 발전을 통해 이익을 창출하는 것인데, 그 이익을 통해서 우리는 우리가 의존하는 모든 사람들을 위해 더 많은 것을 하도록 한다." SC Johnson사가 정확하게 지속가능한 발전에 대해 언급하지는 않지만, 이 회사는 그 개념에 대한 상이한 면모를 포용하며 또한 그 상이한 면모를 매일매일의 사업에 결합한다. 즉 기업철학은 그 가족기업이 추구하는 지속가능성 마케팅 접근방법의 규범적인 기초인 것이다.

Hipp사와 SC Johnson사는 가족이 소유하고 가족이 운영하는 기업으로서, 그 기업들은 문서화된 진술문에 자신들의 신념, 가치관 및 규범을 표현하고 있으며, 지속가능성 마케팅으로 향하는 실질적이며 적극적인 접근방법을 추구한다. 그것은 주식시장에 상장된 공중기업들이 똑같이 그것을 할 수 없다는 것을 의미하지는 않는다. 그것은 보다 어려울 수 있는데, 그 이유는 공중기업들이 주주들의 관심사도 역시 고려해야 하기 때문인데, Electrolux사 및 Toyota사에서 보여주는 것처럼, 그렇지만 가능할 수 있는 어떤 의심도 없을 수 있다.

Electrolux사의 설립자인 Axel Wenner-Gren은 20세기 전반기에 현대적인 진공청소기와 냉장고의 개발을 개척하였다. 중요한 성공요인 중의 하나는 소비자들의 1차적 욕구와 2차적 욕구를 이해하기 위해 가정에 있는 소비자들에게 관여하는데 깊이 몰입한 것이었다. 80년 이상이 지난 후 Electrolux사는 냉장고, 식기세척기, 세탁기, 진공청소기 및 요리기와 같은 가전제품에서 세계적인 선도자이다. 그 다국적기업이 소유하고 있는 주요 상표에는 Electrolux, AEG-Electrolux 및 Frigidaire 등이 포함되어 있다. 과거보다 더 이 회사는 간단한 혁신적 및 기능적이 아니라, 사용하기에 미학적으로 아름답고, 용이하고 또한 즐거운 제품을 발명하는데 많은 시간, 지식, 생각을 몰두하고 있다. 고객에 대한 이러한 몰입과 약속은 "Thinking of you" (당신을 생각함)라는 광고표제에 의해 전달되고 있다(〈그림 5.3〉 참조). Electrolux사의 모든 제품과

그림 5.3 Electrolux: Thinking of you
자료원: Electrolux. www.electrolux.com.

지속가능한 발전에 대한 Toyota사의 몰입

우리들, Toyota Motor Company 그리고 우리의 하청기업들은 우리들의 지침이 되는 원리 · 원칙에 바탕을 두어 사회와 지구의 조화롭고 또한 지속가능한 발전에 기여하기 위해 창의성을 발휘하고 있다.

우리들은 지역, 국가 및 국제적인 법률과 규제뿐만 아니라 그에 따르는 정신을 따르고 있으며 또한 우리는 정직과 통합정신으로 사업운영을 실행하고 있다.

지속가능한 발전에 기여하기 위해, 우리는 아래에 제시한 이해관계자들과 상호작용하는 경영관리가 상당히 중요하다는 사실을 믿고 있으며 또한 우리는 공개적이며 공정한 커뮤니케이션을 통해 우리의 이해관계자들과의 건전한 관계를 구축하고 유지하는데 노력할 것이다.

고객들: "고객이 최우선"이라는 철학에 바탕을 두어, 우리는 세계전역의 사람들의 삶을 풍요롭게 하기 위해 아주 다양한 고객의 수요를 충족시키는 혁신적이고, 안전하며 또한 두드러진 품질의 제품과 서비스를 개발하고 제공한다.

구성원: 우리는 우리의 구성원을 존경하며 또한 양호한 팀워크에 의해 유도된다는 사실을 믿고 있다.

기업동반자: 우리는 공급업자 및 판매상과 같은 기업동반자를 존경하며 또한 상호신뢰에 바탕을 둔 상호성장을 실현하기 위해 장기적인 관계를 통해 그들과 협력한다.

주주: 우리는 주주의 이익을 위해 안정적이며 장기적인 성장을 성취하면서 기업가치를 높이기 위해 노력한다.

세계적인 사회/지역 공동체: 우리는 모든 분야의 사업활동에 대해 환경과 조화를 이루는 성장을 목표로 한다. 우리는 환경과 경제가 조화롭게 공존하기 위해 그리고 환경보존과 관련되는 폭넓은 개인 및 조직들과 친밀하고도 협동적인 관계를 구축할 수 있도록 하는 기술을 개발 · 발전하고, 수립하며 또한 촉진되도록 노력한다. 우리는 항상적으로 지속가능한 변화에 대한 사회의 진화발전하는 욕구를 만족시키는 제품을 개발하기 위한 더 안전하고, 더 깨끗하고 또한 더 월등한 기술을 추구하고 있다.

서비스들은 사람들이 실제로 원하는 것을 발견하기 위해 특별한 노력을 한다는 동일한 철학을 공유하고 있다. 그러나 "Thinking of you"는 고객의 1차적 욕구를 충족하고 초과하는 차원을 넘고 있다. 역시 그 모토는 자사의 환경적 및 사회적 책임에 대한 당기업의 태도를 보강한다. 그 모토는 환경을 위해 그리고 미래 세대를 위해, 사용을 위해 가전제품을 안전하게 하는 Electrolux사의 몰입을 전달한다. 따라서 그것은 가치추구적 지속가능성 마케팅과 상표화의 좋은 예가 된다. 표제는 그 기업이 실제로 돌보고 있다는 것을 전달한다. 만약 철저하게 디자인된 Electrolux사의 제품들이 지신들의 약속을 실천한다면, 제품들은 긍정적인 경험을 창조하고 또한 가족군 상표는 소비자들이 신뢰하는 "친구"가 될 것이다.

일본기업인 Toyota사는 자동차기업에서 세계적인 선도기업이며 또한 세계전역에서 주요한 주식시장에 상장되어 있다. "도요다 방식"(Toyota Way)은 당기업을 둘러싸고 있는 자연환경에 대해, 다른 사람들에 대해 그리고 공동체에 대해 존경을 받는 것으로 특징화되어 있다. 또 다른 중요한 가치관 즉 당기업의 유전자 코드는 팀워크, 도전정신, Genchi Genbutsu(올바른 의사결정을 하기 위한 원천이 되는 것) 그리고 Kaizen(계속적인 개선 향상)이다. Toyota Way를 실제화하는데 도움을 주기 위해, 이 회사는 지침이 되는 원리원칙을 수립하였으며, 또한 지속가능한 발전에 대한 자사의 몰입을 구축하였다.

Toyota사의 5개의 중요한 이해관계자들은 자연환경을 포함하여 고객, 구성원, 공급체인의 기업동반자, 주주 및 세계적인 사회/지역 공동체이다. Toyota사는 그들 각각들과의 건전한 관계를 존경하고, 구축하고 유지하고자 한다. 고객, 고객들의 1차적 욕구 및 2차적 욕구가 최우선이 된다. 자연환경의 요구조건을 변화에 대한 사회의 진화 · 발전하는 욕구에 합치시키기 위해, Toyota사는 더 깨끗하고 더 환경보호적인 자동차를 개발하기 위한 다양한 해결방법을 동시에 탐구하고 있다(예: 압축된 천연가스와 같은 대안적인 에너지, 디젤을 정화하는 발전된 기술, 하이브리드 시스템, 전기자동차 및 연료전지). 지속가능한 변화에 대한 Toyota사의 비젼은 2개의 단어, 즉 "제로화(zeronize)와 극대화(maximize)"로 요약될 수 있다. 첫 번째 제로화는 사람과 자연에 대한 자동차의 해로운 영향을 제로로 줄이는 것을 목표로 하는 것이다. 다른 말로 해서 배출 제로, 혼잡 제로 그리고 사고 제로이다. 두 번째인 극대화는 자동차에서의 더 큰 안락함, 재미와 흥분을 제공하려는 Toyota사의 목표이다.[17]

우리가 이런 기업들 그리고 기업들의 원리원칙을 눈여겨본다면, 우리는 법적 지위, 역사, 국적, 제품 및 업계에 관한 차이에도 불구하고 4가지 공통적인 특질을 볼 수 있다. 첫째, 그 회사들은 존경과 신뢰로 자신들이 의존하는 사람들 집단을 다루고자 한다는 것이다. 그 기업들의 목표는 주요한 집단들과의 장기적인 관계를 구축하고 유지하는 것이다. 둘째, 장기적인 사고는 단기적인 사고보다 그들에게 중요하다는 것이다. 셋째, 품질과 혁신이 자신의 성공의 차원을 넘어 자신들의 문화이며 요인이다라는 것이다. 마지막으로, 그들은 자신들 주위에 있는 자연적 및 사회적 환경에 대해 책임감을 느끼며 또한 마케팅을 포함하여 매일매일의 사업활동에 자연적 및 사회적 환경을 결합하고 있다는 것이다. 따라서 환경적 및 사회적 기준은 기업들이 제공하는 제품 및 서비스의 통합된 부분이다.

기업의 가치관은 기업들이 추구하는 지속가능성 마케팅 접근방법에 대한 규범적인 기본이다. 우리는 기업의 가치관이 지속가능성 마케팅 관리자들이 전략적 및 운영적 수준에서 의사결정을 하는데 도움을 준다는 사실을 깨닫게 된다. 역시 통합된 가치관은 기업의 상표로 반영되는데, 기업의 상표들은 여러 가지 이유로 점차 중요시되고 있다.[18]

- 제품상표가 주로 소비자를 목표로 하지만, 기업상표는 실질적 및 잠재적인 구성원, 주주 및 비정부조직을 포함하여 많은 이해관계자에게 소구한다. 자주 대기업들은 엄중한 조사의 대상이 되고 있다. 기업의 책임은 상이한 이해관계자들에 의해 요구되고 있다. 환경적 및 사회적 탁월함을 구체화하는 기업상표는 기업으로 하여금 위치를 확립하는데 도움을 준다.

- 역시 기업상표는 전세계적으로 수천 명의 구성원을 확보하고 있는 Toyota, Electrolux 및 SC Johnson사와 같은 대기업에서 주체성을 높이고 또한 공통적인 목표감을 유발 · 창출한다.
- 세계화와 국제화로 인해, "제조자"라는 속성은 "제조국"이라는 속성보다 더욱 더 중요해지고 있다. 대부분의 Electrolux 제품은 스웨덴에서 제조하지 않지만, 세계의 다른 곳에서 제조되고 있다. 이와 유사하게 Toyota사는 지역시장을 위한 자동차를 제조하거나 조립하는데 세계 모든 곳에 공장을 확보하고 있다.
- 특히, 기업상표는 긍정적인 방법에서 제품상표를 지원할 수 있다. SC Johnson사에서 판매되는 위생용으로 상표화된 상이한 종류의 가정용품들은 가족기업의 긍정적인 이미지로 인해 이익을 창출한다. 만약 기업상표와 제품상표가 하나이고 동일하다면(예:Hipp), 긍정적인 효과는 더욱 더 확실하기까지 된다.

2.1 기업의 지도자

명문화된 기업 진술문을 기업 지도자들이 핵심적인 가치관을 실천하지 않는다면 많은 것을 의미하지 않는다. 소유자와 경영자들은 핵심적인 가지관을 기준으로 생활해야 하며 또한 가치관을 기준으로 살아가도록 보여야 한다. 소유자와 경영자들은 자사의 구성원들에게 지속적으로 핵심적인 기업의 가치관을 커뮤니케이트 해야 한다. 실증적인 연구 결과, 소유자와 경영자들은 능동적인 지속가능성 마케팅 접근방법에 대한 중요한 추진인자들 중의 하나라는 사실을 밝혔다.[19] 즉 소비자들은 역시 이러한 맥락에서 의미있는 역할을 하지만, 그러한 노력을 시작하고 또한 지속하기 위해서 지도자가 강한 신념을 취하는 것이 매우 중요하다. 이것은 아래와 같은 의문사항을 자아낸다. 즉 기업들은 왜 지속가능성 마케팅 접근방법을 추구하는가? 무엇이 지도자가 그렇게 하는데 동기가 되는가? 일반적으로 우리는 윤리적-도덕적 동기와 경제적-전략적 동기를 구별할 수 있다. 그에 따라 〈그림 5.4〉와 같이 4가지 상이한 유형의 지속가능성 마케팅 기업이 존재한다.

윤리적–도덕적 동기의 정도 \ 경제적–전략적 동기의 정도	저	고
고	공상적 사회개량 주의자	윤리적 전략주의자
저	자영업자	기회주의자

그림 5.4 4가지 상이한 지속가능성 마케팅 기업의 유형

- 자영업자(self-employers)들은 세계를 변화시키려고도 또한 풍요롭게 하는 것을 원하지 않는다. 그들은 분명한 윤리적 또는 경제적 동기를 가지고 있지 않다. 그들은 단지 시장에서 생존하고자 하며 또한 알맞은 삶을 살아간다. 많은 소규모한 가족기업, 라이프스타일 기업 또는 고도의 전통적인 또는 기술(예술) 및 창의적인 시장에서 운영하는 기업들이 있는데, 그 시장에서 기업은 소유자의 라이프스타일과 개인적인 우선순위에 반응한다.
- 공상적 사회개량주의자(do-gooders)들은 생태적 및 사회적 책임에 대해 깊이 염려한다. 그들의 사명은 세계를 더 좋은 장소가 되도록 하기 위해 기업을 이용한다. 그들은 이익 이전에 원리 · 원칙을 제시한다. 이런 유형의 기업 지도자로서 잘 알려진 예는 1976년 The Body Shop사를 설립한 Anita Roddick이다. 그녀는 자신의 윤리적 가치관에 따라 기업을 설립하였다. 그녀는 아주 간단하며 재활용할 수 있는 포장화로 천연화장품을 판매하였는데, 자연환경에 대해 최소한의 해가 되는 것을 목표로 하고 있다. 모든 화장품들은 동물시험이 없이 제조·생산된다. 천연성분들은 자주 후진국에서 조달되며 또한 어떤 제품계열의 경우, 이익의 1%가 환경 및 사회단체에 기부된다.
- 기회주의자(opportunists)는 주로 수단과는 관계없이 돈을 버는 것을 신봉한다. 공상적 사회개량주의자와는 반대로, 기회주의자들은 원리 · 원칙 이전에 이익을 우선한다. 그것이 법적 요구조건내에 존재하는 한(그리고 간혹 그렇지 않을 수도), 경제적 합리주의자들은 이러한 기회를 이용하고, 또한 이런 종류의 시장에 어떤 종류의 제품을 제공한다. 만약 소비자들이 환경적 속성을 요구하고 또한 많은 이익으로 전달될 수 있다면, 기회주의자들은 그것을 공급하는데 그렇지 않는 경우에는 전혀 공급하지 않는다. 천연식품에 대한 독일시장을 살펴보라. 그 시장에 성장하고 또한 점증하는 소비자들이 천연식품을 구입함에 따라 "심하게 할인하는 기업"들까지도 이런 종류의 제품을 제공하기까지 한다. 그들은 환경적 관심사에 대한 시류에 빠지고 있는 것이다. 크게 할인하는 기업들이 기본적으로 경제적이며 전략적인 이유로 그렇게 행한다고 가정하는 것이 안전하다.
- 윤리적 전략주의자(ethical strategists)들은 혼합된 동기를 갖고 있다. 그들은 지속가능성 마케팅의 3가지 핵심 즉 생태적, 사회적 및 경제적 목적을 충족함으로써 원리와 이익을 균형화하려고 시도한다. Claus Hipp는 그런 기업 지도자의 하나의 예이다. 그는 종교인으로서 기독교 가치관에 따라 살고 있다. 그는 진실로 자연보존을 믿고 있으며 또한 공동체를 서브하는 것을 믿고 있다. 그것은 간단한 마케팅 장치가 아니다. 그의 경우에, 이러한 위치는 즉시적인 소비자 욕구와는 무관하게 유지된다. 대부분의 경우, 환경적인 제품 속성은 비협의적이다. 수십 년의 기간 동안 사고함으로써, Hipp는 장기적인 이익을 창출하려고 하며 또한 생태적 및 사회적 목표를 그 장기적 이익과 합리적으로 균형화 하려고 한다.

Anita Roddick은 이익 이전에 열정을 발휘하는 목소리가 높은 주창자이었다. 그녀가 기업을 설립하고 운영하였을 때 높은 윤리적 가치관과 개인적 도덕심을 가졌다. 역시 그녀는 지속가능성 마케팅의 과정에 도덕성이라는 의미를 부여하였다. 능동적인 지속가능성 마케팅 접근방법을 추구하고 있는 가치부여기업의 지도자인 Claus Hipp(Hipp사), Seth Goldmann(Honest Tea사), David와 Mike Hartkop(Solar Roast Coffee사), Aaron Lamstein(WorldWise사) 및 기타 많은 지도자들도 그렇게 행하고 있다. 그러나 지속가능성 마케팅 과정에 관여된 지도자들의 개인적인 도덕성은 단순히 언급되고 또한 실용주의적이며 독단적이다. 많은 지도자들은 제품의 환경적 및 사회적 영향을 줄이는 것은 실행하기에 단지 좋을 것이라고 주장한다. 고객만족, 수익, 비용 및 이익에 대한 "합리적인" 기업의 주장은 그 기업의 내적 및 외적인 면에서 지속가능성 의제를 촉진하기 위해 이용되고 있다. "윈-윈-윈" 해결방법에 대한 화려한 문체가 널리 퍼져나가고 있는데, 그것은 자연 환경 및 사회적 환경에 좋은 것은 역시 고객 및 장기적인 이익에 좋은 것이다라는 것을 의미한다. 도덕적 양심, 사회적 책임 또는 생태적 의무에 대한 "감정적인" 의견교환은 전체적으로 회피되고 있다. 이러한 현상은 교화에 반대되는 것으로서 도덕관념이 없음이라고 한다.[20] 도덕관념이 없다(amoralization)는 것은 지속가능성 마케팅에서 도덕적 의미를 없애는 것을 의미하는데, 교화인 후자는 도덕적 의미가 지속가능성 마케팅에 밀착되어 있음을 시사한다.

3 지속가능성 마케팅의 목적

사회적 및 환경적 이슈에 대한 관심사를 설명하는 잘 의도된 기업의 지속가능성 진술문은 그 진술문이 단기적인 경제적 목적의 추구에 의해 손상된다면 거의 가치가 없다. 즉 그것은 지속가능성 이슈가 목표를 설정하는 과정에서 결합되어져야 한다는 이유인 것이다. 일반적으로, 목표(목적)는 구체적이고, 측정가능하고, 시간과 관련되고, 도전적이며 또한 달성 가능해야 한다. 지속가능성 마케팅 목표는 기업이 장래의 특정한 시간에 어디에 존재하려고 의도하는 것을 제시한다. 즉 무엇이 성취되어져야 하는가? 그 결과는 언제 성취되어져야 하는가? 전형적으로 마케팅 목표는 제품 및 서비스와 관련된다. 예를 들어, 유아용 식품기업인 Hipp사는 아래와 같은 마케팅 목표를 가질 수 있다. 즉 내년 말까지 독일의 식품시장에서 Hipp사의 유아용 식품의 시장점유율을 60%에서 65%로 증가하는 것이다. 전통적으로 마케팅의 성과는 판매고, 이익 및 시장점유율을 기준으로 측정된다. 그러나 마케팅 성과가 재무적 및 성장지향적 목표에 집중된다면 마케팅 관리자들은 지속가능성 이슈에 관여할 가능성이 없다. 그것은 마케팅의 경제적 목표가 생태적 및 사회적 목표에 의해 보완되어야 하는 이유인 것이다. 즉 생태적 및 사회적 목표는 지속가능성 마케팅 기업을 지침하고 또한 동기를 부여하는데, 특히 보상이 마케팅 기업들에게 연결된다면 즉, 마케팅 기업들이 특별한 사회적 및 생태적 목표를 달성한다면, 마케팅 기업은 특정한 기간이 끝나는 시점에서 별도의 보수 즉 보너스를 받게 된다.

3.1 지속가능성 마케팅의 경제적 목표

경제적 목표는 전통적인 마케팅에 있어 유력한 것이며 또한 지속가능성 마케팅과 계속 연관된다. 고전적인 마케팅 목표는 수익, 시장점유율, 이익 및 수익성이다. 이런 목표들은 시장에서의 거래와 관련되며 또한 상대적으로 추적조사하기가 용이하다. 기존의 잘 수립된 기업의 경우, 중요한 경제적 지속가능성 목표는 전통적인 제품 및 서비스와 비교하여 지속가능한 제품 및 서비스의 수익 및 점유율을 증가시킬 수 있다. Toyota사 목표 중의 하나는 Toyota사의 전체적인 하이브리드 시스템의 이점에 대해 일반 공중들의 인식을 높이는 것이며 또한 2010년까지 하이브리드 자동차의 전세계적인 판매고를 100만 대로 증가시키는 것이다.[21]

집중사항이 단순한 거래로부터 장기적인 관계로 변환됨으로써, 고객만족과 고객가치도 역시 마케팅 목표와 관계가 되고 있다. 즉 고객만족은 당기업이 공급한 제품이나 서비스가 어떻게 고객의 기대를 충족시키는가를 측정한다. 고객의 만족이 높을수록, 고객이 그 기업에 대한 충성도를 유지하고 또한 장래에도 그 기업의 제품을 재구매할 가능성이 더 커진다. 고객의 평생가치는 고객의 경제적인 삶 전체에서 고객의 금전적 가치를 나타낸다. 제품 및 서비스의 구매 및 재구매가 고려되고 또한 순현재가치를 계산하기 위해 할인된다. 실제로 고객관계와 관련되는 복잡함과 불확실성으로 고객의 평생가치를 정확하게 계산하는 것은 어렵다.

수익과 같은 전통적인 마케팅 목표가 실질적인 고객행동의 결과에 집중하지만, 심리묘사적 마케팅 목표는 소비자 행동 중 정신적인 과정을 표출한다. 즉 제품이나 상표에 대한 긍정적인 태도와 지각은 그것을 구입하는 소비자의 경향에 영향을 준다고 가정하는 것이 안전하다. 심리묘사적 마케팅 목표에는 제품이나 상표에 대한 인식률, 태도, 선호도 및 구매의도가 포함된다. 예를 들어, Electrolux사는 아래와 같은 목표를 수립할 수 있다. 즉 우리는 내년 말까지 중국에서 Electrolux상표에 대한 도움을 받지 않은 인식률을 20%에서 30%로 높이고자 한다. 더욱더 우리는 중국의 표적집단에서 품질, 디자인 및 환경과 관련되는 Electrolux상표의 긍정적인 이미지를 높이고자 한다. 실질적인 소비자 행동과는 달리, 심리묘사적 변수들은 직접적으로 조사·관찰되지 않는다. 그것은 심리묘사적 변수가 측정하기 어렵고 또한 비용이 소요되는 이유인 것이다.

3.2 지속가능성 마케팅의 생태적 목표

경제적인 목표는 거의 대부분 수익, 시장점유율 또는 이익에 대한 기여의 조건에서 고객 구매의 전체적인 결과와 관련된다. 생태적 목표는 물질적인 제품수명주기의 모든 측면(단계)에 대해 제품이나 서비스의 소비와 생산의 생태적 영향을 관리하는 필요성을 반영한다. 어느 부문의 경우, 제품과 서비스의 사용 측면(단계)(예: 자동차의 연료소비, 세탁기의 물 소비) 동안 그리고 처분시 제품과 서비스의 유용한 수명이 끝나는 시점에서 제품과 서비스의 영향은 생산 측면(단계)의 영향과 같거나 초과할 수 있다. 전체 수명주기에 걸쳐 제품 및 서비스의 환경적 영향을 지속가능성 마케팅 관리자에게 알도록 하기 위해 그리고 의사결정, 생태적 지표와 목표설정 시 환경적 영향을 고려하도록 하는 것이 매우 중요하다. 정보는 제품 디자인 및 개발과 관련되는 수명주기 평가 또는 서류에서 도출될 수 있다. 지속가능성 마케팅에서의 생태적 목표에는 아래의 것이 포함된다.

- 원료사용 (예: 재생불가능 및 재생가능 에너지의 사용, 독성 원료의 사용)
- 물 사용 (예: 생산 및 제품 사용 동안에 사용되는 양)
- 배출 (예: 온실가스, 독, 오존감소 배출)
- 폐수, 폐기물 (예: 생산과 제품 사용시 수질에 대한 영향)
- 쓰레기 (예: 회수불가능, 독성물질/독성요소)[22]

예를 들어, Toyota Prius의 혼합연료 소비는 100km당 휘발유가 4.3L인데, 이때 104g의 CO_2가 수반된다. 생태적 목표는 2010년까지 Toyota Prius의 혼합연료 소비는 100km당 100g의 CO_2 그리고 4L 이하로 휘발유 소비를 줄이는 것이다. 실제 연료소비와 자동차의 배출은 운전자의 운전습관에 좌우된다. 연료효율적인 운전을 고무하기 위해 Toyota사는 기어변속 지시기를 디자인하였는데, 그 지시기는 기어를 작동하는 운전역량을 변경하고 또한 오염배출을 없애도록 최적점을 운전자에게 지시하도록 한다.

사용이 끝나는 시점에 제품과 포장재료의 처분은 점차 중요한 환경적으로 도전적인 문제가 되고 있다. 허점을 없애기 위한 효과적인 재활용과 재사용 방식을 수립하는 것은 자원효율성을 증가시키는데 기여할 수 있다. 재활용 할당액은 아래와 같이 계산될 수 있다.

$$\text{재활용 할당액} = \frac{\text{보고된 기간내에 재생이용된 제품 및 그 제품의 포장재료}}{\text{보고된 기간내에 판매된 제품}} \times 100$$

재활용 할당액이 높을수록, 기업이 사용된 제품, 구성부품 또는 재료를 수집하여 새로운 생산공정을 위해 유용한 재료로 변환하는 것이 더 좋을 수 있다. 이러한 지표는 특히 제품 및 그 제품의 포장재료를 재활용하기 위한 공식적인 요구조건에 직면하고 있는 부문에서 경쟁적 우위(차별화 또는 원가)의 잠재적인 원천에 대해 통찰력을 제공한다.[23]

정보에 기초한 의사결정을 하기 위해 소비자들은 전반적인 수명주기에 따라 제품 및 서비스의 환경적 및 사회적 영향에 대한 적절한 정보가 필요하다. 따라서 제품 및 서비스에 관하여 적절한 정보와 표찰화를 제공하는 것은 지속가능성 마케팅에 필수적이다. 가능한 목표는 주어진 기간 동안 특별한 비율을 기준으로 특별한 환경적 상표나 표찰에 대해 고객의 인지를 증가시키는 것이다.

3.3 지속가능성 마케팅의 사회적 목표

외적인 환경적 영향 이외에, 건강과 안전은 지속가능성 마케팅의 중요한 이슈이다. 고객들은 제품 및 서비스가 잘 수행되기를 기대하며 또한 자신들의 건강과 안전 그리고 다른 사람들의 건강과 안전에 대한 위험을 부담하는 것을 기대하지 않는다. 즉 지속가능성 마케팅의 일반적인 목표는 사용하는 동안 제품의 안전을 향상하는 것이며 또한 건강에 대한 잠재적으로 부정적인 영향을 줄이는 것이다.[24]

역시 점증하는 고객들은 그 제품의 차원을 넘어 세계를 생각한다. 즉 그 제품이 어디에서 그리고 어떤 조건에서 생산되느냐를 고려한다. 따라서 작업장에 있는 사람들에 대한 육체적인 보호와 복지는 지속가능성 마케팅의 중요한 지표이다. 이것은 공급체인내의 작업자들뿐만 아니라 구성원들에게 적용된다. 양말이나 의류와 같은 산업들 즉 생산능력 때문에 후진국에 의존하는 산업들은 사회적인 도전적 문제에 직면하고 있다. 예를 들어, 1990년대 중엽 Nike사는 착취공장 노동자와 자사 제품을 연결하는 고소사건에 직면하였다. 나쁜 홍보는 자사 제품의 판매 그리고 이미지를 손상케 하였다. 그후 Nike사는 자사의 공급체인내의 조건에 대해 책임을 지고 또한 조건을 변경하려고 하였다. The Nike Code of Conduct는 자사 작업자의 권리를 존중하고, 작업자들에게 안전하고 건강한 작업을 제공하고, 또한 최소한 최저임금이나 또는 현재 널리 적용되고 있는 업계의 임금 중에서 더 높은 것을 지급하면서 Nike 상표가 부착된 제품을 제조하는 동반자를 물색하고 있다. 계약기업 즉 하청기업의 공장조건을 개선 · 향상하고 또한 작업자의 권리를 향상하는데 도움을 주는 것은 Nike사의 가장 중요한 기업 책임 노력의 하나이었다. 2011년 회계연도 동안 Nike사는 아래와 같은 목표를 설정하고 있다.

- 모든 중심적인 계약공장에 인적자원 관리 프로그램을 실행함.
- 모든 중심적인 계약공장에 결합의 자유에 대한 교육 프로그램을 실행함.
- 중심적인 계약공장에 근무하는 작업자의 만족과 권한위양에 대한 조사를 시행함.
- 중심적인 계약공장에 초과근무시간을 없게 함.[25]

기업들은 자신들이 운영하고 있는 공동체에 대해 긍정적 및 부정적인 영향을 줄 수 있다. 일반적으로 기업들은 긍정적인 사회적 영향을 증가시키고, 부정적인 영향을 줄이는 것을 목표로 한다. 즉 많은 기업들이 생활의 질을 높이는 사회적, 문화적 및 교육적인 프로젝트에 대한 기여와 관여를 통해서 공동체의 복지에 기여하고 있다. 그러나 대부분의 기업들은 기업의 사회적 책임(CSR)에 대해 반응적인 접근방법을 따르고 있다(제2장 참조)[26]. 자주, 기부와 관여는 기업의 핵심적인 사업과는 동떨어져 있다. 이와는 대조적으로 Nike사는 기업 및 제품상표에 가치를 부여함으로써 핵심사업과 밀접하게 연관되는 기업의 사회적 책임(CSR)에 대해 전략적인 접근방법을 추구하고 있다. 즉 Nike사는 스포츠는 젊은 사람들 그리고 그들이 살고 있는 공동체에서 긍정적인 변화를 위한 촉매제라고 믿고 있다. 따라서 자사의 공동체에 대한 투자는

"Let Me Play"라고 하는 프로그램에 집중하고 있는데, 그 프로그램은 스포츠에의 접근이 젊은 이들의 삶을 향상시킬 수 있기 때문에 세계전역에서 제외된 젊은이들에게 운동할 수 있는 기회를 준다. 즉 Nike사는 제품을 제공하고, 운동장을 다시 포장하고, 공동체에 기반을 둔 프로그램을 지원하며 또한 젊은이들이 자신들의 공동체를 결성하는데 도움을 주고 있다. 2005~2006년에, Nike사는 "Let Me Play" 공동체에 바탕을 둔 스포츠 활동에 전세계적으로 1억 달러(7,200만 유로 달러)를 투자하였다. 2011년까지 Nike사는 그 프로그램에 추가적으로 3억 1,500만 달러(2억 2,700만 유로 달러)를 투자할 것이다. 사회를 위해 선행함으로써, Nike사는 자사의 기업 이미지를 높이고 자사 상표를 강화하였다.

경제적, 생태적 및 사회적 목표는 긍정적, 부정적 또는 공동적인 상호의존성을 가진다. 아직까지도 실제로 많은 마케팅 기업들은 상기의 3가지 상이한 종류의 목표들이 조화가 될 수 없다고 생각한다. 즉 마케팅 활동에 대해 현재 널리 알려진 견해와는 반대가 되는 것으로서, 지속가능성 마케팅에 대한 문헌들은 환경적, 사회적 및 경제적인 마케팅 목표들 간에 긍정적인 관계를 지적하고 있다. 이러한 견해를 보다 강조 · 주목하기 위해, 많은 사례와 일화와 같은 증거들이 본 장에 제시되어 있다. 그러나 이런 종류의 win-win-win 문제는 기껏해야 고지식한 것이며, 최악적으로 역생산적이다.

어떤 마케팅 기업들에 의해 행해진 실수는 마케팅 기업들이 자신들이 세운 기존의 목표에 사회적 및 환경적인 목표를 아주 간단하게 연결시킴으로써 지속가능성 관심사에 반응한다는 것이다. 지속가능성으로 향해 실질적인 진보발전을 하는 것은 기업의 지속가능성 가치관을 반영하고 또한 3가지 측면을 균형화하고 통합하며 또한 장기적 및 단기적 우선 순위를 균형화하는 방식으로 마케팅 목표를 수립하기 위해 사회적 및 생태적 목표를 필요로 할 것이다. 즉 생태적, 사회적 및 경제적 목표라는 3가지 핵심결과를 충족하는 것은 용이한 제안이 아니다. 지속가능성 마케팅의 환경적, 사회적 및 경제적 목표들 간의 상호의존성은 측정하고 지속적으로 변화하는데 있어 복잡하고 어렵다.

통상, 장기적으로 성공하기 위해서는 인내와 참을성이 요구된다. Hipp가 천연유아용 식품으로 변경하였을 때, 외부요인을 고려하였던 Hipp를 생각해 보라. 또는 Toyota사가 1997년 Prius를 출시하였을 때를 되새겨 보라. 그 당시, 가스를 소비하는 스포츠실용차(SUV)들은 게임 그 자체의 명칭이었다. 에너지 효율적인 자동차 또는 대안적으로 힘이 있는 자동차들은 대부분의 자동차 회사들에게는 최고의 우선순위가 아니었다. 그리고 자동차 운전자들이 자연환경에 대한 자신들의 관심사를 주장하였지만, 많은 운전자들은 보다 강력한 힘이 있는 자동차를 구입하였다. 하이브리드 엔진시스템이나 전기자동차를 개발하기 위해서는 시간과 투자가 요구되고 있다. 소비자의 지각을 변화시키는 것은 많은 시간과 자금이 소요될 수 있다. 그래서 생태적, 사회적 및 경제적 목표들 간에 올바른 균형을 발견하는 것은 지속가능성 마케팅 기업들에 대해서는 매우 요구되는 도전적인 과제이다. 즉 그것은 결코 끝이 없이 계속되는 과정이다. 단기적인 목표에 대해 망각하지 않고 장기적인 목표를 생각하는 것은 지속가능성 마케팅 의사결정 과정에서 매우 중요하다.

주요 용어

1차적 욕구	기업철학	소비자 주권
2차적 욕구	기회주의자	외부 비용
경제적 목표	도덕관념이 없음	윤리적 전략가
공상적 사회개량주의자	사회적 목표	자영업자
교화	생태적 목표	피라미드의 기초
기업 가치관		

검토해야 할 의문사항

1. 1차적 욕구와 2차적 욕구간의 차이는 무엇인가? 무슨 요인이 2차적 욕구에 영향을 미치는가?

2. 외적-내적 식견과 반대되는 것으로서 자연환경에 대한 내적-외적 식견을 설명하라.

3. 윤리적-도덕적 동기 및 경제적-전략적 동기와 관련하여 지속가능성 마케팅 기업의 4가지 유형을 설명하라.

4. "도덕관념이 없음"이라는 용어는 무엇을 의미하는가?

5. 지속가능성 마케팅에서 사회적 및 생태적 목표를 열거 · 제시하라.

논의해야 할 의문사항

1. 자발적 단순성이란 개인들이 부와 소비에 대해 "더 많은 것이 더 좋다"라는 추구사항을 최소화하기 위해 몇 가지 이유근거에 대해 선택하는 라이프스타일이다. 개인과 사회를 위해 그러한 라이프스타일의 긍정적 및 부정적 결과는 무엇인가?

2. Hipp, SC Johnson, Electrolux, Toyota 및 Nike사와 같은 기업들은 자신들의 핵심적인 기업 가치관에 따라 행동하고 있는가? 이런 기업들에 대해 비판적인 웹사이트를 탐색하고 화려한 문체와 현실 간의 격차를 논의하라.

3. 많은 다른 자동차 회사들과 비교하여, 지속가능한 발전에 대한 Toyota사의 기여는 의심할 바 없이 원대하지만, 그것은 역시 몇 가지 비판에 직면하고 있다. 시장, 소비자 주권, 1차적 및 2차적 욕구와 관련된 Toyota사의 기본적인 가정을 논의하라.

4. 지속가능성 마케팅에서 특정하고도 측정가능한 목표를 정하는 우위성과 결점은 무엇인가?

5. 지속가능성 마케팅 기업이 직면하고 있는 가장 압박을 가하는 이슈 중의 하나는 경제적, 생태적 및 사회적 목표를 균형화하는 방법이다. 상이한 종류의 목표들 간의 부정적인 상호의존성의 예를 제시하라. 부정적인 상호의존성이 어떻게 해결될 수 있는가를 논의하라.

지속가능성 마케팅의 도전적 문제 Sustainability marketing challenge

BP-석유의 차원을 넘어

2008년 2월, BP사의 최고경영자인 Tony Hayward는 자사의 대안적인 에너지 사업의 판매고를 고려해야 한다는 사실을 암시하였다. 그는 재생할 수 있는 연료를 포함하여 모든 것은 BP사가 자사의 재무적 상태를 복원 · 부흥해야 하는 압박을 받았을 때 자신들의 방식에 대해 댓가를 지불해야 한다는 사실을 명백하게 밝혔다. "2007년은 BP사가 변화를 한 해이었다. 재무적 성과의 조건에서, 그것은 우리 전부가 기꺼이 남겨야 하는 것으로서, 우리는 우리의 동료들과의 관계에서 투자자에 의해 판단된다는 것이다. 이러한 점에서, 우리의 재무적 성과는 충분하게 좋지는 않다"고 Hayward는 솔직하게 말하였다. 2007년 BP사의 연간 이익은 기록적인 석유가격의 시기에 173억 달러(125억 유로 달러)로 22%나 하락하였다.

재생사업의 전부 또는 일부를 처분(매각)하는 것은 전 최고경영자인 John Browne경하에서 당기업의 전략의 주요 부분과는 반대로 역행하는 것인데, Browne경은 재생에너지를 BP사의 운영 및 이미지의 핵심으로 인식하였다. Browne는 성공적인 기업지도자로 인정받아 왔었다. 그는 활기가 없는 2위에 처진 유럽의 석유기업으로부터 BP사를 Amoco사 및 Arco사를 인수함으로써 세계에서 가장 규모가 큰 석유 메이저 중의 하나로 변모시켰다. 1998년 560억 달러(400억 유로 달러)로 Amoco사를 매수하기로 한 거래는 지금까지 가장 규모가 큰 업계의 합병이었다. "이 사람은 통찰력이 있는 사람이다"라고 Oppenheimer의 분석가인 Fadel Gheist는 말하였다. 그 이슈가 러시아 또는 지구온난화에서 볼 때, 합병이며 기회인가에 대해 "Browne는 경쟁이 닥치기 전에 이미 경쟁이 올 것을 예견하였다." 1997년 Browne는 배출과 지구온난화 간의 연결성을 인식하는 첫 번째 대형 정유회사의 최고경영자이었다. 결과적으로, 그는 환경적인 책임을 강조하였으며, 또한 내적-외적으로 BP사를 변화시키기 시작하였다. 이 새로운 BP사의 사명문을 아래와 같이 언급한다.

●●●

우리의 제품과 서비스는 보다 좋은 생활의 질에 기여한다. 우리의 제품과 서비스는 이동하고 난방을 하고 또한 보는 자유를 제공한다. 우리는 이러한 자유가 인간의 권리 그리고 자연환경 모두를 존경하는 방식에서 에너지를 생산하고 소비하기 위해 책임과 분리될 수 없다는 사실을 믿고 있다. 이러한 균형을 믿는 것은 우리의 원동력이다.

●●●

건강, 환경과 안전, 사람과 역량, 외적 관계 및 성과 등을 포함한 18개 집단은 BP사의 경영자 및 근로자들이 실천적인 행동조치를 위한 지침을 기업사명문에 제시되도록 도움을 주고 있다. 그것을 계기로 BP는 세계의 에너지 모순을 제시하는데 도움을 주는 해결방안을 수립 · 개발하는데 있어 선두가 되는 "환경적 지도력"을 주장한다. Browne의 지도력하에, BP사는 석유의 탐사와 생산시 오염배출을 줄이기 위해 작업하고, 천연가스와 같은 청정연료를 시장에 출시하며 그리고 수소, 바람 및 태양과 같은 재생가능한 에너지원에 대해 두드러진 투자를 하였다. 사실상, BP사는 전세계적으로 태양열 집열판을 생산하고 이용하고 있는 최대 기업 중의 하나이다. 당기업의 새로운 가치관과 전략을 표출하기 위해 BP사는 "녹색 후원자"라는 로고를 그리스의 태양의 신인 Helios의 상징으로 변경하였다. 그 로고는 녹색과 노란색으로 된 해바라기 유형으로 되어 있다. 2000년 이후, BP사는 기업상표를 재위치화하고 또한 자사의 광고에 "Beyond Petroleum"이라는 표제를 커뮤니케이트 하는데 수백 만 달러를 제출하였다. 2005년 BP사는 지속가능성 마케팅 노력을 계속 추진하기 위해 BP Alternatives Energies라는 사업단위를 설립하였다. 2007년 BP사는 역시 천연가스, 수소, 태양 및 바람을 포함하여 대안적인 연료방법을 조사하기 위해 10년 이상 80억 달러(58억 유로 달러)를 지출할 것이라고 발표하였다.[27]

| 논의해야 할 의문사항 |

1. BP사의 재무적 성과는 자사의 동료 기업들의 재무적 성과와 어떻게 비교되는가? Shell, Exxon 및 BP사의 최근 연간보고서를 조사하고, 가장 중요한 재무적 수치를 분석하라.
2. "세계의 에너지 모순"이 의미하는 것은 무엇인가? 이러한 모순을 해결하기 위해 실행가능한 선택방법은 무엇인가?
3. BP사의 전 최고경영자인 John Browne경의 기업지도력을 무엇이라고 생각하는가?
4. BP사의 새로운 로고와 표제는 당기업의 환경적 면모를 표현하는가?
5. 당신의 견해에서 볼 때, 대형 정유기업의 환경적 변모는 신뢰가 가는가? 그것은 현실인가 또는 화려한 미사여구인가?

참고문헌

1. Hipp (2006) *Hipp Ethik-Charta*, 3rd edn, Pfaffenhoffen: Hipp; Hipp (2007) *Hipp Ethik-Management*, 3rd edn, Pfaffenhoffen: Hipp; www.hipp.de (accessed 3 January 2009).
2. Crane, A. (2000) *Marketing, Morality and the Natural Environment*, London: Routledge, , pp. 121–71.
3. For the following discussion of basic marketing assumptions and beliefs about the sanctity of marketing, the sovereignty of consumers and the satisfaction of needs, see Peattie, K. (1999) 'Rethinking Marketing', in Charter, M. & Polonsky, M.J. (eds), *Greener Marketing. A Global Perspective on Greening Marketing Practice*, Sheffield: Greenleaf Publishing, pp. 57–70; and Peattie, K. (2007) 'Sustainable Marketing: Marketing Re-thought, Re-mixed and Re-tooled', in Saran, M., Maclaran, P., Elliott, R. *et al.* (eds), *Critical Marketing: Defining the Field*, London: Butterworth-Heinemann, pp. 193–210.
4. Gray, R. (1990) 'The accountant's task as a friend to the earth', *Accountancy*, 102(1192): 65–9.
5. Kotler, P. & Armstrong, G. (2004) *Principles of Marketing*, 10th edn, Upper Saddle River, NJ: Prentice Hall, p. 6.
6. Max-Neef, M. (1991) *Human-Scale Development: Conception, Application and Further Reflection*, London: Apex Press; Max-Neef, M. (1992) 'Development and Needs', in Ekins, P. & Max-Neef, M. (eds), *Real-Life Economics: Understanding Wealth Creation*, London: Routledge.
7. Kotler, P. & Armstrong, G. (2004) *Principles of Marketing*, 10th edn, Upper Saddle River, NJ: Prentice Hall, p. 6.
8. Jackson, T., Jager, W. & Stagl, S. (2005) *Beyond Insatiability: Needs Theory, Consumption and Sustainability*, Working Paper Series Number 2004/2, Guildford: Centre for Environmental Strategy, University of Surrey, p. 13.
9. *Ibid.*, p. 5.
10. *Ibid.*, p. 20.
11. Kotler, P. (1972) 'What consumerism means for marketers', *Harvard Business Review*, 50(3): 48–57.
12. UN (2005) *The Millennium Development Goal Report 2005*, New York: United Nations.
13. Winn, M.I. & Kirchgeorg, M. (2006) 'Sustainability marketing for the poorest of the poor', *Business Strategy and the Environment*, 15(3): 171–84.

14. For the following discussion on the peripheral nature of nature, see Winn, M.I. & Kirchgeorg, M. (2005) 'The Siesta Is Over: A Rude Awakening from Sustainability Myopia', in Sharma, S. & Starik, M. (eds), *Corporate Environmental Strategy and Competitive Advantage*, Cheltenham: Edward Elgar Publishing, pp. 232–58.
15. Winn, M.I. & Kirchgeorg, M. (2006) 'Sustainability marketing for the poorest of the poor', *Business Strategy and the Environment*, 15(3): 171–84.
16. www.duravermeer.nl (accessed 3 January 2009). Water flooding is not just a Dutch problem. In 2007 there were catastrophic floods across the world, including Vietnam, India, Bangladesh, Mexico, Australia and Great Britain.
17. Toyota (2005) *European Environmental and Social Report 2005. Towards Sustainability*, Brussels: Toyota Motor Europe, pp. 4–7; Toyota (no date) *Aim: Zero Emissions*, Brussels: Toyota Motor Europe.
18. Hermann, S. (2005) *Corporate Sustainability Branding*, Wiesbaden: Gabler pp. 40–42.
19. Belz, F.-M. & Schmidt-Riediger, B. (2009) Marketing Strategies in the Age of Sustainable Development: Evidence from the Food Industry. *Business Strategy and the Environment* (forthcoming).
20. Crane, A. (2000) *Marketing, Morality and the Natural Environment*, London: Routledge, pp. 121–71.
21. Toyota (2008) *Sustainability Report 2008: Towards a New Future for People, Society and the Planet*, available at http://www.toyota.co.jp/en/csr/report/08/index.htm (accessed 4 January 2009).
22. Global Reporting Initiative (2009) *Indicator Protocols Sets: Environment*, Version 3.0, p. 33, available at www.globalreporting.org (accessed 3 January 2009).
23. *Ibid*., p. 34.
24. Global Reporting Initiative (2009) *Indicator Protocols Sets: Product Responsibility*, Version 3.0, p. 3, available at www.globalreporting.org (accessed 3 January 2009).
25. Nike (2007) *Innovate for a Better World, Nike FY05-06 Corporate Responsibility Report*, Beaverton, OR: Nike. To ensure transparency Nike lists all contracted factories with names and addresses at the end of corporate responsibility report.
26. Porter, M.E. & Krämer, M.R. (2006) 'Strategy and society', *Harvard Business Review*, 84(12): 78–92.
27. BP (2009) *Our Values*, www.bp.com (accessed 3 January 2009); Bergin, T. (2008) 'BP sees no gain from green energy', *International Herald Tribune*, 27 February, http://www.iht.com/bin/printfriendly.php?id=10472441 (accessed 3 January 2009); Doh, J. & Holt, E. (2004) 'Lord John Browne and BP's Global Shift, In-Depth Integrative Case 1', in Hodgetts, R.M., Luthans, F. & Doh, J.P. (eds), *International Management: Culture, Strategy and Behavior*, 6th edn, Columbus, OH: McGraw-Hill/Irwin, pp. 516–20; Macalister, T. (2008) 'BP goes back to petroleum. The shift to renewables has been ditched for a carbon intensive future', *The Guardian*, 21 February, htpp://www.guardian.co.uk/business/2008/feb/21/bp.oik/print (accessed 3 January 2009); Schwartz, N.D. (2004) 'Inside the Head of BP. He doesn't like meat. He thinks green. What is John Browne doing running the world's largest oil company?', *CNNMoney.com*, 26 July, http://money.cnn.com/magazines/fortune/fortune_archive/2004/07/26/377141/index.htm (accessed 3 January 2009).

지속가능성 마케팅 전략

6

CHARTER

학습 효과

1. 마케팅 환경이 지속가능성 마케팅 전략을 수립하는데 영향을 미치는데 있어 행하는 역할을 이해함.
2. 사회내에서 지속가능성 이슈와 관심사가 마케팅 관리자에게 조성되는 기회와 위협을 논의하고 또한 기화와 위협에 대응하기 위해 마케팅 전략을 창안하는데 관련되어야 하는 주요한 요소들을 이해함.
3. 상이한 이해관계자들의 식견에서 지속가능한 전략을 평가함.

고찰내용 개념의 시연

마케팅 기업들이 채택하는 전략들은 기업의 가치관 및 목표에, 고객의 2차적 욕구 및 행동에 그리고 두 가지가 지속가능성에 지향하는 정도에 대해 단순히 반응하는 것이 아니다. 본 장에서 우리는 마케팅 환경 그리고 그 환경내의 활동요인과 영향력을 고려하는데, 활동요인과 영향력은 간혹 지속가능성을 추구하는데 있어 장애물을 조성하고 또한 간혹 지속가능성으로 향하도록 고무하는 것 그리고 통로를 제공함으로써 기업의 전략을 조성한다. 21세기의 지속가능성의 도전적인 과제에 대응하고 또한 생산과 소비에서 우리의 시스템을 조성하는 것은 제품, 기술 및 마케팅 전략에서 많은 혁신이 요구된다. 즉 지속가능성 마케팅 전략은 시장에 혁신을 성공적으로 주입시키는데 필요한 의문사항, 즉 언제, 어디에 그리고 어떻게에 집중한다.

지속가능성 마케팅 이야기 Sustainability marketing story

Marks & Spencer사의 "PLAN A"

Marks & Spencer(M&S)사는 영국에서 가장 오래 전에 설립되고 또한 가장 성공한 소매상 중의 하나이다. M&S사는 항상 자신을 가치관에 의해 선도되는 조직이라고 인식하고 있다. 2007년 1월, 이 회사는 5개년 지속가능성 계획인 "PLAN A"에 대해 2억 파운드(2억 1000만 유로 달러)를 조성하기 시작하였다. 이것은 선도적인 기업에 의해 수립된 가장 열망적인 지속가능성 전략 중의 하나를 나타내며 또한 ASDA와 같은 경쟁기업에 앞서 M&S사를 위치화하고자 하는데, ASDA사는 최근 쓰레기 매립지를 조성하지 않기로 약속하였으며, 또한 TESCO사는 자사의 탄소발생지역을 반으로 줄이기로 약속하였다. M&S사가 직면하였던 중요한 지속가능성의 도전적인 문제를 표출하고자 하는 100점짜리 PLAN A는 아래의 5가지 중요한 것으로 되어 있다.

- **기후변화:** 2012년까지 당기업을 탄소가 없는 것으로 만드는 목표
- **쓰레기:** 2012년까지 자사 운영으로 배출되어 매립되어야 하는 쓰레기를 없애는 목표
- **지속가능한 원천화:** 특히 천연 및 방목으로 나온 제품을 M&S가 사용하는 것을 확대함
- **윤리적인 거래표준:** 전세계적으로 자사의 원료공급업자 및 공급업자 공동체의 생계를 개선 · 향상시키기 위해 자체소유 상표 소매상으로서 M&S사의 힘을 이용함.
- 고객들 그리고 구성원들로 하여금 보다 건강한 라이프스타일로 살아갈 수 있도록 도움을 줌.

그 계획을 발표하는데 있어 M&S사의 최고경영자인 Stuart Rose는 다음과 같이 언급하였다.

모든 기업과 개인은 기후변화와 쓰레기에 대한 엄청난 도전적인 문제에 맞서 싸우기 위해 자신들의 본분을 다해야 한다. M&S사가 위대한 품질, 스타일적이며 혁신적인 제품을 계속 판매하고 있지만, 현재 우리의 고객, 구성원 그리고 주주들은 우리들로 하여금 두드러진 단계를 취하고 또한 상이하고도 책임있는 사업을 하도록 기대하고 있다. 우리는 책임적인 기업은 이익을 창출할 수 있는 기업이 될 수 있다고 믿는다. 우리는 이것을 "Plan A"라고 부르고 있는데, 그 이유는 "Plan B"가 없기 때문이다. 이것은 신중하게 열망적이며 또한 어떤 부분에서는 어려운 계획이다. 우리는 모든 해답을 가질 수 없지만, 우리는 해답이 이루어지도록 하기 위해 공급업자, 동반자 그리고 정부와 협력할 것을 결정하고 있다. 어떤 것을 거의 하지 않는다는 것은 선택대안이 아니다.

원래의 Plan A에서 100개의 지속가능성 서약을 기업 및 기업의 제품에 대해 마케팅하는 전략으로 전환하는 것은 다양한 혁신을 유도하며 또한 기업으로 하여금 새로운 유형의 전략적 관계를 강화할 것을 요구한다. 이것에는 영국의 다른 부분에 3개의 실험용 "생태-점포"를 개점하는 것이 포함되는데, 영국에는 약 80개의 새로운 환경적으로 지향된 시스템과 기술들이 각각에 시도되고 있다. 예를 들어, 자사의 피자류에 대한 포장화는 62%나 적은 재료를 사용하도록 재디자인되고 있는데, 천연식품의 판매고가 첫 년도에 48%나 증가하였으며, 새로운 공정무역과 천연 면, 천연 린텐 그리고 재활용된 폴리에스테르 제품들이 가정용품으로 도입되었다. 어떤 서약의 경우, 기업은 소비자들의 행동을 변화시키기 위해 소비자들과 협력하고자 하는데, 예를 들어, 30°C에서 세탁하는 비율을 23%에서 31%로 변경시키는데 기여하였으며, 또는 재사용을 고무 · 권장하기 위해 쇼핑백을 사용하는 것에 대해 추가비용을 부담케 하는 방식을 도입하였다. 역시 기업의 운영 측면에서도 상당한 작업이 이루어지고 있는데. 자사의 식품사

업부의 "탄소 지역"에 대해 감사가 행해지고, 지난 12개월 동안 55,000톤을 감소한 점포와 사무실에 에너지와 관련된 CO_2 배출을 줄이는 캠페인 등이 포함된다.

동반자화는 그 전략의 통합적인 부분이며 또한 당기업은 공급업자로 하여금 자신들의 지속가능성 영향을 줄이는데 도움을 주기 위해 공급연결쇠와 협력하고자 하는데, 예를 들어, 소규모한 재생할 수 있는 에너지 자원을 도입할 수 있도록 농부들에게 공급하는 것을 도와주는 프로그램을 통해서 이루어지고 있다. 서약 44(Pledge 44)의 경우, M&S사는 5년 이내에 "당신이 그 의상을 마지막으로 다 입은 후에도 당신의 옷들 중 어느 것도 쓰레기로 버릴 필요가 없다는 것을 확실히 함으로써" 고객들로 하여금 옷으로 발생한 쓰레기를 줄이도록 고객을 도와 줄 것을 약속하였다. 우리는 기부, 퇴비를 만듬. 그리고 재활용하는 것을 포함하여 의류를 처분하는 것에 대한 대체안들을 조사함으로써 시작할 것이다. 현저한 해결방법이 사내 의류 재생 이용 및 재활용 수단을 개발하는 것이지만, 이것은 제품을 재획득하는 것보다는 제공이 되도록 마련된 소매운영에 대한 독특한 역로지스틱스의 도전적인 문제를 발생케 하였다. 그 대신에 이 기업은 영국에서 가장 잘 알려진 자선기관 중의 하나인 Oxfam과 동반자화를 통해서 이 서약을 이행하였다. 세계적으로 빈곤을 예방하고 또한 개발을 촉진하는데 헌신할 뿐만 아니라, Oxfam사는 중고품 특히 의류를 재활용하는데 관련되는 가장 확정된 소매 네트워크를 제시하는 750개 이상의 중심가 점포로 된 전국적인 소매 네트워크를 소유하고 있다.

영국의 의류에 대해 YouGov가 행한 시장조사 결과, 약 24억 개 품목(사람들이 소유한 의류 중 거의 반 정도)이 과거 연도에 한번도 입지 않고 옷장 속에 처박혀 있음을 밝혔다. 25~34세 집단의 소비자들은 가장 비싸지만 입지 않은 의류를 모아두고 있는데 평균적으로 288파운드(239유로 달러)의 값어치가 있는 것이다. 이렇게 입지 않은 의류들은 소비자들에게는 전혀 가치를 제공하지 않지만, Oxfam사가 빈곤을 퇴치하려는 작업에 필요한 기금을 마련하기 위해 판매하고 그리고 다른 소비자들이 구입하고 혜택을 볼 수 있는 의상으로 변환될 수 있는 가치를 창출하는 하나의 덩어리를 나타내며 설명한다. 재판매용으로 입지 않는 의류까지도 Oxfam사의 자체 소유의 섬유분류 운용소로서 Hudderfield에 기반을 둔 Wastesaver를 통해서 다른 방식으로 재사용될 수 있다.

두 개의 조직이 과거에는 결코 협력하지 않았지만, 그 조직들은 쓰레기와 빈곤을 포함하는 주요한 지속가능성 이슈를 처리하는데 있어 관심을 공유하고 있으며 또한 자신들의 핵심적인 고객집단의 인구통계적 특징 및 태도에 있어 상당한 공감대가 존재하였다. 그 결과로 나타난 M&S and Oxfam Clothes Exchange 계획은 M&S 고객들에게 특별한 Clothes Exchange 서류(증빙서)를 제공하였는데, 고객들이 M&S사의 표찰이 붙은 의류나 악세서리 1개를 최소한으로 Oxfam에 기부하는 경우에 가능하다. 증빙서는 1개월 동안(소비자들로 하여금 행동하도록 동기를 부여하기 위해) 유효하며, 또한 고객들이 의류, 미용 및 가정용 의류제품에 대해 35파운드(36.70유로 달러) 이상 지출하는 경우, M&S에서 5파운드(5.25유로 달러) 할인을 통해 소비자에게 인센티브를 제공하게 된다. 그 거래는 Oxfam에 기부되도록 잉여로 남은 M&S의 의류를 요청함으로써 자신들의 윤리적 본능에 간단하게 소구하기보다는 소비자들을 위한 유형적인 보상을 제공하였다.

상당한 공중의 관심사와 추후 검토적인 조사를 유발한 커뮤니케이션 캠페인은 그것이 약 4,500만 명의 청중들에게 도달되었으며 또한 450만 파운드(470만 유로 달러)의 가치가 있는 공중관계 이점을 창출하였음을 보여주었다. 이 계획수단의 상업적인 성공은 단지 처음 7주 동안에만 Oxfam사가 기부건당 평균 4.85개 품목에 대한 교환으로 14만 개의 증빙서를 발행했다는 것이다. Oxfam사에 대한 기부는 40% 증가하였으며 또한 그렇게 하지 않았다면 쓰레기 매립지에 있을 341톤의 의류가 재사용되고 재활용되었다. 그 계획이 시행된 후 처음 6개월째, Oxfam사의 예상되는 추가적인 수익은 약 150만 파운드

(157만 유로 달러)가 되는데, 빈곤을 해결하고 개발을 촉진하기 위한 자사의 캠페인에 투자되었다.

Clothes Exchange 계획의 성공은 모두가 성공적인 지속가능성 전략수립의 증명을 보여주고 있다. 그 계획은 깨끗한 가치관과 특별한 표적에 의해 보강되었다. 즉 그 계획은 철저한 조사에 바탕을 두었으며, 강력한 고객지향성을 가지고 있으며 또한 동반자와의 혁신적인 전략적 관계에 관여하였는데, 매우 상이한 유형의 조직이기는 하지만, 동반자들은 문화, 가치관 그리고 핵심고객 기반의 조건에서 올바른 시너지를 확보하였다. 역시 그 계획은 상이한 측에 대해 균형화된 윈-윈 결과를 성취하였다. 그것은 소비자들에게 의복을 재활용하는 간단하고도 보상을 받는 방법을 제공하였다. M&S 및 Oxfam사 모두에 대해 경제적 이점을 제공하였으며, 더 빈곤한 국가에서 지속가능한 발전을 촉진하고 또한 환경과 연결되는 지속가능성 이점을 전달하였다.

1 마케팅 전략과 지속가능성

기업의 마케팅 전략은 자사의 전반적인 기업전략과 목표, 비전, 사명 및 가치관을 반영한다. 마케팅 전략은 당기업의 시장 그리고 자사의 더 넓은 마케팅 환경의 본질에 의해 형성된다. 역시 마케팅 전략은 기업 그리고 환경내의 주요한 활동요인 간에 진화발전하는 관계를 반영한다. 실제적으로 기업의 마케팅 전략은 전형적으로 신중하게 계획되고, 정교한 단계의 복합체가 될 것이며, 경영자들이 행사에 반응하고 또한 임시 변통함으로써 발생하는 보다 비공식적인 의사결정 및 행동조치 유형이 될 것이다. 규범적인 지속가능성 마케팅은 마케팅에 대한 보다 지속가능한 접근방법을 수립하는데 있어 폭넓은 무엇(what?)을 그리고 왜(why?)라는 의문사항을 결정한다(제5장 참조). 전략적인 지속가능성 마케팅은 지속가능성 마케팅 가치관을 상업적으로 실행할 수 있는 마케팅 전략으로 변환시키는데 필요한 "어떻게(how?)" 어디에서(where?) 그리고 언제(when?)라는 의문사항에 대해 해답을 제시하는 것에 보다 집중한다.

3가지 아이디어는 전략에 대한 기업의 사고를 뒷받침하는데, 각각은 기업의 차원을 넘어 나타나는 은유적인 것이다. 첫째는 시장을 지배하기 위한 탐색에서 기업과 경쟁사들 간의 대응으로서, 기업을 전쟁과 동일시한다. 마케팅 기업들이 목표, 표적화 및 지역에 대해서 또는 게릴라 마케팅, 시장에서의 위치를 방어하는 것에 대해 이야기할 때, 위치는 군사과학에서 기업전략에 대한 사고의 뿌리를 반영한다.[1] 두 번째 은유적인 것은 기업을 기계에 비유하며 구조, 유효성 및 통제 시스템의 이슈에 집중한다. 마지막 은유적인 것은 생태적인 뿌리를 갖는데 또한 기업을 하나의 조직체로 비교하는데 있어 그 조직체의 성공은 환경에 적합하고 또한 환경변화에 적응할 수 있는 것에 좌우된다.[2] 이것은 Dawin의 적자생존의 원칙을 따르는 것으로서, 가장 강한 것의 생존으로 잘못 해석되기는 하지만, 원래 환경에 가장 적합한 것의 생존을 의미한다. 21세기 동안 변화하는 경제적, 사회적, 물질적 환경에 최상으로 반응하고 적응할 수 있는 기업들은 생존하고 번창하는데 최상으로 자리를 잡고 있다.

생존의 개념은 기업 및 마케팅 전략에서 기본이다. 전략적 마케팅 과정은 기업들이 환경을 투시하고, 또한 미리 탐구하려는 기회 또는 생존에 대한 잠재적인 위협을 확인 · 규명할 수 있도록 도움을 준다. 그러므로 전략적 마케팅과 지속가능성은 미래지향성과 외적 집중사항을 공유하며 또한 두 가지는 방해가 되는 환경적 및 사회적 변화를 예방하고자 한다. 사람들이 녹색 또는 지속가능성 마케팅을 하나의 모순 어법으로 생각하는 경향이 있기는 하지만,[3] 기업이 생존하고, 번창하며 또한 지속하기를 확신케 하는 전략적 견지에서 볼 때, 지속가능성과 마케팅은 크게 양립되는 개념이다.

2 마케팅 환경의 이해

환경에 잘 적합케 한다는 것은 마케팅 전략의 생태적 은유에 대해서 그리고 마케팅에 대한 지속가능성 식견에 대해서 기본적인 것이다. 즉 마케팅 환경은 마케팅 기업, 기업의 고객 그리고 경쟁사들 모두가 존재하고 상호작용하는 세계이다. 마케팅 환경의 복잡성은 통상 마케팅 환경을 수준과 이슈로 더 분할함으로써 단순화된다.

구분은 통상 기업의 미시환경(과업 또는 근접환경이라고도 불리운다)과 거시환경으로 되어진다. 미시환경에는 기업이 직접적으로 그리고 상대적으로 정상적으로 상호작용하는 기업의 시장 및 활동요인이 포함된다. 거시환경은 법규 및 기술과 같이 기업에 대해 더 광범위하지만 거의 직접적으로 영향을 미치지 않는 영향요인으로 구성된다. 시장조사는 기업의 고객에 대해 기업에게 정보를 제공하지만, 더 폭넓은 마케팅 조사는 추세, 기회 및 위협을 확인 · 규명하기 위해 더 넓은 시장 및 거시환경에 대한 정보를 제공한다. 지속가능성 이슈가 전략적으로 보다 중요하게 됨에 따라, 기업들은 자사의 전략적 시사점을 이해하기 위해 마케팅 조사를 이용하고 있다. 영국의 MORI 및 미국의 Roper사와 같은 독립적인 마케팅 조사조직들은 정규적으로 지속가능성 의제에 대해 상이한 측면에 대한 조사결과를 발표하며, 지속가능성 지향적 전략이나 제품을 개발하고자 하는 기업들은 역시 자체의 연구를 수행하거나 위탁을 한다.

2.1 미시환경

미시환경(micro environment)의 주요한 활동요인은 아래와 같으며, 고객, 경쟁사, 공급업자, 중간상, 공동체, 정부, 투자자, 금융기관, 매체조직, 이해관계자 집단, 일반공중 등이 포함된다.

1) 고객

고객들은 지속가능성 의제에 대해 기업의 전략적 반응을 형성하는데 있어 선도적인 역할을 한다. 고객들에는 개인, 가계, 소매상, 기타 기업, 정부기관, 공공 서비스 제공자 또는 기타 유형의 조직(본서는 최종소비자에 대한 마케팅에 집중하지만)이 포함된다. 고객이 기업, 기업의 가치관 및 시장제공물에 대해 대응하는 방법은 기업의 본질, 지각, 행동 그리고 마케팅 환경내의 다른 영향요인에 좌우된다. 많은 기업들이 기업의 가치관 또는 시장기회에 적극적으로 대응하기 위해 지속가능성 전략을 처음으로 채택하지만, 다른 기업들은 고객으로부터의 직접적인 압력에 대해 반응적으로 지속가능성을 포용할 것이다.

2) 경쟁사

기업들에 의해 채택되는 전략들은 특정한 경쟁사들의 선도요인을 다루는데, 기껏해야 "모방(Me too)" 전략이라는 아이디어를 기준으로 그 예를 따른다. 이것은 Starkist상표로 된 "낚시로 잡는 형태"의 지속가능한 참치 전략을 구사하는 예이거나 또는 인산염이 없는 세제를 도입하는 예와 같은 것이다.

3) 원료공급업자

기업의 전략 및 제품의 품질은 공급업자로부터 필요한 재화와 서비스를 구입할 수 있는 능력에 좌우된다. 생태적 제품수명주기의 개념이란 어떤 제품의 지속가능성 성과가 공급체인을 통해 유발되는 "부수적인" 사회적 및 환경적 영향에 좌우된다는 것을 의미한다. Nike와 Gap사와 같은 기업들이 어린이를 활용하고 또한 착취공장의 노동력을 이용함으로써 경험한 사회적 압력은 그 상표의 이면에 있는 기업들의 행동보다는 그 기업들의 공급업자의 행동에 대한 대응적인 반작용이었다. 역시 마케팅 기업은 광고, 공중관계, 디자인 및 마케팅 조사와 같은 서비스 공급업자로부터 직접 구입한다.

4) 중간상

대부분의 제조된 제품은 소매상, 도매상 또는 유통분배업자와 같은 중간상을 통해 고객에게 도달한다. 중간상들은 마케팅 교환을 원활케 하며, 고객을 위한 제품을 수집하고 또한 마케팅 의사결정을 향상시키기 위해 고객정보를 수집함으로써 마케팅 관계를 조성한다. 역시 중간상들은 정보와 충고를 제공하고, 금융과 배송 서비스를 제공함으로써 고객을 도와준다. 어떤 시장에서 지속가능성으로의 움직임은 소비자를 대신하여 지속가능하지 않은 제품을 제외시키거나 또는 선별함으로써 선도를 취하는 중간상들로부터 취해진 결과이다.[4] 예를 들어, 영국의 Wyevale Garden Centres사는 제품구색시에 페티오(patio) 난방기를 구비하지 않는데 선도적이었는데, 이는 영국의 자기조립(do it yourself)시장에서 지속가능성 성과에서 선도자로서 자신을 전통적으로 위치화한 기업인 B&Q사가 취한 조치인 것이었다. Wal-Mart Group의 한 부문인 ASDA사는 2006년 위험을 초래하는 북해산 대구 제품의 판매를 중지할 것이라고 발표하였다.

5) 공동체

기업이 어디에 위치하든지 간에, 기업은 이점(혜익: 직업과 부와 같은 것) 또는 비용(오염이나 혼잡과 같은 것)을 창출할 수 있는 방식에서 지역공동체와 상호작용한다. 점증하는 세계화된 기업의 시대에서, 지역공동체들은 실질적으로 마케팅 전략과는 무관하게 보일 수 있다. 그러나 소기업의 경우, 자사 고객 및 구성원의 대다수는 지역공동체에서 나오게 되며, 또한 이로써 기업과 공동체간의 관계가 분명하게 된다.[5] 많은 국제기업의 경우, 지역공동체와의 관계는 기업이 윤리적, 책임적, 그리고 지속가능한 방식으로 운영하는가 또는 하지 않은가에 대한 지각 그리고 기업의 명성과 평판에 영향을 주게 된다. 공동체의 개념은 지역보다는 관심거리에 바탕을 둔 연결관계를 공유하는 이해관계를 갖는 가상적인 공동체(virtual communities of interest)의 반응을 통한 전자상거래에 관여하고 있는 공동체와 관련이 있을 수 있다.

6) 정부

모든 수준에서 정부에 대한 도전적인 문제는 단기적으로 기업의 경제적 및 사회적 혜익을 촉진하는 것인데, 이 경우에 부정적인 사회적 및 환경적 영향을 최소화해야 한다. 장기적으로 볼 때, 도전적인 문제는 경제, 사회 및 환경간의 지속가능하며 조화로운 균형을 조성하는 정책적 틀을 창조하는 것이다. 즉 정부는 기업활동이 의존하는 기반구조(infrastructure)의 마련 그리고 업계 전체의 자체적인 규율을 촉진함, 또한 조세와 인텐티브 등을 포함하는 명령 · 통제 스타일의 규제, 금융적인 측정수단을 통해서 기업의 마케팅 전략에 영향을 줄 수 있다. 역시 정부는 많은 기업들에게 있어 중요한 고객집단이 되며 또한 정부조직의 구매력과 구매조건들은 기업들이 양호한 지속가능성 실행을 받아들이는 인센티브로서 작용할 수 있다.

7) 투자자

일반공중들에 의해 소유된 기업의 경우, 투자자들은 운영 및 확장에 금융재원을 공급한다. 그 댓가로 투자자들은 기업들이 수익(주당 수익 기준에 따라 지급된 배당) 그리고 주가 상승에 의한 투자수익률을 통해서 주주에 대한 가치를 전달할 것을 기대한다. 두 가지 모두는 기업이 창출한 이익에 의해 정해지지만, 배당은 기업이 창출한 이익의 현재 수준을 반영하며, 주가는 이익에 대한 장래의 예상을 나타낸다. 주주에게 혜택을 주기 위한 단기적인 이익 극대화를 추구하는 것이 기업의 비지속가능성에 대한 책임이라는 공통적인 오해가 있다. 이익이 주주에게 매력적이지만, 경영자에게 성장이 보다 매력적인데, 그 이유는 성장이 경영자에 대해 더 큰 긍지와 보상을 그리고 인수로부터의 안전을 제공하기 때문이다. 보다 지속가능한 기업으로 향하기 위해, 투자자의 기대는 지속가능한 투자수익률을 받아들일 수 있도록 조정될 필요가 있다(그리고 1990년대 동안 대부분 두 자리 수의 수익 이하를 확실하게 경험하였다). 지속가능한 투자수익률을 조성하는 것은 본서의 범위를 넘는 복잡하고도 어려운 의문사항이다. 그러나 분명하고도 명백한 것은 마케팅의 영역이 재무와 회계 등을 포함하여 기타 다른 원리 · 원칙하에서 사고하고 실행하는데 있어 유사한 진보발전이 없이 지속가능성으로 향하는 실질적인 발전을 할 수가 없다는 것이다.

8) 금융기관(금융 제도체)

투자자에는 은행, 보험회사와 같은 개인들 및 금융기관 그리고 연금기금 등이 포함된다. 이러한 금융기관들은 자신들이 기업들에게 제공하는 금융 서비스를 통해서 그리고 자신들의 고객들을 대신하여 행동함으로써 지속가능성으로 향하도록 기업을 고무하는데 있어 뚜렷하고 두드러진 역할을 수행할 수 있다. 많은 기업들은 자신들의 운영에 필요한 대출금융이나 보험을 요청하며 또한 기업을 운영하는데 연관되는 사회적 및 환경적인 위험들은 위험에 관한 내용을 부분적으로 결정하게 되며, 그럼으로써 그것에 맞게 제공되는 대출이나 보험 조건이 결정된다.

9) 매체조직

매체는 특별한 제품, 기업 및 기술에 대한 지각 그리고 지속가능성 의제 모두와의 관계에서 고객, 투자자, 정치인 및 일반공중들의 의견을 형성하는데 아주 중요한 역할을 한다. 사회적 및 환경적 이슈에 대한 매체의 도달범위는 소비자, 유권자 및 투자자 중 어느 집단이 가장 우선순위인가에 그리고 어느 산업이 변화에 대해 가장 큰 압박을 받고 있는가에 영향을 준다. 역시 기업은 마케팅 및 기업 커뮤니케이션의 목적을 위해 매체를 이용하며 또한 기업 광고는 위태로움에 빠지지 않으려고 하는 많은 매체조직을 위한 중요한 수익원을 창출할 수 있다.

10) 이해집단

기타 다른 활동요인들은 사회적 및 환경적 원인과 연결된 이해집단의 캠페인에 의해서 영향을 받을 수 있다. 그러한 집단은 세계로부터 지역에 이르기까지 다양하고 상이하며 또한 공정무역과 같은 하나의 이슈에 집중할 수 있거나 또는 사회-환경적 이슈의 범위를 포함하기도 한다. 어떤 집단은 수백 년 동안 존재하기도 하지만 한편, 다른 집단은 특별한 시간과 장소에서 발전, 프로젝트 또는 기술에 반대되는 캠페인을 하기 위해서 순간적으로 존재한다. 이해집단과 기업간의 관계는 대치(Brent Spar기름저장소에 대해 Shell사와 Greenpeace간의 대결)로부터 대화와 동반자화 등에 이르기까지 다양하다. 동반자화 접근방법은 1990년대 이후부터 보다 공통적인 것이 되었으며 또한 이해집단과 기업이 상호 혜택이 되는 촉진캠페인을 개발하기 위해 협동하는 대의관련 마케팅의 개념으로 진보 발견되고 있다.

11) 일반공중

고객, 투자자 및 이해집단을 포함하여 기업과 이해관계가 있는 상대적으로 직접적인 이해관계자의 차원을 넘는 것은 더 넓은 일반공중 그리고 공중의 의견, 태도 및 신념들이다. 여론은 마케팅 기업에게 중요한데, 그 이유는 소비자들이 선호하는 제품(담배와 같은 것)들이 일반공중이나 규제로부터 용인되지 않고 받아들여지지 않는 위협적인 상태가 될 수도 있기 때문이다.

2.2 거시환경

거시환경(macro environment)에는 기업 그리고 시장내의 기타 다른 행위자에게 영향을 주는 더 폭넓은 전략적인 영향요인들이 포함된다. 거의 20세기 동안, 마케팅 환경에 대한 모습이 물질적인 세계에서 기묘하게 돌출되었다. 거시환경은 통상 간단하지만 지속적인 접근방법이 가능한 PEST(정치적, 경제적, 사회적, 기술적: political, economic, social, technical)분석을 통해 관리가능한 주제적인 덩어리로 나누어진다.[6] 물질적 환경이 모든 기업의 시장의 기반이 되기는 하지만, 그것은 마케팅 환경에 대한 모델에 거의 분명하게 포함되지 않았다. 만약 물질적 환경이 고려된다면, 물질적 환경은 소비자의 환경적 관심사를 반영하는 "사회적" 이슈로서 고려되며 또는 환경적 규제(법규)를 반영하는 "정치적" 이슈로 고려되었을 것이다. 즉 물질적 환경은 기본적으로 생산자와 소비자들 간의 유통 그리고 지리적 거리에 관련되어 고려되거나 또는 기후나 지형학(지역분포상태)을 통해 소비자의 라이프스타일과 욕구에 대한 영향요소로서 의복, 식품, 또는 자동차와 같은 시장에서 고려되어 왔다. 자원을 제공하거나 또는 오염과 쓰레기를 흡수 · 처리할 수 있는 마케팅 활동의 역량과 능력이 초과된다면, 마케팅 활동이 물질적 환경에 의해 영향을 어떻게 받는가에 대해서는 거의 주의가 기울여지지 않았다.

거시환경을 범주화는 또 다른 모델에는 SCEPTICAL틀 (social, cultural, economic, physical, technical, infrastructure, communication, administrative, legal)을 포함하는데, 그것은 거시환경 내의 영향요인을 분석하며 또한 지속가능성 관심사가 특정한 기업에 어떻게 영향을 미치는가를 이해하는 보다 세부적인 방법을 제공한다.[7]

1) 사회적 환경

사회적 가치관 및 우선 순위가 세계의 주위에 있는 사회들 간에 상이하고 다양하지만, 마케팅 전략 그리고 전략의 이면에 있는 기업의 지각적인 수용력에 영향을 줄 수 있는 많은 공통적으로 공유된 가치관이 있다. 지속가능성을 추구하는 관점에서, 많은 중요한 세계적 가치관은 UN의 Millennium Declaration에서 표현되는데, 그 선언에는 자유와 민주주의, 평등, 그리고 공유된 책임 등이 포함된다. 지속가능성 전략이 실행, 운영되는데 필요한 틀을 창조하는 더 폭넓은 사회적 태도와 가치관이 역시 존재하는데,[8] 그것에는 자본주의, 세계화, 기술, 사회적 변화 그리고 지속가능한 발전에 대한 제도체의 신뢰와 태도가 포함된다. 중요한 가치관의 일체는 사회적 규범과 관계되는데, 다른 말로 해서, 사회적으로 "정상적"으로 인정 · 받아들이는 것이다. 소비행위, 관리 실행 또는 투자 실행에 대해 지속가능성 관심사의 주류가 되는 것은 어떻게든 "대안적인 것"과는 반대가 되는 것으로서 "정상적"인 것으로 인식되는 것에 좌우된다.

2) 문화적 환경

문화는 기본적으로 사회가 특히 공유된 지식, 학습, 커뮤니케이션 및 예술을 통해 자신을 통합적으로 어떻게 표현하느냐에 대한 것이다. 지속가능성 이슈는 점차 여론 및 정치적 의견 그리고 소비자의 반응에 영향을 주는 방법에서 문화적 전망으로 반영된다. 뉴스 매체, TV의 야생 동물 다큐멘터리(기록영화), U2 및 Coldplay와 같은 벤드 또는 유명인사에 의한 사회적 및 환경적 캠페인의 채택 등에서의 사회적 및 환경적 위기에 대한 도달범위 등 모두는 지속가능성에 대한 사회적 인식과 관심을 증가시킬 수 있다. 기후변화의 경우, 성공적인 가상영화(*The Day After Tomorrow*) 및 오스카상을 수상한 실제영화(*Al Gore*의 *An Inconvenient Truth*)는 수십 년 동안의 과학적인 보고 자료보다도 더 신속하게 공중의 인식을 높이는데 공조하였다.

3) 경제적 환경

경제적 분위기는 근본적으로 기업 그리고 기업의 마케팅 전략에 대한 단기적인 실행가능성에 영향을 주며 또한 보다 지속가능한 경제로의 전환에 대한 장기적인 전망에 영향을 준다. 지속가능할 수 없는 경제성장의 수준은 지속가능성 위기를 창출하였지만, 그러나 아이러니칼 하게도 정치가와 기업들이 자주 지속가능성 전략을 추구하는 것을 피하는 경우에는 바로 경제성장이 위협을 당할 때이다. 즉 보다 지속가능한 기술의 지각적인 높은 원가, 뚜렷한 변화를 취하는데 관련되는 비용, 그리고 성장을 변환시키기보다는 성장을 촉구하는데 다시 새롭게 우선한다는 것 등 모두는 전략수립가로 하여금 불황기에 있어 지속가능한 전략을 추구하지 못하도록 결속된다. 2008/2009년의 세계적인 "신용침체(credit crunch)"가 준 전체적인 시사점은 해결하는데 많은 시간이 소요될 것이다. 미국 소비자들의 감소된 부 그리고 감소된 수요의 영향은 전세계적으로 경제 성장을 더디게 할 가능성이 있다. 필요한 정치적 의지 그리고 기업의 용기가 존재한다면, 이것은 자연자원과 시스템에 대한 압박을 줄이게 하며 또한 새로운 지속가능성 마케팅 전략과 실행이 나타날 수 있는 기회를 창출할 수가 있다.

4) 물질적 환경

물질적 환경은 전략적인 상수(불변적인 변수)는 아니지만, 마케팅 전략에 대해 극적이며 잠재적으로 방해가 되는 영향을 미친다. 즉 기후변화는 기업에 대해 직접적인 영향을 줄 수 있는 잠재력이 있는데, 기업의 생산시설, 수송기반시설 또는 고객들이 수심이 낮은 해변지역에 자리를 잡는 경우에 직접적인 영향을 줄 수 있다.[9] 여행과 농업은 대규모한 세계적인 산업 중의 하나인데, 여행과 농업은 현재와 같은 온도와 기후의 형태에 의한 방해로 위협을 받을 수도 있다. 또 다른 산업의 경우에, 기후변화의 관심은 전략적 기회를 창출할 수도 있는데, 사회가 기후변화를 예방하려고 하거나 또는 기후변화에 대한 관심을 갖는 경우에 가능하다. 2008년 Mckinsey의 기업조사 결과, 응답자의 60%는 기후변화를 전략적으로 중요하다고 간주하였으며, 대다수는 기후변화를 제품개발, 투자계획수립 및 상표관리에 중요하다고 생각하고 있으며, 경영자들 중 61%는 이익을 높이기 위해 기후변화에 대처할 노력을 기대하고 있음을 밝혔다.[10]

5) 기술적 및 과학적 환경

과학공동체는 정부 그리고 매체를 통해 더 광범위한 사람들에게 정보를 제공하는 지속가능성의 도전적인 문제에 대한 자료를 제공하고 있다. 역시 과학은 21세기의 도전적인 문제에 대처하고 또한 고성능 재료, 재사용할 수 있는 에너지, 지속가능한 제품과 서비스(예: 전기자동차, 연료전지 자동차, 결합된 이동기기, 에너지 창출 주택, 바이오플라스틱)의 기초를 형성하는 새로운 기술을 창출하는데 핵심적인 역할을 하고 있다.

6) 국제적 환경

국제적 분위기는 마케팅 전략에 의미있는 영향을 줄 수 있다. 국가들 간의 긴장은 제품수출에 대한 기회를 줄이며 또한 주요 자원에 대한 공급을 위협한다. 국제적 협력은 역시 제1장에서 대략 설명한 많은 지속가능성의 도전적인 문제를 처리하는데 있어 중요하다.

7) 커뮤니케이션 및 기반구조 환경

시장내에 설치된 수송 기반구조는 부분적으로 제품의 분배유통 전략에 대해 경제성 및 환경적 영향을 결정한다. 특히 통합적인 커뮤니케이션 기술과 인터넷과 관련하여 커뮤니케이션 기반구조는 전자상거래 전략을 수립하기 위한 기회를 결정할 것이다. 이것은 음악에 대한 디지털식 유통분배와 같이 적은 자원에 집중하는 형태의 마케팅에 대해 새로운 기회를 창조할 수 있다.

8) 행정관리적 및 제도체적 환경

교육기관과 종교기관들은 사회적 및 문화적 태도에 대해 상당한 영향을 발휘하며 또한 사회내에서 사회적 자본을 결정하는데 도움이 되는 기관들 중에 속한다. 정부관리조직들도 역시 기업에 대한 지속가능성 전략에 영향을 줄 수 있다. 이것은 ISO(국제표준기구: International Organization for Standardization)와 관련된 예로서, ISO는 환경관리시스템(EMS: environmental management system)에 대한 ISO 14000시리즈를 포함한 기업표준을 관리하며 또한 CSR(기업의 사회적 책임)에 대한 새로운 표준인 ISO 26000을 수립하고 있다.[11] 이와 유사하게, SAI(Social Accountability International)는 알맞은 작업조건에 대한 세계적인 사회적 의무표준인 SA8000을 수립하고 있는데, SA8000은 어린이 노동, 강제노동, 단체협약에 대한 권리, 기본급, 건강 및 안전 이슈 및 작업시간 등을 포함한 이슈를 다루고 있다.[12]

9) 법적 및 정치적 환경

Brundtland 보고서가 발행된 이후, 빈곤, 기후변화 및 쓰레기 등을 포함한 지속가능성 이슈들은 많은 기업들에게 영향을 주는 법규를 선도하는 증가된 정치적 주요 내용을 다루고 있다. 가장 두드러진 어떤 변화는 수명이 끝난 자동차(폐차) 또는 쓰레기가 되는 전기설비에 대한 European Directives와 같은 "확대된 생산자 책임" 법규의 도입으로 발생하고 있다. 이러한 변화들은 소비자로부터 나온 오래된 제품을 회수하고 또한 거의 재사용하거나 재활용하는데 대한 책임을 생산자에게 지움으로써 자동차 및 전기설비 시장내에서 경제성, 구조 및 디자인의 우선 순위를 근본적으로 변화시키고 있다.

효과적인 마케팅 전략은 기업의 가치관과 일치하여 기업의 목표를 추구하는데 있어 기업의 자원, 강점과 약점에 소비자 및 마케팅 환경의 요구사항을 맞추고 있다. 이렇게 하기 위해서 마케팅 전략들은 자원, 강점과 약점 그리고 내적 기업환경의 문화와 역량을 이해해야 한다. 역시 지속가능성 마케팅 전략은 기업의 재무적, 인적 및 물질적 자원에 대한 관리를 통해 강화보강될 필요가 있다. 그러므로 기업의 지속가능성 마케팅에 대한 열망을 실행하는 것은 재료를 획득하고, 제품을 제조하고(서비스를 제공하고), 인적자원을 관리하며, 최종제품 및 설비관리를 유통분배하는 과정들이 실행됨과 동시에 지속가능하도록 한다는 것을 확실히 하기 위해서 전체 기업으로부터의 대응이 요구된다. 이것은 기업이 내적인 환경, 다른 기능 및 모든 자원의 관리를 감사하는 것이 중요하다는 것을 의미한다.

경영정보 시스템은 관리통제뿐만 아니라 전략적인 마케팅 결정에 대한 정보를 제공하는데 중요한 역할을 수행하고 있다. 지속가능성 마케팅 전략에 대해, 사회감사와 환경관리 시스템은 전략수립을 지원하기 위해서 그리고 사회적 및 환경적 성과에 대한 정보를 제공하는데 중요해지고 있다. 역시 그러한 시스템은 기업이 고객의 요구조건을 충족시키기 위해 지속가능성 지향적인 표준인증(ISO 14000시리즈나 SA8000과 같은 것)을 성취하는데 도움을 줌으로써 전략적으로 중요해질 수 있다. 그러한 관리시스템을 실행하기 위해서 현재 경영자들이 환경적 영향을 이해하는데 도움이 되기 위해서 부상하고 있는 환경적인 지식관리 시스템이 역시 존재하고 있는데, 그것은 제조기업이 소유하게 되는 완전한 범위의 제품, 생산과정 및 시설 등과 연결되고 있다.[13]

3 지속가능성 마케팅 전략

마케팅 환경 그리고 그 환경내의 활동인자들을 잘 이해함으로써 기업은 마케팅 전략 수립과 관련되는 주요한 의문사항을 다루고 처리할 수가 있다. 가장 기본적인 의문사항 중 2가지는 "우리는 어느 시장에서 경쟁해야 하는가? 그리고 각각의 시장 속에서 우리는 어떻게 경쟁해야 하는가?"이다. 그 대답은 기업의 가치관과 목표, 기업의 마케팅 재원과 조직 그리고 더 광범위한 마케팅 환경의 진화발전에 의해 창출되는 고객의 욕구, 경쟁사의 역량 그리고 기회와 위협에 대해 기업이 소유하고 있는 정보를 반영하게 된다.

3.1 시장 선택

어떤 시장에서 경쟁할 것인가 그리고 하나의 특별한 지속가능성 지향적 시장 또는 세분시장에 진출할 것인가 또는 안 할 것인가에 대한 결정은 많은 요인에 의해 영향을 받는다. 그 요인들에는 사장규모, 성숙상태 및 성장률, 수익성, 경쟁의 정도, 잠재적인 시장진출 비용 및 진출장애물(그리고 역시 지속가능성 식견은 시장의 지속가능성에 기준명세를 추가한다)과 같은 요인들에 의해 정의되는 것과 같이 시장에 대한 지각적인 매력성을 포함한다. 역시 그 요인들은 실질적 또는 잠재적인 시장점유율, 제품과 기술의 수명주기 단계, 경쟁적 우위를 창출하고 또한 시장내에서 위치를 확보하고 방어할 수 있는 기업의 능력의 조건에서 시장에서의 기업의 경쟁적 위치에 대한 잠재적인 강점에 의해 영향을 받는다. 역시 요인은 기업의 경험과 역량 그리고 시장에 진입하는 것이 기업의 기존 제품/시장 전략의 확대가 되거나 또는 기업이 새로운 출발을 제시하느냐의 정도에 의해 영향을 받게 된다.

마케팅 전략은 자주 새롭고 부상하는 그리고 기존 또는 감소하는 제품/시장 사업(잘 알려진 Boston-Box의 시장점유율 메트릭스 모델에 제시된 것)들의 결합을 포함하는 제품/시장 사업에 대한 활기찬 동기적 포트폴리오를 관리하는 조건에서 논의된다.[14] 포트폴리오와 같은 것의 차원을 넘는 논리란 성숙된 "Cash cow" 사업에 의해 창출된 수익이 미래 사업들을 위한 기초로서 새롭고 부상하는 제품과 기술에 자금을 지원하기 위해 사용된다는 것이다. 동일한 논리의 기준에서 볼 때, 상대적으로 수익적이지만 지속가능하지 않은 사업은 대체되는 것으로서 새롭고 더 지속가능한 전략과 기술을 개발하기 위해 자원을 제공할 수 있다. 예를 들어, 2006년 Virgin Group사는 새로운 대체연료 사업에 자사의 수송사업으로부터 향후 3년 이상 동안 획득한 이익 모두를 직접 투자할 것임을 발표하였다.[15]

전략적 포트폴리오 계획수립의 과정은 기업이 투자해야 할 것뿐만 아니라 어느 제품 및 어느 시장에서 철수해야 하는가를 결정하는데 관련된다는 것을 지적하는 것이 가치가 있다. 전통적으로 시장철수에 대한 사례는 시장의 규모, 성장률 및 전망 그리고 시장에서 기업의 위치상의 강함에 좌우됨으로, 경제의 실행가능성의 바탕에서 이루어진다. 역시 지속가능성 관심사는 기업으로 하여금 윤리적인 이유 또는 기업의 사회적 또는 환경적인 도전적 문제와 강하게 연결되기 때문에 시장으로부터 철수하는데 고무한다.

3.2 경쟁적 우위

전통적이며 진부한 마케팅 관리에 대한 마음가짐은 특히 과거에는 외부적인 것으로 취급되었던 사회적 및 환경적 비용을 내부화하려고 시도가 있었던 곳 즉 경쟁적인 단점의 잠재적인 원천으로서 지속가능성 이슈에 반응·대응하는 것을 전통적으로 고려하고 있다. 이런 주류가 되는 모습은 Michael Porter와 Claas van der Linde가 저술한 "Green and competitive"라는 논문이 *Harvard Business Review*지에 실려 발표됨으로써 1995년 분명하게 도전적인 문제가 되었다.[16] 두 사람은 보다 지속가능한 제품에 대한 더 엄격한 환경적 규제 또는 그 제품에 대한 소비자 수요에 대해 반응하는 것이 비용을 발생시키고 또한 경쟁력을 위협한다는 가정에 반대하였다. 그들은 지속가능성 관심사는 새로운 기술, 예를 들어, 법규에 의해 요구되는 공해통제용 설비 또는 보다 녹색적인 제품에 대한 고객의 수요에 의해 시장기회를 창출할 수 있다는 사실을 강조하였다. 역시 그들은 보다 강력한 환경관련 법규에 대처하도록 하는 요구조건은 첫 번째 원리 · 원칙에 따라 제품과 생산과정을 재고하며 또한 리엔지리어링하는 동기를 제공하였다. 이것은 "전체적인 시스템" 설계를 통해 혁신적인 접근방법 그리고 보다 효율적인 생산과정을 선도하는 전체적인 시스템 설계는 에너지, 물 그리고 원료의 투입을 줄여줄 수 있으며 또한 비용이 많이 소요되는 쓰레기로부터 다른 사업을 위한 가치있는 투입요소로 부산물을 변환시키려고 시도하고 있다.

지속가능성 마케팅 기업의 경쟁적 우위는 한 가지 이상의 방법으로 창출될 수 있다. 가장 공통적인 접근방법은 고객에 의해 가치가 있는 방법으로 경쟁사와는 별도로 기업과 기업의 제품을 제시하는 차별화의 원천으로서 월등한 사회적 또는 환경적 성과를 이용하는 것이다. 어떤 제품들은 차별화의 형식으로서 "지속가능한"이라는 용어를 사용하지만, 경쟁적 우위는 통상 천연(자연)적이 되는 것, 공정하게 무역하는 것, 지역적, 에너지 효율적, 탄소나 중성 탄소가 낮음 또는 특별한 성분이나 영향요인이 없음(인산염, 유전적 변형, CFCs, 어린이 노동력 또는 열대우림과 같은 위험에 처한 종과 같은 것)과 같은 보다 구체적인 지속가능성 차원에 기초를 두고 있다. 독특한 지속가능성 상표는 역시 차별화의 원천을 제공하며, 고객들로 하여금 붐비는 소매환경에 있는 제품을 확인 · 규명하고 인식하며 또한 이해하는데 도움을 주며 또한 고객 충성심을 발휘 · 창출하는데 무한한 가치가 있다(pp.163~169 참조).

또 다른 형태의 지속가능한 경쟁적 우위는 낮은 원가와 가격에 바탕을 둔 전략을 따르는 것이다. 이 접근방법은 사회적 및 환경적 성과를 개선 · 향상하는 것이 비용을 유발한다는 전통적인 기업의 지혜로 인해 자주 무시되고 있다. 경험은 지속가능성 마케팅 전략은 역시 비용(원가)을 줄일 수 있음을 보여주고 있다. 이것은 제품에서 불필요한 포장화를 줄임으로써 돈을 절약하는 것과 같이 간단한 어떤 것에서 유발될 수 있으며 또한 재료와 에너지 투입을 줄이고 또한 비효율적인 오염과 쓰레기를 줄이는 혁신적이며 청정기술 접근방법을 신중하게 응용함으로써 유발될 수 있다.[17]

경쟁적 우위는 역시 특별한 적소시장을 확인 · 규명하고, 소유하고 또한 방어함으로써 창출될 수 있다. 이 전략은 소규모하고 전문가적인 기업들 간에 인기가 있으며, 지속가능성 시장의 초기 개발은 가장 관심을 많이 갖는 소비자 그리고 그들의 욕구를 충족하기 위해 신제품을 개발하는 것을 포함하고 있는 적소시장을 확인 · 규명하는 것과 관련되는 경향이 있다. 그러나 성공적인 적소시장은 지속가능한 제품에 대한 대량시장의 발전을 효과적으로 제한할 수도 있는 위험이 있다. 즉 이러한 위험은 적소시장 활동기업들이 지속가능성 이슈에 대해 관심을 갖고 매우 잘 알고 있는 소비자들을 "장악하는" 경우에 발생한다. 그들의 욕구를 효과적으로 만족시키는 것은 시장기회의 원천을 제기시키며 또한 그들의 지속가능성 성과를 더욱더 발전향상시키기 위해 시장 전역에서 기업에 대한 압력을 없애게 한다. 많은 산업에서 적소 마케팅 전략에 대한 기초로서 행동하는 차원을 넘어 이동하기 위해 그리고 지속가능성을 향한 실질적인 발전을 창조하기 위해 대량시장 전략(또는 더 좋은 것으로서 시장에서 성공적으로 경쟁할 수 있기 위한 전제조건)에 대한 기초가 되기 위해서는 지속가능성 이슈가 요구된다.[18]

경쟁적 우위와 지속가능성에 대한 논의가 통상 경쟁적 우위를 창출하기 위한 지속가능한 전략에 대한 잠재력에 집중하고 있지만, 사회적 및 환경적 이슈에 대한 사회지향적 및 소비자 관심에 대응하는데 실패한다는 것은 전략적인 비우위성(단점)을 창출하는 잠재력을 가지게 되는 당연한 결과이다.[19]

3.3 표적화

시장내에서 어떻게 누구와 경쟁하느냐를 결정하기 위해 시장의 매력성을 평가하는 차원을 넘어, 어떤 세분시장을 표적으로 하며 또한 상이한 세분시장에 소구하기 위해 기업의 시장제공물을 상이하고 다양하게 하는 방법을 이해하는 것이 중요하다. 점차 다양해지는 라이프스타일과 소비의 시대에서 재원을 확보한 기업은 상대적으로 거의 없으며, 또는 전통적인 대량 마케팅을 시도하는데 충분한 제품범위를 확보한 기업은 거의 없다.

표적화에 대한 전통적인 접근방법의 한 가지 기본적인 영향은 제품을 구입할 여력이 없는 사람들을 고려대상에서 제외한다는 것이다. 접근방법은 선진국에서 상대적으로 풍요한 소비자들의 2차적 욕구에 기업과 마케팅 관리자들이 노력을 자연적으로 기울이고 있으며, 산업화가 되지 않은 대부분의 국가들, 특히 일일 2달러(1.44유로 달러) 미만으로 살아가는 30억 명의 사람들은 도외시된다 경제활동으로 인한 비용과 이점(혜택)을 확산시키기 위해 지속가능한 발전의 식견에서의 우선 순위는 마케팅 기업들로 하여금 상대적으로 가난한 사람을 잠재시장으로서 무시되지 않도록 하는 것이 아니라, 그들의 욕구를 충족시키는 것이 상업적으로 실행 가능하다는 것들 중에서 대안적인 전략이 있는가를 고려하도록 공평하게 고무케 한다. 이러한 식견에서 볼 때, "피라미드의 기초"(BoP: base of pyramid) 마케팅의 개념이 수립되는데(p.114에 설명하였음), 그 개념은 경제적 피라미드의 기초에 많은 가난한 사람들을 포함하려고 한다.[20] 그것의 윤리적인 장점에도 불구하고, 이 접근방법은 논쟁을 불러일으키고 있다. 이것은 30억 명의 최극빈 소비자들의 물질적인 생활표준을 개선하려는 환경적 결과, 즉 최고부자들의 소비를 제한하지 않고, 직접적으로 또한 불균형적으로 지구상의 극빈자 그리고 그들의 생활의 질에 영향을 줄 가능성이 있는 방식으로 환경적 위기를 악화시키는 위험 때문이다. 역시 BoP 전략은 극빈자들로 하여금 상업적인 시장에 결합하도록 하여 자신들의 욕구를 충족하도록 하는 전통적이며 자립하는 전략을 포기하도록 고무할 수 있다는 관심거리들이 있다. 만약 BoP전략이 전통적인 시장개발 전략의 형태로서 주요 대기업에서 유발된다면, 기존의 기술에 의한 새로운 시장에서의 성장을 추구함으로써 지속가능성에 대한 기여는 부정적이 될 가능성이 있다. 즉 BoP전략은 세계적인 지속가능성에 대해 엄청난 기여를 할 잠재력이 있는데, BoP전략이 인간의 발전, 욕구를 충족시킴, 그리고 기업의 역할 간의 관계에 대한 전반적인 재구상의 한 부분을 조성하는 경우에만 가능하다.[21]

3.4 위치화

세분화, 차별화 및 표적화는 위치화(positioning)의 개념에 결합되는데, 위치화는 시장에서 제품(또는 기업)이 차지하는 경쟁적인 위치로서 생각될 수 있는데, 그러나 위치화는 제품(기업)이 자사의 경쟁사에 비교하여 보다 정확하게 소비자의 마음 속에 차지하는 위치에 대한 것이다. 시장에서 새롭고 독특한(차이나는) 위치를 발견하는 것은 기업에 대해 도전적인 문제가 될 수 있으며 또한 많은 시장에서 가장 신뢰적으로 지속가능한, 윤리적 또는 가장 녹색적인 제품으로 위치를 수립할 수 있는 기회가 있다. 영국에서, Co-operative Bank사는 고객의 돈에 대해 책임을 지며 또한 무기거래, 환경적 피해가 큰 것, 세계적인 극빈자에게 해로움을 주는 것과 관련된 회사에게 자금을 융통하기 위해 고객의 돈을 사용하지 않는 은행으로 자신을 수립하기 위해 자사의 마케팅 전략을 재수립하였다.

위치화 전략의 최종 목표는 지속가능성 기업, 제품 또는 상표에 대해 "독특한 지속가능성 판매특성"을 창조하는 것인데, 독특한 지속가능성 판매특성(USSP; unique sustainability selling proposition)이란 그것을 경쟁사와 차별화 되도록 하는 것, 그것을 지속가능하게 하는 것, 그리고 그것을 소비자에게 매력적인 것으로 만드는 그것을 모두 요약 포함한다. 예를 들어, Ringbeck and Gross는 목적지로서 국가들, 여행 운영자들 또는 항공사들이 생태적으로 관심을 갖는 소비자들의 욕구를 충족시키기 위해 USSP를 창조할 수 있는 기회를 갖는 방법을 탐구하기 위해 지속가능한 여행 마케팅의 맥락을 이용하고 있다. 그들은 고객들로 하여금 녹색 카운터에서 체크하고 "Green Frequent Flyer Program"으로 녹색점수를 모으고 소비하도록 허용하거나 또는 심지어는 탄소를 거의 배출하지 않는(carbon-neutral) 비행 그리고 기타 환경적으로 우수한 제품과 서비스에 대해 지급할 수 있는 "Green 신용카드"를 이용할 수 있도록 하는 "Green Pass"와 같은 어떤 것을 이용하는 생태적으로 관심을 갖는 여행자(비행기 승객)를 환영하고 또는 대응하는 것에 바탕을 둔 USSP를 창조하고자 하는 항공사에 대해 기회가 되는 예를 제시하고 있다. 일상적인 것과 "Green Booking Class"(녹색 예약층) 간의 가격차별화가 실현될 수 있으며 또한 새로운 판매경로가 비행기 여행의 부정적인 환경 평판으로 인해 통상 항공기 여행에서 선회하는 고객집단에게 개방될 수도 있다.[22]

많은 소비재 시장에서, 양극화의 현상이 존재하는데, 그 시장에서 성장은 중간층 세분시장을 희생하면서 그 시장에서의 절약하는 세분시장과 고품질 세분시장 모두에서 발생한다. 자원효율성 및 저원가 전략에 바탕을 둔 지속가능성 전략은 저원가 세분시장의 성장을 이용할 수도 있거나 또는 대안적으로 강한 사회-환경적 품질은 그 제품을 고품질로서 위치화되도록 허용할 수 있다. 중소기업의 경우, 적소시장(지역시장을 서브하는 지리적인 적소기업을 포함하여)에 기초를 두어 위치를 추구하는 것 이외에는 거의 선택대안이 없다. 대기업의 경우, 복수상표 개념으로 복수 세분시장 전략을 개발할 가능성이 있다. 스위스 대형 식품 소매기업인 Migros사는 2 종류의 상이한 지속가능성 식품 상표를 제공하고 있다. M-Bio상표는 고가격 세분시장에 위치되어 있으며 또한 통제되고 인증받은 자연농사에 대한 고품질 표준을 이행하고 있다. 또한 M-Budget 상표는 가격의식적 세분시장에 분명하게 위치를 잡고 있지만, 당기업의 사회-생태적 최저 표준을 이행하고 있는데, 그 표준은 법적 요건의 차원을 넘는 것이다.[23]

시장에서 가장 지속가능한 것으로 어떤 위치를 수립하는 과정은 개별 제품이나 기업에 한정되지 않는다. 어떤 경우에 전체 산업이 특별하게 지속가능하거나 또는 책임을 지는 위치를 수립하려고 한다. 예를 들어, 포장시장에서 유리, 플라스틱 및 종이산업들은 모두 자신들의 재활용성 또는 에너지 효율성에 따라 가장 지속가능한 포장재를 준비하는 기업으로 위치를 수립하려고 한다.

4 지속가능성 혁신

기업의 차별화 및 경쟁적 우위의 중요한 원천은 혁신을 통해서 이루어진다. 만약 마케팅이 보다 지속가능한 사회로의 변환에 기여하는 것이라면, 마케팅은 기술, 제품, 서비스 및 사업모델에 혁신이 요구될 것이다. 필요한 혁신은 결코 기술적이 될 수 없는데, 그 이유는 많은 시장에서 지속가능성은 사회적 실천, 재무 및 기업관계에서 "소프트(부가가치를 높이는 방법)한" 혁신이 요구되기 때문이다. 아이러니컬하게도 마케팅 조사와 마케팅 전략 형성에 대한 전통적인 접근방법은 기존의 기술, 제품 및 전략에 대해 상대적으로 증가되는 변화에 대해 혁신을 억누르고 또한 기업을 제한케 한다는 비난을 받아왔다.[24] 이런 비난의 이면에 깔린 논리는 마케팅 철학에 대한 믿음과 의존 그리고 기업의 모든 활동이 시장조사에서 밝혀진 것처럼 고객의 욕구와 열정을 충족시키는데 몰두하고 작용된다는 것을 확실하게 하는 것에 바탕을 두고 있다. 이 접근방법의 단점은 소비자들이 전형적으로 시장에는 맞지 않는 기술 또는 특별한 욕구를 충족시키는 전적으로 상이한 방법을 예견할 수가 없다는 것이다.[25] 즉 대부분의 소비자들은 그들이 현재 즐기는 그러나 두드러진 분노가 없어지거나 또는 가격이 인하된 동일한 제품과 이점(혜익)을 제공받는 것으로 그들의 욕구(wants)를 분명하게 말한다.

이러한 과정은 계속적인 개선, 즉 대개의 경우 더 큰비용과 자원효율성을 성취하기 위해 제품의 지속가능성 성과에 대해 또는 지속가능성 이슈에 대해 점증하는 고객의 관심사에 대응하여 개선을 이루어낸다. 그러므로, 소비자 경제에서, 우리는 자동차에서의 연료효율성 개선, 포장화에서의 재활용된 재료의 사용 증가 그리고 공정무역으로 된 상품과 천연자연식품의 성장을 직시하고 있다. 그러나 이러한 제품 개선 전략들은 단지 생태 개선의 어떤 수준을 가능케 하며 또한 대개의 경우에 잠재적인 이득은 이미 거의 실현이 되어 있다는 것이 관심거리이다. 환경관리 시스템(EMS)이 많은 기업들의 지속가능성 노력에 대한 통합적인 것으로 보여지기는 하지만, 그 시스템이 역시 기업으로 하여금 지속가능성으로 향한 실질적인 진보발전을 하지 못하도록 한다는 논쟁이 있다. EMS의 저변에 깔린 품질관리 시스템 접근방법은 지속적이며 점증하는 개선에 강하게 좌우된다. 그와 같이 시스템 접근방법은 보다 지속가능한 어떤 것으로 향하는 우리의 경제적 및 기술적 발전에 대한 현재의 궤도를 변경하는데 요구되는 전형적인 시스템 혁신유형보다는 지속가능한 발전에 대한 현상을 유지하는 접근방법을 강조한다. EMS에 대한 비판가들은 그 시스템 접근방법은 대안적인 접근방법에 대한 탐구 그리고 지속가능한 도전적인 문제에 대한 보다 근본적인 "단계적 변화" 접근방법을 탐구하는데 있어 비연속적인 변화를 촉진조장하는 시스템 및 접근방법에 의해 실행될 필요가 있다고 주장한다.[26]

지속가능성 혁신에 대한 보다 근본적인 접근방법을 성취해야 할 필요성이 〈그림 6.1〉과 같이 지속가능한 세계경제가 성취될 수 있을 때까지 생태-효율성이 증가되는 수준을 전달 · 제공할 수 있는 일련의 "곡선" 또는 유형의 혁신으로 예상되고 있다.[27] 각각의 곡선은 제품수명주기 모델의 전형적인 S-곡선을 따르며 또한 시간이 지남에 따라 생태-효율성 곡선이 감소됨을 제시한다. 그러므로 보다 새롭고 또한 보다 근본적인 접근방법에 의해 대신해야 할 필요가 있다. 혁신의 첫 번째 곡선은 고전적인 중복된 마케팅 제품개선인데, 그 개선은 보다 연료효율적인 집, 오염을 덜 발생시키는 자동차, 보다 윤리적인 식품 선택 그리고 생태적으로 지향적인 휴가에 대한 기회 등을 제공한다. 두 번째 곡선은 제품의 재디자인이 관련되는데, 제품 재디자인의 경우, 엔지니어링은 새로운 유형의 제품 및 생산과정을 창출한다.[28] 이런 처음 2개의 곡선은 환경적 영향은 줄이지만, 그러나 자주 특별한 적소지장에 대해 제한적이거나 또는 다른 변화(예를 들어, 자동차 엔진의 연료효율성이 개선되고 있지만, 그러나 이것이 자동차 수를 증가시키거나 또는 그 시장 중 대형 자동차 세분시장이 증가됨으로써 무효화될 수 있다)에 의해서 무효화됨으로 인해 제한되고 있다. 두 개의 곡선은 생산이나 소비 중 하나를 변환시킬 수 밖에 없다. "기능 혁신"이라는 세 번째 곡선은 동일한 기능적 이점(benefit)을 전달 · 제공하는 대안적인 방법, 예를 들어, 편지를 쓰는 것으로부터 전자우편을 보내는 것으로 변경함으로써 또는 자동차를 소유하는 대신에 자동차를 공동으로 이용하는 것과 같이 서비스하는 제품을 변경함으로써 그 대안적인 방법을 발견하는데 집중하고자 한다. 최종적인 혁신은 소비와 생산의 전체 시스템에 대한 혁신과 관련되며 또한 소비와 생산이 연관되어 있는 더 폭넓은 시스템의 혁신과 관련된다. 지속가능한 수송 해결방법이 개발되어 있는 지속가능한 공동체의 개발발전이 이러한 예가 될 것이다.

지속가능성에 기여하는데 요구되는 혁신의 유형은 시장 및 국가들 간에 상이하다. 보다 극적인 지속가능한 혁신에 대한 욕구 및 기회에 대한 Tukker의 분석은 상이한 경제 유형간에 유의한 차이가 있음을 제시한다.[29] 즉 선진국의 소비자 경제는 재료자원 원천이용에 있어서의 극적인 절감에 대한 욕구와 결합되어, 부와 생활표준이 최소한 유지될 수 있는 정치적 및 사회적 기대에 직면하고 있다. 이것을 처리하고 다루는 것은 목표화된 시스템 혁신 접근방법을 요구하지만, 그러나 이것은 기존의 시스템과 기반구조 하에서 투자되는 상대적으로 높은 매몰원가(원료, 재무적 및 감정적) 때문에 어렵다. 즉 20세기 후반, 선진경제 하에서 개발 수립된 자원-비효율적인 "공룡식" 기반구조를 건설하지 않고 보다 지속가능한 생산과 소비로 직접적으로 향하는 개발 방향과 움직임으로 "뛰어 도약할" 수 있도록 새롭게 부상하고 있으며 급격하게 산업화하는 세계경제에게 기회가 주어지고 있다. 이것을 성취하기 위해서는 어떤 적극적인 계

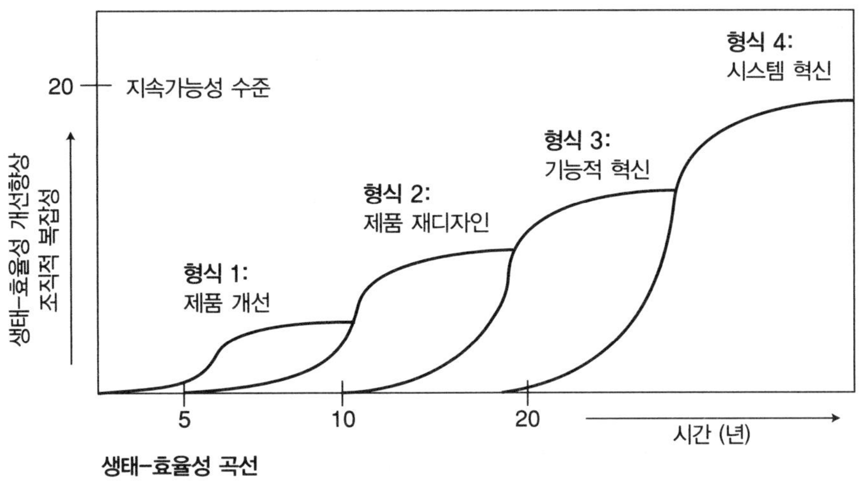

그림 6.1 생태-효율성 곡선
자료원: Brezet H., and van Hemel, C. (1997) Eco-Design: A Promising Approach to Sustainable Producfion and Consumption, United Nations Environment Programme (UNEP), Paris.

획수립과 투자가 요구된다. 역시 그것은 가능한 빨리 미국화된 소비자 라이프스타일을 성취하려는 소비자 압력이 거부되거나 방향을 고치는 경우에만 이루어질 수 있다. 가난한 국가에서의 "피라미드의 기초"에 바탕을 둔 경제의 경우, 소규모한 실험을 통해 소비와 생산에 대해 근본적으로 상이한 접근방법을 이용하여 실험할 수 있는 보다 많은 기회가 있어야 한다.

4.1 시기

시장에서의 성공은 어디에서 그리고 어떻게 경쟁하느냐에 대해 올바른 의사결정을 하는 간단한 의문사항은 아니다. 시장에 진출하고 또한 퇴출하는 것 또는 신제품이나 다른 유형의 형식을 도입하는 시기는 매우 중요하다. 즉 지속가능성 이슈에 대한 소비자의 관심을 반영하는 세분시장 그리고 신시장을 개발하는데 있어, 시장에 진출하는 첫 번째 기업이 되는 것에는 이점(혜택)과 도전적인 문제가 있다. 그러한 개척기업은 보다 지속가능한 제품과 서비스에 대해 소비자가 표출한 관심에 바탕을 두고 또한 입증되지 않은 수요가 있는 시장에 진출하는 위험을 느끼는데, 표현하고 표출하는 관심은 소비자들의 실질적인 구매의도와는 다를 수 있다. 역시 시장개척기업은 소비자를 교육하고, 관련되는 기술을 숙달하는데 있어 그리고 입증되지 않은 기술 또는 마케팅 개념으로 재무성과를 획득하는데 있어 자주 도전적인 문제에 직면한다. 자신들의 노력에 대한 보상은 후발 시장진출기업들이 도전하기 어렵다는 것을 발견하는 시장에서 위치를 수립할 수 있다는 것이다. 개척기업은 매체의 도달범위, 소비자 인식 및 시장점유율을 창출하고 또한 소비자와의 관계를 수립할 수 있는 기회를 가짐으로써, 시장진출 장벽을 구축할 수 있다. 시장에의 후발 진출기업들은 관련되는 기술에 대한 사례를 입증하거나 또는 소비자를 교육시키는데 걱정할 것이 없으나 후발 진출기업은 상이한 유형의 진입장벽과 위험에 직면하게 될 것이다.[30]

실행상에 있어, 지속가능성 시장에서의 성공적인 개척기업들이 자신들의 최초 주동자의 우위성을 유지하고 또한 장기적으로 사업을 유지하는 것이 어려울 수 있다. 자주 혁신은 지속가능성 지향적인 적소시장을 표적화하기 위해 혁신적인 제품을 개발하는 소규모하고 하찮은 기업에서 유발된다. 자신들의 기술이 성숙케 됨에 따라 그리고 적소시장이 대량시장 상태로 확대되고 향해짐에 따라, 기업가적 기업이 지도자적인 위치를 유지하는 것은 어려울 수 있다. 많은 시장에서 혁신적인 개척기업은 결국 더 양호한 재원을 가진 대형시장에서 활동하는 기업에 의해 인수되고 있다. Unilever사에 의한 Ben & Jerry사, L' Oreal사에 의한 The Body Shop사 그리고 Timberland사에 의한 Howies사 등의 인수는 지속가능성 세분시장을 개척하고 성장시킨 기업가적인 상표들이 그 세분시장이 주류를 향해 성장하고 진척됨에 따라 지도자적인 위치를 유지하는 것이 얼마나 힘든 것인가를 보여준다.

5 지속가능한 전략적 관계

전통적으로 주류를 이루는 마케팅 전략 이론은 전략에 대한 3가지 은유에 바탕을 둔 고도로 분석적인 접근방법에 의해 특징을 두고 있다. 경쟁력에 대한 강조 그리고 전략에 대한 군사적 분석의 특징적 우위성은 Coca-Cola와 Pepsi간, Microsoft와 Apple간 또는 부상하고 있는 더욱 녹색화되고 있는 기업들 간의 세계적 기업인 "Goliaths"와 소규모한 "Davids"사 간의 전쟁과 같이 개별기업들 간의 대치와 같은 전략적 마케팅을 구축하여 왔다. 전략에 대한 이러한 모습은 몇 가지 이유에서 볼 때 필시 거의 도움이 되지 않는다. 즉 어떤 시장은 무수히 많은 소규모한 실행기업으로 구성되어 있는데, 소규모한 실행기업들은 비교적 비정상적으로 직접 대응하고 있다. 즉 많은 지속가능한 도전적인 문제들은 개별기업보다는 전체 산업에 대응되며 또한 경쟁적 우위를 추구하는 개별기업들의 창의성보다는 협동적이며 통합적인 반응을 요구한다. 단 한번의 대규모한 화학약품의 유출은 그 산업내의 모든 기업들에 대해 반발을 유발하는 경험이 있는데, 그 반발은 안전과 지속가능성을 개선하도록 협동적인 노력을 고무한다.

지속가능성 마케팅 전략을 이해하는 것에 대한 하나의 대안적인 접근방법은 소비자들과의 관계의 차원을 넘는 관계관리와 관련된다. 전통적으로 시장관계가 마케팅 전략에서 고려되는 경우, 시장관계는 힘의 관계와 교환에 대한 식견에서 서로가 분명하게 구분되는 시장에 있는 활동자들과 함께 그리고 고도로 선형적인 "공급체인"에서(산업구조 및 가치연결쇠에 대한 Porter의 모형으로 설명되는) 활동하는 것에서 나온다.[31] 지속가능성의 도전적인 문제는 공급업자, 경쟁사, 중간상 그리고 고객들에게 사회적 및 환경적 성과를 개선향상하기 위해 동반자화로서 작업하도록 요구한다. 우리의 경제에서 원료의 효율성을 개선향상하려는 욕구는 고객들에게 제품의 최종 목적지(또는 쓰레기로 매립하기 위해 끝에서 두 번째로 중요한 것)가 되지 않도록 요구하지만, 그러나 재사용할 수 있고 또한 재활용할 수 있는 제품과 재료들이 생산시스템으로 되돌아가는 공급망내에서의 한 요점이 되는 것을 요구한다. 이러한 방식에서 고객은 역시 그 기업의 공급업자가 되며 또한 지속가능한 가치에 대한 협동생산에서 참여자가 된다.

5.1 이해관계자들

경영 및 마케팅 전략에서의 중심적인 아이디어는 "이해관계자(stakeholders)"에 대한 아이디어이다. 이해관계자 모형(p. 36 참조)은 마케팅 환경내에 있는 여러 구성집단을 확인 규명하고자 하는데, 구성집단의 행동은 잠재적으로 기업의 이해사항에 영향을 주며, 또는 기업이 어떤 형태의 사회적 책무(의무, 책임)를 지고 있는 마케팅 환경내의 구성체에 지향한다. 즉 이해관계자 접근방법은 기업들로 하여금 소비자의 욕구만을 그리고 투자자들의 재무적 기대만을 충족시키는 차원을 넘어 각 측의 관계를 고려하도록 고무한다(pp. 118~119의 제5장의 Toyota사의 예 참조). 또한 이해관계자 접근방법은 어디에서나 발생하는 전략적인 기회와 위협을 확인 · 규명하는데 중요할 수 있다.[32] 단점은 이해관계자 접근방법이 전략 과정을 상당히 복잡하게 하며 또한 이해관계자로서 포함되어야 할 대상, 포함되어서는 안 되는 대상에 대해 어렵고도 주관적인 결정을 해야 하며 또한 공정하고 윤리적인 지속가능한 방식으로 상이한 유형의 이해관계자들 그리고 그들의 주장과 이해관심사를 균형화하는 방법에 대한 어렵고도 주관적인 결정을 해야 한다는 것이다.

이해관계자 개념은 지속가능성 의제가 제시하는 시사점을 이해하기 위해 마케팅 전략가들에게 도움을 주는데 있어 중요하다. 즉 소비자의 욕구를 이해하는 것, 투자자의 기대를 충족시키는 것 그리고 법규를 준수하는 것은 기업의 단기적 및 중기적인 경제적 실행가능성을 확실하게 하는 전략을 수립하는데 충분하였다. 그러나 장기적인 경제적, 사회적 및 환경적인 지속가능성을 확실히 하기 위한 전략을 수립하기 위해서 기업은 더 광범위한 범위의 이해관계자의 욕구를 고려해야 한다.[33] 역시 그 전략은 기업으로 하여금 기업내의 현재의 이해관심사를 가진 사람들에 대응하여 미래 세대의 이해관계자들의 욕구를 균형화하도록 요구한다. 내적으로 그리고 외적으로 조직들은 점증하고 있는 이해관계가 있는 집단들로부터의 생태적 성과에 대해 점증하는 이해관심사에 직면하고 있다.[34] 이러한 이해관계자를 효과적으로 다루는 것은 갈등을 일으키는 이해관계자들이 이해관심사를 관리하고, 일치케 하는 방법뿐만 아니라 기업에 영향을 주는 이해관계자들의 지각적인 합법성과 능력을 이해하는 것이 관련되고 포함된다. <표 6.1>은 특별한 제품의 개발, 제조 및 마케팅과 연관될 수 있는 사회-환경적 이슈에 대한 예제 및 이해관계자들의 범위를 잘 보여준다.

지속가능성 및 마케팅과 관련된 이해관계자들에 대한 논쟁에서 보다 중요하며 논쟁적인 아이디어 중의 하나는 지구가 이해관계자로서 고려되어야 하는가이다. 지구가 이해관계자로서

표 6.1 제품 영향에 대한 이해관계자들의 관심사

이해관계자	잠재적인 이슈	지 표
기업의 주주와 경영자	제품 안전과 수용성	수행:윤리적 기금에의 포함율
구성원(피고용자)	해가 되는 과정 및 물질	사고율:상해로 인해 상실된 시간
고객	표찰화	고객만족:정부/업계의 지침의 위반
기업 동반자	제품 리콜 처리	효율성:제품 리콜의 속도와 성공
공급업자	R&D (연구 개발)에의 관여	수명주기 분석에서 공급업자 구성요소의 결과 그리고 디자인 과정에서 결과의 이용
경쟁사	건강과 안전 성과 및 업계 평판에 대한 영향	업계의 벤치마크 및 지침에 대응되는 성과
정부 및 법규 등	제품책무	재사용/재활용에 의해 과정이나 시장으로 되돌아오는 위험스러운 비제품 산출(NPO)의 양
NGO, 압력집단 및 기타 영향자	제품 안전 및 사회-환경적 영향	NGO/법규 표준화의 발생율
공동체	해가 되는 물질	비제품 산출(NPO)에 의한 공기, 토지 및 물에의 배출

자료원: Adapted from WBCSD)(2000) *Corporate Social Responsibility: Making Good Business Sense*, Geneva: World Business Coucil for Sustainable Development.

고려되어야 한다는 논쟁은 환경 시스템의 안정성에 모든 기업시스템이 최종적으로 의존한다는 것에 기초를 두어야 한다는 것 그리고 환경적 안정성이 제품 및 소비에 대한 우리들의 시스템에 대해 영향을 주는 힘에 바탕을 두어야 한다는 것이다. Driscoll과 Starik가 주장하는 것처럼, 기업조직은 최종적으로 조직을 살아나게 하는 은유적인 생태 시스템의 서비스 거래를 통해 상호작용하면서 다른 이해관계자들보다도 자연환경과 보다 상호교환한다.[35] 다른 사람들은 환경은 기업과의 어떤 형태의 교환에 의식적으로 관여하지 않고 또한 의식적으로 기업에 영향을 주려고 시도하지 않기 때문에 이해관계자들의 이해관심사를 대신 나타내는 다른 이해관계자(환경관련기관 또는 NGO와 같은 것)가 있다고 해도, 환경은 분명한 이해관계자가 될 수 없다고 주장한다.

6 지속가능성 전략에 대한 중요한 이슈를 확인 · 규명함

보다 지속가능한 전략을 채택하고자 하는 기업의 경우, 특히 그 전략이 기술, 제품, 서비스 및 고객 문제해결에 있어 상대적으로 극적인 변화에 관련되는 경우, 전략적으로 매우 중요한 "성패를 판가름하는" 이슈를 확인 · 규명하는 것은 중요하다. *Jonrnal of Marketing*에 실린 논문인 "극적인 신제품에 대한 전략적 마케팅 계획수립"에서,[36] Lee Cooper는 기업의 거시환경과 미시환경에 대한 영향을 다루고 또한 특별한 기업에 영향을 주는 것, 전체 산업에 영향을 주는 것(기업의 생태 시스템 또는 가치 네트워크로 인식되는 것) 그리고 그 산업이 의존하는 더 광

표 6.2 전기자동차와 관련되는 이해관계자

이해관계자 집단	세부적인 당사자	관심사항
소비자	개인, 임대, 기업집단, 대중교통	• 성과 • 소유관련 총비용 • 편리성
생태적 집단	환경보호기관, Sierra club, 세계인구	• 환경보호
석유회사 집단	석유회사들, 석유수출국가들의 외국정부	• 석유에 대한 수요 유지
전기집단	배터리 제조자, 공익기업	• 새로운 수익원 • 기술적 이득 • 이용가능한 역량의 효율적인 이용
정치집단	지역정부, 국가정부, 외국정부	• 석유에 대한 수요의 감소 또는 유지 (예상치에 의존하여) • 유권자를 서브함
자동차 제조자 집단	세계적인 제조자, 새로운 벤처	• 수익을 창출할 수 있는 생산 • 소비자 수요를 서비스함

자료원: Reprinted with permission from the *Journal of Marketing*, published by the American Marketing Association, Cooper, L. (2000) 'Strategic marketing planning for radically new products' 64, 1–16.

범위한 기술적 및 사회적 기반구조와 연결되는 것 간에서 그것들을 분리하는 유용한 "중요한 이슈 그리드"를 개발하였다. 동시에 그가 중요한 전략적 이슈를 확인 · 규명하는 과정을 제시하기 위해 이용한 2개의 제품 중 한 제품은 지속가능성에 대한 논의에서 우상이 되었던 시장부분인 전기자동차의 개발이었다. 첫 번째 분석적인 단계는 〈표 6.2〉에 제시된 전기자동차에 대해 관련되는 이해관계자를 확인 · 규명하는 것이 포함되어 있다.

두 번째 단계는 5개의 거시환경 요인(정치적, 사회적, 행동적, 경제적 및 기술적)으로부터 잠재적으로 유의한 전략적 영향을 없애려고 시도하기 위해 각 이해관계자의 식견과 이해관심사를 이용하는데, 그 이유는 거시적 환경요인들이 개별기업, 전체 산업(또는 기업의 생태 시스템) 그리고 개별기업들이 의존하는 기반구조에 영향을 줄 수 있기 때문이다.

효과적인 지속가능성 마케팅 전략을 수립하는 것은 소비자 욕구와 시장가치에 대응하고, 기업의 가치관을 반영하며 또한 기업의 재원 및 역량에 잘 어울리는 전략을 수립하는 것이 관련된다. 즉 효과적인 지속가능성 마케팅 전략을 수립하는 것은 기업으로 하여금 기업의 전략 및 기업의 존속에 대한 성공을 위협할 수 있는 중요한 전략적 이슈를 확인 · 규명하기 위해 기업의 관련 이해관계자들의 식견에서 그 전략에 주는 시사점을 고려할 것을 요구한다. 이런 과정이 완결된 후, 마케팅 관리자는 지속가능성 마케팅 믹스의 수립을 통해 그 전략을 실행할 준비를 한다.

주요 용어

거시환경
경쟁사
경쟁적 우위
고객
공급연결쇠
공중
관계
마케팅 전략
마케팅 조사
마케팅 환경
미시환경
세분화
시기
위치화
이해관계자
저원가 전략
적소시장
중요한 이슈
차별화
표적화
혁신
환경관리 시스템

검토해야 할 의문사항

1. 어느 세 가지 은유가 마케팅 전략에 대한 사고의 기초를 형성하는가?
2. 어느 상이한 유형의 행동요인이 기업의 마케팅 환경을 구성하는가?
3. 마케팅 관리자는 어떻게 내적 마케팅 환경에 대한 정보를 수집하는가?
4. Porter가 정의한 경쟁적 우위에 대한 3가지 일반적인 접근방법은 무엇이며, 각각은 지속가능성 마케팅 전략을 통해 어떻게 전달될 수 있는가?
5. 혁신의 4가지 상이한 "곡선"의 이름을 명시하라.

논의해야 할 의문사항

1. 마케팅이 이익을 창출하면서 고객의 욕구를 충족하는 것으로 전통적으로 인식된다면, 왜 지속가능성 마케팅 전략은 고객 및 투자자 이상의 다른 이해관계자를 고려하는 것이 요구되는가?
2. 월등한 지속가능성 성과에 기반을 둔 경쟁적 우위가 장기적으로 기업이 지속하기 위해 자주 어렵다는 사실이 경험을 통해 제시되고 있다. 무슨 이유로 상기의 내용을 설명할 수 있는가?
3. 마케팅 전략에 대한 지속가능한 접근방법은 어떤 요점에서 재고되어야 하는 주요한 이해관계자와의 관계를 필요로 하는가?

지속가능성 마케팅의 도전적 문제 Sustainability marketing challenge

Tesla Roadster-자동차시장에 대한 충격

지속가능한 소비논쟁에서 "첫 번째 공공의 적"이 있다면, 중요한 후보대상은 개인 자동차일 것이다. 개인 자동차(자가용 자동차)는 온실가스 배출과 기름보존의 감소에 대한 중요한 기여자이다. 그것이 특정한 국가가 취한 행동조치의 결과이었다면, 그것은 매일매일 지구를 침범하는 수준에서 볼 때 지구에 대한 죽음과 상해에 대한 실마리를 창조한다. 개인 자동차가 대중에게 안전하고 편리하며 또한 개인적인 이동의 이점을 가져다주며 또한 사람들이 편안하고 신속하게 가고자 하는 곳에 데려다 준다(모든 사람들이 동일한 시간에 동일한 장소에 가고자 하지 않는다면). 그러나 소매활동 및 도시계획화의 시스템이 대부분의 사람들이 개인자동차에 접근한다(소유한다)는 가정에 기초를 둘수록, 자동차가 없는 구성인구들은 혜택을 보지 못하게 된다.

자동차와 연관된 지속가능성 이슈들은 일산화탄소 및 낮은 수준의 오존과 같은 다른 오염원에 의해서 인간의 건강에 대해 가해진 위해와 더불어, 자동차에서 나온 탄산가스는 기후변화를 초래케 하는 배출 및 기여와 관련된다. 이러한 관련되는 관심거리들은 19세기말에 제시된 첫 번째 개념인 전기자동차에 대한 관심을 초래하였는데, 그러나 내연기관엔진에 의해서 추진되는 자동차의 낮은 원가와 높은 효율성에 의해서 제외되었다. 20세기 말경, 그 아이디어가 다시 부상되고 있지만, 그러나 1985년 British Sinclair C5의 실패된 출시는 그 개념이 결코 전통적인 자동차보다 심오한 경쟁력을 제공하지 못함을 제시하였다. 최고속도가 단지 시간당 15마일 정도(운전면허의 규제를 피하기 위해 적용됨)로 그리고 15마일 이하 정도의 차가운 날씨에 한하며, 소형으로 좌석이 1개이며, 구성요소가 공개되어 있는 C5는 소비자들에게 녹색 증명서를 나타내기보다는 불편함과 죽음으로 장식되는 수많은 기회를 제공하였다. 단지 70,000대가 판매되었으며, 대다수가 휴일의 종합단지 또는 초대형 유조선의 갑판 주위에 있는 것과 같이 폐쇄된 환경 속에 있는 고물차로 이용되었다. 그러나 1990년대 초, California주가 오염 배출을 영(zero)으로 하는 규제는 전기자동차를 개발하도록 주요한 산업의 활동가들 간에 노력을 촉발시켰다. 그러나 이러한 규제조치가 1990년대 말 약화되면서, GM, Toyota, Honda 및 Ford사들 모두가 부상하고 있는 전기자동차 프로그램을 치워버렸다. 2006년 Sony사의 영화인 *Who Killed the Electric Car?* (누가 전기자동차를 죽였는가?)는 전기자동차 개념에 대한 또 다른 죽음을 나타내는 것처럼 보였다.

그러나, 2006년 기존의 Sinclair C5보다는 상이하게 생각될 수 있는 상업용의 전기자동차가 미국에서 선을 보였다. Tesla Roadster사는 전기로 가는 수퍼카로서, 시간당 125마일을 주행하고 또한 4초내에 60마일까지 가속할 수 있으며, 220마일까지 주행하며 마일당 4센트 정도의 비용이 소요되고, 재충전하는데 단지 3.5시간이 걸린다.[37] 그것은 Porsche나 Ferrari에 대해 환경적으로 의식적인 대체물로서 풍요한 "초기 채택자"에게 소구되고 시장화되었다. 성능, 심미성 및 환경적 이점의 결합은 매체에서 열광적인 검토를 획득케 하였으며 또한 대당 10만 달러(73,400유로 달러)로 성공적으로 입증을 받았다. 2008년 중엽, 그 회사는 촉진에 전혀 돈을 들이지 않고도 1,200대의 주문을 받았다. 그 자동차는 확실하게 성능, 편리성 그리고 낮은 소유비용(그것과 경쟁하는 슈퍼카와 비교하여)에 대한 Cooper의 분석에서 확인 · 규명한 소비자의 관심을 충족시켰다. 또한 전통적인 자동차 산업이 점증하는 환경적, 사회적 및 경제적 압박하에 있을 당시에도, Tesla Roadster사는 지속가능성 혁신이 되는 것처럼 보였는데, 실패한 C5가 잘못 되었던 방식에서만 볼 때, 그 혁신의 시기와 시장에서의 위치화는 적절하였다.

그러나 그 자동차를 성공적으로 시장에 내놓았다는 것은 간단한 문제가 아니었다. 투자자이며 기업가인 Martin Eberhard가 그러한 문제를 인지하였으나, 그는 금융공동체가 자동차를 제조한 경험이 없는 사람들의 새로운 기술을 이용하려는 의지가 없음을 간파하였는데, 기름가격이 상대적으로 낮은 시기에 그러하였다 Tesla를 개발하기 위해 최초에 기금을 모으는데 630만 달러(460만 유로 달러)를 제공한 사람은 PayPal의 설립자인 Elon Musk이었는데, 그는 그 과정 중에 회장이 되었다. 그 자동차는 Arnold Schwarzenegger와 같은 유명인사들 앞에서 2006년 하나의 개념으로 나타났지만, 시장에 출시하기 위한 준비에는 아직 요원하였다. 그것은 원래 Lotus Elise 본체에 기반을 두었지만, 파이버글라스에서 탄소 섬유로 된 본체로 변화시키고 또한 시트와 문짝 모두의 스타일을 다시 하는데는 추가비용이 소요되고 프로젝트가 지연되었다, 그 자동차의 잠재적인 성능을 충족시키는데 필요한 2단 변속기를 제조할 수 있는 공급업자가 물색되지 않았으며, 완전한 생산이 이루어져야 하는 2007년의 마감시간이 지나가 버렸다. 결국 1단 변속기가 최초 생산에 사용되었다(새로운 변속기가 개발된 후 고객에게 더 좋은 것으로 교체할 것을 약속하였다). 역시 이익을 내면서 100,000달러(73,400유로 달러)의 가격으로 자동차를 만드는 것은 하나의 도전적인 문제로 입증되었는데, 부분적으로 그 이유는 진보 발전하는 다부품 공급업자들의 네트워크가 실질적으로 불가능하였기 때문이었다. 그 회사는 부품을 공급받기 위해 전문가적인 공급업자들은 제외시키고 그 대신에 소수의 기존의 자동차 부품 제조업자들로부터 구입하였는데, 자동차당 약 1,000달러(734유로 달러)의 비용이 절감되는 아주 간단한 절차가 적용되었다. 2007년 동안, 전기 수퍼카를 신속하게 시장에 내놓고 또한 상대적으로 저원가로 시장에 출시하는 원래의 전략은 확실하게 이루어지지 않았지만, 1년이라는 지연에 대해 1,000명 중 단지 30명만이 계약금을 요청했다는 것은 분명 예상잠재고객들의 충성심 때문이었다.

2008년 중엽, 결국 이루어진 Tesla에 대한 출시 시기는 이상적인 것처럼 보였으며, 기름값이 서서히 인상되고, 기후 변화의 공포가 새롭게 더욱 두드러지는 시기에 그 자동차는 시장을 놀라게 하였다. Tesla는 대형 자동차 제조업체들이 전기자동차를 재착수하기 위해 전기자동차에 대한 자신의 계획을 다시 시작함과 어울려져 시장에 등장하였다. 그 단계에서, Tesla는 이미 두 번째 모델을 계획하였는데, 60,000달러(44,160유로 달러)의 Model 5 세단으로서, 대중시장에 전기자동차를 제공하려는 앞선 생각이었다.

2008년 상반기에 이 회사는 첫 번째 이행자의 우위를 누리기 위해 박차를 가했지만, 지평선에 먹구름이 드러워졌다. Musk와 Eberhard의 사이가 표독스럽게 깨어졌는데, 그 회사에 대한 불평을 나타내는 상세하게 나열한 블로그를 쓴 Eberhard가 떠남으로써 그렇게 되었다. 2008년 상반기에, 신용부족이 타격을 줌으로써 다른 많은 기업과 같이 이 회사도 추가적인 금융을 획득하는데 고전하였다. 2억 5,000만~3억 달러(184~220백만 유로 달러)가 초기자본으로 필요한 Model S에 대한 계획은 지체될 수밖에 없었고 또한 제조상 운영은 80개의 직무상실로 인해 간소화되었다. 2008년 중엽, 이 회사에 대해 유리한 전략적 요인으로 보였던 기름값도 12월에 5년 전 수준으로 낮게 하락하였으며, 신용부족의 영향은 수퍼카 시장에서 장기적인 전망을 제공하는데 전혀 도움이 될 가능성이 없었다. 잠재적인 경쟁사들도 역시 전시체제를 갖추게 되었다. 2010년에, General Motors, Toyota 및 Nissan을 포함한 대형 자동차 제조업체들 모두는 자체의 전기자동차를 출시할 것을 계획하였다. 자동차 상담기업인 2953 Analytics의 James Hall은 "그 시장이 Tesla가 예상한 수치대로 전기자동차를 원한다면 대형 자동차회사가 원가로 그 만큼의 예상치를 섭렵할 것이다" 라고 지적하였다. 그 시장에 성공적으로 진출하고 있는 Tesla Roadster는 분명 엄청난 성공을 거두었다. 그 자동차가 장기적으로 볼 때 상업적으로 지속가능하게 될 것인가 그리고 대중시장에 전기자동차를 제공하려는 그 기업의 비전이 성취될 것인가는 확실하지가 않다.

| 논의해야 할 의문사항 |

1. Tesla사의 마케팅 환경에서 어느 활동요인과 영향력이 기업의 전략을 형성케 하며 또한 어떤 영향이 발휘되고 있는가?

2. 당신은 Tesla사의 위치화 전략을 어떻게 설명할 것이며 시장에 위치화하는 것에 대한 접근방법이 어떤 위험과 이점을 제시하는가?

3. 당신은 그 기업 및 그 기업의 전략에 대해 취해지는 미래가 어떻게 될 것이라고 기대합니까?

참고문헌

1. Ries, A. & Trout, J. (1986) *Marketing Warfare*, London: McGraw-Hill.
2. Iansiti, M. & Levien, R. (2004) 'Strategy as ecology', *Harvard Business Review,* 82(3): 68–78.
3. See for example Smith, T.M. (1998) *The Myth of Green Marketing: Tending Our Goats on the Edge of Apocalypse*, Toronto: University of Toronto Press.
4. Fielder. A. (2006) *Choice Editing for Durability?*, London: National Consumer Council.
5. Jenkins, H. (2004) 'A critique of conventional CSR theory: An SME perspective', *Journal of General Management*, 29(4): 37–57.
6. Cartwright, R.I. (2001) *Mastering the Business Environment*, London: Palgrave Macmillan.
7. Peattie, K. (1995) *Environmental Marketing Management: Meeting the Green Challenge,* London: Pitman Publishing.
8. See Leiserowitz, A.A., Kates, R.W. & Parris, T.M. (2004) *Sustainability Values, Attitudes and Behaviours: A Review of Multi-national and Global Trends*, Center for International Development Working Paper 113, Boston, MA: Harvard University.
9. Driscoll, C. & Starik, M. (2004) 'The primordial stakeholder: Advancing the conceptual consideration of the natural environment's stakeholder status', *Journal of Business Ethics*, 49(11): 55–73.
10. Bonini, S.M.J., Hintz, G. & Mendonca, L.T. (2008) 'Confronting climate change', *McKinsey Quarterly,* 2: 52–61.
11. For details see http://www.iso.org/iso/home.htm (accessed 26 December 2008).
12. See http://www.sa-intl.org/index.cfm?fuseaction=Page.viewPage&pageID=473 (accessed 26 December 2008).
13. Wernick, I. (2003) 'Environmental knowledge management', *Journal of Industrial Ecology,* 6(20): 7–9.
14. The Boston Box model is described in detail at http://www.quickmba.com/strategy/matrix/bcg/ and http://www.themanager.org/Models/BostonBox.htm (accessed 26 December 2008).
15. Milmo, D. & Adam, D. (2006) 'Branson pledges $3 bn transport profits to fight global warming', *The Guardian,* 22 September, http://www.guardian.co.uk/environment/2006/sep/22/travelnews.frontpagenews (accessed 26 December 2008).
16. Porter, M.E. & van der Linde, C. (1995) 'Green and competitive: Ending the stalemate', *Harvard Business Review*, 73(5): 120–33.
17. Among the 181 waste-reduction projects within 29 chemical industry plants studied by Porter and van der Linde, *op. cit.*, only one led to a net cost increase and the average annual saving (on the projects where this could be meaningfully measured) was $3.49 per dollar spent.
18. Belz, F.M. (2006) 'Marketing in the 21st century', *Business Strategy and the Environment,* 15(2): 139–44.
19. Czinkota, M. & Ronkainen, I. (1992) 'Global marketing 2000: A marketing survival guide', *Marketing Management*, 1(1): 36–45.
20. Prahalad, C.K. & Hart S.L. (2002) 'The fortune at the bottom of the pyramid', *Strategy and Business,* 26: 54–67.

21. Boyer, N. (2003) *The Base of the Pyramid: Reperceiving Business from the Bottom Up*, San Francisco, CA: Global Business Network.
22. Ringbeck, J. & Gross, S. (2008) 'Environmental Sustainability as a Driver for Competitive Success', in *The Travel & Tourism Competitiveness Report 2008*, Geneva: World Economic Forum, pp. 27–40.
23. Belz, F.-M. (2008) 'Marketing in the Age of Sustainable Development', in Tukker, A., Charter, M., Vezzoli, C., Stø, E. & Andersen, M.M. (eds), *System Innovation for Sustainability: Perspectives on Radical Changes to Sustainable Consumption and Production*, Sheffield: Greenleaf Publishing.
24. Bower, J.L. & Christensen, C.M. (1995) 'Disruptive technologies: Catching the wave', *Harvard Business Review*, 73(1): 43–53.
25. Bennett, R.C. & Cooper, R.G. (1981) 'The misuse of marketing: An American tragedy', *Business Horizons*, 24(6): 51–61.
26. Könnölä, T. & Unruh, G.C. (2007) 'Really changing the course: The limitations of environmental management systems for innovation', *Business Strategy and the Environment*, 16: 525–37.
27. Brezet, H. (1997) 'Dynamics in ecodesign practice', *UNEP Industry and Environment*, 20(1/2): 21–4.
28. Porter, M.E. & van der Linde, C. (1995) 'Green and competitive: Ending the stalemate', *Harvard Business Review*, 73(5): 120–33.
29. Tukker, A. (2005) 'Leapfrogging into the future: Developing for sustainability', *International Journal of Innovation and Sustainable Development*, 1(1/2): 65–84.
30. Belz, F.-M. (2008) 'Marketing in the Age of Sustainable Development', in Tukker, A., Charter, M., Vezzoli, C., Stø, E. & Andersen, M.M. (eds), *System Innovation for Sustainability: Perspectives on Radical Changes to Sustainable Consumption and Production*, Sheffield: Greenleaf Publishing.
31. Porter, M.E. (1998) *Competitive Advantage: Creating and Sustaining Superior Performance*, New York: Free Press.
32. Polonsky, M.J. (1996) 'Stakeholder management and the stakeholder matrix: Potential strategic marketing tools', *Journal of Market Focused Management*, 1(3): 209–29.
33. Polonsky, M.J. & Ottman, J. (1998) 'Stakeholders in green product development process', *Journal of Marketing Management* , 14: 533–57.
34. Fineman, S. & Clarke, K. (2007) 'Green stakeholders: Industry interpretations and response', *Journal of Management Studies*, 33(6): 715–30.
35. Driscoll, C. & Starik, M. (2004) 'The primordial stakeholder: Advancing the conceptual consideration of the natural environment's stakeholder status', *Journal of Business Ethics*, 49(11): 55–73.
36. Cooper, L. (2000) 'Strategic marketing planning for radically new products', *Journal of Marketing*, 64: 1–16.
37. See http://www.teslamotors.com (accessed 26 December 2008); Welch, D. (2008) 'Electric carmaker Tesla downshifts', *BusinessWeek*, October 23; Copeland, M.V. (2008) 'Tesla's wild ride', *Fortune*, 9 July.

IV PART

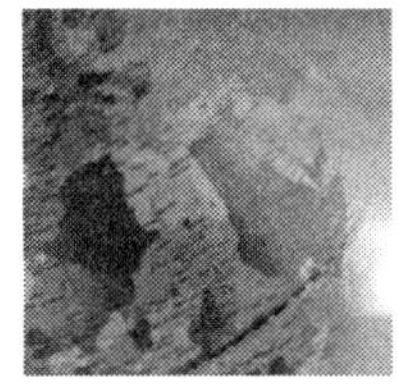

지속가능성 마케팅 믹스 수립

제 7 장 고객 해결방법

제 8 장 커뮤니케이션

제 9 장 고객 비용

제10장 편리성

CHARTER 7

고객 해결방법

학습 효과

1. 지속가능한 제품 및 서비스를 정의하고 특징화함.
2. 지속가능성 마케팅 기업이 구매, 사용 및 사용 후 고객을 위한 해결방법을 제공하기 위해 행하는 결정사항.
3. 지속가능성 상표의 개발을 이해함.

고찰내용 **개념의 시연**

당신이 지속가능성 마케팅 전략을 수립하는데 능숙한 시점에서, 우리들은 지속가능성 마케팅 믹스, 즉 마케팅 관리자들이 자신의 전략을 수행하기 위해 사용하는 전술적 수단에 대해 보다 상세하게 살펴볼 것이다. 본 장에서 우리는 기업들이 사회적 및 생태적인 문제를 고려하는 동안 고객을 위한 해결방법을 제공하는 방법에 대해 검토할 것이다. 시작하기 위해, 우리들은 자동차를 판매하거나 임대함으로써 개인용 이동기기를 제공하는 자동차 산업에 대해 생각한다. 아래에 제시된 예인 Mobility Carsharing사는 이동기기를 제공하고 또한 그렇게 행함으로써 돈을 버는 다른 방법이 있음을 제시한다.

지속가능성 마케팅 이야기 Sustainability marketing story

Mobility Carsharing-지속가능한 이동기기

스위스는 시계, 은행, 초코렛 및 치즈로 유명하다. 당신은 아름다운 풍경과 800만 주민이 살고 있는 이 조그만한 국가가 세계에서 가장 규모가 크고, 가장 성공적인 자동차 공유조직을 가지고 있다는 것에 놀랄 것이다. 1997년 2개의 스위스 협동조합인 ATG Auto Teilet Schweiz와 ShareCom이 합병되어 Mobility Carsharing사가 되었다. 이 회사의 본사는 Lucerne라는 도시에 있는데, 150명 이상을 고용하고 있다.

Mobility Carsharing사는 개인 및 기업고객들에게 독특한 이동성에 대한 해결방법을 제공하고 있다. 고객들은 스위스 전역에 위치한 1,050개 지역에서 2,000대의 자동차에 접근할 수 있다. 도시지역에서는 10개의 상이한 범주로 이용할 수 있는 광범위한 자동차 유형과 모델이 있는데, 10개의 범주에는 Budget, Micro, Economy, Compact, Combi, Comfort, Convertible, Fashion, Minivan 및 Transport가 포함되어 있다. 고객들은 자신들의 욕구에 따라 가장 알맞은 자동차를 선택하는데, 독신자를 위한 소형 자동차, 가족을 위한 중간크기의 자동차, 기업인들을 위한 고급 자동차, 주말용으로 재미있고 패션적인 자동차, 큰 물건을 이동하거나 수송하기 위한 트럭 등이 있다. 자동차는 전화나 인터넷을 이용하여 어디에서나 어느 때든지 고객에 의해 예약될 수 있다. 등록된 고객은 자동차 그리고 자동차에 장착된 컴퓨터에 쉽게 접근할 수 있는 전자식의 "Mobility Card"를 소지하고 있는데, 컴퓨터는 자료를 전달하는 GPS(Global Positioning System)를 통해 Mobility사의 센터와 연결되어 있다.

Mobility Carsharing사는 스위스 국민들 간에 높은 인지도를 가진 잘 알려진 상표이다. 그것은 자동차 공동소유 부분에서 1등급 서비스를 유지하고 또한 접근성, 수송, 안전, 청결함 및 생태적 관심을 보증한다. 스위스 철도 및 지역의 대중 교통기업들과의 협조하에 Mobility Carsharing사는 자동차 공동소유(이용)와 대중교통 모두에 접근할 수 있도록 이동기기 카드를 제공한다. 이러한 카드는 도시지역에서 그리고 통근자에게 인기가 있으며 또한 어떤 고객집단의 이동욕구에 대한 유일한 해결방법이다.

고객들은 이용당 비용을 지불하는데, 운행한 시간과 거리(km)에 따라 지불한다. 이 지불가격은 자동차 범주에 좌우된다. 즉 Economy 범주의 경우에는 Ford Fiesta를 이용한다. 이러한 경우, 고객은 1시간당 2.70 스위스 프랑(1.80유로 달러) 그리고 거리당 0.6스위스 프랑(0.40 유로 달러)을 지불한다. 가격이 언뜻 보기에는 높아 보이지만, 가격은 운전하는데 소요되는 총비용, 즉 감가상각, 세금, 보험, 연료, 주차, 유지, 고장 서비스 등을 반영한다. 주기적으로 고객들은 *Mobility Jourmal*뿐만 아니라 운행에 대한 상세한 명세내용이 적힌 청구서를 받는데, Mobility Journal은 고객들에게 최신의 뉴스 그리고 Mobility사 전체의 발전내용에 대한 정보를 제공한다. 커뮤니케이션(촉진) 부분의 경우, 자동차 공동소유(이용)의 간편성은 새로운 고객들에게 도달하는 것을 강조하는데, 그 내용은 "Mobility Carsharing: 아주 간단합니다. 1. 예약 2. 접근 3. 운전 4. 지급"으로 되어 있다.

Mobility Carsharing사의 성장은 인상적이었다. 1997년에서 2007년간, 자동차 공동소유(소유)자의 수는 17,000명에서 77,000명으로 4배가 되었다. 스위스에서 자동차 공동소유의 잠재력은 500,000명으로 예상되는데, 스위스의 자동차 운전자 중 20%와 맞먹는 것이다. 2007년 Mobility Carsharing사는 5,000만 스위스 프랑(3,340만 유로 달러)의 수익을 창출하였다. 개인고객들이 수익의 80%를 책임지는 반면에, 나머지 20%는 상업용 고객이 부담하고 있다. 현재 점차 증가하는 스위스 기업들이 간접비와 이동비용을 줄이고, 환경을 보호하고 또한 자사의 이미지를 높이기 위해 Mobility Business Carsharing

사에게 자사의 자동차 및 자동차 관리를 외주하고 있다.

자동차 공동소유(이용)자의 반 정도가 Mobility Carsharing사의 협동조합 회원이 되고자 선택한다. 그들은 협동조합에서 몫을 소유하고 또한 자동차 공동소유를 개선하고 추가적인 발전에 이익의 대부분을 재투자한다. 생태, 내적 및 상호세대적 자산에 대한 아이디어는 협동조합 회원들의 기금모금에 필수적이다. 개인적인 자동차 소유와 비교하여, Mobility Carsharing사는 여러 가지 이유에서 환경적으로 자애롭다. 첫째, 많은 사람들이 자동차를 공동소유하고 이용한다면 자동차를 적게 생산하게 되며 따라서 재료와 에너지의 흐름이 적어지게 된다. 둘째, Mobility Carsharing사는 상대적으로 연료소비와 CO_2배출이 적은 자동차를 선정한다. 생태 효율성은 공급관리에서 중요한 기준이다. 마지막으로 실증적인 자료에 의하면, 자동차 공동소유와 이용은 이동하는 행위에의 변화를 초래케 한다. 즉 이용당 비용지불(시간 및 거리당)은 자동차를 운전하는데 소요되는 총비용을 운전자에게 인식시킨다. 이에 따라 자동차를 타는 것에 대해 두 번을 생각케 하는 경제적 인센티브가 있다. 간혹 자동차 소유 이용자들은 자동차를 이용하는 대신에 걷거나, 자전거를 타거나 대중교통을 이용할 것을 결정한다. 2008년까지 Mobility Carsharing사는 80,000명의 고객과 2,000대의 자동차를 확보하였는데, 이것은 평균적으로 약 40명이 한 대의 자동차를 공동소유, 이용한다는 것을 의미한다. 이것은 세계적인 규모로 재현할 수 있는 이동 패턴의 한 가지 종류인 것이다.[1]

1 마케팅 근시안

19세기는 위대한 철도의 시대이었다. 철도는 도시, 지역, 국가를 연결하였다. 그 당시 어떤 형태의 수송도 속도, 내구성 및 경제성에서 철도와 경쟁할 수가 없었다. 그러나 자동차 및 비행기의 출현은 20세기에 철도를 점진적으로 쇠퇴케 하였다. 많은 철도 거부들과 기업들은 파산되었다. 그들은 "마케팅 근시안"으로 고통을 받았는데, 마케팅 근시안이란 고객을 위한 해결방법 대신에 제품(또는 서비스)에 몰두하는 것이다.[2] 그들은 자신들의 사업을 수송 그리고 이동성을 제공하는 것 대신에 철도의 관점에서 정의하였다. 즉 그들은 고객을 위해 제공되는 이점 대신에 특별한 기술에 지나치게 집중하는 실수를 범하였다. 4P로 구성되는 마케팅 믹스에 대한 고전적인 개념은 이런 종류의 사고를 부양시킨다. 즉 그것은 기업의 관점을 취하고 또한 제품과 구매에 집중하는 경향이 있다.

본 장에서 우리는 견해를 변화시킨다. 즉 우리는 고객의 관점을 취하며 또한 제품이나 서비스의 구매로부터 사용 및 사용 후에까지의 전반적인 소비과정에서 발생하는 문제에 대한 해결방법을 제시한다.[3] 지속가능성 마케팅 기업에 대한 도전적인 문제는 사회적 및 환경적인 성과를 개선 · 향상시키면서 소비자들의 매일매일의 삶과 그들의 욕구에 대한 직접적인 문제를 해결하는 것이다. 우리들은 대부분의 소비자들이 보다 환경적으로 또한 사회적으로 책임을 지는 재화와 서비스가 제공되기를 원하고 있다는 사실을 실증적인 조사를 통해 알고 있지만, 그러나 역시 우리들은 소비자들이 일반적으로 이런 재화와 서비스들의 비용, 성과 및 편리성의 관점에서 약속을 이행할 의향이 없다는 사실도 알고 있다. 이것은 지속가능성 마케팅 기업이 경쟁력을 유지하기 위해 해결해야 한다는 어려운 문제이다.

2 고객의 구매(구매 후)에 대한 문제해결

고객들이 욕구를 충족하려고 하는 경우 그 해결방법은 물질적 제품 또는 즉시적인 서비스에 의해 제공될 수 있다. 지속가능한 제품과 서비스는 사회-생태적 문제에 대한 것뿐만 아니라 고객 문제에 대해 해결방법을 제공한다. 우리는 지속가능한 제품 및 서비스란 전통적 또는 경쟁되는 제공물과 비교하여 전체적인 수명주기에 따라 사회적 및 환경적 성과를 뚜렷하게 개선하고 또한 고객의 욕구를 충족시키는 제공물로 정의한다.[4] 이러한 정의는 아래의 6가지 특징을 내포하고 있다.

1. **고객만족(customer satisfaction)**: 만약 지속가능한 제품 및 지속가능한 서비스가 고객의 욕구를 충족시키지 못한다면, 제품과 서비스들은 장기적으로 시장에서 존속하지 못한다.
2. **이중적인 집중(dual focus)**: 완전하게 환경적인 제품과는 달리, 지속가능한 제품은 생태적 측면과 사회적 측면에 대해 이중적으로 집중한다.
3. **수명주기 지향성(life-cycle orientation)**: 지속가능한 제품은 요람에서 무덤까지로, 즉 원료의 채굴, 수송, 제조, 유통분배, 사용 및 사용 후 등의 전반적인 수명주기를 고려해야 한다.
4. **두드러진 개선향상(significant improvements)**: 지속가능한 제품과 서비스는 세계적 수준(거시적 수준)에서 사회-생태적 문제를 해결 · 조치하는데 가치 있는 기여를 해야 하거나 또는 수명주기평가에서 지적한 것처럼 사회-생태적 제품성과(성능)에서 측정할 수 있는 개선향상을 제공해야 한다(제3장 참조).[5]
5. **지속적인 개선향상(continuous improvement)**: 지속가능한 제품과 서비스는 절대적인 측정수단이 아니지만 지식의 상태, 최신의 기술 및 사회지향적 열정에 좌우되는데, 그것들은 시간이 지남에 따라 변화한다. 고객의 욕구를 충족하고 또한 오늘날 특별한 사회적 및 환경적인 성과를 내는 제품이나 서비스는 장래의 표준으로 고려되어야 한다. 따라서 지속가능한 제품과 서비스는 고객, 사회적 및 환경적 성과에 관하여 계속적으로 개선되어져야 한다.
6. **경쟁적인 제공물(competeing offers)**: 고객의 욕구를 충족시키고 또한 환경적 및 사회적 개선향상을 제공하는 제품이나 서비스는 아직까지도 경쟁되는 제공물에 비해 뒤쳐져 있다. 따라서 경쟁사의 제공물은 고객, 사회적 및 환경적 성과에 관하여 개선향상을 위한 지침이다.

가격, 기능, 성과, 미적인 것 및 디자인에 추가하여 점증하는 고객들은 "제품의 이면에 있는 세상" 즉 그것이 생산되고 과정처리되는 방법을 알고자 한다. 그 고객들은 생산과정에 관련되는 자연환경 및 인간에 대해 걱정한다. 결국, 그들은 사회적 및 환경적으로 자애로운 방식으로 생산되고 또한 과정처리되는 제품을 구입하고자 한다. 지속가능한 제공물로서 몇 가지 예에는 자연식품, MSC표찰이 붙은 생선, FSC표찰이 붙은 제품 및 공정무역 제품이 포함된다.

- **천연자연식품**(organic food products)은 1990년대 이후 많은 선진국에서 높은 성장률을 누리고 있다. 그 제품들은 유기농업의 원칙에 따라 생산되는데, 유기농업은 비교적 자연적인 주기에 따라 작업하며 또한 땅, 식물 및 동물에서 과정처리된다. 화학비료와 제초제 또는 유전자 조작체(GMO)가 유기농업에서는 전혀 허용되지 않는다. 식품사고가 일어나는 시기 및 유전자 기술이 발전되는 시기에 천연자연식품은 안전을 제공한다. 일반적으로 소비자들은 천연자연식품을 자연적이며 건강하다고 생각한다. 더욱더 천연자연식품은 인위적인 맛보다는 진짜 맛을 제공한다.
- **MSC표찰이 붙은 생선**(MSC-labelled fish): Marine Stewardship Council(MSC)은 물고기 남획의 문제를 해결하는 방법을 촉진하기 위해 1997년에 세워진 국제적인 비영리조직이다.[6] MSC는 널리 잘 알려진 지속가능한 인증 그리고 무자비하게 포획하는 어업에 대해 표찰을 부여하는 프로그램을 운영하고 있는데, 그 프로그램과 인증은 UN의 FAO의 지침과 일관된다. MSC표찰이 붙은 생선은 고객들에게 좋은 "환경적 양심"을 제공한다. MSC표찰이 붙은 생선을 구입하는 것은 포획 및 멸종위기에 처해 있는 종의 소멸에 대한 문제와 싸우는데 조그마한 기여를 하는 것이다.
- **FSC표찰이 붙은 제품**(FSC-labelled products): The Forest Stewardship Council(FSC)은 환경적으로 적절하며, 사회적으로 혜택이 있고 또한 경제적으로 실행가능한 산림관리를 촉진한다.[7] FSC는 목재 및 비목재 제품의 수확이 산림에서의 생물의 다양성, 생산성 및 생태적 과정을 유지한다는 사실을 확실하게 강조한다. FSC표찰이 붙은 제품의 수요가 많을수록 지역사람들이 산림(열대우림을 포함하여)을 유지할 수 있는 인센티브가 더 높아지는데, 산림은 CO_2를 흡수하고 또한 기후변화의 문제와 싸우는데 도움을 준다. MSC와 FSC의 수립은 생태시스템적 재화와 서비스를 무료(공짜)로 제공되는 일반재화가 아니라 보증을 위한 인센티브를 제공하기 위해 시장가치를 갖는 자산으로 취급하는데 있어 관심이 증가하고 있음을 보여준다.
- **공정무역 제품**(fair trade products): 앞에서 설명한 바와 같이, 지속가능한 제품은 생태적 및 사회적 측면에 대해 이중적으로 집중한다. 환경적으로 자애롭지만 후진국에서 생산에 대한 사회적 측면을 무시하는 제품은 지속가능적이라고 주장할 수 없다. 윤리적으로 거래되는 제품은 국제적으로 인식되는 표준 및 협정 특히 ILO의 표준과 협정을 지지하는데, ILO는 모든 형태의 강제적이거나 또는 의무적인 노동을 없애고 어린이 노동을 폐지하고 또한 작업자의 협회(집단)를 형성하고 가입하는 권리를 보장하고자 한다. 더욱이, 공정무역 제품은 거래동반자간의 동반자화에 대한 아이디어를 강조하는데, 생산자들로 하여금 사회적, 생태적 및

경제적 발전을 향상시키는 프로젝트에 투자될 수 있는 추가적인 공정무역에 의한 고가격을 제공하고 또한 살아갈 수 있도록 허용할 수 있는 정도의 최소한의 가격을 보장케 한다. 식품 및 면직류, 장식용 꽃 그리고 스포츠용 공과 같은 비식품 모두는 국제적인 공정무역 조직인 Transfair에 따라 인증되고 있다. 이런 종류의 제품들은 고객들에게 좋은 "사회적 양심"을 제공한다.

제품의 차원을 넘는 이 세계는 원재료의 추출 그리고 시제품의 생산에 관여할 뿐만 아니라 고객에게 제공되는 최종 제품의 처리에 관여한다. 과정 및 처리하는(processing) 기업들의 운영이 자원을 낭비하며, 많은 오염을 발생시키며 또한 작업자들을 착취하는데 관련되는데, 제품의 이용 또는 원재료의 원천 탐색의 측면이 특히 지속가능하다고 해도, 처리하는 기업은 시장에 대해 지속가능한 제품을 제공하는데 있어 치명적이기도 하다. 조만간에 이러한 전략은 실패할 것이며 또한 기업의 신뢰성도 즉시 그리고 영원히 상실하게 될 수도 있다. 즉 환경적으로 또한 사회적으로 책임이 있는 제조활동은 유형제품에 대한 신뢰적인 지속가능성 마케팅 전략의 기초인 것이다.

보다 청결(청정)한 생산(cleaner production)은 오염배출과 쓰레기를 최소화하는 접근방법이다. 청정생산은 운영과정에 있어 자원과 에너지의 효율성을 개선 · 향상케 하는 핵심적인 방법에 따라 원료와 에너지의 흐름을 분석하는 것이 관련된다. 최종적인 목표는 오염배출을 전혀 없게 하는 것이며, 또한 자연환경에 대한 부정적인 영향을 피하는 것이다. 산업화된 선진경제에서의 직선적인 제조 시스템은 자연적인 생산 시스템에 비교하여 소비된 자연 자원의 양에서 볼 때 크게 비효율적인데, 자연적인 생산 시스템은 자원의 완전한 이용을 가능케 하며 또한 자연적으로 순환적이다. 더 청결(청정)한 생산의 구성요소에는 물을 재사용하고, 열을 재생하고, 쓰레기를 재사용(내적 및 의도적으로)하며 또한 전혀 재생할 수 없는 에너지를 재생할 수 있는 에너지로 변형하기 위해 기존에 있는 순환이 포함된다. Solar Roast Coffee사는 전체적으로 재생할 수 있는 에너지로 변환시킨 중소기업이다. 2004년 창업자들은 처음으로 태양열을 이용한 커피 볶음기인 Helios 1을 발명하였는데, 그리스의 태양의 신인 Helios로 명명되었으며, 역시 그것은 이 회사의 로고에 잘 나타나 있다.[8] Solar Roast Coffee사는 자연농장에서 재배된 공정무역 커피를 공급받으며, 그 커피를 탄소가 거의 없는 방식으로 볶는다. "당신의 컵 속에 태양"이라고 된 지속가능한 커피는 Colorado주 Pueblo에 있는 자사 소유의 카페에서 소비되거나 온라인으로 주문을 받을 수 있다. 이에 따라 이 회사는 맛, 편리함, 사회적 및 환경적인 측면이라는 모든 면에서 고품질을 제공한다.

더 청정한 생산은 국제환경관리 표준인 ISO 14000의 주요요소이다. ISO 14000은 환경방침을 수립하고, 환경적 영향과 측면을 결정하고, 환경적 목표와 측정가능한 목표를 계획하며 이러한 목표와 목적을 달성하기 위한 프로그램을 실행하고 수정할 수 있는 행동조치를 체크(점검)하는 요구조건을 구체화한다. ISO 14000의 전반적인 아이디어는 조직 그리고 그 조직의 운영에 의한 환경적인 영향을 줄이기 위한 시스템적인 접근방법을 수립하는 것이다. 2008년까지 14,000개의 기업들이 ISO 14000에 따라 인증을 받았는데 일본, 독일 그리고 영국에 뒤이어 많은 기업들이 인증을 받았다.

ISO 14000은 환경적 차원의 관리에 전체적으로 집중하고 있다. ISO 14000은 지속가능성 마케팅의 맥락에서 볼 때 역시 중요한 것인 어린이나 강제노동이 관련된다는 사실을 소비자들이 간과하게 된다면, 천연농가에서 나온 초코렛은 그렇게 달콤하게 맛이 나지 않을 것이다. 화학약품이 없는 섬유는 후진국의 작업조건이 수용될 수 없다면 시원하지 않다. 따라서 환경적 및 사회적 차원은 지속가능성 마케팅에서 어울러져야 한다. SA 8000은 알맞은 작업조건에 대한 국제적인 사회적 책무 표준이다.[9] 그것은 아래에 제시된 책무분야를 포함하는데, 어린이 노동, 강제노동, 작업장의 안전과 건강, 결성의 자유 및 단체협상에 대한 권리, 차별대우, 작업시간, 인적자원에 대한 보수 및 관리시스템 등이 포함된다. 2008년까지 약 1,700개의 시설들이 SA 8000에 따라 인증을 받았는데, 대부분은 의류와 섬유, 농업 및 건설분야에서 인증을 받았다. 대부분의 인증을 받은 국가들에는 브라질, 인도 및 중국 등이다.

ISO 14000과 SA 8000이 모두 제품인증이나 제품 보증은 아니다. 두 가지 모두가 현장에서의 활동과 관련된다. 그것은 2가지 표준이 기업의 커뮤니케이션에 적합할 수 있는 이유인데, 그러나 지금까지는 제품 커뮤니케이션(촉진)에 대해서는 그렇지가 않다. 소비자들은 통상 기업이 ISO 14000이나 SA 8000에 따라 인증을 받았는지 잘 모르고 있다. 그럼에도 불구하고 소비자들이 간접적인 효과로 이득을 보고 있는데, 어떤 소매상들은 자신들의 공급업자들로부터 그러한 표준을 요구하고 있다. 이러한 경우에 그러한 표준들은 사업을 행하는데 있어 선결조건이 된다.

환경적 및 사회적 관리표준은 제조기업에만 규제되는 것은 아니다. ISO 14000과 SA 8000은 역시 서비스 제공기업에도 적용된다. 여행업, 접대, 세탁 또는 콜센터와 같은 많은 서비스 산업의 경우, 작업시간과 작업조건 그리고 요원들의 육체적인 건강, 안전 및 복지를 보장하는 것과 관련하여 중요한 이슈들이 있다. 노동력에 대한 사회적 복지 그리고 작업장에서의 정신적 및 육체적으로 도전을 받는 사람들의 통합은 독일의 소매상인 CAP사의 원리 · 원칙의 근본이 된다.[10] 2008년, 독일의 마을에는 60개 이상의 CAP사의 시장이 있는데, 그곳에서는 식품 및 비식품으로 된 완전한 구색을 제공한다. 이에 추가하여 CAP사는 시장에 현존하는 격차를 매우고 있다. 대형 소매상들은 큰 마을과 도시에 자사의 점포를 위치하는 경향이 있는데, 자동차를 소유하지 않은 시골지역의 사람들 및 노령자들을 무시하고 있다.

3 고객 사용에 대한 해결방법

고객들이 제품을 사용할 때, 고객들은 그 제품들이 안전할 것을 기대한다. 안전 규제 그리고 소비자 조직들이 행하는 건강, 안전 및 환경에 대한 시험에도 불구하고, 제품 안전에 대한 일련의 불미스러운 사고가 발생하였다. 농약이 잔류하는 식품, 독소가 있는 어린이용 플라스틱 장난감 그리고 불이 나는 휴대폰용 배터리 등이 매체에 보고되고 또한 소비자들에게 자주 경고되고 있다. 이런 종류의 사고에는 여러 가지 이유가 있는데, 최소한의 통제가 이루어지고 있는 국제적인 공급체인, 가격경쟁 그리고 원가를 절감해야 하는 필요성 등의 이유가 있다.

안전하고 건강에 도움이 되는 제품(safe and healthy products)을 제공하는 것은 소비자의 사용에 대한 해결방법에 있어 중요한 부분이다. 어떤 사람의 경우, 그것은 말 그대로 삶과 죽음의 문제가 된다. 세계적으로 약 25억 명 이상의 사람들이 무방비한 상태의 포화 속에서 음식을 준비하고 있다. 이런 포화에는 발암물질이 위험스러울 정도의 농도로 함유되어 있다. 세계보건기구(WHO)는 160만 명이 실내 대기오염으로 매년 사망하고 있다고 예측한다. Philips사는 인도에서 목재를 태워서 이용하는 두 종류의 난로인 "Saral(기본적인 것)"과 "Sampoorna(완전한 것)"을 재창안하였는데, 실내 오염을 줄일 수 있고 또한 편리한(유통분배, 접근, 설치, 사용 및 유지) 것으로서 원가가 낮고 지역에서 생산될 수 있는 해결방법이 되었다. 이 난로들은 지속가능한 기준(수명이 길고, 비물질화, 효율적이고 깨끗한 에너지, 문화적 다양성과 공유함)에 따라 사용자 및 NGO들과 협력하여 설계되었다.[11] 이와 유사하게 Bosch Siemens Home Appliances(BSH)사는 피라미드의 기초(BoP)에서 시장에 진출할 수 있는 방법을 탐구하였다. 그 회사는 건강과 안전을 개선향상하고 또한 벌목(산림 벌채)에 대처하기 위해 후진국에서 식물성 기름 난로를 개발하고 시험하였다.[12] 상기의 두 다국적기업들의 주요한 도전적인 문제는 CSR 설계 프로젝트를 사업의 예로 변환시키는 것으로서, 이익을 창출하기 위해 성공적으로 지속가능한 난로를 시장에 내놓고 또한 후진국에 있는 사람들의 생활의 질을 높이는 것이다.

생태적인 관점에서 볼 때, 사용단계는 자주 수명주기 분석에서 보는 바와 같이 많은 내구재에 대해 가장 중요한 것이다. 사용단계는 세탁기, 냉장고 및 자동차와 같이 사용단계에서 에너지와 물에 의존하는 제품에 대한 경우이다. 연료와 에너지 가격이 상대적으로 낮아지는 경우, 에너지 효율성은 구매시 대부분의 소비자에 대해 그 중요성이 낮아지게 된다. 힘(효력), 디자인, 지위 및 긍지(권위)와 같은 다른 기준들이 그후 더 훨씬 중요하다. 이런 종류의 구매행동에 대한 전형적인 예는 SUV(sport utility vehicle)에서 나타나는데, SUV는 전통적인 자동차와 비교하여 km당 많은 양의 연료를 소비한다. 21세기로의 전환기에 미국에서 판매된 자동차의 반 정도가 SUV이었다. 전혀 생태적이지는 않지만, 이 세분시장은 그 당시 매우 수익성이 높았다. 그러나 시대가 계속 변화하고 있었으며 그리고 미국 자동차회사들이 미래를 위해 잘 준비하지 않았다. 2002년 ~ 2008년 사이, 기름값이 베럴당 20달러(14.22 유로 달러)에서 100달러(72.18 유로 달러)로 인상됨으로써, 소비자 행동에 뚜렷한 변화를 초래케 하였다. 즉 대부분의 소비자들은 과거 어느 때보다도 보다 에너지 의식적이었다. 기름값이 인상됨에 따라 에너지 효율성(energy efficiency)이 보다 중요하게 되었다. 2008년 미국 및 서구 유럽 시장에서 더 작은 차에 대해 더 많은 수요가 발생되었는데, 그 수요는 2008년 후반기에 에너지 가격이 폭락했음에도 불구하고 감소하지 않았다. 세계적인 신용부족으로 야기된 금융고난은 연료경제가 소비자에게 중요하게 생각된다는 것을 확신시켰다. 2008년 SUV의 판매고가 전년도에 비교해서 반 정도로 감소하였다. 따라서 사용 동안, 소비자의 기대와 환경적 기준을 충족하기 위한 중요한 전략은 보다 자원-효율적인 제품을 제공하는 것이다.

2002년 이후 기름과 에너지 가격의 상승은 하이브리드 자동차, 에너지 효율적인 주택과 에너지 효율적인 가전제품과 같은 제품에 대한 수요와 관심을 증가시키게 하였다. Prius와 같은 계층에 있는 다른 자동차와 비교하여 Toyota사의 Prius는 km당 연료가 반 정도만 필요하며 또한 CO_2를 아주 적게 배출한다.[13] 본래의 소비자의 이점은 사용단계에서 비용을 절감하는 것이다. 부수되는 소비자의 이점은 자동차의 디자인, 마력(힘), 운전의 즐거움 그리고 사회에서의 신분이다(제2장 참조). 새로운 집에 대한 시장에서, 에너지 효율성은 역시 경쟁시장에서 주목을 끄는 이름이 되고 있다. 평균적으로 가정에서 사용되는 에너지의 약 70~80%는 난방용이다. 주택의 단열이 좋을수록 에너지 소비가 더 감소할 것이며, 보다 안락하고 분명한 비용절감이 이루어진다. 가정에서 사용되는 에너지의 나머지는 세탁기, 냉장고, 오븐 및 식기세척기와 같은 가전제품 및 조명용이다.

2000년 이후, Electrolux사는 하루에 0.38kwh만 소요되는 냉장고를 중국에 제공하였는데, 에너지를 기준으로 순위가 매겨진 최상위 유럽 가전제품과 대적되고 있다. 그것은 10년 전의 냉장고에서 사용되는 에너지의 반 정도이다. 에너지 효율적인 냉장고에 대한 본래의 소비자 이점은 돈을 절약하는 것인데, 그것은 원가의식적 소비자에게 소구된다. 높은 에너지 효율성은 "형태와 기능상에서 완벽하다"는 것으로 시장에 알려진 이점의 덩어리 중의 한 부분이다. 냉장고는 미학적으로 기쁘게 하는 디자인이며 또한 최적화된 냉장 시스템으로 인해 장기간 동안 식품을 신선하게 보관한다.

에너지 효율성 이외에, 사용단계 동안 제품의 내구성은 환경적 관점에서 중요하다. 20세기 중엽까지 소비내구재들은 투자로 여겨져 왔으며 또한 가능한 한 오래 지속되도록 디자인되었다. 그러나 그 이후, 제품의 수명기한을 신중하게 짧게 하려고 시도하는 계획적 진부화가 공통적인 것이 되고 있다.[14] 계획적 진부화는 3가지 형식, 즉 붙박이(built-in), 심리적 형식 및 기술적인 형식으로 되어 있다. 어떤 제조업자는 의도적으로 제한된 수명(붙박이 진부화)이 되는 제품을 장착한다. 많은 가전제품, 특히 소형제품들은 과거만큼 오랫동안 지속되지 않는다. 역시 제조업자들은 신제품을 우아하고 패션적으로 촉진함으로써 과거의 제품과 모델을 시대에 뒤떨어진 것으로 보이게끔 한다(심리적 진부화). 이것은 패션산업에서 공통적인 것으로서, 더 짧은 개발주기 때문에 다른 소비재 산업에서 보다 중요해지고 있다. 한 때 우리들은 그것들이 다 해질 때야 비로서 소파, 커튼, 기타 가구를 새로 구입하고 이용하였다. 그런 것들은 이제 소비자들이 실내 디자인 패션이 변화함에 따라 정규적으로 변경하도록 고무되고 있는 품목이 되고 있다. 또 다른 형식의 진부화는 컴퓨터, 가정용 접대용 제품 및 휴대폰과 같은 제품들의 급속하면서도 계속적인 최신화이다(기술적 진부화). 계획된 진부화는 대체 구매를 조장하고 또한 기업에게는 수익을 창출한다. 즉 계획적 진부화는 "가격점"을 충족시키고 치열한 경쟁에 대처하고, 처리에 대한 편리함 그리고 패션에 대한 소구를 충족시키고 대처하기 위해 원가를 절감하려는 욕구에 의해서 추진된다.[15] 계획적 진부화는 제품에 대한 더 짧은 수명을 유도하며 또한 더 많은 재료 처리량을 초래케 한다. 그것은 21세기 초 소비자 사회에서 채취(수집)-제조-쓰레기에 대한 합리적인 공통사의 한 부분이다.

제품수명의 연장은 계획적 진부화에 대해 정반대이다.[16] 오래 사용되는 제품, 올바른 사용을 위한 보완적인 제품관련 서비스, 유지와 수선을 제공하는 것은 보다 지속가능한 소비자 사용에 대한 해결방법을 위한 또 다른 접근방법이다. 손수 만든 구두 및 가구와 같은 어떤 "고전적인" 고품질 제품은 아직까지도 아주 오랫동안 지속되도록 디자인되고 있다. 만약 5년이 아니라 제품이 10년 동안 지속된다면, 자원의 생산성은 2개 요인 중 한 가지 요인에 의해 증가한다. Von Weizsäcker와 그의 동료들은 내구성은 쓰레기를 줄이며 또한 재료의 생산성을 증가시키기 위한 가장 확실한 전략 중의 하나라고 주장한다.[17]

내구성 전략에 대한 좋은 예는 USM Haller사의 모듈화된 가구인데, 이 가구는 스위스에서 제조되어 세계 전역에서 사무용뿐만 아니라 개인 가정에 설치된다. 그 가구의 내구성은 3가지 요인 즉, 재료의 고품질, 그 시스템의 변통응용성 그리고 디자인의 초시간성의 결과이다.[18] 이 모듈화된 가구의 지원되는 구조와 외적 구성요소는 장기간의 튼튼함과 안정성을 보증하기 위해 쇠로 만들어졌다. 생산과정의 종료시 그 구성요소들은 내구성을 보존하고 퇴색되지 않는 색상으로 가루로 코팅이 되어 있다. 그 모듈화된 가구는 사용자의 변화하는 욕구에 쉽게 적응될 수 있는 방식으로 조립된다. 그 디자인은 "형태가 기능을 따른다"는 모토에 의해 고취되고 있다. 그것은 간단한 해결방법을 나타내며 또한 패션적인 추세를 따르지 않는다. 25년 이상 전에 만들어진 USM가구까지도 오늘날 계속 이용되는데, 그 이유는 전혀 시간에 구애받지 않으며 쉽게 적용되기 때문이다. 고전적인 디자인 자태는 2001년 New York에 있는 유명한 Museum of Modern Art(MoMA)에 전시됨으로써 확인되고 있다. USM Haller사의 고객들은 기능적인 디자인, 즐거움을 주는 미학 및 장기적인 내구성으로 혜익을 얻고 있는데, 그럼으로써 역시 장기간 돈을 절약하게 된다.

제품관련 서비스(product-related services)는 지속가능한 해결방법의 한 부분으로서 내구재에 추가적으로 제공된다. 이런 종류의 서비스는 판매된 그 제품의 응용성을 최적화하는데 고객들에게 도움을 준다. 즉 그 서비스는 고객가치와 생태적 가치 2가지를 추가할 수 있다. 안전하며 생태적인 방식으로 운전하는 방법에 대한 코스를 제공하는 자동차 제조업체를 생각해 보라. 확실하고도 책임감 있게 운전함으로써, 소비자는 사용단계 동안 자동차의 생태 효율성을 증가시킬 수 있고 또한 20% 이상 연료소비를 줄일 수 있다. 또 다른 예는 세탁기, 의류 및 신발에 대한 수선 서비스이다. 그러한 제품-서비스 시스템은 "수집-제조-쓰레기" 사고와는 반대로서, 그 사고는 자원의 무한한 공급 그리고 쓰레기를 매립하는데 있어 무한한 웅덩이를 가정한다.[19]

또 다른 유형의 서비스는 사용과 관련된다. 이 경우에 제품 자체를 판매하는 대신에 서비스 제공자는 제품의 사용을 판매한다. 본 장의 앞에 제시한 지속가능성 마케팅 전략은 그런 서비스에 대한 좋은 예이다. 스위스의 자동차 공동소유 조직의 회원들은 그가 원하는 어느 때든지 이용할 수 있는 Mobility사의 자동차를 사용할 수 있는 권리를 가지고 있지만, 그들은 자동차를 소유하지 않고 있다. 자동차 전체의 소유권은 조합에 있는데, 그 조합이 그 소유권을 관리한다. 제품의 공동소유와 다양한 제품사용은 위대한 환경적 잠재력을 가지고 있다. 즉 많은 자동차가 공동으로 나누어진다면, 생산할 필요가 적으며, 자원의 추출(수집) 및 제조와 관련된 환경적 영향도 줄어든다. 이에 추가하여 우리들은 자동차 공동소유에의 참가가 이동성 행동 유형에 영향을 주며, 그 행동 유형은 자동차에 대해 보다 유연적이며 탄력적이 되며 덜 의존하게 된다는 사실을 이해할 수 있다. 이러한 것은 소비자들로 하여금 대중교통, 자전거 타기 및 걷기 등과 같이 환경적 영향이 아주 적은 수송수단(방식)을 이용하도록 고무한다.

이론적으로, **사용지향적 서비스**(use-oriented service)는 식품과 같은 비내구적 소비재를 제외한 거의 대부분의 제품범주 유형에 적용될 수 있다. 즉 소비자들은 자동차, 정원용 기구, 전기드릴, 모발건조기 또는 커피 제조기 등을 사용하기 위해 그것들을 실제로 소유할 필요가 없다. 그러나 실제적으로 이러한 사업모델에는 한계가 있다. 자주 소비자들은 제품을 소유하고 갖추고자 한다. 즉 소비자들은 친구, 이웃, 동료들에게 인상을 심어주기 위해서 제품을 소유하고 있음을 자랑한다. 제품은 그들의 자아 정체성의 한 부분이며 또한 그들이 자신을 표출하는 방법이다(제4장 참조). 자동차에 대해 생각해 보라.: 소비자 사회에서 이런 종류의 제품은 A로부터 B까지 우리를 데려다 주는 기본적인 기능의 차원을 넘는 것이다. 즉 그 제품은 높은 수준의 상

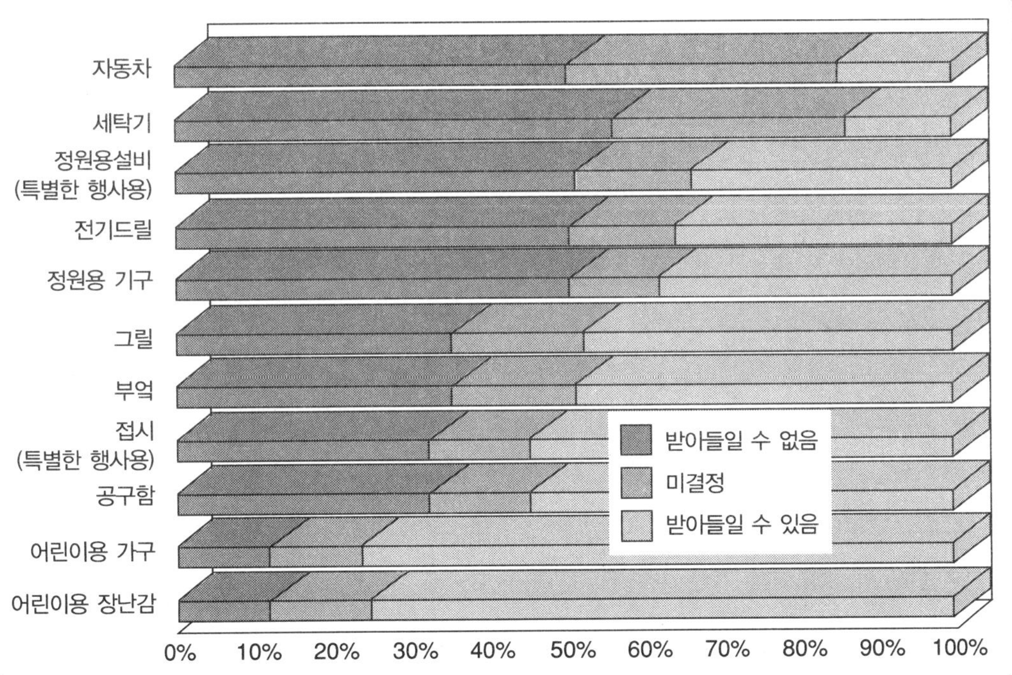

그림 7.1 제품을 공유하려는 의지

자료원: Based on Schrader, U. (1998) *Empirische Einsichten in die Konsumentenakzeptanzöko–effizienter Dienstleistungen*, Research Paper No. 42, Hannover: University of Hannover, Chair for Marketing and Consumption.

징적인 의미를 가지고 있다. 그와 동일한 것이 iPod 또는 iPhone과 같은 "멋진" 전자식 도구에도 마찬가지이다. 그 제품의 상징적인 의미 그리고 소유권에 대한 자부심에 추가하여 제품을 공동소유한다는 것은 더 높은 거래비용 즉, 그 제품을 예약하고 그것을 챙기고 또한 사용 후 반납하는 거래비용을 시사한다.

독일에서의 어떤 연구결과, 공유하려는 의지는 특별한 행사를 위한 정원용 설비, 자동차, 전기 드릴 및 정원용 공구들에 대해 매우 높다는 사실이 밝혀졌다(〈그림 7.1〉 참조). 이와 대조적으로 공유하려는 의지가 어린이용 장난감, 어린이용 가구, 공구함, 특별한 행사용 접시, 부엌 및 그릴 등에 대해서는 낮다. 우리는 상기의 연구에서 무엇을 배웠는가? 어떤 종류의 제품들이 공유하는 것에 대해 적합하며, 어느 것이 분명하게 그렇지 않은가? 일반적으로 우리들은 구입하는데 비용이 많이 소요되고 또한 간혹 사용하는 제품들이 공유하는데 가장 적당하다고 말할 수 있다. 책이나 DVD와 같이 표준화된 제품들은 역시 공유하는데 적합하다. 만약 이런 유형의 제품에 대한 사용관련 서비스들이 접근하고 이용하는 것이 가능하고 또한 용이하다면, 그후 그 서비스들은 전통적인 제품 판매에 대해 하나의 대체안인 것이다.

그러나 또 다른 유형의 서비스는 결과와 관련된다. 앞에 제시한 유형과 유사하게, 제공자들은 더 이상 그 제품을 판매하지 않는다. 결과 지향적인 서비스의 경우에, 구매자는 그 제품을 소유하지도 사용하지도 않는다. 결과 지향적 서비스는 그 제품의 "성과(fruits)" 즉 최종결과를 누리고 즐긴다. 섬유보호 센터, 즉 옷을 세탁하고 옷을 다리미질하는 경우를 보자. 당신은 세탁 및 청소설비를 소유하지도 사용하지도 않으며, 아주 간단하게 그 서비스의 결과를 획득한다. **결과 관련적 서비스(result-related services)**에 대한 또 다른 공통적인 예는 대중교통으로서 그것은 수십 억 달러의 사업이다. 기차, 지하철, 전차 및 버스 승객들은 수송수단을 소유하지도 운전하지도 않는다. 승객들은 환경적으로 효율적인 방법으로 이곳에서 저곳으로 수송된다.

상이한 유형의 서비스 그리고 제품과 서비스의 다양한 결합은 마케팅 기업들로 하여금 특별한 제품 대신에 고객의 해결방법에 집중하도록 하는데 도움을 주고 있다. 즉 상기의 것들은 마케팅 관리자들의 마음을 열게 하고 또한 창의적이며 공개적인 사고를 가능케 한다. 세탁기 생산업자들은 세탁기를 필시 판매하려고 하거나 또는 그들은 이익이 창출되면서 환경적인 방법으로 옷을 깨끗하게 하는 서비스를 제공할 수 있는가? 자동차 회사들은 자동차 판매를 제한하거나 또는 그들은 생태 효율적인 이동 서비스를 제공해야 하는가? 컴퓨터 및 소프트웨어 기업들의 미래 산업은 관련되는 세상에서 도대체 무엇인가? 몇몇 공상가들은 우리들이 1990년대부터 그것을 이어받는 것처럼 전통적인 하드웨어와 소프트웨어의 종말을 이미 예상하고 있다. 그들은 우리들이 어디에서든지 어느 때든지 인터넷을 통해 정보를 처리할 수 있는 동일한 능력을 획득할 수 있다면, 소프트웨어와 자료로 가득 찬 거대한 컴퓨터가 필요한 이유에 대해 의문을 제기한다. 고객들은 자신들의 매일 매일의 욕구에 대한 해결방법을 원하고 있다. 즉 고객들은 전자우편을 쓰고, 친구와 커뮤니케이트 하고, 그림을 모으고, 영화를 보는 것 등을 원한다. 이러한 종류의 서비스들은 온라인 소프트웨어를 이용하고 또한 "공상" 속의 자료를 저장하는 인터넷에 연결되는 소형의 다중매체 수단에 의해 제공되어질 수 있다. 결국, 이런 유형의 사고는 컴퓨터 하드웨어와 소프트웨어 사업(기업)을 변화시킬 수 있다. 상상하기가 어려운가? 20세기의 말에 출현한 응답기에 대해 생각해 보라. 즉 응답기들은 컴박스(combox)에 의해 대체되었는데, 컴박스는 장거리 통신회사가 제공하는 결과 지향적 서비스이다.

4 고객의 사용 후에 대한 해결방법

고객들이 영원히 제품을 제거하기를 원하는 경우, 고객들은 많은 선택방법을 가지는데, 즉 고객들은 그것을 남에게 주거나, 그것을 거래하거나, 팔거나 또는 그것을 처분할 수 있다. 독일의 장거리 통신회사인 T-Mobile사는 자사의 고객들에게 자선을 위해 중고가 된 이동전화기를 남에게 주도록 요청하고 있다. 수집된 이동전화기는 시험되고, 가능하다면 수리하여 재사용된다. 예컨대, 이들 이동전화 중 2/3의 제품수명은 연장되고 있다. 이미 이용할 수 없는 나머지(1/3)는 재활용되고 환경적으로 건전한 방법으로 처리되고 있다. 고객들이 남에게 넘겨준 각각의 이동전화기에 대해 T-Mibile사는 Deutsche Umwelthilfe(독일의 환경기금: German Environmental Fund)에 기부되는데, 그 기금은 자연적이며 환경적인 프로젝트를 보증하는 기관이다.[20]

과거에는 높은 거래비용으로 인해 중고제품을 거래하거나 판매하는 것이 어려웠다. 현재에는 eBay사와 같은 온라인 시장은 2차적인 소비자 시장에서 투명성을 창조하고 또한 거래비용을 낮추고 있다. 온라인 시장들은 소비자들이 용이하게 중고제품을 판매할 수 있도록 하고 있다. 예컨대, 원래의 구매자는 그 제품에 대해 지급한 돈 중 일부를 보상받는다. 더 나아가 그 제품의 수명은 연장된다.

대부분의 제품들은 사용 후에 처리된다. 중고품이 환경친화적인 방법으로 재활용되는 것을 확실하게 하기 위해, 기업들과 전체 업계가 고객들에게 편리한 역분배 계획을 수립하는 것은 매우 중요하다.[21] 소비자 사회에서 많은 제품들은 처리할 수 있는 것으로 다루어지고 있다. 그 제품들은 짧은 기간동안 이용되며 그 후 버려진다. 미국에서 구입한 제품들 중 90% 이상이 2개월 이내에 버려진다. 기업들은 계획적 진부화 그리고 "새로운 것"이 "더 좋다"는 것을 주장하는 신제품에 대한 촉진으로 이러한 소비자 행동을 부추기고 있다. 20세기의 후기 동안, 면도기, 기저귀 및 카메라와 같이 과거에는 오래 사용할 수 있었던 제품들이 "처리될 수 있는 것"으로 소비자의 이점을 내세워 시장에 출시되었다. 소비자 사회에서 "수집-제조-쓰레기"에 대한 합리성은 많은 물질(재료)을 처리해야 하는 결과를 초래하였는데, 그것은 원천 및 쓰레기 더미에 대한 하나의 부담이 되고 있다.

5 고객을 위한 문제해결을 제공하는 복합적 시스템 접근방법

원재료 및 쓰레기 매립지가 증가되는 세계인구 그리고 더 많은 수요 등으로 인해 부족하게 됨으로써 수집-제조-쓰레기에 대한 합리성은 요람에서 요람 접근방법(cradle-to-cradle approach)으로 대체되고 있는데, 그것은 직선적인 처리량 경제 대신에 순환적 경제로 지향하는 것이다(〈그림 7.2〉 참조). 기업들이 자동제어되는(closed-loop) 접근방법을 채택하기 위해서는 2가지 즉, 법적 요구조건과 경제적 인센티브가 있는데, 매우 독성이 있는 제품(배터리, 전자제품 등)에 대해 쓰레기 매립장에서 처리하는 것을 금지하는 것으로서, 처리비용이 많이 소요되고, 원재료와 에너지에 대한 비용이 증가되며 뿐만 아니라 확장된 제품 책임법 등은 기업들로 하여금 순환을 고려하도록 고무한다.[22] 제품에 대한 환수(takeback) 프로그램은 쓰레기 매립지에 대한 하나의 대체안이 되고 있다.

제품에 대한 재유통분배, 재제조 및 재사용은 디자인에서 시작한다. 환경을 위한 디자인(DFE: design for the Environment)에 대해 지침이 되는 원리 · 원칙 중의 하나는 제품수명의 끝에 해체가 용이한 제품을 창조하는 것이다. 그렇지 않은 경우, 요람에서 요람에 대한 접근방법은 너무나 비용이 많이 소요되고 또한 노력할 만한 가치가 전혀 없다. 역시 제품에 대해 재유통분배는 새로운 기반구조가 요구된다. 소비자들은 편리함을 추구하고 또한 중고품을 반환해야 하는 인센티브를 요구한다.[23] 점차 많은 기업들이 재활용, 수선, 재제조 및 재사용할 수 있도록 제품을 디자인하는 것을 시작하고 있다. 세계에서 가장 규모가 큰 사무용 가구 제조업

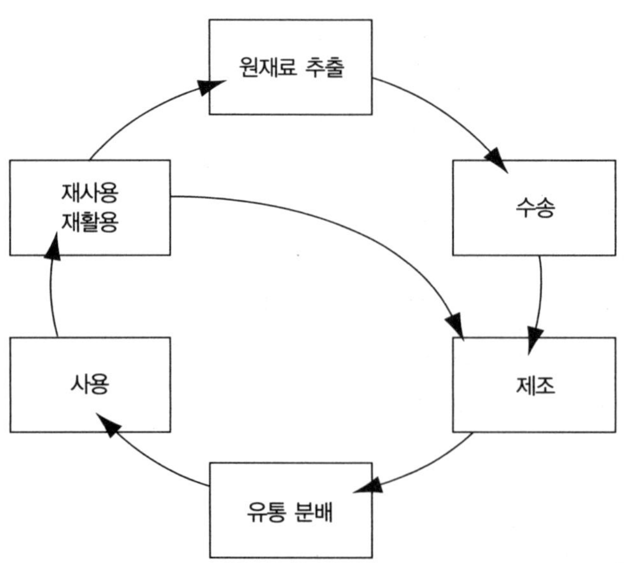

그림 7.2 요람에서 요람까지 접근방법

체인 Herman Miller사는 Avian의자를 창조하였는데, 그것은 가능한한 생태적 영향이 가장 적으며 또한 100% 재활용력이 있는 것으로 디자인된 것이다.[24] 이러한 지속가능성 제품은 디자인 및 기능뿐만 아니라 환경적 책임부문으로 많은 상을 수상하였다. 제품의 환수 프로그램은 고객과의 장기적인 관계를 수립하는데 도움을 주고 있으며, 반환시점은 고객에 대해 새롭고 지속가능한 해결방법을 제공하는 기회를 제공한다.

요람에서 요람까지의 접근방법에 대한 또 다른 보완적인 전략은 자연(natural) 순환 및 자연시스템과 조화를 이루는 제품을 디자인하고 원료를 사용하는 것이다. 목재로 만든 주택, 가구 및 장난감들은 자연환경과 일관되어야 한다. 그러나 우리 주위에 있는 대부분의 제품들은 최소한 플라스틱 부품으로부터 재활용할 수 없는 자원으로 되어 있다. 즉 우리가 앉는 의자, 우리가 운동하는 농구공, 우리가 마시는 플라스틱 병, 당신이 의사소통하는 휴대폰, 당신이 듣는 iPod 그리고 당신이 사용하는 랩탑 등이 그렇다. 이 모든 제품들은 석유자원에서 만들어진 폴리머에 바탕을 두고 있다. 마케팅 관리자들은 대체안을 생각할 필요가 있다. 옥수수나 감자와 같이 재생가능한 자원에서 추출되는 바이오플라스틱들은 그러한 대체안이다. 식품 및 비식품에 대한 바이오플라스틱 포장화는 이미 적소시장에 진출하였다. Natura Packing사에서 나온 플라스틱 쇼핑백을 살펴보자. 이 백은 재생가능한 자원으로 만들어졌으며 또한 완전하게 생물분해성이 가능하다. 그 백의 강함과 신뢰성을 강조하기 위해 회사는 그 제품은 "타격을 가할 수도 있다"고 주장한다.[25] 소비자들을 행복하게 하기 위해, 그 백은 신선하게 색상이 있는 디자인으로 되어 있다. 대부분의 바이오플라스틱에 대한 가격이 아직까지는 전통적인 것보다는 상당히 높다. 그러나 화석연료에서 추출한 플라스틱과 비교하여 바이오(생물)에 기초한 폴리머의 가격은 새로운 기술적 발전, 신제품 역량 그리고 규모의 경제로 인해 낮아지는 경향이 있다. 결국 가격은 고도로 가격의식적인 시장에서까지도 경쟁력이 있게 될 것이다.

6 지속가능성 상표화

지속가능성 상표들은 환경적 및 사회적 이점의 관점과 조건에서 특별하게 부가된 가치의 형태를 소비자에게 의미를 주도록 상표화되는 제품과 서비스들이다. 상표란 제품이나 서비스의 제조업자나 판매업자들을 확인하는 이름, 조건, 표식, 상징 또는 디자인이다(상표는 실제 기업들이 뒤에 숨기려는 어떤 것이라고 어떤 사람들이 주장하기는 하지만). 그러나 역시 상표는 상기에 제시된 것 그 이상이다. 즉 상표는 제품 그리고 그 제품의 성과(성능)에 대한 소비자의 지각을 나타낸다.[26] 상표는 특히 의미있는 사회적 및 생태적 이슈의 맥락에서 긍정적 및 부정적인 느낌을 불러일으킨다. 즉 어떤 상표에 대한 지각과 느낌이 더 긍정적일수록, 소비자들 간에 주체성과 충성도의 가능성은 더 높아진다. 그러므로 강한 상표를 구축하는 것은 지속가능성 마케팅 기업들에게 매우 중요하다. 소비자들이 사회적 및 환경적인 부가된 가치와 연관되는 지속가능한 상표를 창조하고 구축하기 위해 지속가능한 상표 위치화, 지속가능성 상표명 선정 그리고 지속가능성 상표 개발과 관련하여 도전적인 의사결정이 이루어져야 한다.

6.1 지속가능성 상표 위치화

지속가능한 제품과 서비스는 소비자의 욕구를 충족시키며 또한 개선향상된 사회-생태적 성과를 제공해야 한다. 지속가능한 제품과 서비스의 제1세대는 전자(욕구 충족)를 희생하면서까지 후자(사회-생태적 성과)를 지나치게 강조하였다. 이런 종류의 "대체안적"인 제품은 고객이 아니라 어떤 원인(대의)을 서브하였다. 즉 이런 종류의 제품들은 사람들을 위해 선행을 하도록 만들어졌고 또한 지구를 보호하기 위해 제조되었다. 즉 지속가능한 제품과 서비스의 제1세대에 대해서는 많은 예가 있는데 아래와 같다.

- 쓴맛이 나는 공정무역 커피
- 적절하게 세탁물을 세탁하지 않았던 천연세제
- 퇴색하는 색상으로 된 섬유
- 세련되지 않은 모양과 그리 밝지 않은 에너지 효율적인 전구
- 빨리 그리고 멀리 갈 수 없는 전기 자동차
- 신뢰할 수 없는 자동차 공동소유 서비스

분명하게 말해서, 이런 종류의 제품과 서비스들은 경쟁적인 시장 제공물에 비해 열등하였다. 그것들 중 어떤 것들은 결국 "녹색" 묘지에 사라졌다. 또 다른 것들은 대체안적인 라이프스타일을 누리고 또한 사회적 및 환경적 이슈를 강조함으로써 아주 작은 신중한 고객집단을 서브하였다. 확실하게 말해서, 이런 대체안적인 제품과 서비스들은 폭넓은 세분시장에 소구되지 않는다. 만약 마케팅 기업들이 핵심적인 이점을 희생하면서 사회-생태적인 속성을 지나치게 강조하였다면, 지속가능한 제품은 그 시장에서 실패할 가능성이 있으며 또는 더 작은 대체안적인 적소시장에 빠지는 곤혹을 치를 가능성이 있다. 소비자들의 폭넓은 기대를 넘어 사회-생태적 속성에 대해 근시안적으로 집중하는 것은 "**지속가능성 마케팅 근시안**(sustainability marketing myopia)"이라고 명명된다.[27] 대부분의 고객들에게 있어 사회-생태적 속성은 핵심적인 이점이 아니라 통상 사회-생태적 속성은 2차적으로 중요한 것이며 또한 부수적인 역할을 수행한다.[28]

일반적인 조건에서, 지속가능성 마케팅 근시안을 피하고 또한 지속가능한 제품과 서비스에 대한 소구를 넓히는 데는 2가지 가능한 방법이 있다. 즉 효율성과 원가 효과성, 건강과 안전, 편리함, 상징과 지위 등을 포함하여 사회-생태적인 속성에 대한 본래의 소비자 가치를 확인·규명하고 강조하는 것이며,[29] 또한 능동적이며 활력적인 결속을 창조하기 위해 기능성, 디자인 및 내구성과 같은 핵심적 이점을 사회-생태적 속성과 연결·제휴하는 것이다.

6.2 본질적인 소비자 이점(benefit)

연료 및 에너지 가격이 상승하는 시기에 사용단계에 있는 제품의 자원 효율성은 원가의식적인 소비자들에게 중요한 구매기준이 되고 있다. 자원 효율성에 대한 본질적인 소비자 이점은 원가효과성(cost-effectiveness)이다. 간단하게 말해서, 에너지 효율적인 제품들이 전통적인 제품보다 구입가격이 더 높다고 해도 연료와 에너지를 절약한다는 것은 돈을 절약한다는 것을 의미한다. 그 중간 기간 동안에, 에너지 효율적인 제품을 구매하는데 요구되는 더 높은 가격은 사용단계에서 원가절감에 의해 과다하게 보상되어진다. 연료와 에너지 가격이 높아짐에 따라, 소비자들은 수명주기 비용을 고려하기 시작하는데, 수명주기 비용에는 구입가격, 이용원가 및 사용 후 원가가 포함된다. 유럽연합에서 이런 종류의 수명주기 사고는 의무적이며 필수적인 표찰에 의해서 더 높아지는데, 그 표찰들은 세탁기, 식기세척기, 냉장고 및 전구와 같은 제품을 5가지의 상이한 계층으로 범주화하였다. 최고등급의 에너지 효율성이 있는 제품들은 "A"표찰을 받는데, 한편 최하 등급의 에너지 효율성이 있는 제품은 "E"표찰을 받는다. 이러한 표찰은 소비자들이 에너지 효율성과 재무적 절약의 측면과 조건에서 이들 범주에서 최상인 제품을 확인하는 것을 용이하게 한다. 에너지 효율성을 잘 발휘하고 제공하는 제품은 시장성장을 누리고 있다. 그 예는 2006년 북미의 세제 제조업체인 Procter & Gamble사가 시장에 도입한 Tide Coldwater이다. 이 신제품은 찬물에서도 효과적으로 옷을 세탁하도록 디자인되었다. 옷을 세탁하는데 사용되는 대부분의 에너지는 물을 데우는데서 발생한다. 따라서 온수 대신에 찬물을 사용하는 것은 많은 에너지와 돈을 절약한다. P&G사는 평균적으로 미국가정은 경쟁적인 제공물 대신에 Tide Coldwater를 연간 사용하는 경우 60달러(43.30유로 달러) 이상을 절약할 수 있다고 계산한다.[30]

매일 사용하는 제품에서 독성적인 화학물질에의 노출에 대한 관심은 건강과 안전(health and safety)을 중요한 선택 고려사항이 되도록 하고 있는데, 특히 임산부와 어린이들과 같이 상처를 받기 쉬운 소비자들 간에 중요한 선택사항이 되고 있다. 예를 들어, Hipp사는 100% 찌꺼기가 없는 천연농법으로 된 유아용 식품을 제공하고 있다. 유아용 식품의 양호한 품질 그리고 기업 소유자에 의해 개인적으로 제시되는 믿을 수 있는 약속은 자녀들을 위해 최상의 것을 원하는 감수성이 강한 부모들을 확신시키고 있다.[31] 많은 실증적인 연구결과, 천연식품들은 기본적으로 환경적인 이유로 구입되지 않는다는 사실이 밝혀졌다. 즉 대부분의 소비자들은 천연식품을 구입하고 있는데, 그 이유는 그들이 그 식품의 월등한 맛 때문이거나 또는 그 식품들이 건강에 도움이 된다고 생각하기 때문이다. 다른 말로 해서, 사람들의 본질적이며 원초적인 이점은 소비자들로 하여금 그러한 환경적인 이점이 아니라 다른 이점을 위해 천연식품을 구입하도록 하는데, 그 이유는 환경적 이점은 부수적이기 때문이다. 동일한 이유는 가정용 세제에도 마찬가지이다. Alliance for Environmental Innovation과 SC Johnson사에 의해 행해진 공동연구는 소비자들은 자신들의 개인적 환경과 연관되는 지속가능성 메시지에 따라 행동할 가능성이 가장 크다는 결론을 내렸는데, "독성 성분이 전혀 없음"과 같은 가정용품의 이점 그리고 "어린이들이 사용하는데 안전하다"는 것과 같은 이점들은 "동물에 대한 실험을 하지 않고," "포장이 재활용된다는 것"에 비해 선호되고 있다.[32] 결과적으로, 독성이 전혀 없고 환경적으로 안전한 가정용품인 Seventh Generation이라는 상표의 중요한 주장은 "당신과 환경을 위해 안전하다"는 것이다. 그 주장에서 본원적인 개인적 이점이 최우선이며 반면에 환경적 이점은 두 번째이다.

효율성과 원가 효과성, 건강 그리고 안전에 추가하여 **편리성(convenience)**은 많은 지속가능한 제품과 서비스들이 제공해야 하며 또한 마케팅 기업들이 강조해야 하는 또 다른 본질적인 소비자 이점이다. 연료효율적인 자동차는 거의 재급유가 없으며 시간과 돈을 절약하는 것이 요구된다. 에너지 효율적인 전구는 전통적인 전구보다 더 오래 지속되며 다시 설치해야 하는 잡일을 줄여준다. 이동성이 증가하며 또한 전자제품에 의존 · 신뢰하는 사회의 경우, 태양열은 계속해서 편리하다. Reware사의 The Juice Bag은 학생들, 전문직업인 그리고 옥외 열정자들에게 인기있는 재충전기이다. 그것은 2~4시간 정도에 PDA, 휴대폰, iPod 및 기타 기계류를 재충전할 수 있는 역량을 갖고 있다.[33] 사회의 이동성이 증가하고 있다는 것은 역시 세계적인 청량음료 시장에서 새로운 포장화에 대해 추진요소 중의 하나이다. 재주입할 수 있는 플라스틱 병은 기존의 유리병보다 더 많은 편리함에 대한 욕구를 충족시키고 있다. 즉 플라스틱 병은 가볍고 깨지지 않는데, 그것은 소비자들이 움직이고 있는데 있어 이상적인 것이다.[34]

지속가능한 제품과 서비스의 제1세대는 일반적으로 그 사회의 나머지 부분으로서 아웃사이더로 지각되는 소비자집단을 끌어들였다. "대체안적인" 소비자들은 주류를 이루는 집단에 의해 혁신자로 인식되지 않았다. Toyota사의 Prias와 같은 제품 혁신은 그러한 이미지를 변화시켰다. Toyota사는 최신의 혁신에 관심을 갖고 있는 "기술지향적" 적소시장의 차원을 넘어 하이브리드 시너지 운전시스템을 위치화하도록 관리하였다. 현명한 광고, 인기있는 영화에의 제품 배치 그리고 Hollywood의 유명인사들의 보증 등을 통해서 Toyota Prius는 "새롭고도 매력있고 멋진" **지위적 상징(status symbol)**으로 변모되었다.

가장 최신의 지속가능성 패션은 역시 전투 그리고 황마(주트) 백(jute bag)에서 제거되고 있다. 선도적인 지속가능성 패션 상표들에는 People Tree, Ciel, Edun, Ali Hewson 및 Noir 등이 포함되어 있다. 그 표적집단은 환경적 또는 사회적 대의에 대해 커다란 희생을 치루려는 의지가 있는 적소소비자들이 아니다. Ciel의 디자이너인 Sarah Ratty는 "우리의 의복은 이 지구를 걱정하지만, 스타일을 희생시키는 것을 원치 않는 대도시인으로 바쁘고, 패션적인 사람들을 위한 것"이라고 주장한다.[35] 의류 표찰인 Noir는 지속가능성 패션에 대한 새로운 면을 제시한다. 덴마크의 디자이너인 Peter Ingwersen에 의해 2005년 설립된 Noir사는 사회적 양심에 사치스러움과 고급스러움을 좋아하는 것을 결합하는 25세 이상의 여성들에게 소구하고자 한다. Noir사는 도움보다는 거래를 제공하기 위해 Uganda에서 작업을 하고 있다. Uganda의 면 산업은 와해 직전에 있다. Ingwersen은 Uganda의 최고급 면에 대해 업계의 가격 이상으로 지급하는 거래를 하고 있는데, 최고급의 면으로 Noir사에 맞도록 섬유로 짜지고 있으며 또한 다른 고급스러운 패션 상표로 판매되고 있다. Noir사의 우아하면서도 섹시한 스타일은 의미 있는 소비에 대한 기회를 제공하고 있다.

6.3 능동적이며 적극적인 제휴

사회-생태적인 속성에 대한 본원적인 소비자 이점을 확인 · 규명하고 강조하는 것은 지속가능한 제품 및 서비스에 대한 소구를 더욱 넓히는 한 가지 방법이다. 또 다른 이행할 수 있는 선택방법은 사회-생태적인 속성에 능동적이며 적극적인 제휴(motive alliances)를 창조하기 위해 기능성, 성능, 디자인, 내구성, 취향(맛), 신선함 등과 같은 핵심적인 이점 그리고 주요한 구매기준을 결속 · 협력하는 것이다.[36] 서구유럽과 북미시장에서 천연식품의 성장은 보다 건강에 도움이 되고 또한 보다 안전한 식품에 대한 주요한 본원적인 소비자 이점에 의해 매료될 수 있는 상대적으로 작은 세분시장을 초월 · 능가하는 것에 바탕을 두고 있다. 천연의 그리고 부분적으로 공정무역으로 이루어진 식품에 주류를 이루게 되는 주요한 근거 중의 하나는 사회-생태적 속성을 이런 핵심적인 이점과 결합하는 것이다. 전통적인 소매체인 뿐만 아니라 Whole Food Market과 같은 선도적인 천연 식료품점들은 신선하면서도 맛있는 폭넓은 천연식품을 제시하고 있다. 더욱이 그 식료품점들은 미리 만든 샐러드와 곡식과 같은 천연식품의 품질을 확보한 편의품을 제공하고 있다.

에너지가 절약되는 주택의 경우, 적극적이며 동기적인 제휴는 역시 매우 중요하다. 에너지 효율적인 주택에 대한 본원적인 소비자 이점은 연료비를 적게 소비함으로써 사용단계 동안에 비용을 절감하는 것이다. 그러나 에너지 가격이 급등하고 있는 시기에서까지도 주택의 편리함과 디자인이 손상된다면, 비용을 절감하는 것이 고객의 폭넓은 범위에까지 소구되기에는 충분하지 않다. 개척자적으로 계획을 수립하고 건설하는 기업들은 개인주택 건설업자들이 가장 중요하다고 생각하는 것이 아주 어려운 방법임을 학습하고 있다. 주택을 짓고 구입하는 중요한 기준은 위치, 배치, 디자인 그리고 편안함이다. 계획을 수립하고 건설하는 기업들이 상기와 같은 기준을 충족시키는 에너지 효율적인 주택을 제공하기 시작한 이후, 그들의 시장점유율이 증가하고 있다.

본 장이 시작되는 지속가능성 마케팅에 관한 이야기는 자동차 공동소유와 결속된 이동서비스가 성공하는 경우로서, 상이한 상황에서(예: 부모와 3명의 자녀가 소풍을 가는 가족 또는 두 사람이 함께 사업상으로 출장을 가는 경우) 특별한 욕구에 따라 이런 종류의 자동차를 예약할 수 있는 유용성뿐만 아니라 용이하게 접근할 수 있는 편리성이 모두 이루어지는 경우임을 보여주고 있다. 더 나아가 자동차 공동소유는 자동차를 소유함으로서 나타나는 의무 즉 주차, 보험, 세금, 유지 등을 해야 하는 의무로부터 고객을 해방시켜 준다.

지속가능성 상표를 위치화하는 것은 문제가 되는데, 그 이유는 차별화하려는 시도에서 핵심적인 이점을 희생하면서 사회-생태적 속성을 지나치게 강조하려는 시도가 있기 때문이다. 그것은 1980년대 및 1990년대 초부터 지속가능한 제품과 서비스의 제1세대가 실패하였고 또한 조그마한 적소시장에 머물러 있는 이유인 것이다. 지속가능한 제품과 서비스의 그후 세대는 상이하고 더 큰 소비자집단에 소구하는데 보다 성공하고 있다. 과거의 경험과 혼합된 결과를 통해 학습함으로써, 현재 성공적인 기업들은 사회-생태적인 속성에 대한 본원적인 소비자

이점을 강조하고 또한 효과적인 능동적이며 적극적인 제휴를 창조하려고 추구하고 있다. 그 기업들은 고객들의 개인적인 이점을 직접 관련되는 지속가능성 이슈에 연결하고 있다. 따라서 그 기업들은 지속가능한 제품과 서비스를 발전시킴으로써 상이한 소비자 세분시장에 소구하고 있다. 역시 어떤 시장의 상이한 세분시장에 소구하기 위해 지속가능하며 전통적인 상표를 관리하려고 시도하는 기업들에게는 어떤 특별한 위치화의 도전적인 문제가 있다. 전통적인 상표에 대한 사회적 및 환경적인 결점을 강조하지 않고 지속가능한 제품의 사회적 및 환경적 이점을 강조하는 것은 매우 어려울 수 있다.

6.4 지속가능성 상표명 선정

지속가능성 상표의 이름은 성공에 있어 중요한 요인이 될 수 있으며 또한 올바른 이름을 선정하는 것은 어려운 과업이다. 이름은 그 상표의 품질과 이점에 대한 어떤 것을 제시해야 한다. 예를 들어, Mobility Carsharing사는 그 스위스 기업은 자동차 공동소유라는 것 이상을 제공하고 있다는 사실을 강조한다. 즉 이 회사는 개인적 및 상업적인 고객들의 이동 욕구에 대한 유일한 해결방법을 제공한다는 것을 강조한다. Prius는 "앞으로 향하는" 방법 또는 "다음의 단계" 즉 그것은 하이브리드 시너지 시스템에 대한 새로운 기술을 말하며, 가솔린 자동차의 옛날 기술의 차원을 넘는다는 것을 의미한다. 그것은 최종적인 것이 아니라 지속가능한 이동성을 향한 새로운 단계이다. Seventh Generation은 독성이 없으며 환경적으로 안전한 가정용품 상표이다. 그것은 심사숙고하여 우리가 다음의 7세대에 대해 우리의 결정에 대한 영향을 고려해야 한다는 Iroquois신념에서 그 이름을 끄집어내었다. 더욱이 지속가능성 상표명은 다른 제품범주에 대해 기억하고, 발음하기에 용이하고, 독특하고, 차이나며 확장될 수 있어야 하며 외국어로 번역하기에 용이하고 또한 규제와 법적 보호를 받을 수 있어야 한다.[37]

시장에 신제품을 출시하려고 시도하는 지속가능성 마케팅 기업의 한 가지 문제는 마케팅 기업이 엄청난 촉진적 투자에 대응되는 잘 수립된 무수히 많은 가정용 상표들에 직면할 수 있다는 것이다. 즉 소비자의 신뢰를 획득하기 위해서 새로운 지속가능성 상표보다 잘 알려져 있고 또한 신뢰를 받는 상표는 그 자신을 사회적 및 생태적으로 조정하는 것이 더 용이할 수 있다.[38] Starbucks는 지속가능성 이슈를 채택 · 신봉하였고 또한 지속가능성 이슈들을 자사의 상표에 추가하였다. 새롭게 나온 상표들이 새로운 활동무대를 마련하기 위해 관리한다면 그것은 새로운 상표에 대해 이상적이다. Mobility Carsharing사는 자동차 회사들과 그리고 대중수송 제공기업들과 전혀 경쟁하지 않는다. 즉 Mobility Carsharing사는 상이한 가격과 규칙으로 새로운 서비스 범주를 설정하고 있다. 만약 새롭게 시장에 온 상표들이 기존의 시장에 들어간다면, 아마도 기술혁신은 알려진 가정용 상표들과 경쟁하기 위한 최상의 방법이다.[39] Reware는 지적인 디자인을 이용하여 현재의 것 그리고 앞으로 되어야 하는 것 간의 격차를 연결한다. 새롭게 설립된 기업은 태양의 자연적인 힘을 전기로 변환시키기 위해 일상제품에 대해 최신의 태양변환 기술을 이용하고 있다. Juice Bags와 Powerpockets는 2시간 동안에 조그마한 도구를 충전할 수 있는 최상의 유연한 태양열 판을 갖추고 있다.

6.5 지속가능성 상표 개발

지속가능성 상표가 출시되고 시장에서 확립된 후, 그 상표를 더 개발, 발전하기 위한 상이한 선택방법이 있다. 지속가능성 상표명 및 제품범주와 병행하여, 우리는 4가지 상이한 선택방법, 즉 계열확장, 지속가능성 상표확장, 복수 지속가능성 상표 및 새로운 지속가능성 상표와 같은 것들 간을 차별화할 수 있다(〈그림 7.3〉 참조).

계열확장(line extension)은 기업이 동일한 지속가능성 상표명하에서 주어진 제품범주에 추가적인 품목을 도입하는 것을 의미한다. American Apparel사는 개발도상국가에서의 착취공장에 섬유산업이 아웃소싱하는 것에 대응하여 Dov Charney에 의해 설립되었다. 자사의 고품질의 T셔츠는 미국의 Los Angeles의 다운타운에서 생산되는데, 그곳에서 그 회사는 평균임금 인상, 건강보험, 보조금으로 제공되는 점심식사, 스페인계 근로자를 위한 영어과정 그리고 어린이들의 공부를 위한 금융지원 등을 포함하여 자사 구성원들에게 맞는 사회적 혜택을 제공하고 있다. T셔츠 및 내의와 같은 기초적인 면 니트웨어에 원초적으로 집중하면서, American Apparel사는 성인 남성, 성인 여성, 어린이 및 유아를 위한 수영복 모양의 웃옷(tanktops), 최고의 의상, 드레스, 바지, 데님 및 악세서리를 포함하기 위해 확장하였다. 역시 이 회사는 100% 천연 면인 "Sustainable(지속가능한)"이라는 표찰하에 셔츠계열을 판매하고 있다. 이 회사는 2007년 20%에서 2011년 80%까지 천연 면의 사용을 증가시킬 것을 계획하고 있다.[40]

지속가능성 상표확장(sustainability brand extension)에는 새로운 범주에 새롭거나 수정된 제품을 출시하기 위해 성공적인 지속가능성 상표를 사용하는 것이 포함된다. Natura사는 화장품에서 지속가능성 개척기업으로 1969년에 설립되었다. 그 회사는 19%의 시장점유율을 확보한 선도적인 북미 화장품 회사가 되었는데, 어떤 상표는 판매고의 113%의 가치를 확보하였다. Natura사에 의해 개발되고 상표가 부착된 화장품은 브라질의 자연과 문화의 다양성에 의해 더

		제품 범주: 기존	제품 범주: 신
상표명	기존	계열 확장	지속가능성 상표확장
상표명	신	복수 지속가능성 상표	새로운 지속가능성 상표

그림 7.3 지속가능성 상표 개발전략

자료원: Based on kotler, P. & Armstrong, G. (2004) *1 The Principles of Marketing*, 10th edn, Upper Saddle River, NJ: Prentice Hall, p 296.

욱 고무되었다. 그 화장품의 구성성분은 환경적 및 사회적으로 지향되어 있다(천연 자원, 지속가능한 산림, 공정무역).[41] 화장품 이외에 Natura사는 역시 같은 상표명으로 피부보호제, 모발보호제, 향수 및 태양광선 차단필터를 판매하고 있다.

복수 지속가능성 상표(multi-sustainability brand)는 기업이 동일한 제품에 두 개 또는 그 이상의 지속가능성 상표를 확보하는 것을 의미한다. 즉 복수 지속가능성 상표화는 상이한 표적집단에게 소구하고 상이한 특성을 수립하는 방법이다. 1970년대 이후 지속가능성 개척기업인 Rapunzel사는 지속가능성 활동기업을 목표로 세계 전역에 소규모한 천연식품점에 동일한 상표명하에 천연식품 및 공정무역 식품을 제공하고 있다. 2007년 이 회사는 BioGourmet라고 하는 새로운 지속가능성 상표를 출시하였는데, 미식가를 위한 맛있는 천연식품을 제공하고 있다. 그 상표는 **지속가능성에 접근이 가능한 사람**(지속가능성 구매를 고려할 수 있는 소비자: *sustainability approachables*)을 목표로 하는 전통적인 식품 소매체인을 통해 유통분배된다. 2000년, Philips사는 일련의 수명이 긴 전구를 도입하였는데, 최고 계열제품으로서 Philips Marathon은 5~7년간의 수명보증으로 출시되고 있다. 높은 에너지 효율성으로 이 상표는 연장된 제품수명 동안 실질적인 비용 절감을 약속한다. Philips Halogena는 2년 동안의 수명보증이 되는 중간급 제품이지만, 한편 Philips DuraMax는 1년 동안에 수명보증이 되는 도입계열 제품범주에 있는 것이다. 완전계열 개념은 소비자들로 하여금 올바른 장소에 올바른 빛이 나는 전구를 선택하도록 한다.[42]

어떤 기업들은 새로운 제품범주를 도입할 때 **새로운 지속가능성 상표**(new sustainability brand)명을 창조한다. 지속가능성은 스위스의 소매상인 Coop사의 상표 개발전략에서 중요한 구성요소인데, Coop사는 상이한 제품범주에 3가지 지속가능성 상표를 창안하였다. Coop Naturaplan은 천연 및 Fair Trade(공정무역) 식품을 대표하며, Coop Naturaline은 환경적 및 사회적으로 자비로운 방법으로 생산되고 처리되며, Coop Oecoplan은 생태적으로 가치가 부가된 것(예: 재활용된 종이, FSC가 인증하는 가구)으로 비식품제품을 나타낸다.

잘 알려지고 크게 인기를 끌고 있는 지속가능성 상표는 신중하게 관리되고 발전되어야 하는 기업들에게는 가치있는 자산이다. 광고는 상표명 인식, 상표지식을 창조하는데 도움을 주며 또한 어떤 상표선호성까지도 창조하는데 도움을 준다. 그러나 가장 중요하게 생각되는 것은 상표경험으로, 상표경험에는 광고뿐만 아니라 그 상표에 대한 개인적인 경험, 구전, 기업의 대표자 및 기타 구성원들과의 개인적 및 가상적인 상호작용이 포함된다. 지속가능성 상표에 대한 커뮤니케이션에서 중요한 부분은 신뢰와 믿음인데, 그것은 다음 장에서 더 상세하게 연구할 것이다.

주요 용어

ISO 14000
SA 8000
결과와 관련된 서비스
계획적 진부화
고객 문제해결
마케팅 근시안
청정 생산
오염배출 없음
요람에서 요람으로의 접근방법
이용과 관련된 서비스
재활용
적극적인 제휴, 연합
제품 내구성
제품관련 서비스
지속가능성 마케팅 근시안
지속가능성 상표
지속가능성 상표 개발
지속가능성 서비스
지속가능성 제품

검토해야 할 의문사항

1. 지속가능한 제품과 서비스를 어떻게 정의할 것인가? 지속가능한 제품과 서비스의 중요한 특징은 무엇인가?
2. 상이한 종류의 서비스는 무엇인가? 세탁의 예를 이용하여 설명하라.
3. 지속가능성 상표는 무엇인가? 당신의 일상생활에서의 특별한 예를 들어 보라.
4. 지속가능성 마케팅 근시안은 무엇을 의미하는가? 기업들은 지속가능성 마케팅 근시안을 어떻게 극복할 수 있는가?
5. 4가지 지속가능성 상표전략이 있다. 4가지 전략을 간단하게 설명하고 예를 들어보라.

논의해야 할 의문사항

1. 자동차 공동소유의 잠재적인 이점과 한계는 무엇인가? 당신의 지역에서 그것이 행해질 수 있다고 생각하는가? 왜? 왜 그렇지 않은가?
2. 지속가능성 제품과 서비스는 전통적인 제공물 또는 경쟁적인 제공물과 비교하여 수명주기에 따라 고객의 욕구를 충족시키고 또한 사회적 및 환경적인 성과를 분명하고도 유의하게 개선시키는 제공물이라고 정의한다. 당신은 Tesla와 유사한 전기자동차의 개발이 유의한 진보발전이라고 생각하는가?
3. 제품수명의 연장이 실제로 환경을 위해 유용한가? 논쟁의 측면에서 찬성인가 또는 반대인가를 제시하라.
4. Toyota Prius가 양호한 지속가능성 상표명이라고 생각하는가?
5. 지속가능성 상표확장의 우위성(장점)과 결함(단점)을 논의하라.

지속가능성 마케팅의 도전적 문제 Sustainability marketing challenge

Motorola-피라미드의 기초단계(저소득층)에서 커뮤니케이션 해결방법

Motorola사는 전세계적으로 72개 국가에서 운영하고 또한 66,000명을 고용하는 기업으로 2007년 360억 달러(260억 유로 달러)의 순매출고를 달성한 최고의 휴대폰 기기 제조업체 중의 하나이다. 2008년 3/4분기에 Motorola사의 휴대폰 사업부의 영업손실은 전년도 2억 8,400만 달러(1억 7,900만 유로 달러)에서 8억 4,000만 달러(6억 600만 유로 달러)로 증가하였는데, 판매량이 32%까지 낮아졌으며, 이 회사의 시장점유율은 세계적으로 8.4%까지 낮아졌으며, Motorola사의 Razr휴대폰이 최고의 판매품이었던 2006년의 22%에서 크게 낮아졌다. 한편 Motorola사는 Sony Ericsson 사에게 세계 최고의 휴대폰 제조업체들 중 3위의 자리를 상실하였다. Nokia사는 약 35%의 시장점유율로 명백한 시장선도자이며 뒤이어 삼성이 28%이다. Motorola사가 원가를 줄임으로써 자사의 휴대폰에서 이익을 창출하는데 집중함으로써, 분석가들은 더 거대한 경쟁사와 경쟁할 수 있도록 하는 규모를 희생시킬 수 있다고 경고한다. 이 회사는 최근 1년에 1억 개 이상을 판매하고 있는데, 분석가들은 생산이 저지선 이하로 낮아지면 단위당 비용이 10~20% 정도 높아진다고 예상한다.

"피라미드의 기초"(BoP = base of the pyramid:소득계층의 밑바닥)에 해당하는 시장이 Motorola의 문제에 대한 해결방법을 제공할 수 있는가? 이 회사는 BoP시장에 대해 상업적으로 실행 가능한 커뮤니케이션 해결방법을 제공할 수 있는가? 후진국에서의 휴대폰 부분은 크게 성장하고 있는데, 선진국보다는 신규 가입자율이 2배가 된다. 평균적으로 연간 50% 정도 성장하는 아프리카 시장은 2001~2008년 사이 가장 급속하게 성장하였는데, 2007년 약 2억 7,000만 명의 가입자를 기록하였고, 2008년 말까지 3억 3,000만 명에 이를 것으로 예상한다. 이러한 고속적인 증가에도 불구하고, 2007년 침투율은 낮았는데, 평균적으로 아프리카에서 100명당 약 28명이 가입되었는데 세계 평균이 100명당 50명의 가입과 비교하여 아직은 낮다. 휴대폰 기기 제조업체들이 아프리카 시장을 위해 특별하게 저원가 제품을 개발하고 대당 25~45달러(18~32유로 달러)로 도입하고 있지만, 아직까지도 이러한 것은 대부분의 가계당 가처분소득에서 상당한 부분을 차지하며, 대중들이 구입할 여력은 아직 없다. 또 다른 문제는 아프리카 국가들에서의 높은 문맹률이다. 기반구조(infra-structure)의 부족이 휴대폰 사용을 향상시키고 또한 방해하는데, 한편으로는 휴대폰이 먼거리에 떨어져 있는 지역의 사람들에게 서로를 연결시킬 수 있는 기회를 제공하지만, 또 한편으로 전화기는 적절한 기반구조, 더 정확하게는 전기가 없이는 기능을 발휘할 수가 없다. 역시 유지와 수명이 다할 때까지의 관리는 혁신적인 해결방법이 필요하다.

이러한 문제를 해결하기 위해 Motorola사는 몇 가지 프로젝트를 시작하였다. Namibia에서 이 회사는 바람 그리고 태양을 이용하여 발전하는 기본적인 발전소를 시험하고 있는데, 이 발전소는 전기를 제공하고, 먼거리에 있는 이용자를 세률러 네트워크에 연결하는 비용을 낮춘다. 아프리카에서 가장 전기공급이 낮은 국가 중의 하나인 Uganda에서 Motorola사는 2007년 "Motopower"프로젝트를 시작하였는데, 그 프로젝트하에서 55개의 태양열을 이용하는 키오스크가 지역 소비자들에게 무료로 휴대폰에 충전할 수 있도록 설치되었다. 각 키오스크는 55와트(watt)가 내장된 태양열판에 의해 충전되는데, 한꺼번에 20개 휴대폰을 충전할 수 있다. 전화기를 충전하기 위해 기다리는 동안 고객들은 Motorola 제품을 이리저리 보며 구입할 수 있다. 이에 추가하여, 키오스크는 휴대폰을 소유하지 않은 사람들을 위해 지역의 전화박스로서의 기능을 수행한다. 즉석 수선 서비스도 역시 제공된다. 소득을 창출하는 이런 서비스를 통해 Motopower 키오스크는 기업가적인 지역 여성들을 위해 이용 가능한 사업모델로서 디자인되었다.

휴대폰 그 자체는 권한위양에 대한 효율적인 도구가 될 수 있다. 즉 여러 연구들은 휴대폰의 사용은 총 국내 소비를 증가시키며, 기업가적 기회를 실행 가능케 하며, 원가를 절감한다는 사실을 밝혔다. 예를 들어, 모바일 기술로 사람들은 비싼 여행을 피할 수 있으며, 고객과의 사업상 접촉을 강화하며, 시장정보와 금융 서비스에 접촉할 수가 있다. 역시 휴대폰은 엔터테인먼트(오락·여흥) 뿐만 아니라 교육, 건강보호 및 공공안전과 같은 중요한 사회적 서비스에 더 접촉할 수 있게 한다.[43]

| 논의해야 할 의문사항 |

1. 휴대폰에 관한 주요한 지속가능성 이슈는 무엇인가? 논의에서 건강 측면, 환경적 영향 그리고 사회적 결과를 생각하라.
2. 지속가능성 휴대폰은 어느 기준을 충족시키는가?
3. BoP에서 휴대폰에 대한 시장잠재량은 무엇인가? 인터넷을 통해 어떤 조사를 실시하고 그 결과를 계량화하고 가정을 논의하라.
4. 저가격에도 불구하고 많은 BoP소비자들은 휴대폰을 구입할 여력이 없다. 제품 판매 대신에 서비스 판매가 BoP시장에서 Motorola사에 대해 실행가능한 선택방법인가? 제품지향적 서비스, 사용지향적 서비스 그리고 결과지향적 서비스간을 차별화하고, 어느 종류의 서비스가 BoP시장에서 실행될 수 있는가?
5. 휴대폰은 운영 · 작동하기 위해 에너지가 필요하다. 먼 지역에 전기를 제공하는 것은 많은 BoP 시장에서 도전적인 문제이다. 선도적인 휴대폰 기기 제조업체들은 이러한 장애물을 극복하기 위해 무엇을 행해야 하는가? 당신은 지속가능성 마케팅의 관점에서 기업들의 다양한 접근방법을 어떻게 평가할 것인가?

참고문헌

1. See Belz, F.-M. (1999) 'Mobility CarSharing. Successful Marketing of Eco-efficient Services', in Green, K. (ed.), *Ahead of the Curve, Cases of Innovation in Environmental Management*, Boston, MA: Kluwer Academic Publishers, pp. 133–41; Hockerts, K. (2007) 'Mobility CarSharing', in Hamschmidt, J. (ed.), *Cases Studies in Sustainability Management and Strategy: The Oikos Collection*, Sheffield: Greenleaf Publishing, pp. 252–76; www.mobility.ch (accessed 31 December 2008). Let us assume that the whole world shares cars collectively instead of owning cars individually. The calculation would be: 6.6 billion people divided by 40 people per car equals 165 million cars, which is less than the total number of cars in the USA (2002: 225 million cars) and far less than the total number of cars worldwide (2002: 808 million cars).
2. Levitt, T. (1960) 'Marketing myopia', *Harvard Business Review*, July–August: 45–56.
3. See Chapter 2 for the customer's viewpoint and the new marketing mix of the 'four Cs' (customer solutions, communication, customer cost, convenience) as contrasted to the company's viewpoint and the conventional marketing mix of the 'four Ps' (product, promotion, price, place). See Chapter 4 for the total consumption process.

4. See for a similar definition Peattie, K. (1995) *Environmental Marketing Management: Meeting the Green Challenge*, London: Pitman Publishing, p. 181.
5. See Chapter 3 for the impact matrix and life cycle assessment (LCA) as instruments to identify and analyse the main socio-ecological problems of products.
6. See the sustainability marketing story in Chapter 1.
7. www.fsc.org (accessed 31 December 2008). The basic idea and concept of sustainable development originates in forestry, where it was formulated at the beginning of the nineteenth century.
8. www.solarroast.com (accessed 31 December 2008).
9. www.sa8000.org (accessed 31 December 2008).
10. See www.cap-markt.de (accessed 31 December 2008). Actually, the name of the German retailer CAP derives from English ('handicapped people').
11. Rocchi, S. & Kusume, Y. (2008) 'Empowering Creativity. A Design-led Innovation Experience based on Value Co-creation and User Insights', in Kandachar, P. & Halme, M. (eds), *Sustainable Challenges and Solutions at the Base of the Pyramid. Business, Technology and the Poor,* Sheffield: Greenleaf Publishing, pp. 284–306.
12. www.bsh-group.com (accessed 31 December 2008).
13. See sustainability marketing story in Chapter 2.
14. Cooper, T. (2005) 'Slower consumption: Reflections on product life spans and the "throwaway society"', *Journal of Industrial Ecology*, 9(1–2): 57.
15. *Ibid.*
16. Fuller, D.A. (1999) *Sustainable Marketing: Managerial-Ecological Issues*, Thousands Oaks, CA: Sage, p. 148.
17. Von Weizsäcker, E.U., Lovins, A. & Lovins, L.H. (1997) *Factor Four: Doubling Wealth, Halving Resource Use*, London: Earthscan.
18. USM U. Schärer Söhne AG, 'USM and Sustainability 2005', www.usm.com (accessed 31 December 2008).
19. See Belz, F.-M. (1999) 'Eco-Marketing 2005. Performance Sales instead of Product Sales', in Charter, M. & Polonsky, M.J. (eds), *Greener Marketing: A Global Perspective on Greening Marketing Practice*, Sheffield: Greenleaf Publishing, pp. 84–94.
20. http://www.t-mobile.de/unternehmen/umwelt (accessed 31 December 2008) and www.duh.de (accessed 31 December 2008).
21. See Chapters 9 and 10 for the costs and convenience of retro-distribution schemes from the customer perspective.
22. Ottman, J. (1998) *Green Marketing: Opportunity for Innovation*, 2nd edn, Lincolnwood, IL: NTC Business Books, p. 79.
23. See Chapter 10.
24. Kotler, P. & Armstrong, G. (2004) *The Principles of Marketing*, 10th edn, Upper Saddle River, NJ: Prentice Hall, pp. 651–2; and www.hermanmiller.com (accessed 31 December 2008).
25. www.naturapacking.com (accessed 31 December 2008).
26. Kotler, P. & Armstrong, G. (2004) *The Principles of Marketing*, 10th edn, Upper Saddle River, NJ: Prentice Hall, p. 291.
27. This term is derived from Ottman, J.A., Stafford, E.R. & Hartmann, C.L. (2006) 'Avoiding green marketing myopia', *Environment. Science and Policy for Sustainable Development*, 48(5): 22–36.
28. Fuller, D.A. (1999) *Sustainable Marketing: Managerial-Ecological Issues*, Thousands Oaks, CA: Sage, p. 131.
29. Ottman, J.A., Stafford, E.R. & Hartmann, C.L. (2006) 'Avoiding green marketing myopia', *Environment. Science and Policy for Sustainable Development*, 48(5): 22–36.
30. *Ibid.*
31. See the sustainability marketing story of Hipp at the beginning of Chapter 5.
32. Alston, K. & Roberts, J.P. (1999) 'Partner in new product development: SC Johnson and the Alliance for Environmental Innovation', *Corporate Environmental Strategy*, 6(2): 111–28.
33. www.reware.com (accessed 31 December 2008).
34. These issues of convenience are explored in more detail in Chapter 10.
35. Robson, J. (2006) 'Cred label', www.telegraph.co.uk (accessed 31 December 2008).
36. Belz, F.-M. (2001) *Integratives Öko-Marketing: Erfolgreiche Vermarktung von ökologischen Produkten und Leistungen*, Wiesbaden: Gabler.
37. Kotler, P. & Armstrong, G. (2004) *The Principles of Marketing*, 10th edn, Upper Saddle River, NJ: Prentice Hall, p. 293 for brand name selection in general.
38. Peattie, K. (1995) *Environmental Marketing Management: Meeting the Green Challenge*, London: Pitman Publishing, p. 166.
39. *Ibid.*
40. United Nations Environment Programme, UN Global Compact and Utopies (2005) *Talk the Walk:*

Advancing Sustainable Lifestyles through Marketing and Communications, pp. 18–22, available at www.talkthewalk.net; www.americanapparel.net (accessed 31 December 2008).

41. United Nations Environment Programme, UN Global Compact and Utopies (2005) *Talk the Walk: Advancing Sustainable Lifestyles through Marketing and Communications*, pp. 18–21, available at www.talkthewalk.net; http://www.ethos.org.br/_Ethos/documents/natura_text.pdf (accessed 31 December 2008).
42. See the sustainability marketing story of Philips 'Marathon' at the beginning of Chapter 9.
43. International Telecommunication Union (n.d.) *Information and Communication Technology Statistics*, www.itu.int (accessed November 2008); Kharif, O. & Crockett, R. (2008) 'Motorola's turnaround plans meet with skepticism', *BusinessWeek*, 31 October, http://www.businessweek.com/technology/content/oct2008/tc20081030_659888.htm (accessed 31 December 2008); International Data Group (2008) 'Financial Crisis Hits Western European Mobile Phone Market–3Q Shipment Growth Drops Significantly', Press Release, 4 November, http://www.idc.com/getdoc.jsp?containerId=prUK21506708 (accessed 31 December 2008); Motorola (2008) *Corporate Responsibility Report 2007*, www.motorola.com (accessed 31 December 2008).

8 CHARTER 커뮤니케이션

학습 효과

1. 지속가능한 제품과 서비스에 대한 마케팅 커뮤니케이션 캠페인을 수립하는데 관련되는 복잡함과 위험을 이해해야 함.
2. 기업들이 공개적이고, 신뢰적이며 또한 상호작용적인 마케팅 커뮤니케이션 전략을 수립한다는 것을 확실히 하기 위해 취할 수 있는 접근방법을 설명해야 함.
3. 전통적인 마케팅 커뮤니케이션과 지속가능성 마케팅 커뮤니케이션 간의 차이를 평가함.

고찰내용 개념의 시연

커뮤니케이션, 특히 광고는 서로 모순되는 마케팅과 지속가능성에 대한 논의에서 역할을 수행한다. 한편으로, 커뮤니케이션은 눈에 뜨이는 특징적인 소비를 촉진하고 또한 지속할 수 없는 소비자 사회를 창출하는데 도움이 되지만, 다른 한편으로 커뮤니케이션은 지속가능한 라이프스타일 뿐만 아니라, 지속가능한 제품과 서비스의 확산을 고무하고 고취하는데 있어 중요할 수 있다. 본 장에서 우리는 제품 및 기업 수준에서 지속가능성 커뮤니케이션에 관련되는 의사결정과 어려움을 설명할 것이다. 커뮤니케이션 캠페인의 핵심 구성요소가 설명되는데, 그것에는 지속가능성 마케팅 전략에 대해 커뮤니케이트 하는 경우, 목표, 매체 및 메시지 각각에 대한 시사점과 아울러 커뮤니케이션의 목표, 매체 및 메시지가 포함된다. 신뢰적이기 위해 기업은 커뮤니케이션에 대해 공개적이고 투명하며, 상호작용적이고 복합적인 접근방법을 필요로 한다.

지속가능성 마케팅 이야기 Sustainability marketing story

One Water: 대의에 영감을 받은 마케팅 모험

"대의에 영감을 받아 그 뜻에 따른 마케팅" 모험기업으로서 가장 정확하게 설명될 수 있는 기업으로 ONE Water는 2005년에 출시된 병에 든 물 상표이다. 그 상표의 이면에 있는 사회적 기업인 Global Ethics사는 아프리카에서 깨끗한 물 프로젝트에 기금을 조성하기 위해 전 광고담당 최고경영자인 Duncan Goose에 의해 설립되었는데, 그후 그는 깨끗한 물에 대한 탐색이 거기에서의 건강, 개발 및 생활의 질에 대한 의제를 특징지우고 지배하는 정도를 처음으로 목격하였다. 물 생산업체인 Radnor Hills로 하여금 물을 병에 담아 표찰을 부가하기 위해 자신과 함께 일하도록 설득한 후, Duncan은 23억 파운드(24억 2000만 유로 달러)에 이르는 영국시장을 뚫기 위한 방법을 발견하고, 광고 그리고 슈퍼마켓 자체상표로 1년에 100만 파운드에서 400만 파운드(105만 유로 달러: 420만 유로 달러)에 이르는 각각에 대해 4개의 상표로 지배한 결과, 그 시장의 60~70%를 조성하였다. 이에 추가하여 나머지 시장에서 점유율을 확보하기 위해 싸우는 200개의 다른 소규모 상표가 있는데, 그 상표들 중 어느 것은 자체의 판매특성(제안)으로서, 윤리적 또는 환경적 이슈를 사용하고 있다. 그 도전적인 문제는 커뮤니케이션에 대해 어떤 두드러지게 창의적인 접근방법을 요구하고 있다는 것이다.

첫 번째 단계는 출시하는 그 해의 중요한 행사 즉 Hyde Park에서의 Live8 콘서트를 이용하는 것이다. 그 행사에서 기대하는 것은 주요한 상표가 그 행사의 공식음료가 되는 것이었으며, 어떤 기업들은 그것을 확보하기 위해 의미 있는 후원을 제공하는 것이었다. Duncan의 접근방법은 그 행사의 주체자들인 Bob Geldof경, Harvey Goldsmith 및 Richard Curtis에 대해 매우 직접적인 접근방법이었다. Duncan은 사무실들이 "Live 8을 위해서 사용하고자 원하는 물"의 케이스를 전달 제공하기 위해 그 사무실에 자신만만하게 등장하였다. Duncan은 ONE의 판매를 통해 증가되는 돈이 Sub-Saharan Africa 전역에 PlayPump 음료시스템을 설치하기 위해서 사용되는 방법을 설명하는 제품설명서와 물 견본을 남겨두었다. 이러한 시스템은 마을학교 근처에 설치된 것으로 어린이들이 뛰어 노는 원래의 회전목마를 이용하고 있다. 이것은 땅속 깊은 곳에서 나오는 오염되지 않은 음료수를 끌어올리는 스쿠류 펌프를 작동시켜 안전하고 깨끗한 2500L짜리 음료탱크에 담아서, 그 공동체에게 음료와 농업용으로 끊임없이 오염되지 않은 물 공급을 제공하는 것이다. 어린이들에게 그것은 가족을 위해서 물을 구하기 위해 온종일 돌아다니지 않고, 어린이들이 재미있게 놀 수 있는 것과 더불어 교육을 받기 위해 학교에서 시간을 보낼 수 있다는 것을 의미한다.

Live 8의 촉진자들은 ONE의 철학을 받아들였으며 또한 ONE을 공식음료로 채택하였고, 그 행사는 Brad Pitt와 Annie Lennox와 같은 유명인사의 사진을 병에 부착할 수 있게 하였다. 역시 Duncan은 TV여배우로 잘 알려진 그의 누나인 Claire를 간혹 이용하였다. 그녀는 상표 외교관이 될 뿐만 아니라 병의 표찰과 제품설명서에 사용될 수 있는 인증을 제공하기 위해 David Tennant(Dr Who로서 모든 사람들에게 알려진)와 같은 다른 배우들을 설득할 수 있었다. 이러한 PR 성공에도 불구하고, 폭넓은 시장 접근을 획득한다는 것은 새로운 상표에 대해서는 어려웠는데, 그 이유는 새로운 상표가 선반면적을 확보하기 위해서 "선반진열수수료(stocking fee)"를 지급하고 또한 점포내 촉진에 대한 마케팅 비용을 커버할 것을 기대하는 FMCG 소매 상관례 때문이었다. Duncan은 이러한 것들 중 어느 것도 할 여력이 없었다. 시장으로의 전격적인 성공은 식료품 소매를 지배하고 있는 선두기업인 Total사가 그 애송이 상표를 채택하기로 하고 또한 점포내 포스터 촉진과 캠페인 그리고 전국적인 PR캠페인의 비용을 부담해 줄 것에 동의함으로써 이루어졌다. 처음 판매고는 시원치 않았으나, "1파운드에 2개를 살 수 있다"는 촉진 캠페인으로 전국적인 판매고가 일일 0.5L짜리 병 1,000개로 증가하였으며, 촉진이 끝났을 때 일일 200병 이상으로 정착되었다. Total사가 ONE에 허용한 상대적으로 저렴한 마진으로, Total사는 최초의 ONE PlayPump용 기금을 마련하는데 필요한 25,000병을 판매하는데 수개월이 걸렸다. Duncan과 Ian Mackie(Duncan이 함께 협력하는 Total의 구매자)는 펌프를 세우고 설치하는데 도움을 주기 위해 Africa로 갔는데, 그 펌프는 두 기업을 위한 커뮤니케이션 기회를 제공하였다. Total사를 통한 ONE의 성공은 Coop, Tesco, Morrisons 및 Waitrose와 같은 다른 소매상들에게 문을 개방하였다.

초기의 성장과 성공에도 불구하고 ONE의 도전적인 문제는 오랫동안 지속되고, 확립되고 또한 양호한 재원을 확보한 상표에 대항하여 싸우는 방법이었다. 투자할 돈이 부족한 상태에서, 그 대신에 Duncan과 다른 사람들이 시간과 창의력을 투자하였다. 광고전단을 멀리 보내어 뒷받침하며, 당기업의 업적을 두드러지게 강조하기 위해 행사와 조직들에게 호소하는데 있어 Duncan의 지칠줄 모르는 노력은 점차 그 상표에 대한 인식을 구축케 하였다. 그의 노력은 결국 2007년 Greatest Living Briton Awards를 수상하였을 때 보상을 받았는데, 그 상은 상당한 PR(공중관계)의 혜익을 창출하였다.

역시 ONE은 온라인 마케팅이 한정된 커뮤니케이션 예산으로 어떤 젊은 기업에게 제공된 이점(혜익)을 실현하였다. ONE의 웹사이트(www.we-are-one.org.uk)는 그 제품, 그 제품을 비축 · 판매하는 소매상 그리고 PlayPump 프로젝트에 대한 정보로 특성화되었다. 역시 그 웹사이트는 최초의 펌프가 설치된 South Africa에서 Duncan의 경험을 보여주는 YouTube 비디오에 연결되었다. 역시 그 상표는 "병에 부착된 메시지" 특성을 통해 "마우스 구전(word of mouse)"을 이용하였는데, 그것을 이용하여 방문자들은 그 제품에 대해 자신들에게 알도록 하는 그 방법으로 웹사이트를 통해 친구들에게 메시지를 보낼 수 있다. 역시 사이트 방문자들은 그 상표를 지원하였던 "영웅"들을 지적함으로써 상호작용하며, 그 상표 그리고 그 상표의 이상(ideal)에 대한 지원표식에 서명하고, 그 상표와 관련되는 블로그에 가입, 사진 또는 그림을 우편으로 보내고 또한 다른 사람들의 창의적인 노력, 지원표식 또는 영웅을 지적하도록 투표할 수 있다. 역시 이 회사는 병과 포스터에 "스마트 코드"를 도입함으로써 새로운 수준에까지 상호작용적인 마케팅 커뮤니케이션을 시행하였는데, 스마트 코드는 WAP를 할 수 있는 카메라 폰을 사용하여 사진을 찍으며 자동적으로 그 제품의 웹사이트를 통해 소비자들에게 연결될 수 있는 것이다. 상호작용적인 마케팅 커뮤니케이션은 소비자들에게 아프리카에서의 음료(물) 프로젝트에 돈을 기부할 수 있는 기회를 연결하고, 소비자들의 전화기에 비디오 장면을 보여주고 또한 촉진적 이점을 제공하였다. 즉 상호작용적 마케팅 커뮤니케이션은 이 기술이 유럽에서 마케팅 커뮤니케이션을 위해 사용된 최초이었는데, 이 기술은 마케팅 예산이 전혀 거의 없는 소기업을 위한 굉장한 성공이었다.

병에 든 물은 그것이 수도에서 나오는 맹물과 비교하여 제공되고 포장하기 위해 소비가 되어야 하는 자원이기 때문에 지속가능성 관점에서 볼 때, 상당히 논쟁이 되는 제품이다. 이러한 문제들은 이 회사가 직면하는 (특히 포장하는 것과 비교하여) 도전적인 것 그리고 지속가능하고자 하는 기업의 노력에 대해 정보를 제공하는 ONE의 웹사이트에서 제기되었다. 시장은 이동 중에도 액체(물)의 신선함을 위해서, 그리고 특히 병에 든 물을 위해서 존재하지만, ONE은 그 회사가 아프리카에 있는 공동체들의 매일매일의 삶을 개선하기 위해서 깨끗한 물을 제공하는데 취해진 기여에 대해 강력하게 지속가능한 선택이 이루어지고 있음을 제시하고 있다. 설립된 후 2년 내에 그 회사는 200만 파운드(210만 유로 달러)를 모아서 18개 공동체에 물을 제공하였으며, 문자 그대로 그 수도 파이프로 더 많은 사람들이 혜택을 보고 있다.

1 커뮤니케이션의 모호한 양면 가치

마케팅 커뮤니케이션은 눈에 띄는 소비를 촉진하고 또한 지속가능하지 않은 소비자 사회를 창조하는 역할로 인해 사회적 비난의 집중이 되어 왔다.[1] 이것은 지속가능성 제품에 대한 마케팅 커뮤니케이션을 관리하기 어려운 분야로 만들 수 있다. 광고는 자주 사회적 및 환경적 영향에 대해 강력한 비난을 받고 있으며 또한 소비자들이 가질 수 있고 또한 가져야 할 경험을 광고가 정확하게 반영하느냐의 관점에서 비난을 받고 있다.[2] 마케팅 커뮤니케이션 활동의 규모와 범위는 역시 소비자들에게 활동을 전달하는데 관련되는 자원의 수준에 대한 관심을 불러일으키고 있다. 특히 직접우편, 판매촉진 그리고 인쇄광고의 예가 관심을 끌고 있다.

광고의 사회적인 결과는 마케팅 학자들 간에 고려대상이 되는 논쟁의 주제가 되고 있다. 어떤 학자들은 광고가 설득적이며 강제적이므로 광고가 우리들로 하여금 보다 탐욕스럽고, 냉소적이며, 자기본위적이며 또한 피상적으로 만들도록 사회의 가치관과 욕망 · 바램을 근본적으로 형성케 하고 또한 소비자들을 고립시키거나 또는 간단하게 억압할 수 있는 비현실적인 고정관념을 소비자들에게 제시하는 동질적인 세계적 문화로 되게 한다고 주장한다.[3] 역시 마케팅이 소비자의 만족을 조성하는 것을 목표로 하지만, 마케팅 커뮤니케이션은 의도는 없지만, 상당한 불만족을 조성케 한다는 주장도 있다. 많은 소비자들로 하여금 어떤 특별한 제품을 갖도록 하기 위해 표적시장을 목표로 하는 메시지들은 역시 그 특정한 제품을 소유토록 하는 욕망을 갖도록 할 수 있으나, 그 제품을 구입할 수 없거나 또는 그 욕망을 충족시킬 수 없는 많은 소비자들에게 도달하고자 한다. 그러한 불만족의 영향은 크게 나타나지 않는데, 그 이유는 대부분의 청중들이 통상 표적시장내에 포함되어 있지 않으며, 그럼으로써 그 메시지에 대한 반응이 고려되지도 또는 측정되지 않기 때문이다.[4] 광고를 방어하는 사람들은 광고는 기존의 가치를 형성하는 수단이라기보다는 사회의 기존 가치관을 반영하는 거울을 나타내는 것이라고 주장한다.[5] 즉 광고를 방어하는 사람들은 광고가 상표와 제품범주들 중에서 선택하는데 있어 소비자에게 영향을 줄 수 있는 능력이 있지만서도, 광고는 소비자 속에 이미 존재하지 않는(최소한 잠재되어 있는) 수요를 창조할 수 있는 능력이 없다고 주장한다.

광고 및 기타 마케팅 커뮤니케이션 형태의 사회적 영향에 대한 논쟁은 표적청중이 어린이인 경우에 더 강력하다. 부분적으로 이러한 논쟁은 선진국(그리고 증가되고 있는 후진국에서)에서 점증하는 어린 시절의 비만으로 인한 위기와 관련된다. 이러한 어린이의 비만 위기는 청량음료, 설탕이 들어 있는 시리얼, 과자류, 맛과 향기가 있는 스낵 그리고 사 가지고 가는 즉석식품과 같이 지방, 설탕 및 소금이 많은 즉석식품에 대한 마케팅에 대해 깊은 관심을 유도케 한다. 이러한 것들은 가장 강하게 광고가 되는 제품들이며 또한 어린이의 비만을 초래케 하는데 있어 가장 심각하게 결과를 초래케 하는 것들이다.[6] 어린이들에 대한 마케팅 커뮤니케이션의 영향에 대한 또 다른 관심사는 장난감 광고에 대한 것으로서, 장난감 광고는 스웨덴과 같은 국가에서 12세 이하의 어린이들에게 소구하는 장난감(식품 또는 음료)에 대한 TV광고를 금지케 하였다. 역시 많은 광고에서 고정관념적인 성적 역할에 대해 그리고 제품을 판매하기 위한 성적 상징의 풍토적인 사용에 대해 관심이 있다.[7]

상업광고가 자아내는 사회적 및 환경적 위해에 대한 관심이 있기는 하지만, 결국 지속가능성의 추구에 대해 찬성하거나 반대하여 행해지는 방법에서 사용될 수 있는 수단이 바로 광고이다. 지속가능성을 위해 사회적 마케팅이 점차 강조되고 있으며, 정부와 비영리조직들은 자주 기후변화와 같은 지속가능성 이슈를 다루기 위한 노력의 일환으로 광고를 이용한다.[8] 말레이시아에서 인종간의 조화, 에너지 절약, 예의 바름, 노인층을 돌봄, 회피하지 않음, 또는 국가적 자긍심과 같은 이슈와 관련되는 2차적인 사회적 메시지를 자신들의 캠페인에 포함시키도록 모든 상업광고를 독려하는 것으로 정부가 후원하는 지침이 있다. 의도하는 대로 모든 광고주들에 대해 필시 채택되지는 않지만, 자동차 제조업체인 Perodua사 또는 정유회사인 Petronas사와 같은 대기업들의 캠페인은 이러한 주제를 일상적으로 특성화하고 또한 소비자들에 의해 긍정적으로 받아들여지고 있다.[9]

지속가능성 마케팅 기업들에게 있어, 커뮤니케이션은 전통적인 마케팅 기업과 마찬가지로 마케팅 믹스의 중요한 부분이다. 효과적인 커뮤니케이션이 없이, 소비자들로 하여금 현재에도 개발되고 있는 지속가능성 해결방법을 인식케 하는 것 그리고 지속가능성 해결방법이 소비자의 라이프스타일과 통합되고 또한 소비자들의 욕구를 충족시키는 방법을 알게 하는 것은 불가능하다는 것이다. 소비자들과의 장기적인 관계(그 제품의 사용 및 사용 후를 통해 계속되는)를 구축 · 강화하는 효과적인 커뮤니케이션은 역시 전체적인 생활주기 접근방법이 지속가능한 해결방법을 관리하는데 취해질 수 있다는 사실을 확실케 하는데 중요할 것이다. 지속가능성 마케팅 기업에 대한 도전적인 문제는 그 기업들의 소비자들의 본질 그리고 기업들이 소비자들을 위해 개발한 해결방법과 적합하며 그리고 마케팅 커뮤니케이션 기법들이 불러일으키는 사회적 및 생태적인 비난과 연관되어 오염되지 않으면서, 마케팅 커뮤니케이션 기법들의 힘을 이용할 수 있는 커뮤니케이션 캠페인을 개발하는 것이다.

2 전후관계 상황에서의 지속가능성 마케팅 커뮤니케이션

마케팅 커뮤니케이션은 전통적으로 마케팅 믹스인 4P 중 4번째인 촉진으로 논의되고 있다. 이것은 원래 광고, 인적 판매, 판매촉진 그리고 공중관계를 통해 소비자들에게 제품을 촉진하는데 집중된다. 시간이 지남에 따라 실제로 원래의 촉진 기법들 특히 광고가 계속 지배하고 있지만, 촉진에 대한 개념과 생각이 진화 · 발전되고 또한 커뮤니케이션이 되도록 성숙케 되었다. 전통적인 마케팅 사고(그리고 교과서)를 지지하고 버팀이 되는 커뮤니케이션의 전통적인 견해는 물리학의 영역으로부터의 커뮤니케이션 모델을 반영한다.[10] 즉 커뮤니케이션은 "송신사"가 메시지를 암호화하고, "수신자"에게 특별한 매체를 통해 메시지를 전달하는 과정으로 설명되는데, 수신자는 메시지를 해독화하고 해석한다. 이것은 커뮤니케이션이 이루어지는 상황에 좌우되는 다소간의 "방해(interfenence)"의 대상이 된다. 즉 커뮤니케이션은 바람직하며 또한 전에 미리 결정된 효과를 성취하기 위한 한 가지 방향으로 이동하는 "마법의 탄환(해결수단)"으로 인식된다. 이것은 광고가 표적청중에게 특정한 메시지를 전달하기 위해 고안된 마케팅 캠페인과 동일시 된다. 즉 광고는 그 표적청중들이 주시할 가능성이 있는 프로그램 동안에 TV를 통해 방송된다. 그러나 극적인 세계의 사건들이 그 청중들을 그 프로그램이나 광고로부터 벗어나게 하는 경우 또는 경쟁사가 비평적이며 비교되는 광고 캠페인을 시작하는 경우에 방해가 일어날 수 있다. 그 광고를 주시하는 사람들은 광고주가 의도하였던 메시지로부터 멀어지게 되거나 또는 그들이 자신들이 기대하지 않은 방식으로 그 메시지를 해석하거나 반응할 수도 있다.

마케팅 커뮤니케이션에 대한 이런 전통적인 접근방법은 매우 단일 방향(일방)적이며 비유연적이다. 전통적인 접근방법은 전체적인 표적청중에게 하나의 미리 정한 메시지를 보내며 또한 반응할 수 있는 직접적인 어떤 수단도 제공하지 않는다. 즉 전통적인 접근방법은 커뮤니케이션으로서 도구적이며 기계적이고 또한 비인간적인 모습이며 그리고 잠재적인 소비자에게 제품을 촉진하는 것에 근원을 두고 있는 것이다. 어떤 대체안적인 접근방법이 사회학에서 탄생하고 있는데, 사회학은 커뮤니케이션을 인간적인 상호작용 및 인간적인 이해에 대한 것으로 그리고 정보, 지식 및 의미를 공유하는 것으로 인식한다. 즉 이러한 식견은 지속가능한 발전을 이해하고 또한 촉진하는 것과 관련된다.[11] 그리고 소비자들과의 관계를 구축하고 유지하는 과정을 강조하는 마케팅과 관련된다. 최근에 온라인 커뮤니케이션, 상호작용적 판매촉진, 경험 마케팅(예를 들어, 소비자에게 제품을 선보이는 길거리쇼, 또는 여흥과 결합된 것) 그리고 관계 마케팅 접근방법을 통해 마케팅 커뮤니케이션에서 상호작용성이 발전 · 성장되고 있다.

지속가능성 마케팅 커뮤니케이션은 마케팅 커뮤니케이션의 성장 · 발전에서의 다음 단계를 제시한다. 즉 전통적인 촉진적 커뮤니케이션은 소비자에게 제품에 대한 촉진에 집중하였다. 관계 마케팅은 소비자와 커뮤니케이트 하는 것에, 특히 보다 효과적으로 소비자들에게 시장화하도록 하기 위해 소비자들에 대해 보다 많이 배우는 것에 집중하였다. 역시 지속가능성 커뮤니케이션은 소비자들로 하여금 기업에 대해 더 많이 배우도록 하기 위해 그리고 소비자와 기업들이 서로를 이해하고 배울 수 있도록 소비자와 기업간에 대화가 행해지도록 하기 위해 제품을 제공하는 차원을 넘어 그 기업을 공개한다. 즉 지속가능성 커뮤니케이션은 지속가능성 마케팅 커뮤니케이션 전략에 대해 2가지의 집중을 창조하는데, 첫째, 기업이 자사 제품을 통해 제공하는 지속가능성 해결방법에 대해 소비자와 커뮤니케이트 하도록, 둘째, 전체적으로 기업에 대해 소비자 및 기타 이해관계자와 커뮤니케이트 하도록 한다.

3 지속가능성 제품 커뮤니케이션

자사 제품이 제공하는 지속가능성 해결방법을 촉진하기 위한 기업의 커뮤니케이션 노력은 신중하게 계획되고, 관리되며, 통제되어야 한다. 커뮤니케이션 전략에 대한 출발점은 목표를 수립하는 것이다. 설령 커뮤니케이션 활동이 그 매체에서 소비자의 요구사항이나 어떤 이야기에 대한 반응을 제공한다는 것이라고 하더라도, 어떤 커뮤니케이션 활동은 어떤 형태의 목적을 가진다. 즉 마케팅 커뮤니케이션 노력에는 몇 가지 공통적인 목표가 있는데, 아래와 같다.

- **인식을 창출함**(generating awareness): 소비자들이 제품, 상표, 기술을 인식하지 못한다면, 탁월하지만 제품, 상표, 기술은 무수히 많고 빠르게 움직이는 현대적인 시장에서 성공할 수가 없다. 보다 지속가능한 제품의 개발 그리고 "녹색"의 적소시장으로부터 대중시장으로의 확대를 저해케 하는 중요한 요인 중의 하나는 제품, 상표, 기술들이 오랫동안 기존의 전통적인 경쟁사들이 누려온 소비자들 간의 폭넓은 인식을 창출 · 확보하지 못했다는 것이다.[12]
- 제품 및 그 제품의 이용가능성에 대해 그리고 기업 및 그 기업의 활동에 대해 또는 특별한 촉진제공물에 대해 **정보를 제공하는**(informing) 것이다. 즉 지속가능성 마케팅 노력은 역시 지속가능성 의제에 관한 이슈에 대해 그리고 그 노력이 라이프스타일과 선택에 어떻게 관련되는가에 대해 소비자에게 정보를 제공하는 노력이 요구된다. Tom's of Maine 치약용기는 전통적인 치약과 같은 구성성분을 명시하지 않을 뿐만 아니라, 그것은 각각의 구성성분이 그 제품에서 행하는 역할을 명시하고 또한 각각이 어디에서 나온 것인가에 대해 명시하고 있다. 그러나 정보의 준비와 제공만이 보다 지속가능한 소비행동을 채택하도록 소비자를 동기부여하는데는 결코 충분하지 않다.[13]
- 소비자들에게 그 제품 및 그 제품의 이용가능성에 대해 또는 제품을 유지하거나 대체할 필요성에 대해 소비자들에게 **상기케 하는**(reminding) 것이다. 마케팅 기업은 정상적인 유지에 대한 필요성을 소비자에게 상기시키고, 동시에 유지서비스를 시장에 제공하는 기회를 창조함으로써 내구재에 대한 지속가능한 이용에 기여할 수 있다.
- 소비자들에게 신제품을 사용하도록 하고, 상표 충성심을 변화시키며, 또는 어떤 다른 방법으로 그들의 행동을 변경하도록 **설득하는**(persuading) 것이다. 한국의 자동차회사인 KIA사는 "Think Before You Drive"라는 주제로 영국에서 특별하게 상을 수상한 캠페인을 개발하였는데, 그 주제는 짧게 운전하는 동안 자동차를 이용하지 않도록 사람들에게 주장하였다.
- 제품에 대한 직접적인 또는 임시적인 비판에 직면하여(경쟁사의 마케팅 커뮤니케이션에 의해서) 소비자를 **재확인시키고**(reassurung) 또한 그 제품의 과거 구매가 감각적인 선택이었음을 소비자에게 재확인시키는 것이다. Tide Coldwater상표의 도움하에 P&G사의 커뮤니케이션은 찬물로 세탁하는 것이 가능하다는 것을 강력하게 소비자들에게 재확인시키는데 바탕을 두고 있다.

- 전화를 하여 또는 특별한 제품이나 제공물을 보여주기 위해 웹사이트를 통해 클릭함으로써 직접적인 반응을 통해서 소비자들로 하여금 반응하도록 **동기를 부여하는(motivating)** 것이다.
- 과거의 관습과 충성심에 대해 또는 다른 행동에 대해 직접적인 이점을 준비함으로써 소비자에게 **보상하는(rewarding)** 것이다. 제품 취소를 촉진하기 위해 컴퓨터 제조회사인 Lenovo사는 그 품목의 잔존가치에 근거하여 선지급된 선물카드로 오래된 전자기기(상표와는 관계 없이)를 반환한 소비자들에게 보상하였다.
- 관계구축 활동 및 상호작용적인 커뮤니케이션을 통해 소비자들과 **연결하는(connecting)** 것이다. ONE Water사의 이야기에서 강조되는 상호작용적인 웹사이트 특성은 모두 기본으로서 그리고 당연히 생각될 수 있는 것으로 간주하는데 용이한 핵심제품에 대한 어떤 상표와의 관계를 수립하도록 소비자들을 고무하는 것이 목표이다.

마케팅 기업들이 커뮤니케이션 노력시 이용하는 많은 상이한 매체들이 있다. 전통적으로 상이한 매체들은 다른 매체들을 포함하는 "최상선의" 광고 그리고 "최하선"의 촉진노력 간의 커뮤니케이션 노력 및 예산을 담당하는 부서의 관점에서 제시된다. 최근 이러한 가공적인 "선"(마케팅 커뮤니케이션 대행사의 요금청구 행위와 당초에 연결되는)은 의미가 전혀 없도록 충분하게 희미해지고 있으며, 대부분의 기업과 마케팅 커뮤니케이션 대행사들은 "현업적(실무적:through-the-line)" 또는 통합적인 마케팅 커뮤니케이션 노력의 관점에서 언급하는 경향이 있다. 지속가능성 마케팅 기업들이 이용할 수 있는 중요한 매체에는 전통적인 마케팅 기업에게 공개된 동일한 선택방법이 포함되지만, 그러나 지속가능성 마케팅 기업들에 대해 각 매체가 주는 시사점은 어느 정도는 상이하다.

3.1 광고

광고는 사람들이 가장 즉시적으로 마케팅과 연관하는 매체이다. 즉 광고는 TV, 라디오, 인쇄물을 포함한 대중매체와 관련된다. 그것은 설득적이며 정보제공적인 메시지로 대규모하거나 또는 널리 퍼져 있는 시장에 반복적으로 도달할 수 있는 강력한 매체이다. 그러나 광고는 일정한 시간에 전체 청중들에게 하나의 단일방향적(일방적)인 메시지를 제공하므로 "산탄총 방식"으로 커뮤니케이트 한다는 한계점을 가지고 있다. 광고는 자동차, 백색 제품(가전제품), 커피와 세제 등을 포함하는 시장에서 지속가능성 마케팅 전략을 지원하기 위해 널리 사용되어 왔다. 지속가능성 마케팅에 대한 초기의 학문적 연구의 상당수는 광고, 특히 사용되는 주장의 신뢰성 그리고 메시지와 소구의 유형에 집중되었다.[14] 그러한 광고는 막연하고 근거가 없거나 또는 오도되는 주장을 사용하는 경향이 있었으므로, 그러한 광고는 지속가능성 소비를 위치화하기 위해 "도덕적"소구를 사용하는 것을 "올바른" 일을 하는 것으로 인식하였다고 결론을 내릴 수 있다.

지속가능성 제품을 효과적으로 촉진하기 위해 대중매체인 광고를 이용하는데 관련하여 많은 도전적인 문제들이 있다. 즉 광고는 그 제품의 실체보다는 그 제품의 표면상의 스타일에 대한 표상적인 강조사항 그리고 수요의 창출을 강조하는 전통적인 마케팅 패러다임과 강하게 연관되어 있다. 그러므로 광고는 어떤 제품의 지속가능성 증명서를 커뮤니케이션 하기 위해 그러한 매체를 사용하는 것이 마케팅 기업(그리고 소비자들)에게 "나쁜" 느낌을 갖게 한다. 역시 30초 짜리 라디오 또는 TV 단막광고 또는 하나로 인쇄된 페이지를 사용하여 지속가능성 식견으로 어떤 제품의 사회적, 환경적, 경제적, 기술적 및 소비자 이점을 복잡하게 상호작용케 하는 것에 대해 의미있게 커뮤니케이트 하는 것이 도전적인 문제가 될 수 있다.[15]

3.2 인적판매

판매하는 것은 소비자용 마케팅보다 산업재 및 기업 대 기업 마케팅과 보다 밀접하게 연관되는 수단이다. 그러나 전통적인 가정방문 판매기법이 이용되는 몇몇 제품범주와 국가들이 아직까지 존재하고 있다. 연간 13억 달러(9억 5500만 유로 달러)의 수익을 창출하는 브라질의 선도적인 지속가능한 화장품 제조기업이며 마케팅 기업인 Natura사는 직접판매에 크게 의존하는 사업모델을 성공적으로 채택하고 있다. 이 회사는 관계의 질 그리고 환경적 및 사회적 원리에 대해 고수함으로써 그 시장에서 자신을 차별화하고 있다. Natura사의 판매원은 그들이 거주하고 있는 곳(브라질, 아르헨티나, 칠레, 볼리비아 및 페루)의 공동체에서 직접판매를 행하는 상담자로 구성되어 있다. 자동차, 가전제품과 같은 복잡한 소비자용 품목 또는 의류나 메이크업과 같은 고급품 상표에 대한 소매업도 역시 아직까지도 중요한 커뮤니케이션 기술로서 판매수단을 이용하고 있다.

지속가능성 전략의 중요한 이슈는 판매요원들이 그 제품의 지속가능성 성과와 관련되는 이슈를 이해하고 또한 고객의 의문사항에 답을 할 수 있다는 것을 확실히 하는 것이다. Toyota사의 소매상들의 판매요원은 하이브리드 자동차, Toyota사의 지속가능성 목표와 전략 그리고 목표와 전략을 추진케 하는 영향력(세계의 인구, 기후변화 그리고 지속가능한 이동성)에 대한 복잡한 기술에 대해 학습하기 위한 광범위한 다방면의 훈련을 받고 있다. 즉 어떤 제품의 지속가능성 이점에 대해 판매원들에게 요약하여 설명하는 것으로 결코 충분하지 않다. 기업의 생산과정이 환경적으로 우수하다는 것에 대해 학습한 고객은 그후 그것이 사회적으로 책임있는 고용주인가 또는 그것이 지속가능적으로 원천에 바탕을 두고 있는가를 확실히 하고자 한다.

3.3 직접우편

"쓰레기 우편(junk mail)"의 개념은 직접우편을 환경보호행동주의자들의 캠페인에 대한 표적이 되도록 하며 역시 많은 가구주들에 의한 불평의 표적이 되도록 한다. 그러나 아이러니칼하게도 쓰레기 우편은 그들의 캠페인을 위한 기금을 모금하려고 노력하는 환경적인 조직들이 이용하는 주요한 커뮤니케이션 수단 중의 하나이다. 직접우편을 이용하는 기업들의 해결방법들 중의 하나는 우편물에 반응하는 의도된 표적들에게 도달하는 우편물들이 쓰레기가 아니므로 그것이 정확하게 표적화되고 있음을 확실히 하는 것이다.

직접우편 기업들 간에는 많은 독창성이 있으며 또한 실질적이며 지각된 환경적인 자취를 줄이기 위해서 그들의 서비스를 이용하는 기업들 간에도 독창성이 있다. 이것들에는 지속가능하게 관리되는 산림을 재활용하거나 생산되는 종이의 사용, 기름(oil)에 기초한 것으로부터 채소에 기초한 페인트 잉크에 이르는 움직임 그리고 "하이브리드 우편"의 사용 등이 포함되는데, 그러한 것들 속에서 우편물들은 지역화된 인쇄 및 배송을 위해 복수의 분배점을 이용하여 전자적으로 분배되는데, 그럼으로써 분배하기 위해 사용된 연료를 줄이게 된다. 독립적인 인쇄관리기업인 Charterhouse사는 2006년 Carbon Neutral Company사와 동반자화하여 Carbon Neutral Print Production 프로그램을 시작하였다. 그 프로그램은 인쇄작업에서의 CO_2배출을 측정하고 또한 긍정적인 카본 프로젝트에 대한 투자를 통해 그 영향을 줄이고 있다. 이것은 Sony사와 같은 고객기업들로 하여금 높은 수준으로 탄소가 거의 없는 직접우편 캠페인을 추진케 하였으며, 금융기업인 ING Direct사는 그후 당은행의 모든 고객용 마케팅 및 운영 문서에 대한 인쇄물을 카본을 사용하지 않는 프로그림과 연결할 것을 맹세함으로써 더 앞서 나가고 있다.[16]

3.4 판매촉진

촉진에는 구매 또는 제품사용과 같은 반응을 창출하기 위해 소비자들에게 추가적인 이점을 제공하는 광범위한 기법들이 포함된다.[17] 가치증가 촉진(value-increasing promotion)은 가격인하를 이용하여 또는 그 제품의 양(또는 품질)을 증가시킴으로써 소비자들에게 많은 할인을 제공한다. 금액을 줄이는 쿠폰, 계절적 할인 판매 또는 한 개를 구입하면 1개를 무료로 주는 것(BOGOF; buy-one-get-one-free)등 모두는 소비자들에게 기본적인 거래를 증가시킨다. 가치추가 촉진(value-adding promotions)은 소비자에게 추가적이지만 상이한 이점 즉 클럽에 가입할 수 있는 기회, 콘테스트에 참가, 촉진용 상품에 접하거나 또는 무료 선물이나 보충되는 제품을 누릴 수 있는 기회 등을 제공한다. 촉진들이 대부분 물질적인 소비를 증가하도록 부추키지만, 촉진들은 지속가능성 마케팅 기업을 위한 분명한 선택이 되도록 보이지는 않을 수 있다. BOGOF 제공은 특히 소비자의 소비를 배가시키지 않고 구매에 대한 소비자의 물질적인 영향을 효과적으로 배가시킨다. 그러나 촉진은 역시 잠재적으로 지속가능한 행동을 고무케 하는 추가적인 이점을 제공함으로써 보다 지속가능한 소비를 고무한다(예: 수명이 다한 제품의 반환을 촉진하기 위한 "현금환불(cashback)" 제공 또는 소비자들로 하여금 식품낭비를 피할 수 있도록 도움을 주기 위해 무료로 주는 Tupperware 제품 등).

3.5 표찰화

표찰화(labelling)는 지속가능한 소비에 대해 소비자와 커뮤니케이트 하는 중요한 수단이며, 또

그림 8.1 지속가능성 표찰의 예

한 식품 및 가정용 가전제품에 대한 쇼핑에 있어 중요한 역할을 수행한다. 촉진적 수단·도구로서, 녹색 또는 윤리적 표찰(label)은 고객들에게 제품의 사회적 및 환경적 증명서에 대한 간단하면서도 신뢰적인 표식을 제공한다. 표찰화 계획에는 독일의 "Blue Engel"과 같은 국가적인 계획, European Union Eco-표찰과 같은 국제적인 표찰, 특별한 산업 또는 제품(예: 어린이 노동력을 이용하지 않고 제조된 Rug 마크 카페트), 특별한 생산방법(천연 농법), 특별한 수송방법의 이용(예: 항공기), 또는 사업행위(예: 공정무역) 등과 관련되는 계획 등이 포함된다. 역시 표찰화 계획은 분류 및 재활용을 단순화하기 위해 플라스틱 유형으로 표찰화된 용기를 이용하는 예처럼, 소비자의 재활용 행동을 지원할 수 있다. 식품 및 기타 제품에 대한 지속가능성 표찰에 대한 몇 가지 예(어린이 노동력을 이용하지 않은 카페트 또는 공정무역에 의한 수공예품)는 〈그림 8.1〉과 같다.

표찰화 프로그램은 아래와 같은 측면에서 상이하다.

- 표찰화 프로그램이 어떤 특정한 산업에서 강제적인가 또는 자발적인가
- 표찰화 프로그램이 한 가지 이슈 또는 여러 가지 이슈와 연관되는가.
- 표찰화 프로그램이 제공하는 정보의 수준.
- 표찰화 프로그램이 소비자들이 피하고자 하는 소유물(예: 항공기) 또는 소비자를 끌어들이는 소유물(예: 천연 또는 공정무역)을 커뮤니케이트 하는가.
- 표찰화 프로그램을 지지하고 토대가 되는 증거의 수준과 유형.

이런 각각의 차원은 산업내에서의 표찰화 계획과 개요 그리고 기업, 법규 및 비영리조직들 간의 표찰화 계획에 대한 많은 논쟁의 기회를 제공한다. 두 가지 중요한 표찰 유형, 즉 제3의 독립적인 측이 특정한 환경적 또는 사회적 표준이나 기준을 입증하는 것, 그리고 소비자들에 대

해 제품의 (긍정적인)지속가능성 속성을 커뮤니케이트 하거나 시장에 내놓기 위해 개별 생산업자에 의해서 창조된 것 등 2가지 유형이 있다.[18] 소비자들에 대한 한 가지 도전적인 문제는 지속가능성 의제에 대한 특별한 측면을 다룬다는 것을 나타내는 소수의 상이한 표찰을 인지하고, 이해하고 또한 대처할 수 있느냐이다. 독일에서 특별한 웹사이트(www.label-online.do)는 300가지 이상의 상이한 환경적 및 사회적 표찰화 계획개요에 대해 소비자지향적인 충고와 평가내용을 제공하도록 수립되었다.

지속가능성 표찰은 소비자 행동에 영향을 주는 것을 목표로 하는 가장 널리 이용되는 커뮤니케이션 기법 중의 하나가 되고 있다. 지속가능성 표찰은 포장을 통해서 그리고 점포에서 커뮤니케이트 할 수 있는 우위성이 있는데, 점포에서 최종 구매결정이 이루어지고 또한 소비자들이 식품을 구입하는 경우 환경적 및 사회적 측면을 점차 고려하는 경향이 있다는 증거가 있다.[19] 지속가능성 표찰은 소비자들에게 생산과 소비의 환경적 및 사회적 영향에 대해 그리고 제품과 서비스의 쓰레기 단계에 대한 정보를 제공할 수 있으며 그리고 잠재적인 경쟁적 우위의 원천으로 작용할 수 있다.[20] 지속가능한 표찰이 일반적으로 어떤 제품에 가치를 부가하기 위해 제시되지만, 소비자들이 지속가능한 표찰을 지각하는 방법에 있어서는 매우 상이하고 다양하다.[21]

3.6 판매시점

제품 표찰을 통해 판매시점에 커뮤니케이트할 뿐만 아니라, 기업들은 소비자에게 정보를 제공하고 영향을 주기 위해서 전시, 문서나 포스터를 이용할 수 있다. 이것은 자주 오스트리아에서 "Sustainable Week"기간동안 행해지는데, 오스트리아에서 정부, 소매상 그리고 비영리조직들이 건강, 환경지향적, 지역적 및 공정무역 생산에 대한 점포내 촉진을 개발 · 발전시키기 위해 협력하고 있다.[22] 30,000명의 종업원 그리고 55억 유로 달러의 수익을 창출하는 스페인의 가장 큰 소매상 중의 하나인 The Grupo Eroski사는 2001년 이후 매 3월 2주일 동안 "Comercio Jucio" 캠페인을 행하고 있다. 그 캠페인은 공정무역에 대한 소비자 인지를 높이고 또한 Eroski 매장에서 이용할 수 있는 공정무역 제품의 구매를 촉진하는 것을 목표로 하고 있다. 당 소매상은 점포내 촉진, 인식을 높이기 위한 정기회의, 고객충성용 우편물 및 무료로 제공되는 *Idea Sana*잡지에의 광고를 이용하고 있다. 결과적으로 Eroski사는 공정무역 제품의 판매가 뚜렷하게 증가하고 있음을 확인하고 있다.[23]

3.7 온라인 커뮤니케이션

인터넷 그리고 기타 새로운 정보 및 커뮤니케이션 기술은 지속가능성 마케팅 의제의 증가에 더불어 발전하고 있는 마케팅 커뮤니케이션 기술에서의 진화발전을 창출하고 있다. 온라인 마케팅 커뮤니케이션의 초기는 대부분 인쇄 및 광고매체 캠페인을 자사의 웹사이트로 변환하며 또한 충고와 제품정보에 소비자들이 접근할 수 있는 원천으로서 웹사이트를 이용하고 있는 기업들과 연관된다. 이것은 아직까지도 관계를 구축하는 과정이 아니라 소비자들에게 정보를 제시하는 필수적으로 일방적인 방법이었다. 인터넷이 진화 발전함에 따라, 인터넷은 블로그, 사회적 네트워크, 포드케스트, 위키스, 검토 사이트, 게시판 및 뉴스집단을 포함하는 새로운 사회적 매체 범위로 확대되고 있다. 이러한 것들은 제품, 상표 및 기업에 대한 대화 그리고 다량의 사회적 및 환경적 이슈에 대한 그들의 관계를 시작하고, 주관하거나 또는 형성하는 힘을 갖고 있다. 이러한 것들은 기업들이 서로 공동으로 참여할 수 있으나 통제할 수는 없는 대화들이며 또한 그것들은 어떤 상표 그리고 그 상표의 명성과 평판을 높이거나 망치게 하는 힘을 갖고 있다. 자신들의 사회적 및 환경적 성과의 측면에 대해 온라인을 통해서 공정하게 또는 불공정하게 공격을 받는 기업들에게 심각한 주의가 집중되고 있다. 그 위험이란 공격이나 소문이 소비자, 투자자 및 매체들의 지각에 영향을 주는 가상적 세계로부터 일어날 수 있다는 것이다. 즉 기업의 지속가능성 성과와 평판에 대한 어떤 온라인 공격을 처리하고 다루는 것은 그 상황이 위기로 커지지 못하도록 방지하기 위해 보다 적극적이며 공개적인 방법으로 대응하는 것이 요구된다.[24]

어떤 상표와 관련되는 지속가능성 이슈에 대해 소비자들에게 정보를 제공하고 교육시키기 위해 별도의 웹사이트를 설치 · 수립하는 기업에 대한 추세가 있다. 제과류 기업인 Cadbury사는 자사의 지속가능성 보고서를 커뮤니케이트 하기 위해서 또한 환경, 공급업자와 구성원 관계 그리고 복지 등을 포함하여 몰입하는 분야를 설명하기 위해 실질적인 고객 피드백을 사용함으로써 소비자들에게 몰입하기 위해서 별도의 "Dear Cadbury" 웹사이트를 수립하였다.[25] 컴퓨터 모니터 제조업체인 ViewSonic사는 자사 제품의 환경적 특성에 대해 고객들을 교육시키기 위해 그리고 지속가능한 삶에 대한 일반적인 묘책과 더불어 그 제품을 재활용하는 방법에 대해 고객을 교육시키기 위해 정교한 마이크로사이트를 시작하였다.[26]

역시 온라인 환경에서 발전하고 있는 것으로서 지속가능성에 지향적인 "관심 공동체"가 있는데, 그 공동체들은 지속가능성 이슈에 대해 최상으로 몰입하는 소비자집단들에게 직접적인 커뮤니케이션 경로를 제공한다. 그 예에는 www.treehugger.com, www.utopia.de 그리고 www.lohas.de 등이 포함된다. 이러한 공동체들은 역시 커뮤니케이트 하기 위해 잠재적인 청중들 이상으로 광범위하게 활동하며, 마케팅 기업들이 배울 수 있는 지속가능성 의제에 대한 전문지식 및 통찰력에 대한 원천을 제시하며 또한 그러한 것을 통해서 마케팅 기업들은 새로운 아이디어, 전략 및 캠페인을 개발하고 시험할 수 있다. P&G사는 Tide Coldwater의 도입 시 도움을 얻기 위해 온라인 공동체로부터의 통찰력을 이용하였다.[27] 인터넷이 지속가능성 지향적인 정보 및 소비선택에 대한 접근을 제공하는 힘을 가지고 있지만, 웹의 내용(콘텐츠)의 70%가 영어로 되어 있는데, 세계인구의 10% 미만이 모국어로서 영어를 사용하고 있으므로, 영어는 도달하는데 한계가 있으며 또한 그 웹이 제공하는 이점의 가치를 제한한다는 사실을 지적한다는 것은 매우 가치가 있다.[28]

ONE Water사와 같이, 대부분의 기업들은 커뮤니케이션 목적, 당 기업이 도달하고자 하는 특별한 청중 그리고 자사 제품과 업계의 본질에 따라 상이한 매체에 대해 **커뮤니케이션 믹스**

(communication mix)를 이용할 것이다. 즉 마케팅 캠페인에 대한 하나의 최상의 매체는 존재하지 않은데, 그 이유는 마케팅 커뮤니케이션 캠페인의 성공에 가장 중요한 마케팅 커뮤니케이션 캠페인의 상이한 구성요소들 간에 수립되는 통합과 시너지가 있기 때문이다.

4 지속가능성 마케팅 메시지

모든 마케팅 커뮤니케이션 메시지는 그것이 청중들과 관계를 조성하고 또한 청중들에게 반응하도록 동기를 부여하려고 하는 기업의 커뮤니케이션 메시지 내의 어떤 소구내용이나 "사람을 끄는 것"을 가지고 있다. 즉 3가지의 일반적인 소구 유형이 있다. **합리적인 소구(rational appeals)**는 소비자의 사리추구를 목표로 하는데, 사리추구란 천연식품을 보다 건강적이라고 또는 저열량 제품을 보다 경제적이라고 마케팅하는 것과 관련된다. 이 지구를 망치게 하는 것(우리가 알고 있듯이)이 이해관계자들의 관심사가 거의 되고 있지는 않지만, 지속가능성 의제를 폭넓게 추구하는 것도 역시 합리적이다라고 지적하는 것은 가치가 있다. 둘째, **감정적 소구(emotional appeals)**는 소비자와의 감정적인 연결을 하고자 하는 것이며, 이것은 아동복지에 지속가능성 전략의 이점을 연결함으로써 또는 후진국에서 위험에 처한 동물이나 혜택을 받지 못하는 사람들의 어려운 상태를 보여줌으로써 행해진다. 셋째, **도덕적 소구(moral appeals)**는 지속가능성의 경우에 미래 세대를 위해 환경의 질을 보호하자는 또는 빈곤으로부터 해방해야 하는 우리의 의무를 강조함으로써 사람들의 옳고 그름에 대한 생각을 연관시키고자 하는 것이 목표이다.

지속가능성 지향적 인쇄광고에 대한 초기의 연구는 6가지의 소구 형태(유형)을 확인하였다.[29]

1. **재무적 소구(financial appeals)**: 자원보존으로 가격인하를 연결하거나, 자선적인 대의에 기부를 하는 것을 연결함.
2. **관리적 소구(management appeals)**: 기업들은 자신을 "녹색운동"의 한 일환으로 그리고 "문제"로서보다는 "해결방법"의 일환으로 위치화하려고 함.
3. **행복감 소구(euphoria appeals)**: 어떤 제품의 천연적임 또는 건강상의 이점을 강조함으로써 복지(행복)감을 불러일으킴.
4. **감정적 소구(emotional appeals)**: 미래에 대한 두려움과 걱정을 불러일으키거나 또는 이 지구에 대한 우리의 영향에 대해 죄의식을 느끼거나 또는 권한위양감을 불러일으킴.
5. **시대정신적 소구(zeigeist appeals)**: 환경적 및 사회적 이슈에 대한 사회적 관심사를 널리 인식시키기 위해 연결시키려고 시도함.
6. **기타(others)**: 비교광고 또는 유명인사의 보증과 같은 것.

첫 번째와 두 번째 소구는 보다 합리적인 소구인 반면에, 세 번째와 네 번째는 감정적 및 도덕적 소구이다. 메시지에 대한 적절한 스타일과 음률을 성취하는 것 그리고 적절한 소구를 선정하는 것은 마케팅 기업들에게는 도전적인 문제가 될 수 있다. 기후변화, 지구의 빈곤 또는 생물의 다양성이 침식되는 것과 같은 주요한 지속가능한 이슈들의 심각함은 소비자들의 동기를 부여하기 위해 두려움과 죄의식을 이용하고자 하는 두려움 소구를 이용토록 시도케 하고 있다. 그러한 감정은 동기를 부여치 않게 하는 방식으로 소비자들에게 권한을 위양하지 않을 수 있다는 어려움이 있는데, 그 이유는 죄의식이나 두려움을 일으키는 메시지에 접하게 될 때 소비자들은 그 메시지가 과장되어 있는 이유, 그 메시지가 소비자들에게 적용되지 않는 이유 또는 소비자들에게 그 메시지에 주의를 기울이지 않도록 "허용케 하는" 이유를 찾으려고 하기 때문이다.

기후변화와 관련하여 마케팅 메시지에 대한 소비자들의 반응에 대한 연구에서 Rose 등은[30] 소비자들의 심리적 본질의 관점에서 "외부지향적"인(즉, 다른 사람들의 승인을 추구하는 사람) 소비자들의 경우, 지속가능성에 대한 죄의식, 두려움 또는 "훌륭함"을 사용한 소구를 통해 소비자들을 동기부여하는데 거의 희망이 없다는 사실로 결론을 내렸다. 그 대신에 Rose 등은 아래와 같이 제시하고 있다.

- 그 이슈를 개인적으로 관련있고(집과 라이프스타일) 그리고 개인화하도록 함.
- 부정적으로 죄의식에 바탕을 둔 메시지를 피하는 대신에, 돈을 절약하고 "어떤 것을 획득하는 것" 그리고 편리함과 관련되는 이점에 집중함.
- 행동을 그 소비자의 긍정적인 자아이미지("빈틈없음", "아침" 및 "매력")와 연관시키며 또한 여기(지역과 친근함) 그리고 현재(세계적인 것보다는 미래에 대한 것)와 연관시킴.
- 정보제공적 뿐만 아니라 상호작용적, 쾌활하며 또한 유흥적이 됨.

지속가능성 제품의 음운이 커뮤니케이션 권리를 획득한다는 것은 결국 신중한 균형적인 행위이다. 지속가능성 의제는 복잡하고 심각한 이슈로 조성된다. 실제적으로 많은 정보를 제공하고 또한 이슈의 심각함을 전달함으로써 소비자들에게 정의롭게 행하도록 추구하는 커뮤니케이션은 이미 많은 정보에 고통을 받고 있거나 또는 지나치게 비관적인 메시지로 소비자들로 하여금 의욕을 상실케 하여 압도당한 소비자들을 의험스럽게 한다. 대체안적으로, 생생하며 낙관적이고 감정적이며 또한 흥미를 주는 스타일로 전달되는 메시지는 심각한 이슈를 하찮은 것으로 또는 피상적인 반응으로 해석하도록 하는 위험을 초래한다. 유명인사의 보증은 ONE Water사가 제시하는 것처럼 매우 효과적인 전략이 될 수 있지만, 그러나 다시 유명인사의 보증은 선정된 유명인사가 행동하는 방법 그리고 그가 소비자에 의해 그 상표에 대한 적절한 연사로서 지각되는가의 관점에서 위험을 내포한다. 소비자의 삶 그리고 그 제품을 통한 관련되는 지속가능성 이슈간의 관계를 조성하도록 성공적으로 커뮤니케이트 하는 것, 즉 소비자의 소비행동을 변화시킴으로써 소비자들로 하여금 주의하고 또한 반응하도록 동기를 부여하는 방법으로 제시되는 것은 지속가능성 마케팅 기업들이 직면하고 있는 유일하고도 복잡한 도전적인 문제이다.

5 소비과정을 통한 커뮤니케이션

각 단계에서 특별한 목적, 가장 적절한 매체 그리고 그 메시지의 본질이 상이하지만, 지속가능성 마케팅은 소비과정의 모든 4개의 단계에서 중요하다.

5.1 구매 전 단계

인식을 창출하며, 소비자에게 제품에 대한 정보를 제공하고 또한 그것을 고려하도록 소비자를 설득하는 것을 크게 강조하는 단계이다. 무료견본, 제품 문서 또는 제품 전시는 소비자로 하여금 지속가능한 제품을 사용하도록 또는 소비자들에게 그 제품의 이점과 적합함을 재확인토록 소비자를 설득하는 좋은 수단이다. 그러한 커뮤니케이션 기법들은 구매와 관련되는 지각적 위험을 줄이는데 도움이 된다. 이것은 새로운 지속가능성 지향적 상표의 경우 중요할 수 있는데, 그 이유는 소비자들이 위해케 하는 기술적 성능 또는 그 상표의 지속가능성 증명과 연결되어 증가되는 비용에 대해 기대하고 있다면, 그 상표들은 소비자들에 의해 "위험한 것"으로 지각될 수 있기 때문이다.[31]

5.2 구매 단계

소비자가 상기하거나 또는 쇼핑할 때 구매시점 전시, 촉진제공물 또는 점포내에서 판매요원의 노력에 의해 영향을 받게 되는 설득적인 광고 캠페인은 모두 소비자들이 지속가능성 지향적 제품을 구입하도록 동기를 부여케 하는데 도움을 줄 수 있다. Total 주유소에서, ONE Water의 출시와 함께 행해진 전국적인 PR 캠페인, 점포내 포스터 및 촉진적인 가격 제공 등 모두는 구매를 고무토록 하는데 박차를 가하였다.

5.3 이용 단계

전통적인 마케팅에서, 대부분의 커뮤니케이션 활동은 비교적 직접적으로 판매고를 성취하는데 또는 장래의 판매고를 증가시킬 것을 희망하여 상표충성심을 구축하는데 집중하고 있다. 그러나 관계 마케팅이 나타남에 따라, 소비자 충성심을 창출하는 것에 강조함으로써 소비자 관계를 구축하고 유지시키려는 노력을 불러 일으키고 있다. 지속가능성 마케팅 커뮤니케이션에서, 기업들은 자주 폭넓은 소비행동에 걸쳐 더 광범위한 소비자 반응을 성취하고자 한다. 지속가능성 마케팅은 소비자들이 제품을 사용하는 방법을 변화시킬 것을 요구하는데(그러한 캠페인이 기업 그리고 그 기업에 대해 지각하는 사회적 책임에 대한 소비자 태도를 향상시킨다면, 판매고가 증가된다고 해도), 판매지향적이 아닌 커뮤니케이션 노력을 요구하는 방식으로의 변화를 요구한다. 한 가지 예는 P&G사가 행한 Ariel Turn 30℃ 캠페인인데, P&G사는 소비자들에게 세척기술에의 개선을 이용하도록 세탁기를 다시 조정하도록 설득하였는데, 그 기술은 낮은 온도에서도 효과적으로 세척이 되도록 한다. 그 캠페인은 약 100만의 영국 가정으로 하여금 행동을 변화하도록 기여하였는데, 연간 6만 톤의 CO_2를 줄이게 하였다(41% 에너지가 절감됨).

5.4 구매 후 단계

지속가능성 마케팅 커뮤니케이션의 또 다른 두드러진 분야는 제품 처리이다. 많은 정부의 사회적 마케팅과 제품 특이적인 캠페인은 소비자들로 하여금 중고 제품과 포장을 재활용하도록 고무하거나 또는 다른 형태의 책임적인 처리에 관여하도록 고무하는 것을 목표로 한다. Marks & Spencer의 Oxfam Clothes Exchange 프로젝트는 광고 캠페인, PR 캠페인, 상세한 웹페이지, 점포내 포스터, 직접우편 및 촉진제공물을 이용하여 소비자로 하여금 Oxfam을 통해 오래된 의류를 재활용하도록 고무하고 있다(pp. 132~134 참조).

6 지속가능성 제품 주장에 대한 진실성

지속가능성 마케팅 커뮤니케이션에 있어 성공의 주요한 결정요소들 중의 하나는 진실성 및 신뢰와 관계된다. 소비자들 간의 지각된 가치–행동 격차(value-action gap)는 환경적 및 사회적 이슈에 대한 관심사를 강하게 표현한다.[32] 또한 보다 지속가능한 많은 재화와 서비스의 구매에 대한 소비자들의 비교적 비열정적인 감소는 사회적 수용성에 대한 이유를 밝힌 시장조사 결과의 의문사항에 대해 비현실적으로 긍정적인 반응을 제시하는 소비자의 관점에서 통상적으로 설명된다.[33] 소비자들이 마케팅의 과대광고라고 간주하는 것에 대해 널리 퍼져있는 불신 그리고 소비자들에게 제공된 "녹색" 제품 그리고 더 좋은 환경에 대한 기여 간을 거의 지각하지 못함으로써 그 연관성에 대한 불신이 일상적으로 연구조사결과에서 특징화되고 있다.[34] 커뮤니케이션이 의미하는 것과 같은 진실성은 의사전달사(송신사)에 의해서가 아니라 청중에 의해서 결정되는 것이다. 즉 소비자들은 일반적으로 잘 알고 있는 상표를 신뢰하며, 그럼으로써 그 상표의 사회적 및 환경적 성과에 대한 긍정적인 면에 집중하는 것 등을 포함하여 그 상표를 특징짓는 마케팅 메시지를 신뢰하는 경향이 있다.[35] 불행스럽게도 위약하거나 애매한 지속가능성 주장이나 연관성을 내포하는 환경적 광고를 과도하게 이용하는 것은 기업의 지속가능성 노력에 대한 소비자들의 의심을 증가시키며 또한 신뢰감을 무너뜨리고 있다는 증거가 증가되고 있다.[36]

지속가능성 해결방법에 대한 많은 사회-생태적 질은 진실성의 질이다. 즉 사회-생태적 질은 구매 후 그리고 경험을 하는 사용하는 동안 뿐만 아니라 정보를 수집하고 있는 구매 전에 소비자들에 의해 직접적으로 입증될 수가 없다. 즉 소비자들은 자신들로 하여금 믿을 만한 결정을 하도록 정보를 제공하는 제3자에게 의존한다.[37] 즉 이것은 특히 제3자에 의해서 보증이 되는 경우, 지속가능성 표찰화가 지속가능성 마케팅에 대해 중요한 커뮤니케이션 매체이었다는 이유들 중의 하나이다. 기타 다른 매체는 소비자의 주의를 끌고, 소비자를 유지케 하며 또한 유용한 연관성이나 감정적 반응을 창조할 수도 있으나, 표찰화는 진실성을 조장하는 관점에서 중요한 역할을 한다.

진실성을 창출하는데 있어 가장 중요한 요인들 중의 하나는 당기업의 메시지와 기업의 행동조치 간의 일관성을 통해서 그리고 자사의 제품 범위와 운영의 상이한 측면에 존재한다. 일관성이 결여되어 있다는 것은 지속가능성 캠페인 주체와 매체로부터의 비난을 일으킬 가능성이 있다. 예를 들어, Ford Motor Company사는 당사가 하이브리드 자동차와 같은 보다 지속가능한 자동차에 대해 적극적으로 몰입하고 있다고 주장하였다. 당기업의 회장인 William Clay Ford Jr.을 특성화한 TV광고를 제작하였는데, 이것은 Ford사가 이미 설정한 목표를 성취하였는데도 불구하고 오염을 적게 배출하는 하이브리드가 2010년까지 당사의 전체 차량 중 단지 4% 미만을 차지하였기 때문이었다. 역시 캠페인 주체들이 이 회사가 자사의 스포츠 겸용 자동차에 대해 평균적인 연료 효율성을 증가시키려는 약속을 한 2003년에 근거하여 그 광고 캠페인에 대해 항의하였으며 또한 1년 후 지구온난화를 유발하는 가스의 배출을 제한하는 California주의 법규를 막기 위해 다른 자동차 제조업체들과 힘을 합쳤다.

녹색 세척화(greenwashing: 녹색화를 속이는 것을 결합한 것)라는 용어는 투숙객들에게 "환경을 보호하기" 위해 타월을 재사용할 것을 요청하는 고지내용을 호텔 객실에 비치하는 호텔 지배인의 실행에 반대하였을 때 환경주의자인 Jay Westerveld가 처음 사용하였다. Westerveld는 호텔지배인들은 자신들의 환경적 영향을 줄이는데 관심을 가졌으며 또한 적은 타월을 세척하는데 대한 자신들의 관심이 환경보다는 원가를 절감하려는 관심으로 인해 동기가 부여되는 것처럼 보인다는 사실을 제시하는 것 이외에 거의 아무 것도 없다는 사실을 지적하였다. 그후 녹색 세척화에 대한 기존의 많은 캠페인에 대해 "상"을 수상함으로 인해 녹색 세척화가 마케팅 커뮤니케이션과 지속가능성에 대한 논쟁에서 중심적인 것이 됨으로써, 법규와 충고 등이 녹색 세척화를 줄이거나 억제하려는 시도를 개발 · 진척시키고 있다.

2007년, US의 환경적 마케팅 기업인 TerraChioce사는 The Six Sins of Greenwashing이라고 하는 연구결과를 발표하였는데, 그 연구에 의하면, 1,000개 이상의 미국의 일반적인 소비자용 제품에 대한 마케팅 캠페인들이 무작위로 조사되었고 분석되었다. 총 1,753개의 환경적 주장이 행해졌는데, 어떤 제품은 1개 이상을 주장하고 있다. 연구된 캠페인에서 볼 때, 단지 1%만이 허위나 의도적인 주장을 하지 않았으며, 99%가 아래와 같은 순서로 6가지의 죄를 범하였다.

1. 숨겨진 교환(hidden trade-off) 등: 위험스러운 재료가 포함된 에너지 효율적인 전자제품.
2. 증거가 없음(no proof) 등: 입증된 천연이라고 주장하는 샴푸이지만, 증명할 수 있는 증거는 전혀 없음.

3. 애매모호함(vagueness) 등: 비소 및 포름알데히드(방부, 소독제)와 같이 자연적으로 발생하는 많은 물질이 위험한 경우에도 100% 자연적이라고 주장하는 제품들.
4. 무관함(irrelevance) 등: CFCs가 20년전에 금지되었지만, CFC가 없다고 주장하는 제품들.
5. 거짓말을 함(fibbing) 등: EcoLogo, Energy Star 또는 Green Seal과 같이 세계적으로 인식되고 있는 환경적 표준에 의해 인증 · 입증되었다고 거짓으로 주장하는 제품.
6. 2개의 죄악을 적게 함(lesser of two evils) 등: 천연의 담배 또는 환경친화적인 농약.

자동차 회사, 항공사 및 에너지 기업들은 자주 녹색 세척화에 대한 환경주의자들의 관심에 대해 정면으로 맞서고 있는데, 그 이유는 자사의 제품들이 필시 탄소 집중적이며 또한 개별 제품들이 경쟁사보다 더 지속가능적임에도 불구하고 절대적이거나 또는 과장된 주장을 하는 것이 문제를 불러일으키기 때문이었다.

6.1 청중의 가치관

소비자의 가치관은 구매시 그들의 행동 및 반응에 영향을 미치며 또한 가치관은 역시 자신들이 커뮤니케이션 캠페인을 지각하고 반응하는 방법에 영향을 준다. 예를 들어, 환경적으로 지향하는 제품에 대한 성과 주장은 강하게 환경지향적 가치관을 갖고 있는 소비자들에 의해 믿어질 가능성이 매우 크다.[38] 마케팅 커뮤니케이션 담당자(송신사)에 대한 도전적인 문제는 지속가능성 이슈와 관련되는 매우 상이한 태도와 가치관을 갖고 있는 세분시장을 포함하는 표적청중과 커뮤니케이트 할 수 있다는 것에 존재한다. 이것은 녹색 적소시장의 차원을 넘어 대중시장에서 지속가능성 지향적인 제품에 대한 소비를 확대하고자 할 때 매우 중요하다. 지속가능성에 대한 태도의 경우, 지속가능성 이슈에 대한 태도 또는 심리적 유형을 기준으로 세분화된 상이한 집

표 8.1 지속가능성 제품을 바람직한 소비자의 가치관과 연결하는 마케팅 메시지[40]

바람직한 소비자 가치관	메시지 및 기업/제품
효율성 및 원가효과성	옷을 세탁하는데 사용되는 에너지의 80~85%가 물을 데우는 것에서 발생하는지를 알고 있는가? Tide Coldwater-세탁하는데 가장 근사한 방법 "Tide Coldwater Laundry Detergent' mpg:" –Toyota Prius
건강과 안전	"독성이 있는 농약으로 농사를 짓는 것을 거부한 20년. 아마도 고집스러움. 건강함. 가장 한정적으로" –Earthbound Farm Organic
성과(성능)	"영원히 주행할 수 있도록 연료가 거의 소요되지 않음. 그러나 결코 정지될 수 없다. 그것을 착용한 사람들과 거의 같게." –Citizen Eco-Drive Sport Watch
상징주의적	"당신의 얼굴이 아니라 당신의 마음을 장식하라." –The Body Shop
편리성	"도달하기 어려운 장소를 위한 오래 수명." –General Electric사의 CFL 투광 조명
묶음(일괄)	"혁신적인 기술로 성능과 우아함을 발휘함." –Lexus Rx400h Hybrid Sports Utility Vehicle

자료원: Ottman, J.A., Stafford, E.R & Hartman, C.L. (2006) 'Green marketing myopia', *Environment*, 48(5): 22-36.

단에 대해 어떤 제품을 매력적으로 만드는 것은 정반대적으로 부정적이 될 수 있다.

Ottman 등은 지속가능성 제품에 대한 성공적인 커뮤니케이션의 비밀은 제품들의 속성 그리고 그 상표 메시지를 소비자들이 바라는 가치관과 효과적으로 연결하는 것이라고 제시한다(제7장 참조).[39] 그들이 크게 강조하는 예들 중 어느 것이 〈표 8.1〉에 요약되어 있다.

7 지속가능성 기업 커뮤니케이션

지속가능성 마케팅은 기업의 사회적 및 환경적 성과의 모든 측면이 소비자들과 관련이 되며 또한 소비자들의 행동에 영향을 미칠 수 있다는 정도에서 주류가 되는 마케팅과는 상이하다. 즉 지속가능성 마케팅은 기업으로 하여금 지속가능성 성과에 대한 관리에 접근하도록 그리고 복합적으로 지속가능성 성과에 대한 커뮤니케이션 관리에 접근하도록 요구한다. 만약 기업이 자사 제품의 특별한 환경적 또는 사회적 이점에 대해 주장한다면, 상당히 오염을 일으키는 생산과정을 이용하는 것으로 보여진다면 또는 후진국에서 노동력을 착취하는 것이라고 보여진다면, 그런 주장은 역생산적이 될 수도 있다. 이러한 식견에서 볼 때, 전체 기업의 생산 수단과 행동 수단들은 소비자가 구입하는 그 "제품"의 일부가 된다. 즉 이것은 고객의 관점에서 전체적인 기업으로 보여지는 것처럼, Peter Drucker의 유명한 마케팅에 대한 비전과 동일시되는 것이다.[41] 그러므로 전체기업의 지속가능성 성과에 대해 커뮤니케이트 하는 것은 신뢰적이며 효과적인 지속가능성 마케팅 커뮤니케이션에 대해 필요하다.

그러한 복합적 접근방법은 McDonagh의 지속가능한 커뮤니케이션(sustainable communication) 모델에서 제시되었는데,[42] 그 모델은 지속가능성 마케팅 커뮤니케이션과 관련되는 4가지의 기본적이며 상호관련되는 원칙을 확인 · 규명하고 있다. 그 모델이 생태적인 차원에 집중하고 있지만, 그것은 사회지향적인 측면에 동일하게 적용될 수 있다.[43]

1. 생태적인 신뢰(ecological trust), 즉 이것은 기업들 그리고 기업의 지도력에서의 신뢰성의 상실 그리고 합법화의 위기를 초래케 하는 것에 대한 추세와는 반대가 되도록 구축되는 것이다.
2. 생태적인 접근(ecological access), 즉 이해관계자들로 하여금 조직, 시설 그리고 특히 조직의 전략, 의사결정, 제품 및 생산과정의 생태적인 영향에 대해 그들이 소유하고 있는 정보에 접근하도록 허용하는 것이다. 공개성은 신뢰를 구축하고, 혁신을 창조하는데 중요하지만, 어떤 기업은 상업적으로 의미가 있는 정보를 보호하기 위해서 어떤 특정한 제한내에서 공개되는 것을 원할 수도 있다.
3. 생태적 발표(ecological disclosure), 이것은 기업의 환경적인 보고를 통해서 자발적으로 행해지는 경우 생태적 신뢰를 구축하는 것에 도움을 준다. 그 이유는 소비자들이 제3자나 또는 강제적인 발표에 의해 폭로의 대상이 되는 것이 아니라 일상적으로 정보를 발표하는 조

직을 더 신뢰할 가능성이 크기 때문이다.

4. 생태적인 대화(ecological dialogue), 이것은 이해관계자들과의 대화로서, 신뢰를 구축하기 위해 이해관계자 및 그들의 관심사에서 배우고 또한 기업의 의사결정 과정에 그들을 끌어들이기 시작하기 위해서이다. McDonagh는 이것을 전통적인 마케팅 커뮤니케이션에 대해 가장 근본적인 차이점으로 인식하고 있는데, 이런 대화를 통해 마케팅 기업은 전략적인 의제 그리고 커뮤니케이션 과정 모두를 통제하고자 한다.

마케팅 커뮤니케이션을 이해하는데 있어 열쇠는 마케팅 기업이 논점들을 커뮤니케이트 하려고 의도하는 것이 아니라 중요한 메시지가 의미하는 것으로 소비자가 해석하는 것이다. 이것이 시사하는 것이란, 마케팅 커뮤니케이션은 전통적인 마케팅 커뮤니케이션 경로를 통해서 소비자들에게 메시지를 보내는 마케팅 기업의 신중한 노력으로만 구성되지 않는다는 것이다. 어느 것도 커뮤니케이트 될 수 있기 때문이다. 즉 제품 및 제품의 포장화는 디자인 및 그것의 성능을 통해서 소비자에게 커뮤니케이트 된다. 즉 제품이 저열량이며, 용이하게 수리될 수 있으며 재활용되도록 디자인되었다는 것은 그 제조업체의 지속가능성 관심사에 대해 많은 것을 커뮤니케이트할 것이다. 어떤 시장에서 저가격이 기업이 자사 소비자들을 돌본다는 것을 의미하는 것으로 해석될 수도 있지만, 어떤 제품의 원가는 소비자에 의해 품질에 대한 대용적인 측정수단으로 해석될 수도 있다. 소비자를 위해 편리함을 제공하는것 그리고 제품, 정보, 지원 등이 소비자들에게 접근가능하고 이용가능하다는 것을 확실히 하는 것은 역시 고객을 돌보는 것에 대한 메시지를 커뮤니케이트할 것이다. 이와 유사하게, 제품이 이용할 수 있는 경로의 선정도 그 제품의 환경적 및 사회적 인증을 포함하여 그 제품의 본질에 대해 커뮤니케이트할 수 있다.

소비자들이 그 기업의 시설물(많은 레저 소비가 되는 경우처럼)을 방문하는 곳으로서 소매상 또는 기업의 경우, 기업의 시설물의 본질은 역시 그 기업의 지속가능성 인증에 대해 많은 것을 커뮤니케이트할 수 있다. 그 기업들이 이용하는 정화 및 포장화, 재활용 설비의 이용가능성, 상대적으로 지속가능한 수송방법에 대한 지원, 공장에서 물과 에너지의 효율적인 이용 등에 대한 원천을 확인하는 것 등, 이 모든 요인들은 지속가능성을 향한 당기업의 위치와 입장에 대한 어떤 것을 커뮤니케이트 한다. 역시 그 모든 요인들은 기업 전체적으로 지속가능성 성과에서의 개선을 발전시키고 또한 장래에 긍정적인 커뮤니케이션 노력의 주제가 될 수 있는 기회를 제공한다. 예를 들어, The Body Shop사는 기본적인 커뮤니케이션 수단도구로 사용할 수 있도록 자사의 Littlehampton 본사를 개방하였는데, 방문자들은 당기업의 가치관이 실천되고 있음을 볼 수 있다. 어떤 제품의 이름은 커뮤니케이트 되며, 많은 지속가능성 지향적 제공물의 경우, 접두어로서 "생태(eco)"를 이용하는 것은 자주 경제성과 더불어 환경적 품질을 나타내기 위해 사용되고 있다. 그 기업의 활동조치도 역시 자사의 사회적 및 환경적 인증에 대해 많은 것을 커뮤니케이트 하며 또한 지속가능성 의제에 대한 몰입의 깊이를 커뮤니케이트 한다. Jon Bernstein이 그것을 간단하게 아래와 같이 표현한다.

●●●

모든 것이 커뮤니케이트 한다. 그러나 모든 것이 시종일관되게 커뮤니케이트 하는가? 구매자는 공급업자에게 환경적으로 불만족스러운 제조과정이 운영되는 과업을 수행하도록 하며 또한 공급업자를 기업의 3000cc 자동차에 태우고 간다. 최고경영층은 전혀 재활용되지 않은 종이에 환경성명서(environmental statement)를 보낸다. 지역의 환경집단 · 단체는 열대우림의 목재로 만든 베니어판으로 된 중역실 탁자 주위에서 개최되는 회의에 초대된다. 상기와는 반대로, 우호적인 메시지는 미리 예약된 자동차 주차장의 일부를 자전거 선반대로 변환함으로써 전달될 것이다.[44]

●●●

지속가능성 마케팅 커뮤니케이션은 통합적인 식견을 요구하는데, 통합적 식견은 전통적인 마케팅 관리에서의 신중한 촉진적 커뮤니케이션 기술, 관계 마케팅의 상호작용적인 양방향 커뮤니케이션 접근방법 그리고 기업의 사회적 책임(SR)과 연관되는 사회적 및 환경적 성과에 대해 알리고 발표하는 개방적 접근방법 등을 통합한다. 지속가능성 기업의 커뮤니케이션은 대개 공중관계(PR)의 맥락에서 논의되는 경향이 있다. 전통적으로 PR은 기업의 상표화, 주체성 및 평판에 대한 커뮤니케이션과 어울려 제품(자주 상표의 관점에서)에 대한 마케팅 커뮤니케이션을 결합한다. 즉 지속가능성 마케팅은 상기의 2개의 커뮤니케이션 간의 밀접한 통합을 요구한다. 역시 지속가능성 마케팅은 외부의 청중뿐만 아니라 내부의 청중에 대한 커뮤니케이션 집중을 요구한다.

Kanatschig은 내적인 청중은 기업의 지속가능성 커뮤니케이션에 대해 가장 중요한 청중이며, 커뮤니케이션 과정이 시작해야 하는 청중이라고 제안한다.[45] 이것은 구성원들로 하여금 기업의 지속가능서 성과 그리고 그 성과를 향상 · 개선하려는 노력에 순응 · 조화되도록 허용하는데, 구성원들에게 대리인으로서 행동하고 또한 긍정적인 구전 커뮤니케이션을 조장하도록 허용함으로써 가능한데 구전 커뮤니케이션은 아직까지도 가장 신뢰적이며 효과적인 마케팅 커뮤니케이션 매체이기는 하지만, 마케팅 기업이 통제할 수 없는 것이다. 외적 청중에게 도달하기 위해 아주 다양한 공중관계 접근방법이 이용될 수 있는데, 그것들에는 주관, 연설, 문서, 교육용 자료, 시청각 자료 및 정보 서비스 등이 포함된다. 로비를 행하는 것은 지속 가능성 식견에서 볼 때, 나쁜 평판을 받을 경향이 있는 외적으로 집중되는 커뮤니케이션 접근방법이며 또한 자신들의 경쟁력에 대해 부정적인 영향을 주는 법규를 방지하거나 지체토록 하거나 또는 없애기 위해 방어적으로 정부에 로비하는 기업과 관련된다. 그러나 자신의 업계에서 엄격한 법규 그리고 높은 사회적 및 환경적 표준에 대해 보다 적극적으로 정부에 대해 로비하는 기업들에 대한 예가 있다. 이것은 통상 보다 양호한 사회적 및 환경적 표준을 실행하기 위해 또한 그들이 "무임승차"의 결과로 누릴 수 있는 원가상의 우위를 없애기 위해 덜 지속가능한 경쟁사에게 압력을 주려는 시도이다(제11장 참조).

8 송신자(커뮤니케이터)로서의 소비자

지속가능성 마케팅 커뮤니케이션의 초기 단계는 소비자가 수동적인 역할을 하는 청중이라는 일방적인 커뮤니케이션 노력을 두드러지게 특성화하였다. 그 예에는 환경적 성과에 대한 정보를 제공하고, 지속가능성 지향적인 광고 캠페인이나 웹페이지를 알리면서 지속가능성 성명서, 주장 및 몰입 등을 발표하는 것 등이 포함된다. 커뮤니케이션에 대해 보다 상호작용적인 접근방법은 이해관계자들과의 보다 양방향적인 대화로 향하는 변화를 요구한다.

만약 대화가 의미가 있다면, 그 대화는 간단하게 정보의 양방향적 흐름 그 이상에 관여한다. 즉 진정한 대화는 청취하려는 의지(단순하게 "듣는 것"과는 반대의 것으로)에 바탕을 두며 또한 다른 측으로부터 배우려고 하는 의지에 바탕을 두는 것으로서, 진정한 대화는 상호이해를 추구하는데 있어 정보의 상호작용적이며 공감적인 교환이 되어야 한다.[46] 역시 대화는 그것이 간단하게 전략과 의사결정을 논의하거나 승인하는 것 이상으로 전략과 결정을 형성 · 조성할 수 있도록 "행동조치에 대한 편견"을 필요로 한다. 즉 이것은 대화는 변화가 이루어지는 여지가 있을 때 초기에 이루어져야 하며 또한 반응과 위치가 확립되기 전에 대화가 이루어져야 한다는 것을 의미한다. 대화는 모든 관련되는 이해관계자, 이슈 그리고 정보가 포함되었음을 확실히 하기 위해 공개적이며 포괄적이어야 한다. 마지막으로, 어떤 대화과정은 중립적인 촉진요인의 준비 등을 포함하여 관련되는 비용(참가자의 여비 등)을 충당하기 위해 시간 및 재무적 재원의 관점에서 적절하게 재원이 마련되어야 한다.

기업들이 고객 및 기타 이해관계자들에게 말하는 것뿐만 아니라 경청함으로써 신뢰를 구축하고 혜택을 얻기 위해서 고객 및 기타 이해관계자들과 대화에 몰두할 수 있는 많은 방법들이 있다.

- **원탁 회의(roundtables):** 이것은 공평하고, 건설적이며, 실행할 수 있는 해결방법을 찾기 위해 특별한 이슈와 문제들에 대해 관심을 갖고 있는 이해관계자들과의 활발한 논의 등이 관련된다. 예를 들어, 여러 가지 심각한 사건이 발생할 경우 Hoechst Chemicals사는 공해와 배출, 위해스러운 물질의 수송 그리고 환경적 감사(environmental auditing) 등과 같은 이슈에 대해 대화를 할 수 있도록 자사의 Frankfurt 공장 근처에 Neighbourhood Circle을 마련하였다.
- **시민 패널(citizens' panel):** 이것은 기업의 지속가능성 성과에 대한 활발한 논의에 참여할 수 있도록 초청된 20~25명의 전형적으로 무작위하게 선정된 사람집단으로 구성된다. 그들은 통상 "Citizen Report"를 발행 · 발표하는데, 그 보고서는 그 기업으로 피트백되고 또한 공적으로 이용될 수 있도록 발표된다. 이 기법은 원탁회의에 관여하게 되는 가장 관심을 갖고 또한 표현할 수 있는 소비자들보다는 일반적인 시민과 소비자를 이해하는데 도움을 준다. 시민 패널은 시장조사에서 이용되는 소비자 집중집단과 유사하지만, 어떤 조직의 지속가능성의 모든 측면에 폭넓게 집중하며 또한 특정한 기업의 제공물에 대한 반응을 제공하기보다는

문제를 해결하는데 대해 보다 집중한다.

- 합의일치 회의(consensus conferences): 이것은 시민패널과 유사하지만, 특별한 행사로 조직되고 또한 활발한 논의 뿐만 아니라 전문가의 입증에 의해 그리고 의문사항에 대한 제시가 관련된다. 이것은 Denmark, Netherland 및 UK와 같은 국가에서 정치적인 회합에서 자주 이용되는 접근방법이지만, 그것은 지속가능성 커뮤니케이션을 채택, 적용하려고 하는 기업들에게 잠재력이 있다.

특별한 행사뿐만 아니라, 대화는 역시 요원들로 하여금 소비자 및 기타 이해관계자들의 말을 경청하고 대화를 하도록 고무하는 절차와 기업문화를 수립함으로써 조직의 매일매일의 운영과 결합 · 조합될 수 있다. Austrian Federal Forest Corporation(Österreichische Bundesforsten)사는 자사의 주요 공중들과의 커뮤니케이션 경로로서 자사의 180명 산림관리요원의 잠재적 가치를 인식하였다. 연구조사 결과, 180명의 요원들은 연간 일반공중 회원들과 520,000번의 직접 접촉(개인적인 커뮤니케이션)을 행하였다. 이 요원들은 그후 그 공중에게 자사의 지속가능성 비젼을 커뮤니케이트할 수 있도록 훈련을 받고 있으며, 역시 자사의 지속가능성 성과를 더욱 향상시키고 또한 공중의 높아지는 기대에 적응할 수 있는 방법에 대해 공중들로부터의 아이디어와 의견에 대한 연결장치가 되기 위해 훈련을 받고 있다.[47]

새로운 디지털 매체에 의해 활성화되고 있는 마케팅 커뮤니케이션의 본질에 있어서의 급격한 변화는 소비하는 것 이상으로 캠페인을 창출하는 소비자에게로 향하는 추세가 있다는 것이다. 인터넷의 분배되는 힘 그리고 비싸지 않은 매체의 소프트웨어의 창조적인 힘은 소비자들로 하여금 자신들의 메시지 그리고 "광고"를 창조하도록 허용하기 위해 결합되고 있는데, 메시지와 광고는 애정 깊은 혼성곡, 상표의 주체성과 메시지에 대한 파괴적인 조작, 솜씨, 칭찬하는 인사 또는 냉소적인 비판이 될 수 있다. 이러한 예에서 마케팅 커뮤니케이션 과정에 관여하게 되는 소비자 그리고 수동적인 청중으로부터 관계하며 창의적인 메시지 제작자로 발전변화하는 소비자의 자유로움은 마케팅 기업들에게는 아주 분명한 도전적인 문제를 창출할 수 있다.[48] 마케팅 커뮤니케이션에 대한 이런 새로운 세계는 생산자로부터 과거의 마케팅 교과서에 기술된 소비자에게로 보내는 촉진적인 캠페인에 대해 신중하게 구조화되고 조화되며 또한 통제된 방송과는 거리가 멀다.

전통적인 마케팅 커뮤니케이션으로부터 마케팅 커뮤니케이션에 대한 지속가능한 접근방법으로의 변환은 마케팅 커뮤니케이션들 간에 사고, 마음가짐 그리고 실행에의 변화를 요구한다. 마케팅 커뮤니케이션 활동의 (자주 비의도적인)사회적 및 환경적 결과를 고려해야 하는 필요성 그리고 공개성, 대화, 진실성 및 확실성에 대해 강조하는 것이 지속가능성 마케팅 커뮤니케이션의 의제를 지배하게 될 것이다.

주요 용어

공개성
공중관계
광고
구전
녹색세척
대의관련 마케팅
대화
마우스 전달(word of mouse)
매체
메시지
상호작용적 마케팅
지속가능성 기업 커뮤니케이션
지속가능성 제품 커뮤니케이션
직접우편
진실성
촉진
커뮤니케이션
판매촉진
폭로 · 발표

검토해야 할 의문사항

1. 지속가능한 제품이나 서비스에 대한 캠페인은 어떤 특별한 커뮤니케이션 목적을 갖는가?
2. 직접우편 기업들은 어떻게 쓰레기 우편에 대한 지신들의 환경적 영향 및 부정적인 함축사항을 줄일 수 있는가?
3. 소비자를 목표로 하는 지속가능성 마케팅 메시지가 적용할 수 있는 3가지 기본적인 소구 유형은 무엇인가?
4. 지속가능한 커뮤니케이션에 대해 McDonagh가 제시하는 개념의 4가지 구성요소는 무엇인가?
5. 녹색세척화란 무엇이며, 어떤 6가지 죄목이 녹색세척화를 초래할 수 있는가?
6. 기업은 어떻게 자사의 이해관계자들과의 더 훌륭한 대화를 수립 · 정립할 수 있는가?

논의해야 할 의문사항

1. 마케팅 전략에 대한 지속가능한 접근방법을 과거에 포용하지 않았던 기업의 마케팅 관리자들은 왜 본 장에서 대충 설명한 지속가능한 마케팅 커뮤니케이션의 개념에 대해 불편함을 느끼고 있는가?
2. 광고는 지속가능한 마케팅 캠페인에 대해 적절한 매체인가? 또는 그 매체(광고)의 한계들이 "녹색세척"으로 지각될 수 있는 모든 광고 캠페인에 필시 적용되는가?
3. 기업은 전통적인 촉진으로부터 지속가능한 마케팅 커뮤니케이션의 바탕에서 공개적이며 상호작용적인 대화로 마케팅 커뮤니케이션에 대한 자사의 접근방법을 변환시키기 위해 무슨 단계를 취할 수 있는가?

지속가능성 마케팅의 도전적 문제 Sustainability marketing challenge

Shell사는 자사의 조개로부터 탄생되고 있는가?

바다에서 자사의 *Brent Spar*라는 기름설비를 가동하기 위한 1995년 Shell UK사의 결정에 대해 나타난 공중관계 논쟁은 여러 가지 것들에 대한 우상적인 예로 이용되고 있는데, 그것들에는 그 매체를 이용할 수 있는 Greenpeace와 같은 NGO(비영리조직)의 능력, 진실성에 대한 균형이 대기업으로부터 캠페인을 행하는 집단으로 변환되는 방법 그리고 위험스러운 커뮤니케이션에서 성공할 수 없는 방법 등이 포함된다.[49] 그 당시 Shell UK사는 영국정부에서의 승인된 처리해결방법을 시행하는데 있어 그것이 전적으로 올바른 것이라고 생각하였으며 또한 그것에 대해 Shell UK사는 그것이 기술적으로 경제적으로 최상의 해결방법이라는 증거를 확실하게 주장할 것이라고 느꼈다. 그러나 Greenpeace가 그 설비장치에 12명을 배치시킨 후, 그들의 활동에 대한 매체의 도달범위가 폭주되었으며, 바다의 적으로서 Shell사 그리고 방어자로서 Greenpeace라는 간단한 이야기가 공중들에 의해 급속하게 지각되었다. 그 결과로 나타난 항의적인 캠페인은 유럽, 특히 독일에서 Shell사의 주유소를 이용하는 소비자들에 의해 거대한 보이코트(불매운동)로 증폭되었다. 독일에서 그 설비에 반대하는 폭력적인 행동이 발생하기까지 하였다. 기타 유럽 정부, Novo Nordisk와 같은 Business Charter For Sustainable Development의 기타 서명자들, Shell Group의 불찬성하는 주주 그리고 심지어는 다른 부문들까지도 Shell UK사에 대해 반대가 되었으며, 그로 인해 Shell UK사로 하여금 자사의 원래 당초의 전략을 포기하도록 강요하였으며, 새로운 처리전략을 탐구하는 대신에 그후 관련되는 이해관계자들과 상담에 임하게 되었다.

가장 흥미를 끌고 관심거리가 되는 교훈은 아마도 그 경험이 Shell사의 문화와 커뮤니케이션 스타일에 미치는 영향이다. Shell사는 그 자신을 기업 측면에서 볼 때 법과 과학적 증거를 확보한 크게 존경받는 기업으로 지각하였다. Shell사는 과학적으로 증거가 논쟁을 불러 일으키는 본질 그리고 관련되는 이슈들에 대한 감정적 본질을 인식하지 못하였다. Shell사는 역시 North Sea(북해)를 위한 환경보호와 관련된 주요한 회의가 있었던 동일한 주간에 복해에서 Brent Spar(브랜드 석유 채취)를 가동하기 위한 결정을 원래대로 발표함으로써 커뮤니케이션의 상징적인 차원을 완전하게 이해하지 못하고 있음을 나타내었다. 위기 동안에 Shell UK사의 커뮤니케이션은 합리적, 법적 및 과학적인 논쟁에 대한 강조사항이 일방적인 과정으로 유지되었으며 또한 Shell사는 그 캠페인이 사람들을 "감정적으로 침해했다"고 제시함에도 불구하고, 지나치게 감정적이며 비합리적이라고 비판가를 고소하였다.

자사의 이해관계자를 이해하지 못하거나 또는 이해관계자들과 관계하지 못하다는 것은 Shell사가 반복해서는 안되는 실수이다. 이 회사는 Brent Spar의 운명에 대해 이해관계자들과 대화를 시작하였고, 대체안적인 해결방법을 창출하기 위해 국제적인 경쟁을 시작하였다. 그 회사는 보다 외적으로 탐구하기 위해 자사의 기업문화를 분명하게 변화시키려고 하였으며, 또한 당기업의 폭넓은 책임에 대한 논쟁을 촉진하기 위해 Shell.com 웹사이트를 개발하였다. Shell사의 첫 번째 연간 사회적 책임 보고서는 "우리는 현재 우리가 커뮤니케이트 하는 스타일로 그리고 정보에 대한 요청사항을 처리하는 방법에서 보다 접근가능하고 공개적이 되기 위해 열심히 노력하고 있다. 역시 우리는 더욱 청취하기로 결정하였으며 또한 논의와 대화에 몰입하고 있다."라고 보고하였다. 그 보고서의 독자들은 Shell사에게 자신들의 견해를 보내도록 고무되었으며 또한 자신들의 견해를 웹사이트에 그리고 그 집단이 직면하고 있는 정책적인 곤란한 문제의 범위에 대해 편지를 보내도록 고무되었다.

이 새로운 공개성의 정신이 Brent Spar(브랜트 유전)가 Shell사의 진실성에 대해 일으킨 손상을 원상대로 복구할 수 있느냐는 확인할 수 있도록 그대로 남아있다. 기후변화의 위협에 대한 화석연료의 기여(원인)에 대해 점증하고 있는 사회지향적 관심의 시대에서, 석유회사들에 대한 커뮤니케이션 의제는 도전적인 문제로 남아있다. 석유회사들이 이익을 창출하고 있는 기록의 시대에서 미비한 수준의 간단한 설명내용을 갖추고 있다는 것은 이 지구를 희생하면서 이윤을 창출한다는 비난을 초래케 한다. BP사가 "Beyond Petroleum" 캠페인으로 행했던 것 처럼, 기름에 대한 대체안적인 것에 대해 투자를 강조하는 것은 녹색세척화(greenwashing)에 대한 비난과 고소의 위험을 초래하는데, 그 회사의 대체안적인 연료 부분이 아주 작은 부분으로 남아 있기 때문이다. Brent Spar의 사례가 설명하는 것처럼 어떻든 우리의 경제가 정유회사에 의존하고 있음에도 불구하고, 하여간에 지속가능성과 관련된 커뮤니케이션은 정유회사들에 대해 위험을 초래하며 또한 매우 복잡한 사업을 하게 한다.

| 논의해야 할 의문사항 |

1. Shell사가 자사의 Brent Spar 전략에 대한 커뮤니케이션 측면들이 왜 올바르게 이해시키는데 그렇게 어렵다는 사실을 간파하게 되었다고 생각하는가?
2. Shell사가 자사의 커뮤니케이션에서 보다 공개적이고 신뢰적이 되기 위해 어떤 다른 단계를 취할 수 있었다고 생각하는가?
3. Brent Spar 경험이 기본적으로 Shell사의 커뮤니케이션에 대한 접근방법을 변경하였다고 당신은 믿는가? 또는 Shell사의 반응은 "위험 · 손상의 한계"에 기반을 두고 있다고 당신은 믿는가? 그 후 각 견해를 지원할 수 있는 증거를 발견할 수 있도록 Shell사의 커뮤니케이션 노력에 대한 인터넷 도달범위를 이용해 보라.

참고문헌

1. Southerton, D., Warde, A. & Hand, M. (2004) 'The Limited Autonomy of the Consumer: Implications for Sustainable Consumption', in Southerton, D., Chappells, H. & van Vliet, B. (eds), *Sustainable Consumption*, London: Edward Elgar, pp. 32–48.
2. See for example Lantos, G.P. (1987) 'Advertising: Looking glass or molder of the masses?', *Journal of Public Policy and Marketing*, 6: 104–28; Richins, M.L. (1991) 'Social comparison and the idealized images of advertising', *Journal of Consumer Research*, 18(1): 71–83.
3. Pollay, R.W. (1986) 'The distorted mirrors: Reflections on the unintended consequences of advertising', *Journal of Marketing*, 50(2): 18–36.
4. Peattie, K. (1995) *Environmental Marketing Management: Meeting the Green Challenge*, London: Pitman Publishing.
5. Holbrook, M.B. (1987) 'Mirror, mirror, on the wall, what's unfair in the reflections on advertising?', *Journal of Marketing*, 51 (July): 95–103.
6. Hastings, G., Stead, M., McDermott, L., Alasdair, F., MacKintosh, A.M. & Rayner, M. (2003) *Review of the Research on the Effects of Food Promotion to Children* (Final report), London: Food Standards Agency.
7. Kilbourne, J. (2005) 'What else does sex sell?', *International Journal of Advertising*, 24(1): 119–22.

8. NESTA (2008) *Selling Sustainability: Seven Lessons from Advertising and Marketing to Sell Low-carbon Living*, London: National Endowment for Science Technology and the Arts.
9. Woo, C. & Peattie, K. (2008) *The Era of Corporate Citizenship: Perodua's Advertising with a Social Dimension*, Hong Kong: Hong Kong University.
10. As an example of classic communications models see Schramm, W. (1954) 'How Communication Works', in Schramm, W. (ed.), *The Process and Effects of Communication*, Chicago, IL: University of Illinois Press, pp. 3–26.
11. Leydesdorff, L. (2001) 'A Sociological Theory of Communication: The Self-Organization of the Knowledge-Based Society', unpublished paper, Boca Raton, FL.
12. Pickett-Baker, J. & Ozaki, R. (2008) 'Pro-environmental products: Marketing influence', *Journal of Consumer Marketing*, 25(5): 281–93.
13. Rose, C., Dade, P. & Scott, J. (2007) *Research into Motivating Prospectors, Settlers and Pioneers to Change Behaviours that Affect Climate Emissions*, London: Campaign Strategy.
14. See for example Iyer, E. & Bannerjee, B. (1993) 'Anatomy of green advertising', *Advertising Age*, 20: 494–501; Carlson, L., Grove, S.J. & Kangun, N. (1993) 'A content analysis of environmental advertising claims: A matrix method approach', *Journal of Advertising*, 22(3): 28–39.
15. Prothero, A., Peattie, K. & McDonagh, P. (1997) 'Communicating greener strategies: A study of on-pack communication', *Business Strategy and the Environment*, 6(2): 74–82.
16. Weissberg, T. (2008) 'Print media: Footprints with a lighter touch', *Marketing Week*, March 27, p. 23.
17. Peattie, S. & Peattie, K. (2003) 'Sales Promotion', in Baker, M.J. (ed.), *The Marketing Book*, 5th edn, London: Butterworth-Heinemman, pp. 458–84.
18. Tews, K., Busch, P.O & Jörgens, H. (2003) 'The diffusion of new environmental policy instruments', *European Journal of Political Research*, 42: 569–600.
19. Judge, K. (2008). 'Energy matters: Carbon labeling', *Geography Review*, 22(1): 36–7.
20. Nancarrow, C., Wright, L.T. & Brace, I. (1998) 'Gaining competitive advantage from packaging and labelling in marketing communications', *British Food Journal*, 100(2): 110–18.
21. D'Souza, C., Taghian, M. & Lamb, P. (2006) 'An empirical study on influence of environmental labels on consumers', *Corporate Communications*, 11(2): 162–73.
22. Schmidt-Pleschka, R. & Dickhut, H. (2005) *Guiding Systems for Sustainable Products in the Retail Industry: Sales-enhancing Consumer Communication at the Point of Sale*, Berlin: Die Verbraucherinitiative e.V. (Bundesverband).
23. United Nations Environment Programme, The Global Compact and Utopies (2005) *Talk the Walk. Advancing Sustainable Lifestyles through Marketing and Communications*, www.talkthewalk.net (accesssed 1 January 2009), p. 28.
24. Adapted from Goodman, R. (2008) 'Managing crises through social media', *PR News*, 64(1): 2.
25. http://www.dearcadbury.com (accessed 26 December 2008).
26. http://www.viewsonic.com/company/green (accessed 26 December 2008).
27. Kotler, P. & Armstrong, G. (2004) *The Principles of Marketing*, 10th edn, Upper Saddle River, NJ: Prentice Hall.
28. Dragon, A.G. (2006) 'The World is Not Enough: Sustainable Communication for a Sustainable Planet', *Proceedings of the World Congress on Communication for Sustainable Development*, 24–27 October, Rome: FAO.
29. Iyer, E. & Bannerjee, B. (1993) 'Anatomy of green advertising', *Advertising Age*, 20: 494–501.
30. Rose, C., Dade, P. & Scott, J. (2007) *Research into Motivating Prospectors, Settlers and Pioneers to Change Behaviours that Affect Climate Emissions*, London: Campaign Strategy.
31. Pickett-Baker, J. & Ozaki, R. (2008) 'Pro environmental products: Marketing influence on consumer purchase decision', *Journal of Consumer Marketing*, 25(5): 281–93.
32. Kollmuss, A. & Agyeman, J. (2002) 'Mind the gap: Why do people act environmentally and what are the barriers to proenvironmental behaviour?', *Environmental Educational Research*, 8(3): 239–60.
33. Gray-Lee, J., Scammon, D.L. & Mayer, R.N. (1994) 'Review of legal standards for environmental marketing claims', *Journal of Public Policy and Marketing*, 13(1): 155–9.
34. See for example Moore, K.J. (1993) 'Emerging Themes in Environmental Consumer Behavior', in Sheffet, M.J. (ed.), *Proceedings of the 1993 Marketing and Public Policy Conference*, East Lansing, MI: Michigan State University, pp. 109–22; and Mohr, L.A., Ellen, P.S. & Dogan Eroau, D. (1998) 'The development and testing of a measure of skepticism toward environmental claims in marketers' communications', *Joumal of Consumer Affairs*, 32(1): 30–55.
35. Pickett-Baker, J. & Ozaki, R. (2008) 'Pro-environmental products: Marketing influence', *Journal of Consumer Marketing*, 25(5): 281–93.
36. Pfanner, E. (2008) '"Green" marketing loses buzz and credibility', *International Herald Tribune*, 6 July.
37. Karstens, B. & Belz, F. (2006) 'Information asymmetries, labels and trust in the German food market: A critical analysis based on the economics of information', *International Journal of Advertising*, 25(2): 189–211.

38. Pickett-Baker, J. & Ozaki, R. (2008) 'Pro-environmental products: Marketing influence', *Journal of Consumer Marketing*, 25(5): 281–93.
39. Ottman, J.A., Stafford, E.R. & Hartman, C.L. (2006) 'Green marketing myopia', *Environment*, 48(5): 22–36.
40. Drucker, P. (1974) *Management: Tasks, Responsibilities, Practices*, New York: Harper & Row.
41. McDonagh, P. (1998) 'Towards a theory of sustainable communications in risk society', *Journal of Marketing Management*, 14(6): 591–622.
42. *Ibid*.
43. Bernstein, D. (1992) *In The Company of Green: Corporate Communication for the New Environment*, London: ISBA.
44. Kanatschnig, D. (2005) 'Corporate Social Responsibility, Corporate Sustainability and Communications', Seminar for the Austrian Business Academy for Sustainable Development, Bad Blumau, Austria, quoted in Signitzer, B. & Prexl, A. (2008) 'Corporate sustainability communications: Aspects of theory and professionalization', *Journal of Public Relations Research*, 20(1): 1–18.
45. See Zoller, K. (1999) 'Growing Credibility through Dialogue', in Charter, M. & Polonsky, M.J. (eds), *Greener Marketing: A Global Perspective on Greening Marketing Practice*, 2nd edn, Sheffield: Greenleaf Publishing.
46. Kanatschnig, D. (2005) 'Corporate Social Responsibility, Corporate Sustainability and Communications', Seminar for the Austrian Business Academy for Sustainable Development, Bad Blumau, Austria, quoted in Signitzer, B. & Prexl, A. (2008) 'Corporate sustainability communications: Aspects of theory and professionalization', *Journal of Public Relations Research*, 20(1): 1–18.
47. Berthon, P., Pitt, L. & Campbell, C. (2008) 'Ad lib: When customers create the ad', *California Management Review*, 50(4): 6–30.
48. *Ibid*.
49. See Neale, A. (1999) 'Coming out of their Shell', in Charter, M. & Polonsky, M.J. (eds), *Greener Marketing: A Global Perspective on Greening Marketing Practice*, 2nd edn, Sheffield: Greenleaf Publishing; and Löfstedt, R.E. & Renn, O. (2006) 'The Brent Spar controversy: An example of risk communication gone wrong', *Risk Analysis*, 17(2): 131–6.

CHARTER 9

고객 비용

학습 효과

1. 가격, 구매비용, 사용비용 및 사용 후 비용을 포함하여 총고객 비용을 확인 · 규명함.
2. 지속가능한 제품 및 서비스에 대한 고객의 비용을 절감하는 방법을 이해함.
3. 가격의 본질을 논의함.

고찰 내용 　개념의 시연

본 장에서 우리는 그 집중내용을 가격으로부터 총고객 비용으로 변화시킬 것인데, 총고객 비용은 구매비용, 사용비용 및 사용 후 비용을 포함하게 될 것이다. 본 장의 처음 부분에서 우리는 고객의 식견에서 총고객 비용의 개별 구성요소를 살펴볼 것이다. 두 번째 부분에서 우리는 마케팅 기업의 식견을 연구하며 또한 지속가능성 마케팅 관리의 두 가지 목표, 즉 총고객 비용을 줄이는 것 그리고 고객으로 하여금 총비용을 인식하도록 하는 목표를 확인 · 규명할 것이다. 이런 두 가지 목표를 달성하기 위한 여러 가지 의견이 제시된다. 마지막 부분에서 우리는 외적인 식견과 견해로 변경하여 사회-생태적인 비용의 내부화(또는 내부화가 되지 않음)가 장래에 경쟁 메카니즘을 변경케 하는 방법을 논의할 것이다.

지속가능성 마케팅 이야기 Sustainability marketing story

Philips: "Marathon"-긴 수명과 에너지 효율성을 통해 고객비용을 절감함

네덜란드에 기반을 둔 Royal Philips Electronics사의 조명 사업부인 Philips Lighting사는 1980년 소형 형광전구 기술을 발명하여 그 후 제품개선 · 개량과 시장개발에 대한 방법을 선도하고 있다. 수명의 연장, 에너지 효율성 그리고 열방출이 없음 등과 같은 새로운 조명기술의 확실한 우위성에도 불구하고, 소비자들은 계속해서 밝기, 즉시성 및 저가격 때문에 전통적인 백열전구를 선호하였다. 소형 형광조명(CFL)전구의 초기 세대는 크고 대량소비됨으로써, 소비자들은 램프갓을 대체해야 되고 그 전구를 자신들의 설비에 맞추기 위해 변경도구를 갖추어야 하였다. 이에 추가적으로, 소비자의 불만족은 초기 전구의 자석안정기와 연관되어 나오는 윙윙거리는 소리, 버저의 시끄러움, 깜빡임 등으로 야기되었으며, 느린 스타트, 제광이 안됨, 옥외 성능이 낮음, 조명수준이 낮음 및 색상이 갈라짐 등도 불만족의 원인이 되었다. 1990년대에 주택용 조명시장에서 CFL전구의 침투율은 일반적으로 실망스러웠는데, 유럽에서 평균적으로 가구당 약 1.5개의 CFL을 사용하는데 비해 북아메리카에서는 평균적으로 가구당 0.1개의 CFL로 소유수준이 낮았다.

미국시장에서 CFL의 판매고가 낮아지고 난 몇 년 후, 1994년 Philips사는 처음으로 독립형 CFL전구를 시장에 출시하려고 시도하였다. 그 제품은 EarthLight라는 상표가 부여되어 백열전구의 0.75달러(0.55유로 달러)에 비해 15달러(10.80유로 달러)의 단위가격으로 판매되었다. 그 이후 이어지는 것은 수많은 상을 수상한 것인데, 1997년 Popular Science잡지의 환경기술 범주에서 "Best of What's New" 그리고 Discover잡지로부터 기술혁신으로 상을 수상하였다. 그러나 상을 수상한 것 그리고 그 제품의 환경적 이점 등 어느 것도 소비자들로 하여금 EarthLight를 구입하도록 설득하지는 못하였다. 아마도 대조적으로, 그 전구는 꼴사나운 형태이었으며 또한 많은 기존의 조명설비와 호환이 되지 않았는데, 그 결과로 수용은 매우 낮았다.

이러한 상황으로 인해, Philips사는 1998년 자사의 마케팅 접근방법을 재고하기로 결정하였다. 첫 번째 단계는 전구에 대해 소비자들에게 실제로 중요한 것이 무엇인가를 시장조사를 통해 간파하는 것이었다. 미국의 Philips Lighting사의 기업 커뮤니케이션 담당이사인 Steve Goldmacher가 설명한 것처럼, 환경이 기본적인 욕구가 아니었다는 것이 파악되었다. 환경적 책임은 4~5위의 구매기준이었다. 1위의 구매기준은 소비자들은 전구가 오랫동안 지속되기를 원하고 있다는 것이었다. 녹색화하는 것은 놀라운 것이지만, 어느 누구도 추가비용을 지불하기를 원하지 않았다. 밝혀진 또 다른 중요한 문제는 CFL전구에 대한 기대수명에 관하여 소비자들의 혼란의 정도가 매우 높다는 것이다.

시장조사 후 Philips사는 잘못 이해하고 있던 소비자의 이점 그리고 일련의 전체적인 새로운 긴 수명의 전구를 제공함으로써 소비자의 혼란에 대해 조치하게 되었다. 그 후 Philips사는 2000년 Marathon이라는 상표로 EarthLight를 재도입하여 새로운 "초장수명"을 강조하고 또한 수명기간 동안 에너지 비용에서 20달러(14.40유로 달러) 이상의 절감을 약속하였다. 그 제품의 수명은 보증되었는데, 만약 전구가 Philips사가 약속한 대로 오랫동안 지속되지 않는다면, 고객은 그 전구를 우편으로 보내고 환불을 받을 수 있게 보증하였다. 시장조사 결과, 소비자는 전구가 전통적인 형태를 갖고자 원하였으므로, 이에 따라 Marathon의 새로운 디자인은 백열전구의 모습과 다용도성을 제공하였다. 진실성을 추가하기 위해 그 제품에는 US Environmental Protection Agency의 Energy Star표찰을 붙였다. 새로운 시리즈내에서 Marathon은 5~7년의 보증수명을 가진 최고계열 제품군이 되었다. 이에 추가하여, 2000년 Philips사는

2년 보증수명을 가진 중간수준 제품범주로서 Halogena를 도입하였고, 2002년에는 1년 보증수명을 가진 도입수준 제품범주로서 DuraMax를 도입하였다. 이런 완전계열 개념으로 소비자들은 상이한 위치와 욕구에 맞는 이상적인 전구를 선택할 수가 있게 되었다. 높아지고 있는 이용성 비용과 전력 부족에 대한 인식이 증가하는 것에 대한 대응으로 나타난 이러한 조치는 전혀 증가되지 않는 완만한 시장에서 2001년 12%의 판매고의 증가를 달성하였다. 초기의 성공 덕분에 완전계열 개념이 세계적인 기반에 따라 Philips사에 의해 채택되었다.[1]

1 총고객비용: 소비자 시각

보다 긴 수명을 이용하여 비용을 줄임으로써, 전구를 자주 바꾸지 않아도 된다는 사실 그리고 분명한 에너지 절약은 Philips사의 전구범주에 대한 자사의 성공적인 재위치화의 주요한 요인이었다. 즉 상이한 가치 제안을 통해 상이한 욕구를 제시한 제품 시리즈를 도입함으로써 Philips사는 고가격에도 불구하고 자사의 CFL전구의 수용과 확산을 개선 · 향상시켰다. 가격이 소비자들의 제품-평가 과정에서 중요한 구성요소이지만, 본 장에서 보는 바와 같이 가격은 유일한 요소가 아니다. 좁은 의미에서 볼 때, 가격은 제품이나 서비스에 대해 부과하는 화폐의 양을 제시한다.[2] 이러한 정의가 제시하는 것처럼 가격은 상대적으로 생산자-지향적이며, 교환에 기초한 개념인데, 그 이유는 가격은 생산자가 받고 또한 소비자가 교환하는 시점에서 지급하는 화폐의 양을 언급하기 때문이다. 폭넓은 의미에서 볼 때, 가격은 다양한 측면과 기능을 취할 수 있는데, 생산비를 반영하는 것으로 생각되고, 소비자에게 품질의 표시로, 시장세분화의 기초로, 제품에 대해 그리고 이용할 수 있는 공급을 위해 존재하는 수요를 반영하며, 경쟁의 중요한 기초이며, 그러나 마지막으로 특히 아주 다양한 마케팅 목표를 성취하는데 영향을 미칠 수 있는 중요한 마케팅 변수이다.[3]

생산자의 시각에서 볼 때, 가격은 수익을 창출하고 또한 (최소한 장기적으로)그럼으로써 그 제품을 생산하고, 유통분배하고, 판매하는데 기업에 의해 발생되는 모든 원가를 커버해야 하는 마케팅 믹스에서 유일한 요소이다.[4] 소비자의 시각에서 볼 때, 가격은 소비자가 어떤 제품을 획득하고, 재활용하거나 또는 처분함으로써 발생케 되는 비용 즉 총고객비용(total customer cost: TCC)의 유일한 한 가지 요소를 나타낸다. 어떤 사람은 어떤 특별한 공급업자로부터 구매하는데 총비용으로서 소유권에 대한 총비용(total cost of ownership)의 개념을 이용한다. 그러나, 우리는 총고객비용에 대해 언급하는데, 그 이유는 총고객비용이 소비자 욕구에 대한 반응으로서 재화의 "소유권"의 차원을 넘기 때문이다. 결국 가격은 구매 의사결정으로 야기되는 총비용을 반영하지 못하는 개념이다. 즉 획득, 사용 및 사용 후 측면 모두를 포함하여 총소비 과정에 지향하는 접근방법은 가격 시각으로부터 총고객비용 시각으로 변화시키는 것인데, 다른 말로 해서 생산자의 시각으로부터 소비자의 시각으로 변화시키는 것이다(〈그림 9.1〉 참조).

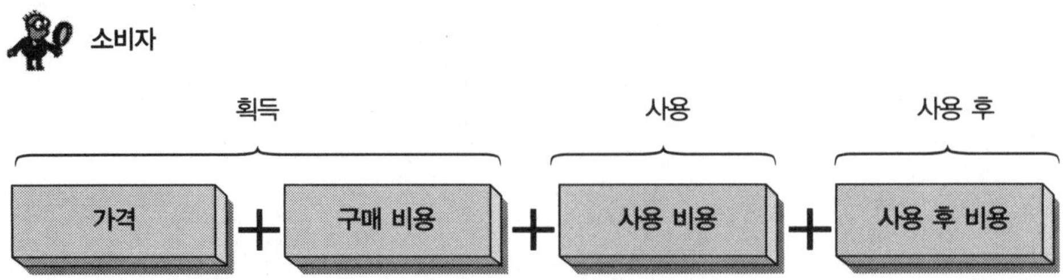

그림 9.1 총고객비용–소비자 시각

소비자의 구매결정은 기대하고 지각된 이점(benefit)과 비용에 대한 분석에 바탕을 두고 있다. 전통적인 마케팅 이론 그리고 미시경제 이론들은 소비자는 의식적 또는 무의식적으로 이점을 극대화하고 비용을 극소화시키려고 노력한다고 가정한다. 다른 말로 해서, 구매하기 위한 결정은 최고의 순이점이나 최고의 지각적 가치를 전달하는 즉 총이점과 총비용 간에 가장 큰 차이를 전달하는 제품을 선호하는 것으로 이루어진다(제4장 참조)[5] 결과적으로, 유지가능한 제품은 그 제품이 다른 경쟁되는 제공물보다 지각적 가치의 측면에서 더 양호하게 수행하는 경우에만 구입될 것이다. 즉 이것은 지속가능한 제품은 구입되기 위해서 전통적인 제품보다 더 높은 순이점을 제공해야 한다는 것은 시사한다.

본 장에서 우리는 이점-비용 균형에서 원가 측면에 집중할 것이다. 뒤에 이어서 우리는 소비자 비용에 대한 개별적인 구성요소를 상세하게 살펴볼 것이다.[6] 이러한 비용을 모두 포함함으로써 어떤 제품의 소매가격의 차원을 넘는다.

지속가능한 제품에 대한 소비자 비용은 사회-생태적 인식, 사회-생태적 지식, 가처분소득, 동료집단 및 구매상황과 같은 수많은 개인적 및 상황적 요인에 기초하여 개별적으로 지각되고, 평가되며 또한 가중치가 부과된다. 만약 다른 원가 구성요소가 개인 소비자에게 다소간에 보여질 수 있거나 또는 예상될 수 있다면, **가격(price)**은 아래의 몇 가지 이유로 비용평가 과정에서 특별한 상태(위치)를 갖게 되는데, 그 이유는 가격이 구매에 앞서 알려짐, 가격이 금전적으로 표현됨, 그리고 가격이 일반적으로 선불비용에 속하기 때문이다. 소비자들은 미래의 비용이 아니라 현재의 비용을 최소화하는 경향이 있으므로, 가격은 비용평가 과정에서 큰 몫을 차지한다.[7]

구매비용(purchase cost)에는 제품을 탐색하는 비용(탐색비용), 가격, 특별한 특성에 대한 정보를 수집하는 비용, 그리고 대체안적인 마케팅 제공물과 그 제품을 비교하는 비용(정보수집비용) 그리고 마지막으로 거래비용이라고 알려진 것으로서 제품을 획득하는데 소요되는 비용(수송비용)이 포함된다.[8] 자주 지속가능한 제품의 구매비용은 전통적인 제품과 비교하여 상당히 높다. 그 이유 중의 하나는 지속가능한 제품의 특별한 특성이 "경험적 품질" 또는 "신뢰적 품질"이라는 것이다. 일반적으로, 정보경제학 이론은[9] 제품 품질이 3가지 유형 즉 탐색, 경험 및 신뢰적 품질 간을 구별한다. 탐색적 품질은 구매하기 전에 완전하게 평가될 수 있다(셔츠의 색상). 경험적 품질은 구매 후, 사용 또는 소비 단계 동안에만 평가될 수 있다(세탁후 그 셔츠의 색상의 정착정도). 신뢰적 품질은 구매의 전 그리고 구매 후에도 소비자에 의해 완전하게 평가될 수 없다(예: 천연 솜으로 제조되었다는 그 셔츠의 섬유질). 후자(신뢰적 품질)의 경우, 고객은 그 기업 또는 제3의 조직이 제공하는 정보에 의존해야 한다. 제품 품질에 대한 각 유형은 상이한 소비자의 비용 그리고 정보비용과 연관된다. 경험적 및 신뢰적 품질이 지배하는 경우, 최고의 탐색 및 정보비용이 발생한다. 지속가능한 제품의 경우, 사회적 및 생태적 품질은 자주 경험적 품질(가전제품의 에너지 소비) 그리고 신뢰적 품질(예: 천연자연 생산)이다. 신뢰적 품질은 구매하기 전의 생산과정 또는 사용 후 과정에서 유래되는데, 사용 후 과정은 지속가능성 마케팅에서 강조되며 또한 전통적인 마케팅(구매 및 사용에 집중하는)과 비교하여 독특하다.

어떤 제품에 대한 최초의 구매를 행하는 것은 그 뒤에 이어지는 구매보다 더 높은 탐색과 정보비용이 관련된다. 즉 신제품을 구매하는 결정에 처하게 되는 경우, 소비자는 구매결정으로 야기되는 어떤 특별한 위험을 지각한다. 문헌들은 지각적 위험에 대한 여러 가지 차원을 구별하고 있다.

- 재무적 위험은 재무적으로 부정적이라고 예상되는 제품을 소비자들이 채택한 후 소비자들이 획득하게 되는 산출결과를 빼앗게 한다.
- 성능 위험은 제품이 예상대로 수행되지 않을 것이라는 관심과 관련된다.
- 신체적 위험은 제품이 채택자에게 해를 미칠 것이라고 지각하는 것이다.
- 시간 위험은 그 제품의 채택과 이용에 너무 시간이 많이 소요된다고 지각하는 것과 관련된다.
- 사회적 위험은 소비자의 사회적 네트워크로부터의 부정적인 반응과 관련된다.
- 심리적 위험은 좌절, 실망, 걱정 및 미안함과 같이 예상되는 구매 후 감정에서 일어나는 신경질적인 불안함과 관련된다.

심리적 위험과 연관된다는 것은 전혀 경험하지 않은 많은 이점에 대해 약속함으로써 현재의 이점을 포기하게 되었을 때 사람들이 갖게 되는 상실된 반감이다. 즉 사람들은 자신들이 소유하지 않은 제품의 이점과 비교하여 자신들이 현재 소유하고 있는 제품의 이점을 불합리하게 과대평가한다.[10] 이것은 새로운 지속가능한 제품들이 처음 시장에 도입되었을 때 새로운 지속가능한 제품을 구입하는 것에 대해 주저하게 되는 주요한 이유 중의 하나이다. 한편, 새로운 기술이나 패션을 위해서 만족스럽게 기능을 수행하는 기존의 제품을 대체하는데 소비자들이 지체한다면, 그것은 상대적으로 지속가능한 소비행동을 고무할 수 있다.

수송비용은 그 제품에 대한 유통분배의 집중과 직접 연관 · 관련된다. 그 제품의 유용성이 낮을수록, 고객이 그 제품을 획득하기 위해 돌아다녀야 하는 가능한 거리는 더 길어지며 또한 결과적으로 발생되는 수송비는 더 커지게 된다.

사용비용(use cost)은 자주 구매의 순간에 과소평가되고 심지어는 무시되기도 한다. 주택, 자동차, 세탁기 및 냉장고와 같이 오랫동안 사용되는 제품의 경우 상당히 많은 금액이 사용단계 동안에 에너지와 유지에 지출된다. 역시 사용비용내에 포함되는 것으로는 변경비용이 있는데, 그것은 고객이 어떤 제품이나 공급업자를 다른 것으로 변경할 때에 직면하게 되는 비용이다. 특히 고객들이 신제품이나 새로운 서비스의 사용과 관련하여 새로운 행동과 배우지 않은 옛날 것을 배우게 되는 경우에 변경비용은 특히 높을 수 있다.[11] 지속가능한 제품이나 해결방법은 상이한 사용 패턴과 연관될 수 있다. 예를 들어, 수동적으로 난방이 되는 주택에 산다는 것은 불필요한 것을 순환시키기 위해 창문을 여는 것이며, 자동차를 공동으로 이용하는 것은 이동성에 대해 전체적으로 상이한 접근방법과 관련된다. 그러나 제품사용에서의 필요한 조정이 근본적이 아니라면, 그리고 결코 행동의 조정이 필요하지 않는다면, 고객은 단순한 습관으로 제품에 "함몰하게" 될 수 있다. 그러므로 전통적인 제품에서 지속가능한 제품으로 변경한다는 것은 오래된 습관을 포기하고 결국 새로운 습관을 학습하려는 고객의 의지가 요구된다.

사용후 비용(post-use cost)은 제품의 수집, 저장 및 처분(처리)과 관련되는 비용으로 구성된다. 사용후 비용에 영향을 주는 주요한 변수는 관련되는 포장의 양, 제품의 디자인, 제품의 내구성, 사용된 재료의 양과 유형, 그리고 이용가능한 재판매 또는 재활용 기회 등이다. 일반적으로 소비자들은 사용후 비용에 대한 인식정도가 낮다. 선진화된 쓰레기 수거용 기반구조를 갖춘 선진국에서 도시 당국이 정한 쓰레기 서비스 수수료는 재산세에 포함되어 있으며 또한 상수도와 같은 다른 공공서비스에 대한 세금 청구시에 같이 납부하도록 하며, 이에 따라서 "자동적으로" 지급하게 된다. 가구나 가전제품, 가정에서의 위험스러운 쓰레기 또는 정원 및 건축용 쓰레기와 같이 크기가 큰 것을 수집 · 수거하는 서비스에 대해서는 별도로 부과된다. 지방정부들은 점차 고체쓰레기 관리의 실제비용에 근거하고 또한 실제로 제공되는 수집 서비스의 양과 관련된 변동률 시스템을 실행하고자 한다. "내버린 것에 따라 지급(pay-as-you-throw)하는" 시스템은 가정들에게 자신들의 쓰레기를 줄이도록 하는 직접적인 인센티브를 제공한다.[12]

선진국에서 재료의 수집, 처분 및 재활용은 환경에 대한 일반공중들의 관심 그리고 법규에 의해 추진되며, 공식적인 부문에 의해 상당한 비용으로 제공되어진다. 많은 후진국에서 자원의 회복은 부분적으로 비공식적인 부문에 의해 행해지고 있다.[13] 한 가지 예는 Bangladesh의 Dhaka에서의 가정용 쓰레기 관리가 있는데, 그 도시는 매일 3,000톤의 가정용 쓰레기를 배출하는 600만 명 이상의 주민이 살고 있다. Dhaka City Corporation사는 전체 쓰레기의 반 정도만 수거하는데, 나머지 쓰레기는 공개된 장소 즉 주요 도로 주변, 철도 주변, 하수도, 수로 등의 주변에 거의 방치되어 있다. 이러한 조치는 물과 토양 오염으로 인한 건강과 환경에 심각한 위협이 된다. 1995년 비정부조직(NGO)인 Waste Concern은 쓰레기를 줄이고, 재사용하고 재활용하며 또한 회복시키기 위해(4Rs: reduce, reuse, recycle, recover) Dhaka시에서 공동체에 기반을 둔 프로젝트를 시작하였다. 그것은 전체 쓰레기의 7% 이상을 차지하는 Dhaka시의 가정용 쓰레기의 유기물들을 가치 있는 퇴비로 변환될 수 있다는 아이디어에 기초를 둔 것이다. 그와 관련된 활동에는 가정마다 쓰레기 수거, 수집된 쓰레기의 퇴비화 그리고 퇴비를 비료 제조기업 및 식물 간호사에게 마케팅하는 것이 포함된다. 그 퇴비가 시장에 제공됨으로써 쓰레기 수집이 재정적으로 가능해지고 있다. 초기의 프로젝트가 성공함에 따라, 그 프로젝트가 Dhaka

시의 다른 공동체에도 확대되었으며, 지역을 깨끗하게 하고, 가난한 사람들을 위한 새로운 일자리를 창출하며, Dhaka City Corporation사의 쓰레기 관리비용을 절감케 하며 또한 사업기회를 창출하는데 도움을 주고 있다.[14]

선진국에서, 가정들은 종이, 유리, 철, 플라스틱과 섬유 등과 같은 쓰레기류를 재활용하도록 고무 · 권장(간혹 법으로 강제함)받고 있다. 재활용하는 기반구조에는 2가지 형태를 취할 수 있다.

1. "주거나" 또는 "갖다 버리는"시스템으로서, 그것은 재료들이 수집 기점에서 소비자에 의해 행해져야 한다는 것을 의미한다.
2. "수집 유형" 또는 "보도 가장자리" 수단방식으로서, 이것은 가정으로 하여금 쓰레기를 재활용할 수 있는 것으로 분류, 구분하도록 하며, 구분된 재활용이 가능한 쓰레기를 수집할 수 있는 길거리에 특별하게 준비된 상자나 백에 넣도록 한다.

소비자들의 시각에서 볼 때, 재활용은 갖다버리는 시스템에 소요되는 수송비용 또는 재고비축비용, 시간 및 학습비용 등과 같이 쓰레기를 분리함으로써 발생되는 비금전적 비용과 관련된다. 배터리, 자동차, 타이어 및 가전제품에 대해 제품에 추가로 부과되는 비용뿐만 아니라, 청량음료 병에 대한 예와 같이, 처분-환불 시스템은 사용 후 소비자 쓰레기에 대한 수집과 회수를 촉진하기 위해 많은 OECD국가들에서 이용되는 도구수단이다.[15] 위에서 제시된 비용 중 어떤 비용은 금전적 비용이거나 또는 쉽게 금전화할 수 있지만, 지각된 소비자 비용의 상당한 금액은 본질적으로 비화폐적이다. 예를 들어, 수송비용은 다른 것을 행하기 위한 시간의 소비, 관련되는 스트레스 또는 상실되는 기회와 관련되는 비금전적 비용 그리고 금전적인 연료비 또는 대중교통수단 비용으로 구성된다.

재판매는 소비자가 사용 후 비용을 줄이는 한 가지 방법이다. 과거에 중고품 시장은 장소와 시간면에서 제한적이었다. 디지털 시대는 중고품 시장의 제한성을 변화시키고 있다. eBay사와 같은 온라인 시장터는 지역, 국가 및 국제적인 기준으로 거래를 할 수 있게 한다. 1995년 이후, 인터넷에 의해 제공되는 중고품 시장은 전세계적으로 수십 억 달러의 사업이 되고 있다. 온라인 거래로 인해 원래의 구매자는 그 제품을 구매, 소유 및 사용하는 것과 관련되는 비용 중 일부를 되찾을 수 있다. 더 나아가 그 제품을 판매함으로써 수명은 더 길어지고 또한 그 제품의 물적 가치는 더 높아진다.

2 총고객비용: 마케팅 기업의 시각

지금까지 우리는 소비자의 시각에서 총고객비용을 살펴보았다. 이 부문에서 우리는 마케팅 기

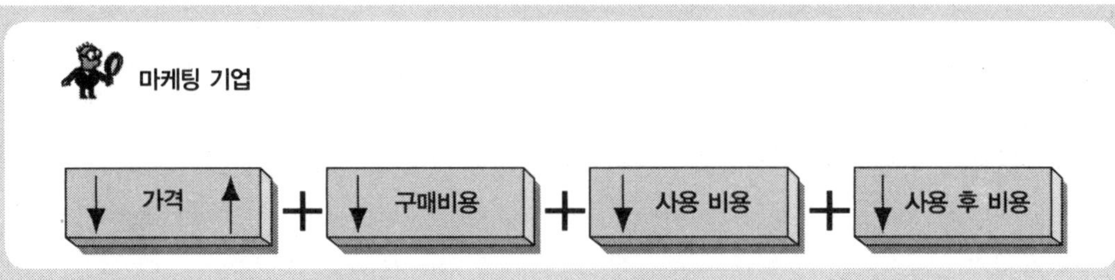

그림 9.2 총고객비용-마케팅 기업의 시각

업의 시각에서 TCC(총고객비용)를 분석할 것이다(〈그림 9.2〉 참조). 지속가능한 제품의 마케팅 기업은 그 제품의 구매, 사용 및 처분에 대해 고객에 대한 총비용을 고려하기 위해서는 가격결정 그 이상의 차원으로 가야 하며 또한 이러한 시각과 식견을 마케팅 전략에 통합해야 한다. 결과적으로 지속가능성 마케팅 관리는 총고객비용을 줄이고 또한 고객들로 하여금 총고객비용을 인식토록 해야 한다.

2.1 총고객비용을 절감함

지속가능한 제품에 유리하도록 비용 균형을 관리하는 한 가지 방법은 총고객비용 즉 제품과 관련되는 비용의 총합, 가격을 구성하는 것, 구입비용, 사용비용 및 사용 후 비용 등 총비용을 줄이는 것이다. 본 절에서 우리는 총고객비용을 낮출 수 있는 가능성을 살펴볼 것이다.

1) 가격

가격은 수요에 영향을 줄 수 있는 마케팅 도구이다. 전통적인 경제학은 일반적으로 가격이 낮아지면 소비자 수요는 증가하며, 그 반대도 역시 그렇다는 사실을 우리에게 말한다. 그러나 이런 관계에 대해서도 예외가 있는데, 예를 들어, 소비자가 품질이나 배타성의 표식지표로서 가격수준을 해석하는 경우이다. 즉 가격 변화에 대한 소비자의 감수성은 구매의 유형 간에 따라 상이하며 또한 소비자 세분시장 간에도 상이하다. 가격을 설정함으로써 기업은 수요를 증가시키거나 또는 수요를 감소시킬 수도 있다.[16] 예컨대, 전력회사들은 간혹 성숙기 이용(peak usage) 기간동안 수요에 대처하기가 어려울 수도 있다. 즉 야간동안 물과 에너지에 대한 가격을 낮춤으로써 전력회사는 임시변동적으로 고객에 대한 수요를 변경시키려고 시도한다. 이와 유사하게 대중교통회사는 기차, 버스, 지하철이 대중들에 의해 이용되지 않을 때인 낮 동안에 특별한 요금을 부과한다. 결과적으로, 실질적인 가격관리는 기존의 역량을 완전하게 이용하는데 그리고 이런 유형의 서비스의 자원효율성을 향상시키는데 도움을 준다.

일반적으로, 기업들은 2가지의 일반적인 가격설정 접근방법, 즉 가치에 기초한 가격결정, 또는 원가에 기초한 가격결정 간에서 선택할 수 있다(〈그림 9.3〉 참조). 가치에 기초한 가격결정은 가격결정에 대한 주요 요인으로서 판매자의 원가가 아니라 가치에 대한 구매자의 지각을

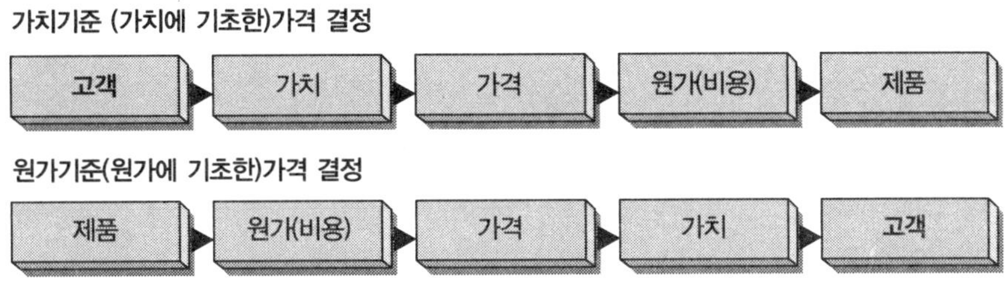

그림 9.3 가치기준 가격결정 대 원가기준 가격결정[18]
자료원: Kotler, P. & Armstrong, G. (2004) *The Principles of Marketing*, 10th edn, Upper Saddle River, NJ: Prentice Hall, p. 360.

이용하며 또한 차별화 전략에 바탕을 두고 있다. 자주 가치에 기초한 가격결정은 시장이 감당할 수 있는 어떤 가격을 부과한다는 관점에서 표현된다. 고도로 패션적이거나 독특한 품목은 가치에 기초한 가격결정을 적용한다. 가치에 기초한 가격결정이 고객추구적인 반면에 원가에 기초한 가격결정은 제품 및 생산추구적이다. 즉 후자(원가에 기초한 가격결정)는 가격은 모든 생산비용을 커버하고 또한 목표이익폭(마진)을 포함하여 설정한다는 것을 의미한다.[17] 비용(원가)에 대해 두드러지게 집중하는 것은 저원가 전략에 대해 전형적인데, 저원가 전략은 대중시장에 대해 저가격을 제공하기 위해 구매 및 생산과정에서 원가를 절감하는 것을 목표로 한다. Wal-Mart사와 같은 할인 소매상들은 그러한 전략을 따른다. 식품, 물 및 에너지와 같은 기본 필수품에 대해 가격을 인상하는 시기에, 저소득층 사람들은 매일매일의 비용을 감당하는데 어려움이 있다. 저가격은 저소득층 사람들로 하여금 제품에 대해 지급할 수 있게 한다. 이러한 방법의 경우, 저가격이 지속가능성에 대해 기여한다고 주장할 수가 있는데, 그 이유는 저가격이 특정한 사회적 기준을 충족시킬 수 있기 때문이다. 그러나 중요한 의문사항은 저가격이 어느 경우에 생태적 및 사회적 비용을 희생하면서 고객에게 제공될 수 있느냐이다.

2) 가치기준 가격결정

가치기준 가격결정이 시장의 필요성보다는 경험에 기초한 지각이 될 수 있기는 하지만, 소비자는 전통적인 제품보다는 지속가능성 제품을 보다 고가가 될 것이라고 일반적으로 기대한다. 이러한 맥락에서, 마케팅 관리자는 2가지 기본적인 의문사항 즉, ① 기업은 지속가능한 제품에 대해 고가격을 부과해야 하는가? ② 어느 정도의 고가격에 대해 고객은 지속가능한 제품에 대해 지급할 의향이 있는가? 등의 의문사항에 직면한다. 이러한 의문사항에 응답하는데 있어 여러 가지 요인이 고려되어야 한다.

- **시장에서 그 제품의 본질과 차별화의 수준**(The nature of the product and the level of differentiation in the market): 기업의 마케팅 제공물을 차별화하는 것은 경쟁사의 제공물보다 더 많은 가치

를 고객에게 제공함으로써 경쟁적 우위를 획득하는 것에 대한 것이다. 즉 제품의 차별화 잠재력은 그 제품의 본질에 좌우된다. 일반적으로 편의품(치약 또는 세제 등)의 차별화 잠재력은 선매품(가구, 의류 등) 및 전문품(자동차, 시계 등)의 차별화 잠재력보다 더 낮다.[19] 즉 제품은 특성, 성능, 스타일, 디자인, 내구성, 신뢰성, 이미지 그리고 특히 지속가능성 측면에 대해 차별화될 수 있다. 즉 그 제품이 고객의 눈에 더욱 특이하게 보일수록 경쟁사에 비교하여 고가격을 요구할 수 있는 마케팅 기업의 여유는 더 크다.

- **그 제품에 연결되는 지속가능성 이슈에 대한 간략한 설명**(The profile of the sustainability issues to which the product is linked): 어떤 사회적 및 환경적 이슈들은 높은 대중의 관심사 프로파일과 "감정적인 부담"을 주는데, 그러한 프로파일과 부담으로 이슈들은 고가격을 부과할 수 있게 된다. 식품과 관련되는 지속가능성 이슈들은 통상 공중의 많은 주의를 받고 있다. 가축들을 더 빠르게 성장시키고 또한 보다 효율적으로 무게를 늘리는데 도움을 주기 위해 산업용 가축농업(축산업)에서 항생물질과 호르몬을 사용하는 것, 식품첨가물에 의한 사람들의 건강에 대한 위협, 또는 어족 감소에 대한 위협은 매체, 비영리조직을 통해서 그리고 이러한 관심사를 취급하는 기업을 통해서 집중적인 공중의 도달범위를 받는 이슈들의 예이다. 거대하지는 않지만 매우 중요한 생태 시스템의 여러 부분을 커뮤니케이트 하는 것은 도전적인 문제이다. 제품을 촉진하는 것이 놀라울 정도의 밀림이나 사진이 잘 찍히는 포유동물을 보호하는데 도움을 주기 때문에 제품을 촉진하는 것이 상대적으로 용이하다. 즉 꿀벌과 같이 보다 세속적인 어떤 것을 보호하는 제품을 촉진하는 것은 보다 어렵다("식민지 붕괴 무질서"(colony collapse disorder)가 돌발됨으로써 꿀벌 집단의 운명은 세계적으로 농업시스템을 위협하고 있다. 미국에서 꿀벌은 식품산출 중 1/3에 대한 수분작용을 차지하지만, 2007년 동안 미국의 꿀벌 집단이 30%까지 감소하였다).[20]
- **기업과 제품이 시장에서 누리고 있는 진실성 수준**(The credibility level that the company and the product enjoy in the market): 신뢰적 품질을 유사한 탐색적 품질로 변환시킬 수 있는 기업의 역량이 높일수록, 고객이 고가격을 받아들이는 것은 더 용이하다. 기본적으로 기업은 진실성을 표시하는 정보를 고객에게 전달해야 한다. 전향적인 이런 유형의 정보는 표시하는 것으로 제시된다.[21] 신뢰적 품질은 표찰, 자신에 의한 주장, 제품, 상표, 기업 상표, 개성 및 인터넷 제시내용(예: Hipp 및 The Body Shop)과 같은 다양한 커뮤니케이션 수단을 통해 유사한 탐색적 품질로 전달될 수 있다.[22]
- **지속가능한 제품 대 전통적 제품의 지각적 가치**(The perceived value of sustainable products vs conventional products): 고가격이 고객의 눈에 고가격에 대한 지각적 가치와 일치된다면, 고가격이 실행될 수 있다. 이것은 지속가능한 제품이 전통적인 제품보다 더 높은 가치를 가지는 것으로 지각되어야 한다는 것을 시사한다. 그 제품의 부가된 가치를 고객들에게 보다 투명하게 제시하는 한 가지 방법은 지속가능성 추가가치(프리미엄)를 지속가능성과 관련되는 원가(비용)의 구성요소로 세분화하는 것이다(예: 이 프리미엄의 몇 %는 책임적으로 처분하는 것 또는 탄소 제거에 소요되는 비용을 커버하는 것이다). 영국에서의 실증연구들은

대부분의 소비자들은 지속가능한 제품의 고가격은 자연적 및 사회적 환경에 혜택을 주려는 순수한 시도라기보다는 더 많은 돈을 가진 소비자로부터 소비자를 분리하는 계획이라는 사실을 믿고 있음을 밝혔다. 즉 고가격에 관한 투명성은 소비자가 느끼는 인상에 대응하도록 하는데 도움을 줄 수 있다.

- **고객의 가격감수성 그리고 그 제품과 관련되는 지속가능성 이슈에 대한 인식과 관심(The price sensitivity of customers and their awareness of and interest in sustainability issues related to the product)**: 고가격을 설정하기 전에 기업은 자사의 지속가능한 제품을 어느 고객집단에 표적화해야 하는가를 신중하게 고려해야 한다. 기업은 전통적인 제품보다 지속가능한 제품으로부터 더 높은 가치를 확실하게 끌어내는 지속가능성 열성자, 즉 **사회–생태적 활동가**(socio-ecological actives)에게 제시하여, 소비자로 하여금 고가격을 지불하도록 해야 할 것인가? 기업은 **사회–생태적 접근방법 이행자**(socie-ecological approachables)(예: LOHAS 또는 Lifestyle of Health and Sustainability), 즉 지각적으로 가치가 부가된 것에 대해 고가격을 지급하고자 하는 사람 그러나 기업이 그 제품의 품질과 서비스에 대해 행하는 약속을 하는데 주저하는 사람에 대해 지향해야 하는가? 또는 기업은 대중시장 즉 **사회–생태적에 대해 소극적이며 수동적인 사람**(socio-ecalogical passives)으로 가격민감성이 더 높고 또한 사회-생태적 가치가 항상 개인적 가치로 전환하지 않는 사람들에게 접근해야 하는가? 독일의 의류회사인 Hessnatur사는 적소시장에서 사회-생태적 행동주의자를 목표로 하고 있다. 천연 면섬유의 사회-생태적 가치는 기본적인 고객이점들 중의 하나로서 커뮤니케이트 되었다. 스포츠 및 옥외용 의류 제조업체인 Patagonia사는 사회-생태적 접근방법 추구자, 특히 젊고 부유한 독신, 주로 남자들로 구성된 고객집단을 표적으로 하였는데, 그들에 대해 가격은 두 번째로 중요한 것이었다. 즉 그들은 우수한 내구성, 기능성 및 성능을 가치가 있다고 생각하는데, 반면에 그 제품의 환경적 성능은 위치화 전략을 완벽하게 처리하고 있다. 그 후 Patagonia사는 LOHAS 세분시장을 표적화함으로써 경쟁사가 부과하는 가격보다 50% 높게 가격을 요구할 수 있다. Coop Naturaline사의 의류제품에 대해, Swiss의 소매상인 Coop사는 천연 면을 사용하여 유발되는 가격 및 환경적 월등성 모두를 강조한다. Coop Naturaline 제품은 전통적인 제품과 동일하게 가격을 정하였는데, 대중시장에 소구하는 것에 유리하도록 지속가능성에 기초한 고가격을 포기하였다.[23]
- **제품범주내에서 준거가격의 존재와 이용(The existence and use of reference pricing in the product category)**: 준거가격이란 구매자가 어떤 특정한 제품을 보았을 때 마음속에서 다루고 또한 참고로 하는 가격이다.[24] 고가격이 부과된 지속가능한 제품에 대해 준거가격은 습관적인 가격 부류의 차원을 넘어 소비자를 움직이도록 하는데 어려움을 준다. 예를 들어, 영국에서 레코드 산업은 CDs가 소비자들로 하여금 생산하는데 급격하게 원가가 적게 소요되는 어떤 것에 대해 15파운드(15.75 유로 달러)를 부담하도록 허용하기 전까지 비닐로 된 LP에 대해 5파운드(5.25 유로 달러)의 가격을 초과하도록 수년 동안 시도하였으나, 소비자들로 하여금 구입케 하는데 실패하였다. 지속가능한 제품에 대한 최상의 해결방법은 기존제품과 같

게 보이는 시장제공물을 통해서 경쟁을 피하도록 하는 것이며 또한 그 대신에 혁신적인 기술(예: 하이브리드 자동차)을 통해 나타낼 수 있는 어떤 것 또는 대체안적인 서비스 해결방법과 새로운 가격결정 시스템(예: 자동차 공동이용)을 제공하는 것이다.

3) 원가기준 가격결정

지속가능한 제품이 더 많은 원가가 소요될 것이라는 가정은 과거 20년 동안 지속가능성 마케팅에 대한 논쟁에서 크게 강조되어 왔다. 그러나 이러한 가정은 오도적이다. 한편에서 볼 때, 녹색 고가격(프리미엄)은 경제적 필요성보다는 기업의 가격결정 전략과 보다 관계가 된다. 어떤 기업이 녹색 고가격(프리미엄)이 지속가능성 이점을 추가함으로써 가치를 부과하고 있다고 느낀다면, 강조가 되고 있는 원가구조와는 관계없이 가격을 인상하는데 있어 녹색 고가격은 정당하게 느껴질 수 있다. 다른 한편으로 볼 때, 원가기준 가격결정이란 소비 및 생산과 연관되는 사회적 및 생태적인 비용을 내부화하려고 하는 제품(예: 보다 지속가능한 제품)은 그렇지 않은 제품에 대해 원가/가격의 비우위성을 갖게 될 것이다.[25]

많은 기업의 경우, 지속가능성 마케팅 전략을 수립하고 실행하는 것은 실제로 증가되는 원가(비용)와 관련되는데, 증가되는 원가는 고가격에서 반영된다. 즉 추가적인 원가에 대한 부담은 자주 마지막 부문(end-of-pipe:예:에어필터)이 실행되어지는 생산기술에서 유발되며 또한 기존의 생산 시스템에 추가되는 어떤 것처럼 생산기술은 필시 원가를 부가시킨다. 즉 더 깨끗한 생산이나 통합된 생산기술은 초기의 자본적 비용을 많이 요구하지만, 운영에의 변화는 통상 쓰레기를 최소화하고 또한 물과 에너지 소비를 줄임으로써 장기적으로 비용을 낮게 할 수 있게 된다.[26]

지속가능성 제품과 연관되는 고비용의 문제는 역시 적은 생산량으로부터 유래된다. 많은 생산량은 규모의 경제를 창출하고, 그에 따라 원가와 가격을 낮추게 한다. 공급업자로부터 대량할인을 협상할 수 있는 제조업자는 인위적인 규모의 경제를 산출함으로써 시장에서 원가/가격의 왜곡을 일으킨다. 결국 공급업자는 적소전략으로 지속가능한 제품을 한정함으로써, 더 소규모한 경쟁사에 대해 가격을 밀어붙인다. 이러한 계략 마케팅과 운영을 피하는 것은 판매량을 증가시킬 수 있는 마케팅으로 잘 어울려 수행되어야 하는데(다른 세분시장에 도달하거나 또는 대중시장에 접근함으로써), 한편 운영은 포장, 생산 및 로지스틱스에서 절약을 하도록 시도해야 하는데, 그 절약분이 소비자들에게 이전될 수 있어야 한다.

81[Funf] High-Tech and Holzbau AG사는 비용을 줄이고 또한 가격을 삭감하는 방법에 대한 한 가지 예이다. 이 독일회사는 1990년대 이후 나무로 된 저에너지 주택을 제공하는데 있어 개척기업들 중의 하나이다. 자사의 에너지 효율적인 주택의 구매가격은 통상 설치하는데 소요되는 증가된 원가로 인해 전통적인 주택보다 10% 정도 더 높다. 고가격을 보상하기 위해, 81[Fund] High-Tech and Holzbau AG사는 제품과 과정 모두를 리엔지리어링 하였다. 산업용으로 생산된 고품질의 목재용 구성성분을 이용하기 위해 디자인을 단순화하고 표준화함으로써, 그리고 시간과 돈은 건설과정에서 절약되는 곳을 확인 · 규명하기 위해 생산 전문요원과 밀접한 협력

을 통해 이 회사는 고객에게 그 후 전가될 수 있는 절약분인 원가를 절감하였다.

4) 임대/니스 가격결정

임대 그리고 니스하는 것은 가치기준 또는 원가기준 가격결정에 대한 대체안적인 가격결정 접근방법이다. 임대나 니스 가격결정하에서, 그 제품을 사용하는 권리는 판매업자로부터 구매자에게로 특정한 기간 동안 이전되는데, 그렇지만 소유권의 이전은 발생하지 않는다.[27] 특정한 기간이 끝나는 경우, 그 제품은 재사용이나 재활용을 위해 제공기업에게 다시 돌아간다. 임대하는 것 그리고 니스하는 것의 기본적인 원칙은 동일하다. 기간의 길이에서 볼 때, 두 가지간의 주요한 차이란 임대를 하는 것은 시간이나 일 단위로 제품을 사용할 권리를 이전하는데(예: 비디오), 이에 반해 니스를 하는 것은 수년간의 기간으로 그것을 이전하는 것이다(예: 자동차). 임대와 니스하는 것의 우위성은 고객이 자본비용을 부담하지 않아도 된다는 것이다.[28] 비우위성은 제품 소유권에 따르는 자존심이 없음, 제품을 수정하거나 고객화할 가능성이 없음, 그 뿐만 아니라 거래비용이 크게 많이 소요되는 것이다. 통상 임대하는 것은 그 제품에 접근하는데 시간과 노력이 요구된다. 따라서 자본비용, 자존심, 임대 및 거래비용간의 교환거래가 존재한다.

소비자 및 사용의 빈도에 대한 제품의 중요성은 제품을 구매, 임대/니스하는 결정에 영향을 미친다. 그 제품을 자신과 동일시하고 또한 그 제품을 빈번하게 이용하는 다량 사용자는 아마도 구매할 것이며, 문제시 그 제품을 통해 자신을 표현하지 않는 소량 사용자는 임대를 할 가능성이 크다. 그것은 Rentaski사의 차원을 넘는 원래의 사업 아이디어 이었는데, 그 스위스의 서비스 기업은 스키, 스노우 브레이드, Nordic스키, 스노우 보드 및 스레지와 같은 겨울용 스포츠 설비를 임대한다. 1987년 이후 Rentaski사는 29개의 스위스 스키 리조트(예: Arosa, Davos, Klosters, Laax 및 St Moritz 등)에서 대표가 되는 겨울 스포츠용 설비를 임대하는데 있어 지배적인 시장선도자가 되었다.[29] 계절마다 겨울 스포츠 설비를 수십 번 임대함으로써 재료의 자원효율성이 증가되고 있다.

2.2 구매비용

구매비용은 제품 대체안에 대한 소비자의 평가과정에서 필수적인 역할을 한다. 즉 지속가능성 제품에 대한 도전적인 문제는 구매비용(탐색비용, 정보비용, 수송비용, 지각적 위험)을 줄이는 것이며 또한 처음의 구매를 성취하기 위해 초기의 구매 장애물을 극복하는 것이다. 예컨대, 최근 천연자연 식품의 공급업자들은 구매비용을 최소화하고 또한 전통적인 제품과 같이 유사한 수준에서 자연식품을 전달하는데 양호한 직무를 수행하고 있다. 건강식품 및 특별한 자연식품 점포를 통해서만 또는 농촌에서 직접 판매되는 적소부문에서부터 자연식품은 주류가 되고 있는데, 1990년대 초부터 전통적인 소매체인에 진출하고 또한 새로운 소매유통 창구 즉 특별한 유기물 슈퍼마켓(예: 미국의 Whole Foods Market, 영국의 Planet Organic, 독일의 Alnatura and Basic)으로 커져가고 있다. 이러한 슈퍼마켓들은 과거 10년 동안 점차 수요와 성장률이 증가함에 따라 성장하고 있다. 정보와 광고 캠페인은 자연식품 제품에 대한 인식과 지식수준 모두를 증가시켰다. 소비자들 간의 증가된 인식은 천연자연 식품 부문이 마케팅 전문가들에 의해 점차 구체화되고 있다는 사실에 의해 뒷받침되었다. 자연식품의 제품 외모(외형)는 전통적인 대체품처럼 매력적이 되고 있다. 상표화된 자연식품 범주들이 슈퍼마켓에서 많이 보여지고 있으며 또한 대중매체에서 마케팅 캠페인은 이미 아주 드문 것이 아니었다.[30] 자연식품의 높은 가시성과 이용가능성의 결과로, 지각적 위험뿐만 아니라 정보, 탐색 및 수송상의 위험의 형태로 이루어진 구매비용은 감소되고 있다.

2.3 사용비용

하이브리드 자동차, 저에너지 주택, 생태효율적인 냉장고 및 세탁기와 같은 지속가능한 제품들은 보다 눈에 뜨이게 원가가 소요되지만, 그 제품들은 사용하는 동안 에너지와 물을 절약하므로 더 낮은 운영비용과 관련된다. Philips사의 Marathon이라는 에너지 절약형 전구는 자주 전구를 바꾸어야 하는 불편함을 없애고 또한 에너지 비용을 줄임으로써 그러한 제품의 전형적인 예를 보여준다. 더 높은 생태효율성과 더 낮은 사용비용에 의한 경쟁적 우위성은 더욱 강조되어야 하며 또한 지속가능성 마케팅 기업에 의해서 더욱더 상상되어질 수 있다. 현실화되는 비용절약 금액은 그 제품의 (지속가능한)성능 그리고 소비자의 사용패턴의 함수이다. 많은 실증적인 연구결과, (지속가능한)제품의 에너지 소비는 사용 패턴에 따라 10~20% 정도로 다양하다는 사실을 밝혔다. 지속가능한 제품의 전체적인 비용절약 잠재력을 발휘하기 위해, 마케팅 기업은 소비자들에게 정보를 제공해야 한다.

International Association for-Soaps, Detergents and Maintenance Products에 의해 시작된 Washright 캠페인은 세제에 대한 Washright 패널을 특성화함으로써, 보다 효율적인 세탁 습관에 대해 유럽 전역에서 고객들을 교육시키는 것이 목적이다. 그 주요한 메시지는 아래와 같다.

- 한 번 세탁시에 보다 많은 옷을 세탁하는 것은 사용되는 물과 에너지를 줄인다.
- 사용되는 세제의 양은 세탁물의 더러운 수준과 현재의 지역에서 사용되는 물의 경도와 관련되어야 한다.
- 오늘날 대부분의 세탁용 세제는 낮은 온도에서도 잘 작용되는데, 그래서 높은 온도의 세탁은 거의 필요하지도 않으며, 요구되는 것보다 더 많은 에너지를 사용하게 된다.
- 계속해서 재보급할 수 있는 포장화를 유지하고 또한 이용하는 곳에서 재보급된 포장제품을 구입할 수 있어야 한다.[31]

이러한 메시지는 두 가지 수준 즉 지속가능한 제품을 구매함으로써(구매 행동) 그리고 효율적인 방법(사용 행동)으로 이러한 제품을 사용함으로써 사용비용을 줄일 수 있다는 사실을 소비자들에게 인식시키고자 한다.

어떤 제품에서 다른 제품으로 변경하는 것도 역시 비용(원가)이 소요된다. 지속가능한 제품과 관련되는 소위 변경비용은 그 제품의 시장성공에 대해 가장 중요한 것이 됨에도 불구하고, 거의 대부분 과소하게 강조된다. 하이브리드나 전기자동차를 타보라. 많은 사람들은 이런 새로운 종류의 자동차를 구입하는 것을 주저하는데, 그 이유는 그들이 자신들의 운전습관을 변경해야 한다는 것(전환비용인 것)에 관심을 갖기 때문이다. 시장에서의 두드러진 혁신을 성취하기 위해, 그 제품은 예외적으로 강제하는 (강력한)특성을 제공하거나 또는 학습하고 사용하는데 용이함이 과시적이어야 한다. 여러 가지 선택품이 전환(변경) 비용을 최소화하기 위해 이용될 수 있다. 즉 고객과 접촉하는 주요한 시점(전시회, 판매시점)에 그 제품의 사용을 전시 · 과시하도록 훈련된 판매원을 이용함, 이용하는데 이해하기 쉽고 접근가능한 지시내용을 제공함, 고객을 위해 그 제품의 기능작동을 실제로 보여줄 수 있도록 즐거움을 주는 복수매체를 학습하고 응용 · 적용하는 방법을 수립함, 새로운 제품이나 서비스를 사용하는데 더 많은 도움을 필요로 하는 사람들을 지원하기 위해 초기 채택자와 공동체를 활용함 등이 있다. 이런 종류의 측정방법은 처음에 지속가능한 제품을 구입하는데 소요되는 지각적 위험과 변경비용을 줄이는데 도움을 준다.

2.4 사용후 비용

사용후 비용에는 직접비와 간접비가 관련된다. 직접비용은 소비자가 그 제품의 수명(사용기간)의 끝에서 경험하는 것, 예를 들어, 수송 및 처리비용에서 발생되는 것이다. 직접적인 사용후 비용(direct post-use costs)을 줄이는 가장 효율적인 방법 중의 하나는 수리, 재사용 및 질을 높임 등을 통해 그 제품의 수명주기를 확대하는 것인데, 그럼으로써 자원이 소요되는 양을 줄이게 된다.[32] 확대된 보증 프로그램 그리고 매력적인 유지 및 지원 서비스 등이 "대용이 아니라 수리"라는 정신구조를 촉진시키기 위해 실행될 수 있다. 높은 혁신률을 가진 첨단제품에 대한 또 다른 대체안은 고급스럽게 될 수 있는 제품을 디자인하는 것이다. 예를 들어, Miele사는 PC Update를 제공하고 있는데, 이것은 최신의 소프트웨어에 의해 다시 프로그림된 세탁기, 회전식 건조기 및 식기세척기를 고객들이 소유할 수 있도록 하는 서비스이다. Hewlett-Packard사는 자사 고객들에게 자산-복구 서비스를 제공하고 있다. 그 프로그램은 제품에 수명을 제시하는 3가지 기본적인 방법에 집중하는데, 3가지 기본적인 방법이란 ① 다시 닦아내는 과정을 통해 가능한 경우 그 시스템의 수명을 연장함 ② 다시 닦아낼 수 없는 단위에 대해 책임지고 처분함 ③ 어느 곳에서든지 사용할 수 있도록 재활용가능한 시스템에서 유용한 구성부품과 재료를 뽑아내는 것 등이다. 고객의 관점에서 볼 때, 이용할 수 있는 선택품은 교환이 되고 현금으로 반환되고, 니스한 것을 회수하거나 기부하는 것 등이 있다(〈그림 9.4〉 참조).[33]

특히 간접적인 고객의 사용후 비용(indirect customer post-use costs)에 특별하게 관련되는 것은 "확대된 생산업자의 책임(extended producer responsibility: EPR)" 개념으로서, 그것은 최근 공공정책 분야에서 매우 중요시 되고 있다. EPR은 소비자용 제품의 생산업자들이 제품의 수명

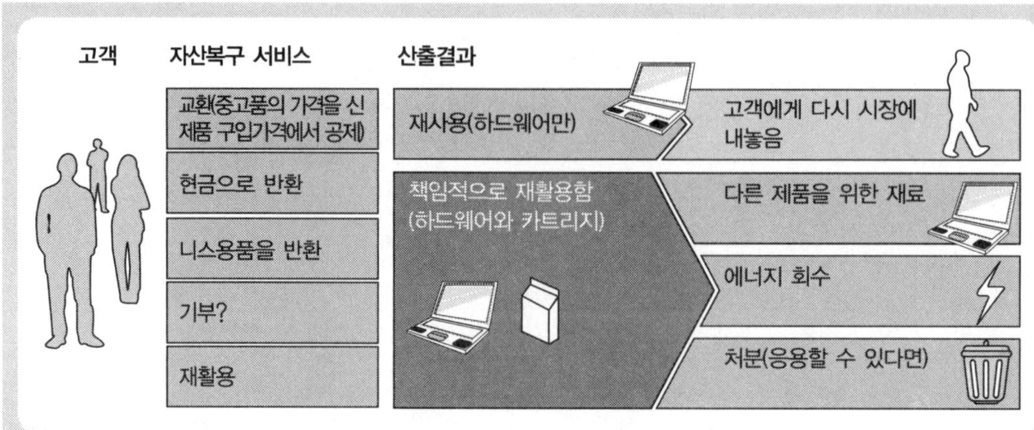

그림 9.4 고객의 사용 후 비용을 줄이기 위한 Hewlett-Packard사의 자산-복구 서비스
자료원: HP (www.hp.com)

주기의 끝에 자신들이 시장에 내놓은 제품에 대한 관리 또는 처분에 대한 책임을 받아들일 것을 요구하는 정책적 접근방법이다. EPR의 이면에 있는 아이디어는 제조업자가 자신의 제품에 의해 만들어진 쓰레기에 대해 더 직접적으로 지급해야 한다면, 제조업자는 그 쓰레기를 줄이기 위해 제품의 디자인 과정을 개선할(그럼으로써 비용을 줄임) 것이라는 것이다. (인위적 또는 자발적으로) 프로그램의 폭넓은 범위는 EPR의 우산하에 제시되는데, 그 우산 아래에는 "도로 찾음(take-back)" 프로그램과 처분 및 환불 시스템 등이 포함된다. 현재 EPR 프로그램은 국제적으로 잘 수립되어 있으며, 많은 시도적인 국가들이 OECD회원국에 속해 있다(예: 포장화, 전기 및 전자설비, 자동차, 타이어 및 소형 소비자용 배터리 등).[34] 예를 들어, The EU Directive on End-of-Life Vehicle은 최근의 소유자들이 특별한 추가비용 없이도 공인된 처리설비에 수명을 다한 자동차를 인도할 수 있다는 것을 회원국가들이 보장 · 책임져야 한다는 사실을 규정, 명문화하고 있다. 즉 회원국들은 생산업자는 이런 처리방법의 실행에 소요되는 비용의 전부 또는 상당한 부분을 부담하거나 또는 수명을 다한 자동차를 회수한다는 것을 보증해야 한다.[35]

EPR 프로그램이 결국 쓰레기 방지(예방)를 완료하게 되는 정도(예: 제품 디자인의 변화를 통해서)는 아직까지도 상세하게 조사되어 문서화되지 못하고 있다. 그러나 대부분 존재하고 있는 ERR 프로그램은 재활용률에서 분명한 개선을 보여주고 있다. 예를 들어, 한국에서 Samsung과 LG전자는 TV의 무게를 뚜렷하게 줄이고 있다. 컴퓨터 디스크 드라이브 제조업체는 뚜렷하게 거의 회로부품을 사용하지 않으며, 진공청소기 제조업체들도 제품 디자인을 변경하고 있다. 일본에서 새로운 자동차 재활용법으로 Honda사는 자동차에서 재활용된 재료의 비율을 높이고 있으며, 특정한 자동차 구성부품의 재활용 가능성을 증가시키고 있으며 또한 자동차에서 다른 중고 재료에 대한 시장을 조성하고 있다.[36] ERR 프로그램에의 자발적 또는 인위적인 참여에 의해 촉발되는 이 모든 변화들은 생산업자들의 새로운 원가구조와 관련되는데, 새로운 원가구조는 결국 더 높거나 또는 더 낮은 시장가격으로 전환되는데, 시장가격은 프로

그램을 준수함으로써 발생되는 비용 그리고 생태적 디자인과 재료 절약을 통해 실현되는 비용 절약분 간에서 성취된 교환비용에 좌우된다.

2.5 고객에게 총비용을 인식시킴

자주 고객들은 다양한 제품 대체안의 총비용을 인식하지 못하고 있다. 즉 고객들은 불완전한 정보에 바탕을 두어 의사결정을 하며 또한 소위 **한계가 있는 합리성**(bounded rationality)이라고 하는 현상으로 고통을 겪고 있다.[37] 냉장고를 구매하는 경우 의사결정 행동을 살펴보자. 필란드에서의 대표적인 설문조사는 소비자들은 보다 편견이 없는 정보원천 대신에 판매원 또는 상표 특이적인 브로셔와 같은 편견이 있는 정보원천을 사용할 가능성이 있음을 보고하였다. 그 연구에 의하면, 가격이 상표를 평가하고 비교하기 위해 사용되는 가장 자주 이용되는 기준이었다. 즉 소비자들은 장래의 이득보다는 즉시적인 손실에 보다 많은 관심을 보이기 때문에 에너지 효율적인 냉장고는 불리하였다. 이러한 냉장고들은 보다 눈에 띄는 부분에 대해 비용이 소요될 수 있지만, 감소되는 에너지 비용의 형태에서 볼 때, 그 냉장고의 수명 전체에서 눈에 뜨이지 않는 하류부분의 이점을 산출할 것이다.[38]

품질, 지속가능성 가치, 성능 또는 수명기간의 비용을 고려하는 것이 우세하고 널리 알려져 있는데, 가격이 왜 주요한 구매결정 기준인가? 그 대답은 그 고객의 개인적인 상황에 달려 있기는 하지만, 그 대답은 역시 많은 기업들이 보증하는 마케팅 및 경쟁적 실행에 달려 있다. "가격 전쟁"을 초래하는 가격집중적 촉진은 소비자에게 있어 가격지배적인 구매행동을 설득하고 되풀이해서 주입시킨다. 전통적인 제품과 비교하여 지속가능한 제품에 대해 통상 가격을 높게 지각한다는 사실에 대응한다는 것은 지속가능성 마케팅 기업에게 있어 고객에게 총비용을 보다 두드러지게 하는데 있어 하나의 도전적인 문제를 초래케 한다. 마케팅 기업은 전통적인 제품과 비교하여 지속가능한 제품의 비용에 대한 고객의 인식수준을 어떻게 높일 수 있는가? 광범위한 범위의 수단들이 이러한 목적을 위해 사용될 수 있는데, 그 수단 · 도구에는 절약분 계산기와 같은 온라인 도구, 수명주기 비용 정보 목록표 또는 표찰화 도구 등이 있다. 이러한 도구들은 생산업자나 제3의 조직에 의해 이용 · 실행될 수 있다.

1) 생산업자의 이용수단 · 도구

기업들은 전통적인 제품들과 비교하여 자사의 지속가능한 제품과 연관되는 비용에 대한 제품 특이적인 정보를 제공할 수 있다. 그런 접근방법의 한 가지 예는 Philips사에 의해 제공되는 절약분 계산기(savings calculater)로서, Philips사는 현재의 조명 해결방법을 Philips에너지 절약 해결방법과 비교하였는데, 그 해결방법은 단기적 및 장기적인 측면 모두에 대해 금전적 효과와 CO_2절감효과를 강조하고 있다.[39] 자동차 업계에 대해 세계의 선도적인 공급업체 중의 하나인 Continental사는 온라인 계산기를 이용하여 자사의 주요 경쟁사의 타이어와 비교하여 자사의 타이어의 연료절감 잠재력을 자사의 웹사이트를 통해 커뮤니케이트 하고 있다.[40] 배기가스

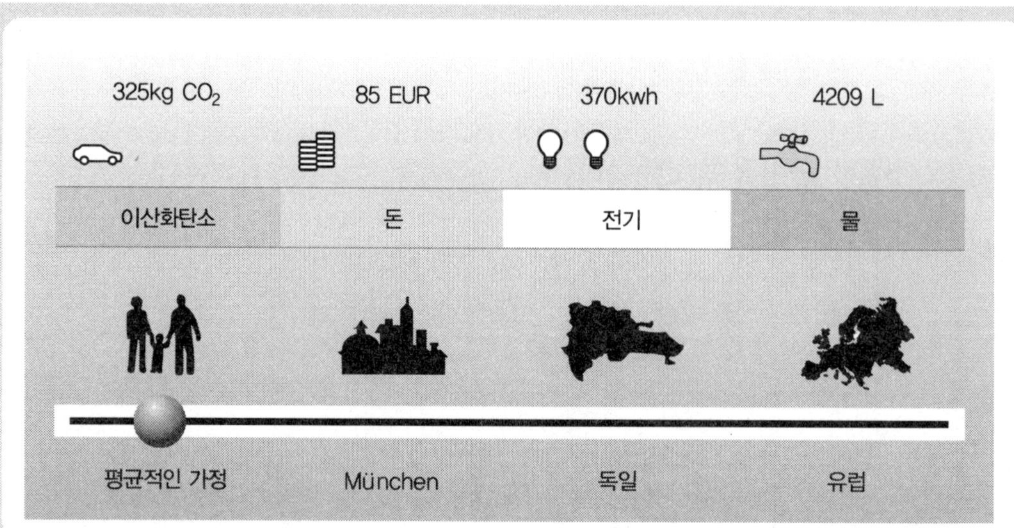

그림 9.5 Electrolux사의 EcoSavings Calculator–1997년 표준 가전제품으로부터 최상으로 이용할 수 있는 기술로의 변경

자료원: Electrolux, www.electrolux.com/ecosavings.

를 전혀 배출하지 않으며, 고속으로 달릴 수 있는 전기자동차 제조기업인 Phoenix Motorcars사는 소비자가 선택하는데 이용되는 자동차와 비교하여 Phoenix 자동차를 구입할 때 발생하는 투자에 대한 수익을 계산할 수 있는 도구를 제공하고 있다.[41] 기업에 바탕을 둔 이용수단의 또 다른 예는 Electrolux사가 개발한 EcoSavings Calculator인데, Electrolux사의 경우, Electrolux Group에서 오늘날 이용될 수 있는 최고의 제품은 1997년 표준 가전제품과 비교된다(〈그림 9.5〉 참조). 1997년 표준과 최근의 가장 효율적인 가전제품 간의 소비에서의 차이는 분석된 가정, 주요 도시, 22개 국가 그리고 통합된 모든 국가에 대해 연간 기준의 절약분 잠재액을 계산하기 위해 이용되었다. 그 절약분은 지역 화폐 그리고 유로 달러로 표시되어 연간으로 경제적 절약분으로 예시되며 또한 생태적 절약은 사용된 물에 대해서는 톤으로, 전기는 kwh로 그리고 관련된 CO_2배출 등으로 표시된다.[42]

2.6 제3조직의 이용수단 · 도구

점차 많은 기업들이 자사 제품과 모델에 대한 생태적 정보를 제공하고 있다. 정보를 제공하는 것에 추가하여 정부 및 비정부조직들이 정보를 제공하고 또한 투명성을 창조하기 위해 경제적 및 생태적 기준에 근거하여 시스템적인 제품을 비교하고 있다. 한 가지 좋은 예는 독일의 Ökoinstitut에 있는 EcoTopTen인데, 이 조직은 "매력적인 제품범주에 대한 신뢰할 수 있는 추천조언을 소비자들에게 제공하고 또한 소비자들이 환경적으로 의미가 있으며 원가 효과적인 선택을 하는데 도움을 주고 있다."[43] 그 정보는 주로 챠트의 형식으로 제시되는데, 이용할 수 있는 제품제공물들은 구매가격, 성능기준, 연간 사용비용, CO_2 배출 및 기대되는 수명 등과 같은 요인에 따라 비교된다. US Environmental Protection Agency는 광범위한 가전제품 범주에 대해 고객화된 절약분 계산기 도구를 제공하는데, 그 기관에서 제공되는 Energy Star가 품질을 인정하는 제품은 사용자로부터 나온 투입자료에 바탕을 둔 표준모델과 비교된다(예: 단위당 초기 비용, 물을 데우는 유형, 주당 평균 적재 횟수, 가스료, 수도료, 전기료 등) (〈표 9.1〉 참조).

표 9.1 절약분 계산기 도구: 인증된 Energy Star 대 표준세탁기

1가구당 세탁기에 대한 연간 및 수명주기 비용과 절약분			
	인증된 Energy Star 1 단위($)	전통적인 것 1 단위($)	Energy Star의 절약분
연간운영비*			
전력비	36.18	52.79	16.61
수도료	17.39	38.35	20.96
가스비	0.00	0.00	0.00
유지비	0.00	0.00	0.00
총 계	**$ 54**	**$ 91**	**$ 38**
수명주기비용*			
운영비(전기,수도,유지)	469.32	798.46	329.14
전력비	316.95	462.45	145.50
수도료	152.37	336.00	183.63
가스비	0.00	0.00	0.00
유지비	0.00	0.00	0.00
1단위당 구매비용	500.00	300.00	−200.00
총 계	**969.32**	**1,098.46**	**129.14**
	초기 추가비용에 대한 간단한 회수기간(연간)†		5.3

* 연간 비용은 초기 구매비용을 제외한다. 초기비용을 제외한 모든 비용은 4%의 실제 할인율을 사용하여 그 제품의 수명기간에 대해 할인된다. 할인율을 포함하는 요인을 변경한다는 "가정"함을 참고할 것.

† 0년의 간단한 회수기간이란 회수가 즉시 이루어진다는 것을 의미한다.

한 가구의 세탁기에 대한 이점 요약	
최초 비용 차이	−$ 200.00
수명주기 절약분	$ 329.14
순수명주기 절약분(수명주기 절약분−추가비용)	$ 129.14
추가비용의 간단한 회수(년)	5.32
수명주기 동안 절약된 전기량(kwh)	1882.35
수명주기 동안 오염 감소(CO_2 파운드)	2889.40
공기오염 감소 등가분(1년 동안 거리에서 없어진 차량 대수)	0.25
공기오염 감소 등가분(산림 면적)	0.36
소매가격을 기준으로 절약분 백분률	26%

자료원: US Environmental Protection Agency, www.energystar.gov. (31 December 2008)

그림 9.6 세계적인 비교 에너지 표찰

EU Energy Label, US Energy Star, Japanese National Standard Energy-Saving Label, Australian Energy Label, Korean Energy Efficiency Label 또는 China Energy Label 등과 같은 비교되는 에너지 표찰들은 가전제품의 기대되는 운영비를 표시하는 널리 알려진 수단들이다(〈그림 9.6〉 참조). 그러한 국가적인 표찰화 계획은 자발적인 것으로부터 강제적으로 계속 진화발전되고 있는데, 점차적으로 제품범주와 국가로 확대되고 있다.[44]

기업의 도구 · 수단에 비해, 제3의 조직 특히 정부기관 또는 정부가 후원하는 주제안기관에 의해 제공되는 정보는 거의 편견이 없는 경향이 있다. 어떤 범주내의 많은 제품에 대한 시스템적인 비교는 중립적인 정보를 제공한다. 그렇게 행함으로써, 독일에서 EcoTopTen의 진취성은 경제적 및 생태적 조건에서 시장 투명성을 창조하려고 하며, 결국에는 소비자 행동을 변화시키려고 한다. US Environmental Protection Agency의 절약분 계산기와 같은 온라인 도구 · 수단은 여러 다양한 가전제품의 총비용에 관한 유용한 개별화된 정보를 제공한다. 이런 유형의 도구 · 수단의 한계는 이미 인식하고 있으며 또한 능동적인 소비자들에 의해 전형적으로 이용되고 있다는 것이다. 인터넷이나 그 밖의 것을 통해서 능동적으로 정보를 탐색하지 않는 다른 소비자들은 이 방법으로는 도달될 수가 없다. 그것은 제품에 부착된 읽기 쉬운 에너지 표찰이 아마도 고객들로 하여금 그들이 소유하고 있는 것에서 발생하는 총비용을 알게 하고 또한 탐색 및 정보비용을 줄이게 하는 가장 효율적인 수단 · 도구 중 하나라는 이유 때문이다.

3 가격시스템의 본질

지속가능한 제품을 마케팅 하는데 있어 하나의 중요한 장애물은 비용과 반대되는 것으로서 가격에 대해 강조하는 것이다. 총고객비용을 강조함으로써 지속가능한 마케팅 기업들은 이러한 장애물을 극복할 수도 있다. 그러나 또 다른 장애물은 사회적 및 생태적 비용을 외부화하는 것이다. 라디오가 10유로 달러 이하로 이용 가능한 이유를 당신 스스로에게 질문하여 보았는가? 그 가격이 실제로 모든 비용을 커버하는가? 그 가격은 플라스틱 부품에 소요된 석유 그리고 회로판과 트랜지스터에 소요된 구리 및 실리콘과 같이, 제품수명주기의 초기에 소요된 천연자원을 추출하는데 소요된 총비용을 포함하고 있는가? 선적 및 수송은 어떠한가? 그 비용은 지구 온난화와 기후변화에 대한 기여비용을 포함하고 있는가? 생산비용은 어떠한가? 어디에서 그리고 어떤 작업환경하에서 10유로 달러 이하로 라디오를 조립할 수 있는가? 그리고 라디오의 수명주기 끝에서 라디오의 가격은 모든 사회적 및 생태적 비용을 커버하지 못한다는 것은 분명하다. 대부분의 경우, 점포에서 소비자가 지급하는 가격은 현재(최저임금 이하의 작업자) 또는 미래(지구 온난화와 기후변화의 결과로 고통을 겪게 되는 이후의 세대)에 존재하는 다른 사람들에 의해서 발생되는 실질적인 총비용의 일부분에 지나지 않는다. 즉 현재의 가격시스템은 사회적 및 자연적 환경의 외적 비용을 커버하지 못한다.[45] 따라서 시장에서 이용될 수 있는 많은 제품들은 비합리적으로 저렴하다. 즉 많은 제품들은 다른 사람들, 자연에 의해 그리고 일반 공중에 의해서 효과적으로 함몰되는데, 일반 공중들은 (자진해서 또는 타의적으로) 외부비용을 감수 · 부담한다. 이것은 결국 지속가능하지 않은 제품에 유리하게 편향된 경쟁 매커니즘을 초래케 한다. 가격이 그 자체의 진실한 사회적 및 생태적 비용(원가)를 반영하지 않는 한, 전통적인 제품들은 자신들이 직면하고 있는 보다 지속가능한 경쟁제품에 비해 결정적인 원가 우위성을 갖게 된다.

그러나 사회-생태적인 문제들이 점차 압박을 가함에 따라, 그리고 많은 사람들이 그러한 문제들을 인식하게 됨에 따라, 지방, 국가 및 초국가적 정부들이 이러한 외적비용을 내부화하기 위해 상이한 정책적 수단 믹스를 사용하게 될 것이다(〈그림 9.7〉 참조).[46]

지속가능성 마케팅 기업들은 이러한 변화를 예상하도록 충고를 받고 있는데, 이러한 변화들은 결국 피할 수 없으며 또한 결국에는 소비자 행동을 변화시킬 것이다. 다시 한 번, 전체적인 제품수명주기에 걸친 사회적 및 생태적인 문제에 대한 전반적인 분석은 좋은 출발점이다.[47] 즉 전반적인 분석은 주요한 사회적 및 생태적 이슈에 대해 기본적인 이해를 제공하며 또한 지금까지 외부화되어 있던 숨겨진 비용에 대해 통찰하게 한다. 사회-생태적 문제에 대한 분석에 기초하여, 상이한 시나리오를 고려하는 것이 유용하다. 특별한 문제에 대한 외적 비용이 부분적으로

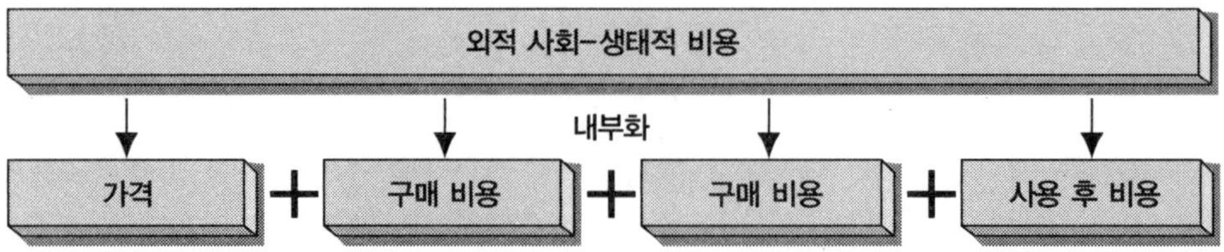

그림 9.7 총고객비용–외적 식견

내부화된다면 무슨 일이 발생할 것인가? 즉 특별한 문제에 관한 외부 비용의 완전한 내부화의 경우에 무엇이 발생할 것인가? 내부화는 어느 정도까지 어떤 제품의 원가(비용)구조와 가치제안에 영향을 줄 것인가? 내부화는 어떤 방식으로 경쟁의 규칙을 변화시킬 것인가? 이러한 문제들에 대해 근본적인 해답을 주기 위해, 완전한 비용/환경 회계가 요구된다.[48] 자동차와 기후변화를 고려해 보라. 만약 유럽연합이 계획한데로 CO_2배출에 가격이 부과된다면, 그 시장은 거의 또는 전혀 CO_2를 배출하지 않는 자동차를 선호할 것이다. 하이브리드 자동차나 전기자동차의 개발이 수 년 또는 수십 년이 소요되므로, 주요한 사회-생태적 문제를 인식하게 되고 또한 미리 외부비용을 내부화하는 것을 예상하는 것이 얼마나 중요한가는 분명하게 된다. 제11장에서 우리는 외부비용의 내부화로 되돌아갈 것이다. 그 전에 우리는 SM(지속가능성 마케팅) 믹스의 4번째 C, 즉 지속가능한 제품의 편리성 그리고 고객 해결방법에 대해 논의할 것이다.

주요 용어

가격
가치기준 가격결정
거래비용
구매비용
변경비용
사용비용
사용후 비용
외부비용의 내부화
원가기준 가격결정
정보경제학
정보비용
총고객비용
탐색비용

검토해야 할 의문사항

1. a) 냉장고 b) 자동차 c) 냉동피자에 대한 총고객비용의 구성요소를 확인 · 규명하고 설명하라.

2. 여러 다양한 구매비용의 유형을 설명하라. 지속가능한 제품의 맥락에서 구매비용의 중요성을 대략 설명하고 구매비용을 줄일 수 있는 방법을 보여주라.

3. 두 가지 가격결정 접근방법. 즉 가치기준 대 원가기준 가격결정을 설명하고 지속가능한 제품에 대한

시사점을 설명하라.

4. "변경비용"이라는 용어는 무엇을 의미하는가? 당신이 구매하기로 고려하는 2개의 지속가능한 제품에 대한 변경비용의 예를 제시하라.
5. 사용비용을 줄일 수 있는 가능한 방법을 나열해 보라.

논의해야 할 의문사항

1. 소형형광전구 대 백열전구의 총고객비용을 비교하라. Philips사는 소형형광전구(CFL)의 (지각적)비용을 줄이기 위해 어떻게 관리하였는가? 당신은 어떤 다른 요인들이 소형형광전구의 성공에 있어 중요한 역할을 하였다고 생각하는가?
2. 전통적인 주택과 비교하여 에너지 효율적 또는 저에너지 주택의 총고객비용은 무엇인가? 당신의 선택에 따라 건설회사를 선정하고 그 건설회사가 에너지 효율적인 주택을 어떻게 효과적으로 시장에 내놓는가를 논의하라.
3. 고객에게 총비용을 인식시키는 것은 지속가능성 마케팅 기업에게 매우 중요하다. 제3의 조직과 비교하여 기업들이 제공하는 환경적 정보 및 도구들에 대한 찬 · 반을 논의하라.
4. 사용비용은 제품의 성능 그리고 소비자의 사용패턴의 함수이다. 실증적인 연구들은 에너지 소비는 사용자의 행동에 따라 유의하게 상이함을 보여준다. a) 주택 b) 자동차 c) 세탁기의 경우, 에너지 소비의 다양함을 보여주는 연구에 대해 인터텟을 검색하라. 상기의 3가지 상이한 제품의 경우, 에너지 소비에 영향을 주는 요인처럼 행동유형을 논의하라.
5. 유럽연합은 2005년 162g/km로부터 130g CO_2/km이하로 배출되도록 자동차와 연료효율성 기준을 증가시킬 것을 계획하고 있다. 모든 추가되는 무게(g)에 대해 자동차 회사들은 앞으로 2012년부터 95 유로 달러까지 벌금을 지급해야 한다. 새로운 a) Volkswagen Golf b) Toyota Yaris c) Mercedes d) Porsche의 비용을 어느 정도 변화시켜야 하는가? 더욱이 유럽연합의 계획은 자동차 기업에서 경쟁의 규칙을 어떻게 변화시킬 것인가에 대해 논의하라.

지속가능성 마케팅의 도전적 문제 Sustainability marketing challenge

Interface사에 의한 Evergreen Lease

Interface사는 상업용 및 주택용으로 사용되는 카페용 타일을 디자인, 제조 및 공급하는데 전문화되고 있다. 그 회사는 1973년 설립한 미국의 Atlanta에 기반을 두고 있다. 이 회사는 미국, 영국, 네덜란드, 오스트레일리아 및 태국에 제조시설을 갖추고 있다. 유통분배 네트워크는 세계적인데, 대부분의 국가에 판매 및 마케팅 사무실을 갖추고 있다. 5,000명 이상의 구성원들이 Interface에 근무하고 있다. 이 회사의 제품은 Interface 및 Heuga라는 상표명으로 판매되고 있다. 이 회사는 항상 디자인 혁신과 기술적인 전문지식의 중심이 되어 왔으며, 또한 2개의 상표는 모듈화된 바닥용 자재에서 세계적인 선도자가 되기 위해 결합되어 있다(35% 이상의 시장점유율).

1994년 이후, Interface사는 지속가능성에 헌신하여 왔다. 이 회사의 미션은 요원, 과정, 제품, 장소 및 이윤을 균형화함으로써 2020년까지 진실로 지속가능적이 되는 것이다. 지속가능성으로 행하는 여정의 주요한 부분은 "Mission Zero"인데, 이것은 자연환경에 대해 당기업의 어떤 부정적인 영향도 제거한다는 약속이다. 1996년 이후 쓰레기 매립장에 보내진 쓰레기는 75%까지 줄였으며, 온실가스 배출(greenhouse gas emissions: GHG)은 82%까지 줄였다. 2008년, 이 회사의 총 에너지 사용의 27%는 Renewable Energy Credits를 통해 재사용이 가능하도록 구입되거나 또는 재사용가능한 원천으로부터 직접 받는다. 지속가능성에 대한 이 회사의 몰입의 한 부분으로서, Interface사는 가능한 수명을 다한 많은 제품을 회수할 수 있는 ReEntry계획을 수립하였다. ReEntry계획하에 어떤 Interface 카페트는 비상업용 조직을 위해 재사용될 것이며, 신제품용으로 재활용되거나 또는 다른 제품으로 "수준이 낮게" 재활용된다. 2007년 제조하는데 사용된 총원재료의 25%는 재활용되고 또한 생물에 기초한 원재료로 구성되어 있다.

모듈화된 카페트 타일이 수명주기의 끝 단계에서 회수된다는 사실을 확실히 하기 위해 Interface사는 자사 제품을 판매하는 대신에 니스를 촉진하고 있다. Evergreen Lease 시스템하에서, 이 회사는 그 카페트의 수명 또는 사용의 종말시기에 카페트의 설치, 유지, 선택적인 타일 교체 및 회수를 제공하고 있다. 교환시, 고객은 이런 서비스에 대해 매월 수수료를 지급한다. 1995년 Interface사는 Southern California Gas Company와 처음 Evergreen Lease 합의에 서명하였다. British Petroleum, Environmental Protection Agency, Ernst & Young, Federal Reserve Bank, General Motors, Procter & Gamble, Tennessee Valley Authority 및 University of Texas 등을 포함하여 많은 상업용 고객들은 카페트를 니스하는 아이디어에 관심을 표명하였다. 이 회사의 전 CEO인 Ray Andersson과 기타 상위관리자들이 기울인 판매노력에도 불구하고 대부분의 협상은 어느 곳에서도 성사되지 못하였다. 1995년 이후 단지 6개의 니스 협의가 서명되었다. 현재의 CEO인 Dan Hendrix는 판매기록이 낮다는 사실을 고려함으로써, Evergreen Lease의 이용가능성에 의문을 제기하였다. Evergreen Lease 시스템을 성공적인 마케팅 및 환경적 도구로 개발 · 발전시키기 위해 내적 및 외적인 많은 장애물을 극복해야만 하였다.[49]

| 논의해야 할 의문사항 |

1. 고객의 관점에서 (생태적)니스의 우위성과 단점은 무엇인가?
2. Evergreen Lease의 시장채택에 대한 장애물은 카페트를 니스하는데 매월 지급하는 많은 비용이다. Interface사는 카페트 서비스의 비용을 낮추고 또한 대처할 수 있는 보다 많은 헌신이 필요하다. Interface사가 대처할 수 있는 것을 인터넷을 검색하여 발견해 보라. Interface사는 어떻게 카페트 서비스의 비용을 낮출 수 있는가?
3. 대부분의 고객들은 카페트를 구입하고 유지하는 전체 비용을 지각하지 않는다. 카페트를 소유하는데 소요되는 총비용은 무엇인가 분석하고, 카페트를 니스하는 대안과 그것을 비교해 보라. Interface사는 고객들로 하여금 카페트의 소유에 소요되는 총비용을 인식케 하는데 무엇을 할 수 있는가?
4. 기본적으로 니스에는 운영 니스와 자본 니스의 두 가지 상이한 유형이 있다. 두 개의 상이한 니스의 차이 그리고 기업의 대차대조의 결과가 무엇인가 발견해 보라. 자본 니스 대신에 운영 니스가 왜 회계 및 세금 측면에서 기업에게 유리한가?

5. Generally Accepted Accounting Principles(GAAP)에 의하면, 니스 합의는 아래의 4개의 기준 중 최소한 한 가지를 충족 한다면 자본 니스가 고려되는데, 4가지 기준이란 a)니스는 그 기간의 끝시기에 니스 자산의 소유권을 이전한다. b)니스는 "협상 구매선택권"을 통합한다. c)니스 조건은 그 자산의 예상되는 유용한 시간의 75% 또는 그 이상이다. d)미래의 니스 지급액의 현재 가치는 니스된 자산의 시장가격의 90% 또는 그 이상이다. Evergreen Lease는 (불리한)자본 니스에 대해 자격이 있는가? 그렇다면 그 이유는?

참고문헌

1. Kofod, C. (1999) *A Strategy Study Concerning Promotion of Energy Efficient Lighting in IEA Member Countries: Energy Savings by Use of CFLs (Compact Fluorescent Lamps) in the residential sector. The potential for an Effort Coordinated by the IEA*, Paris: Energy Piano for the IEA; Ottman, J.A., Stafford, E.R. & Hartman, C.L. (2006) 'Avoiding green marketing myopia', *Environment*, 48(5): 22–36; Johnson, W.B. (2004) *Powerhouse Marketing Plans: 14 Outstanding Real-Life Plans and What You Can Learn from Them to Supercharge Your Own Campaigns*, Boston, MA: AMACOM, pp. 58–80; Sandahl, L.J. (2006) *Compact Fluorescent Lighting in America: Lessons Learned on the Way to Market*, prepared by Pacific Northwest National Laboratory for US Department of Energy Office of Energy Efficiency and Renewable Energy Building Technologies Program, http://www.netl.doe.gov/ssl/PDFs/CFL%20Lessons%20Learned%20-%20web.pdf (accessed 31 December 2008). Company information available at www.philips.com (accessed 31 December 2008).
2. Kotler, P. & Armstrong, G. (2004) *The Principles of Marketing*, 10th edn, Upper Saddle River, NJ: Prentice Hall, p. 345.
3. Peattie, K. (1995) *Environmental Marketing Management: Meeting the Green Challenge*, London: Pitman Publishing, p. 280.
4. Kotler, P. & Armstrong, G. (2004) *The Principles of Marketing*, 10th edn, Upper Saddle River, NJ: Prentice Hall, p. 345.
5. *Ibid.*; Varian, H.R. (1992) *Microeconomic Analysis*, New York: Norton.
6. The discussion of customer costs is based on Belz, F.-M. (2001) *Integratives Öko-Marketing. Erfolgreiche Vermarktung ökologischer Produkte und Leistungen*, Wiesbaden: Deutscher Universitäts-Verlag, pp. 75–8; and Bänsch, A. (1993), Marketing für umweltfreundliche Güter', *UmweltWirtschaftsforum*, 1(2): 13–18.
7. Kuusela, H. & Spence, M. (1999) 'Factors Affecting the Acquisition of Energy Efficient Durable Goods', in Charter, M. & Polonsky, M.J. (eds), *Greener Marketing. A Global Perspective on Greening Marketing Practice*, Sheffield: Greenleaf Publishing, pp. 224–32.
8. Transaction theory focuses on the individual transaction, defined as the transfer of property rights, as the unit of analysis. The costs occurring in this process are referred to as transaction costs. Picot (1982) has defined and systematized transaction costs, as including initiation, agreement, execution, control and adaptation costs. For a more detailed discussion of transaction costs and transaction cost theory, see e.g. Coase, R.H. (1937) 'The nature of the firm', *Economica*, 4(16): 386–405; Picot, A. (1982) 'Transaktionskostenansatz in der Organisationstheorie: Stand der Diskussion und Aussagewert', *Die Betriebswirtschaft*, 42(2): 267–84; Williamson, O. (1985) *The Economic Institutions of Capitalism: Firms, Markets, Relational Contracting*, New York: Free Press.
9. For the following discussion on information economics see Nelson, P. (1970) 'Information and consumer behaviour', *Journal of Political Economy*, 78(2): 311–29; Nelson, P. (1974) 'Advertising as information', *Journal of Political Economy*, 83(4): 729–54; Darby, M.R. & Karni, E. (1973) 'Free competition and the optimal amount of fraud', *Journal of Law and Economics*, 16(1): 67–88.
10. Hirunyawipada, T. & Paswan A.K. (2006) 'Consumer innovativeness and perceived risk: Implications for high technology product adoption', *Journal of Consumer Marketing*, 23(4): 182–98.
11. Meyer, A. (2001) 'What's in it for the Customers? Successfully marketing green clothes', *Business Strategy and the Environment*, 10(5): 320.
12. Research indicates that 'pay-as-you-throw' systems save the average household money. Nevertheless, they are often portrayed in the media as an 'extra' household charge. Therefore such schemes are quite unpopular in countries like the UK. They have been poorly explained by the government and the media

has gone into protest overdrive.
13. Zurbrügg, C. (2002) 'Urban Solid Waste Management in Low-Income Countries of Asia. How to Cope with the Garbage Crisis', paper presented for Scientific Committee on Problems of the Environment (SCOPE), Urban Solid Waste Management Review Session, Durban (South Africa), December, http://www.eawag.ch/organisation/organisation/abteilungen/sandec/publikationen/publikationen_swm/downloads_swm/USWM-Asia.pdf (accessed 31 December 2008).
14. Enayetullah, I. (2005) 'Household Waste Management in Dhaka, Bangladesh', http://tilz.tearfund.org and www.wasteconcern.org (accessed 31 December 2008).
15. OECD (2006) *Improving Recycling Markets*, Paris: OECD Publishing.
16. Kotler, P. & Armstrong, G. (2004) *The Principles of Marketing*, 10th edn, Upper Saddle River, NJ: Prentice Hall, p. 11.
17. *Ibid.*, pp. 359–60.
18. *Ibid.*, p. 360.
19. *Ibid.*, pp. 259–60.
20. Alexander, H. (2008) 'US fears over honey bee collapse', BBC News Online, 25 March, http://news.bbc.co.uk/1/hi/sci/tech/7312358.stm (accessed 26 December 2008).
21. Spence, M. (1976) 'Informational aspects of market structure: An introduction', *Quarterly Journal of Economics*, 90(4): 591–7.
22. Karstens, B. & Belz, F.-M. (2006) 'Information asymmetries, labels and trust in the German food market: A critical analysis based on the economics of information', *International Journal of Advertising*, 25(2): 189–211.
23. Meyer, A. (2001) 'What's in it for the customers? Successfully marketing green clothes', *Business Strategy and the Environment*, 10(5): 323–7; Hessnatur, company information available at www.hess-natur.info (accessed 31 December 2008).
24. Kotler, P. & Armstrong, G. (2004) *The Principles of Marketing*, 10th edn, Upper Saddle River, NJ: Prentice Hall, p. 377.
25. Peattie, K. (1999) 'Rethinking Marketing', in Charter, M. & Polonsky, M.J. (eds), *Greener Marketing. A Global Perspective on Greening Marketing Practice*, Sheffield: Greenleaf Publishing, p. 62.
26. Porter, M.E. & van der Linde, C. (1995) 'Toward a new conception of the environment–competitiveness relationship', *Journal of Economic Perspectives*, 9(4): 97–118; Porter, M.E. & van der Linde, C. (1995) 'Green and competitive: Ending the stalemate', *Harvard Business Review*, 73(5): 120–33.
27. Fuller, D.A. (1999) *Sustainable Marketing: Managerial-Ecological Issues*, Thousand Oaks, CA: Sage, p. 311.
28. Tukker, A. (2004) 'Eight types of product-service system: Eight ways to sustainability? Experiences from Suspronet', *Business Strategy and the Environment*, 13(4): 253.
29. www.swissrent.com (accessed 22 April 2009).
30. Sahota, A. (2007) 'The International Market for Organic and Fair Trade Food and Drink', in Wright, S. & McCrea, D. (eds), *The Handbook of Organic and Fair Trade Food Marketing*, Oxford: Blackwell, pp. 4–13.
31. Washright Initiative by AISE, http://www.washright.com/uk/index.html (accessed 31 December 2008).
32. See Chapter 7.
33. Fuller, D.A. (1999) *Sustainable Marketing: Managerial-Ecological Issues*, Thousand Oaks, CA: Sage, pp. 303–10; Miele Sustainability Report 2006, p. 23, http://www.miele-presse.de/media/presse/media/Sustainability_Report_2006.pdf, (accessed 4 January 2009); HP Asset Recovery Services, information available at www.hp.com (accessed 4 January 2009).
34. OECD (2006) *EPR Policies and Product Design: Economic Theory and Selected Case Studies*, http://www.olis.oecd.org/olis/2005doc.nsf/LinkTo/NT00005AA6/$FILE/JT03204660.PDF (accessed 31 December 2008).
35. Directive 2000/53/EC of the European Parliament and of the Council of 18 September 2000 on end-of-life vehicles, amended by Directive 2008/33/EC of the European Parliament and of the Council of 11 March 2008, available at http://eur-lex.europa.eu (accessed December 2008).
36. OECD (2006) *EPR Policies and Product Design: Economic Theory and Selected Case Studies*, http://www.olis.oecd.org/olis/2005doc.nsf/LinkTo/NT00005AA6/$FILE/JT03204660.PDF (accessed 31 December 2008).
37. The concept of bounded rationality was coined by Herbert Simon (Simon, H.A. (1957) *Models of man: Social and rational*. New York: John Wiley & Sons) and embraced by the newer literature streams of new institutional economics and new economic sociology. See Chapter 4 for further details.
38. Kuusela, H. & Spence, M. (1999) 'Factors Affecting the Acquisition of Energy Efficient Durable Goods', in Charter, M. & Polonsky, M.J. (eds), *Greener Marketing. A Global Perspective on Greening Marketing Practice*, Sheffield: Greenleaf Publishing, pp. 224–32.
39. Philips Savings Calculator, http://www.start-saving.com/?site=3-1&universe=3&lang=global (accessed 31 December 2008).

40. Continental Fuel Savings Calculator, http://www.conti-online.com/generator/www/de/en/continental/transport/themes/goods/fuel_saving/fuel_saving_calculator_en.html (accessed 31 December 2008).
41. Phoenix Motorcars, ROI Calculator, http://www.phoenixmotorcars.com/why-choose-phoenix/calculation.php (accessed 31 December 2008).
42. Electrolux, Ecosavings, http://www.electrolux.com/ecosavings (accessed 31 December 2008).
43. Öko-Institut e.V., EcoTopTen, The Initiative, http://www.ecotopten.de/download/EcoTopTen_Broschuere 0502e.pdf (accessed 31 December 2008).
44. Sammer, K. & Wüstenhagen, R. (2006) 'The influence of eco-labelling on consumer behaviour – Results of a discrete choice analysis for washing machines', *Business Strategy and the Environment*, 15(3): 185–99; CLASP (Collaborative Labeling and Appliance Standards Program), Energy Efficiency Standards & Labeling Information Clearinghouse, www.clasponline.org (accessed 31December 2008).
45. Peattie, K. (1995) *Environmental Marketing Management: Meeting the Green Challenge*, London: Pitman Publishing, pp. 288–90.
46. See Chapter 11 for the internalization of external costs and the role of companies in sustainability marketing transformations.
47. See Chapter 3 for qualitative and quantitative instruments to analyse the socio-ecological problems of products along the entire life cycle 'from cradle to grave'.
48. Schaltegger, S. & Burrit, R. (2000) *Contemporary Environmental Accounting. Issues, Concepts and Practice*, Sheffield: Greenleaf Publishing.
49. Feld, A., Fowler, A., Haq, A. & Schrader, C. (2003) Transition to a Functional Service Economy, NTRES 318, Ithaca, NY: Cornell University; Oliva, R. & Quinn, J. (2003) 'Interface's Evergreen Services Agreement', Harvard Business School N9-603-112, Boston, MA: Harvard Business School; www.interfaceflor.eu (accessed 31 December 2008); www.interfaceinc.com (accessed 31 December 2008).

10

CHARTER

편리성

학습 효과

1. 편리성에 대한 비전통적인 식견에서 소비자에게 고객을 위한 해결방법의 과정을 보여줌.
2. 소비자 편리성에 영향을 주는 마케팅의 상이한 측면을 평가함.
3. 소비자들에게 역시 편리한 보다 지속가능한 해결방법 그리고 그 해결방법과 관련되는 도전적인 문제를 전달하기 위해 개발될 수 있는 전략을 논의함.

고찰내용 개념의 시연

편리성에 대해 많은 측면이 있다. 어떤 편리함은 유통분배의 이슈 그리고 소비자에게 적합한 장소와 시기에서 구매하기 위해 접근할 수 있으며 또한 이용할 수 있도록 제품을 제조하는 과정을 반영한다. 역시 편리함은 정보를 준비하는 구매 전 선택, 편리한 특성 또는 지원되는 서비스가 결합되는 제품사용, 제품을 책임있게 처분하는 것을 용이하게 하는 등이 포함되는 소비과정의 다른 단계 동안에 전달될 수 있다. 소비자들에게 성공적인 지속가능성 해결방법을 전달하는 것은 기술적으로 효과적이며 또한 지급할 수 있을 뿐만 아니라, 이 소비자들을 위해 편리하게 하는 것들에 좌우될 것이다.

지속가능성 마케팅 이야기 Sustainability marketing story

FamilyMart 편의점

현대적인 마케팅 맥락에서 볼 때, 마케팅에 있어 편리함에 대한 요약발췌는 놀랍지도 않게 "편리성"에 의해 표현 · 설명된다. 바쁘고 또한 시간에 쫓기는 도시인을 위해 재화와 서비스에 신속하고 용이하게 접근함을 제공하는 도심지역에 있는 상대적으로 소규모한 점포로서 이 소매 형태는 세계적인 현상이다. 일본에서 거의 50,000개의 **편의점**(conbini store)이 1974년 도쿄에 개점한 최초의 7-Eleven점포 이후 설치되었다. 그후 편의점들은 일본인의 생활의 중요한 요소로 성장하였는데, 그 편의점들은 식료품을 고르고, 대금을 지급하고, 먹고 마시고, 세탁물을 맡기는 편리한 중심점으로 활동하고 있으며, 또한 편의점들은 연간 7조엔(55억 유로 달러) 이상의 판매고를 창출하고 있다.

FamilyMart Co.사는 7,000개 이상의 점포로 일본에서 3번째로 큰 편의점 체인이다(다른 국가에도 5,300개 이상이 있음). 대부분 **편의점**(conbini)과 같이, 그것은 프랜차이즈 사업으로서 교대로 일하는 15~20명의 종업원을 확보한 가족이 소유하고 운영하는 점포이다. 전형적인 점포는 120m^{2}의 공간으로 식품과 음료, 잡지 및 일상용품과 같은 2,800개 제품을 취급하는데, 하루 24시간 운영된다. FamilyMart는 편리함과 접근가능성에 기초하여 경쟁자와는 거리를 두고 있으며 "함께 성장한다"는 새로운 전략을 수립하였는데, 함께 성장한다는 것은 고객들과 상호 이익적인 관계를 구축함으로써 이루어지는 성장을 의미한다. FamilyMart사는 자신을 고객들의 삶 속에서 "중요한 장소"로 재상표화하였으며, 가정 및 공동체 삶의 편리한 부분뿐만 아니라 통합적인 부분이 됨으로써 그리고 사회적 및 환경적 책임을 제시함으로써 경쟁하고자 한다. 소비자들이 필요로 하는 거의 모든 것을 집 가까이에서, 한 장소에서 하루 중 어느 시간에서도 편리하게 접근할 수 있음을 소비자에게 제공하는 것은 필연적으로 포장 쓰레기, 판매되지 않은 식품 쓰레기 및 24/7운영에 필요한 에너지와 같은 두드러진 환경적 결과를 초래한다. 이 회사의 지속가능성 보고서는 "FamilyMart사가 세계적인 환경과 영원히 공존할 수 있는 사회를 실현하는 것은 21세기에 환경적으로 의식하는 편의점에 대한 비전이다"라고 지적한다.

지속가능한 편리함을 제공하는 것은 상당한 도전적인 문제이다. 평균적인 FamilyMart점포는 연간 180,000kWh의 전기, 360m^{3}의 물, 662ℓ의 요리용 기름을 소비한다. 역시 FamilyMart는 4.5톤의 식품 쓰레기, 8톤의 가연성 쓰레기 그리고 1.5톤의 플라스틱 쓰레기를 산출한다. 24/7편리성을 제공하는데 필요한 조명은 그 점포의 에너지 비용청구 및 연관되는 배출의 가장 큰 추진요인이다. 이것을 줄이기 위해 점포들은 점포내의 5개 "영역" 각각에 대해 필요한 조명수준을 조절할 수 있도록 재디자인 하였으며(잡지 영역은 햇빛을 이용하도록 자리를 잡음), FamilyMart는 자사의 표식판에 대해 에너지 효율적인 흰빛의 LED(light-emitting diode: 발광 바이오드)를 도입함으로써 업계를 선도하였다. 통합된 열이용 시스템은 역시 에어컨디쇼닝, 냉장 및 냉동의 기능을 결합하기 위해 설치하여 전략소비를 줄였다.

쓰레기를 처리하는데 있어, 그 편의점 체인은 5,500개의 점포에서 나오는 쓰레기 요리용 기름을 재활용하기 위해 일본에서 가장 큰 네트워크 수집기점을 설치하였으며, 신선도 일자가 지난 식품을 수집할 수 있는 시스템을 도입하였는데, 그 식품은 비료와 사료로 재활용된다. 로지스틱스와 배송을 처리하기 위해 이 회사는 하이브리드 자동차로 전체적인 운송수단을 교체하였다.

이 회사는 역시 자사의 전통적인 미리 포장된 편의식품 범위를 멀리하고 또한 편리성 기준에 따라 신선한 식품을 제공하여 건강을 강조하는 것을 포함하여 편리성에 사회적 책임을 결합하려고 하였다. 현재 신선하고 새롭게 준비한 식품들이 전형적인 점포의 판매고 중 70%를 차지하고 있다. 일본에서 나이가 많은 인구에 맞추어 이 점포들은 고령소비자들에게 중요시되고 있는데, 이에 따라 고령소비자들은 집에서 걸어서 갈 정도의 거리내에서 자신들이 필요로 하는 제품에 쉽게 접근할 수가 있게 되었다. 이미 편의점들은 지진과 같은 국가적 재앙이 있는 경우에 정부가 지정한 커뮤니케이션 네트워크로서 공동체의 역할을 이행하고 있다. FamilyMart는 어린이들을 위한 인정된 안전한 대피지역으로 점포를 제공하는 것과 같은 계획을 통해 더욱 더 그들의 역할을 수행하려고 한다. 이 회사는 지속가능한 사회를 촉진하기 위해 그리고 사회적 차원에서 주도적인 역할을 하기 위해 또한 지속가능한 라이프스타일을 위한 보급자로서 서브하기 위해 지역 공동체 내에서의 역할을 완수하는 것을 확실하게 최종의 목표로 삼고 있다.

자사의 사회적 및 환경적 기여를 확대할 뿐만 아니라, FamilyMart사는 일본 소비자들의 삶의 다른 측면에 편의성을 계속 제공하고 있다. 대다수 점포에 설치되어 있는 ATM기들은 돈과 가깝게 할 뿐만 아니라 돈을 빌리는데 이용할 수 있으며 또한 이 회사는 소비자의 오락 욕구에 맞추기 위해 DVD 분배업자와 동반자화를 형성하고 있다. 이 회사는 150분당 9,800엔(77유로 달러)으로 청소, 세탁, 어린이 돌보기를 제공하기 위해 가정서비스 제공기업인 Bears Co.사와 합자투자를 체결하였다. 그런 서비스에 대한 이용권은 미리 구입될 수 있으며, 그후 필요할 때 전화로 연결되는데, 이에 따라 너무나 잘 알려져 있다.

FamilyMart는 자사의 많은 지속가능성 계획에 있어 그 업계를 선도하고 있으며 또한 이미 점포의 CO_2배출을 줄이고 미생물에 의해 무해한 물질로 분해될 수 있는 포장으로 변경하는 미래의 도전적인 문제에 대해 작업하고 있다. 다른 편의점과 같이, FamilyMart사는 어느 지역정부가 제시하고 있는 것처럼 쇼핑백에 대해 소비자들에게 5엔(0.04유로 달러)을 부과하는 것에 대해 주저하였으나, FamilyMart사는 자체의 재사용할 수 있는 "Eco-bag"계획을 시도하였다. 자사가 제공하는 편의성에 대해, 그리고 공동체내에서 지속가능성으로 발전시키기 위해 기여하려고 하며 또한 지속가능성 이슈를 처리하는데 있어 자사의 역할에 대해 FamilyMart사는 자사 고객의 삶에서 자신을 "중요한 장소"로 만드는데 성공하고 있다.[1]

1 소비와 편의성

전통적인 마케팅 믹스로서 지금까지 사용된 4P 변수들 중 하나는 "장소"인데, 장소는 통상 유통분배의 이슈에 집중되며 또한 소비재의 경우 소매업에 집중되고 있다. 지속가능성 식견에서 볼 때, 전통적인 장소 믹스 변수에는 3가지 중요한 약점이 있다. 첫째, 제품의 유통분배에 집중함으로써 장소는 생산자의 식견에서 볼 때 거의 직시되지 못하고 있다. 즉 전통적인 마케팅 교과서들은 유통분배 경로가 어떻게 조직되고 관리되며 또한 이런 경로내에서 생산업자와 중간상들 간의 관계에 대해 집중하고 있다. 이러한 경로들이 효과적으로 운영된다면 경로들이 운영되는 방법은 특히 소비자들에게는 관심거리가 되지 않는다.

제품이나 서비스에 의해 제공되는 이점들이 예상대로 제공된다면 그리고 그 제품의 비용이 지급가능하다면, 그후 유통분배 과정에 의해 영향을 받게 되는 나머지 이슈들은 거의 편리성과 관계되는데, 그 편리성은 소매업 및 유통분배에서 소비자들이 추구하는 핵심적인 이점이다. 둘째, 장소에 대해 생각하는 것은 교환하는 기점(또는 서비스 접촉점)에 대해 집중케 한다. 즉 실제로 소비자들은 점차 제품의 획득, 사용 및 처분 등을 포함하여 소비과정의 모든 국면을 통해 편리성을 요구하는 경우에 그렇다. 마지막으로, 많은 시장에서 장소에 대한 전통적인 개념은 소비 또는 정보탐색과 같은 소비과정의 구성요소들이 전자상거래의 부상으로 가상적인 환경으로 변화함으로써 거의 관련성이 없어지고 있다.

"편리성"에 대한 개념은 여러 가지 상이한 방법으로 정의되는데, 여러 가지 방법 모두가 마케팅 기업들에게는 의미가 있다. 어떤 것은 시간과 장소에 적합하다면 불편함이나 문제를 없애고 또는 용이함을 촉진한다면, 그리고 자신의 욕구에 매우 잘 맞다면 편리한 것이다. 그러므로 편리성을 추구한다는 것은 마케팅의 전반적인 진화발전의 중심이며 또한 소비자 사회의 부상 그리고 소비의 성장으로 야기되는 많은 환경적 손상은 재화와 서비스를 소비자를 위해서 편리하게 하려는 의도와는 역으로 연결된다. 매일매일의 소비의 본질에 대한 Elizabeth Shore의 저서인 *Comfort, Cleanliness and Cenvenience*는 편리성을 소비자 사회내에서 라이프스타일 및 소비습관을 정의하는 3가지 구성요소 중 하나라고 제시한다.[2] 그녀는 보다 환경적으로 지속가능한 라이프스타일 그리고 소비의 패턴으로의 움직임은 편안함, 청결함 및 편리성을 구성하고 또한 이것들이 성취되는 방법에 대한 우리의 아이디어를 재고하는 것을 우리들에게 요구한다. Shore가 다루지 않은 4번째 C요인은 "표면상의 완벽함(cosmetic Perfection)"에 대한 아이디어인데, 그 아이디어에서 우리는 피상적인 외적 모습에 기초하여 과일과 채소로부터, 가전제품으로부터 유명인사와 정치가에 이르는 모든 것을 소비한다. 과일과 채소의 경우, 2008년까지 이러한 개념이 유럽 법규에서 정식으로 기술되고 있는데, 유럽 법규는 지름이 11cm 미만의 꽃양배추, "갈라진" 당근(1개 이상)이나 껍질의 2/3미만이 없는 양파들을 소매상들이 판매하지 못하도록 금지하고 있다. 자연의 변화성(다양성)에 대한 이러한 거부로 영국에서 재배된 이런 제품의 20%가 판매되지 않고 처분되었는데, 그 결과로 고객들에게는 40%까지 고가격을 부과하게 하였다.[3]

편리성은 소비자들에 의해 크게 가치를 갖고 있으며 또한 상대적으로 돈은 많으나 시간이 부족한 사람들에게 있어, 그 제품의 재무적 비용보다도 마케팅 기업에 의해 제공되는 편리성인데, 그것은 결국 소비자들의 행동과 만족을 결정한다. 간단한 예가 배터리의 사용, iPods, 휴대폰, 리모트 컨트롤(원격통제), 전자식 장난감 및 게임으로 꽉찬 선진경제에서의 유비쿼터스 제품 그리고 연기탐지기로부터 전자식 저울에 이르는 모든 가정용 품목들이다. 그러한 제품에서 재충전할 수 있는 배터리의 이용은 소비자의 돈을 절약해 주고, 환경적 영향을 줄여준다. 그러나 재충전 과정을 관리하는데 그리고 보다 자주 배터리를 교체해야 하는데 관련되는 추가적인 노력은 사용 후 버릴 수 있는 배터리가 계속 시장을 지배하게 되는 결과를 확실하게 한다.[4] 역시 편리성이 상대적인 개념이며 또한 최근에 소비자들에게 제공되는 것보다 찾고, 접근하고, 구매하고, 소비하고 또한 처분하는 것이 보다 신속하고 용이한 제품과 서비스를 제공함으로써 성취되고 있다는 것을 지적하는 것은 가치가 있다.

전통적인 마케팅내에서, 편리성은 통상 2가지 방법으로 논의되는데, 2가지 모두는 소비자가 물건을 구입하는 방법에서 유래된다. 첫 번째 방법은 **편의품**(convenience goods)과 관련이 있는데, 그것은 쇼핑자의 관찰과 주시에 따라 Melvin T. Copeland가 1923년 제시한 3가지 유형의 소비재 중 하나이다.[5] 편의품은 최소한의 사고와 노력으로 자주, 즉시 구입되는 품목이다. 또 다른 범주는 **선매품**(shopping goods)으로서, 그것은 소비자들이 제품, 그리고 점포를 품질, 가격 및 스타일에 대해 비교한 후에만 구입하는 것이다. **전문품**(speciality goods)은 소비자들이 특별하게 몰두하여 구매하는 노력을 기울이는 것이다. 역시 편리성은 "편의점"(일본의 FamilyMart와 같은 것)과 관련하여 고려되며, 역시 간혹 "코너 스토어 또는 코너 숍" 그리고 다른 지역적 다양성에 따라 불리운다. 도시 교외지역, 도심지역 또한 주요한 교통요지에 있는 이러한 소형 소매상들은 소비자들에게 다양한 제품을 신속하고 용이하게 접근성을 제공한다. 즉 소형 소매상들은 전형적으로 선도상표를 제한적으로 선정하여 비축하며, 할인점 또는 슈퍼마켓과 비교하여 고가격으로 제공한다. 7-Eleven 및 Spar와 같은 우상적인 편의점 체인이 있으며 또한 편리성 형식의 점포를 개점함으로써 대형 슈퍼마켓들이 자사 사업을 확대하는 추세가 증가하고 있다. 이후에서 우리는 전반적인 소비과정에 따른 편리성 측면, 즉 구매의 편리성, 사용상의 편리성 그리고 사용 후의 편리성에 대해 연구할 것이다.

2 구매에서의 편리성

2.1 유통분배에서의 접근용이성

기업의 유통분배 경로가 편리성에 기여한다는 것은 재화와 서비스를 물질적으로 접근가능하게 함으로써 이루어진다. "마케팅"의 진정한 뿌리는 구매자와 판매자가 장소와 시간에 편리하고 효율적으로 함께 주고받는 물질적인 시장을 형성하는 것이다. 그와 유사한 원칙은 지역의 코너 점포, Dell 및 Amazon과 같은 거대한 온라인 소매로부터 중국 동관에 있는 South China Mall과 같은 새로운 하이퍼마켓 및 거대한 소매 쇼핑몰의 탄생에 이르기까지 모든 형태의 소매업에 적용되는데, South China Mall은 892,000m^2의 소매공간에 무려 1,500개 이상의 상이한 점포들로 구성되어 있다.

소비자에게 있어 한 장소에 제품을 함께 보유 · 비축한다는 편리성은 단 한번의 쇼핑트립(쇼핑이동)으로 다양한 범주의 제품을 구입할 수 있도록 하며, 서비스에 접근할 수 있도록 한다. 슈퍼마켓, 하이퍼마켓 및 쇼핑몰에서 제품을 함께 비치한다는 것에 대한 환경적 영향을 이해하는 것은 그렇게 간단하지가 않다. 단 한번의 이동/위치에 의한 쇼핑은 확실하게 시간상으로 효율적이며 또한 다른 지역에까지 차를 여러번 타고 가는 것과 비교할 때 자원 효율적으로 생각될 수 있다. 그러나 실제로 소매 발전의 추세는 대부분 고객의 집에서 거리가 먼 "교외" 소매센터로 향하고 있는데, 이로써 쇼핑이동(shopping trip)은 걸어서 자전거로 또는 대중교통을 이용하여 보다 전통적인 지역쇼핑과 비교하여 자원 비효율적이다. 영국의 예를 들어보자. 자동차로 모든 식료품을 쇼핑하는 것을 버스, 자전거 또는 걸어서 하는 것으로 대체한다면, 관련되는 환경적 비용 및 혼잡비용은 약 13억 파운드(13.7억 유로 달러)로부터 1억 파운드(1억 500만 유로 달러)로 낮아질 것이다.[6] Defra에서[7] 발표한 2005년 UK Food Miles에 대한 보고서는 총 식품 수송시 발생한 CO_2의 1/8은 식품의 최종 자동차 수송에 의해 발생되었다고 계산하였는데(쇼핑 후 집에까지 식품을 이동하는데 관련되는 것), 이 계산치는 연간 240만 톤의 CO_2와 맞먹는 것이다.

지속가능성 마케팅 기업에 대해, 소비자들이 해결방법에 대해 접근할 수 있는 많은 경로가 있다. "문지기"로서 행동하고 또한 소매상들의 매장 선반에 지속가능성 지향적인 제품을 오직 신중하게 추가하려고 하는 주류를 이루는 소매상들의 경향은 1980년대와 1990년대에 전문 생태적 소매상들의 출현을 이루게 하였다. 많은 경우에 전문 생태적 소매상들은 지속가능성 지향적 제품에 대한 시장을 구축하려는 분명한 목표를 가진 대의 추구적인 마케팅 기업이나 사회적 기업가들이었다.[8] 그러한 소매상들은 재활용된 종이제품, T-셔츠, 청소용품 및 개인신변용 제품 그리고 천연 및 자연식품과 의류제품 등을 특성으로 하는 제품 범주들을 취급하면서 1990년대 초 동안에 등장하였다. 그 소매상들은 거의 소규모하고 독립적인 기업들로서, 그들의 재무적 지속가능성은 자주 거의 보장되지 않았다.[9] 미국에서는 대학에 지속가능성 지향적인 점포들이 몇 개 등장하였으며, 또한 2007년 Oregon주에 Full Moon Foodies체인과 같은 천연식품에 바탕을 둔 몇 개의 성공적인 것들이 시작되었다. 역시 Gaiam and Real Goods와 같은 지속가능성 카탈로그 소매상들의 성장이 있었으며 또한 몇 개의 점증하는 NGO(예:WWF)들로부터 대의관련 카탈로그 캠페인에의 성장이 이루어졌다.

2.2 유통분배 체인의 영향

고객들에게 접근할 수 있도록 하며 또한 고객들을 위해 편리함을 제공할 수 있도록 공급체인을 운영하는 과정은 개별제품들의 환경적 및 사회적 영향들 중 상당한 부분을 차지한다. 즉 유통분배와 연관된 주요한 환경적 이슈들은 포장 및 쓰레기 배출, 쓰레기의 처분, 소음과 배출수준 그리고 화석 연료의 소비 등이다.[10] 물질적 제품의 유통분배와 관련되는 환경적 영향은 부분적으로 수요와 공급의 지역을 반영할 것이다. 고객에게 제품을 수송하는데 소요되는 연료는 아래의 요인에 좌우된다.

- 제품과 고객간의 거리
- 제품과 고객을 연결하는 수송의 기반 구조
- 중간상에게 또는 고객에게 직접 재화를 공급하는데 연관되는 창고 등 거점의 유형

제조업자들의 유통분배 경로에 대해 보다 경제적으로 또한 환경적으로 효율적인 구조를 조성하는데 소요되는 유통분배용 연료비를 줄이도록 제조업체들에 대해 기존에 존재하는 경제적인 압력이 있다. 그러나 지속가능성 식견에서 볼 때, 사용되는 화석연료에 대한 전체적인 사회적 및 경제적 비용(기후변화에 대한 원인을 포함하여)이 내부화되지 않고 있는 상황에서, 연료비 그리고 집중화된 유통분배 시스템의 운영비용은 인위적으로 낮게 유지되고 있다. 그러므로 장래에 보다 지속가능한 유통분배 시스템은 생산 · 소비 및 유통분배에 대한 보다 지역화된 시스템으로의 회귀를 감지할 가능성이 있다(국제적 또는 세계적인 소유하는 틀 속이기는 하지만).

제품의 유통분배 경로들이 구조화되는 방법은 환경적인 영향뿐만 아니라 사회적인 영향을 준다. 주요 도로에 그리고 거주지역에서 멀리 떨어진 곳에 있는 "교외" 소매단지로 향하는 추세는 "거대한 자동차 경제"의 한 부분을 차지하고 있는 미국과 서구유럽에서 지배적이다. 하나의 소매업체로서, 이것은 자동차가 없는 사람들 특히 저소득층에 있는 사람들, 나이가 많은 사람들 또는 건강 문제로 고통을 받고 있는 사람(또는 상기 요인들이 결합된 사람들)에게는 불이익적이다. 이러한 추세는 도시에서의 "식품 사막"(황무지: food desert)을 초래케 할 수 있으며 또한 자동차를 이용할 수 없는 사람들 간에 사회적인 이탈(제외)을 촉진할 수 있는데, 그들은 자신들이 이용할 수 있는 매장과 제품 등의 범위에 대해 매우 제한적이 되며 또한 자신들이 소비하는 제품에 대해 고가격을 지불해야만 한다.[11]

2.3 유통분배에서의 이용가능성

소비자들에게 있어, 편리성은 소비자들이 원하는 장소와 시간에 접근가능하고 이용할 수 있는 재화나 서비스에 좌우된다. 즉 이용가능성은 마케팅 성공에 있어 매우 중요하며 또한 한 가지 논쟁은 상표의 성공을 유지하는데 큰 부분을 행하는 선도적인 상표의 이용가능성이라는 것이다. 소매상들은 가장 성공적인 상표를 비축하는데, 그후 그 성공적인 상표는 이용가능하기 때문에 선택될 것이며, 선택으로 인해 성공한 상표는 계속 성공하게 된다. 빠르게 이동하는 소비재 시장에서, 대형 소매상들은 소비자와 생산자 사이에서 "문지기"로서의 역할을 통해 제품의 접근가능성과 이용가능성을 결정하는데 있어 중요한 역할을 수행한다. 즉 제품이 소비자들에게 소구되고 보여질 수 있지만, 소매상들이 점포선반에 그 제품을 비치하지 않는다면 그 제품은 고객의 주의를 끌 가능성이 없으며 성공할 가능성도 없다. 일상적으로 대형 소매상들은 소매상의 선반공간에 접근할 수 있도록 허용하는데 선지급 명목으로 제조업자들에게 입점료(stocking fee)를 요구한다. 소매상의 선반공간은 소규모하며 보다 지속가능성 지향적인 공급업자들의 새로운 대안적인 제공물이 경쟁하는데 극히 어렵게 할 수 있다.[12] 이것은 많은 태아 수준에 있는 지속가능한 제품과 상표들이 대안적인 유통분배 방법을 사용해야 하는 이유들 중 하나이다. 개척자적인 녹색상표들의 하나인 Ecover는 전통적인 식품소매체인을 통해서가 아니라 건강식품점포와 같은 매장을 통한 유통분배에 바탕을 두어 성공하였다. 새로운 지속가능성 지향적인 상표들 또는 상표확장의 한 형태로 기존상표에 대한 보다 지속가능성 지향적인 변환상표를 도입하고 있는 기존의 제조업체들까지도 이용할 수 있는 선반면적을 확보하는데 동일한 장애에 직면할 것이다. 보다 지속가능성 지향적인 재화 및 서비스에 대한 이용가능성을 확보하는 것은 성공하는데 매우 중요한데, 그 이유는 그 재화 및 서비스를 구입하고자 하는 동기가 부여된 소비자들까지도 자주 이용가능성과 같은 편리성에 지향된 속성에 대해 타협하거나 양보할 의향이 거의 없기 때문이다.[13]

주류를 이루는 마케팅에 있어 편리한 제품 이용가능성을 촉진하는 한 가지 측면은 소매상들이 하루 24시간, 1주일 7일간 개점하는 것으로 움직임에 따라 재화와 서비스가 영구히 이용될 수 있게 되는 24/7 서비스 경제가 출현하고 있다는 것이다. 24/7 소매업(그리고 8시간마다 3번 교대하는 것에 바탕을 둔 24시간 연속제조가 되는 어떤 제조부분에서)의 발달은 의미있고 두드러지게 사회적인 영향을 준다. 미국에서 행한 여러 연구들은 수백만 명의 작업자들이 주말과 저녁 작업을 포함하는 "비표준적"인 작업유형에 관여하고 있음을 밝혔다. 이러한 작업유형은 그들의 건강 및 복지에 대해 실질적인 영향을 줄 수 있으며 또한 일상적으로 늦게 작업하거나 교대 방식으로 작업하는 작업자들은 심장혈관 질환, 폐암, 유산(조산), 수면부족에 의한 피로, 작업장에서의 높은 사고율과 상해 등의 높은 위험을 포함하는 문제에 대해 대상이 되고 있다.[14] 역시 24/7로 운영하는 소매경제에 있어 환경적 비용이 초래되는데, 그 이유는 그 소매경제로 인해 점포들은 비표준적인 시간에 쇼핑하고자 하는 고객들의 편리성을 위해 지속적으로 난방을 하고, 조명을 해야 하기 때문이다. 부상하고 있는 세계적인 24/7 소매 및 서비스 경제가 보다 사회적이며 생태적으로 지속가능한 경제를 성취하려는 추진력과 양립되느냐는 장래에 관심을 끄는 의문사항이다.

이용가능성 경영관리가 상당한 환경적 영향을 주는 한 가지 분야는 신선하고 계절적인 식품생산을 준비하는 것이다. 즉 세계적인 구매 및 유통분배 시스템으로 소매상들은 신선한 딸기와 같은 계절적인 제품을 연중 이용할 수 있도록 하기 위해 반구(남반구, 북반구) 사이에서 제품을 수입할 수 있다. 이것은 전형적으로 항공기로 수송하게 되는데, 그럼으로써 부수되는 CO_2배출의 관점에서 상당한 영향을 미치게 한다. 이와 유사하게 지역에서 지배되는 생산물을 계절적으로 이용가능하도록 확대하기 위해 온실을 난방하거나 또는 냉장시설을 유지하는 것은 어떤 제품에 부수되는 에너지 수준을 효과적으로 증가시킬 수 있다.

2.4 포장화를 통한 편리성

포장화는 현재의 소비 및 생산패턴에 대한 지속가능성 관심사가 발생됨에 따라 부상되고 있는 마케팅 구성부분의 한 측면이다. 포장화는 도시의 고체 쓰레기의 상당 부분을 차지하고 있으며(유럽 국가에서 무게를 기준으로 20~36%를 차지함),[15] 또한 쓰레기 매립장에 오는 포장의 양을 줄이는 것은 많은 정책수립자들 그리고 마케팅 기업들의 기본적인 목표이었다. 환경적 관심사에 대응하여 제품의 포장을 줄이고 또한 변경시키는 것은 전형적으로 마케팅 기업들에게 매력적인데, 그 이유는 포장화의 축소는 원가를 줄이고 또한 고객 이점을 추가하는 기회가 될 수 있으며, 핵심제품에 대해 변화를 해야 하는 필요성을 피할 수 있는 기회가 될 수 있다. HP사가 Wal~Mart사의 Eco-Challenge에 대응하여 줄인 포장으로 제품 아이디어를 개발하고자 추구하였을 때, 프랑스에서 HP사는 아주 간단한 해결방법, 즉 처분할 수 있는 포장 대신에 미리 만들어진 운반용 케이스에 넣은 노트북 컴퓨터를 판매하는 방식으로 대응하였다. 이 방법은 포장재료를 97%까지 줄였는데, 파렛트내에 여러 개를 묶을 수 있도록 5개의 노트북을 모아서 사용될 수 있는 판지상자만 남게 된다. 소비자는 유용한 케이스(재활용된 재료로 만듬)를 받게 되고, 회사는 처리할 수 있는 더 적은 포장용 쓰레기 문제만을 갖게 된다.

제품의 포장은 생산업자나 소비자에 대해 가치가 있는 몇 가지 역할을 수행한다.

- 제품을 보호하고 또한 그 제품의 품질을 보증하는데 도움을 준다. 식품과 음료는 재화에 사용되는 모든 포장의 반 정도를 차지한다. 식품을 신선하게 유지하고 보존함으로써 포장은 제품 소모를 줄이고 피하는데 도움을 줄 수 있다.
- 물적인 제품을 효율적으로 비축하고 또한 제품들이 풀어지지 않도록 묶을 수 있음으로써 재화의 수송과 저장을 원활히 할 수 있다.
- 소비자의 주의를 끌고 또한 제품이 "선반에 있다는 것"을 확실히 함으로써 상이한 제품을 "판매"하는데 도움을 줄 수 있는데, 선반에 있다는 것은 40,000개 이상의 상이한 제품을 확보하고 있는 전형적인 슈퍼마켓에서 특히 중요할 수 있다.
- 성분, 수량, 원산지 및 제품사용과 같은 문제들에 대해 소비자들에게 정보를 제공하기 위해 소비자들에게 정보를 준다. 이것은 역시 그 제품이 표찰화, 위생 및 가격정보의 제시 등을 관리하는 관련 모든 법규를 따르고 있음을 확실히 하는데 중요할 수 있다.
- 제품들이 상이한 고객의 욕구에 맞추기 위해서 그리고 부패할 수 있는 제품의 신선함을 유지하는데 도움을 주기 위해 상이한 크기로 판매될 수 있도록 제품을 분배한다. 제품을 분배 · 구분하는 것은 역시 개별적인 부분으로 식품을 배송하는데 필요로 하는 포장에 대한 환경적 관심을 초래케 한다.

포장이 행하는 다른 주요한 역할은 고객에게 편리성을 전달하는 것이다. 연구조사 결과, 소비자에게 편리성 그리고 사용상의 용이성을 커뮤니케이트 하는 포장의 역량은 포장이 이행하는 가장 중요한 마케팅 커뮤니케이션(촉진) 역할임을 밝혔다.[16] 예를 들어, 편의식품의 전반적인 개념은 소비의 용이함이 이루어지도록 미리 준비되고 또한 포장된 식품에 기초를 두고 있다 (예: 냉동식품, 미리 만들어진 고기류).

2.5 증대되는 이점을 통한 편리성

유통분배 이슈와 연결되지 않고 또한 고객 해결방법의 핵심 이점에 대해 뚜렷한 변화를 요구하지 않는 소비자들에 대해 소비과정이 보다 용이하고 또한 보다 편리하게 행해질 수 있는 방법들이 있다. 그 대신에 그 방법들은 추가적인 편리한 이점으로 고객 제공물을 증대하는데, 아래와 같다.

- 정보로부터의 편리성(convenience from information): 마케팅 기업들은 고객들이 제품을 선택하고, 사용하며 또한 적절하게 처리 · 처분하는데 도움을 주는 정보를 준비 · 제공함으로써 자사 고객들에게 편리성을 전달할 수 있다. 소비자를 위한 가치가 있는 정보에는 식료품 구성성분에 대한 정보(특히 잠재적인 알레르기를 일으키는 물질: allergen에 대해), 그리고 식료품의 구성성분을 사용하는 방법에 대한 제안과 요리법, 위험스러운 제품에 대한 안전한 처분 충고, 안전 정보, 내구재에 대한 사용상 충고, 그리고 자기가 직접 조립하는 가구가 조립될 수 있다고 하는 방법을 말없이 설명하는 흥미롭게 추상적이며 상징적인 수공예품 등이 포함된다. 어떤 정보는 그 제품포장에 내포되지만(표찰화 같이), 한편 또 다른 경우에 정보는 인쇄물, 웹사이트 또는 충고 서비스 등을 통해서 전달된다. 지속가능성 식견에서 볼 때, 녹색 소비자 지침서 및 sust-in.net와 같은 온라인 정보재원들은 보다 지속가능한 구매 선택 방법을 확인 · 규명하는 과정을 보다 용이하고 보다 편리하게 한다.
- 신용으로부터의 편리성(convenience from credit): 고객에 대한 신용 그리고 지급하는데 신용카드의 이용을 확대하는 것은 제품에 대해 지급할 수 있도록 할 뿐만 아니라 소비자 편리성에 기여한다. 그러나 과다하게 신용을 확대하는 것은 과도한 부채에 대한 사회적 문제를 초래할 수 있다. 역시 신용의 준비 · 제공은 환경적 지속가능성에 대해 시사점을 제시하는데, 그 이유는 소비자 신용의 이용가능성은 경제성장을 위한 하나의 추진요인으로 작용하기 때문이다. 어느 정도까지 소비자 신용은 미래에 이루어질 수 있는 재무적인 재산으로 지급하겠다는 약속의 교환으로 현재에서 제품의 소비를 허용함으로써 물질적 재원에 대한 소비를 "미리 서명한다."
- 선택 생략으로부터의 편리성(convenience from choice editing): 이용할 수 있는 폭넓은 선택 범주에서 선택할 수 있는 능력은 소비자들에게 크게 가치가 있다는 것이 공통적인 지각이다. 그러나 실제로 소비자들이 점증하고 있는 소비선택의 범주에 대한 하나의 부작용인 정보처리 행동 그리고 의사결정 행동을 처리하는 것이 점차 스트레스가 된다는 사실을 간파한 연구결과를 제시하는 증거가 있다. 제품의 기능성 및 바람직함과 관련되는 보다 전통적인 이슈와 더불어 사회적 및 환경적 고려사항을 종합하는 것은 소비자의 의사결정 과정을 더 복잡하게 한다. 즉 환경적이며 사회적인 이슈에 대해 관심을 갖는 많은 소비자들은 최상으로 환경적이며 사회적으로 손상을 주는 이 제품들을 "선택하는 것을 생략하는 행동"을 하여 제거함으로써 제조업자 및 소매상들에 의해 처리될 수 있기를 선호한다는 증거가 증가하고 있다. 선택하는데 있어 선택을 감소케 하는 것은 구매과정을 더 용이하게 하며 또한 소비자들이 사회적 및 환경적 기준을 통합하는 편리한 방법을 제공한다.

3 구매에 있어 지속가능성과 편리성을 전달함

3.1 지속가능성 지향적인 소비행위

소매행위(소매업)에 있어 지속가능성의 영향이 전문품 소매상의 부상을 제한하지는 않는다. 즉 주류를 이루는 소매상들은 지속가능성을 자사의 운영 및 방침과 통합하기 위해 환경적 및 사회적 이슈들에 대한 소비자의 관심에 점차 대응하고자 한다. 이러한 노력은 제품범주에 대한 변화의 결합(특히 자연식품 및 인정기준에 맞는 식료품의 확대), 점포에서 발생시킨 포장재료의 재사용 그리고 에너지 및 냉동보존 프로그램 등으로 이루어지고 있다.[17] 이것은 새롭고 보다 지속가능한 재화와 서비스의 준비 그리고 지속가능한 성과를 향상시키기 위해 기존 제품범주와 실천에 대한 변화 등과 연관된다. 예를 들어, 식료품 소매행위의 경우, 손상이 되거나, 판매일자가 초과되며 또한 계속되지 않는 계열의 부분이거나 또는 실패된 제품출시로 인해 재고로 남는 제품에서 자주 상당한 소모(낭비)가 있다. 이러한 "판매될 수 없는" 제품들은 총판매고 중 1~2%가 되며 또한 소비자들에게 전혀 또는 거의 이점을 전달하지 못하고 있는(어떤 것은 자선용 식품 분배 프로그램을 통해서 제공되기도 하지만) 전체적인 공급체인에 의해서 발생되는 피할 수 있는 비용을 나타낸다.[18]

점포의 조명, 난방 및 냉장에 필요한 에너지 요구조건을 감수 및 제어하는 것이 소매상 그리고 보다 고가의 에너지가 소요되는 시간에 뚜렷한 경제적 이점을 갖고 있는 소비자들에게 있어 중요한 우선요인이 되고 있다. New England의 슈퍼마켓인 Star Market사는 Massachusetts 주 Newton에 2009년 지속가능성 모범 점포를 개점하였다. 그 회사는 영향이 적은 글리콜/탄소 이산화물 냉장시스템과 함께 냉장, 난방 및 환기, 엘리베이터, 현금등록기 및 조명에 대해 연료전지 에너지를 이용할 것이다. LED(light-emitting diode)에 기반을 둔 조명은 점포의 내 · 외부에 이용될 것이며, 이로 인해 50~65%까지 에너지 사용을 줄일 것이다.[19]

세계에서 가장 큰 소매상인 Wal-Mart사는 간혹 자사의 고용 및 경쟁적 실행과 관련하여 비난을 받은 논쟁의 대상이 된 기업이다. 그러나 Wal-Mart사는 사회적으로 지향되는 공동체 사업에 대해 뿌리를 박고 있는 조직이며 또한 1990년대 중엽 이후 자사의 환경적 성과를 분명하게 제시하고 있다. 2005년 최고경영자인 H. Lee Scott는 사업모델에서 지속가능성을 추구하고 또한 천연자원과 환경을 보존하는 제품을 판매하며, 오직 재사용할 수 있는 에너지만을 사용하며 그리고 쓰레기를 전혀 만들어내지 않는 목표를 추구함으로써 자사의 환경적 영향을 줄이는 약속을 하였다. 2012년까지 기존 설비에서 온실가스를 20%까지 줄이며 또한 30%까지 에너지 효율성을 높이는 상업적으로 실행가능한 점포 원형을 그리고 2009년까지 30% 이하로 온실가스 배출이 되는 목표를 설정하였다. 그 결과, 실제로 세워진 모범 점포는 2005년 기본 점포보다 45% 이상 에너지 효율성이 높다.

편의점은 편리성에 대한 강조, 주류를 이루는 소수의 선도상표에 대한 긴장감 그리고 주요한 수송통로 및 연료 소비행위와 밀접한 연관성 등으로 인해 지속가능성에 대해 실질적인 기여를 거의 하지 않는 소매 형식이 되는 것처럼 보일 수 있다. 그러나 FamilyMart사의 이야기가 제시하는 것처럼, 편의점이 보다 지역화되고 또한 저에너지 집중적인 소매 및 소비 패턴으로 되돌아가는 방식과 방향을 제공하며 또한 편의점들이 공동체 감각을 다시 창출하는데 도움을 줄 수 있다는 주장이 있다. 즉 이 주장은 특히 나이가 많은 고령자 그리고 건강상 문제가 있으며, 자동차를 이용할 수 없는 사람들에게 재화와 서비스를 접근시키고 또한 사회적 결속감을 개선하는데 가치가 있다. 역시 그러한 점포들은 유형 제품들이 그 경제의 비물질화에 도움이 될 수 있는 방법으로 렌탈(임대) 서비스를 통해 이용할 수 있는 공공의 중심(허브)을 대표할 수도 있다.[20] 어떤 방식에서 이러한 모델은 소매행위를 슈퍼마켓에 앞서 존재하였던 지역에 기반을 둔 "일반 점포"의 모델로 회귀케 한다.

3.2 지속가능성 지향적 로지스틱스

우리가 소비하는 제품들의 환경적 영향의 한 가지 주요한 부분은 우리들이 원산지로부터 편리하게 그리고 원가효과적으로 구입할 수 있는 장소에까지 제품을 수송하는 것에서 차지한다. 소비와 생산에 대한 보다 지속가능한 시스템을 창조하는 한 가지 방법은 제품들이 보다 지역화된 공급체인을 창조함으로써 이동하는 거리를 줄이는 것이다. 만약 모든 식품이 소비가 되는 곳에서 20km이내에서 산출된다면, 영국의 경우에 연관되는 환경적 및 과잉혼잡 비용은 23억 파운드(24억 1,000만 유로 달러) 이상에서 2억 3,000만 파운드(2억 4,100만 유로 달러) 이하로 낮아질 것이다.[21] 그러나 그러한 변화는 소비자들의 삶의 질 조건에서 소비자들을 무력하게 하는 정도에까지 모든 식품 패턴을 제한케 할 것이며 또한 문자 그대로 식품 수출에 바탕을 둔 국가경제를 무력하게 한다. 그러므로 보다 지역화된 공급체인을 의미 있게 이용하는 것은 유통분배 및 로지스틱스 과정의 환경적인 영향에서의 감소에 의해 보완되어야 할 필요가 있다.

이것을 성취하는 한 가지 방법은 국내 수송에 대해 도로로부터 철도로, 국제적인 수송에 대해서는 항공으로부터 선박(바다)으로의 변환을 이루는 것이다. 만약 300km 이상의 모든 식품 수송을 도로로부터 철도로 변경하는 것이 가능하다면, 그 변화는 4.5% 이상까지 환경적 영향을 줄일 수 있으나, 그것은 기반구조의 발전과 개발에 크게 좌우된다.[22] 일본에서 유통분배 수송에 대한 모델 변경이 국가적 우선순위가 되었으며 또한 상당한 성공을 이룩하고 있다. Japan Freight Railway사와 Nippon Express사와의 동반자화를 통해 홋카이도에서 Sihoro Agricultural Cooperative Association은 도로(자동차)로부터 철도(기차)로 토카치(tokachi)감자에 대한 수송방법을 변경하도록 관리하였는데, 그 결과 53%까지 일산화탄소 배출을 줄였다. 유통분배 영향에 대해 감소를 이룰 수 있는 또 다른 방법은 〈표 10.1〉에 요약되어 있는데, 각 방법은 영국의 국내 식품 운송(배송)에 대한 최근 패턴으로 성취될 수 있는 환경적 변화에 대한 수치를 제공한다.[23]

수송방법을 변화시켜서 환경적으로 절약하는 것 뿐만 아니라 "생태적인 운전(eco-driving)"

표 10.1 유통분배에서 환경적 영향을 줄일 수 있는 기회

로지스틱스 및 유통분배 시스템 변경	총 생태-절약분	CO_2 감소
대형 화물화 (2층 또는 2배 길이로 된 트레일러)	5.3%	6.5%
자동차 엔진 변경 (가장 효율적이며 최소로 배출되는 엔진을 이용한 자동차로 고급화함)	3.5%	0.4%
자동차 원격측정 (전체 차량 이용 및 배송시간을 극대화하기 위해 자동차를 추적하고 운송구간을 계획하는 시스템)	3.0%	2.3%
수송협력 (자동차를 공동으로 소유하고, 화물을 결합하기 위해 제조업자, 소매상, 도매상 및 식품 서비스 운영자간에)	3.2%	3.8%
로지스틱스 시스템 재설계 (유통분배 센터와 소매 창구간의 거리를 최적화하기 위해)	2.3%	2.8%
총 계	**15.3%**	**14.2%**

을 촉진하는 프로그램이 여러 나라의 유통분배 기업들에서 채택·적용되고 있다. 일본의 오키니와에 있는 Anshin Distribution사는 자동차의 운전자료(속도, 엔진 회전 및 브레이크 패턴을 포함하여)를 수집하고 분석한 생태적인 운전 관리시스템을 적용하였는데 그후, 운전자료는 운전기사를 교육하고 또한 안전운전과 연료경제성을 개선·향상하는데 이용되고 있다. 2007년 이 시스템이 도입된 이후, 이 회사는 매월 평균적으로 11,000ℓ의 휘발유를 절약하였는데, CO_2 배출에서 10% 감소와 맞먹는 것이다.

4 사용상에서의 편리성

편리성은 구매에 몰입되는 시간과 노력의 간단한 함수는 아니며, 그것은 소비과정의 모든 단계와 관련된다. 자동변속기가 장착된 자동차, Apple의 iPod, 풀이 발라진 준비된 벽지 그리고 즉석 커피 등은 시장에 있는 전통적인 제품보다 사용하기에 보다 편리했던 어떤 것을 소비자들에게 제공함으로써 시장을 변혁·발전시킨 모든 제품들이다.

4.1 제품 특성으로서 편리성

편리성은 식품, 주택 및 수송수단(특히 자동차)의 지속가능성에 대한 주요한 국내 소매시장의 모두에게 있어 소비자 행동에 대해 중요한 영향요인이다. 제품의 편리성 수준(제품의 지속가능성 영향과 더불어)은 제품의 속성 그리고 소비자들이 제품에서 편리하다고 하는 것을 발견하는 방법에 의해 결정된다. 식품의 경우, "편의 식품"의 부상은 20세기 동안 시장 그리고 사회의 중심적인 측면 모두에서 가장 두드러지게 변모하는 것 중의 하나이다. 이러한 변모로 인해

기본적인 재료를 이용하여 식사를 준비하는 것이 신속하게 데우고 서브될 수 있도록 미리 준비되고 포장에 들어 있는 식사 및 음식재료에 의해 대체되었다. 편의 식품의 부상이 이루어졌으며 또한 그것은 근로패턴에서의 뚜렷한 사회적 변화, 성별간의 일치성과 가정의 라이프스타일간 등에 의해 추진되어졌다. 역시 그러한 변모는 몇몇 국가에서 식품 조리기술이 부족함으로써 나타나는 사회적 결과, 그리고 처리된 식품의 과소비와 연결되는 건강상의 결과를 초래케 하였다. 식품조리와 저장에서 소비자들에게 편리성을 전달하는 식품의 처리과정과 포장은 역시 뚜렷하게 환경적 영향에 기여한다.

수송에 있어 개인용 자동차를 소유하는 편리성은 선진경제에서 개인용 자동차의 지배현상을 초래하고 있다. 일반적으로 대중교통은 환경적 영향의 관점에 보다 효율적이며 또한 이동패턴에 좌우됨으로써 더 경제적이 될 수 있지만 대부분의 사람들에게 있어 대중교통은 개인용 자동차가 주는 "어디든지, 어느 때든지 갈 수 있는" 편리성에 의해 뒤쳐지고 있다. 자동차의 기술 측면에서, 몇몇 국가들(세계에서 가장 큰 자동차 시장인 미국과 같은)에게 있어, 자동화된 기어의 편리성은 소비자들 간에 인기를 끈다는 측면에서 수동식 기어에 비해 연료 효율성의 상실을 무시하게 한다.

가정내에서의 경우, 에너지 사용은 부분적으로 중앙난방 그리고 편리함을 주는 노동절약적 수단을 점차 소유함으로써 증가되고 있으나, 그렇지만 옷을 세탁하고 건조하기 위해서, 깡통을 따기 위해서 그리고 식품을 얇게 자르고 혼합하기 위해서 전기가 요구된다. 편리성은 기본적인 제품 특성으로서 어떤 특정 제품에 필수적이 될 수 있으며 또한 환경적 성과를 희생하면서 편리성이 강조되는 것이 정말 일반적이다. 아주 간단한 예는 1회용 펜, 면도기 및 카메라 등을 포함하여 처분할 수 있는 제품들이 나타나고 있다는 것이다. 그러한 제품은 구매하는데 비교적 비싸지 않게 그리고 처분 및 교체하기 전에 1회용 또한 한정된 이용을 제공하도록 제조되었다.

지속가능성 성과를 희생하면서 제품에 디자인된 편리성에 대한 가장 두드러진 예 중의 하나는 전기설비에 부착된 "대기" 버튼의 폭넓은 이용이다. Decision-Making and Environmental Policy Design for Consumer Durables에 대한 2002 OECD Working Party Report는[24] 가전제품 및 기타 국내 설비에만 소요되는 대기전력이 전체 전기소비의 1.5%를 책임지고 있으며, 역시 CO_2배출의 0.6%(6800만 톤)에 기여한다는 사실을 예상하였다. 대기상태(그리고 소비자들이 게을러 있는 동안 전혀 소비자 이점을 전달하지 않음)에 있는 설비의 에너지 소비는 총 에너지 소비(사용의 빈도에 따라)의 85% 이상을 차지할 수 있다. 전형적인 일본 가정의 대기전력 소비는 연간 약 400kWh인데, 평균적으로 연간 4227kWh를 한 가정이 소비한다고 가정하는 경우, 대기전력은 가정의 전기사용의 거의 10%를 점한다.[25]

역시 소비자에게 편리성을 전달 · 제공하려는 제품의 개발로 인해 잠재적인 사회적 영향이 있다. 즉 편리성은 시간과 장소에서 개별 소비자의 욕구를 적절하게 충족시키고 또한 그 개인별 소비에 관여되는 노력과 양보의 수준을 감소시키는 함수로서 표현되어지는 경향이 있다. 이러한 편리성을 전달 · 제공하는 기술에는 편리할 때 소비자가 음식을 먹을 수 있도록 하는 아이스크림 제조기와 마이크로웨이브 오븐, 편리할 때 소비자들에게 오락을 즐길 수 있도록 하는 DVD녹화기 및 주문용 유선TV, 편리할 때 사람들이 운전하고 다닐 수 있는 자동차 등이 포함된다. 그러한 기술들은 개인주의의 수준을 증가하도록 촉진하는 경향이 있으며, 가족구성원들이 상이한 시간에 먹고, 상이한 시간에 같은 TV쇼를 볼 수 있도록 하는데 있어, 그런 기술은 가정의 분열화와 사회적 격리의 수준을 증가시킬 수 있다.[26]

5 사용후에서의 편리성

전통적인 마케팅의 공급체인은 제품이 처분 · 처리되는 지점, 즉 그 제품의 수명의 끝에 왔을 때(또는 소비자가 그 제품의 사용을 끝내는 때) 끝나게 되므로, 제품이 흘러가는 매우 직선적인 구조로 상상된다. 전통적인 마케팅 믹스에서 유통분배 또는 "장소"라는 변수의 목표는 제품이 구입될 수 있도록 소비자들에게 접근할 수 있으며 또한 이용할 수 있다는 것을 확실하게 보장하는 것이다. 제품의 처분은 20세기 전반에는 거의 마케팅 기업들에 의해 고려되지 않았으며, 소비자에 의해서까지도 고려되지 않았는데, 소비자들에게 있어 처분하는데 가장 편리한 방법은 자치단체 정부가 수집하여 쓰레기 매립장에 처리할 수 있는 쓰레기로서 사용한 제품과 포장을 쓰레기로 간단하게 던져버리는 것이다. 많은 국가에서 환경적인 관심 그리고 쓰레기 매립장의 부족 증가는 중고 제품과 포장을 재사용, 재제조 및 재활용하는 노력을 증가시키게 한다. 이것은 처분보다는 재활용 용도로 지방자치단체로 하여금 쓰레기 수거를 다시 시작하게 하고 있으나, 전형적으로 재활용하는 시스템은 가정에서 어떤 형식의 쓰레기 분리를 필요로 한다. 즉 쓰레기 분리수거로 인해 유리, 종이, 금속 캔 및 썩어서 없어지는 쓰레기와 같은 상이한 유형의 재료를 개별적으로 분리하여 수거하며 또한 그후 재활용할 수 있게 된다(썩어서 없어지는 식품과 정원용 쓰레기가 혼합된 것의 경우). 분리수거는 소비자들에게 있어 불편한 요소를 도입하는 것이기는 하지만, 모든 쓰레기를 한 개의 봉투에 간단하게 넣는 것보다 용이하지 않으므로, 도시의 재활용 계획은 일반적으로 점차 많은 소비자가 관여된다. 즉 분리수거는 부분적으로 소비행동으로서 재활용하기 위한 높은 수준의 지원이 있기 때문인데, 녹색 의제에 대한 다른 요인들 그리고 기후변화에 대해 회의적인 이런 소비자들은 통상 검소함과 자원보호의 관점에서 재활용의 이점과 상식과 관계를 가질 수 있다.[27] 역시 제품의 처분행동을 변화시키는 것은 소비자들이 구입하는 제품의 소비나 제품 본질의 수준의 관점에서 소비자로부터 어떤 양보나 타협이 요구되지 않는다. 그러므로 지속가능성에 대해 관심을 갖고 있으나 자신들의 라이프스타일을 실질적으로 변화시키려는 의향이 없는 소비자들이 행복하게 받아들이는 행동인 것이다.

재활용하는데 소비자를 관여시키는 계획의 성공은 역시 소비자의 시각에서 자신들의 편리함에 의해 크게 영향을 받는다. 증가되는 재활용률에 대해 가장 중요하게 기여하는 것은 도시의 "버리는 곳"에 재활용할 재료를 갖다 놓는 것을 기대하기보다는 집에서 나온 쓰레기를 보도의 가장자리에 마련된 곳에서 수집할 수 있도록 제공하는 것에서 산출된다. 간단히 말해서, 많은 국가에서 역유통분배 운영이 확대된 생산자 책임법규의 후원하에 배터리나 병과 같이 사용후 제품을 수거하도록 소매상들 간에 수립되어져 있다.

소비자 이점으로서 편리성 그리고 소비자 및 사회 모두를 위한 이점으로서 지속가능성 간의 잠재적인 불일치를 상징적으로 보여주는 또 다른 포장화의 이슈는 초라한 플라스틱 쇼핑백과 관련된다. 상이한 국가와 소매상들은 편리한 플라스틱 백에 대한 소비자의 심한 습관을 끝나게 하는 도전적인 문제에 대해 검토하고 처리하고 있다. 아일랜드 정부는 플라스틱 쇼핑백에 대해 0.15유로 달러의 세금을 부과하였는데, 그러한 세금부과는 90% 이상 수요를 감소시켰다. Marks & Spencer사는 자사의 Plan A 의안의 한 부분으로서 플라스틱 백에 대해 0.05유로 달러를 부담시켰으며 또한 환경 프로젝트에 증가되는 많은 자금을 투자하였다. 미국에서 Stop & Shop, 그리고 영국의 Sainsburys사와 같은 기타 다른 소매상들은 재사용할 수 있도록 백을 반환하는 소비자에게 소액할인을 제공하고 있다. Texas주의 식료품 소매상인 HEB사는 계산대에서 평균적으로 각 백에 넣을 수 있는 식료품류의 수를 증가하도록 요원들을 교육시키고 있는데, 하나의 간단한 단계에서 약 1억 3,640만개의 백을 줄이게 되었다. 현재 많은 소매상들이 자주 무료로 대체되는 “수명을 가진 백” 기준에 따라 오래 쓰고 재사용할 수 있는 백을 제공하고 있다.

5.1 체인으로부터 연결고리에까지: 지속가능한 유통분배로 향함

자동차 및 전자제품과 같은 몇몇 주요한 시장에서, 소비자 쓰레기를 줄이는 것은 확대된 생산자 책임 법규를 통해서 그리고 재사용하거나 재활용하도록 수명이 다된 소비자용 제품을 기업들이 회수하도록 요구함으로써 논쟁이 되고 있다. 즉 이것을 행하기 위해서 유통분배와 로지스틱스 경로가 요구되는데, 이 경로들은 소비자들이 신제품을 이용할 수 있도록 그리고 중고품들이 소비자들로부터 회수되고 또한 재제조나 재활용으로 이용될 수 있게 하는 역 로지스틱스 경로를 제공하도록 리엔지니어링이 마련되어야 한다. 이것은 완제품을 가득 싣고 제조업체를 떠나는 자동차가 수명을 다한 재화덩이를 싣고 되돌아온다는 것을 확실하게 하는 것과 관련되는 상대적으로 간단한 도전적인 문제와 같이 들릴 수 있다. 그러나 그 실행을 옮긴다는 것은 복잡한 문제가 된다. 전향적인 로지스틱스는 규모의 경제에 바탕을 두고 있으며 또한 표준화된 많은 양의 제품을 소비자들이 그 제품에 접근할 수 있는 곳으로부터 중심점까지 움직이는 것에 근본을 두고 있다. 역 로지스틱스는 제조업자들로 하여금 가정들 간에서 흩어지게 되는 중고품에 접근할 것을 요구하는데, 역 로지스틱스는 소비자에게 편리한 시간에 그리고 다양한 조건에서 공급체인으로 되돌아오게 한다. 그렇게 행한다는 것은 생태적인 식견 뿐만 아니라 경제적인 식견에 대해 건전한 전략적인 의미를 갖게 하는데, 그 이유는 수명을 다한 제품이 잠재적인 가치를 갖고 있음을 제시하기 때문이다.

역 로지스틱스 시스템에 대해 가장 잘 알려진 예 중의 어떤 것은 산업재(B to B)시장에서 나타나는데, IBM, Xerox, 및 Dell사와 같은 설비 제조업체를 특성화 한다. 역시 소비재 기업들은 판매되지 않았거나, 반품되거나 또는 수명을 다한 제품으로부터 가치를 회수하고, 관리하며 또한 추출하는데 있어 점차 숙달해지고 있다. 예를 들어, 화장품 회사인 Estée Lauder사는 반송된 제품이 창고에 재입고될 때 반송제품의 상자를 조사하는 자사의 소프트웨어를 이용하는 역로지스틱스 시스템을 창안하였다. 조사된 자료는 폐기일자에 대한 정보를 제공하며 또한 그 시스템은 어느 제품이 다른 시장에서 이익을 창출하면서 재판매될 수 있는가 그리고 쓰레기 매립지에 버려지는 것을 막기 위해서 자선기부로 제공될 수 있는 것을 선택한다.[28] 실행하기 위한 "확장된 생산자 책임"의 원칙에 대해 그리고 지속가능한 공급 루프(loops)로 변환되어야 하는 시장에 대해서, 그러한 혁신적인 시스템과 사고는 여러 산업범주에 대해 규범이 될 필요가 있다.

6 온라인의 편리성

인터넷의 출현과 온라인 상거래의 성장은 마케팅 세계에 있어 그리고 제품을 소비자가 이용할 수 있도록 하고, 구매하며 또한 소비되는 방법에 대한 근본적인 변화를 창출하고 있다. 온라인 상거래는 소비자들이 놀라울 정도로 폭넓은 제품, 24시간/7일 구입할 수 있도록 할 수가 있다. 즉 Amazon.com의 경우, Amazon.com은 소비자들에게 상이한 범주에 속한 수백만 개의 제품을 제공한다. 온라인 마케팅에 대해 위대한 희망 중의 하나는 소비자들을 위한 증가된 편리성 그리고 소비와 연관되는 환경적 영향을 줄이는 것을 결합하도록 한다는 것이다. 소비자들은 전자제품, 컴퓨터 소프트웨어, 책과 음악 그리고 콘서트와 연주 입장권의 구입 등과 같은 제품범주를 온라인으로 구입하는 편리성에 대해 만족을 표현한다. 선글라스 또는 의류와 같이 "감촉," "느낌" 또는 "딱 맞음"을 구입하는 것에 대해 보다 경험적인 면을 요구하는 제품범주들은 온라인으로 구입하는 것이 편리하다는 사실이 보여지지 않는다.[29] 마우스를 클릭하여 집을 떠나서도 제품을 추구하고 구입할 수 있음으로써 소비자들은 쇼핑이동과 전형적으로 연관되는 시간, 에너지 및 연료를 절약할 수 있도록 한다. 결국, 이것은 사회가 요구하는 쇼핑센터의 수 그리고 상대적으로 비효율적인 부지의 사용을 줄일 수 있다.[30]

그러나 현실은 이러한 주장들이 제시하는 것과 같이 예측할 수 있고 또한 두드러지게 선행적이며 호의적인 것처럼 될 가능성은 거의 없다. 구매와 유통분배 과정이 많은 시장에서 물질적으로 효율적이 될 수는 있지만, 이것은 가장 두드러진 영향이 발생하게 되는 생산, 사용 또는 처분에 있어 환경적 영향의 수준을 변화시키지는 않을 것이다. 특별한 유형의 소비 또는 유통분배가 가상적인 환경으로 진전되는 경우, 환경적인 영향에 대해 전혀 예상하지 못한 변환이 있을 수 있다. 이것으로부터 이점이 될 것이며 또한 보다 지속가능할 것으로 예상되는 부문 중의 하나는 사진인데, 사진의 경우 디지털 사진은 인쇄출력 사진, 화학약품, 종이 그리고 소비되는 물을 대체할 것으로 예상된다. 예측하지 않았던 것은 디지털 사진의 편리성(그리고 사진당 낮은 비용)이 사진을 찍는 횟수를 폭발적으로 증가시킨다는 것이다. 이렇게 많은 사진들은 현재 개인들의 웹페이브에 영원히 남겨져 있거나 또는 디지털 사진틀에 자리를 잡고 있는데, 이 두 가지는 사진들이 저장되거나 제시되는 오랫동안 전력을 소모케 한다.

의미가 있지만 간혹 간과되고 있는 온라인 마케팅을 이용한 구매의 편리성에 대해 사회적 측면에 있다. 재화와 서비스에 접근하기 위해 집을 떠나는 것, 특히 지역의 상가에 접근하는 것은 공동체와 개인들의 사회적 접촉과 연결을 유지하는데 있어 자주 중요한 행동이다. 집을 떠나서 소비하기 위해서(또한 간혹 일하기 위해) 인터넷을 이용할 수 있는 역량은 사회적 고립을 증가시키며 또한 삶의 질을 낮추는 위험을 창출한다. 이것에 대한 가장 극적인 예는 젊은이들 간에 유행되고 있는 민감한 사회적 퇴출의 한 형태인 히키코모리(hikikomori)라는 일본의 현상이다. 이 현상은 사회의 모든 다른 측면으로부터 퇴출을 초래케 하는 편안한 가정에 기반을 둔 소비의 라이프스타일 출현인 것이다. *hikikomori*의 더 정확한 정의 그리고 그것이 널리 유행되는 것에 대한 정확한 자료가 나타나야 하지만, 하나의 질병으로 인식되고 있으며 또한 의학 논문집인 *The Lancet*에는 아래와 같이 설명하고 있다.

● ● ●

> 이러한 질병이 현대 일본의 삶의 풍요로움, 기술 및 편리성의 산물이라고 폭넓게 합의되고 있다. 많은 hikikomori들은 깨어 있는 시간의 거의 대부분을 인터넷을 이용하거나 또는 비디오 게임을 즐기는데 많은 시간을 보내고 있지만, 한편으로 배달하여 식품과 음료를 먹고 있다.[31]

● ● ●

그럼으로써, 편리성이 소비자 이점으로서 폭넓게 인식되고 있지만, 편리성이 사회적 및 환경적 비용에서 초래된다고 이해하는 것은 중요하다. 지속가능성 마케팅 기업에 대해, 도전적인 문제는 사회적 및 환경적 비용을 최소화하는 방법으로 마케팅 기업들이 제공하는 해결방법을 편리하게 하는 것이다. 전통적인 경쟁자와 같이 편리한 고객 해결방법을 제공하는 것은 지속가능성 마케팅에 대해 중요한 도전적인 문제 중의 하나이다. 또한 그렇게 해야 할 필요는 많은 충고자들 간에, 특히 선도적인 녹색 마케팅 전문가인 Jacqueline Ottman이 되풀이하는 주제이었다.[32] 편리성 그리고 환경적 및 사회적 성과 간의 관계는 최근 불균형적이다. 보다 지속가능한 제품과 서비스들은 편리성의 면에서 전통적인 마케팅의 제공물과 비슷하게 되는 것을 기대하고 있지만, 그러나 편리하도록 기본적으로 디자인된 제품과 서비스들은 보다 지속가능한 제품의 환경적 및 사회적 성과와 비슷하게 되는 것이 최근 기대되지 않고 있다. 소비자의 측에서 어떤 타협이나 양보를 포용하지 않는 오직 "윈-윈" 해결방법들이 마케팅 전략으로서 수용되고 있지만, 시장에 대해 변환적인 변화를 하도록 하는 기회는 제한적이 될 것이다.

주요 용어

경로(유통경로)
공급 연결고리
공급체인
로지스틱스
선택 생략
소매행위(소매업)
쇼핑백
역로지스틱스
유통분배
이용가능성
전자상거래
접근가능성
중심가를 벗어난(교외) 소매행위
처분 · 처리
편의점
편의품
포장(포장화)

검토해야 할 의문사항

1. "편리성"은 어떻게 정의되어야 하는가?
2. 중심가를 벗어난 소매행위로의 추세의 잠재적인 사회적 불이익은 무엇인가?
3. 편의점은 보다 지속가능한 미래의 경제에 있어 중요한 역할을 어떻게 수행할 수 있는가?
4. 무슨 방법이 보다 환경적으로 지속가능하도록 기존의 소매업 로지시틱스 운영이 될 수 있도록 하는가?

논의해야 할 의문사항

1. 소비자들이 다른 지속가능성 지향적인 이점에 반대되는 몇몇 편의성 요인을 포기할 의향이 없다면, 지속가능성 마케팅에 대한 실질적인 발전이 이루어질 수 있는가?
2. 온라인 소비의 성장에 의한 사회적 및 환경적 시사점은 무엇이며 또한 점증하는 전자상거래의 수준은 지속가능성 마케팅에 대해 실질적인 기여를 할 수 있는가?
3. 제품 회수와 공급 연결고리로 향하는 점증하는 추세가 주요한 마케팅의 이해관계자와의 관계를 관리하는데 어떻게 영향을 미치는가?

지속가능성 마케팅의 도전적 문제 Sustainability marketing challenge

Fairmont Hotel-편리한, 고급스러운 그리고 지속가능한

호텔시장에서 소비자들이 추구하는 기본적인 이점 2가지는 고급스러움과 편리성이며, 자주 그것은 고급스러운 경험이 주는 의미에 기여하는 편리성에 대한 준비와 제공이다. 만약 편리성이 불편함을 없애는 것이며 또한 용이함을 준비하는 것이고 또한 어떤 것이 소비자의 욕구에 잘 맞는다면, 그후 그것은 호텔 마케팅의 필수요인이다. 호텔에서 우리들은 우리를 위해서 집에서 우리 스스로 행하는 모든 것을 기대한다. 즉 우리의 삶의 공간은 청결하고, 깨끗하며, 우리의 잠자리는 매일 변화되며, 우리의 식사가 우리를 위해 준비되며 또한 식사와 음료(우리가 바라는 무엇이든)를 제공하기 위해 깨워주고 또한 그렇지 않으면 충족되어야 할 우리의 욕구를 조절해 주기 위해 24시간 1주일 내내 요원이 상주하고 있다. 전형적인 호텔 객실은 여흥적이며 오락적인 기술, 장거리 통신, 냉장고 및 기타 설비 등 편리한 것들을 제공한다.

이 모든 편리함은 분명한 환경적 비용을 초래케 한다. 평균적인 호텔 손님은 하룻밤을 묵는 동안 1~2kg의 고체 쓰레기와 6ℓ의 액체 쓰레기를 발생시킨다. 그렇게 많은 쓰레기가 발생하는 이유를 파악하는 것은 어렵지가 않다. 즉 1회용으로 사용하는 개인용 비누, 낱개로 포장된 커피, 설탕, 밀크, 비스켓 등으로 갖추어진 커피제조기, 개인별로 서브되는 시리얼 묶음, 잼 용기 등으로 된 아침식사용 뷔페, 1회만 사용하고 세탁소로 보내지는 타월 등이다. 그러나 흥미롭게도 에너지 사용에서 2성급 호텔의 경우 약 59kWh를 소비하는 것에 비해 보다 사치스러운 호텔(4개, 5개 성급)은 하룻밤 동안 평균적으로 약 33kWh를 사용한다. 직관에 반하기는 하지만, 이것은 보다 고급스러운 호텔체인들이 자신들의 에너지 소비를 적극적으로 관리하려는 시도를 반영한 것이다. 그러나 물 소비의 경우에는 상황이 반대가 되는데, 평균적으로 5성급 호텔의 투숙객은 2성급 호텔의 454ℓ에 비해 하룻밤을 묵는데 594ℓ의 물을 소비한다.[33]

호텔 업계는 자신들의 지속가능성 영향을 제시하고 또한 경쟁적 우위를 추구하여 자신들의 사회적 및 환경적 관심사를 나타냄으로써 소비자들과 양호한 관계를 구축하려는 많은 업계들 중의 하나이다. 그러나 호텔이 실제로 지속가능한 방법으로 투숙객들에게 편리함, 고급스러움 그리고 가정의 안락함을 제공할 수 있느냐 하는 문제는 남아 있다.

Fairmont Hotel 체인은 환경적으로 책임을 지는 호텔로 선도적 위치를 수립하려고 추구하고 있다.[34] 그 호텔체인은 세계 전역에 23,000개의 객실을 갖춘 50개 호텔을 소유하고 있다. 1990년 그 체인의 카나다 운영사는 전체 산업을 위해 지속가능한 최상의 실행에 대한 지침과 더불어 환경적 영향을 최소화하는 포괄적인 몰입으로서, "Green Partnership" 프로그램을 시도하였다. Green Partnership 프로그램 그리고 그 프로그램의 중대한 가치는 현재 이 세계적인 호텔집단의 전략 및 철학의 주요 부분이며 또한 26,000명의 Fairmont 구성원들은 "환경적인 대리인"이 되고 있는데, 그들이 운영하고 있는 국가의 습관, 자원 및 문화를 보호하는데 도움을 주고 있다. Fairmont호텔은 역시 World Heritage Alliance의 한 부분인데, 그것은 지속가능한 여행 그리고 World Heritage지점과 공동체에 대한 인식을 촉진하기 위해 Expedia 및 United Nations Foundation에 의해 설립된 것으로서 업계를 선도하는 진취적인 정신체이다.

Fairmont의 카나다 운영사는 광범위한 지속가능성 정신을 실행하고 있다. 2007년 Fairmont Winnipeg은 모든 에너지 효율적인 조명으로 바꾸었으며, 1,000개 이상의 교체한 전구를 쓰레기 매립장에 버리지 않기 위해 자선기관에 기부하였다. 에너지 절약은 연간 882,000kWh 이상으로 예상되는데(327개의 전형적인 가정에서 사용되는 전력량과 맞먹는 것), 연간으로 약 44,000달러(31.760 유로 달러)가 절약된다. 2005년 Toronto의 Fairmont Royal York은 세탁용 물의 사용을 줄이기 위해 상업용 연화장치를 설치하였는데, 매일 약 50만 ℓ의 물이 절약되었다. Vancouver에 있는 Fairmont 호텔은 필요로 하는 사람들에게 음식을 제공하기 위해 Vancouver Food Runners Program에 남은 음식을 기부하는 것을 조직하였다. 이것으로 매 3개월 마다 약 1톤의 음식쓰레기를 없게 하였다.

이 호텔집단은 역시 지역적으로 호텔 및 공동체 간의 결합된 프로젝트를 이행하기 위한 동반자화 그리고 생태지향적인 휴가철에 바탕을 둔 폭넓은 제품을 개발하였는데 (Eco-Innovation 표식 프로젝트라고 함), 세계적으로 그것은 기후변화를 억제하기 위해 WWF와 동반자하기 위한 최초의 호텔 상표이다. Fairmont 호텔이 지속가능한 여행에서 선도하려고 하는 노력은 많은 상을 수상하였는데, 그 상에는 Strategy Magazine의 Cause and Action Award에서의 TopEco-Hospitality, Worldwide Hospitality Awards에서의 Best Corporate Social Responsibility Platform, World Tourism and Travel Council Awards에서 책임을 다하는 여행 및 지속가능한 운영에 대해 최고의 세계적인 사례로 인정을 받는 등이 포함된다. 당 기업의 전략은 지속가능한 여행 및 책임을 지는 여행 실천으로 향하기 위한 폭넓은 동반자화를 수립하는데 바탕을 두고 있다. 당 호텔이 이행한 진보발전은 매우 인상적이지만, 그러나 진실로 지속가능한 접대부문에 도달하기 위한 여정은 매우 긴 여정이 요구되는 것처럼 보인다.

| 논의해야 할 의문사항 |

1. 지속가능한 마케팅의 개념은 고급스러운 호텔시장 내에서 경쟁하려고 시도하는 과정과 조화될 수 있는가?
2. 왜 Fairmont호텔이 전체 업계를 위해 지속가능성 실천에 대한 지침을 마련했다고 생각하는가?
3. Fairmont 호텔은 고급스러움과 편리함을 계속 제공하면서도 투숙객들에게 Fairmont호텔의 서비스를 보다 지속가능하게 이용하는데 있어 한 부분의 역할을 수행하도록 고무하기 위해 자사의 투숙객들과 관계를 어떻게 구축하도록 시도할 수 있는가?

참고문헌

1. See Kobayashi, K. (2005) 'From "Convenience to Co-Growing"', *Japan for Sustainability, Towards a Sustainable Japan. Corporations at Work Series,* September: Article 30; Betros, C. (2007) 'Convenience Stores Changing with the Times', *Japan Today*, December 17, http://archive.japantoday.com/jp/feature/1315 (accessed 26 December 2008).
2. Shove, E. (2003) *Comfort, Cleanliness and Convenience: The Social Organization of Normality*, Oxford: Berg.
3. Press release from the UK retailer Sainsburys on 4 November 2008.
4. The total global battery market is estimated at $50 billion, with rechargeables accounting for around $5.5 billion, according to battery market research group Freedonia.
5. Copeland, M.T. (1923) 'Relation of consumers' buying habits to marketing methods', *Harvard Business Review*, 1 (April): 282–9.
6. Pretty, J.N., Ball, A.S., Lang, T. & Morison, J.I.L. (2005) 'Farm costs and food miles: An assessment of the full cost of the UK weekly food basket', *Food Policy*, 30(1): 1–20.
7. Watkiss, P. (2005) *The Validity of Food Miles as an Indicator of Sustainable Development*, Report produced for DEFRA, Didcot: AEA Technology.
8. Gupta, U. (1994) 'Cause-driven companies' new cause: Profits', *Wall Street Journal*, November 8, p. B1.
9. Fuller, D. (1999) *Sustainable Marketing*, Thousand Oaks, CA: Sage.
10. Szymankiewicz, J. (1993) 'Going green: The logistics dilemma', *Logistics Information Management*, 6(3): 36–43.
11. Oppenheim, C. (1998) 'Poverty and Social Exclusion: An Overview', in Oppenheim, C. (ed.), *An Inclusive Society: Strategies for Tackling Poverty*, London: Institute for Public Policy Research.
12. See the chapter opening story on ONE Water in Chapter 8.
13. Ginsberg, J.M. & Bloom, P.N. (2004) 'Choosing the right green marketing strategy', *MIT Sloan Management Review*, 46(1): 79–84.

14. Presser, H.B. (2003) *Working in a 24/7 Economy: Challenges for American Families,* New York: Russell Sage Foundation.
15. Fonteyne, J. (2000) 'Packaging Recovery and Recycling Policy in Practice', in Levy, G. (ed.), *Packaging, Policy and the Environment*, Guildford: Springer.
16. Silayoi, P. & Speece, M. (2007) 'The importance of packaging attributes: A conjoint analysis approach', *European Journal of Marketing*, 41(11/12): 1495–1517.
17. *Ibid.*
18. GMA/Food Marketing Institute/Deloitte (2008) *Joint Industry Unsaleables Report: The Real Causes and Actionable Solutions*, Washington DC: Grocery Manufacturers Association.
19. Business Wire (2008) 'New Star Market at Chestnut Hill to be Pilot for Comprehensive Use of Innovative Technology that's Sustainable', *Business Wire*, 10 September.
20. Ueda, E.S. (2003) 'Exploring possibilities for sustainable services in convenience stores: An introduction', *Proceedings of EcoDesign 2003: Third International Symposium on Environmentally Conscious Design and Inverse Manufacturing*, 8–11 December, Tokyo, pp. 441–44.
21. Pretty, J.N., Ball, A.S., Lang, T. & Morison, J.I.L. (2005) 'Farm costs and food miles: An assessment of the full cost of the UK weekly food basket', *Food Policy*, 30(1): 1–20.
22. *Ibid.*
23. Faber Maunsell (2007) *Reducing the External Costs of the Domestic Transportation of Food by the Food Industry: Scoping Report*, St Albans: Faber Maunsell.
24. OECD (2002) *Working Party Report on Decision-Making and Environmental Policy Design for Consumer Durables*, Paris: OECD.
25. Sasako, M. (2001) 'Standby power consumption of household electrical appliances in Japan', *Third International Workshop on Standby Power*, Tokyo, 7–8 February.
26. Shove, E. (2003) *Comfort, Cleanliness and Convenience: The Social Organization of Normality*, Oxford: Berg.
27. Future Foundation (2007) *Climate Change and the Future of Brands*, London: Future Foundation.
28. Caldwell, B. (1999) 'Reverse logistics', *Information Week*, 729: 48.
29. Bhatnagar, A., Misra, S. & Rao, H.R. (2000) 'On risk, convenience and Internet shopping behaviour', *Communications of the ACM*, 43(11): 98–105.
30. Cohen, N. (1999) 'Greening the Internet: Ten ways e-commerce could affect the environment and what we can do', *Information Impact Magazine*, October, http://www.cisp.org/imp/october_99/10_99 cohen.htm (accessed 26 December 2008).
31. Watts, J. (2002) 'Tokyo: Public health experts concerned about "hikikomori"', *The Lancet*, 359: 1131.
32. Ottman, J. (1992) 'The four Es make going green your competitive edge', *Marketing News*, 26(3): 7; and Ottman, J.A., Stafford, E.R. & Hartman, C.L. (2006) 'Green marketing myopia', *Environment,* 48(5): 22–36.
33. See Hamele, H. & Eckardt, S. (2006) *Environmental Initiatives by European Tourism Businesses. Instruments, Indicators and Practical Examples*, ECOTRANS/IER, http://sutour.ier.uni-stuttgart.de/englisch/downloads/sutour_lores_en.pdf (accessed 26 December 2008).
34. See http://www.fairmont.com/EN_FA/AboutFairmont/environment/GreenPartnershipProgram/ (accessed 26 December 2008).

  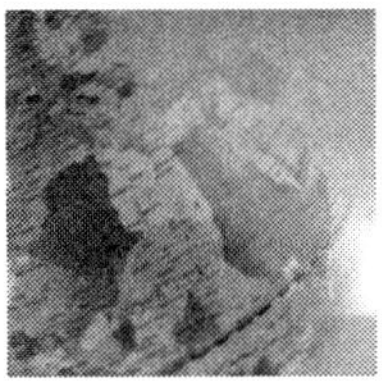

V PART

지속가능성 마케팅의 미래를 개발함

제11장 지속가능성 마케팅의 변환

제12장 지속가능성 마케팅의 재구성

11
CHARTER

지속가능성 마케팅의 변환

학습 효과

1. 사회-생태적 문제들이 어떻게 시장 및 마케팅 이슈로 진화 · 발전하는가를 설명함.
2. 기업의 내적 지속가능성 마케팅에로의 변환을 이해함.
3. 기업에 의한 외적 지속가능성 마케팅에로의 변환을 위한 출발점을 설명함.

고찰내용 개념의 시연

변환이란 진화 · 발전의 의미에서 변화, 개조, 변경 특히 극적인 변화를 의미한다. 본 장에서 우리는 3가지 상이한 지속가능성 마케팅 변환에 대해 살펴볼 것이다. 우리는 사회-생태적 문제들이 어떻게 경쟁력 그리고 지속가능성 마케팅(외적-내적 시각)의 이슈로 전환되는가를 학습할 것이다. 우리는 지속가능성 마케팅을 추구하는 기업들이 추진하는(내적 시각) 변환의 유형을 검토할 것이다. 마지막으로 우리는 몇몇 선도적인 기업들이 왜 그리고 어떻게 지속가능한 발전(내적-외적 시각)으로 진보 · 발전하려고 하는 사회내에서 요구되는 위대한 변환을 촉진하는데 있어 한 부분의 역할을 이행하는 것을 보게 될 것이다.

지속가능성 마케팅 이야기 Sustainability marketing story

GASSER Construction Materials-행복을 구축함

Josias Gasser는 통찰력이 있는 기업의 지도자이다. 그는 Back to the Future라는 3부작 영화에서 최초의 시간여행기계(time travel machine)를 발명한 괴짜이지만 아직은 서로 교감적인 과학자인 Doc Brown과 인상적으로 닮아 있다. Josias Gasser가 시간여행을 발견하지는 않았지만, 그는 1984년 가족기업을 인계 받았을 때를 회상하였다. 역시 그는 미래를 생각하였으며 또한 21세기의 생태적 및 사회지향적인 도전적 문제에 대처하기 위해 그의 건설용 자재 기업은 "통상적인 기업"으로 계속할 수 없다는 결론에 도달하였다. 1990년대에 그는 지속가능한 발전에 바탕을 둔 비전을 수립하였으며 또한 가족이 소유하고 운영하는 기업을 변화시켰다. 그 이후 Josias Gasser Construction Materials사는 에너지 효율적인 건물에 대한 시스템 및 해결방법 뿐만 아니라 생태적인 건설자재를 제공하는데 집중하였다.

"적절하게 행동하기" 위해서, Josias Gasser는 1999년 회사의 본사를 Chur(스위스)에 다시 세웠다. 새롭게 나무로 된 사무실 건물과 창고는 옛날 건물에서 나온 자재를 재사용하는 것, 생태적인 건설자재의 신중한 선정, 빗물 사용 및 높은 수준의 에너지 효율성 등으로 특징이 있다. 밝고 또한 잘 차단된 사무실들은 주로 태양으로 난방이 된다. 만약 실내온도가 20°C의 편안한 수준 이하로 내려가면 2개의 소형 목재난로가 열을 제공한다. 결과적으로 실내 난방에 소요된 연간 에너지 소비는 1m²당 0.5kWh(기름 0.5ℓ에 맞먹는 것) 이하이다. 새로운 본사의 건축비용은 1m³당 450스위스 프랑(300 유로 달러)이었는데, 그 비용은 창고를 갖춘 전통적인 사무실 빌딩과 비교하여 3% 정도 많다. 그러나 그 건물의 에너지 효율성은 매년 약 15,000ℓ의 기름이 절약된다는 것을 의미한다. 처음의 추가투자는 10~15년이면 회수될 것이다(장래의 기름가격에 따라서). 새로운 본사는 당기업이 추구하는 지속가능성 전략에 대한 가시적인 상징을 제시하며, 또한 당기업의 문화와 디자인의 한 부분을 형성한다. 구성원들은 사무실에서 안락함을 느끼고 있다. 구성원들은 "Build Happiness"에 대한 당기업 및 기업의 미션과 동일시되고 있다. 전문적이며 개인적인 고객들은 본사를 살펴보는데 초대를 받고 있으며, 우선적으로 본사의 품질과 안락함에 대한 경험 그리고 에너지 효율적인 건물에 대한 새로운 기술을 알게 된다.

1999년 Gasser 건설자재는 Swiss Association of Engineers and Architects가 수여하는 지속가능한 계획수립과 건설로 상을 수상하였는데, 그로써 국가적인 홍보를 창출하였다. 긍정적인 결과와 반응에 의해 고무됨으로써, Gasser는 2004년 Samedan에 에너지 효율적인 사무실과 창고로 자가조립용 시장에 진출하기로 결정하였다. Samedan은 해발 1728m에 있는 도시로 St Moritz의 유명한 겨울 스키 지역과 인접해 있다. 길고 추운 겨울에도 새로운 건물은 자가조립용 시장에서 판매된 에너지 효율적인 주택을 위한 기술로 잘 운영되고 있다. 지속가능성 마케팅은 건설자재에 대해 혁신과 차별화의 원천이 되고 있다. 즉 1984년 이후, Gasser는 스위스의 동남부 지역에 8개의 새로운 단지를 설치하였는데 90명 이상을 고용하고 또한 이익뿐만 아니라 수익도 증가하였다.

과거 25년 동안, 당기업을 지속가능성에 향하도록 변화시키는 것 이외에, Josias Gasser는 역시 폭넓은 환경에서 변화를 추구하고 있다. 그는 지속가능한 발전을 추구하는 많은 공중 및 정치조직에서 활동하고 있다. 2004년 그는 이해관계자 집단인 Passive House Switzerland의 창립회원 중의 한 사람이었다. 2004년과 2008년 사이에 그는 네트워크의 회장이었는데, 그 네트워크는 최고의 안락하고 최고의 에너지 효율성을 제공하는 미래의 주택표준을 수립하고 더 한층 높이고 있다. 그 이해자 집단은 회원들에게 정보를 제공하고 교육을 시키며, 새로운 품질표준을 개발 · 수립하며 또한 일반공중들에게 단순이용 주택을 촉진하고 있다. 정치활동으로서, Josias Gasser는 Ö+의 회장인데, Ö+는 Graubünden이라는 스위스 주에서 지속가능한 생산 및 소비 패턴을 성취하는 것을 목표로 하는 경제, 생태 및 사회를 위한 협회인데, Gasser는 Granbünden에 자리를 잡고 있다. 그 협회는 그 지역의 삶의 질과 가치에 기여하는 지역적인 제품과 서비스를 촉진하고 있다. Ö+의 주요 활동 중의 하나는 품질, 환경적 및 사회적 표준을 포함하여 지속가능성 기준에 따라 호텔에 대해 인증을 부여하는 것이다. 인증을 받은 호텔들은 전세계적으로 호텔에 대한 최초의 복합적인 지속가능성 표찰인 "Capricorn"을 받는다. 더욱이 Josias Gasser는 Graubünden 주에서 지속가능한 발전에 대한 아이디어에 자유주의를 결합한 스위스의 새로운 정당인 The Green Liberals의 창립회원이다. The Green Liberals는 외부비용을 내부화하기 위해 명령과 통제 정책보다는 환경정책에 대해 시장에 기초한 수단을 선호하고 있다. 이에 추가하여 Josias Gasser는 교육과 과학에 관여하고 있다. 수년 동안 그는 University of St Gallen(스위스)에서 Oikos Foundation for Economy and Ecology의 후원회원이었는데, 그 대학은 경영학과의 의제에 지속가능성 이슈를 결합하고자 하고 있다.[1]

1 지속가능성 마케팅 변환: 외적–내적 시각

본 장에서 우리는 지속가능성 마케팅을 위한 변환에 대해 면밀하게 살펴볼 것이다. 지속가능성 마케팅으로의 변환에는 3가지의 상이하며 보완적인 시각이 있다. 외적–내적 시각(outside-in-perspective)은 우리들에게 생태적 및 사회적 문제들이 어떻게 시장과 마케팅 이슈를 진화 · 발전시키는가를 보다 잘 이해하도록 한다. 즉 내적 시각(inside perspective)은 기업들은 지속가능성 마케팅을 추구함으로써 내적으로 어떤 종류의 변환을 수행해야 하는가를 보여준다. 내적–외적 시각(inside-out perspective)은 지속가능성을 향한 과정에서 사회의 변환과 외적 변화에 기여하기 위한 기업들의 목표와 선택방법을 강조한다.

지역의 쓰레기, 유독한 오염, 지구 온난화, 착취공장과 어린이 노동에 대한 작업조건 등과 같은 생태적 및 사회적 문제들이 어떻게 시장 및 마케팅 이슈로 진화 · 발전하며 그리고 그러한 문제들이 어떻게 외부로부터 내부로 지속가능성 마케팅의 변환을 초래케 하는가? Downs는 어떤 하나의 생태적 또는 사회적 이슈가 사회에 대해 매우 중요하다고 해도 공중의 주의는 매우 오랫동안 어떤 하나의 생태적 또는 사회적 이슈에 거의 계속 집중되지 않고 있다고 제안하고 있다.[2] 1960년대 말과 1970년대 초에 북아메리카(그리고 기타 선진국들)에서 환경적인 관심사에 대한 그의 연구조사에 바탕을 두어, Downs는 어떤 이슈에 대한 공중의 주의는 5단계의 주기를 거쳐간다는 결론에 도달하였다(〈그림 11.1〉 참조).

1. 문제 전 단계(Pre–problem stage): 시작단계에서 문제는 사회나 환경에 존재하지만, 그러나 문제는 아직까지도 많은 공중의 주의를 끌지 못하고 있다. 과학자, 기타 전문가 및 관심을

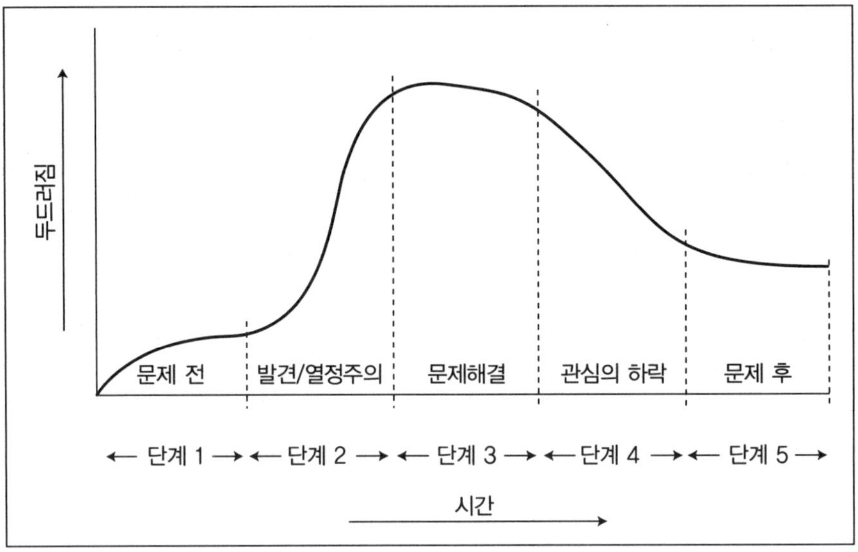

그림 11.1 사회-생태적 문제에 대한 이슈-주의 주기

자료원: Based on Downs, A. (1972) 'Up and down with ecology: Tne " issue attention cycle"', *The Public Interest*, 28 (Summer): 38–50; and Dyllick, T. (1990) *Management der Umweltbeziehungen*, Wiesbaden: Gabler

갖는 시민들이 그 문제를 인식하고 문제를 조사하고 논의하지만, 그들의 토의와 논의는 널리 알려지지 않고 있다. 아직까지 일반공중과의 반향이나 대중매체에는 전혀 도달되지 않고 있다.

2. 발견 단계(discovery stage): 2번째 단계에서 중요하며 뉴스거리가 되는 어떤 사건이나 발전은 대중매체에서 폭넓은 범위를 받으며 공중의 주의를 끈다. 결과적으로 공중이 특별한 문제를 알게 되고 또한 경각심을 갖게 된다.
3. 문제해결 단계(solution stage): 공중의 주의는 정치인들로 하여금 "어떤 것을 행하도록" 그리고 "그 문제를 해결하도록" 압력을 조장한다. 어떤 경우에 큰 상징적인 의미를 갖는(예:그 문제를 분석하기 위해 설립된 전문가 위원회) 단기적인 구제방법들이 있다. 대개의 경우에 용이한 해결방법은 없다. 자주 새로운 기관이 설립되고, 새로운 프로그램이 마련되고, 새로운 정책이 수립되는데, 많은 시간과 돈이 소요된다.
4. 하락·쇠퇴 단계(decline stage): 그 문제를 처리하는 어려움과 비용이 분명해짐에 따라 그 문제에 대한 일반공중의 주의는 약해진다. 매체에도 보고서가 거의 없으며, 매체들은 어떤 새로운 사건이나 문제들을 보다 뉴스가치가 있는 것으로 전향하고 있다.
5. 문제 후 단계(post-problem stage): 마지막 단계에서, 의제 밖으로 밀려나가고 있는 이슈는 주의를 거의 받지 못하거나 오직 관심을 돌발적으로 일으킨다. 그럼에도 불구하고 새로 설립된 기관, 프로그램 및 정책 등으로 인해 새로운 사건들이 일어나거나 또는 발견됨으로써 뒤로 미루어져 있던 이슈들이 새롭게 호응을 받게 될 수도 있다. 이미 전체적인 주기를 거쳐

간 문제들은 발견 전 단계에 아직까지도 머물러 있는 문제들보다 평균수준 이상의 주의, 공중의 노력과 일반적인 관심을 받을 가능성이 매우 크다.[3]

이슈-주의 주기의 깊이 그리고 주기상의 상이한 단계의 시기들은 연관되는 문제의 본질 그리고 문제에 대한 매체들의 반응에 좌우되어 상이하다. 어떤 경우에 몇 주 또는 몇 달의 문제일 수도 있으며, 다른 경우에 그것은 몇 년 또는 수십 년이 걸릴 수도 있다. 환경적 관심사의 경우에 일련의 때때로 일어나는 그러나 분리된 사건들 그리고 환경의 다른 측면과 관련되는 위기들은 수십 년 동안 의제를 넘어 이슈가 되도록 하였다. Bhopal(1984)에서의 화학약품의 재앙, Chernobyle(1985)에서의 방사능 재앙, Rhine강(1986)에서 Sandoz사의 화학약품 누출, Exxon사의 석유 누출(1989) 및 산림의 파괴와 같은 중요한 사건들은 세계적인 뉴스거리가 되고 그리고 많은 일반공중의 주의를 받았는데, 그로 인해 1980년대 말과 1990년대 초에 환경에 대한 전례 없는 높은 관심을 초래케 되었다.[4] 초기에 환경적 관심사는 끊임없이 다양한 새로운 문제들로 인해 공중의 의식 속에 파고 들어갔다. 그후 보다 최근의 집중은 특별한 이슈와 사건들에 대한 관심사에서 기후변화, 세계적인 빈곤과 같은 지속되는 세계적인 문제로 변화되고 있는데, 그 집중의 규모는 세계적인 문제들이 주의를 끌고 있다는 사실을 확실하게 보여주고 있다.

이슈-주의 주기 모델이 가장 큰 설명적인 힘을 가지는 때는 지구 온난화 및 기후변화와 같은 특별한 문제를 보는 경우이다. 즉 미국의 매체(인쇄, TV 및 라디오)에 대한 내용분석 결과, 1980년대 말과 1990년대 전반기에서, 지구 온난화 문제는 주의 주기 중 3단계를 거치고 있음을 보여 주었다.[5] 1997년 Kyoto의정서(일본) 그리고 온실가스의 배출, 특히 이산화탄소의 배출을 제한하고자 하는 환경협정은 주의 주기의 최정상에 이르기 전을 나타낸다. 2005년 허리케인 Katrina와 같은 중대한 사건들(미국 역사상 가장 비용이 많이 소요되고 사상자가 많은 허리케인 중의 하나)과 함께, 지구 온난화의 이슈는 공중의 주의를 받았다. 공중의 주의는 미국의 전 부통령인 Al Gore가 제시하고 또한 2006년 발표된 An Inconvenient Truth라는 문서에 의해 더욱 활기를 얻었다. Intergovernment Panel on Climate Change(IPCC)가 조성되고 또한 Fourth Assessment Depart에 기후변화에 대한 인류의 영향 그리고 지구 온난화에 대한 증가되는 실증적인 증거를 발표하였다. 그것은 An Inconvenient Truth가 Oscar for the Best Documentary Feature상을 수상하였을 때, 그리고 IPCC와 Al Gore가 2007년 노벨 평화상을 받았을 때, 최고조에 다달았다. 그러나 2008년 동안 금융위기와 불경기의 공포가 내습함에 따라 지구 온난화의 이슈는 다시 사그러졌다.

우리들은 생태적 및 사회적인 문제들이 언제 그리고 어떻게 공중의 관심을 끌고 또한 소비자로서 자신들의 행동에 영향을 미칠 수 있는가를 이해하는데 있어 이슈-주의 주기가 지속가능성 마케팅 기업들에게 유용하다는 사실을 볼 수 있다. 그러나 이슈-주의 주기는 단점이 있다. 한 가지 단점이란 이슈-주의 주기가 어느 한 때 이슈를 고려하지만, 실제로 여러 가지 이슈들이 동시에 공중의 주의를 얻기 위해 서로 다툴 수 있으며 또한 상황과 매체의 우선순위가 변화함에 따라 여러 이슈들 간에 변화를 줄 수 있다는 것이다. 또 다른 단점은 주의가 마케팅 기업

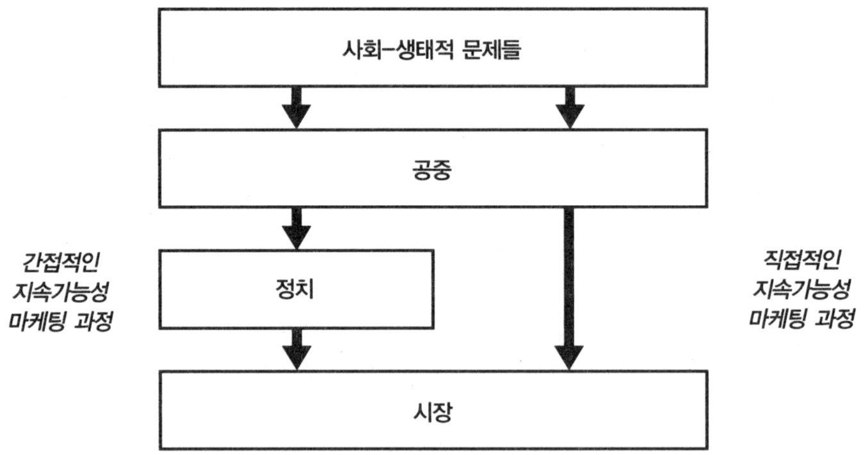

그림 11.2 지속가능성 마케팅 변환: 간접적 및 직접적 과정

자료원: Based on Dylick, T., Belz, F. & Schneidewind, U. (1997) *Ökologie und Wettbewerbsfähigkeit*, Munchen: Hanser, p. 40.

에 대해 사회-생태적 문제를 경쟁적인 힘 및 이슈로 변경되는 방법을 보여주지 않고 그 주기가 공중의 주의에 집중한다는 것이다.

외적으로부터 내적으로의 지속가능성 마케팅의 변환을 이해하기 위해 Dyllick 등은 6개의 상이한 산업(화학, 컴퓨터, 건설, 식품, 수송 및 기계)에 대한 실증적인 연구를 행하였다. 그들은 선정된 산업에 속한 공중, 정치 및 시장의 이해관계자들에 의한 주요한 관여뿐만 아니라 그 제품에 대한 "요람에서 무덤까지"의 주요한 생태적 문제를 분석하였다.[6] 그들은 특별한 생태적 및 사회적 문제가 시장 그리고 마케팅 이슈로 변환되는 2가지 기본적인 방식, 즉 간접적 및 직접적인 지속가능성 변환과정을 확인 · 규명하였다(〈그림 11.2〉 참조).

1.1 간접적인 지속가능성 마케팅 변환과정

Downs에 의하면,[7] 전문가들 및 열성자들에게 최초로 되는 논리적, 과학적인 이슈들은 매체의 이슈로 진화 · 발전되고 있는데, 매체의 이슈들은 공중의 이슈로 변모되고, 그후 정치적 이슈로 변모된다. 어떤 사회-생태적 문제들은 표준을 설정함으로써 해결되는데, 표준은 법규 또는 기타 정치적 법규에 의해 강제로 집행된다. 기타 다른 사회-생태적 문제들은 시장에 기초한 접근방법을 통해 표명되고 또한 "가격권리를 설정"함으로써 표명되고 있다. 즉 생산자와 소비자들이 보다 사회적으로 또한 생태적으로 자비로운 방식으로 행동하도록 경제적인 인센티브(자극부여 요인)를 제공하는 것이다.

자동차 산업은 간접적인 변환과정에 대한 분명한 예를 제공한다. 위에서 설명한 것처럼, 지구 온난화의 문제는 우선 1980년대 말과 1990년대 초에 폭넓은 공중의 주의를 받았다. 1995년에 유럽연합은 3개의 표주(pillar)에 바탕을 두어 자동차에서 나오는 CO_2배출을 줄이기 위해 전략을 채택하였는데, 3개의 표주는 재정적인 측정치를 수단으로 연료 효율적인 자동차를 촉진하는 것(예: 저배출 차량에 대한 세금 감면), 연료소비 및 CO_2배출을 보여주는 표찰을 자동차에 부착하는 수단으로 소비자에게 정보를 제공함, 그리고 European Automobile Manufacturers Association(EAMA)과의 자발적인 합의 등이다.[8] 1999년 유럽의 자동차 제조업체들은 승용차에서 나오는 CO_2배출을 줄이기 위해서 그리고 연료경제성을 향상시키기 위해 심혈을 기울였다. 유럽연합과의 합의된 일치사항은 유럽에서 판매된 새로운 승용차의 평균적인 CO_2 배출은 140g CO_2/km가 되어야 한다는 것이다. 즉 이것은 2008/2009년 시장에 출시된 새로운 승용차는 100km당 평균적으로 약 5.8ℓ의 휘발유를 또는 100km당 5.25ℓ의 디젤을 소비할 것을 제시해야 한다는 것을 의미한다. 이러한 약속이 지켜지지 않는다는 증거가 있음에 따라, 유럽연합은 자동차 제조업체들에 대해 정치적 압력을 증가하였다. 2007년 EU Commission은 유럽에서 판매되는 신차에서 나오는 CO_2배출이 2005년 162g/km에서 2012년까지 130g CO_2/km 이하가 되도록 하기 위해 연료효율성 표준을 증가시킬 수 있는 새로운 전략을 제안하였다. 매 추가적인 무게(g)에 대해 자동차 회사는 벌금을 내야 하는데, 2012년을 시작으로 매년 점차적으로 증가한다. 이에 따라 연료효율성과 CO_2매출은 자동차 산업에서의 구매자와 마케팅 기업에게는 피할 수 없게 중요하게 될 것이다. 2008년 말까지 두드러진 변화의 표징이 이미 나타나고 있다. "통상적인" 오랜 사업기간 후 그리고 보다 강력하게 자동차를 고급화한 후, 하이브리드 및 전기자동차와 같이 크기를 줄이고 또한 CO_2배출이 낮은 자동차에 대한 새로운 시대가 시작되고 있다.

1.2 직접적인 지속가능성 마케팅 변화과정

지구 온난화 및 자동차 산업의 예에서 설명한 바와 같이 특별한 생태적 또는 사회적 문제는 통상 그 문제가 시장과 마케팅 기업에게 영향을 주기 시작하기 전에 이슈-주의 주기 및 정치적 과정을 거쳐간다. 정책 및 정치를 통해 일반공중으로부터 시장에로 관심사가 간접적으로 변환이 이루어지는데 수년이 소요될 수 있다. 그러나 어떤 경우에 지속가능성 마케팅 변환과정에 대한 압박이 일반공중으로부터 시장에 직접 행해지고 있다.

1990년대에 스포츠웨어 기업인 Nike사에 대한 행동주의자들의 항의를 살펴보라.[9] 소위 착취공장이라는 곳에서의 저임금 및 열악한 작업조건에 대한 첫 번째 보고서가 1988년 및 1991년 사이에 발표되었는데, 공중의 주의를 거의 끌지 못하였다. 1990년 Nike사의 부사장인 David Taylor는 "우리는 공장에서 어떤 근로자에게도 지급하지 않는다. 그리고 우리는 공장내에서 방침을 수립하지 않는다. 그것이 기업을 운영하는 것이다."라고 언론에 공표하였다. 그 당시에 Nike사는 아시아 전역에 있는 자사의 공급업자들의 작업조건에 대해 어떤 책임도 지지 않았었다. 그러나 Nike사가 공중의 관심을 불러 일으키게 하는 행동주의가들의 항의의 중심이 되었을 때, 이러한 태도가 변화되었다. 1996년과 1998년 사이에 1,500자로 작성된 주요한 신문의 사설들은 Nike사에 공급하는 아시아의 착취공장에서 일하는 어린 소녀들 그리고 어린이들이 전혀 수용할 수 없는 작업조건을 다루면서 발표하였다. 소비자들의 항의, Niketown 점포에서의 데모 그리고 세계적인 보이코드 등은 Nike사의 이미지 및 판매고에 타격을 주었다. 그러한 여러 행동들은 1997년 9월 한 항의에서 13세의 아프리카계 미국인의 울부짖음 즉 "Nike사여, 우리가 당신을 성공케 할 수도 있으며, 우리가 당신을 망하게 할 수도 있다."는 항의로 정점에 다달았다.[10]

뉴욕의 Fifth Avenue에 있는 Niketown의 앞에서 행해진 항의 그리고 젊은이들의 울부짖음은 주요시간대 동안에 모든 주요 미국 TV방송망을 타고 방송되었다. 한 예는 행동주의자들이 Nike사 그리고 그 기업의 가장 가치있는 자산인 그 기업의 상표를 공격함으로써 공중의 주의와 지원을 어떻게 끌었는가를 보여준다. 행동주의자들은 신중하게 Nike사를 표적으로 정하였는데, 그 이유는 Nike사의 공급체인이 최악의 노동행위를 하기 때문이 아니라, 최고로 알려진 상표를 가진 스포츠 의류에 대한 세계시장에서 Nike사가 선도기업이었기 때문이었다. 만약 시장선도기업이 받아들일 수 없는 공급업자의 작업조건의 문제를 다루기 위해서 그리고 행동주의자들에게 합당한 이유를 설명하지 않는다면, 시장의 나머지 기업들도 전례를 따르게 된다. 이런 종류의 지속가능성 마케팅 변환과정에서 정치인들은 직접적으로 관여하지 않는다.

우리가 디지털 정보화 시대에 진입함에 따라 인터넷 및 모바일 통신과 같은 기술들이 행동주의자, 관심을 갖는 시민 및 비판적인 소비자들이 활용할 수 있는 강력한 무기가 된다. 즉 새로운 정보와 커뮤니케이션 기술들로 그들은 특별한 사회적 및 생태적 문제에 대한 정보를 널리 알리고 가상적인 공동체에 속한 마음이 같은 사람들과 그들의 아이디어와 견해를 교환하며, 서로가 학습하며 또한 효율적인 방식으로 항의와 소비자 보이코트를 협력 · 조정하는데 도움을 받는다. 그들은 기업들로 하여금 사회-생태적인 이슈와 문제에 대처하도록 하기보다는 점차 잘 연결되고 또한 보다 강력해지고 있다.

간접적 및 직접적인 변환과정 모두에서 특별한 생태적 또는 사회적 이슈가 진전되도록 추진하는 **주요한 활동요인**(key actors)들이 있다.[11] 주요한 활동영향요인은 다른 사람들에 대해 영향력을 발휘하고 또한 지속가능성 마케팅 변환이 지속되도록 하는 강력한 이해관계자들이다. 일반적으로, 주요 활동요인에는 3가지 상이한 종류, 즉 공중, 정치적 활동요인 및 시장 활동요인이 있다. 각각의 영향력은 각기 상이한 원천, 즉 도덕성, 정치적 합법성 그리고 경제적 영향에서 발휘된다.

잘 알려져 있고 또한 신뢰할 수 있는 **공중**(public)인 이해관계자들은 도덕적 합법성을 통해 힘을 갖는다(예: greenpeace). 그들은 특별한 생태적 또는 사회적 문제를 강조하며 또한 일반공중의 도덕적 양심에 소구한다. 그들은 자주 복잡한 이슈들을 옳고 그름, 좋고 나쁨 등의 비교적 간단한 아이디어로 축소하며 또한 가능하다면 복잡한 이슈들을 극적이며 흥분스럽고 또한 뉴스의 가치가 있는 방식으로 제시한다. 그들은 자주 제한된 인적 및 재무적 재원에도 불구하고 대중매체를 통해 자신들의 메시지를 널리 알리기 위해 직접적인 조치와 상징적인 이미지를 사용할 것이다. 1995년 북해도 유전인 Brent Spar에 대한 Greenpeace 행동주의자들이 취한 극적인 점유를 생각해 보라.[12] Greenpeace는 Goliath에 대응하여 싸우는 David의 이미지로 성공적으로 수행하였다. 즉 다국적기업으로서 Goliath인 Shell사는 바다에 오래된 석유시설물을 세울 것을 계획하였었다. 그 모습은 세계 전역으로 퍼져나갔으며, 유럽, 특히 독일에서 가장 두드러지게 집중적인 항의를 불러 일으켰다(제8장 참조).

정치적인(political) 주요 활동요인에는 생태적 및 사회적 문제를 정의하고 처리하는데 있어 중요한 역할을 수행하는 유렵연합과 같은 국가정부와 초국가적인 조직 등이 포함된다. 지구온난화 및 자동차 산업의 예에서 보여주는 것과 같이, 유럽연합 내에서 통합된 제품정책은 자발적인 합의뿐만 아니라 제품 표찰화와 같은 소비자를 위한 정보, 경제적 도구, 물질에 대한 명령 및 통제 금지 등을 포함하여 외적 비용을 내부화하는 것을 목적으로 경쟁을 위한 새로운 제도적 틀을 수립하기 위한 다양한 도구 등이 뒷받침되어 있다. 영국에서 지속가능한 발전에 대한 정부의 반응의 일부분이 Market Transformation Programme을 수립하는 것이었는데, 그 프로그램은 정보와 증거를 준비함으로써 그리고 시장을 변환시키는 것을 목표로 하는 활동조치 계획과 수단들을 합의하기 위해 산업 및 기타 이해관계자들과 협동함으로써 지속가능한 제품 정책을 지원한다.[13]

시장(market)인 주요 활동요인은 시장내에서 전반적인 가치 연결쇠 및 경쟁에 영향을 준다. 시장 활동요인은 시장에서 사회-생태적 해결방법을 확산시키는데 중요한 역할을 수행한다. 예를 들어, 만약 Wal-Mart사와 같은 세계적인 소매상들이 지속가능한 물고기를 구매하는데 있어 자신들의 몰입을 발표한다면, 그러한 발표는 공급업자 및 경쟁사들에게 강력한 표식을 보낸다. 강력하고 지배적인 시장위치를 획득함으로써, Wal-Mart사는 경쟁의 규칙을 변경할 수 있다. 식품, 전자제품, 섬유 및 가구 등과 같은 많은 소비재 시장에서, 소매상들은 전체적인 가치 연결쇠를 위한 사회-생태적 문지기 또는 확산 대리인으로 행동할 수 있는 충분한 구매력을 가지고 있기 때문이다.

우리는 지속가능성 마케팅 변환이 2가지 전형적인 패턴을 따른다고 결론을 내릴 수 있다. 즉 생태적 및 사회적 문제가 정치를 통해 일반 공중으로부터 시장에까지 간접적으로 추진되거나 또는 소비자, 기업 및 경쟁사들의 행동에 영향을 주면서 공중으로부터 시장으로 직접 진척되는 것이다. 이것은 지속가능성 이슈들이 자사의 사업에 어떻게 영향을 줄 수 있는가를 마케팅 기업들이 이해할 수 있는 유용한 방법인데, 그러나 실제로 〈그림 11.2〉에 나타난 간접적이며 직접적인 변환과정 모델은 복잡한 현실을 단순화한 것이다. 즉 지속가능성 마케팅 변환과정은 자주 복잡하고, 비선형적이며, 비연속적이다. 불가능하지 않다면, 그것은 앞서서 특별한 생태적 또는 사회적인 문제의 진보과정을 설명하고 묘사하는 것을 어렵게 한다. 공중 및 정치적인 의제에 영향을 주는 어떤 심각하고 중요한 사건들이 간단하게 발생한다. 어떤 이슈에 대한 반응은 간단하게 합리적으로 경제적 및 기술적이 되지 않을 것이며, 역시 그 반응은 여러 다양한 이해관계자 및 그들과 자주 경쟁되는 의제들에 의해서 조성되고 형성된 사회-정치적 과정이 될 것이다. 어떤 반응은 변환과정을 촉진하려고도 하지만, 한편 다른 반응들은 같은 정도로 방어한다.

과거에 한편으로는 환경 및 사회집단 그리고 다른 한편으로는 기업들 간에 분명한 구분과 반대가 있었다. 21세기 초에 이르러, 과거의 반대자들 간의 경계가 점차 희미해지고 있다. 몇몇 전향적인 사고를 가진 기업들은 소비자의 수요나 법규의 요구조건을 간단하게 따르는 대신에 생태적 및 사회적 문제를 다루는데 선도를 지키고 있다. Gasser 건설자재와 같은 몇몇 기업들은 비정부조직들과 동반자화를 구축하고 있다. 역시 기업들은 지속가능한 사업모델을 조성하고 또한 지속가능한 발전에 대한 아이디어를 지원하고 또한 진보 · 발전시키는 새로운 기업관련협회를 수립하기 위해 같은 속내를 갖고 있는 기타 다른 기업들(경쟁사를 포함하여)과 협동하고 있다. 이런 새로운 협회들은 자주 전통적인 기업 및 업계 협회들보다 기존에 설립된 것에 대한 대안으로서 자신을 위치화하고 있다. 통상적으로, Greenpeace와 같은 환경단체 그리고 원자력 발전소를 확보하고 있는 에너지 기업들은 불구대천의 원수들이다. 그러나 수송수단으로서 전기자동차를 생각하는 것에는 특별한 의견의 일치가 있다. 환경단체들은 이것을 자동차 산업을 개혁하기 위한 그리고 지구 온난화 문제에 접근하기 위한 아주 위대한 기회로 인식하고 있는데, 한편으로 에너지 기업들은 그것을 새로운 사업기회로 인식하고 있다.

2 지속가능성 마케팅 변환: 내적 시각

변환하도록 하는 외적-내적 압력에 직면하여, 기업들은 반응하는 방법에 대해 많은 선택대안을 가지고 있다. 즉 기업들은 그 압력을 무시하거나 부정할 수 있다. 즉 기업들은 그 과정을 숨기고 지연하려고 시도할 수 있다. 기업들은 압력에 적응할 수도 있으며, 상이한 관련되는 단체가 요구하는 것을 행하고 책임을 받아들일 수 있다. 또는 기업들은 업계의 규범의 차원을 넘을 수 있으며, 기대한 것보다 많이 행함으로써 미래의 기대를 예상할 수 있다.

이해관계자들에 의해 기대되는 것 이상으로 행하고 있는 어떤 기업은 세계에서 가장 규모가 큰 인테리어용 가구기업 중의 하나인 Interface사이다(제9장 참조).[14] 1994년 설립자이며 최고경영자인 Ray Andersson은 Interface사를 지속가능한 기업으로 변화시키는 목표를 수립하였다. 그것은 기업에 대한 전체적인 변환, 즉 문화적, 전략적 및 구조적으로 변화시키는 것을 나타내었다. Interface사가 지속가능성으로 향하는 길고도 뒤얽힌 여정을 설명하기 위해 Ray Andersson은 강력한 은유법을 사용하고 있는데, 그에게 있어 그 여정은 "에베레스트산보다 더 높은 산을 정복하는 것"과 같은 것이다라는 것이다. 구성원들로 하여금 "Mount Sustainability(지속가능성 산)"를 등반하도록 동기를 부여하기 위해서 Interface사는 아래와 같은 정보제공적이며 교육적인 프로그램을 수립하기 시작하였다.

- 위협으로서가 아니라 도전적인 문제로 지속가능성을 인식하도록 하기 위해 "승리를 위해"

연습과 훈련을 실행함.

- 구성원들로 하여금 Interface사를 위해 지속가능성이 무엇을 의미하는가를 발견하도록 도움을 주는 생태적으로 의식함.
- 구성원들로 하여금 어떤 것들이 일어나도록 하고 또한 그 변화의 한 부분이 되도록 요청받는 QUEST(구성원 제안과 팀워크를 활용할 수 있는 역량)을 갖도록 함.

Interface사에서 지속되는 문화적 변화에 대한 증거는 구성원들에 의해 착안되고 실행되는 수많은 혁신적인 해결방법에서 발견될 수 있다. 한 가지 예는 수목(forest floor) 그리고 똑같은 것이 절대 없는 곳과 겨루는 신제품인 Entropy 카페트이다. 그러므로 그 제품은 생산과 설치시에 실질적으로 쓰레기가 전혀 없다. Entropy 카페트가 소구하는 것이란 그것은 실내에서 외부의 모습을 가져다준다는 것이다. 도입 후 그 제품은 그 회사에서 최고로 판매되는 제품 중의 하나가 되었다. 미래에 Interface사가 행하는 중요한 단계는 완전하게 안전한 사용 후 감손(degradation)을 가능케 하는 생물에 근거한 물질(원료)을 사용하는 것이다. 이것은 "Mission Zero(아무 것도 생기지 않게 하는 미션)"를 성취하는데 중요한데, Mission Zero란 2020년까지 환경에 대한 부정적인 영향을 줄이고자 하는 이 회사의 언약과 몰입이다.

우리가 Interface사 및 그 창업자의 예에서 무엇을 배울 수 있는가? 고객의 기대를 초과하면서 자연의 욕구와 한계를 제시하는 것은 통상 근본적인 변화를 요구한다. Interface사의 경우, 지속가능성을 향한 여정은 Interface사가 기업을 지각하고 또한 운영하는 방법에 있어 그리고 회사가 새로운 제품 및 서비스를 개발하여 시장에 내놓는 방법에 있어, "중대한 변화"이었다. 그런 근본적인 변환에 대해 많은 장애물이 있는데, 그 장애물은 기본적으로 3가지 범주로 나누어진다.[15]

- 개인적 장애물(individual barriers): 인식의 부족, 변화하지 않으려는 의지, 필요한 변화 그리고 그 변화를 처리하는 방법에 대한 두려움, 일상적인 것에 부가되는 추가적인 과업.
- 조직의 내적인 장애물(organizational interal barriers): 경제적인 측면, 기술과 시장 해결방법에 대한 믿음에 집중하는 단기적인 시각 그리고 투명한 사업 사례, 특히 마케팅 관리에 있어 투명한 예의 부족.
- 조직의 외적인 장애물(organizational external barriers): 소비자 관심의 부족, 투자자 관심의 부족, 공공정책과 법규에 있어 합치성에 결여, 특히 제품에 관한 합치성의 부족.

장애물을 극복하기 위해 그리고 지속가능성 마케팅 관리를 향해 변화하기 위해 아래에 6가지 필수사항(six essentials)이 요구되는데, 6가지 필수사항은 ① 몰입적인 최고경영자 ② 지속가능성 변화 대리인 ③ 권한을 위양받은 구성원 ④ 지속가능성 마케팅 정보 시스템 ⑤ 투명한 기업 지속가능성 미션 ⑥ 지속가능성 자극부여적인 구조이다.

2.1 몰입적인 최고경영자

Josias Gasser 및 Ray Andersson의 예는 지속적인 변화를 하기 위해서는 실행능력이 있으며 또한 몰입적인 최고경영자가 있어야 한다는 것을 보여준다.[16] 지속가능성 마케팅 변환과정에 있어 그들의 역할은 결코 과대평가되어 질 수 없다. 그들의 개인적인 몰입과 커뮤니케이션은 구성원들에게 권한을 위양하며 또한 당기업 및 고객들 간에 감정적인 연결을 강화하는데 도움을 주고 있다. 기업을 소유하고 또한 지속가능성 노력의 결과에 대해 개인적으로 몰입하는 최고경영자는 지도력의 역할을 수행하는데 있어 특히 신뢰감을 준다.[17]

2.2 지속가능성 변화 대리인

그러나 한 명의 최고경영자는 지속가능성을 향한 근본적인 변화를 추진하지 못한다. 그는 모든 관리수준에서, 특히 기술개발과 마케팅에서 지속가능성 변화 대리인을 필요로 한다. 3개의 상이한 변화 대리인 유형이 있는데, 어떤 대리인은 내적 변화를 행할 수 있는 힘과 재원을 가지고 있다(예: 상위 경영층). 어떤 대리인은 내적 변화를 고무할 수 있는 자연환경에 대한 지식을 가지고 있다(예: 창의적인 발명가), 그리고 또 다른 대리인은 변화의 내용이나 방향과는 무관하게 전환과정에 대한 지식을 가지고 있다(예: 조직개발자). 이상적으로 모두 3가지 유형의 변화 대리인들이 각각 고용되어야 하고 또한 서로가 보완적이 되어야 한다.

2.3 권한을 위양받은 구성원

변화 대리인의 지원을 받은 몰입적인 최고경영자가 지속가능성 변화전략의 성공을 보장하지는 않는다. 기업, 자사의 제품과 서비스의 변환을 완성하기 위해, 정보를 받고 또한 권한을 위양받은 구성원도 역시 필수적이다. 많은 기업의 경우, 환경적 및 사회적 이슈들은 환경 담당부서 또는 사회적 책임, 기업의 사건 또는 공중관계를 처리하는 부서에 위양된다. 내부적으로부터의 지속가능성 마케팅 변환은 기업의 핵심적 사업 및 일상적인 활동을 통한 환경적 및 사회적 이슈들의 통합,[18] 특히 혁신과 마케팅 관리에서의 통합이 요구된다.

전통적으로 훈련을 받은 마케팅 의사결정자들은 자주 환경적 및 사회적 현실을 다루는데 있어 충분한 준비를 갖추지 않고 있다. *The Matrix*의 영웅인 Neo와 같이, 의사결정자들은 가상적 세계에서 사는 것처럼 보인다. 즉 그들은 생물자원(bio-mass), 에너지 흐름, 멸종위기에 있는 종 그리고 사회적 문제가 있는 실제세상에 대해 어떤 관련도 없이 광고적인 상상으로 구조화된 인위적인 세상에 구속되어 있는데, 그러한 실제세상의 문제들은 요람에서 무덤까지의 전체 수명주기를 통해 자사의 제품에 따라 발생하게 된다.[19] 이런 환경적 및 사회적 문제들이 법규나 소비자 행동을 변화시키지 않는 한, 그 문제들은 전통적인 마케팅 세계에는 존재하지 않는다. 치명적이지 않다면, 이런 종류의 무시와 무지는 상표 이미지와 제품 판매에 위험스러운 것이 될 수 있다. 즉 그것은 마케팅 의사결정자가 고객의 즉각적인 1차적 욕구와 2차적 욕구의 차원을 넘는 지속가능성 이슈를 보고, 느끼고, 이해하고 또한 반응할 수 있는 역량을 필요로 하는 이유인 것이다.

2.4 지속가능성 마케팅 정보 시스템

이런 종류의 역량을 개발 · 발전시키기 위해 마케팅 의사결정자는 정보와 교육을 필요로 한다. 의사결정자들은 정량적 및 정성적인 수명주기 평가(제3장 참조)가 이루어진다면 제공되는 제품 및 서비스와 연관되는 지속가능성 이슈들에 대한 완전한 정보를 요구한다. 더욱이 마케팅 의사결정자들은 제품에 대한 원천 탐색, 생산, 사용 또는 사용 후와 연관되는 지속가능성 이슈들에 대한 이해관계자들의 태도에 대해 정보를 받아야 한다. 그 정보는 의사결정자에게 사회-생태적 문제가 시장 이슈로 어떻게 변모되는가를 이해할 수 있도록 한다. 마지막으로, 마케팅 의사결정자는 지속가능성 이슈에 관한 고객의 욕구, 선호성 및 기대사항을 조사해야 하는데, 지속가능성 이슈에는 아래와 같은 의문사항이 포함된다. 즉 고객들은 어떤 특정한 제품 및 서비스 유형에 관한 지속가능성 이슈를 알고 있는가? 상이한 고객집단은 어느 정도까지 사회적 및 환경적 이점을 가치가 있다고 여기는가? 만약 사회적 및 환경적 성과가 소비자 의사결정 과정에서 보조적인 역할을 한다면, 성과는 제품 및 서비스의 전반적인 품질과 성과에 어떻게 맞추어질 수 있는가? 어느 방법으로 그리고 어느 정도로 환경적 및 사회적 성과가 상이한 유형의 고객집단에게 커뮤니케이트 되어야 하는가? 그러한 정보 없이, 마케팅 관리자는 지속가능성 관심의 결과로 성장할 가능성이 있으며 또한 감수적인 시장에서 사회적 및 환경적 성과에 바탕을 두어 제품과 서비스를 위치화할 가능성이 있는 시장을 확인 · 규명하는데 있어 어려움을 갖게 된다.[20] 따라서 심사숙고적인 지속가능성 마케팅 정보 시스템 또는 전반적인 지속가능성 경영정보 시스템은 이런 주요한 전략적 결정에 대한 기초를 제공하는데 필요하다.

Toyota사는 생태적 자동차 평가 시스템인 Eco-VAS를 개발하였는데, 그것은 R&D 및 생산관리에 대한 환경정보를 제공한다. 그 시스템에 기초하여 최상위 엔지니어는 미래의 Toyota 자동차들의 환경적인 영향을 줄이기 위한 정량적 목표를 수립한다. Electrolux사는 가전제품에 관한 에너지 효율성의 중요성에 대해 정규적인 소비자 조사를 시행하고 있다. 역시 이 회사는 “녹색 범위” 제품의 수 그리고 수익성을 증가시키도록 자사의 제품관리자들의 목표를 설정하고 있다. 2007년, 최고의 환경적 성과를 이룩한 Electrolux사의 제품들은 유럽에서 판매된 가전제품 단위 수량 전체의 17%를 그리고 전체 이익의 22%를 점하였다. 2008년, 녹색 범위 가전제품은 Electrolux Group내에 포함된 전체 사업부문으로 확대될 것이다.[21]

2.5 기업의 지속가능성 미션

전체 사회를 위한 지속가능성 미래에 대한 긍정적인 비전을 촉진하고 또한 보다 좋고 보다 지속가능한 세상에 대해 기여하려는 기업의 미션은 기업을 동기부여하고 또한 구성원의 긍정적인 활력을 자유롭게 발휘하도록 하는데 도움을 줄 수 있다.[22] 수행해야 하는 지속가능성 미션을 창조하는 것은 용이하지 않다. 너무나 일반적인 어떤 것은 너무나 오래되고 또한 공허하게 들리는 위험이 있으며, 너무나 구체적이고 특이한 것도 그러하며, 또한 그것은 너무나 힘이 드는 것이므로 동기부여가 될 수가 없다. 지속가능성 미션은 고무될 수 있도록 충분히 도전적이어야 하며 또한 원시안적이어야 하지만, 성취하기가 너무나 어렵거나 거리가 먼 경우에는 동기부여가 되지 않을 수가 있다. 2050년까지 판매된 모든 제품을 생물에 바탕을 둔 재료로 바꾼다는 것이 이 회사의 멋진 목표가 될 수가 있지만, 그 목표가 대부분의 구성원들이 이 회사와 함께 존재할 수 있을 것으로 기대하는 시간의 틀의 차원을 넘는 것이라면, 그 목표는 그들에 대해 대단한 것을 의미하지 않는다. 반대로 너무나 많은 변화를 너무나 신속하게 기대하는 것은 기술개발에 대한 불충분한 시간이 문제가 되고 또한 새로운 기술 또는 조직과정이 이루어지고 또는 새로운 지속가능한 제품과 서비스를 시장에 내놓는데 충분한 시간이 허락되지 않는다. 즉 이것은 역시 동기를 부여치 못하게 하는 좌절감과 실패감을 초래한다. 시기상조적인 발표의 한 가지 예는 2007년까지 일련의 자동차 생산에서 연료전지 자동차를 도입하려는 Mercedes사의 계획이었는데, 그 계획은 2008년까지도 이루어지지 않았다. 해결방법이란 기업들이 어떤 것을 보다 단계적으로 창조하기 위해서 "듣기에 좋은 한 마디" 식의 미션을 버리는 것이다. Marks & Spencer사의 Plan A에는 지속가능성을 향한 공개적인 5개의 광범위한 분야에 대한 진보발전 그리고 100개의 특별한 약속 · 언약 등이 포함되어 있다(제6장 참조).[23]

강력한 비유와 은유는 역시 구성원을 활력화 하고 동기를 부여할 수 있다. 에베레스트산보다 더 큰 산의 정상을 정복한다는 지속가능성 여정에 대한 Ray Andersson의 비교는 하나의 비유이다. 아주 소수의 사람들이 등반가이지만, 이것은 Jon Krakauer의 *Into Thin Air*와 같은 TV 프로그램, 영화 또는 극적인 이야기에서 나온 익숙한 이미지이다. 그것은 특별한 의지, 헌신, 노력 그리고 팀워크가 요구되는 길고, 어렵고 또한 위험스러운 여정으로 지속가능성을 구성한다. 그러한 여정이 기세가 꺽이는 것을 막기 위해서 강력한 비유는 중기간 동안 성취할 수 있는 중간목표로 여러 단계를 분리할 필요가 있다. 이것은 이정표가 성취됨으로써 진보발전 그리고 긍정적인 피트백에 대한 감각을 제공할 수 있다. 즉 아마도 이것은 내부로부터 지속가능성 마케팅 변환에 대한 역설이다. 즉 진실로 지속가능한 제품 및 서비스의 최종목표가 극적인 변화를 요구하지만, 변화에 대한 제도화는 점증적으로 단계에 따라 행해질 필요가 있다.

2.6 지속가능성을 위한 자극부여적인 구조

지속가능성을 향한 중간 목표의 성취는 균형잡힌 고무적이며 자극적인 구조와 합치되어야 하는데, 그 구조내에서 즉각적이며 물질적인 보상이 하나의 역할을 수행한다. 실증적인 연구결과, 지속가능성 태도 및 활동에 관한 4가지의 상이한 유형의 구성원이 있음을 밝혔다.[24]

1. 패배주의자(degeatist): 지속가능성 이슈에는 무관심하지만, 이슈들이 발생함에 따라 새로운 환경에 적응(용이하게)할 수도 있다.
2. 인습주의자(conventionalist): 지속가능성 이슈에 관한 관심과 행동에 대해 낮은 수준을 보이지만, 지속가능성 목표가 물질적 보상과 연결된다면, 지속가능성 목표를 추구하는데 잠재적으로 열심히 일을 한다.
3. 능동적인 현실주의자(active realist): 금전적인 자극요인에 의존하지 않는 높은 수준의 관심과 행동을 보여준다. 잠재적으로 사전행동적이며 독단적인 기여자이지만, 덜 적응적이다.
4. 비사회규범 준수적 이상주의자(nonconformist idealist): 지속가능성 이슈에 크게 관심을 갖고 행동적이며, 몰두하며, 이상적이지만, 잠재적으로 지속가능성을 향한 기업의 노력에 불만족하는 경향이 있으며 잠재적으로 완고하여 타협하지 않는다.

상이한 유형의 구성원들은 상이한 접근방법과 자극고무 요인이 요구된다. 즉 인습주의자 또는 패배주의자 집단에 속한 대다수의 구성원은 기본적으로 지속가능성 메트릭스 및 목표와 관련되는 물질적 보상에 반응할 수 있다. 비사회규범 준수적 행동주의자는 동일한 자극고무 요인이란 구성원들을 매수하여 구성원들로 하여금 조용히 있도록 하는 기업의 파괴적인 형식으로 해석한다. 이러한 경우에 칭찬, 추천과 상장, 또는 지속가능성과 관계되는 승진 예상과 같은 즉시적인 보상이 보다 유망하다.

몰입적인 최고경영자, 지속가능성 변화 대리인, 권한을 위양받는 구성원, 지속가능성 정보 및 자극고무 요인은 내부로부터의 지속가능성 변환이 가능하도록 하는 중요한 구성요인이다. 그러나 지속가능성의 도전적인 문제는 기업 혼자만으로는 해결될 수 없다. 즉 도전적인 문제는 지속가능한 사회로 향하는 방식에 따라 고객, 공급업자, 경쟁사, 상담사, 과학자, 대학, 정부기관과 비영리조직을 포함하는 수많은 외적인 활동인자들과의 협동적인 노력을 필요로 한다. 즉 내적인 변화는 기업 그리고 기업이 처한 환경 간의 "전략적인 지속가능성 적합성"을 보장하는 외적인 변화가 수반되어야 한다. 즉 다음 절에서 우리는 내적-외적인 시각에서 지속가능성 마케팅 변환에 대해 설명한다.

3 지속가능성 마케팅 변환: 내적-외적 시각

본 장의 시작 부분에서 설명한 외적-내적 시각은 생태적 및 사회적 문제를 시장의 이슈로 변환하는데 있어 통찰력을 제공한다. 기업들은 외적에서 내적으로 지속가능성 마케팅을 변환하는 것에 관하여 무엇을 할 수 있는가? 일반적으로 2가지 접근방법이 있다. 첫 번째는 반응적이며 또한 일어나는 변화를 막고, 지체시키며, 흐트러뜨리고 또는 바꾸려고 하는 것이다. 이 접근방법의 주요 목표는 기존의 시장과 사업모델을 방어하는 것이다. 두 번째는 사전행동적이며 또한 지속가능성을 향한 지속적인 과정을 더욱 발전시키고 확대하려고 시도한다.[25] 우리는 그것을 내적으로부터 외적으로 지속가능성 마케팅 변환이라고 하는데, 그 이유는 기업 그리고 기업의 대표자들이 스스로 지속가능성 대리인으로 행동하고 또한 지속가능한 발전을 향해 협동적인 노력에 몰두하기[26] 때문이다. 지속가능성 마케팅에 대해 이렇게 폭넓게 이해하는 것은 관계성 구축 접근방법을 앞으로 한 단계를 취하게 한다. 즉 고객에 대해 특별하게 집중을 하는 미시환경 수준으로부터 공중 및 정치적 이해관계자를 포함하는 거시환경까지 한 단계를 앞서 간다는 것이다.

내적으로부터 외적으로 향하는 지속가능성 마케팅 변환은 결코 직선적으로 간단하지가 않다. 기업의 시각에서 볼 때, 그 변환은 위험스러우며, 잘못 해석될 수도 있으며 또한 기업에 대해 새로운 가치를 창조할 수 있을 뿐만 아니라, 기존의 가치를 파괴할 수도 있다.[27] 이것은 대다수의 기업들이 그 변환의 영역으로 이동하지 않으려고 하는 이유인 것이다. 왜 어떤 기업들과 최고경영자들이 지속가능성을 지지하여 제도체로 변화시키기 위해서 공중 및 정치적 과정에 적극적으로 참여함으로써 선도를 행하며 또한 "개척자"로 행동하는가?[28] 어떤 사람의 경우, 근본적인 이유가 윤리적인 이유일 수 있다. 가족기업의 대부분의 소유자와 몇몇 경영자들은 사회적 의무를 느끼고 있으며 또한 좋은 기업시민이 되고자 한다. 또 다른 사람의 경우 전략적인 근본적인 이유가 있는데, 본서의 전체에서 제시된 많은 예제에서 설명하고 논의된 것처럼, 지속가능한 제품과 서비스의 성공적인 마케팅은 현재의 제도체적 틀 속에서 가능하지만, 그 성공적인 마케팅은 폭과 깊이에서 한계가 있다. 그 기업에 대한 확장된 기회는 그 틀을 변화시키는 것을 의미하기 때문이다.

지속가능성 개척자와 지도자들은 지속가능한 발전을 더욱 추진하기 위해 공중 및 정치 제도체를 변화시킴으로써 이기심을 계몽하는데 참가할 수 있다.[29] 그들은 자유시장 시스템이 사회-생태적 시장 시스템으로 발전하는데 도울 수 있다. 즉 사회적 및 정치적인 제도체들이 지속가능성 소비를 더욱더 선호할수록 기업이 대중시장에 지속가능한 제품과 서비스를 도입하는 것이 더 용이하다. 외적인 효과가 더욱 내부화할수록, 마케팅 의사결정자가 책임을 지는 방식으로 3개의 밑바닥(하위) 부분을 균형화하는 것이 더 용이하다. 내적으로부터 외적으로 지속가능성 마케팅 변환의 최종 목적은 아래와 같은 제도체적인 변화를 착수하는 것이다.

- 지속가능한 제품 및 서비스의 구매, 사용 및 사용 후에 대한 긍정적인 자극고무 요인을 설정하거나, 또는
- 전통적 · 인습적인/비지속가능한 제품 및 서비스의 구매에 대한 부정적인 자극고무 요인을 설정하는 것이다.

만약 우리가 이슈-주의 주기를 그리고 사회-생태적 문제를 공중 및 정치적 관여를 통해 시장 이슈로의 변환을 고려한다면, 지속가능성 개척자 및 지도자가 이런 과정을 향상 · 발전시키기 위해 3가지 가능성이 있는데, 문제탐구, 공중의 발전 그리고 정치적 발전 등이다.[30]

3.1 문제탐구

지속가능성 마케팅에 대한 출발점은 일반적으로 그리고 제품 및 서비스와 관련하여 생태적 및 사회적 문제들이다.[31] 이러한 문제들을 밝히는 연구는 통상 지역적, 국가적 및 국제적 수준에서 생태적 및 사회적 문제를 조사하는 대학의 과학자, 관심을 갖고 있는 시민 또는 NGO와 연관된다. 그러한 조사활동에 간단하게 반응하는 대신에, 기업들은 문제를 조사하고 또한 해결방법을 탐색하는데 사전행동적인 역할을 할 수 있다. 그렇게 하는 것은 그 후의 지속가능성 마케팅 노력에 진실성을 추가할 수 있으며 또한 역시 초기 경고기능으로서 서브할 수 있다. 연구조사에 능동적으로 참여하는 기업들은 결과를 획득하는 첫 번째가 될 수 있고 적절한 해결방법을 개발할 수 있다.

1994년 이후, 독일의 항공사인 Lufthansa사는 기본적인 공기(대기)조사에 관여하여 왔는데, 자사의 A340-300장거리 항공기에는 보다 정밀한 세계적인 기후모델에 대한 데이터베이스를 마련하기 위해 대기중에 있는 오존, 수증기, 일산화탄소, 산화질소의 구성내용을 기내에서 계속 측정할 수 있는 감각적인 센서를 설치하였다.[32] 2003년, 스위스의 소매상인 Coop사는 Naturaplan Fund를 수립하였는데, 그 기금은 매년 1000만 스위스 프랑이라는 거금으로 지속가능한 (조사)프로젝트를 지원하고 있다. 지금까지 주도적으로 행해진 것에는 Research Institude for Organic Agriculture(FIBL)에서의 대형 프로젝트, Maikaal(인도) 및 Meatu(탄자니아)에서 천연 면화 재배자들인 Naturaline을 위한 훈련센터를 재정적으로 지원함, 그리고 지속가능하게 생산된 간장(soy)을 촉진하기 위해 WWF와 결속한 프로젝트 등이 포함된다.[33] 2006년, BP사는 생물과학에서 나타나고 있는 비밀을 증명하고 또한 새로운 청정 에너지, 도로수송을 위한 기본적인 연료의 생산에 새로 나타나는 비밀들을 적용하는 것을 목표로 하는 근본적인 조사를 위한 기금 모금을 발표하였다. 2007년 이후부터 BP사는 University of California at Berkeley(미국)에 부설된 생물과학 에너지 연구소를 설립하기 위해 10년 이상 동안 5억 달러(3억 6,100만 유로 달러)를 지출할 것이다.[34] 시멘트의 세계적인 선도 공급업자인 Holcim사는 University of Michigan(미국)의 Chair of Sustainable Enterprise에 기금을 기부하였으며, Holcim Foundation은 Zurich(스위스)에 있는 Swiss Federal Institute of Technology(ETA)에 속한 Chair in Sustainable Construction의 기증자이다.[35]

그러한 연구조사는 항상 그 의도대로 사전행동적이지 않다. 어느 경우에, 연구조사는 행동에 대한 하나의 대체안이 되며 또한 문제를 해결하는 것을 목적으로 하기보다는 어떤 문제가 방해를 받지 않도록 또는 지체되지 않도록 하는 것을 목표로 하는 전략이다.[36] 아스베스트(석면) 산업 및 담배 산업에서의 예들은 그 업계의 제품들과 연관되는 건강상의 위험에 대한 설명을 보호하고 막기 위해 자체의 연구조사를 이용하는 기업들을 보여준다. 이와 유사하게 몇몇 정유회사들은 아직까지도 선도적인 연구자들로부터의 실증적인 점증하는 많은 증거들에도 불구하고, 기후변화에 대한 최신의 과학적인 결과에 도전적인 행동을 하고 있다. 2006년, 영국의 최고 수준의 과학기관 중의 하나인 Royal Society는 Exxon사 자체의 커뮤니케이션에서 기후에 대한 과학적인 의견일치를 치밀하게 훼손하고 또한 공중을 오도하는 조직에 기금을 제공한 것에 대해 미국의 거대 정유회사인 Exxon Mobile사를 고소하였다.[37]

3.2 공중 개발 · 발전

지금까지 확인 · 규명되고 있는 사회-생태적인 문제들이 공중의 주의를 장악하지 못한다면, 그 문제들은 잘못 전달되어지고 있다는 것이다. 간혹 특별한 문제에 대해 주의를 잠시 끌었던 비판적이며 중요한 사건들이 발생되고 있다. 그 이슈를 "생생하게" 유지하고 또한 사회-생태적인 이슈로 향하도록 일반공중에게 의미를 부여하기 위해서는 추가적인 정보와 교육이 필요한데, 정보와 교육은 학교, 대학 및 비정부조직(예: Amnesty International, Food Watch, Greenpeace, Peta 및 WWF 등)에 의해 통상 제공된다. 일방적인 정보와 편견된 커뮤니케이션을 제시하는 경향이 있는 기업들의 자기본위적인 이해타산 때문에, 공중들이 고도의 전문적인 역량은 있으나, 진실성이 낮다고 기업들을 지각한다면, 기업들은 사회-생태적인 문제들에 대해 이해관계자들을 교육시키는 것이 어렵다는 것을 간파하게 될 것이다.

몇몇 기업들은 지속가능성 마케팅 접근방법을 추구함으로써 그리고 성취와 목표, 진보발전과 결점 등을 포함하여 보다 균형적인 방법으로 사회적 및 생태적인 이슈에 대한 정보를 제공함으로써 진실성을 구축할 수가 있었다. 현재 많은 기업들이 Global Reporting Initiative(GRI)에 의해 개발 · 수립된 Sustainability Reporting Guidelines에 따라 경제적, 환경적 및 사회적 성과에 대해 보고하고 있다.[38] 그러한 표준화된 지속가능성 보고서는 시간이 지남에 따라 비교가 가능하고 또한 동일한 부문내에 있는 기업들 간에 비교를 가능케 하고 있다. 그 보고서들은 사회적 및 환경적 위험이 어떻게 발표되어지는가를 제시함에 따라, 과학자, 비정부조직에 대해 특별한 관심을 받고 있으며 또한 투자공동체에 대해 특별한 관심의 대상이 되고 있다. 평균적인 소비자들이 기업의 지속가능성 보고서를 읽을 가능성이 없지만, 그 보고서들은 계속해서 소비자의 지각 및 행동에 간접적으로 영향을 줄 수 있다. 그러한 보고서는 기업의 매체 범위에 영향을 줄 수 있으며 또한 Shopping for a Better World와 같은 소비자의 지침에 대한 정보의 원천으로 작용할 것인데, *Shopping for a Better World*는 지속가능한 소비자 구매행동을 촉진하기 위해 기업의 사회적 및 생태적 성과를 평가한다.

기업의 경제적, 생태적 및 사회적 성과에 대한 정보를 기업의 운영 및 제품에 대해 특별하게 집중한다는 것은 지속가능성을 향한 공중의 개발 · 발전의 중요한 부분이다. 상호공동적으로 혜택을 주는 사회-생태적인 목표를 추구하기 위해 NGO와 협동하고 또한 공중의 이해관계자들과의 대화에 관여하는 것은 더 추가적인 단계이다. 전통적으로, 기업들은 사회적 및 환경적인 조직, 특히 행동주의자들을 중요한 이해관계자로 인식하고 있지만, 그러나 그들은 가까이 접할 수 없는 조직들이다.[39] 많은 기업들이 아직까지도 이런 부류의 집단을 잠재적으로 전략적인 위협으로 인식하지만, 다른 기업들은 협동적인 접근방법을 채택하고 있다. 그 기업들은 대화에 몰두하고 또한 기업이 제공하는 제품 및 서비스와 연결되는 사회적 및 생태적인 문제에 대한 해결방법을 개발 · 발전시키는데 있어 공중의 이해관계자를 관여시키고자 한다.

스위스에서 식품 및 비식품을 제공하는 거대한 소매상인 Migros사를 생각해보라. 1999년 이 회사의 경영자들은 자사의 범주에 속한 많은 식품 및 화장품들이 원시우림을 확보하고 있는 인도네시아와 말레이시아에서 화재를 일으킨다고 고발된 목재회사에서 생산된 야자기름을 함유하고 있다는 사실을 알게 되었다.[40] 토지가 화재를 입게 되면, 목재회사들은 곡식 재배면적을 신청할 수 있다. 2000년, Migros사는 강제적인 표준을 수립하기 위해 WWF와 협동하고 또한 지속가능한 야자기름에 대한 기준을 표찰화하기 시작하였다. 최초의 프로젝트가 국제적인 Roundtable on Sustainable Palm Oil(RSPO)로 이루어졌는데, RSPO는 세계적인 산업표준이 되었다.[41] Gasser건설자재의 예는 공중의 개발 · 발전은 세계적인 문제 그리고 다국적 기업(MNCS)에 한정되지는 않지만, 지역적인 문제 그리고 중소규모의 기업(SMES)에 적용될 수 있다는 사실을 보여준다. 전통적인 가족 소유의 Bavarian 양조장인 Neumarkter Lammsbrau사는 천연맥주 적소시장에서 잘 알려진 지속가능성 개척기업이다.[42] 2001년, 당기업의 소유자인 Dr Franz Ehrnsperger는 권위있는 German Environmental Award를 수상하였다. 상금은 새로운 에너지와 물을 효율적으로 생산하는 공장에 투자되었다. 에너지 및 물 절약으로 인한 연간 비용 절감분을 Neumarkter Lammsbrau Sustainability Award를 마련하는데 사용되고 있는데, 그 상은 지속가능성에 대한 공중의 관여를 높이는 것을 의도한다. 매년 10,000 유로 달러의 총상금이 지속가능성 문화에 관여하고 있는 개인과 조직에 수여된다. 이에 추가하여 양조장은 Nuremberg에서 Local Agenda 21의 활동적인 회원이며 주도자인데, Local Agenda 21은 지역적 수준에서 지속가능한 발전을 향해 노력하고 있다.

이러한 예는 지속가능성 마케팅 관리자들이 산업이나 시장내에서 변화를 창조하는 새로운 표준과 표찰의 개발을 통해 장기적인 우위성을 어떻게 창조하는가를 보여준다.[43] 가능한 제품의 구매, 공중의 이해관계자들과의 지속가능성 제휴에 의해 기업들은 환경적 및 사회적인 문제, 특히 지정학적 경계를 초과하고 넘으며 또한 명령-통제 접근방법에 잘 맞지 않는 이러한 문제들을 해결하는데 보다 관여하게 된다.

3.3 정치적 발전

Migros, Unilever, Gasser 및 Neumarkter Lammsbrau사에 대한 설명적인 예는 상당히 상이하지만, 그 예제들은 한 가지 공통적인 특성이 있다. 이들 기업들과 비정부조직들 간의 협조는 공중으로부터 시장으로 직접 지속가능성 마케팅 변환이 이루어지는 과정을 한층 높이고자 한다. 예컨대, Marine Stewardship Council에서 생겨난 MSC와 같은 새로운 표찰은 지속가능한 구매행동을 촉진한다. 그러나 지속가능한 제품 및 서비스가 전통적인 것보다 더 고가인 한, 그 제품과 서비스는 적소시장의 차원을 넘어 대중시장으로 이동할 가능성은 거의 없다. 정책과 정치는 제도체적인 구조가 보다 지속가능한 제품의 구매, 사용, 사용 후를 고무하거나 또는 전통적인 제품의 구매를 저지하는 그런 방법으로 제도체적인 구조를 향상 · 발전시켜야 한다. 지속가능성 마케팅 관리를 추구하는 몇몇 기업들은 기업들, 그 기업의 제품 그리고 서비스들 간에 향상된 사회적 및 환경적인 성과를 지원할 수 있도록 법적 및 정치적인 틀을 능동적으로 형성하고자 한다.[44] 그 기업들은 순위를 무너뜨리고 또한 일정 범위의 지속가능성 이슈들에 대해 정부의 중재와 조정을 주장한다.

예를 들어, Electrolux사는 정책입안자들로 하여금 에너지 효율적인 가전제품을 구입하는데 있어 세액공제를 도입할 것을 추진하고 있다. 2007년, 그것은 자사의 지속가능성 보고서의 제목이 있는 페이지에 아래와 같이 제시되어 있다. 즉 "가전제품은 기후변화를 억제하는데 도움을 줄 수 있다. 올바르고 적합한 시장 프레임워크를 갖추어 우리는 더 잘 수행할 수 있다. 그것은 우리가 정부로 하여금 에너지를 빈틈없이 사용하도록 자극고무 요인을 소비자들에게 제공하도록 추진하고 있다."[45] 같은 해(2007년)에, Vestas사는 기타 다른 에너지 원천보다 풍력의 이점을 제시하기 위해 그리고 세계적인 에너지 의제 중 최고로 중요한 것으로 풍력을 제시하기 위해 국제적인 정보제공 캠페인을 착수하였다. Vestas사의 정부관계부서는 세계전역의 모든 정치인 및 NGO와의 대화에 책임을 지고 있다. 정부관계부서는 풍력 그리고 필요한 규정들을 포함하여 특별한 시장에서의 풍력의 잠재력에 대한 정보를 제공하는데 도움을 준다.[46] BP사는 1997년 증가하고 있는 CO_2배출 그리고 기후변화 간의 연결을 의식하고 있는 최초의 대형 정유회사인데, BP사는 Kyoto 의정서를 비준하고 실행하도록 탄원하였다. 이와 유사하게 e5 즉 Eurepean Business Council for Sustainable Energy는 유럽연합(EU)으로 하여금 발전적이며 진보적인 에너지 및 기후정책을 채택할 것을 추진하고 있다.[47] e5는 Kyoto 의정서를 청정시장 시각을 제공하고 또한 온실가스를 적게 배출하도록 하는 제품과 서비스(예: 재생가능 에너지, 하이브리드 자동차, 전기자동차, 에너지가 적게 소요되는 주택)를 제공하는 기업들에 대해 보다 높은 수준의 활동무대를 제공하는 중요한 첫 단계로 생각하고 있다. The World Business Council for Sustainable Development는 지속가능한 발전을 탐구하고, 지식, 경험 및 최상의 실행을 공유하며 또한 정부 및 비정부조직과 협력하여 다양한 포럼에서 이런 이슈들에 대한 기업의 입장을 주장하기 위한 기반 · 기준을 제공한다.[48] 지속가능성을 옹호하고 주장하는 그러한 기업관련 협회는 상대적으로 새로운 현상이다. 기업협회들이 정치적 분야에 개입함에 따라 기업협회가 그 의제를 가로채는 잠재적인 위험이 있다.[49] 기업의 관점에서 지속가능한 발전에 대한 폭과 깊이를 정의함으로써, 기업들의 강력한 의견은 논쟁에서 다른 목소리를 압도할 수 있다. 자발적인 단순함, 풍요로움, 행복이나 심미적인 것과 같은 지속가능성 접근방법은 보다 많은 투자, 새로운 기술의 채택 그리고 소비자들을 위한 상이한 제품을 추구하고자 하는 기업들의 요구에 의해 가리워질 수 있다.

또 다른 중요한 측면은 기업-정부 관계에 관한 투명성이 부족하다는 것이다. 친지속가능성적인 기업 이미지를 가진 기업들은 역시 로비스트를 이용하거나 또는 업계단체(trade body)를 통해서 친지속가능성 성향을 향한 진보발전에 반대하여 로비를 할 수 있다는 것이 관심사가 되고 있다. 영국에 있는 주요한 회계사 단체는 지속가능성 보고서는 어떤 조직이 주요한 공중정책 이슈에 대해 취하는 로비활동 위치를 밝혀야 한다고 권고하고 있다.[50] 이에 따라, 어떤 기

업들은 정부와의 관계에 대해 보다 투명한 실행방법을 채택하기 시작하고 있다.[51]

지속가능성을 향한 정책과 정치에 대해 기업의 어떤 진정한 관여에도 불구하고, 많은 기업들이 단기적인 결과에 계속 집중하고 있다.[52] 그것은 너무나 단기적인 시각을 취함으로써 내적에서부터 외적으로의 지속가능성 마케팅 변환을 기업 및 사업의 관심을 강화하기 위해서 로비함으로써 나타나는 또 다른 것으로 인식하지 못하게 한다. 즉 안정적이며, 공정하고 또한 꼭 알맞은 시장 시스템을 위한 제도체적인 프레임워크를 실현하는 것은 이해관계자들과의 의견교환으로 이루어지는데, 그럼으로써 인간의 중요한 목적과 좋은 삶을 제공하게 된다.[53]

주요 용어

간접적인 지속가능성 마케팅 변환과정
공중 개발 · 발전
권한을 위양받은 구성원
기업의 지속가능성 미션
내적-외적 시각
몰입적인 최고경영자
문제탐구
외적-내적 시각
이슈-주의 주기
정치적 발전
지속가능성 고무자극요인 구조
지속가능성 변화 대리인
직접적인 지속가능성 마케팅 변환과정

검토해야 할 의문사항

1. Downs가 제시한 이슈-주의 주기의 5개 단계를 설명하라(1972).
2. 예제를 이용하여 외적으로부터 내적으로의 지속가능성 마케팅 변환의 2가지 종류를 설명하라.
3. 외적으로부터 내적으로의 지속가능성 마케팅 변환에 있어 중요한 역할을 수행하는 상이한 종류의 주요한 활동요인을 나열하고 설명하라.
4. 실증적인 연구결과, 지속가능성 태도 및 활동에 관해 4가지 유형의 구성원이 있음이 밝혀졌다. 4가지 유형의 구성원을 설명하고 또한 지속가능성 마케팅에 관여하기 위해서 각각의 구성원에 대해 어떤 종류의 자극고무요인이 작용하는가를 보여주라.
5. 내적으로부터 외적으로 지속가능성 마케팅 변환의 근본적인 이유와 목표는 무엇인가?

논의해야 할 의문사항

1. 당신이 선택한 것(예: 가정의 쓰레기)에 대한 사회적 또는 생태적인 문제를 선정하라 그리고 그것의 이슈-주의 주기를 설명하라. 당신은 어느 지표를 이용하여 이슈-주의 주기상의 5개 단계를 정의하고 차별화할 것인가?

2. 가정용 가전제품의 에너지 효율성은 당신의 국가에서 소비자들의 구매기준으로서 무슨 역할을 수행하는가? 가정용 가전제품의 에너지 소비가 어떻게 생태적 문제로부터 시장 및 마케팅의 이슈로 변경되는가를 분석하라.
3. "Mission Zero"는 Interface사의 기업 비젼의 한 부분이다. 그것은 2020년까지 자연환경에 대한 어떤 부정적인 영향을 제거하고자 하는 당기업의 몰입을 대표한다. 당신은 그러한 기업 미션의 긍정적 및 부정적인 시사점을 무엇이라고 생각하는가?
4. BP사는 새롭고 청정한 에너지의 생산, 기본적으로 도로수송에 소요되는 연료의 생산에 생물과학을 적용하는 것을 목표로 하는 근본적인 연구조사에 필요한 기금을 모금할 것이라고 발표하였다. 2007년 이후, BP사는 UC Berkeley(미국)의 부설기관인 생물과학 에너지 연구소를 설립하기 위해 향후 10년 동안 5억 달러(3억 6,100만 유로 달러)를 지출할 것이다. 기업이 모금하여 이루어진 지속가능성 연구조사의 긍정적 및 부정적인 측면은 무엇인가?
5. 지속가능성을 향한 공중 및 정치적 과정에 대해 기업이 관여하는 것에 대한 찬성과 반대를 논의하라.

참고문헌

1. www.gasser.ch; www.gr.grunliberale.ch; www.igpassivhaus.ch; www.oe-plus.ch; Dubacher, J. (2006) 'Schwarze Zahlen mit grünen Ideen', *Swiss Economic Forum*, 1: 15–18; Gasser, J. (n.d.) *Bürohaus Gasser: Nachhaltigkeits-Vision mit Praxis*, Chur: Gasser.
2. Downs, A. (1972) 'Up and down with ecology: The "issue attention cycle"', *The Public Interest*, 28 (Summer): 38–50.
3. *Ibid*.
4. Dunlap, R.E. & Scarce, R. (1991) 'The polls-poll trends: Environmental problems and protection', *Public Opinion Quarterly*, 55(4): 651–72.
5. Trumbo, C. (1995) 'Longitudinal modelling of public issues: An application of the agenda-setting process to the issue of global warming', *Journalism and Communications Monographs*, 152; Trumbo, C. (1996) 'Constructing climate change: Claims and frames in US news coverage of an environmental issue', *Public Understanding of Science*, 5: 269–83; Ungar, S. (1992) 'The rise and (relative) decline of global warming as a social problem', *Sociological Quarterly*, 33(4): 483–501.
6. Compare Chapter 2 for stakeholder theory and Chapter 6 for the different types and roles of stakeholders. See for sustainability marketing transformation from the outside in Belz, F.-M. (1994) 'Ökologische Wettbewerbsfelder in der Lebensmittelbranche', *Der Markt. Zeitschrift für Absatzwirtschaft und Markt*, 33(129): 51–61; Belz, F.-M. & Hugenschmidt, H. (1995), Ecology and competitiveness in Swiss industries', *Business Strategy and the Environment*, 4(4): 229–36; Dyllick, T., Belz, F. & Hugenschmidt, H. (1994) *Ökologischer Wandel in Schweizer Branchen*, Bern: Paul Haupt; Dyllick, T., Belz, F.-M. & Schneidewind, U. (1997) *Ökologie und Wettbewerbsfähigkeit*, München: Hanser, pp. 39–45.
7. Downs, A. (1972) 'Up and down with ecology: The "issue attention cycle"', *The Public Interest*, 28 (Summer): 38–50.
8. http://ec.europa.eu/environment/air/transport/co2/co2_home.htm (accessed 31 December 2008).
9. Klein, N. (2000) *No Logo*, München: B&T.
10. *Ibid*.
11. See for different key actors in sustainability marketing transformation processes Dyllick, T., Belz, F. & Schneidewind, U. (1997) *Ökologie und Wettbewerbsfähigkeit*, München: Hanser, pp. 43–5.
12. Crane, A. & Matten, D. (2004) *Business Ethics. A European Perspective*, Oxford: Oxford University Press, pp. 176–80.
13. See www.mtprog.com (accessed 26 December 2008)
14. See for the following account of Interface Andersson, R.C. (1998) *Mid-Course Correction: Towards a Sustainable Enterprise: The Interface Model*, White River Junction, VT: Chelsea Green; www.interfaceinc.com (accessed 31 December 2008).
15. See DeSimone, L.D. & Popoff, F. (2000) *Eco-Efficiency: The Business Link to Sustainable Development*,

Boston, MA: MIT Press; Doppelt, B. (2003) *Leading Change Toward Sustainabilty. A Change-Management Guide for Business, Government and Civil Society*, Sheffield: Greenleaf Publishing.
16. See also Chapter 5 for the crucial role and different types of corporate leaders.
17. Ottman, J. (1998) *Green Marketing: Opportunity for Innovation*, 2nd edn, Lincolnwood, IL: NTC Business Books, p. 186.
18. See Hoffmann, A.J. (2000) *From Heresy to Dogma: An Institutional History of Corporate Environmentalism*, Stanford, CA: Stanford University Press, pp. 1826.
19. See Chapter 3.
20. Charter, M., Peattie, K, Ottman, J. & Polonsky, M.J. (2003) 'Marketing and Sustainability', Cardiff: BRASS Research Centre and Centre for Sustainable Design, http://www.cfsd.org.uk/smart-know-net, pp. 19–20.
21. Electrolux (2008) *Sustainability Report 2007*, http://www.electrolux.com/Files/Sustainability/PDFs/2008_PDF/Electroux_Sustainability_07_low.pdf (accessed 31 December 2008).
22. See Chapter 5 for sustainability mission statements from companies like SC Johnson, Electrolux and Toyota.
23. See for further details the sustainability marketing story Marks & Spencer's Plan A at the beginning of Chapter 6.
24. Franz, G. & Herbert, W. (1987), Wertewandel und Mitarbeitermotivation', *Harvard Manager*, 9(9): 96–102.
25. Dyllick, T., Belz, F. & Schneidewind, U. (1997) *Ökologie und Wettbewerbsfähigkeit*, München: Hanser, pp. 759.
26. See Belz, F.-M. (2001) *Integratives Öko-Marketing: Erfolgreiche Vermarktung von ökologischen Produkten und Leistungen*, Wiesbaden: Gabler, pp. 91–9.
27. British Telecommunications (2003) *Just Values. Beyond the Business Case of Sustainable Development*, http://www.btplc.com/Societyandenvironment/OurApproach/CSRresources/Reports/Archichedreports/Onlinedebates/JustValuesdebate/index.htm (accessed 31 December 2008), p. 17.
28. *Ibid*.
29. Bendell, J.& Kearins, K. (2005) 'The political bottom line: The emerging dimension to corporate responsibility for sustainable development', *Business Strategy and the Environment*, 14(6): 372–83.
30. See for that and the following Dyllick, T., Belz, F. & Schneidewind, U. (1997) *Ökologie und Wettbewerbsfähigkeit*, München: Hanser, pp. 155–74.
31. See Chapter 3 for the socio-ecological problems at macro and micro levels as a point of departure for sustainability marketing management.
32. See http://konzern.lufthansa.com/en/html/verantwortung/engagement/forschung/ (accessed 31 December 2008). The research projects CARIBIC (Civil Aircraft for the Regular Investigation of the atmosphere on an Instrument Container) and MOZAIC (Measurement of ozone, water vapour, carbon monoxide and nitrogen oxides about Airbus in-service aircraft) are financed by the European Union.
33. www.coop.ch (accessed 31 December 2008).
34. www.bp.com (accessed 31 December 2008).
35. www.holcim.com and www.holcimfoundation.org (accessed 31 December 2008).
36. Dyllick, T. (1990) *Management der Umweltbeziehungen*, Wiesbaden: Gabler, p. 261.
37. http://www.guardinan.co.uk/environment/2006/sept/20/oilandpetrol.business (accessed 31 December 2008).
38. The Global Reporting Initiative is a large multistakeholder network of thousands of experts, in dozens of countries worldwide. See www.globalreporting.org (accessed 31 December 2008).
39. Hartman, C.L., Staffard, E.R. & Polonsky, M.J. (1999) 'Green Alliances: Environmental Groups as Strategic Bridges to Other Stakeholders', in Charter, M. & Polonsky, M.J. (eds), *Greener Marketing. A Global Perspective on Greening Marketing Practice*, Sheffield: Greenleaf Publishing, pp. 164–80; Murphy, D.F. & Bendell, J. (1997) *In the Company of Partners: Business, Environmental Groups, and Sustainable Development Post-Rio*, Bristol: Policy Press.
40. Hamprecht, J. & Corsten, D. (2007) 'Purchasing Strategies and Sustainability. The Migros Palm Oil Case', in Hamschmidt, J. (ed.), *Case Studies in Sustainability Management and Strategy: The Oikos Collection*, Sheffield: Greenleaf Publishing, pp. 123–42.
41. www.rspo.org (accessed 31 December 2008).
42. www.lammsbraeu.de (accessed 31 December 2008). All ingredients of the 'eco-beer' are sourced from local farmers who produce grain and hops in accordance with organic standards. The eco-beer is brewed in a natural and eco-efficient way considering the principles of cleaner production.
43. Menon, A. & Menon, A. (1997) 'Enviropreneurial marketing strategy: The emergence of corporate environmentalism as market strategy', *Journal of Marketing*, 61(1): 51–67.
44. Bendell, J. & Kearins, K. (2005) 'The political bottom line: The emerging dimension to corporate responsibility for sustainable development', *Business Strategy and the Environment*, 14(6): 372–83.
45. Electrolux (2008) *Sustainability Report 2007*, http://www.electrolux.com/Files/Sustainability/PDFs/2008_PDF/Electroux_Sustainability_07_low.pdf (accessed 31 December 2008).

46. Vestas (2008) *Vestas Annual Report 2007*, Randers:Vestas, pp. 15–16; www.vestas.com (accessed 31 December 2008).
47. e5 stands for Energy, Environment, Economy, Employment and Efficiency. See www.e5.org (accessed 31 December 2008).
48. www.wbscd.org (accessed 31 December 2008).
49. Welford, R. (1997) *Hijacking Environmentalism: Corporate Responses to Sustainable Development*, London: Earthscan.
50. ACCA (2003) *ACCA UK Awards for Sustainability Reporting 2002, Report of the Judges*, London: Certified Accountants Educational Trust, p. 18.
51. Bendell, J. & Kearins, K. (2005) 'The political bottom line: The emerging dimension to corporate responsibility for sustainable development', *Business Strategy and the Environment*, 14(6): 372–83.
52. *Ibid.*, p. 381.
53. Ulrich, P. & Maak, T. (1997) 'Integrative business ethics: A critical approach', *CEMS Business Review*, 2(1): 27–36.

지속가능성 마케팅의 재구성

12
CHARTER

학습 효과

1. 지속가능성 마케팅의 주요 구성요소를 검토함.
2. 사회적 마케팅 및 사회적 기업이 보다 지속가능한 경제에 기여하는데 있어 행하는 역할을 이해함.
3. 광범위한 사회적 및 경제적 맥락에서 지속가능성 마케팅을 논의함.

고찰내용 개념의 시연

본 장은 지속가능성 마케팅의 주요한 요점을 요약 설명한다. 더욱이 본 장은 사회적 목표를 달성하기 위해 행동적 변화를 성취하는데 있어 사회적 마케팅의 이용 그리고 사회적 기업과 같은 대안적인 기업의 형태가 장래에 보다 지속가능한 경제에 어떻게 기여할 수 있는가를 설명한다. 결론을 내리기 위해, 본 장은 거시 마케팅과 같은 지속가능성 마케팅에 대한 "큰 모습"의 이슈들 중 어떤 것을 고려하는데, 거시 마케팅은 마케팅과 전체 사회간의 관계를 고려한다.

지속가능성 마케팅 이야기 Sustainability marketing story

Northern Cod의 운명

지속가능하지 않는 기업에 대한 접근방법의 사회적, 환경적 및 경제적 결과는 1990년대에 Newfoundland 해안에 있는 카나다의 수산업의 운명으로 보다 확실하고도 통쾌하게 설명된다.[1] 전통적이며, 지역적인 소규모의 어업은 1950년 이전 한 세기 동안 매년 그 곳에서 약 250,000톤의 북부 대구(northern cod)를 획득하였다. 그후 새로운 스타일의 "공장형트롤선"을 갖춘 외국의 선단들이 출현함으로써 1968년 최고로 810,000톤까지 대구의 어획고를 밀어붙였다. 지나친 남획에 대한 관심으로 인해 카나다 정부는 외국 선박들이 200마일(322km) 출입금지 구역 밖에서 조업을 하도록 하는 법규를 재정하도록 하였다. 카나다만의 조업은 1980년대 내내 매년 약 250,000톤을 획득하였지만, 그러나 1990년 *Independent Review of the State of the Northern Cod Stock*는 기존의 과학적인 증거를 조사 · 시험한 후, 현재 남아있는 대구의 양은 400,000톤이며, 급격하게 감소하고 있다고 결론을 내렸다. 1992년 Canadian Minister of Fisheries and Oceans는 북부 대구의 조업에 대한 금지를 선언하고 또한 400년만에 처음으로 Newfoundland에서의 대구 조업에 대해 너무나 미비하고 늦은 것이었다. 지나친 남획은 대구의 개체수를 이미 지속가능성의 한계를 초과하도록 하였다. 1994년에 새로운 조사결과는 연간 250,000톤의 지속가능한 어획고가 이루어졌을 때 대구의 개체수는 총 170,000톤까지 감소하였음을 발표하였다.

Newfoundland 선단에 속한 각각의 어선들은 하나의 기업 또는 기업의 한 부분이었는데 그곳에서 생선처리 기업들에 기반을 둔 많은 공동체가 있다. 어업의 정리로 기인되는 전체적인 실직은 40,000개 이상이며 또한 공동체 및 기업들을 서브하는 수백 개 이상의 공동체와 기업들의 황폐로 야기되는 사회적 영향은 단지 상상할 수가 있다. 경제적 손실은 1993년과 1994년에만 사회복지 측면에서 그리고 Newfoundland에서 작업자의 재훈련 및 대안적인 기회를 마련하는데 소요되는 비용 등을 합쳐 정부 지출이 10억 카나다 달러(5억 9,400만 유로 달러)에 달했다.

Newfoundland산 대구의 이야기는 새로운 기술에 의해서 계속 커지는 경제적 효율성을 이용하여 바다에서 어획고를 높이도록 하는 기술과 더불어, 어류제품에 대해 증가되고 있는 소비자의 수요가 어떻게 많은 기업과 생명체들이 의존하고 있는 자연자원을 실제로 어떻게 파괴하였는가를 보여주고 있다. 신중한 과학적 조사에 바탕을 두고 또한 발전될 것으로 생각되었던 정부차원의 수산업 관리 프로그램이 존재하는 수산업 지역에서 그러한 현상이 발생했다는 것은 우리를 일깨워주는 진지한 생각이다. 북부 대구의 운명은 Marine Stewardship Council(MSC)의 조성과 같은 많은 주도권을 초래케 하였는데, MSC는 지속가능한 어업에 대한 표준 소비자들로 하여금 관여하도록 하는 표찰화 및 교육 주도체 등을 설정하고 촉진함으로써 지속가능한 수산물의 소비와 생산을 추진하도록 한다(제1장 참조).

그런 긍정적인 발전에도 불구하고, 아직까지도 Newfoundland 수산업의 운명이 세계적인 기준에서 볼 때, 곧 재연될 것이라는 실질적인 위험이 존재하고 있다. 2006년 Science에서 발행된 권위있는 국제적인 연구는 2050년에는 현존하는 지구상의 수산물의 1/3은 "사라질 것"이며 또한 해양의 생태 시스템에 대한 현재의 조업 실행의 영향은 다른 생태 시스템을 파괴할 것이라고 발표하였다.[2] 만약 물고기가 미래의 세대들이 소비할 수 있는 제품으로 남겨진다면, 그후 우리의 식탁에 생선제품을 전달 · 제공하기 위한 신선하고도 보다 지속가능한 과정은 가까운 장래에 세계적인 기준에서 볼 때 필요하게 될 것이다.

1 지속가능한 마케팅을 재고함

본서의 시작부분에서 우리는 지속가능성과 마케팅 간의 관계를 우리가 이해하는 정도가 계속해서 시간이 지남에 따라 어떻게 진화·발전되는가를 탐구하였다. 그러한 이해는 아주 좁은 범주의 산업(자동차나 화학제품과 같은)에서의 아주 적은 수의 환경적 이슈(원유 사용이나 인구와 같은)의 중요성이 기업내의 엔지니어, 법률가 그리고 마케팅 관리자들과 관련되는 어떤 것으로 구성되었던 1970년대의 생태적 마케팅으로 시작하였다. 1980년대 동안 사회적 및 환경적 문제들에 대한 이해가 증가함에 따라, "녹색 소비자"에 대한 아이디어가 발생하였다. 녹색 소비자들은 환경적 이슈에 대해 특별하게 관심을 갖고 있으며 또한 사회적 및 환경적인 성과에 대해 성공적으로 자신을 차별화하였던 제품과 상표를 구입하는 것에 대해 확신을 갖고 있는 소비자들을 확인·규명할 수 있는 기업들에 대해 잠재적인 시장을 나타낸다. "녹색 마케팅"에 대한 이러한 개념은 보다 재원 효율적이며, 덜 오염시키며 또한 근로자의 복지 또는 다른 종(species)의 복지에 대해 더욱 더 많이 보살핌으로써 산출되는 많은 제품을 소비자들에게 제공·전달하였다. 역시 녹색 마케팅은 "정화"하는 것으로 깨끗하게 잊어지게 하며 또한 녹색 마케팅 운동의 진실성을 손상케 하는 많은 마케팅 캠페인을 조장하였다.[3] 이런 초기의 시대에서 강조한 것은 기존의 마케팅 원칙과 실행하는데 있어 사회적 및 환경적 관심사를 전적으로 조정·조절하는 것이었다. 사회적 및 환경적인 관심은 기업들이 반응하고 또한 이용하는(또는 무시한다면 전략적 위협을 일으키는) 마케팅 환경내에서의 일체의 이슈를 의미한다. 사회적 및 환경적 성과를 개선·향상시키는 것은 기업들이 경쟁적 우위성을 창출하기 위한 하나의 차별화 원천으로서 채택하고 이용하는 유일한 선택적인 전략으로 간주되었다. 실제로 그것은 간단하게 전통적인 마케팅의 계속이었으며 또한 그것은 원리·원칙에 대한 의미있는 변화를 나타내지 않으며 또한 그것은 마케팅 활동이 이루어지고 있는 시장이나 세상을 의미있게 변화시키지도 않았다. 그것은 확실하게 우리의 경제나 우리의 사회를 두드러지게 보다 지속가능하게 조성하지 않는다.

전통적인 마케팅 사고와 지속가능성 사고 간의 격차(차이)를 종결하는 것은 본서 전체를 통해 탐구하였던 많은 특별한 마케팅 측면을 재구성하고 또한 재고하는 것을 추가적으로 요구하는데 아래와 같은 내용을 포함한다.

- 거시적 수준에서 사회적 및 생태적 문제에 대한 평가.
- 미시적 수준에서 제품의 사회-생태적 영향에 대한 기본적인 이해.
- 복합적인 과정으로서 구매에 집중하는 것으로부터 소비를 고려하는 것으로의 변환.
- 경제적 교환으로부터 소비자들과의 관계를 구축하고 유지하는 것으로 강조하는 것을 변화.
- 마케팅, 마케팅의 규범과 가치에 대한 기본적인 가정에 대해 비판적이며 정확하게 반응.
- 소비자들에게 해결방법을 제공하는 관점에서 소비자에게 이점과 혜택을 전달·제공하는 것

을 확인하기 위해 제품 및 서비스에 대해 고려하는 차원을 넘어 움직임.

- 간단하게 가격 대신에 소비에 대한 전체적인 경제적 및 비경제적인 비용을 강조함.
- 소비자들에게 제품에 대해 일방적인 촉진을 강조하기보다는 소비자들과의 관계를 구축하는 양방향적인 대화로서의 커뮤니케이션.
- 기업내에서 그리고 기업들에 의한 지속가능성 마케팅 변환에의 필요성.

Brundtland Report의 발표 이후 처음 20년 동안(인류의 평균적인 생태적 발자국이 지구가 유지될 수 있는 차원을 넘는 수준에서 이 지구의 재원을 탐구하였던 최초의 20년과 거의 일치되는), 우리는 보다 지속가능한 경제 또는 보다 지속가능한 마케팅으로 향하는 변환을 보지 못하였다. 변환이 너무 늦어져서 의미있는 환경적, 사회적 및 경제적인 대변동을 피할 수 없게 되기 전에 변환을 성취하는 것은 전통적이며 지속가능할 수 없는 마케팅에 대해 가정을 하도록 요구하고 또한 마케팅에 대해 갖고 있는 습관을 파괴하려는 마케팅 사고가 요구된다.

제1장에서 우리는 Christian Grönroos의 마케팅에 대한 분석을 "위기에 처한 원리 · 원칙"으로 제시하였다.[4] 그는 그러한 결론을 내린 유일한 학자는 아니다. 즉 다른 학자들은 그 원리 · 원칙을 "중년의 위기"를 겪고 있는 것으로 설명하였거나,[5] 또는 "상품과 유사한 교과서에서 직무태만의 무책임한 기초에 바탕을 두어 고정관념에 빠져있는 것으로" 설명하였다.[6] 흥미롭게도 그의 비판이 지속가능성 의제에 뿌리를 두고 있지는 않지만 지속가능성 마케팅 관리의 주요한 근본으로서 본서 내에서 제시되고 있는 것들과 확연하게 밀접한 원리 · 원칙에 두고 있다.

- 소비자를 위한 가치의 창조에 대해 크게 지향적임.
- 경제적 교환과정을 강조하는 대신에 소비자와의 상호작용, 대화 및 관계에 대해 강조함.
- 소비에 대한 광범위하고 확장된 그리고 보다 복합적인 개념.
- "규범"이 되는 전통적인 제품 마케팅으로부터의 움직임 그리고 서비스의 준비 그리고 서비스 마케팅의 지혜에 대해 더 많이 강조함.
- 만족을 제공 · 전달하기 위해 기대관리에 대해 강조함.[7]

새로운 2000년이 다가옴에 따라, 마케팅과 지속가능성에 대한 학문적 논쟁은 변화하기 시작하였다. 즉 기업활동과 기업의 지속가능성에 의한 폭넓은 사회적 및 환경적 영향은 기업의 사회적 책임에 대한 더 새로운 관심을 초래케 하였다. 이 새로운 관심은 소비자 욕구에 반응하는 상대적으로 초도덕적인 영역의 차원을 넘는 지속가능성 이슈로 이동하였는데, 지속가능성 이슈로의 이동에서 마케팅 기업들은 인습적으로 통상 운영하였으며 또한 소비자의 차원을 넘어 이해관계자에 대한 기업의 도덕적 책임 그리고 기업의 가치관의 영역 내에서 운영되어 왔다.[8] 즉 지속가능한 이슈를 시장 및 마케팅에 대한 기존의 아이디어에 간단하게 맞추려는 대신에, 마케팅 학문의 기본적인 가정에 도전하는 새로운 아이디어가 나타나기 시작하였다.[9] 이런 가정들 중의 하나는 마케팅은 상대적으로 수동적이며, 반응적인 원리 · 원칙이다라는 것인데, 즉 마케팅의 기능은 마케팅 환경내에서 위협과 기회에 효과적으로 반응하는 것이며 또한 소비자의 욕구를 이해하고, 반응하고, 충족시키는 것이다. 이러한 가정은 마케팅의 힘 그리고 마케팅이 마케팅 환경을 조성하는데 그리고 기업과 소비자의 행동에 영향을 주는데 행하는 역할을 과소평가한다.

제11장은 지속가능성 마케팅 관리자들이 조사를 통해 그들의 환경속에서 공중의 인식 그리고 정치적 관여를 불러 일으켜 주도적으로 개인들 그리고 제도체들에게 영향을 주기 위해 관여할 수 있는 "내적으로부터 외적으로 향하는" 노력에 대해 연구하였다. 그러한 노력이 추구해야 하는 가치일 수도 있으나, 그러한 노력은 전형적으로 기업이 제공하는 고객을 위한 해결방법에 대한 미래의 기회를 창출하는 것에 집중한다. 즉 마케팅의 원리 · 원칙은 보다 광범위한 사회적 변화에 그리고 보다 지속가능한 사회를 향해 진보 · 발전하는 것에 기여하는 잠재력을 가지고 있다. 그러나 이것을 하기 위해서, 우리는 지속가능성의 맥락에서 그리고 마케팅이 행할 수 있는 역할의 관점에서 마케팅을 새롭게 직시할 필요가 있다. William Kilbourne이 제시한 것처럼, 발전 · 개발에 대한 전통적인 성장지향적 길로부터 지속가능한 발전으로 바꾸는 것은 "세상을 그리고 세상내에서 마케팅의 위치를 보는 근본적으로 상이한 방법을 수반하고 필요로 하는 변환"이다.[10] 만약 우리가 의미있게 보다 지속가능하게 되기 위해 마케팅의 변환을 완료하고자 한다면, 우리가 지속가능한 발전에 관하여 마케팅에 대해 생각하는 방법을 재구성하는 것이 중요할 것이다.

2 사회적 마케팅과 지속가능성

본서는 상업적 마케팅에 대해 집중하였었다. 그러나 사회적 및 환경적인 목표를 추구하는데 있어, 행동에 영향을 주는 측면에서 오랫동안 지속된 전통을 가지고 있는 또 다른 마케팅의 지류는 **사회적 마케팅(social marketing)**이다. 사회적 마케팅은 "개인들, 집단 그리고 전체적으로 사회의 이점을 위해 행동을 자발적으로 받아들이거나, 반대하거나, 수정하거나 또는 포기하기 위해 표적청중에게 영향을 주기 위해서 마케팅의 원칙과 기술을 사용하는 것으로 정의될 수 있다.[11] 교육, 사회적 커뮤니케이션 및 인식의 고취를 통해서 사회적 목표를 추구하려고 시도하는 현실에서 나타난 사회적 마케팅의 발달이 자주 실패되었는데, 그 이유는 고취되는 인식만으로는 행동의 변화를 거의 초래하지 못하기 때문이다.[12] 사회적 마케팅은 시장조사, 세분화, 제품개발 및 자극고무요인의 준비와 같은 상업적으로 유발되는 마케팅 컨셉트에 바탕을 두어 사회적 캠페인을 행함으로써 행동의 변화를 성취하는데 바탕을 두고 있기 때문이다.[13] 즉 사회적 마케팅의 근원은 주로 공중의 건강에 대한 분야에 있으며, 또한 사회적 마케팅 캠페인의 대부분은 금연, 운동 및 건강용 다이어트를 촉진함으로써 비만을 막음 그리고 안전한 성교나 책임있는 음주를 촉진함 또는 예방접종이나 여과된 프로그램을 받는 것을 고무하는 것과 같은 건강한 이슈들을 다루고 있다. 21세기 초 이후, 사회적 마케팅은 점차 다른 사회적 및 환경적 이슈에 적용되고 있다.[14]

사회적 마케팅 캠페인은 특정한 제품이나 행동(에너지 낭비 또는 멸종위기의 종으로 만든 여행용 기념품을 구입하는 것)에 대한 역마케팅(de-marketing) 또는 특정한 제품이나 행동(재활용에 참여하거나 주택을 단열, 방음함)을 촉진하는 것과 연관된다. 상업적인 마케팅과 같이, 사회적 마케팅은 표적시장, 마케팅 맥락(전후관계) 그리고 경쟁(다른 행동이나 다른 관심사와의 경쟁, 금연하는 사회적 마케팅 담당자들은 흡연애호가, 저소득층의 압력 그리고 담배회사들의 마케팅 노력과 경쟁해야 한다)을 이해하기 위해 취해지는 조사에 바탕을 두어야 한다. 상업적 마케팅에서 사용되는 것처럼, 사회적 마케팅도 행동의 변화를 추구하기 위해 조절될 수 있는 마케팅 "믹스" 변수들을 개발하기 위해 시장조사 정보를 이용한다.[15] 시장조사 정보를 이용하여 사회적 마케팅은 지속가능성을 추구하는데 있어 잠재적으로 강력한 도구가 될 수 있는데, 그 이유는 Tim Jackson이 보다 지속가능한 소비에 대해 동기를 부여하도록 하는 도전적인 문제에 대한 자신의 심사숙고한 조사검토에서 행동의 변화는 지속가능한 발전 정책에 대한 "성배"가 되고 있다고 결론을 내렸기 때문이다.[16]

사회적 마케팅 믹스는 지속가능성 마케팅 믹스인 고객의 문제해결, 커뮤니케이션, 비용 및 편리성이라는 4Cs와 의미있는 시너지를 공유한다. 고객에게 해결방법을 제공하는 대신에 사회적 마케팅 관리자는 그들이 표적청중들에게 "구입하도록" 고무하는 "사회적 제안"(특별한 행동으로 획득될 수 있는 이점들에 바탕을 둔)을 개발한다. 지속가능성과 관련된 사회적 제안(오스트릴리아, 덴마크 및 카나다를 포함한 국가에서 캠페인의 중심이었던)에 대한 간단한 예는 "운전하는 대신에 자전거를 타는 것(걷는 것)은 당신에게 좋으며 또한 이 지구를 위해 좋다"는 것이다. 그러한 캠페인은 사람들로 하여금 비지속가능적이며 또한 에너지의 집중적인 소비로부터 동일한 욕구를 충족하기 위해 보다 건강하며, 저탄소 유발행동으로 전향하도록 한다.

사회적 마케팅은 일반적으로 물질적인 제품에 근거하지는 않으며(물질적인 제품이 관여되기는 하지만), 그것은 특히 "유통분배"나 "장소"에 대한 이슈에 대해 주장하는 것은 특히 적절하지 않으며 또한 지속가능성 마케팅과 같이, "편리성"과 "접근성"에 대해 강조한다. 운전하는 것에 대한 대체안으로서 자전거를 타도록 촉진하는 예를 계속하기 위해 적절하게 자전거를 타는 길 그리고 길에 대한 정보에의 접근, 자전거의 이용가능성, 안전한 자전거 주차(보관) 그리고 자전거 유지보관 서비스 등 모두가 자전거를 타는 행동을 동기부여하고 유지하는데 중요하다. Victoria 및 West Australia라는 오스트레일리아 주에서, 자동차 여행을 줄이기 위한 TravelSmart 캠페인은 수송의 수단으로 자전거를 타는데 잠재적으로 관심을 가졌던 가정을 표적화하는 설문조사 자료를 이용하였다. 그후 이러한 가정들에게는 자전거 길 지도 그리고 자전거로 여행하는 해결방법이 보다 접속가능하고 또한 실행될 수 있도록 기타 정보가 제공되었다. 시험도시로서, Perth 시내에서 이러한 조치로 처음 1년 동안 자전거 타는 수준이 90% 증가하였다.[17] 그러한 캠페인은 2006년 동안 자전거 구매가 신차 판매고를 앞지렀던 오스트레일리아에서 자동차로 통근하는 것으로부터 자전거로 통근하는 것으로 움직임을 고무하였다.

대부분의 사회적 마케팅 캠페인의 경우, "가격"이 없는데, 그 이유는 행동을 변화시키는데 소요되는 비용은 일반적으로 재무적이라기보다는 사회적이기 때문이다(재무적 비용이 간혹 관여되기는 하지만). 비용은 시간과 노력의 조건이거나, 또는 변화를 시키는데 있어 심리적 장애물을 극복하는 조건에서 발생될 수 있다. 즉 비용은 경제적인 가격의 개념보다는 보다 복합적인 개념이며 또한 비용은 경제학에서 유발되는 거래비용 이론과 보다 유사하다. 자동차를 운전하는 대신에 자전거를 타도록 사람들을 고무하는 예의 경우, 복합적 개념은 혼잡에 대해 부과하는 것 또는 주차 제한을 통해서 운전하는 비용을 증가시킴으로써 성취될 수 있다. 역시 복합적 개념은 재무적 비용을 줄이는 고무자극 요인을 제공함으로써 또는 자전거를 타는데 관여되는 어떤 심리적 비용을 줄임으로써 성취될 수 있다. 덴마크의 Arhus시에서 전개된 The Bike Busters 캠페인은 참가자들에게 1년 동안 무료로 자전거를 제공하였는데(4000덴마크 크라운 = 540유로 달러), 그 해 말에 1,000덴마크 크라운(135 유로 달러)으로 그 자전거를 구입할 수 있는 선택권이 주어진다. 영국의 Columbia에서 어린이들로 하여금 자전거를 타도록 고무하는 것을 목표로 하는 Bike Smarts프로그램은 학교에 가기 위해 지역적으로 어린이들을 수송하기 위한 짧은 여정에 대해 계속해서 자동차를 이용함으로써 나타나는 부모들의 두려움과 같이, 자전거를 타는데 발생하는 위험에 대한 부모들의 두려움이 어린이들이 관여하는데 대한 중요한 장애물이었음을 확인하였다. 그 프로그램은 안전에 대한 지향성을 커뮤니케이션 함으로써 그리고 부모들로 하여금 관여하도록 하며 또한 어린이들이 자전거 타는 기술을 주시하도록 고무함으로써, 자녀들에게 자전거를 타도록 하는데 나타나는 지각적 위험과 심리적 "비용"을 줄이게 됨으로써 자전거 타는 것을 성공적으로 처리하였다.

사회적 커뮤니케이션은 커뮤니케이션이 전통적이거나 또는 지속가능성 마케팅과 관련되는 것처럼 사회적 마케팅 믹스의 중요한 부분이다. 자전거 타는 주제를 계속하기 위해, Århus Bike Busters의 주체자는 참가자들을 위한 전단지, 출시 행사 및 정기간행 잡지를 포함한 많은 전통적인 마케팅 커뮤니케이션 수단들을 이용하였다. 거의 전통적이지도 않으며 보다 상호작용적으로 참가자들은 역시 가능한 대중교통을 이용함으로써 자동차 이용을 줄이도록 자신과 약속하는 협약에 서명할 것을 요구받는다.

보다 지속가능한 행동을 촉진하기 위해 사회적 마케팅의 사용이 잘 이루어지고 있다. 모든 사회적 마케팅 개발과 발전의 대들보가 되었던 건강 캠페인은 지속가능성의 중심이 되는 삶의 질과 복지혜택을 제공 · 전달하는 것을 목표로 하고 있다. 사회적 마케팅의 초기 시기 이후, 재활용과 같은 행동을 촉진하기 위해 확실하게 환경적으로 지향된 캠페인이 존재하고 있었다.[18] 선진경제에서 환경적 이슈에 집중하는 차원을 넘어, 사회적 마케팅은 역시 후진국의 맥락에서 발전의 범위에 대한 이슈를 처리하는데 있어 이미 중요한 역할을 행하고 있다. 개발과 발전의 맥락에 사회적 마케팅의 응용을 검토하는데 있어, Dholakia 부부는 가족계획, 미소 신용(금융)(micro-credit), 질병예방 및 문맹과 같은 이슈들에 대해 사회적 마케팅을 성공적으로 이용하고 있음을 강조하고 있다. 사회적 마케팅이 지속가능성에 대한 자신의 기여활동을 숨길 수 있다는 약점을 가지고 있다는 관심사에도 불구하고(예: 여러 세대에 대한 견해를 취하기보다는 오직 현 세대의 이해관계자를 고려하는 경향), 그 부부는 사회적 마케팅이 지속가능한 발전 의제의 핵심이 되고 있는 많은 빈곤국가에서, 사회적 마케팅은 사회적, 경제적 및 생태적 위기를 다루고 처리하기 위한 잠재적으로 가치있는 도구라고 결론을 내렸다.[19]

전체적으로, 사회적 마케팅 접근방법은 사회적, 건강적 또는 환경적 이슈에 집중하는 특별한 캠페인을 통해서 그리고 자체를 하나의 사회적 목표로서 지속가능성에 대한 폭넓은 개념을 촉진함으로써 지속가능성에 기여하는 잠재력을 가지고 있다. 사회적 마케팅 접근방법의 기여는 개인 시민의 행동에 영향을 주는데 있어 어떤 역할의 차원을 넘을 수 있다. 원리 · 원칙의 개척자들 중의 한 사람인 Alan Andreasen은 시민들을 목표로 하는 "하향적"인 사회적 마케팅('downstream' social marketing) 캠페인을 보충 · 보완하기 위해 "상향적"('upstream')인 사회적 마케팅 개념을 분명하게 제시하였다.[20] 상향적인 노력은 역시 표적청중의 행동에 영향을 주는 조직과 개인들의 행동을 변화시키는 것이 관련된다. Andreasen이 제시한 한 가지 예는 어린이 비만을 처리하는 것이다. 어린이들의 식사와 운동 행동에 영향을 주기 위한 하향적 캠페인을 지원하기 위해, 당신도 역시 부모들, 학교관리자, 매체, 법규, 도시계획자 및 식품기업들을 표적으로 하는 효과적인 상향적 캠페인이 필요하다. 이러한 이해관계자들 각각과 함께, 사회적 마케팅 노력은 이해관계자들의 관심사을 이해함으로써 그리고 그후 이해관계자들을 동기부여하기 위해 적절한 사회적 마케팅 믹스를 개발함으로써 그들의 행동에 영향을 줄 수가 있다. 그러한 접근방법은 마케팅이 자신의 주위에 있는 세상에 단지 반응하는 것 이상으로 행하는 방법을 제시하는데 있어 이 세상을 재형성하는데 도움을 줄 수 있다.

그러한 복합적인 사회적 마케팅 캠페인은 역시 사회적 마케팅 기업과 상업적 마케팅 기업 간의 동반자화와 제휴를 위한 유력하고도 상당한 기회를 산출한다. 많은 사회적 마케팅의 중재와 조정은 자동차에 대한 대체안으로서 자전거와 같은 상업용 제품 또는 어린이를 위한 대체안으로서 건강에 좋은 스낵과 같은 상업용 제품에 대한 준비에 의해 의존하며 좌우된다. 즉 시민들이 이용할 수 있는 선택을 구조화함으로써 자주 소비자로서 시민들의 행동에 영향을 주려는 사회적 마케팅 기업의 노력은 보다 지속가능한 해결방법을 제공할 수 있는 상업적 마케팅 기업들을 위한 새로운 시장기회를 창조할 것이다.

본서는 소비자들로 하여금 보다 지속가능한 삶을 영위할 수 있도록 하는 소비자들의 욕구를 충족시키기 위해 보다 지속가능한 해결방법을 개발하려고 하는 마케팅 관리자에 대한 상업적 부문에 대한 시각 그리고 그것에 집중하여 집필되었다. 즉 공공부분내에서 지속가능성을 촉진하고 또한 추구하기 위해 사회적 마케팅 기술을 채택 · 적용함으로써 보다 지속가능한 행동을 채택 · 적용하고 또한 보다 지속가능한 삶을 영위하도록 시민들을 고무할 수 있는 방법을 마련하려고 시도하는 새로운 사회적 마케팅 기업집단들도 존재한다. 지속가능한 행동과 지속가능한 삶 간의 시너지를 위한 기회 그리고 공적인 사회적 마케팅 캠페인이 상업적인 지속가능성 마케팅 캠페인과 결합되는 미래의 전략적인 동반자화의 발전을 위한 기회는 유력하고도 상당하다. 역시 상호학습을 의한 기회도 존재한다. 전통적으로, 사회적 마케팅은 사회적 및 환경적 이슈에 대해 마케팅 기법을 적용 · 응용하는 방법을 상업적 마케팅으로부터 학습하고 있다. 즉 전문지식이 우리들로 하여금 한 가지 매우 특별한 행동유형 즉 특별한 구매를 하고 또한 다른 상표보다는 어떤 상표를 선택하는 행동유형을 채택하도록 설득하게 되는 경우, 상업적 마케팅 기업은 상당한 깊은 수준의 전문지식을 가지고 있다. 구매행동을 변환시키는 것은 지속가능성을 위해 중요하지만, 그러나 많은 상이한 행동 형식과 행동의 변화가 역시 필요하다. 즉 사회적 마케팅 내에서 행동적 변화에 대해 강조한다는 것은 장래에 구매행동보다는 더 높은 차원에서 소비자 행동에 영향을 주려고 하는 지속가능성 마케팅 기업들은 사회적 마케팅에 대한 경험을 통해서 배울 수 있다는 것을 의미한다.

3 보다 지속가능한 경제로 향함

본서는 개별기업들의 식견으로부터 고객을 위한 보다 지속가능한 해결방법을 개발 · 발전하려는 도전적인 문제에 대부분 집중하여 왔다. 즉 개별 제품이나 기업이 그 스스로 지속가능적이 될 수 없다는 것이 현실이다. 즉 제품이나 기업의 지속가능성은 개별기업의 통제의 차원을 넘어 광범위한 이해관계자들 그리고 요인에 좌우되기 때문이다. 고객들, 원료공급업자, 투자자 및 하부기반구조 제공자들의 행동조치들 모두가 기업의 최종적인 지속가능성 성과에 영향을 주기 때문이다. 기업이 존재하고 있는 경제와 사회가 역시 지속가능성을 향해 발전을 하지 못한다면, 개별기업에 의한 지속가능성의 추구는 상대적으로 의미가 없다. 이와 유사하게, 본서는 마케팅의 원리 · 원칙의 식견에서 지속가능성의 추구를 고려하지만 그러나 지속가능성으로 향해 발전하는 기업의 경우, 지속가능성은 회계, 운영관리 및 인적자원관리 등과 같은 기업의 기타 다른 기능으로부터의 지원을 필요로 한다.

보다 지속가능한 경제가 무엇과 같이 보이는가 그리고 지속가능성 마케팅이 보다 지속가능한 경제 속에서 행할 수 있는 역할을 이해하기 위해 그 경제의 상이한 부분을 고려하는 것이 유용하다. Pearce는 그 경제내에 존재하는 3개의 주요한 시스템을 설명하는 유용한 경제 모델을 창안하였다(〈그림 12.1〉 참조).[21] 첫 번째 시스템은 개인 또는 상업적 부문으로서, 소비자에게, 다른 기업에게 또는 공공부문에게 제품과 서비스를 지역에서 세계적으로 마케팅하는 중소 및 대기업으로 구성된다. 두 번째 시스템은 공공 서비스 제공자로 구성되는데, 그 제공자에는 건강보호, 법규 집행, 교육 및 쓰레기 관리에 관여하는 공공 서비스 제공자 그리고 하부기반구조 프로젝트로부터 의약품에 이르는 유형적인 제품을 제공하는 서비스 제공자들로 구성된다. 세 번째 시스템은 Third Sector라고 알려진 것으로서, 사회적 기업 그리고 욕구가 비상업적인 기반에서 충족되는 자립 및 가족에 기반을 둔 경제와 협력하는 자선기관과 같은 자발적인 조직으로 구성된다. 이 모형이 고려하고 생각하는데 도움이 되는 한 가지 이유는 사회내의 욕구가 표출되고 또한 욕구가 충족되는 그 모델의 부문들 간에 변화에 의해서 보다 지속가능한 경제가 부분적으로 발생하는 방법에 있어 광범위한 상이한 방법들이 있다는 사실을 보여주기 때

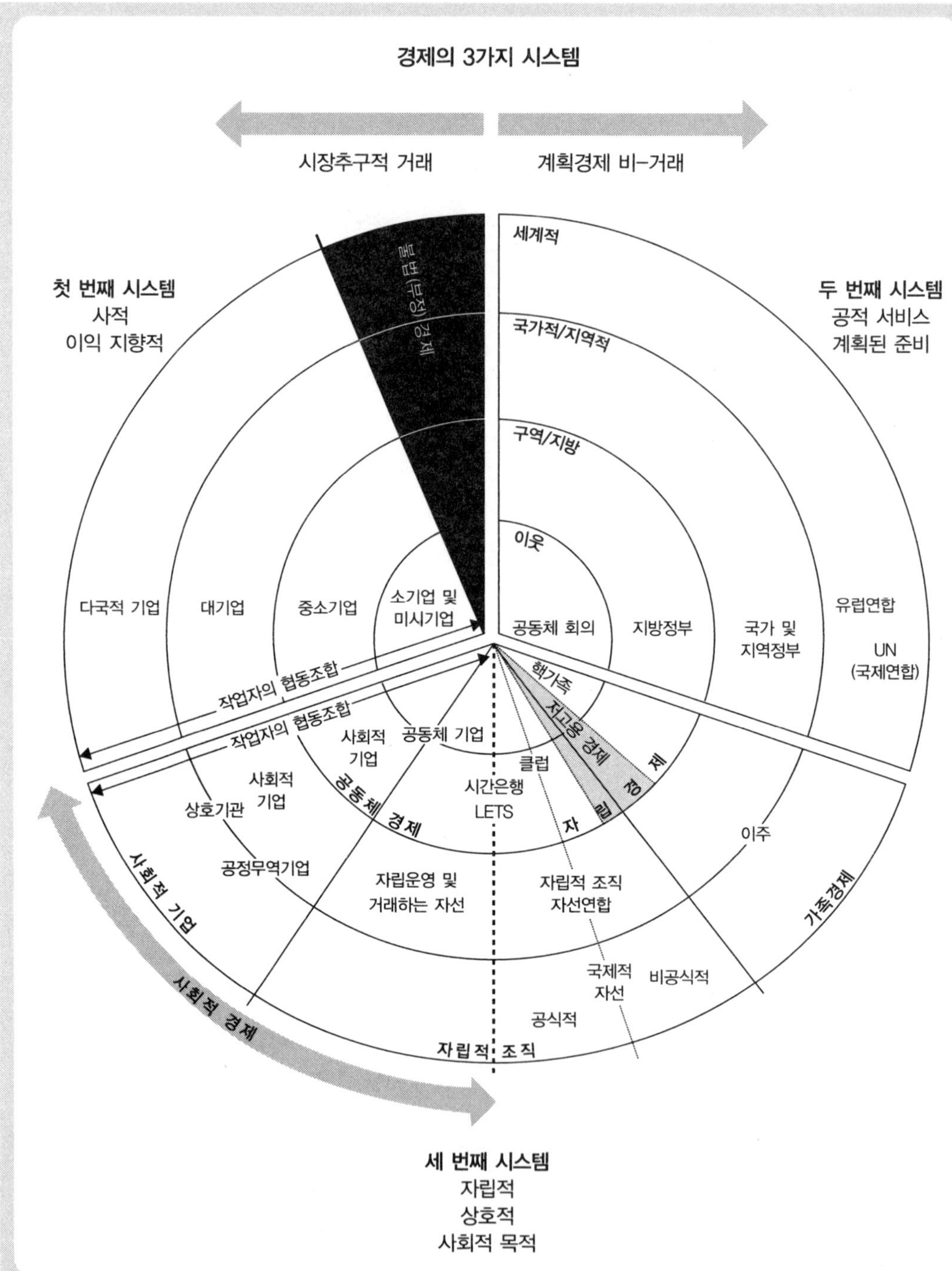

그림 12.1 경제의 3가지 시스템

자료원: Pearce, J. (2003) *Social Enterprise in Anytown*, London: Calouste Gulkenkian Foundation.

문이다. 이것은 세계적인 기업으로부터 보다 지역적인 기업에 이르는 개별적인 상업적 부문내에서의 변화에 관련될 수 있다. 역시 이것은 공공부문으로부터 사적인 부문(또는 그 반대로)에 이르는 서비스의 준비에 있어서의 변화, 또는 상업적인 해결방법에 의존하기보다는 그들 자신의 욕구를 충족시킬 수 있으며 또한 보다 자립적이 되고자 하는 가계나 공동체의 준비에 있어서의 변화와 관련될 수 있다. 즉 이것은 공식적인 경제로 하여금 약정을 하도록 허용할 수 있으나, 한편으로 소비되는 재화와 서비스의 수준을 직접적으로 줄이지는 않는다.

3.1 사회적 기업

Pearce 모형에서, 사회적 기업은 자신의 근본적이며 기본적인 활동이 사업(예: 재화와 서비스를 거래함)이기는 하지만, 기본적인 목적은 사회적이다(고용창출, 환경개선 · 개발, 또는 공동체에 투자하기 위한 기금의 조성과 같은 것).[22] 대부분의 사회적 기업들은 상대적으로 소규모하고 기업가적인 공동체 기업들이며 또한 주주들에게 이익을 되돌려주기보다는 사회적 기업이 공동체 또는 사회적 대의에서 창출한 대부분의 이익을 투자함으로써 그리고 기업들이 운영하는 방법에서 상대적으로 민주적이며 포괄적이 됨으로써 정형화되고 있다(정의되지는 않지만). 사회적 기업의 가장 공통적인 형식에는 공정무역 기업, 협동조합, 공동체 은행, 상호공동적 사회 그리고 자선을 위한 상거래의 한 부분 등이 포함된다. 제7장 및 8장에서 특성화한 Mibility Carsharing과 ONE Water사는 사회적 기업의 한 예이다. 최근 몇 년 동안, 사회적 기업은 점증적으로 세계 전역의 많은 경제에서 의미있는 요소가 되고 있다. 사회적 기업들의 정확한 규모와 범위는 논의의 대상이 되고 있는데, 그 이유는 사회적 기업을 상업적인 기업 또는 자발적인 활동을 하는 조직으로부터 일률적으로 구분하는데 있어 몇몇 어려운 이슈가 있기 때문이다. 그러나 공통적으로 언급되는 특징은 영국에 55,000개의 많은 사회적 기업들(전체기업의 5%에 해당됨)이 270억 파운드(284억 유로 달러) 상당을 거래하고 있음을 제시한다.[23] 사회적 기업의 세계적인 성장은 폭발적인 것으로 특징되고 있으며 또한 몇몇 해설자들은 사회적 기업을 장래의 경제성장의 잠재적인 엔진으로 묘사하고 있다.[24]

사회적 기업은 여러 가지 이유 때문에 지속가능성 마케팅의 식견에서 볼 때, 흥미로운 기업의 형태이다. 사회적 기업은 전통적인 시장이 실패하는 경우 또한 정부가 해결방법을 제공하지 못하는 곳에서 소비자의 욕구를 표출할 수 있는 하나의 대안적인 기업의 형태를 제시한다. 사회적 기업들이 이익 동기로부터 거의 자유로우므로, 많은 사회적 기업들은 월급을 받는 사람들을 위한 훈련, 장기 실업자를 위해, 학습하는 것이 어려운 사람, 과거의 범법자, 자격이 부족한 사람들 또는 상대적으로 고용률이 낮은 기타 집단을 포함하여 의미있는 고용기회를 제공함으로써 직업통합 조직으로서 역할을 이행한다.[25] 사회적 기업은 역시 무시되고 있는 공동체 내에서 운영하며 또한 주류를 이루는 기업들에 의해 무시되고 있는 소비자들을 위해 재화와 서비스를 제공한다.[26] 이렇게 함으로써, 사회적 기업은 사회적 자산 그리고 지속가능성 의제에 있어 기회와 사회적 측면에 대한 준비에 기여하는데 있어 매우 효과적임을 입증하고 있다. 역시 사회적 기업은 자주 재활용과 제품 재생을 위한 준비 또는 공동체 토지의 관리 등을 포함하여 공동체내에서 환경적 욕구를 처리하기 위해 자주 진화 · 발전하고 있다. 스코트랜드의 사회적 기업에 대한 설문조사 결과, 거의 반 정도가 핵심적인 사업목적으로서 환경적 지속가능성을 가지고 있음이 보고되었다. 이에 추가하여, 스코트랜드에서 전통적인 기업집단 중 28%만인 것과 비교하여 51%의 기업들이 환경지향적인 구매획득 실행을 행하고 있음이 보고되었는데, 이는 그 기업들이 주류를 이루는 기업들보다 지속가능성 마케팅 지향적이 되는 더 큰 잠재력을 가지고 있음을 제시한다.[27] 지속가능성 지향적 기업에서 보다 사회적인 기업의 활동을 개발 · 발전시킬 수 있는 미래의 기회는 "저속으로 바꾸는" 현상에서 나올 수 있다. 보다 개인적으로 보상을 받는 라이프스타일을 발견하기 위해 전통적인 고소득 경력을 가지고 있는 사람은 사회적 기업을 수립하거나, 사회적 기업에 기여하기 위해 그들의 사업기술과 경험을 사용하는데 마음이 끌리게 된다.[28]

사회적 기업들 간에서 관찰 · 조사된 주요한 단점은 마케팅과 관련된다. 사회적 기업의 마케팅 노력은 설립하는 기업가들에 의해 집중적인 개인적 승진과 관련되는 경향이 있는데, 기업가들은 자주 보다 형식적인 마케팅 전략, 계획 및 활동을 개발 · 발전하기 위한 시간, 기술 및 마케팅 지향성이 자주 부족하다. 사회적 기업이 상업적 기업에 대해 경쟁하는 경우, 부딪치는 경향이 있는 문제들은 자주 마케팅과 연결되는데 가격결정의 역동성에 대한 이해의 부족, 제품을 싸게 파는 경향 그리고 고객을 위한 포장화, 품질의 표찰화 그리고 정보를 제공하는 것을 강조하지 못하는 것 등이 포함된다.[29] 문화와 가치관의 측면에서, 사회적 기업은 장래에 보다 지속가능한 해결방법을 개발하는데 있어 점증하는 역할을 수행하는데 꽤나 적절한 기업의 형태를 제시한다. 그러나 그렇게 행하는데 성공하기 위해, 사회적 기업들은 효과적인 마케팅을 위한 자신들의 능력을 개발 · 발전할 필요가 있다.

지속가능성을 향한 발전은 경제의 모든 분야에서 변화를 필요로 하며 또한 사적인 부문, 사회적 기업 그리고 자선 기관내에서 마케팅에 대한 역할 그리고 변화의 과정에 기여하고 있는 공공부문내에서 사회적 마케팅 기업에 대한 역할이 존재한다. 보다 많은 노력이 동반자화, 시너지 및 상호 학습에 관여될수록, 성공을 위한 보다 양호한 전망이 일어날 가능성은 더 크다. 본서에서의 한 가지 예는 지속가능한 이동성을 제공하기 위해 사회적 기업으로서 Mobility Carsharing사가 대중교통기업(철도, 지하철, 궤도전차) 그리고 사적개인기업(자동차 임대)과 협동하는 것이다.

4 지속가능성 미시마케팅으로부터 지속가능성 거시마케팅으로까지

Kilbourne는 지속가능성을 향한 발전에 대한 전망은 기존의 "지배적인 사회적 패러다임(dominant

social paradigm; DSP)"에 의해 최근 제한되고 있다고 주장한다. 어떤 사회의 지배적인 사회적 패러다임은 사람들이 그들의 주위에 있는 세상을 보고 해석하고 또한 이해하는 "렌즈"를 창조하기 위해 결합된 가치관, 신념, 제도체 및 습관을 나타낸다.[30] 대부분의 선진국에서 최근 DSP는 경제성장의 가치에 대한 신념, 과학적인 증거와 기술적인 해결방법에 대한 믿음 그리고 개인 소비자의 욕구(그리고 많은 사회적 욕구)를 충족시키기 위해서 그리고 자원의 이용과 유통 분배를 관리하기 위해서 상업적인 시장과 마케팅의 효과성에 대한 신뢰에 바탕을 두고 있다. 현재 존재하는 DSP는 역시 개인의 욕구, 다른 종, 미래의 세대 그리고 소비자 경제 밖에서 살고 있는 것 위에 소비자의 권리 및 자유에 자리를 잡고 있는 것이다. 북부 대구의 운명은 현재 존재하는 DSP의 많은 주요한 측면을 설명하며 또한 북부 대구의 운명이 자연의 지속가능한 탐구를 초래케 하는 이유를 설명한다. 대구는 전통적이며 지속가능한 방법으로 수년 동안 수확하였던 자연자원이다. 더 큰 효율성을 탐구하는데 기술을 응용함으로써 자원은 4배나 빠르게 착취 · 개발되었으며 또한 어획고를 조사하고 보호하기 위한 과학적인 연구조사와 정부의 법규에 대해 믿음을 갖게 되었다. 줄어들고 있는 어획고에 대한 지역 어민들로부터의 일화와 같은 증거 그리고 예방적인 기초에 따라 어획고를 줄이려는 보호주의자들의 청원들은 모두 무시되었다. 과학적인 연구조사 결과, 남획이 발생되고 있다는 것이 입증되었던 시기에, 대구의 부존량 수준이 무너졌으며 또한 그 수준에 근거하여 조업하던 기업들은 이내 선례를 따랐다.

우리가 보다 지속가능한 생산과 소비에 향하도록 실질적인 진보발전을 할 수 있는 경제를 창조하는 것은 우리의 과거의 세계관에 대한 도전적인 문제가 되어야 하며, 새로운 세계관이 이루어져야 한다. 앞에서 인용된 많은 논문에서 Dunlap과 van Liere는 자신들의 비젼이 순수하게 환경적으로 집중되어 있으며 또한 그 비젼이 시사하는 것이 완전하게 개발 · 발전되지는 않았지만,[31] 1978년 정도로 오래 전에 사회를 위해 그리고 기업을 위해 "새로운 환경 패러다임"에 대한 필요성을 주장하였다.[32] 지속가능한 발전의 개념은 경제발전, 사회적 정의 그리고 환경적 질 간에 진화를 추구하는 하나의 대안적인 세계관을 요구하며 또한 그 개념은 세계관을 제공한다. 현존하는 DSP로부터 새로운 지속가능성에 바탕을 둔 사회적 패러다임으로 전환케 하는 것은 우리의 사회적 가치관, 신념, 제도체 및 습관에 대한 분명한 변화를 요구한다. 전통적인 세계관 그리고 그 과정의 이면에 있는 가정에 도전하려는 과정은 마케팅 그리고 마케팅 관리자들이 정책수립자. 교육자, 매체 및 의견선도자와 더불어 역시 기여하는 어떤 것이다. 몇몇 해설자들은 현재의 자본주의 그리고 자본주의적 상품에 대한 문화의 비지속가능한 본질로부터 탈피하는 것은 대안적이며 거의 소비지향적이 없는 라이프스타일과 행동을 촉진하는 대신에 이용될 수 있는 소비를 촉진하기 위해 사용되는 동일한 유형의 설득적인 커뮤니케이션 및 마케팅 노력을 분명하게 요구하고 있다고 주장한다.[33]

보다 지속가능하게 고객 해결방법을 제공 · 전달하기 위해 개별적으로 노력을 발휘하는 많은 기업들에 의해 초래되는 지속가능성에 대한 미시 마케팅 접근방법은 의도한데로, 보다 지속가능한 소비와 생산으로 향한 실질적인 발전이 되도록 노력분투하는데, 그 이유는 기업들이 DSP내에서 운영하고 또한 DSP에 의해 결국은 제한되기 때문이다.[34] 서구의 선진국에서 최근의 DSP는 생활의 질과 복지가 점증하는 소비수준의 관점에서 보여지는 것이다. 점증하고 있는 세계인구 및 한정된 세계에 직면하여 계속해서 증가하는 물질적인 소비를 통해 점증하는 복지를 성취하고자 하는 것은 불명 지속가능적이 아니다.[35] 그러므로 지속가능성 마케팅 변환으로 진보 · 발전하는 것은 마케팅이 존재하는 폭넓은 정치적, 기술적 및 경제적 시스템에 대한 변화에 좌우된다. 원리 · 원칙 그리고 연구의 영역으로서의 마케팅은 역시 지속가능성 지향적인 거시 마케팅 노력을 통해 필요한 사회적 변화를 촉진할 수 있다. 이러한 방법으로 지속가능성 마케팅은 역시 새로운 대안적인 지속가능성 지향적 사회적 패러다임의 출현 · 발생에 기여할 수 있다.

하나의 분야로서 거시 마케팅은 개별 기업들의 활동조치보다는 전체적인 마케팅 시스템과 관련되며 또한 개인 소비자의 소비보다는 사회의 소비가 주는 집단적인 시사점을 고려한다. 만약 마케팅의 분야가 지속가능성에 지향적이 되는 것이라면, 마케팅은 거시 마케팅에 더 크게 강조하는 것이 요구된다. 그러나 Journal of Macromarketing의 전 편집자였던 Stanley Shapiro가 주장한 것처럼:

> 거시 마케팅은 상대적으로 한정된 수의 학자들의 기본적으로 지적인 추구로 존재하고 있다. 그러나 그런 학자들의 수는 더 이상 증가하지는 않지만, 그들이 행한 업적은 계속적으로 매우 중요하게 될 것이다. 이러한 현상은 그들의 연구조사가 실제로 문제가 되는 마케팅 문제에 집중할 것이라는 사실에서 유래된다.[36]

Shapiro는 지속가능성과 같은 많은 거시 마케팅 이슈들의 중요성에도 불구하고, 거시 마케팅 그리고 "마케팅과 사회"라는 교과과정은 모든 수준에서 마케팅의 교과과정에서 상대적으로 아주 드물다는 사실을 계속 애석하게 생각하고 있다.[37] 이와 유사하게 Wilkie와 Moore는 시간이 지남에 따라 학문분야로서의 마케팅은 개인소비자의 행동, 기업내의 관리적인 이슈 그리고 통계적으로 엄밀한 조사에 점차 집중하고 있는데, 이 모든 것은 경제내에서 그리고 사회내에서 마케팅에 대한 "큰 그림"을 같은 견해를 갖도록 조치를 취한다는 사실을 지적하고 있다.[38] 마케팅에 대한 원리 · 원칙이 "근시안적"이 되고 있는 또 다른 방법이 아직까지도 존재하고 있다.

거시 마케팅의 원리 · 원칙에 대한 한 가지 근본적인 측면은 시스템으로 시장을 고려하는 것 그리고 시스템 이론과 시스템적 사고를 응용 · 적용하는 것이다. 이것은 거시 마케팅이 지속가능한 발전의 개념과 함께 공유하는 어떤 것이다. 즉 "지속가능성" 개념은 아마도 시스템적 사고 그리고 시스템의 안정성의 관점에서 가장 용이하고도 분명하게 이해된다. 시간이 지남에 따라 만약 어떤 시스템의 투입요소와 산출요소가 어떤 형태의 균형과 안정성을 성취하지 못하면, 북부 대구에 대한 해양생태 시스템에서 발생한 것처럼, 그 시스템은 불안정하고 무너지게 될 것이다(또는 유지될 수 있는 몇몇 국가(지역)가 발견될 때에만 최소한 극적으로 변화되도록 강화되고 있다). 생태 시스템 속에서 당신이 약탈자와 먹이(희생물)의 수준을 또는 어떤 기업 내에서 "장부기록을 균형화하느냐"는 재무적 시스템으로 보았는데, 만약 어떤 시스템의 투입과 산출이 불분명하게 된다면, 처리하고 일치할 수 있는 그 시스템의 역량은 손상당하게 될 것이다.

개별 기업들에 의해 제공되는 해결방법에 대한 개별 소비자들의 반응을 이해하는 것은 지속가능성 마케팅에서 매우 중요하다. 즉 소비자는 현대적인 산업경제의 중심에 있다. 만약 당신이 정부의 소비 그리고 하부기반구조가 인구의 욕구를 절대적으로 서브하는 것이라는 주장을 받아들인다면, 당신은 한 국가경제 (국가의 무역수지 적자)와 연결된 모든 환경적 자원의 소비를 개인적인 시민들의 1차적 욕구 및 2차적 욕구에 의해 추진되는 것으로 인식할 수 있다.[39] 그러나, 지속가능성 마케팅을 전체적으로 이해하는 것은 우리의 욕구를 충족하기 위해 존재하는 전체적인 소비 및 생산 시스템의 본질과 시사점에 대한 평가가 요구된다. 역시 거시 마케팅을 이해하는 것은 지정학적 경계, 판매지역 그리고 생산자와 소비자 간의 거리에 대한 전통적인 마케팅 식견으로부터가 아니라, 우리의 라이프스타일 및 경제가 의존하는 일체의 복잡하고 역동적으로 연결되는 물적 시스템으로 그 세상 자체를 이해하는 것이 요구된다.

5 "한 개의 지구"로 형성된 경제로 향함

결국, 마케팅 활동이 지속가능적이 되기 위해, 마케팅은 지속가능성 경제내에서 이루어져야 한다. 이것은 분명하게 지속가능성 경제가 무엇과 같이 보이느냐에 대한 의문사항을 제시한다. 한 가지 비젼은 WWF의 "One Planet Economy" 프로젝트에서 유래되는데, 그 프로젝트는 환경적 질이 낮아지지 않고 지구에 의해 유지될 수 있는 생태적 발자취를 향해 세계경제를 이동하기 위해서 정부, 기업 및 소비자들 간에 진보 · 발전을 고무하고자 한다. 선진경제내에서 이것은 우리의 욕구를 충족시키기 위해(그 라이프스타일이 세계적으로 채택되어진다면) 여러 위대한 지구를 요구하는 라이프스타일로부터 멀어져 오직 하나의 지구가 갖고 있는 자원의 가치를 요구하는 라이프스타일로 향하도록 하는 것을 의미한다. One Planet Economy와 같은 것으로 향하는데 있어 상상하는 차원에는 아래와 같은 것을 포함한다.

- 지역의 제품과 재료를 이용함으로써 식품 및 건설과 같은 부문에서 욕구를 충족하기 위해 보다 지역화되고, 소규모하고, 영향이 적은 해결방법을 개발함.
- 생산 및 유통분배 시스템의 영향을 줄이기 위해 환경관리 실행, 지적인 로지스틱스, 포장과 쓰레기를 최소한으로 이용함.
- 에너지/물/쓰레기를 최소화하고 비용절감을 창조하는데 있어 주요한 진보 · 발전을 성취하기 위해 공급업자, 처리자, 유통분배업자 및 공익기업 집단을 결합할 수 있는 산업의 생태

원리에 따라 군집을 개발함.

- 기름(원유)에 대한 의존을 줄이고 또한 CO_2배출을 줄이기 위해 지속가능한 에너지 기술에 많은 투자를 함.
- 3개의 밑바닥(하위) 부분에 관한 원리 · 원칙에 기초한 회계 또는 탄소 거래와 같이 보다 지속가능한 기업 실행과 원리 · 원칙을 촉진하기 위해 재무적 및 기타 기업의 서비스를 이용함.
- 보다 지속가능한 제품에 대한 시장을 개발하기 위해 윤리적 거래 그리고 공공부문의 구매력을 이용함.
- 시민 및 소비자들 간에 보다 지속가능한 행동을 촉진하기 위해 사회적 마케팅 캠페인을 이용함.
- "지적인 능력의 분배"가 이루어지도록 그리고 공동체 네트워크뿐만 아니라 재사용 및 재활용 서비스의 개발을 위한 디지털 해결방법을 제공하기 위해 IT를 이용함.
- 기업, 공동체 및 정부들 간에 더 위대한 동반자화, 사회적 기업과 공동체에 기반을 둔 기업의 개발 · 발전을 고무함.

이러한 프로젝트에서 나타나고 있는 One Planet Economy 모델은 새로운 유형의 기업, 마케팅 환경에 속한 기업과 이해관계자들 간의 새로운 유형의 관계를 강조하는 모델이다.

6 결론: 최종적인 재고

현존하고 있는 DSP에 도전하고 있으며 또한 지속가능한 마케팅이 더 한층 주류가 되기 위해 마케팅 분야의 변두리 주변으로부터 이동하도록 허용될 수 있는 곳에서 부상하는 새로운 세계관에 대한 기회를 제공하는 이슈들이 이미 발생하고 있다. Stern Review에서의 분석 그리고 2008년 추후검토는 사회가 기후변화의 파괴적인 결과를 예방하거나 또는 준비하기 위해 GDP의 약 2%를 집단적으로 투자하지 않는다면, 그 결과는 20%까지 세계경제의 가치를 줄어들게 한다는 사실을 발표하였다. 이러한 발표는 환경적인 측정치가 위태롭게 되지 않다는 것을 확실하게 보증하는데 도움이 되는 어떤 것이라기보다는 경제성장을 희생하면서 나오는 어떤 것이라는 지배적인 견해에 대해 도전적인 문제가 되었다. 2008년 동안 시작한 세계적인 "신용 위기"는 많은 사람들에게 고통스러운 교훈을 제공하였다. 즉 세계적인 신용 위기가 가장 두드러지게 나타내었던 것들 중의 하나는 점증하는 비밀스러운 금융제품과 무책임한 대출을 통해 계속해서 증가하는 이익을 추구함으로써 현존하는 금융시장이 근본적으로 비지속가능적이었다는 사실이다. 만약 어떤 것이 경제적, 재무적 또는 사회적 이유에서 지속가능적이 아니라면, 그것은 결국 실패할 것이라는 교훈은 카나다의 수산업 그리고 미국의 서브프라임 모기지(subprime mortgage)의 도산 등의 예에서 분명하게 나타났다.

아이러니칼 하게도, 그것은 사회적 또는 환경적 이슈라기보다는 우리의 현존하는 경제적, 정치적 및 사회적 시스템에 대해 결국은 재고하도록 하는 재무적인 비지속가능성에 대한 증거가 될 수 있다. 2008년 말까지, 자본주의적 소비자 추구적인 경제모형(model)에 대해 선도적 위치에 있는 국가인 미국의 총부채가 67조 달러(48조 4,000억 유로 달러) 이상에 달했다(단기적인 사회보장 및 의료보호 책임을 포함하여).[40] 이러한 부채는 향후 경제성장이 부채를 감소케 하지 않은 상태에서 부채에 대한 이자지급을 하는 수준에 이르고 있으며, 또한 경제성장을 유지하기 위한 탐색방법은 추가적인 부채에 의해 조달되어지고 있다. 생태 경제학자인 Herman Daly는 이와 같이 부채에 기초를 둔 시스템을 암으로 비유하였는데, 그런 시스템하에서 암(부채)은 계속 증가하여 그 암이 주인을 망치게 한다.[41] 경제적인 생존능력에 대한 간단한 시험에서 볼 때, 기업, 경제 및 생활에 대한 우리들의 현재의 접근방법은 지속가능성이 아니라는 것도 분명하다.

제3장에서 연구하였던 사회적 및 환경적 위기는 불행하게도 역시 좋기보다는 더욱더 나빠지고 있다. 인구증가, 인구이동 그리고 생태 시스템의 건강함의 감소 및 생태 시스템 서비스를 제공할 수 있는 생태 시스템의 역량의 감소 등에 대한 예상되는 추세들은 모두 정부, 기업 및 사회에 대해 도전적으로 문제가 되는 미래를 지적한다. 오직 우리가 해결방법을 개발 · 발전하는데 필요한 자금을 충당할 수 있는 충분한 경제성장을 창출할 수 있다면, 세계가 직면하고 있는 사회적 및 환경적인 도전적인 문제가 해결될 수 있다는 오래된 아이디어를 믿을 수 없었다. 세계의 소비자 계층이 21세기의 초기에 만끽한 경제와 라이프스타일은 다른 사람들을 희생시켜서 성취되고 또한 지속가능적이 아니다. 즉 어떤 것이 지속가능적이 아니라면 그후, 그것은 결코 유지될 수 없다는 자명한 이치를 자주 간과한다면, 그것은 너무나 간단한 이치이다. 미래를 위한 경제, 기업 및 마케팅에 대한 새로운 접근방법이 요구되며 또한 그 접근방법은 보다 지속가능적이 되어야 한다. 즉 이것은 우리들로 하여금 지속가능성에 대한 식견에서 마케팅의 원리 · 원칙, 실행 및 교육을 재구성하도록 요구하는데, 그러나 소비자 경제의 힘 그리고 합법성에 대한 절대적인 신념과 함께 성장하고 있는 마케팅 기업과 소비자들에게는 불편하다고 느끼게 된다.

지속가능성 마케팅으로 변환케 하는 것은 우리로 하여금 마케팅 이론과 실행에 대한 상이한 요소를 재구성하고 또한 우리가 마케팅에 대해 생각하고, 배우고 또한 가르치는 방법을 재구성하도록 하는데도 많은 방법들이 있다. 저자들은 교육자와 실행자들이 마케팅이 경제적, 사회적 및 환경적인 감각을 갖도록 하는 방법으로 지속가능한 발전을 협동해서 성취할 수 있는 방법을 이해하려고 하는 것처럼, 장래의 마케팅 교육자 및 실행자들이 갖고 있는 연장통 속에 있는 가치있는 도구를 본서가 제시할 것을 바라고 있다.

이것은 마케팅에 대해 심각하게 생각할 의지가 있는 사람들이 변화에 대한 필요성을 인지하고 있음을 제시하는 것이며 또한 그들이 지속가능한 발전에 대한 식견에서 시작하느냐 또는 아니냐 즉 보다 지속가능하기 위해 원리 · 원칙을 변환시킬 필요성은 분명해진다는 사실을 제시한다. 저자들은 상품과 전혀 같지 않은 이 교과서가 독자들로 하여금 마케팅의 세계에 대해 신선하고도 비판적인 모습을 취하도록 하며 또한 독자들로 하여금 소비 대신에 우리의 세상을 유지하는 어떤 것으로 세상을 변환케 하는데 있어 한 부분의 역할을 담당하도록 고무할 것을 희망하고 있다.

주요 용어

3가지 경제 시스템 모형
거시 마케팅
사회적 기업
사회적 마케팅
시스템적 사고
역 마케팅
저속으로 바꿈
지배적인 사회적 패러다임(DSP)
지속가능한 라이프스타일
하나의 지구로 형성된 경제

검토해야 할 의문사항

1. 전통적인 마케팅 마음가짐과 지속가능성 마케팅 마음가짐 간의 주요한 차이는 무엇인가?
2. 사회적 기업은 지속가능성 지향적인 기업을 위한 수단으로서 잠재적으로 왜 적합한가?
3. 사회적 마케팅이란 무엇인가?
4. 거시 마케팅은 미시 마케팅과 어떻게 상이한가?
5. "지배적인 사회적 패러다임"(DSP)은 무엇이며, 보다 지속가능하게 되려고 추구하는 마케팅 기업에게 있어 DSP가 의미있는 것은 무엇인가?

논의해야 할 의문사항

1. Brundtland Report는 지속가능한 발전은 우리들로 하여금 과거의 발전 패턴을 "파괴하도록" 요구하였음을 주장하였다. 당신은 이것이 왜 어렵다고 생각하며, 어떤 것을 행하는 우리의 과거 방법으로부터 출발하는 과정에서 마케팅은 무슨 역할을 한다고 생각하는가?
2. 2008/2009년 동안 "신용 위기"에 대해 세계 전역의 정부들의 반응은 성장을 회복시키기 위해 금융 서비스, 자동차 제조업체 및 철강 제조업체를 포함한 업계에 있는 고통을 받고 있는 기업들을 도와주기 위해 돈을 빌려주는 것이었다. 이러한 조치가 책임적이며 지속가능한 조치였다고 당신이 믿을 수 있는가를 논의해 보라.
3. 새로운 지속가능성 지향적인 마케팅의 마음가짐이 마케팅의 원리 · 원칙내에서 이미 정착되어 있는 사고방식에 대해 어떻게 도전하며 대체할 수 있는가?

참고문헌

1. Pilkey, O.H. & Pilkey-Jarvis, L. (2007) *Useless Arithmetic: Why Environmental Scientists Can't Predict the Future*, New York: Columbia University Press.
2. Worm, B., Barbier, E.B., Beaumont, N. *et al.* (2006) 'Impacts of biodiversity loss on ocean ecosystems', *Science*, 314(5800): 787–90.
3. Crane, A. (2000) *Marketing, Morality and the Natural Environment*, London: Routledge.
4. Grönroos, C. (2007) *In Search of a New Logic for Marketing*, Chichester: John Wiley & Sons.
5. Wilson, R. & Gilligan, C. (1997) *Strategic Marketing Management*, London: Butterworth-Heinemann.
6. Gummesson, E. (2002) 'Practical value of adequate marketing management theory', *European Journal of Marketing*, 36(3): 325–49.
7. Grönroos, C. (2007) *In Search of a New Logic for Marketing*, Chichester: John Wiley & Sons Ltd.
8. Crane, A. (1997) 'The dynamics of marketing ethical products: A cultural perspective', *Journal of Marketing Management*, 13(6): 561–77.
9. Kilbourne, W.E. & Beckmann, S.C. (1998) 'Review and critical assessment of research on marketing and the environment', *Journal of Marketing Management*, 14(6): 513–32.
10. Kilbourne, W.E. (1998) 'Green marketing: A theoretical perspective', *Journal of Marketing Management*, 14(6): 641–56.
11. Kotler, P., Roberto, N. & Lee, N. (2002) *Social Marketing: Improving the Quality of Life*, 2nd edn, Thousand Oaks, CA: Sage.
12. Andreasen, A.R. (2005) *Social Marketing in the 21st Century*, Thousand Oaks, CA: Sage.
13. Fox, K. & Kotler, P. (1980) 'The marketing of social causes: The first ten years', *Journal of Marketing*, 44(4): 24–33.
14. See Barr, A., Gilg, A. & Shaw, G. (2006) *Promoting Sustainable Lifestyles: A Social Marketing Approach*, Final Summary Report to Defra, London; and NESTA (2008) *Selling Sustainability: Seven Lessons from Advertising and Marketing to Sell Low-carbon Living*, London: National Endowment for Science Technology and the Arts Research Report.
15. Peattie, K. & Peattie, S. (2003) 'Ready to fly solo? Reducing social marketing's dependence on commercial marketing theory', *Marketing Theory*, 3(3): 365–86.
16. Jackson, T. (2004) *Motivating Sustainable Consumption: A Review of Evidence on Consumer Behaviour and Behavioural Change*. Guildford: Centre for Environmental Strategy, University of Surrey.
17. James, B. (2002) 'TravelSmart, large-scale cost-effective mobility management: Experiences from Perth, WA, Proceedings of the Institution of Civil Engineers', *Municipal Engineer*, 1: 39–48.
18. Zikmund, W.G. & Stanton, W.J. (1971) 'Recycling solid wastes: A channels of distribution problem', *Journal of Marketing*, 35(3): 34–9.
19. Dholakia, R.R. & Dholakia, N. (2000) 'Social Marketing and Development', in Bloom, P.N. & Gundlach, G. (eds), *Handbook of Marketing and Society*, Thousand Oaks, CA: Sage.
20. Andreasen, A.R. (2005) *Social Marketing in the 21st Century*, Thousand Oaks, CA: Sage.
21. Pearce, J. (2003) *Social Enterprise in Anytown*, London: Calouste Gulbenkian Foundation.
22. Peattie, K. & Morley, A. (2008) *Social Enterprises: Diversity and Dynamics, Contexts and Contribution*, Swindon: ESRC.
23. UK Government (2005) *Annual Small Business Survey* 2005, London: HMSO.
24. Harding, R. (2004) 'Social enterprise: The new economic engine?', *Business Strategy Review*, Winter: 40–43.
25. Defourney, J. & Nyssens, M. (2006) 'Defining Social Enterprise', in Nyssens, M. (ed.), *Social Enterprise: At the Crossroads of Market, Public Policies and Civil Society*, London: Routledge.
26. Evers, A., Laville, J.L., Borgaza, C., Defourny, J., Lewis, J., Nyssens, M. & Pestoff, V. (2004) 'Defining the Third Sector in Europe', in Evers, A. & Laveille, J.L. (eds), *The Third Sector in Europe*, London: Edward Elgar.
27. Triodos (2007) *Saving Money, Saving the Planet: Triodos Bank Report into the Environmental Practices of Social Enterprise across Scotland*, Bristol: Triodos Bank.
28. Peattie, K. & Morley, A. (2008) *Social Enterprises: Diversity and Dynamics, Contexts and Contribution*, Swindon: ESRC.
29. See Bird, A. & Aplin, J. (2007) *Marketing Analysis for Social Inclusion Enterprise Organisations*, Powys: SIREN & Powys Equal Partnership; and Shaw, E. (2004) 'Marketing in the social enterprise context: Is it entrepreneurial?', *Qualitative Market Research*, 7(3): 194–205.
30. Milbrath, L. (1984) *Environmentalists: Vanguards for a New Society*, Albany, NY: University of New York Press.
31. Dunlap R. & van Liere, K.D. (1978) 'The "new environmental paradigm"', *Journal of Environmental Education*, 9(4): 10–19.

32. Kilbourne, W.E. (1998) 'Green marketing: A theoretical perspective', *Journal of Marketing Management*, 14(6): 641–56.
33. Prothero, A. & Fitchett, J. (2000) 'Greening capitalism: Opportunities for a green commodity', *Journal of Macromarketing*, 20(1): 46–55.
34. Kilbourne, W., McDonagh, P. & Prothero, A. (1997) 'Sustainable consumption and the quality of life: A macromarketing challenge to the dominant social paradigm', *Journal of Macromarketing*, 17(1): 4–24.
35. Kilbourne, W.E. (1998) 'Green marketing: A theoretical perspective', *Journal of Marketing Management*, 14(6): 641–56.
36. Shapiro, S.J. (2006) 'Macromarketing: Origins, development, current status and possible future direction', *European Business Review*, 18(4): 307–21.
37. See also Wilkie, W.L. & Moore, S.E. (2003) 'Scholarly research in marketing: Exploring the "4 eras" of thought development', *Journal of Public Policy and Marketing*, 22: 116–46.
38. *Ibid*.
39. Spangenberg, J.H. & Lorek, S. (2002) 'Environmentally sustainable household consumption: From aggregate environmental pressures to priority fields of action', *Ecological Economics*, 43(2/3): 127–40.
40. Anielski, M. (2008) 'The Economics of What Matters', *CitiesGoGreen.Com*, December: 27–30.
41. *Ibid*.

찾아보기

| ㄱ |

가격 226
가격시스템 239
가치기준 가격결정 227
가치에 기초한 가격결정 226
가치증가 촉진 198
가치추가 촉진 198
가치-행동 격차 205
간접적인 고객의 사용후 비용 233
간접적인 변환과정 276
감정적 소구 202
개척기업 149
거시 마케팅 308
거시환경 139
결과 관련적 서비스 172
결함있는 제품 29
경쟁적 우위 143
경제 모델 303
경험적 품질 222
계몽운동 6
계열확장 181
계획적 진부화 169
고객 비용 36
고객문제 해결방법 36
공급체인 150
공정무역 제품 165
광고 192, 196
구매 80
구매비용 222, 231
구매지각 메트릭스 83
국제표준기구 141
기대관리 99
기쁨을 주는 제품 29
기술 53
기술적 진부화 169
기업의 사회적 책임 37
기업 지도자 120
기후 모형 57
기후변화 10

| ㄴ |

내적 시각 273, 280
내적-외적 견해(식견) 115
내적-외적 시각 285
내적인 청중 210
녹색 마케팅 31, 297
녹색 세척화 206
녹색 소비자 82, 297

녹색세척화 215

| ㄷ |

대기전력 260
대체안 평가 80
도덕관념이 없다는 것 109
도덕적 소구 202
도요다 방식 119
독특한 지속가능성 판매특성 146
독특한 지속가능한 판매제안 36

| ㄹ |

라이프스타일 93
로지스틱스 258

| ㅁ |

마케팅 근시안 163
마케팅 만병통치약 17
마케팅 식견 28
마케팅 전략 134
마케팅 커뮤니케이션 192
마케팅 환경 135
물 56
미시환경 135

| ㅂ |

바람직한 제품 29
바이오 연료 10
버릴 수 있는 패션 80
복수 지속가능성 상표 182
복합적인 사회적 마케팅 캠페인 302
붙박이 진부화 169

| ㅅ |

사용 80
사용비용 223, 232
사용지향적 서비스 171
사용 후 81
사용후 비용 224, 233
사회적 기업 305
사회적 마케팅 30, 299
사회적 마케팅 믹스 300
사회적 책임 90
사회적 커뮤니케이션 301
사회지향적 마케팅 29
사회-생태적 영향 메트릭스 60
상표 175
새로운 지속가능성 상표 182
생물권 110
생물의 다양성 57
생태 시스템 5
생태적 결과화 13
생태적 마케팅 30
서브프라임 모기지 310
선매품 251
소말리아 4
소비과정 204
소비의 민주화 7
소비자 사회 91, 114
소비자의 주권 111
소유권에 대한 총비용 221
소프트한 지속가능성 13
송신자(커뮤니케이터) 211
수명주기 명세 65
수명주기평가(LCA) 31, 32, 64
수송비용 223
시장점유율 메트릭스 모델 143
식량 56
식품 사막 253
식품연결쇠 59
신뢰적 품질 222
신용 위기 310
신용침체 140
심리적 진부화 169

쓰레기 우편 197

| ㅇ |

안전하고 건강에 도움이 되는 제품 168
에너지 표찰 238
에타놀 11
역 로지스틱스 시스템 262
역마케팅 300
역분배 계획 173
오염 58
온라인 커뮤니케이션 200
온실가스 10
외적-내적 시각 273
외적 시각 273
요람에서 요람 접근방법 174
원가기준 가격결정 230
원가효과성 177
위치화 146
유익한 제품 29
유통분배 경로 251
윤리적 소비 96
윤리적 소비자 82
이산화탄소 10
이슈-주의 주기 67, 274, 286
이슈-주의 주기 모델 275
이해관계를 갖는 가상적인 공동체 137
이해관계자 38, 151
인구 50
인적판매 197
임대/니스 가격결정 231

| ㅈ |

자연의 주변적 본질 114
자연적 환경 114
재무적인 비지속가능성 311
재생가능할 수 있는 자원 55
재활용 173, 261
재활용 할당액 124
저속화함 93
적극적인 제휴 179
전문품 251
정보탐색 79
제로성장 12
제품수명주기 59
제품연결쇠 59
중요한 이슈 그리드 153
즉시적 구매환경 85
지각된 소비자 효과성 90
지각적 비용과 이점 88
지각적 위험 223
지구의 날 26
지도화 97
지배적인 사회적 패러다임 306
지속가능성 거시마케팅 306
지속가능성 마케팅 20, 33, 114, 311
지속가능성 마케팅 관리 34
지속가능성 마케팅 근시안 176
지속가능성 마케팅 기업 120
지속가능성 마케팅 메시지 202
지속가능성 마케팅 커뮤니케이션 194
지속가능성 미시마케팅 306
지속가능성 변화 대리인 282
지속가능성 상표 180
지속가능성 상표확장 181
지속가능성 이점(혜익) 83
지속가능성 진술문 122
지속가능성 혁신 148
지속가능한 경제 303
지속가능한 담배 101
지속가능한 마케팅 33
지속가능한 소비 82, 95
지속가능한 시장세분화 96
지속가능한 커뮤니케이션 208
직접우편 197

직접적인 지속가능성 마케팅 변화과정 277
진술문 116

| ㅊ |

총고객비용 221

| ㅋ |

커뮤니케이션 36, 193

| ㅌ |

탄소중화 연료 11
통합적 식견 210

| ㅍ |

판매시점 200
판매촉진 198
편리성 36, 178, 250, 259
편의점 248
편의품 251
포장화 254
표면상의 완벽함 250
표적화 145
표찰화 198
표찰화 프로그램 199
품수명주기 모델 148
풍요 51
피라미드의 기초 145, 149, 184

| ㅎ |

하드한 지속가능성 13
하이브리드 26
하향적인 사회적 마케팅 302
한계가 있는 합리성 235
합리적인 소구 202
확대된 생산업자의 책임 233
환경 마케팅 31
환경을 위한 디자인 174
환경적 영향 55
히키코모리 264

| A |

Adam Smith 110
Aden만 4
Amazon.com 263
American Apparel사 181
Amoco사 128
amoralization 109
Anita Roddick 121
Arco사 128

| B |

base of pyramid 145
Ben & Jerry사 31, 150
Beyond Petroleum 129, 215
BoP전략 145
bounded rationality 235
BP사 128, 287
Brundtland Commission 11

| C |

carbon-neutral fuel 11
Cash cow 사업 143
Charterhouse사 198
climate model 57
Club of Rome 14
Co-operative Bank사 146
CO_2 10
conbini store 248
convenience goods 251
Coop사 182, 229, 287
corporate social responsibility: CSR 37
cosmetic Perfection 250
cradle-to-cradle approach 174
credit crunch 140

customer solutions 36

| D |

de-marketing 300
democratization of consumption 7
DFE(design for the Environment) 174
Dhaka City Corporation사 224
disposable fashion 80
dominant social paradigm 306
downshifting 93
downstream' social marketing 302
DSP 307

| E |

e5 290
Earth Day 26
eco-foot-printing 13
ecological marketing 30
Electrolux사 117, 123, 169, 236, 283, 290
Enlightment 6
environmental marketing 31
Estée Lauder사 263
extended producer responsibility: EPR 233
Exxon사 287

| F |

Factor 4 54
Factor 10 54
Fairmont Hotel 265
FamilyMart사 248, 258
Food and Agriculture Organization(FAO) 4
food desert 253
Ford Motor Company사 206

| G |

GASSER Construction Materials 272
green marketing 31
Greenpeace 214
greenwashing 206, 215
Grönroos 19

| H |

Hewlett-Packard사 233
hikikomori 264
Hipp Baby Food 108
Hipp사 126, 177
Honda사 234
Howies사 150
HP사 255

| I |

indirect customer post-use costs 233
inside perspective 273
inside-out perspective 273
Interface사 241, 280
International Organization for Standardization 141
IPAT 공식 50
ISO 141
ISO 14000 166
issue attention cycle 67

| J |

junk mail 197

| K |

Katrina 허리케인 115
Kotler식 마케팅 18

| L |

L'Oreal사 150
labelling 198
life cycle assessment(LCA) 32, 64
life cycle inventory(LCI) 65

Lifestyle of Health and Sustainability 229
Limits to Growth 14
line extension 181
LOHAS 229
Lufthansa사 287

| M |

macro environment 139
mapping 97
Marine Stewardship Council(MSC) 5
Marks & Spencer(M&S)사 132, 205, 284
Mibility Carsharing 305
Miele사 233
Migros사 146, 289
Millennium Development Goals 8
Millennium Ecosystem Assessment 8
Mobility Carsharing 162
Motorola 184
MSC표찰 165
multi-sustainability brand 182

| N |

Natura사 181, 197
Natura Packing사 175
needs 112
Neumarkter Lammsbrau사 289
new sustainability brand 182
Nike사 125, 277
Northern Cod 296

| O |

One Planet Economy 309
ONE Water사 190, 201, 203, 305
Our Common Future 11
outside-in-perspective 273
Oxfam사 133

| P |

P&G사 201
PAT요인 54
Patagonia사 229
perceived consumer effectiveness: PCE 90
Philips Electronics사 220
Philips Lighting사 220
Philips사 220, 235
Phoenix Motorcars사 236
positioning 146
post-use cost 224
Procter & Gamble사 177
product life cycle 59

| R |

Rapunzel사 182
Rentaski사 231
result-related services 172

| S |

SA 8000 141, 167
safe and healthy products 168
SAI 141
SC Johnson사 116, 177
SCEPTICAL틀 139
Science as Salvation 7
Seventh Generation 178
Shell사 138, 214
Shell UK사 214
shopping goods 251
Social Accountability International 141
social marketing 30, 299
societal marketing 29
socio-ecological impact matrix 60
Solar Roast Coffee사 166
South China Mall 251
speciality goods 251

stakeholders 151
Star Market사 257
Starbucks사 48, 62
Starkist상표 136
statement 116
Stern Report 10
subprime mortgage 310
sustainability brand extension 181
sustainability marketing 33
sustainability marketing management 34
sustainability marketing myopia 176
Sustainability Reporting Guidelines 288
sustainable communication 208
sustainable marketing 33

| T |

T-Mibile사 173
TerraChioce사 206
Tesla Roadster 155
The Body Shop사 31, 150, 209
The Grupo Eroski사 200
Third Sector 303
Timberland사 150
total cost of ownership 221
total customer cost: TCC 221
Toyota Prius 26
Toyota Way 119
Toyota사 118, 123, 169, 178, 283

| U |

Unilever사 5, 150
unique sustainable selling proposition(USSP) 36
use cost 223
use-oriented service 171
USM Haller사 170

| V |

value-action gap 205
value-adding promotions 198
value-increasing promotion 198
Vestas사 69, 290
ViewSonic사 201
Virgin Group사 143
virtual communities of interest 137

| W |

Wal-Mart사 5, 257
wants 112
Whole Foods Market사 40, 179

| 기타 |

1차적 욕구 78, 112
2차적 욕구 78, 112
4Rs 224